SOCIÉTÉ DE GÉOGRAPHIE DE MARSEILLE

CONGRÈS NATIONAL

DES

SOCIÉTÉS FRANÇAISES DE GÉOGRAPHIE

XIXᵉ SESSION — MARSEILLE — SEPTEMBRE 1898

Présidence de M. le Prince Auguste d'ARENBERG, Député,

Président du *Comité de l'Afrique Française*

COMPTE-RENDU

DES

TRAVAUX DU CONGRÈS

MARSEILLE

SECRÉTARIAT DE LA SOCIÉTÉ, RUE MONTGRAND, 21

1899

CONGRÈS NATIONAL

DES

SOCIÉTÉS FRANÇAISES DE GÉOGRAPHIE

A MARSEILLE

SOCIÉTÉ DE GÉOGRAPHIE DE MARSEILLE

CONGRÈS NATIONAL

DES

SOCIÉTÉS FRANÇAISES DE GÉOGRAPHIE

XIXe SESSION — MARSEILLE — SEPTEMBRE 1898

Présidence de M. le Prince Auguste d'ARENBERG, Député,
Président du *Comité de l'Afrique Française*

COMPTE-RENDU

DES

TRAVAUX DU CONGRÈS

MARSEILLE
SECRÉTARIAT DE LA SOCIÉTÉ, RUE MONTGRAND, 21

1899

SOCIÉTÉ DE GÉOGRAPHIE DE MARSEILLE

CONGRÈS NATIONAL
DES SOCIÉTÉS FRANÇAISES DE GÉOGRAPHIE

XIXᵉ Session — Marseille — 18-25 Septembre 1898

INTRODUCTION

ORGANISATION DU CONGRÈS

En vertu d'une décision prise par le Congrès de Lorient en 1896 et confirmée par le Congrès de St-Nazaire en 1897, la « Société de Géographie de Marseille » a eu l'honneur d'organiser, pour 1898, la XIXᵉ session du Congrès National des Sociétés Françaises de Géographie. Notre Société a été heureuse de pouvoir convoquer ainsi dans la grande cité marseillaise, où elles ne s'étaient jamais réunies, les associations géographiques et coloniales de la France entière.

Dans le but de préparer le Congrès, une Commission générale d'organisation fut élue, au sein de notre Société, par l'Assemblée générale du 10 décembre 1896. Cette Commission a été composée des 40 membres de la Commission administrative et de 20 membres actifs, ayant comme Bureau celui de la Société, sous la présidence de M. Delibes, premier vice-président, en l'absence de M. Charles-Roux, président. Un Comité d'action de 30 membres fut constitué dans cette Commission générale, sous la présidence de M. F. Bohn, avec M. Hubert Giraud comme secrétaire. Enfin, durant le Congrès, les fonctions de secrétaire des séances furent remplies par M. Joseph Fournier. On trouvera plus loin la liste des membres de la Commission d'organisation du Congrès.

M. le prince Auguste d'Arenberg, l'éminent président du « Comité de l'Afrique Française » et de la Compagnie Universelle du Canal de Suez, vice-président du Groupe colonial et diplomatique de la Chambre des députés, voulut bien accepter la présidence du Congrès, qui lui fut alors offerte par notre Société, dont il était membre d'honneur.

Afin de pouvoir donner au Congrès un éclat exceptionnel et digne de notre cité, la Commission d'organisation se préoccupa, au cours de l'année 1897, de s'assurer les ressources nécessaires. Le Conseil Général et la Chambre de Commerce, ainsi que le Conseil Municipal, d'autre part les Ministères de l'Instruction Publique et des Colonies, le Gouvernement général de l'Algérie, les grandes Compagnies marseillaises accordèrent de généreuses allocations qui, jointes au montant d'une souscription spécialement ouverte parmi les membres de la Société, permirent de tracer largement le programme du Congrès et de lui donner l'importance et la solennité désirables. En même temps, les membres des Sociétés sœurs et ceux de notre Association furent invités à préparer des travaux scientifiques, et l'empressement avec lequel beaucoup de nos collègues acceptèrent cette invitation assura la présentation de nombreux mémoires intéressants.

La Commission d'organisation décida la publication d'un livre destiné à être offert aux membres du Congrès et qui reçut le titre d'*Études sur Marseille et la Provence*, avec appendice consacré à la Société de Géographie.

Notre Société se trouvait ainsi en mesure de soutenir le renom de science et d'hospitalité de Marseille et d'affirmer sa légitime autorité, consacrée par la présence de M. le Ministre des Colonies au banquet du XX° anniversaire de sa fondation, le 28 novembre 1896.

Sur la demande de la Commission d'organisation, les Compagnies de chemins de fer du P.-L.-M., de l'État, du Midi, du Nord, de l'Ouest, de l'Est, d'Orléans ; les Compagnies de Navigation desservant l'Algérie-Tunisie : Transatlantique, Mixte et Transports Maritimes, voulurent bien accorder aux membres du Congrès une réduction de 50 0/0.

Pour la tenue du Congrès, la Chambre de Commerce de Marseille nous accorda sa magnifique salle d'honneur du Palais de la Bourse et l'Administration municipale mit le Grand-Théâtre à notre disposition pour les conférences publiques. Le Cercle Artistique accepta de se joindre à notre Société pour offrir en son hôtel une réception aux congressistes.

Enfin, à l'occasion des excursions, la Compagnie des Messageries Maritimes a généreusement prêté un magnifique paquebot, pour conduire les congressistes à ses chantiers de La Ciotat, et les Compagnies de chemins de fer régionaux ont gracieusement facilité le transport des excursionnistes. D'autre part, pour les visites industrielles, la Commission d'organisation a trouvé le meilleur accueil auprès des administrateurs de nos grandes usines.

La Société de Géographie de Marseille, qui doit à tous ces concours précieux l'éclat et le succès de la session, tient à exprimer ici ses plus chaleureux remerciements aux autorités, aux corps élus, aux compagnies et à toutes les personnes qui l'ont aidée dans sa tâche. Si la réussite du Congrès a couronné nos efforts, si les nombreuses notabilités qui ont bien voulu répondre à notre appel, les délégués des Ministères et des Sociétés sœurs, ont conservé un agréable souvenir de l'assemblée géographique de Marseille, notre Société ne peut que se montrer heureuse et fière de ce résultat, espérant qu'il sera favorable à l'expansion française et à la prospérité de Marseille.

Commission générale d'organisation du Congrès

Président............ M. E. DELIBES, premier Vice-Président de la Société.
Vice-Président...... M. A. SCHLEGEL.
Secrétaire-général.... M. Jacques LÉOTARD.
Trésorier........... M. Adrien FRAISSINET.

Membres :

MM.
ABRAM, Félix.
BARRÉ, Henri.
BARTHÉLEMY, Félix.
BARTHELET, Edmond.

MM.
BÉGUIN, Louis.
BERGASSE, Henry.
BERTHE, Léon.
BIZARD, Emilien,

MM.
Bohn, Frédéric.
Borelli, Georges.
Brière, Paul.
Chanal, Casimir.
Darier, Emile.
Delibes, Ernest.
Dumonteil-Lagrèze.
Estrangin, Henri.
Fabry, Louis.
Colonel Faure-Durif.
Féraud, Augustin.
Fraissinet, Adrien.
Fraissinet, Alfred.
Garsin, Amédée.
Giraud, Hubert.
Lan, Louis.
Lecat, Paul.

MM.
Léotard, Jacques.
Le Sérurier, Charles.
Mathieu, Joseph.
Monier, Frédéric.
De Montricher, Henri.
Olivier, Aimé (vicomte de Sanderval).
Paquet, Nicolas.
Comte de Pontevès-Sabran, J.-B.
Rabaud, Edouard.
Rodocanachi, Th.
Roux, Jules-Charles.
Schlegel, Auguste.
Velten, G.
Vincens, Charles.
Zarifi, Périclès.

Comité d'Action

Président.................. M. Frédéric Bohn.
Secrétaire .... M. Hubert Giraud.

Membres :

MM.
H. Barré.
E. Delibes.
L. Fabry.
Faure-Durif.
Fraissinet, Adrien.
Garsin, A.
Lan, L.
Léotard, Jacques.
De Montricher, H.
Schlegel, A.
Vincens, Ch.
Arnavon, L.
Barrème, E.
Bortoli, L.

MM.
Delmas, J.
Fournier, Joseph.
Guillaumet, A.
Girbal.
Heckel, Ed.
Kiss, F.
Macé de Lépinay.
Masson, Paul.
De Pélissot, J.
Piazza, D.
Raoulx.
Repelin, J.
Rolland, P.
Saint-Yves, G.

RÉGLEMENT

Du Congrès National des Sociétés Françaises de Géographie

I

Le Congrès des Sociétés françaises de Géographie a pour but essentiel :

1° De contribuer à l'étude, au progrès et à la diffusion des sciences géographiques, ainsi qu'à l'étude et à la solution des questions d'ordre géographique touchant aux intérêts du pays ;

2° D'entretenir et de développer les rapports de confraternité indispensables entre les Sociétés qui cultivent ces sciences, le rapprochement des hommes qui s'y consacrent.

II

1° Les Sociétés françaises de Géographie seront invitées, par les soins de la Société organisatrice, à adhérer au Congrès, sous l'obligation de se faire représenter officiellement par un délégué. Cette adhésion, donnée une fois pour toutes, ne peut cesser que par dénonciation ;

2° Tous les membres des Sociétés françaises de Géographie et des Sociétés assimilées sont admis à faire partie du Congrès national ;

3° Sont d'ores et déjà considérées comme *assimilées*, les Sociétés dont le Comité du Congrès de Bordeaux a arrêté la liste, à charge par elles de se soumettre à l'obligation stipulée par les Sociétés de Géographie, de se conformer aux réglements du Congrès et d'être en rapport d'échange de leur *Bulletin* avec toutes les Sociétés adhérentes ;

4° Toute Société, ayant un caractère géographique, qui, dans la suite, voudra être admise au Congrès, devra en faire la demande par la voie de la Société organisatrice. Celle-ci en saisira les Sociétés adhérentes, lesquelles, par délégation ou par correspondance, se prononceront sur cette demande.

L'admission ne sera acquise que si elle réunit les deux tiers au moins des suffrages exprimés.

III

Le Congrès tient, autant que possible, une session annuelle au siège de l'une des Sociétés, laquelle est chargée de l'organisation ainsi qu'il est dit notamment aux articles XII et XVIII.

Six mois au moins avant l'époque de la session, la Société organisatrice devra saisir les Sociétés intéressées de la préparation du Questionnaire, solliciter et grouper toutes les questions ou travaux qu'elle soumettra à l'étude et aux délibérations du Congrès.

Toute question sujette à discussion et à l'émission d'un vœu devra figurer préalablement au questionnaire. Ce questionnaire devra être adressé aux Sociétés au moins trois mois avant la réunion du Congrès, chaque question étant accompagnée de quelques lignes explicatives sur les principaux considérants à l'appui.

IV

Chacune des Sociétés françaises de Géographie ou des Sociétés assimilées déléguera, pour la représenter au Comité du Congrès, un de ses membres, muni de ses pouvoirs ou désigné à l'avance par lettre émanant du Président de la Société représentée et adressée au Président de la Société organisatrice.

Les sections de groupes géographiques peuvent envoyer des délégués au Congrès.

C'est la réunion des délégués spéciaux des Sociétés qui constitue le Comité du Congrès. Celui-ci est présidé par le Président du Congrès (art. VIII) ou, à son défaut, par le Président de la Société organisatrice, ou encore par tel délégué désigné par le Comité lui-même.

V

Par les soins et l'initiative de la Société organisatrice, les différents Ministères seront invités à se faire représenter officiellement à chacune des sessions du Congrès.

Seront également invités à prendre part aux travaux du Congrès, des voyageurs et explorateurs, des personnalités qualifiées sous le rapport de leurs connaissances géographiques, les directeurs de publications géographiques avec lesquelles les Sociétés de Géographie sont en rapport d'échange.

Peuvent être invitées à se faire représenter, les Sociétés étrangères des pays frontière (art. XVII).

VI

La session du Congrès pourra durer de cinq à six jours consécutifs. Autant que possible, la Société organisatrice devra éviter de l'entrecouper par des excursions.

VII

Lorsque la Société appelée à recevoir le Congrès aura organisé une Exposition *spéciale de Géographie*, un jury local sera formé par ses soins pour préparer les opérations du jury définitif.

Durant la session, les membres du Congrès, suivant leurs aptitudes, seront répartis dans les diverses sections pour constituer le jury définitif.

Ne pourront faire partie du jury les membres du Congrès qui sont exposants personnels, s'ils ne sont mis hors concours, au moins dans la section dont ils font partie.

Toutes les expositions collectives seront, pour les récompenses accordées, mises hors concours.

Il est entendu, toutefois, que les membres isolés de ces collectivités auront droit à concourir aux récompenses à titre personnel.

VIII

Chacune des sessions du Congrès est placée à la fois sous la présidence d'honneur et effective d'une haute personnalité française, de compétence et de notoriété incontestées, invitée par la Société organisatrice et dûment informée par celle-ci des obligations qui lui incombent.

Le Président du Congrès préside la séance d'ouverture et prononce le discours d'usage. Il préside également les réunions du Comité du Congrès, ainsi que la séance de clôture.

D'accord, avec la Société organisatrice, il s'occupe, à l'issue du Congrès, de la transmission à qui de droit des vœux retenus par le Congrès. Lorsque le Président sera fixé sur le sort et le résultat de ces vœux, il en fera part au Président de la Société organisatrice de la session suivante.

IX

La session s'ouvrira par une séance générale, entourée, autant que possible, d'une certaine solennité, dans laquelle seront prononcés les discours de cérémonie.

Dans la séance générale suivante et dans l'ordre indiqué par voie de tirage au sort, le délégué attitré de chaque Société représentée au Congrès fera l'exposé sommaire des travaux de cette Société.

X

La lecture de chaque exposé ne devra pas durer plus de dix minutes, délai de rigueur. Ceux dont la lecture serait plus longue seront brièvement analysés par leurs auteurs. Ces rapports figureront *in extenso* au compte-rendu général, à la condition cependant de ne pas tenir plus de cinq pages d'impression.

Tout exposé qui n'aura pas été présenté à la séance spéciale sera simplement déposé sur le bureau pour être inséré au compte-rendu. Ce compte-rendu — sténographique chaque fois qu'il se pourra — sera publié par les soins et aux frais de la Société organisatrice dans le plus court délai possible.

XI

Une fois ouvert, le Congrès tiendra une séance le matin et une l'après-midi.

Les séances du matin seront exclusivement consacrées aux travaux sujets à discussion.

Celles de l'après-midi comprendront les communications diverses.

Il ne pourra être dérogé à cette disposition qu'en cas de force majeure ou quand il y aura surcharge à l'une des séances au détriment de l'autre.

Il pourra être organisé, suivant les besoins, des séances du soir pour des conférences spéciales (art. XVIII).

XII

La Société organisatrice sera chargée de pourvoir au service du secrétariat et de la publicité. Elle devra notamment assurer la rédaction des procès-verbaux de chaque séance pour être lus à la séance suivante, à tout le moins à la première séance du lendemain. Des ordres du jour imprimés seront, par ses soins, mis à la disposition des membres du Congrès, autant que possible la veille même de la date des séances.

Dès que les procès-verbaux des séances auront été approuvés par le Congrès, elle devra les transmettre à la presse et s'efforcer de leur donner la plus grande publicité possible.

XIII

Afin d'éviter les surcharges d'ordre du jour et de conserver aux délibérations du Congrès leur caractère absolument géographique, les personnes qui auront des communications à faire en dehors du programme devront en donner au préalable le titre, et au besoin le caractère défini à la Société organisatrice.

Toute communication qui aurait été publiée avant d'être présentée au Congrès sera exclue. Cette disposition n'interdit en rien la présentation au Congrès d'ouvrages de nature à l'intéresser.

XIV

Les ordres du jour seront préparés par le Bureau de la Société organisatrice.

Dès avant l'ouverture de la session, dans une réunion préliminaire du Comité du Congrès, les projets d'ordre du jour seront soumis à son approbation. Mais son acquiescement ne saurait supprimer la faculté qu'il a toujours de s'inspirer des nécessités du moment pour y apporter les modifications qu'il jugerait bonnes.

XV

Si dans le cours de la session, sous un titre géographique, il est présenté un travail ayant un tout autre objet, la parole sera retirée à son auteur.

XVI

La présidence des séances du matin, comme celle de l'après-midi, revient de droit aux délégués officiels des Sociétés.

Mais le nombre de ces séances ne pouvant jamais être en rapport avec celui des délégués, le Comité du Congrès, dans la séance préliminaire dont il est fait mention ci-dessus (art. XIV), élira au scrutin secret et à la majorité relative ceux d'entre les délégués présents à qui la présidence sera confiée à tour de rôle. Les autres délégués seront désignés comme vice-présidents, de manière que tous, sans exception, figurent au bureau dans le cycle des séances d'une session.

XVII

Si des délégués du Gouvernement, des Membres des Sociétés étrangères de Géographie sont présents, à titre officiel ou non, ils pourront être désignés comme assesseurs. La présidence d'honneur de l'une ou l'autre séance pourra être offerte aux délégués étrangers ; mais en aucun cas, cette présidence ne pourra être effective pour les séances du matin ou de l'après-midi.

Le bureau de la Société pourra présenter comme assesseurs également les représentants des Sociétés, Académies, Administrations ou Institutions locales.

XVIII

L'ordre du jour et l'organisation du bureau des séances supplémentaires du soir sont réservés à la Société organisatrice. Mais il est entendu en principe que ces séances sont exclusivement consacrées à des conférences publiques destinées tout à la fois à faire œuvre de vulgarisation utile et à donner au Congrès toute sa portée dans la région où il se tient. En conséquence, elles seront l'objet de toute la publicité possible.

XIX

Toute question admise au Congrès sera traitée en séance de discussion générale. Les vœux qui pourront être formulés et votés en séance générale seront tous renvoyés au Comité du Congrès, composé uniquement des délégués spéciaux des Sociétés de Géographie et des Sociétés assimilées, à raison de un par Société. Le Comité décide s'il retient ou non les vœux émis par l'Assemblée.

Toutefois, les modifications au réglement, ou les questions particulières aux Sociétés de Géographie, ainsi que le choix de la Société qui recevra le Congrès, sont exclusivement réservés aux seuls délégués des Sociétés de Géographie.

En séance générale de clôture, le Président du Congrès fera connaître les vœux que le Comité aura maintenus.

XX

A chaque session, le Congrès désignera la Société qui devra le recevoir à la session suivante. Cette désignation devra être faite, quand il sera possible, deux ans à l'avance.

XXI

Le président de chaque séance sera chargé d'assurer l'exécution du présent réglement et de prendre toutes les mesures nécessaires pour maintenir la régularité de la marche des travaux.

XXII

Un exemplaire du présent réglement, imprimé aux frais de la Société organisatrice, sera distribué à chacun des membres du Congrès à la séance d'ouverture de chaque session et sera déposé en permanence, par ses soins, sur le bureau de l'Assemblée.

Le présent réglement, modifiant celui de Toulouse du 9 août 1884, a été voté par le Congrès de Bordeaux le 5 août 1895.

Lettre d'invitation adressée aux Sociétés

Marseille, le 1ᵉʳ Mai 1898.

Monsieur le Président,

Nous avons l'honneur de vous rappeler que le **Congrès National des Sociétés Françaises de Géographie** tiendra à Marseille sa XIXᵉ session, du 18 au 25 Septembre prochain, sous la présidence de M. le Prince Auguste d'Arenberg, député, membre de l'Institut, président du Comité de l'Afrique Française et de la Compagnie Universelle du Canal de Suez.

La Société de Géographie de Marseille vous serait reconnaissante, Monsieur le Président, de vouloir bien accueillir favorablement l'invitation que nous vous adressons aujourd'hui, en son nom, et de venir honorer le Congrès de votre présence.

Elle vous prie également de vouloir bien engager les Membres de votre Société à se rendre au Congrès pour prendre part à ses travaux. Ils peuvent être assurés de trouver auprès de nous l'accueil le plus cordial ; nous nous efforcerons, en rendant leur séjour intéressant et agréable, de justifier l'honneur qui est fait pour la première fois à la ville de Marseille et à notre Société par la réunion du Congrès. Nous serons heureux de leur faire visiter, dans des excursions attrayantes, les côtes pittoresques de la Provence et de leur montrer les puissantes ressources industrielles et commerciales de notre Port.

En outre, nous vous serions obligés, Monsieur le Président, de nous faire connaître avant la fin du mois courant, en vue de la rédaction du Programme de la session, les sujets d'étude ou les communications que votre Société a l'intention de soumettre à l'examen du Congrès.

Nous vous prions enfin de nous désigner en temps utile les noms et adresses : 1ᵒ de votre Délégué officiel, 2ᵒ de ceux des Membres de votre Société qui ont l'intention de venir assister au Congrès de Marseille et de participer à ses travaux.

Veuillez agréer, Monsieur le Président, l'expression de nos sentiments les plus distingués.

Le Secrétaire Général,
Jacques LÉOTARD.

Le Président,
J. CHARLES-ROUX.

QUESTIONNAIRE DU CONGRÈS

GÉOGRAPHIE GÉNÉRALE

I

Questions proposées à la Discussion

1. — *Les divisions administratives de la France actuelle.* — Historique de la question. — Formation des départements. — Irrégularités et contradictions de la nomenclature adoptée — Nécessité d'une réforme. — Les deux systèmes en présence : diminution ou augmentation du nombre des départements. — Réforme projetée. — Nouvelle nomenclature. — Conséquences politiques et sociales. (Société Bourguignonne de Géographie et d'Histoire, à Dijon : M. Paul GAFFAREL, président, doyen honoraire de la Faculté des Lettres de Dijon, membre de la Société de Géographie de Marseille).

2. — *Du rôle de l'enseignement géographique dans l'Education nationale.* — Vertu éducative de la science géographique considérée comme discipline d'esprit (enseignement secondaire) et comme moyen de relèvement économique et de propagande patriotique (enseignement secondaire et enseignement populaire). — Adoption de méthodes conformes à ces principes. (Société de Géographie de Marseille : M. FLORY, professeur au Lycée).

3. — *Réforme de l'enseignement de la Géographie dans les Lycées et Ecoles supérieures.* — Création de cours coloniaux dans ces établissements. (Société de Géographie de Marseille : M. le Dr VINCENT, ancien médecin de la Marine).

4. — *L'Enseignement de la Géographie dans les Écoles commerciales.* (M. Émile LEVASSEUR, membre de l'Institut, professeur au Collège de France, délégué du Ministre de l'Instruction Publique).

5. — *L'Enseignement de la Géographie économique.* (M. Marcel DUBOIS, professeur à la Sorbonne, délégué du Ministre du Commerce et de l'Industrie).

6. — *Maintien de l'heure nationale et adoption du cadran de 24 heures.* (Société de Géographie de Marseille : M. Jacques LÉOTARD, publiciste, secrétaire général de la Société et du Comité de l'Alliance Française, directeur de l'observatoire de la Société scientifique Flammarion).

7. — *Des moyens de relever le Commerce français en Orient.* — État actuel de la concurrence. — L'Archipel grec. — Son commerce et sa marine. — Concours éventuel des commerçants de l'Archipel grec. — Moyens de l'utiliser. (Société de Géographie de Marseille : M. G. AUDRIN, ingénieur civil).

8. — *Régularisation des actions utiles ou nuisibles des eaux pluviales.* (Société de Géographie de Poitiers : M. le colonel BLANCHOT, président de la Société).

9. — *Le Canal des Deux-Mers à moyenne section.* (M. le colonel BLANCHOT).

10. — *Les Sociétés de Géographie à l'Exposition Universelle de 1900.* (M. le colonel BLANCHOT).

11. — *Opportunité de la Construction du Canal de la Gironde à la Loire.* (Société de Géographie de Poitiers : M. AUDOUIN, professeur à la Faculté des Lettres, secrétaire général suppléant de la Société).

12 — *La navigabilité de la Loire.* — État actuel de la question. (Société de Géographie commerciale de Nantes : M. V. DONY, professeur au Lycée, secrétaire adjoint de la Société).

II

Communications

1. — *Décimalisation du jour et du cercle.* — Présentation d'un recueil de tables et de formules pratiques pour l'Astronomie et la Géographie, dans le système du jour et du cercle entiers divisés décimalement. (M. J. de REY-PAILHADE, ingénieur civil des mines, ancien président de la Société de Géographie de Toulouse).

2. — *Importance à donner à l'étude des langues vivantes au point de vue de l'expatriation des Français.* (M. MARISSIAUX, professeur, de l'Union Géographique du Nord à Douai).

3. — *Les Travaux actuels du Service Géographique de l'Armée.* (M. le commandant ROMIEUX, chef de la section de topographie, délégué du Ministre de la Guerre).

4. — *La nouvelle Carte de l'Etat-Major au 50.000ᵉ.* (M. MEURA, de la Société de Géographie commerciale du Havre).

5. — *Cartes lithologiques sous-marines.* (M. J. THOULET, professeur à la Faculté des Sciences de Nancy, délégué de la Société de Géographie de l'Est, M. S. G. M.)

6. — *Projet de jonction géodésique, par Cassini de Thury, de la France et de l'Italie* (1776), d'après les papiers inédits communiqués par M. le Chevalier d'Arneth (archives de Vienne) à M. L. Drapeyron. (M. Ludovic DRAPEYRON, professeur de l'Université, secrétaire général de la Société de Topographie de France, M. S. G. M.)

7. — *Les vents dans les Golfes de Gascogne et du Lion.* — Leur relation avec les courants marins. (M. HAUTREUX, lieutenant de vaisseau en retraite, vice-président de la Société de Géographie commerciale de Bordeaux).

8. — *Observations sur les dernières inondations de la région Pyrénéenne*. (M. GUÉNOT, receveur des postes et télégraphes, secrétaire général de la Société de Géographie de Toulouse).

9. — *Les ports de l'Anatolie et du Caucase*. (M. E. SCHEULT, commandant à la Compagnie Paquet, M. S. G. M.)

10. — *Les résultats géographiques de la Mission Lyonnaise en Chine*. (M. Henri BRENIER, publiciste, ancien chef de la Mission Lyonnaise d'exploration commerciale en Chine, M. S. G. M.)

11. — *Le chemin de fer en Asie Centrale*. — Le Transcaspien. — Jonction avec le Transibérien. — Lignes du Turkestan. — Conséquences politiques et économiques. — Géographie des provinces traversées. (M. Paul GOURDET, professeur au Gymnase et ingénieur-architecte de la ville de Viernyï, conseiller d'Etat de l'Empire de Russie, M. S. G. M.)

12. — *L'évolution économique de l'Australie*. (M. G. BOURGE, capitaine au long-cours aux Messageries Maritimes, M. S. G. M.)

13. — *Itinéraires de Mogador à Marrakech*, 1892. (M. Hubert GIRAUD, sous-directeur de la Société Générale de Transports Maritimes à vapeur, secrétaire de la section de Marseille du Comité de Madagascar, M. S. G. M. et secrétaire du Comité d'organisation du Congrès).

14. — *Paulmier de Gonneville et le premier voyage des Français au Brésil*, XVIe siècle. (M. Paul GAFFAREL, doyen honoraire de la Faculté des Lettres, président de la Société Bourguignonne de Géographie et d'Histoire à Dijon, M. S. G. M.)

15. — *Du Territoire d'Alberta à l'Etat d'Iowa par le Far-West*. (M. l'abbé PETITOT, curé de Mareuil-les-Meaux, ancien missionnaire arctique, M. S. G. M.)

GÉOGRAPHIE RÉGIONALE

I

Questions proposées à la Discussion

1. — *Le Canal de Marseille au Rhône et l'utilisation de l'Etang de Berre.* (Société de Géographie de Marseille : M. J. CHARLES-ROUX, ancien député, président de la Société, vice-président de la Cie universelle du Canal de Suez).
2. — *Un Port franc à Marseille.* — Les enseignements de l'histoire et les desiderata actuels. (Société de Géographie de Marseille : M. L. ESTRINE, négociant-armateur, vice-président de la Société pour la Défense du Commerce de Marseille).

II

Communications

1. — *La répartition de la population en Provence.* (M. H. BARRÉ, bibliothécaire de la Ville et de la Société de Géographie de Marseille).
2. — *De l'émigration des Provençaux et des Marseillais en France et à l'Etranger.* (M. V. TURQUAN, percepteur, ancien chef de la statistique au Ministère du Commerce, de la Société de Géographie commerciale de Paris).
3. — *La géographie du Mont-Ventoux.* (M. Eug. BARRÈME, docteur en droit, professeur à la Faculté marseillaise libre de droit, ancien président de la Section de Provence du Club Alpin, M. S. G. M.)
4. — *La côte des Maures au point de vue géographique et topographique.* (M. G. AUDRIN, ingénieur civil, M. S. G. M.)

5. — *La vallée de la Bresque, Var.* (M. J. DELMAS, professeur honoraire au Lycée, M. S. G. M.)

6. — *La topographie ancienne de Marseille.* (M. L. LAN, ancien chef de la division des Travaux publics de la ville de Marseille, M. S. G. M.)

7. — *Comment Marseille est devenue le premier port colonial de la France.* (M. Paul MASSON, docteur ès-lettres, chargé de cours à l'Université d'Aix-Marseille, M. S. G. M. et chargé du Cours populaire de la Société).

8. — *Une Société de géographie à Marseille en 1801.* (M. Joseph FOURNIER, sous-archiviste des Bouches-du-Rhône, M. S. G. M.)

GÉOGRAPHIE COLONIALE

I

Questions proposées à la Discussion

1. — *L'Enseignement Colonial dans les Universités de France.* — Urgence de son organisation et développement d'un programme capable d'assurer l'exploitation rationnelle et méthodique de nos Colonies. (Société de Géographie de Marseille : M. le Dʳ Ed. HECKEL, professeur à la Faculté des Sciences et à l'Ecole de Médecine, directeur du Musée et Institut Colonial, directeur du Jardin Botanique de Marseille).

2. — *De la nécessité de la création à Paris d'un Institut colonial.* — (Syndicat des Explorateurs français : M. le colonel MONTEIL, président).

3. — *Les Transports à Madagascar.* — Leur état actuel. — Les routes carrossables et les voies ferrées projetées. — Les voies maritimes. (Comité de Madagascar : M. J. CHARLES-

Roux, ancien député, président du Comité et de la Société de Géographie de Marseille).

4. — *Le Chemin de fer transsaharien par l'Ouest de la Province d'Oran.* (Société de Géographie et d'Archéologie d'Oran : M. E. ETIENNE, député, délégué de la Société).

5. — *La Guyane Française et le Territoire Contesté.* — Comparaison de la Guyane Française avec les Colonies voisines. — L'industrie de l'or dans la Guyane. — La question d'une voie ferrée reliant les placers du Contesté au littoral. (Société de Géographie de Marseille : M. David LEVAT, ingénieur civil des Mines, explorateur).

II

Communications

1. — *Les intérêts économiques de la France dans l'Afrique Occidentale.* (M. Frédéric BOHN, directeur de la Compagnie Française de l'Afrique Occidentale, M. S. G. M. et président du Comité d'organisation du Congrès).

2. — *La situation économique de la Tunisie.* (M. Ernest FALLOT, chef de bureau à la Direction de l'Agriculture et du Commerce à Tunis, M. S. G. M.)

3. — *Les Archives de la Chambre de Commerce de Marseille et les Rapports de la Tunisie avec la France avant la conquête française.* (M. le vicomte BÉGOUEN, attaché à la Résidence générale de France à Tunis, de la Société de Géographie commerciale de Paris : section tunisienne).

4. — *Le Chemin de fer de Bizerte au Kef et à Kalaa-Gerda.* (M. E. VASSEL, ancien capitaine d'armement du Canal de Suez, secrétaire général de l'Institut de Carthage).

5. — *La Mer de Bou-Grara,* Tunisie. (M. VASSEL, ancien capitaine d'armement du Canal de Suez, secrétaire général de l'Institut de Carthage).

6. — *Duveyrier :* Son dernier projet de voyage dans le Sahara. — Lettres inédites. (Commandant Henri Wolff, ancien commandant de cercle en Algérie, M. S. G. M.)

7. — *Le Dahomé* : Ses ressources économiques et son avenir commercial. (M. G. Borelli, négociant-armateur, membre de la Chambre de Commerce, président de la section de Marseille du Comité de Madagascar, M. S. G. M.)

8. — *Les forêts et les essences forestières exploitables à Madagascar.* (M. H. Jumelle, docteur ès-sciences naturelles, professeur-adjoint à la Faculté des Sciences et attaché au Musée colonial de Marseille, M. S. G. M.)

9. — *Les pêcheries françaises à la côte de Terre-Neuve.* (M. Paul Delorme, de la Société de Géographie d'Alger).

CONFÉRENCES

Par Madame Isabelle Massieu ; MM. Gabriel Bonvalot, le colonel Monteil, le professeur Marcel Dubois. M. S. Guénot.

PROGRAMME DU CONGRÈS

Dimanche 18 Septembre.

3 heures 1/2. — Séance solennelle d'ouverture au Grand-Théâtre Municipal : Discours de M. J. CHARLES-ROUX, président de la Société de Géographie de Marseille. — Discours de M. le Prince Auguste d'ARENBERG, président du Congrès. — Allocution de M. Gabriel BONVALOT.

9 heures du soir. — Réception au Cercle Artistique (Rue Grignan, 39).

Lundi 19 Septembre.

9 heures du matin. — Réunion du Congrès, dans la Salle d'Honneur de la Chambre de Commerce, au Palais de la Bourse (1). Rapports des Délégués sur les travaux des Sociétés. Fixation des Ordres du Jour.

2 heures 1/2. — Séance : Communications diverses.

9 heures du soir. — Conférence au Grand-Théâtre (2) par M. le colonel MONTEIL, (avec projections lumineuses).

Mardi 20 Septembre.

Excursion à La Ciotat sur un Paquebot de la Compagnie des Messageries Maritimes. — Visite des Chantiers de la Compagnie.

Mercredi 21 Septembre.

9 heures du matin. — Séance : Questions proposées à la discussion.

---

(1) Toutes les séances du Congrès ont lieu au Palais de la Bourse.
(2) Toutes les conférences ont lieu au Grand-Théâtre.

2 heures 1/2. — Séance : Communications diverses.

9 heures du soir. — Conférence par Mme Isabelle MASSIEU (projections lumineuses).

Jeudi 22 Septembre.

Matin. — Visites des Ports et du Musée Colonial.
Après-midi. — Visites industrielles.

Vendredi 23 Septembre.

9 heures du matin. — Séance : Questions proposées à la discussion.

2 heures 1/2. — Séance : Communications diverses.

9 heures du soir. — Conférences par M. Marcel DUBOIS et M. S. GUÉNOT (projections lumineuses).

Samedi 24 Septembre.

9 heures du matin. — Séance : Questions proposées à la discussion.

2 heures 1/2. — Réunion des Délégués (Révision des vœux émis par le Congrès. — Fixation des prochains Congrès).

4 heures. — Séance de clôture.

7 heures 1/2. — Banquet par souscription offert aux Délégués des Ministères et aux Autorités.

Dimanche 25 Septembre.

Excursion à Arles, par Martigues, Port-de-Bouc et Port-Saint-Louis-du-Rhône.

Liste des Membres du Congrès

Délégués des Ministères

MM. CHAPSAL, F., chef de cabinet du Ministre, délégué du *Ministère des Colonies*.

DELAVAUD, secrétaire d'ambassade de 1re classe, chef-adjoint du cabinet du Ministre, délégué du *Ministère des Affaires Etrangères*.

DUBOIS, Marcel, professeur de Géographie coloniale à la Sorbonne, délégué *du Ministère du Commerce, de l'Industrie, des Postes et Télégraphes*.

GROSJEAN, inspecteur général de l'Enseignement agricole, délégué du *Ministère de l'Agriculture*.

GUY, Camille, agrégé de l'Université, chef du Service géographique et des missions au Ministère, délégué du *Ministère des Colonies*.

LEVASSEUR, E., professeur au Collège de France, membre de l'Institut, président de la section des Sciences économiques et sociales et membre de la section de Géographie historique et descriptive du Comité des travaux historiques et scientifiques au Ministère, délégué du *Ministère de l'Instruction publique et des Beaux-Arts*.

NEVEU, commissaire-chef du Service de la Marine à Marseille, délégué du *Ministère de la Marine*.

ROMIEUX, chef de bataillon du Génie hors cadre, chef de la section de topographie au Service géographique du Ministère, délégué du *Ministère de la Guerre*.

MM. Versini, agrégé de l'Université, inspecteur de l'Enseignegnement secondaire, adjoint au Directeur général de l'Enseignement en Tunisie ; délégué du *Gouvernement Tunisien*.

Dybowski, J., directeur de l'Agriculture et du Commerce, à *Tunis*.

Fallot, E., chef du Service du commerce et de l'immigration à la Direction de l'Agriculture et du Commerce, *Tunis* ; ancien secrétaire de la Société de Géographie de Marseille.

Délégués des Sociétés de Géographie et Sociétés assimilées constituant le Comité du Congrès

Société de Géographie d'*Alger* : M. C. de Varigny, président, ancien diplomate.

Société de Géographie commerciale de *Bordeaux* : M. J. Manès, secrétaire général, directeur de l'Ecole Supérieure de Commerce.

Société Bourguignonne d'Histoire et de Géographie à *Dijon* : M. Paul Gaffarel, président, doyen honoraire de la Faculté des Lettres.

Union Géographique du Nord de la France à *Douai* : M. Georges Tellier, président, conseiller à la Cour d'appel.

Société de Géographie Commerciale du *Havre* : M. E. Favier, secrétaire général, professeur au Lycée.

Société de Géographie de *Lille* : M. A. Merchier, secrétaire général, professeur au Lycée.

Société de Géographie de *Lille* (section de *Roubaix*) : M. Annibal Craveri, secrétaire adjoint, industriel.

Société de Géographie de *Lille* (section de *Tourcoing*) : M. Joseph Petit-Leduc, secrétaire, rédacteur au « Journal de Roubaix », secrétaire de la Chambre de Commerce.

Société Bretonne de Géographie à *Lorient* : M. Marquer, capitaine de vaisseau, ancien président.

Société de Géographie de *Lyon* : M. E. CHAMBEYRON, président.

Société de Géographie de *Marseille* : M. Jacques LÉOTARD, secrétaire général, rédacteur au « Sémaphore ».

Société de Géographie de l'Est à *Nancy* : M. J. THOULET, professeur à la Faculté des Sciences.

Société de Géographie Commerciale de *Nantes* : M. Victor DOBY, secrétaire adjoint, professeur au Lycée.

Société de Géographie et d'Archéologie d'*Oran* : M. Eug. ETIENNE, député, président du Groupe colonial de la Chambre, ancien sous-secrétaire d'Etat aux Colonies.

Société de Géographie de *Paris* : M. le Prince Auguste d'ARENBERG, ancien vice-président, député, membre de l'Institut, président du Comité de l'Afrique Française.

Société de Géographie Commerciale de *Paris* : M. Charles GAUTHIOT, secrétaire général, membre des Conseils supérieurs des Colonies et de Statistique.

Société de Géographie Commerciale de *Paris* (section de *Tunis*) : M. le vicomte BEGOUEN, attaché à la Résidence générale de France à *Tunis*.

Société de Géographie de *Poitiers* : M. le colonel BLANCHOT, président.

Société de Géographie Commerciale de *Saint-Nazaire* : M. E. GALLET, secrétaire général.

Société de Géographie de *Toulouse* : M. Stanislas GUÉNOT, secrétaire général, receveur des Postes et des Télégraphes.

Alliance Française pour la propagation de la langue nationale dans les Colonies et à l'étranger, *Paris* : M. ARNAVON, président du Comité régional de Marseille, fabricant de savon.

Comité de l'Afrique Française, *Paris* : M. le prince d'ARENBERG, président, député, président de la Compagnie Universelle du Canal de Suez.

Comité de Madagascar, *Paris* : M. J. CHARLES-ROUX, président, ancien député, président de la Société de Géographie de *Marseille*.

Institut de Carthage, *Tunis* : M. A. FABRY, président, président du Tribunal civil.

Société d'Etudes historiques et géographiques de Bretagne, à *Rennes* : M. A. RAINAUD, docteur ès-lettres, chargé de cours de géographie à l'Université.

Autres Sociétés représentées au Congrès

Société de Géographie de *Genève* : M. Arthur de CLAPARÈDE, président, docteur en droit.

Société Italienne de Géographie à *Rome* : M. TATTARA, consul d'Italie à Marseille.

Association Coloniale Française de la Jeunesse, *Paris* : M. Louis OHL, secrétaire général.

Association Française pour l'Avancement des Sciences, *Paris* : M. Charles GAUTHIOT, membre du Conseil, secrétaire général de la Société de Géographie commerciale de Paris.

Comité Dupleix, *Paris* : M. Gabriel BONVALOT, directeur général, explorateur.

Société des Anciens Elèves et des Elèves de l'Ecole Coloniale, *Paris* : M. Henry OLLIVIER, sous-commissaire des Colonies.

Société pour la Défense du Commerce de *Marseille* : M. L. ESTRINE, vice-président, négociant.

Société Française des Ingénieurs Coloniaux, *Paris* : M. Edmond RIFFARD.

Société Géologique de France, *Paris* : M. A.-F. MARION, professeur à la Faculté des Sciences de Marseille.

Syndicat des Explorateurs Français, *Paris* : M. le Colonel MONTEIL, président, explorateur.

Union Coloniale Française, *Paris* : M. Jules CHARLES-ROUX, ancien député, président de la Société de Géographie de Marseille, vice-président de la Compagnie universelle du Canal de Suez.

Congressistes étrangers à Marseille

MM. AGOULT (d'), de la Société de Géographie de Paris, député du Sénégal, lieutenant de vaisseau en retraite, *Paris*.

ALBY, G., administrateur en chef des colonies à Madagascar, Membre de la Société de Géographie de *Marseille*.

AUDRIN, Gustave, ingénieur, Sainte-Maxime-sur-Mer (Var), M. S. G. M.

AURIOL, Ch., de la Société Languedocienne de Géographie, à *Montpellier*.

BONNARD, Paul, de la Société de Géographie de Paris, colon en Tunisie.

BRENIER, Henri, ancien chef de la Mission lyonnaise d'exploration commerciale en Chine, *Lyon*, S. G. M.

CANY, Félix, de la Société de Géographie de *Toulouse*, ingénieur des Arts et Manufactures.

CÉLESTE, Raymond, de la Société de Géographie commerciale de *Bordeaux*, bibliothécaire de la Ville.

CHAUDIÉ, E., inspecteur général des Colonies, gouverneur général de l'Afrique Occidentale française, S. G. M.

DUFOUR, de la Société de Géographie Commerciale de *Bordeaux*, colonel d'artillerie en retraite.

EYSSÉRIC, Joseph, de la Société de Géographie de *Paris*, explorateur.

FOURNIER, E., professeur à la Faculté des Sciences, *Besançon*, S. G. M.

Mme E. GALLET, Société de Géographie Commerciale de *Saint-Nazaire*.

Mlle E. GALLET, Société de Géographie Commerciale de *Saint-Nazaire*.

MM. GASCONI, ancien député, *Paris*, S. G. M.

GUÉNOT, Félix, de la Société de Géographie de *Toulouse*, sous-lieutenant d'Infanterie de Marine.

MM. LEVAT, David, ingénieur civil des mines, explorateur, *Paris*, S. G. M.

MADROLLE, Cl., de la Société de Géographie Commerciale de *Paris*, explorateur.

MAILLIER, Raoul (DE), de la Société de Géographie de l'Est à *Nancy*, chef d'escadron.

MAISTRE, Casimir, explorateur, *Villeneuvette* (Hérault), S. G. M.

MALLOIR, Louis, de la Société de Géographie de *Paris*.

Mme MANÈS, Société de Géographie Commerciale de *Bordeaux*.

MM. MANHÈS DE L'HARPE, de la Société de Géographie de *Lyon*, ingénieur.

Mme MASSIEU, Isabelle, des Sociétés de Géographie et de Géographie Commerciale de *Paris*.

MM. MONBRUN, Th., avocat, président honoraire de la Société de Géographie d'*Oran*.

MESPLÉ, Armand, vice-président de la Société de Géographie d'*Alger*, professeur agrégé aux Écoles supérieures.

MONCEAUX, Ferdinand, de la Société de Géographie d'*Alger*, négociant.

Mme MONCEAUX, Société de Géographie d'*Alger*.

MM. NICOLLE, E., vice-président de la Société de Géographie de *Lille*, ancien lieutenant de vaisseau, manufacturier.

ORLÉANS, Mgr le prince Henri (D'), explorateur, *Paris*, S. G. M.

PARISOT, Albert, de la Société Bourguignone de Géographie à *Dijon*, percepteur.

PATURET, docteur en médecine, de la Société de Géographie Commerciale de *Paris*.

PAYAN, Louis, de la Société Bourguignone de Géographie à *Dijon*.

PÉRIÉ, A., secrétaire de la Société de Géographie d'*Alger*, archiviste départemental de la Préfecture.

TEISSERENC, Roger, de la Société de Géographie Commerciale de *Paris*.

MM. TRUMELET-FABER, chef de bataillon d'infanterie de ligne, *Aix*, S. G. M.

TURQUAN, Victor, de la Société de Géographie Commerciale de Paris, ancien chef du service de la Statistique générale de la France au Ministère du Commerce, percepteur, *Lyon*.

Mme TURQUAN, Société de Géographie Commerciale de Paris, *Lyon*.

MM. VIVIER DE STREEL (E. DU), ancien chef de cabinet du Ministre des Colonies, attaché à la Direction générale de l'exploitation de l'Exposition universelle de 1900, *Paris*, S. G. M.

WOLFF, H., commandant du recrutement, *Auxerre*, S. G. M.

Membres de la Société de Géographie à Marseille ayant pris part au Congrès

MM. AGELASTO, Th., minotier, membre de la Chambre de Commerce.

AMIGUES, F.-B., négociant.

ARNAVON, Louis, fabricant de savon, président du Comité de l'*Alliance Française*.

ARNAVON, Jacques, licencié ès-lettres.

AUDIBERT, Paulin-Victor, avoué.

BARRÉ, Henri, conservateur de la Bibliothèque de la Ville.

BARRÊME, Eugène, docteur en droit, ancien président de la section de Provence du Club Alpin.

BARTHELET, Edmond, membre de la Chambre de Commerce.

BATARD-RAZELIÈRE, ingénieur des Ponts-et-Chaussées.

BERGASSE, Henry, armateur, ancien membre de la Chambre de Commerce.

BERTHE, Léon, directeur de l'Agence du Comptoir national d'Escompte de Paris.

BESSON, Léon, négociant.

MM. Bidon, Honoré, docteur en médecine, médecin des hôpitaux.
Bizard, Emilien, directeur des Docks et Entrepôts.
Blancard, L., Archiviste en chef des Bouches-du-Rhône.
Bohn, Frédéric, directeur de la Compagnie Française de l'Afrique Occidentale.
Bordes, Ch., négociant.
Borelli, Georges, négociant-armateur, membre de la Chambre de Commerce.
Bortoli fils, Louis, négociant.
Boude, Paul, raffineur de soufre, Juge au Tribunal de Commerce.
Bourge, Georges, capitaine aux Messageries Maritimes.
Brenier, Georges, sous-directeur de l'Exploitation des Messageries Maritimes.
Brière, Paul, agent général de la Caisse d'Epargne.
Brunon, Paul, négociant, agent de la Compagnie de Navigation Hansa.
Carré, Pierre, commissaire aux Messageries Maritimes.
Cartier, Alphée, agent-voyer en chef.
Catelan, Antonin, docteur en médecine, directeur de la Santé.
Certonciny, Paul, chef de bureau des directions de l'Intérieur.
Chataud, Ludovic, employé.
Chesnel, Raymond, bénédictin.
Clerc, Michel, directeur du Musée d'Archéologie, professeur à la Faculté des Lettres.
Combes, Adrien, sous-directeur de l'Ecole supérieure de Commerce.
Daher, P., négociant.
Darier, Emile, négociant, Consul du Nicaragua.
Delanglade, Edouard, docteur en médecine.
Delmas, Jacques, professeur honoraire au Lycée.
Delibes, Ernest, professeur honoraire au Lycée, ancien conseiller général.
Demouche, Arthur, secrétaire général de « La Marseillaise ».

MM. Desbief, Paul, administrateur des Raffineries de Saint-Louis.
Desplaces, Henri (Comte), avocat.
Estier, Henri, armateur, membre de la Chambre de Commerce.
Estrangin, Henri, négociant.
Estrine, Lucien, agent de la Peninsular and Oriental Steam Navigation C°.
Fabre, Paul-Cyprien, armateur.
Fabry, Louis, astronome à l'Observatoire de Marseille, docteur ès-sciences.
Faure-Durif, Adolphe, colonel d'artillerie en retraite.
Favre, Etienne, ingénieur.
Fels (de), Henri, propriétaire.
Féraud, Augustin, négociant, président de la Chambre de Commerce.
Flory, professeur au Lycée.
Fournier, Félix, fabricant de bougies, membre de la Chambre de Commerce.
Fournier, Joseph, sous-Archiviste des Bouches-du-Rhône.
Fraissinet, Adrien, consul de Guatémala, directeur de la Compagnie de la Côte d'Ivoire.
Fritsch-Estrangin, E., négociant.
Garsin, A., négociant.
Garsin, Edouard, avocat.
Gas, Frédéric, professeur, secrétaire général du « Cercle Artistique ».
Gastinel-Pacha, professeur honoraire à l'Ecole de Médecine du Caire.
Génis, L., administrateur-directeur de la Compagnie d'Assainissement de Marseille.
Giraud, Joseph, directeur de la Banque de France.
Giraud, Hubert, sous-directeur de la Société générale de Transports Maritimes.
Gouin, Ed., administrateur de la Société générale des Transports Maritimes.
Grandval, Alphonse, avocat.

MM. Guérard, Adolphe, ingénieur en chef des Ponts et Chaussées et du Service Maritime.
Guillaumet, Arnold, négociant.
Guize, E.-H., chef d'escadron d'artillerie en retraite.
Haïroumiantz, G., négociant.
Heckel, Edouard, professeur de botanique à la Faculté des Sciences, directeur de l'Institut-Musée colonial.
Hélo, capitaine au 61e de ligne.
Henriet, Jules, ingénieur.
Héraud, Adrien, chef de bureau au Chemin de fer.
Heyraud, Hipp., directeur de l'Agence du Crédit Lyonnais.
Issartier, Paul, contrôleur des Mines.
Jeansoulin, L., fabricant d'huiles.
Jourdan-Brive, fils, négociant.
Jullien, Marius, quincaillier.
Kiss, Fernand, courtier.
Laffitte, Léon, ingénieur, directeur de la savonnerie Gouin.
Lan, Louis, ancien chef de division à la Mairie.
Larroque, contrôleur de la Banque de France.
Latune, Armand, négociant.
Lezer, photographe.
Luzzatti, Henri, fabricant d'huiles, consul du Monténégro.
Maillat, Hyacinthe, agent général de la Compagnie Française de l'Afrique Occidentale.
Maliquet, Ferdinand, directeur de la Société Française de Travaux Publics.
Marquisan, directeur de la Compagnie du Gaz et Hauts-Fourneaux.
Masson, Paul, docteur ès-lettres, professeur de l'Université.
Meiffren, Th., fabricant de savon.
Michel, Georges, ingénieur.
Montamat, Edmond, avocat.
Montricher (de), Henri, ingénieur civil des Mines.
Mouriès, architecte.
Nazareth, A., directeur des Postes et des Télégraphes, commissaire du Gouvernement.
Oppermann, Alfred, ingénieur en chef des Mines.

MM. Paquet, Nicolas, négociant-armateur, vice-président de la Chambre de Commerce.
Piazza, Dominique, négociant, président des "Excursionnistes Marseillais".
Prat, Louis, négociant, membre de la Chambre de Commerce.
Pribil, Adolphe, employé.
Rabaud, Edouard, négociant.
Rampal, Auguste, docteur en droit.
Raoulx, ancien instituteur, conseiller municipal.
Repelin, J., docteur ès-sciences naturelles, chargé de cours à la Faculté des Sciences.
Rieth, Félix, négociant.
Robert, Auguste, négociant.
Roger, Léon, négociant.
Rolland, Pierre, avocat.
Roulet, L., chef de bataillon du Génie en retraite.
Scaramanga, Stratty, négociant.
Schlegel, Auguste, négociant.
Servel, Louis, négociant.
Stephan, Edouard, professeur à la Faculté des Sciences, directeur de l'Observatoire.
Talon, Eugène, avocat.
Théologo, Xénophon, négociant.
Trucy (D^r), médecin en chef des Colonies en retraite.
Vautier, Jules, directeur des Douanes.
Vayssière, Albert, docteur ès-sciences, professeur à la Faculté des Sciences.
Velten, Eugène, négociant, membre de la Chambre de Commerce.
Viallet, Marie-Louise (Mlle), professeur au Lycée de jeunes filles.
Vidal-Naquet, Albert, avocat.
Vincens, Charles, président du Comité des Assureurs maritimes.
Vincent, J., docteur en médecine.
Warrain, Arthur, négociant.
Zielke, Max, comptable.

TRAVAUX DU CONGRÈS

PREMIÈRE JOURNÉE
Dimanche 18 Septembre 1898

SÉANCE D'OUVERTURE

Présidence de M. le Prince Auguste d'ARENBERG

PRÉSIDENT DU CONGRÈS

La séance solennelle d'ouverture du Congrès a eu lieu à 3 h. 1/2, au Grand-Théâtre Municipal, avec un éclat exceptionnel. La façade avait été décorée d'écussons et de drapeaux, un velum surmontait la grande porte et un piquet d'honneur de sapeurs-pompiers était aligné dans le vestibule d'entrée, orné de plantes vertes avec le gracieux concours de la Ville.

Quand la séance s'est ouverte, la salle était à peu près comble, le public, dans lequel on remarquait beaucoup de dames en élégantes toilettes, ayant répondu en grand nombre à l'invitation de la Société de Géographie de Marseille, donnant libre accès à la séance. Seuls les fauteuils et les loges avaient été réservés aux membres du Congrès ou de la Société et à leurs familles.

Sur la scène, où étaient disposés par côtés des massifs de verdure, ont pris place au bureau : MM. le prince Auguste d'Arenberg, député, président du " Comité de l'Afrique Française ", président du Congrès ; J. Charles-Roux, président de la " Société de Géographie de Marseille ", ancien député ; Gabriel Bonvalot, explorateur, directeur général du " Comité Dupleix "; M. Floret, préfet des Bouches-du-Rhône ; Mgr le prince Henri d'Orléans, explorateur, ayant autour d'eux : MM. Etienne, député, président du groupe colonial de la Chambre ; d'Agoult et Thierry, députés ; Chaudié, gouverneur général de l'Afrique occidentale ; les délégués des Ministères et des principales Sociétés, le bureau de la Société de Géographie de Marseille, etc. On remarquait la présence, parmi les autorités locales, de M. le général Canonge, commandant la place ; de M. Bérard, premier adjoint au Maire ; de M. Causeret, inspecteur d'Académie, et de M. Schrameck, secrétaire général de la Préfecture.

En ouvrant la séance, M. J. Charles-Roux a prononcé le discours suivant :

Discours de M. J. CHARLES-ROUX

PRÉSIDENT DE LA SOCIÉTÉ DE GÉOGRAPHIE DE MARSEILLE

Mesdames, Messieurs,

Le titre de Président de la Société de Géographie de Marseille me vaut le grand honneur de prendre le premier la parole pour souhaiter la bienvenue aux éminentes personnalités qui ont répondu à notre invitation.

Je remercie tout d'abord M. le Prince d'Arenberg d'avoir bien voulu accepter la présidence de ce Congrès. Qu'il me permette de lui dire, au nom de tous ceux auxquels la cause coloniale tient à cœur, combien nous lui sommes reconnaissants des éminents services qu'il a rendus et de ceux qu'il rend chaque jour. Au groupe colonial comme à la tribune de la Chambre des députés, à la tête du *Comité de l'Afrique Française*, dont il est le père, — dont il est l'âme et dont le *Bulletin* constitue certainement un des documents les plus instructifs, — M. le prince d'Arenberg se multiplie et ses énergiques efforts ne sont égalés que par sa grande bienveillance à l'égard de ses collaborateurs.

Notre Président, Messieurs, est le type du citoyen français et du vrai patriote ; faisant le bien pour le bien, se dévouant corps et âme à son pays, sans préoccupation personnelle et sans autre but que de contribuer à sa prospérité et à sa grandeur. — Honneur à lui !

Je salue M. Levasseur, délégué du Ministère de l'Instruction publique et des Beaux-Arts ; M. Levasseur, notre maître à tous ; le créateur de la Géographie économique, le travailleur aussi consciencieux qu'intelligent, un des princes de la science française.

Je salue M. Delavaud, secrétaire d'ambassade de 1re classe, délégué du Ministère des Affaires étrangères ; M. Neveu, commissaire-chef du Service de la Marine à Marseille, délégué du Ministère de la Marine ; M. Romieux, chef de bataillon du Génie hors cadre, chef de la Section de Topographie au Service géographique du Ministère, délégué du Ministère de la Guerre ; MM. Chapsal, chef de Cabinet, et C. Guy, chef du Service géographique, délégués du Ministère des Colonies ; M. Marcel Dubois, professeur de géographie coloniale à la Sorbonne, qui a eu la coquetterie de se faire déléguer par le Ministère du Commerce et veut bien m'appeler « son confrère », ce qui me flatte infiniment.

L'Algérie est représentée par M. Etienne, député d'Oran, ancien sous-secrétaire d'Etat aux Colonies, président du groupe colonial de la Chambre des députés, qui partage avec Jules Ferry la gloire d'avoir été un des premiers pionniers de la grande cause coloniale et qui, descendu du pouvoir, n'en continue pas moins à travailler, en simple soldat, avec autant de vaillance que de dévouement éclairé.

La Tunisie a délégué M. Versini, agrégé de l'Université, inspecteur de l'Enseignement secondaire, adjoint au Directeur général de l'Enseignement en Tunisie ; M. Dybowski, directeur de l'Agriculture et du Commerce ; et M. Fallot, chef du Bureau du Commerce et de l'Immigration.

Je salue le lieutenant-colonel Monteil, dont le nom vous est trop connu pour que je songe à en faire l'éloge et que nous avons déjà acclamé à Marseille, au retour de ses belles et utiles explorations ; M. Bonvalot, que vous allez entendre dans un moment ; Mgr le prince Henri d'Orléans, qui est sur le point de repartir pour l'Ethiopie et que nos vœux accompagneront, comme tous ceux de nos compatriotes qui vont au loin porter le drapeau de la civilisation et de la France.

Je salue enfin tous les délégués de nos diverses Sociétés de Géographie et je ne saurais trop leur exprimer combien nous sommes heureux et flattés de leur empressement à venir dans notre ville. Nous ne négligerons rien pour leur en rendre le séjour agréable.

Je tiens à remercier notre Municipalité d'avoir bien voulu mettre la salle du Grand-Théâtre à notre disposition, et la Chambre de Commerce de nous avoir offert l'hospitalité dans son Palais, toujours ouvert aux œuvres dont le but est le culte de la science et la défense des grands intérêts du pays.

Mesdames et Messieurs,

Tous les Congrès tendent à agrandir leur champ d'action et ceux de Géographie suivent l'impulsion générale. De même que les Congrès de navigation qui se dédoublaient en navigation maritime et en navigation intérieure ont décidé de faire de ces deux branches de la marine le but des études d'une même assemblée, de même les Congrès de géographie ne se bornent plus aux questions de science géographique pure et y joignent les études relatives à la grande cause coloniale, dont la géographie est du reste l'auxiliaire le plus puissant.

Vous me permettrez donc, dans ce discours d'ouverture, d'examiner aussi brièvement que possible la marche qu'a suivie l'œuvre de la colonisation en France pendant ces vingt dernières années, de signaler les progrès que nous avons réalisés et ceux qui nous restent à accomplir.

Ainsi que je le fais presque tous les ans, je viens de passer deux mois à l'étranger, en Angleterre, en Belgique et en Allemagne ; et, toutes les fois que j'ai parlé colonisation (ce qui m'est arrivé souvent) j'ai vu des sourires errer sur les lèvres de mes interlocuteurs ! Je leur ai régulièrement demandé la cause de leur discrète hilarité, et ils m'ont toujours répondu, sans aucun embarras, que nos explorateurs sont pleins d'habileté, de courage, d'endurance, mais que notre nation est peu apte à coloniser, — dans la véritable acception de ce mot, — que nous ne savons pas tirer parti et profit des territoires que nous avons conquis.

Je crois cette critique ainsi formulée tout à fait injuste, car tous les peuples ont des défauts inhérents à leur race et il me semble utile de profiter de ce Congrès pour protester contre une légende soigneusement exploitée par nos concurrents.

Mon intention n'est pas de faire acte de chauvinisme et d'entonner un Alleluia. Non, Messieurs. — Je voudrais insister, au contraire, sur nos erreurs et nos vices, mais ne pas craindre également de constater nos qualités et les résultats acquis ; — je voudrais essayer d'indiquer enfin tout ce qu'il nous reste à faire, à mon humble avis, pour assurer notre avenir colonial.

N'oublions pas tout d'abord que la reconstitution de notre empire colonial date de vingt ans à peine et que, si nous comparons la situation d'aujourd'hui à celle qui existait au moment où Gambetta et Jules Ferry se sont fait courageusement les promoteurs de l'« Idée Coloniale », il est difficile de nier le chemin parcouru. Le grain qu'ont semé ces patriotes a non seulement germé, mais l'utilité des Colonies n'est plus discutée et le Parlement n'ose même plus y faire opposition.

L'Idée Coloniale s'est tellement emparé de l'opinion publique, que tout le monde s'y intéresse et s'en occupe et que les membres les plus éminents de l'Académie française, les écrivains, les philosophes les plus en renom, ne dédaignent pas de lui prêter l'appui de leur éloquence et de leur autorité.

D'autre part, la baisse toujours croissante de l'intérêt de l'argent inspire aux pères de famille, des réflexions salutaires ; tout homme qui pense est désireux de mettre un terme aux excès du fonctionnarisme et juge que la présence de 500 mille fonctionnaires dans notre pays et les charges budgétaires qu'elle entraine est très largement suffisante ; qu'il est impérieux de savoir faire preuve d'énergie et d'initiative individuelle, d'aller au dehors faire fructifier nos capitaux et augmenter ainsi, non seulement nos richesses, mais la puissance et le rayonnement de la France.

C'est à ces idées justes et élevées qu'ont obéi les fondateurs des diverses sociétés dont le but est la vulgarisation de l'Idée Coloniale.

La Société de Géographie de Paris tout d'abord, la Société de Géographie Commerciale et leurs sœurs cadettes de Province ont compris que leur devoir était de favoriser ce mouvement, en répandant de plus en plus le goût des études géographiques. Elles n'ont pas failli à leur tâche et l'accomplissent brillamment.

Ainsi que l'a dit M. Jules Lemaître dans sa conférence du 5 juin dernier : « *Il semble bien que la première chose à connaître, c'est la* « *figure de la planète. Ç'a été peut-être une idée géniale de Raoul Frary,* « *ce précurseur, de faire de la Géographie le centre même de l'enseigne-* « *ment et de vouloir que les autres sciences ne fussent enseignées qu'à* « *l'occasion de celle-là.* »

Le Comité de l'Afrique Française s'est constitué en 1890, sous la présidence de notre éminent président, M. le Prince d'Arenberg. Je n'ai pas à vous apprendre les multiples et importants services qu'il a rendus : vous lisez, régulièrement comme moi, son Bulletin, qui nous permet de suivre pas à pas la marche de nos explorateurs et leurs utiles et pénibles travaux.

Il y a trois ans, a surgi le Comité Dupleix, sous la direction de M. Bonvalot, un apôtre, — qui non content de faire entendre de dures vérités à notre jeunesse et aux mères de famille à Paris, va de ville en ville prêcher une véritable croisade. Ce Comité s'est affirmé dans deux circonstances solennelles : la première, en célébrant avec éclat le bi-centenaire de Dupleix, la seconde en donnant, — le jour du

Grand Prix de Paris, — une double conférence dans laquelle M. Lemaître a traité de la réforme de l'Enseignement classique et M. Bonvalot a repris son thème favori de la Colonisation. Ce qui prouve bien la faveur dont jouit l'idée coloniale auprès du public, c'est que, malgré l'attraction du Grand Prix et un temps superbe, l'immense amphithéâtre de la Sorbonne était bondé et que toutes les classes de la société y étaient représentées : grandes dames, savants, bourgeois et petits bourgeois, industriels et commerçants, avaient préféré la Sorbonne à Longchamp.

Le Comité Dupleix fait paraître une publication mensuelle qu'il rendra plus tard bi-mensuelle et même hebdomadaire, et dans laquelle il se propose d'établir « *le cahier de nos infériorités ; de faire une guerre acharnée au fonctionnarisme ; d'attirer l'attention sur nos colonies ; de les faire mieux connaître, et de préparer à la vie coloniale les français susceptibles de devenir colons.* »

Les Chambres de commerce elles-mêmes se sont mises de la partie : la Chambre de Lyon, avec le concours de celles de Marseille et de Saint-Etienne, a envoyé une importante mission coloniale en Chine et vous avez pu lire le rapport général très complet de son chef, l'intelligent M. Brenier, et ceux de ses actifs collaborateurs. Mais ce qui nous a ravi, c'est que cette mission a eu des résultats pratiques, c'est que des groupements de capitaux ont eu lieu, notamment à Marseille et à Lyon, et que plusieurs des hommes qui étaient allés explorer l'Empire du Milieu, ont été chargés d'y retourner pour créer des maisons de commerce et des industries bien françaises. C'est d'un bon augure ; car, jusqu'à présent, les rapports de nos explorateurs avaient surtout profité aux étrangers, qui s'en sont toujours montrés très friands ; ils étaient peu lus par nos nationaux et semblaient n'avoir pour eux qu'une valeur scientifique.

Il serait profondément injuste de ne pas reconnaître les progrès réalisés par notre corps consulaire, le zèle qu'il déploie, le soin et la compétence avec laquelle sont rédigés la grande majorité des rapports commerciaux.

Quand on sait lire dans le *Moniteur Officiel du Commerce* (ce qui n'est pas facile), et quand on dispose d'assez de temps pour en parcourir les nombreuses colonnes et en déchiffrer les caractères elzéviriens, on est frappé de la multiplicité et de la qualité des renseignements contenus dans cette publication. Malheureusement, les gens d'affaires sont trop occupés pour se livrer à ces longues et patientes recherches, et j'espère, maintenant que *l'Office National du Commerce Extérieur* est créé, au siège de la Chambre de commerce de Paris, qu'on va reprendre la publication des rapports consulaires par fascicules et par pays Ce sera infiniment plus pratique et chaque commerçant, au lieu de se perdre dans cette *tour de Babel* actuelle, recourra au fascicule et au pays qui l'intéresse.

Si je cite en dernier l'*Union Coloniale Française* et le *Comité de Madagascar*, c'est que j'ai l'honneur de représenter ces deux Sociétés au Congrès. Je me réserve donc de résumer leurs travaux dans la séance de demain matin, qui est spécialement affectée aux rapports des délégués sur les travaux des Sociétés.

Vous le voyez, Messieurs, les efforts tentés sont considérables et ils commencent à porter leurs fruits, d'autant plus que les diverses Sociétés dont je viens de parler, tout en poursuivant un but commun, qui est la vulgarisation de l'idée coloniale, n'en ont pas moins une tâche spéciale et nettement définie.

La Société de Géographie de Paris et la Société de Géographie commerciale, ainsi que je l'ai du reste déjà indiqué, s'occupent plus particulièrement de la Science Géographique dans son ensemble et des questions qui l'avoisinent.

Le Comité de l'Afrique Française vise tout spécialement les explorations et les explorateurs et, pour ainsi dire, le côté diplomatique de l'expansion coloniale.

Le principal rôle du Comité Dupleix est un rôle de propagande et d'initiation.

A l'Union Coloniale revient la plus large part de l'œuvre économique.

Le Comité de Madagascar s'occupe exclusivement de Madagascar.

Je désirerais donc émettre un vœu ou plutôt une série de vœux, et je serais très heureux si le Congrès voulait bien me faire l'honneur de s'y associer.

Certes, les aspirations élevées et le désintéressement de nos diverses Sociétés coloniales sont un sûr garant qu'elles ne peuvent être animées les unes à l'égard des autres que d'un sentiment bien légitime d'émulation, aussi éloigné de jalousie mesquine que de tout désir d'omnipotence. Aussi, souhaiterais-je que les Présidents de ces Sociétés se réunissent régulièrement chaque mois pour arrêter en commun des résolutions sur les multiples questions d'intérêt général colonial, résolutions qui seraient transmises aux pouvoirs publics. Il se créerait ainsi entre elles un lien qui fait défaut et ces délibérations, émanant d'un groupement de compétences indiscutables, prendraient une réelle valeur et seraient peut-être de nature à influencer heureusement ceux qui ont la lourde et difficile charge de diriger notre empire colonial et de veiller à ses destinées.

Le dîner qu'a fondé M. le prince d'Arenberg et qui porte son nom, pourrait fort bien servir à constituer ce centre de ralliement. Et si j'insiste, Messieurs, sur cette idée qui est venue très certainement à l'esprit de plusieurs de mes collègues, c'est que nous avons le devoir de nous préoccuper de ce qui se passe à l'étranger.

L'*Imperial Institute* de Londres joue à peu près ce rôle, et il n'y a, pour s'en convaincre, qu'à parcourir le dernier rapport annuel publié par l'*Imperial Institute Journal*.

Il en est de même de la *Deutsche Kolonial Gesellschaft* en Allemagne, qui tient chaque année un Congrès dans une des grandes villes de l'empire. Le dernier s'est réuni le 28 juin à Dantzig, sous la présidence du duc Jean Albert de Mecklembourg, président de la Société. Le rapport annuel nous apprend que cette Société compte actuellement 274 groupes et environ 25.000 adhérents. Son revenu est de 133.628 marks, ses dépenses de 124.851 marks, ce qui laisse à l'actif de la Société, pour le dernier exercice, un excédent de 8.777 marks. Les réserves sont évaluées à 232.098 marks.

Par sa puissance et son organisation, la *Deutsche Kolonial Gesellschaft* est donc l'instrument le plus influent de la politique coloniale allemande. Elle est à même de défendre cette politique avec autorité, non seulement par l'intermédiaire de son journal très répandu et très bien informé, mais encore sous forme de mouvements d'opinion, de vœux et de résolutions qui trouvent leur écho au sein du Reichstag.

Le groupement que nous voudrions voir en France existe donc chez nos concurrents les plus directs ; mais, sauf cette lacune, qu'il serait facile de combler et qui n'est pas à négliger, on a réalisé chez nous à peu près tout ce que permettent notre système d'éducation, nos mœurs et notre législation actuelle.

Je n'ai pas la compétence voulue pour me prononcer sur l'efficacité et l'opportunité d'un changement radical à apporter dans le mode de notre enseignement classique, pour dire « si le Minotaure du baccalauréat doit subsister » et je laisse aux Jules Lemaître, aux Lavisse, aux Melchior de Vogüé, le soin d'élucider cette grave question ; mais, je suis intimement convaincu qu'il est urgent de modifier notre système « d'éducation ». Notre jeunesse n'est pas suffisamment propre à l'action, et il faut l'y préparer.

C'est la *morale qui se dégage de nos observations de chaque jour*, des ouvrages qui ont été publiés, des conférences et des discussions auxquelles nous avons assisté. Comme l'écrit fort justement M. Arthur Maillet dans la *France de Demain* : « Ceux qu'inquiète l'avenir de notre pays comprennent que les générations nouvelles ont besoin de plus de muscles, de plus d'énergie et d'une plus grande variété de tendances que n'en façonnent les anciennes habitudes éducatrices de la famille Française et de l'Université ».

Le peuple américain donne en ce moment des preuves trop évidentes de virilité pour qu'il ne soit pas très naturel de comparer notre système d'éducation au sien, et voici comment s'exprime à ce sujet une femme fort distinguée, Mademoiselle Dugard, qui est professeur au Lycée Molière et a fait de l'éducation Américaine une étude approfondie :

« Lorsqu'on cherche à dégager, dit Mademoiselle Dugard, l'idée initiale de cette éducation qui frappe tout d'abord par son caractère de virilité, à indiquer ce qui en fait la force et la différence de l'éducation latine, un mot aussitôt s'impose : « *former des hommes* ». Les professeurs n'oublient jamais que chaque élève est un citoyen américain et que, dans tous les enseignements, et en particulier dans celui de la Géographie et de l'Histoire, c'est la question de patriotisme qui doit dominer, afin d'inspirer à l'enfant l'admiration presque sans bornes pour la grande nation qu'il doit appeler sienne. Nous tenons pour accordé, disait au Congrès de l'Education un inspecteur de l'Ohio, que la formation du caractère est le but suprême de l'école. Au lieu de dresser une barrière entre l'enfant et le monde, de faire de l'école et du collège un milieu factice fermé à la vie du dehors, qui n'y pénètre que clandestine et par conséquent faussée, et de laisser à l'inexpérience des vingt ans le soin de former le jeune homme à la vie du dehors, on pense en Amérique que l'éducation entière doit être une préparation à l'existence. Rappelez-vous, disait à ses professeurs le fondateur de l'Université de « Leland Stanford Junior », que les jeunes gens que vous préparez aux grades universitaires ne doivent pas être seulement des savants, mais qu'ils doivent avoir une volonté ferme, la connaissance de la vie, « *The knowledge of life* ».

M. Lavisse arrive aux mêmes conclusions dans un article qu'il a publié le 12 juillet dernier dans le *Temps* :

« Dans le problème de l'éducation nationale, dit-il, la plus importante question n'est pas la *question du latin*. Si la méthode même de l'éducation n'est pas bonne, il ne suffira point, pour l'améliorer, de changer les matières de l'enseignement. On ne régénérera pas le moral d'une armée en changeant la tenue du soldat.

« La méthode actuelle de l'éducation ne convient plus à notre temps. Il y a en elle trop de survivance du passé. Malgré les progrès accomplis et les intentions généreuses exprimées, l'écolier continue à être traité comme un contribuable duquel on exige certaines sommes de travail sans jamais lui donner de raisons, comme un prévenu de fainéantise et de turbulence, soumis à l'obligation des tâches continues, mis entre brancards et sous bride. Nous ne savons pas faire en lui l'éducation de la liberté ».

Et plus loin : « La France, plus prête que jamais à l'énergie, quoi qu'on en dise, est comprimée par un mauvais système d'éducation et par une mauvaise organisation politique, intimement liés l'un à l'autre d'ailleurs ; car l'éducation, comme on la donne encore, prépare à un régime qui dure encore lui aussi : à quoi serviraient des activités libres qu'attendent toutes nos lisières ?

« Une éducation nouvelle serait celle où l'on enseignerait à l'écolier, en même temps que des choses, le pourquoi de ces choses ; car il ne sait pas au juste pourquoi il apprend des langues, ou l'histoire ou les mathématiques, ni ce qu'est une langue, ce qu'est l'histoire, ce que sont les mathématiques, ni en quoi ces enseignements contribuent à l'éducation de son esprit. De temps en temps, et de préférence les jours où il n'écoute pas, les jours de distribution de prix, il entend des théories sur l'éducation, et c'est tout. Le maître qui explique et raisonne son enseignement est rare : aussi l'immense majorité des écoliers ressemble à des soldats en caserne requis à heures fixes pour des corvées successives ; ils y vont parce qu'il faut y aller ».

Cet article serait à citer en son entier, tant il me paraît juste, mais M. Lavisse, tout en reconnaissant l'urgence de la *réforme*, craint qu'elle ne soit fort longue à accomplir parce qu'elle entraîne des modifications profondes dans la méthode d'enseigner de nos professeurs. Il faut cependant nous hâter, car, non seulement l'Amérique et l'Angleterre nous devancent, mais l'Allemagne marche à grands pas dans cette voie et avec d'autant plus de chance de succès que sa population augmente de 650.000 habitants par an, tandis que la nôtre est stationnaire, pour ne pas dire qu'elle est en décroissance.

Souhaitons enfin, Messieurs, pour faciliter le succès de l'œuvre coloniale, que le Parlement et les divers Gouvernements qui se succèdent au pouvoir donnent aux hommes d'action et d'initiative, *aux commerçants*, un appui et un encouragement moral qui, jusqu'à présent, leur a été fort maladroitement refusé et qui constitue un des principaux moyens d'action, un des plus puissants leviers chez les nations concurrentes.

Souhaitons qu'au lieu de laisser vilipender le commerce, — base essentielle de la colonisation, — au lieu de le confondre à plaisir avec la spéculation interlope et l'agiotage, on lui réserve la place qui lui est dûe dans les forces vives de la nation et qu'on le mette en honneur.

M. Jean Hess écrivait dernièrement dans le *Figaro* :

« C'est très joli qu'un gouvernement dise aux capitalistes : faites travailler votre argent et dans nos colonies. Mais je ne crois pas que cela suffise pour que le phénomène demandé se réalise. De nature, l'argent n'entend ni l'éloquence ni le sentiment. Il est rebelle aux arguments d'avocat. Il lui faut des réalités. Pour qu'il aille quelque part jouer son rôle social d'instrument nécessaire à la production des richesses, qui améliorent la condition de tous les citoyens, il exige quelques garanties de fait. Pas d'énormes.... Il voudrait que le Ministre des Colonies s'affirmât franchement, courageusement, le protecteur réel et l'associé moral des hommes d'affaires, des commerçants, des industriels, de tous ceux, en un mot, qui font vivre le pays ».

L'an passé, M. Gaston Deschamps avait dit à peu près la même chose, dans les *Débats*, à la suite des discours de distribution de prix, où la plus grande partie des orateurs, avec un accord parfait, engageaient la jeunesse à coloniser. Nous l'avons dit bien souvent nous-même et à la tribune de la Chambre, et dans des conférences et dans des articles de Revues et de journaux ! Espérons qu'à force de répéter cette vérité, elle finira par s'imposer à l'attention des pouvoirs publics et du pays.

Il n'y a pas d'illusions à se faire, Messieurs, si nous voulons mettre rapidement en valeur notre vaste empire colonial : diverses réformes s'imposent. Les unes sont du domaine purement législatif, les autres sont d'ordre financier.

Il faut créer une armée coloniale, et cette question a été si souvent discutée dans les grandes Commissions de la Chambre et à la tribune ; elle a donné lieu à tant de projets et de contre-projets émanant, soit du Gouvernement, soit de l'initiative parlementaire, qu'on l'a, je crois, retournée sur toutes ses faces et qu'il n'y a plus qu'à conclure.

Il faut modifier la loi militaire en ce qui concerne le séjour des jeunes français nés à l'étranger.

Il faut modifier la composition des équipages de notre marine marchande, qui nous place dans un état d'infériorité marquée à l'égard des nations concurrentes, conformément au projet de loi déposé par M. le Ministre de la Marine, après avis favorable du Conseil supérieur.

Au point de vue financier, il faut créer une ou des maisons de crédit spécialement destinées à fournir des fonds aux entreprises coloniales sérieuses. — A maintes reprises, nous avons entendu les Ministres des Affaires étrangères ou des Colonies reprocher aux maisons de crédit existantes leur manque d'esprit d'initiative et leur pusillanimité. Ce reproche n'est pas fondé, parce que les maisons de crédit actuelles n'ont pas été instituées et ne sont pas organisées pour ce genre d'affaires. Ce sont des maisons de crédit et de dépôts, qui doivent être toujours en mesure de restituer les fonds qu'on leur confie et qui ne peuvent les employer par conséquent à des entreprises de longue haleine et les éparpiller aux quatre coins du monde. Leurs actionnaires ne leur ont pas donné des fonds pour cela et les administrateurs qui reçoivent mandat de les représenter n'ont le droit de faciliter les entreprises coloniales que dans une faible proportion du capital souscrit, avec une extrême prudence. Il y a bien la *Banque de l'Indo-Chine*, qui rend de très réels services ; mais c'est une banque d'*émission*, dont l'action est limitée dans un rayon déterminé et restreint. La création d'une maison de crédit spéciale s'impose donc et il conviendrait en même temps d'opérer une réforme non moins urgente : celles des *banques coloniales locales*, dont la situation est loin d'être brillante et dont la reconstitution sur de nouvelles bases intéresse au plus haut point le crédit et la prospérité de la Guadeloupe, de la Martinique, de la Guyane, de la Réunion et du Sénégal.

Ce n'est pas tout, Messieurs, et je vous prie de me permettre de dévider entièrement mon écheveau. Nous avons à nous méfier de la tendance qu'ont certains parlementaires à nous ramener d'un siècle en arrière par le retour à une législation surannée, digne du musée des antiques.

Non contents d'avoir rétabli la fameuse loi de 1814, et de l'avoir rajeunie en lui donnant le nom séduisant de « Cadenas », certains esprits peu primesautiers rêvent le rétablissement du « Pacte Colonial » et de son corollaire « la surtaxe du tiers pavillon ». Nos maîtres économistes d'aujourd'hui voient dans l'expansion coloniale la raison d'être de l'exhumation de ces deux cadavres ; et ne croyez pas que je m'effraye à tort car, par le temps qui court, il faut s'attendre à tout en matière économique.

Il me semble, Messieurs, qu'il faudrait mettre un terme à ces fantaisies dont la propagation cache exclusivement le but politique de plaire aux paysans, et qu'il serait infiniment plus digne d'un grand pays d'essayer d'apporter un peu d'ordre et de méthode dans l'épouvantable désordre qui règne de toutes parts et qu'on se complaît à entretenir. Si nous reconnaissons qu'il convient de donner à notre jeunesse une éducation plus virile, les hommes parvenus à l'âge mûr pourraient peut-être songer à se réformer eux-mêmes et à prêcher d'exemple.

Puisque nous sommes appelés à coloniser, nous devrions avoir à cœur de n'importer dans les pays soumis à notre domination que des idées justes et libérales, des habitudes et des mœurs saines et correctes. — C'est ce qui a fait la grande force des Anglais, c'est ce qui fait aujourd'hui celle des Allemands.

« Développer ses muscles ; ne compter que sur soi-même et sur sa propre initiative ; ne pas trop fumer ; fuir l'alcool comme la peste ; faire beaucoup d'enfants », tel est le catéchisme du parfait colon. Et, pour parler la langue chère à l'honorable Président du Conseil, M. Brisson, langue qui doit être également familière à M. le Minisire des Colonies :

« Mens sana in corpore sano ».

En terminant son discours, chaleureusement applaudi, M. Charles-Roux a offert à M. le prince d'Arenberg la médaille de fondation de la Société de Géographie de Marseille, comme souvenir de sa présidence du Congrès.

M. le Prince Auguste d'Arenberg, prenant à son tour la parole, a prononcé le discours ci-dessous, qui a été également applaudi :

Discours de M. le Prince A. d'ARENBERG

PRÉSIDENT DU CONGRÈS

MESDAMES, MESSIEURS,

L'honneur qui m'est fait de présider le XIXe Congrès national des Sociétés françaises de Géographie ne peut être attribué qu'à l'extrême bienveillance des membres du Bureau de la Société de Géographie de Marseille. En écoutant tout à l'heure M. le Président, je ne pouvais pas m'empêcher de trouver qu'il se trompait, car au lieu d'avoir droit à des remerciements, c'est moi qui suis redevable de beaucoup de reconnaissance à ceux qui m'ont confié la direction de leur réunion et de leurs travaux.

Les congrès scientifiques se multiplient parce que chacun sait très bien que la meilleure manière de parvenir au progrès est de mettre en commun le résultat de ses recherches et de ses études.

Les géographes ne pouvaient pas manquer de suivre ce mouvement scientifique et, chaque année, ils se réunissent pour examiner ensemble le chemin qui a été déjà parcouru, puis pour faire quelques pas de plus dans la voie qui conduit au développement de la science dont ils s'occupent d'une façon spéciale.

Les villes accueillent les congressistes avec une bienveillance parfaite et une hospitalité excellente, mais je ne serai contredit par personne en disant qu'aucune autre ville n'a une réputation de courtoisie et d'affabilité plus grande que celle qui nous reçoit en ce moment. Les géographes s'y trouvent en quelque sorte mieux qu'ailleurs et presque chez eux, parce qu'ils sentent combien le premier port de France s'intéresse à toutes les questions qu'ils vont traiter et qu'ils viennent étudier. C'est ici, en effet, que débarquent un grand nombre d'explorateurs ; c'est ici que sont reçues les premières nouvelles et les premières informations concernant les pays lointains ; c'est d'ici enfin que l'activité commerciale part pour mettre en valeur les terres et les colonies conquises par nos voyageurs et par nos soldats.

Le goût des habitants de Marseille pour les questions relatives à la géographie devait les conduire forcément à la constitution d'une Société dont les membres s'occuperaient de tout ce qui concerne cette science. Dès le début, nous voyons les hommes les plus distingués contribuer à cette fondation. C'est en 1876 qu'elle est créée, sur les conseils de M. Ferdinand de Lesseps. Permettez-moi de saluer en passant le nom de cet homme illustre, car si sa longue vie s'est achevée au milieu des amertumes et des tristesses, il n'en restera pas moins le créateur de l'une des œuvres les plus grandes, les plus belles et les plus utiles qui aient jamais été accomplies par des mains humaines.

C'est en 1877 que les premières réunions de la Société ont lieu et M. Alfred Rabaud est choisi pour les présider. Il a laissé une réputation de savoir et de bienveillance que les années qui s'écoulent ne sont pas parvenues à faire oublier ; pendant longtemps il n'a ménagé ni son temps ni sa peine pour donner à la Société naissante la force et le développement dont elle avait besoin. Il fut secondé par M. Armand, le dévoué secrétaire général, qui ne négligea rien non plus pour organiser d'une façon pratique et utile les différents services dont le public devait profiter. Enfin, à côté d'eux se trouva un homme que nous avons encore le plaisir de voir au milieu de nous : M. Delibes a contribué plus qu'aucun autre à la prospérité de la Société. Il lui a donné le concours de son talent et de ses vastes connaissances. Les générations qui se sont succédées à Marseille depuis 25 ans ont entendu son éloquente parole traitant les questions d'histoire et de géographie et tous ici l'entourent de leur respect et de leur vénération.

Si les débuts de la Société furent modestes, son importance ne tarda pas à se montrer. En 1877 elle comptait 250 membres adhérents et aujourd'hui je trouve 506 noms sur la liste de son annuaire. Le budget a été si bien administré que malgré une dépense annuelle qui s'élève à plus de 12.000 fr., un fonds de réserve assez important a pu être mis de côté pour faire face aux dépenses exceptionnelles. La bibliothèque compte 7.000 volumes dont plus de mille concernent le continent africain. On ne trouverait peut-être pas ailleurs une collection semblable de documents sur la contrée qui attire en ce moment l'attention du monde entier. Cette bibliothèque, libéralement ouverte à tous ceux qui le demandent, est une source précieuse d'informations, mais à côté de ses livres, la Société donne encore aux jeunes gens désireux de s'instruire d'autres facilités et d'autres moyens. Sans parler des grandes conférences faites par les célèbres explorateurs au retour de leurs voyages, des communications mensuelles tiennent au courant de toutes les découvertes, de toutes les nouvelles, en un mot de tout ce qui concerne la science géographique. Puis des cours populaires ont été organisés depuis 20 années par la Société et le talent des professeurs a su grouper autour de leurs chaires des auditeurs nombreux et des élèves qui ont apprécié les bienfaits de cette instruction. Quel est d'ailleurs le genre d'encouragement, l'essai de propagande qui ait été négligé par la Société de Marseille? On les chercherait en vain. C'est ainsi que si elle a offert de magnifiques médailles aux voyageurs illustres, elle a distribué plus de 900 prix dans les établissements d'instruction des Bouches-du-Rhône, et lorsqu'elle a pu seconder les explorateurs, elle n'a jamais manqué de le faire. Je suis heureux de profiter de l'occasion qui m'est offerte pour remercier, au nom du « Comité de l'Afrique française », la Société marseillaise, car lorsque nous avons invoqué son concours en la priant de nous aider à organiser des missions africaines, elle a répondu à notre appel avec une générosité que je ne peux pas oublier. Enfin, le *Bulletin* de la Société est devenu une publication d'une haute valeur. La collection des 21 volumes contenant 50 cartes est une véritable encyclopédie du mouvement géographique pendant les vingt dernières années.

Tel est en quelques mots l'historique de cette Société, qui a déjà rendu de si grands services et qui en rendra encore de très nombreux dans l'avenir. Elle doit en grande partie sa prospérité aux hommes distingués qui ont contribué à la fonder, mais elle ne semble pas disposée à abandonner la tradition de placer à sa tête des hommes éminents. C'est ainsi qu'elle a choisi comme Président l'un de ceux qui, par son talent d'orateur et d'écrivain, occupait une place considérable dans le Parlement français. Si M. Charles-Roux n'était pas si près de moi, je serais plus à mon aise pour dire ce que je pense de lui, mais j'ai bien le droit d'affirmer qu'il est à l'heure actuelle l'un des maîtres les plus appréciés et les plus écoutés, lorsque, soit dans ses livres, soit dans ses discours, il traite les questions de la science économique. M. Jacques Léotard, secrétaire-général, est le digne auxiliaire de son très distingué président et nul autre assurément n'a contribué plus que lui par ses conférences, par ses publications et par son dévouement à augmenter l'éclat, la renommée et les succès de la Société de Géographie de Marseille.

Je crois que c'est à M. Léotard que nous pouvons attribuer pour une large part la rédaction du beau programme que nous avons sous les yeux et qui servira pour ainsi dire de cadre aux discussions du Congrès. Rien n'a été oublié ni négligé dans ce programme.

L'enseignement géographique est inscrit en tête du questionnaire et comme nous avons au milieu de nous les maîtres les plus illustres de cet enseignement, ils vous en parleront mieux que je ne saurais le faire. Ils vous diront, peut-être, contrairement à certaines opinions, que la géographie ne doit pas être une encyclopédie et qu'en étudiant sous son nom trop de sciences différentes, on finirait probablement par perdre de vue celle que l'on avait d'abord envisagée. Ils pourraient ajouter que les succès déjà obtenus et dont nous reparlerons tout à l'heure, sont la meilleure preuve que la route qui a été suivie n'est pas mauvaise et qu'il serait dangereux de prendre une direction nouvelle sans des motifs très sérieux et dont les avantages ne sont pas encore bien démontrés.

Les questions locales et coloniales seront traitées devant vous avec une compétence dont les noms des orateurs inscrits sont la garantie la meilleure et la plus certaine.

Enfin, des communications et des conférences seront faites par des hommes dont la réputation est répandue au loin et dont la présence suffit pour attirer la foule, car l'on sait d'avance qu'ils vous tiendront sous le charme de leurs connaissances et de leur talent.

Je remercie tous ceux qui, répondant à l'appel qui leur avait été adressé, sont venus donner à ce Congrès l'autorité et l'éclat qu'eux seuls pouvaient lui apporter. En contribuant ainsi au développement de la science géographique et à l'étude des questions coloniales, ils contribuent aussi, c'est du moins ma conviction profonde, au développement de la grandeur et de la richesse de notre pays

Plusieurs de ceux que vous aurez l'occasion d'entendre ont été les principaux initiateurs du mouvement qui a modifié et renouvelé l'enseignement de la géographie en France. Du bas en haut, depuis l'école primaire jusqu'à la Sorbonne, la géographie est enseignée suivant des méthodes qui ne ressemblent guère à celles qui étaient en honneur il y a trente ans, et si nous étions à cette époque fort en arrière de quelques nations voisines, il nous semble qu'aujourd'hui nous pourrions affronter la comparaison avec les pays où les connaissances géographiques sont le plus développées.

Ce mouvement, que nous constatons et dont nous nous réjouissons, n'est pas dû seulement au besoin incessant de l'esprit humain d'élargir le domaine de ses connaissances et de combler des lacunes qui existaient dans son instruction. Il faut en chercher la cause dans un événement considérable, dans l'un des plus grands événements survenus dans l'histoire de l'humanité et qui a eu pour témoin le siècle présent. Ainsi que le disait dans un de ses admirables ouvrages le général Niox : « l'ouverture du continent africain jouera peut-être un rôle encore plus considérable dans l'avenir des nations que la découverte du continent américain ».

Voyez, en effet, ce qui se passe et remarquez la rapidité du courant qui entraîne les peuples d'Europe vers les régions nouvelles ! Les locomotives et les bateaux à vapeur sont déjà parvenus à des points dont le nom était inconnu il y a cinquante ans. Hier encore, c'était un officier français qui amenait son bateau sur le lac de l'Afrique Centrale, le fameux lac Tchad.

Signalé en 1825 par Clapperton, entrevu depuis cette époque par quatre ou cinq européens, dont l'illustre Monteil, ce lac légendaire vient d'être parcouru en canonnière par le lieutenant de vaisseau Gentil.

Ah ! Messieurs, les pêcheurs des îles du Tchad ont dû éprouver une singulière impression d'étonnement et d'effroi, lorsque, dans la brume du soir, ils ont vu, coulant sur la surface des eaux, la petite chaloupe surmontée de son panache blanc de fumée et portant à son arrière le drapeau aux trois couleurs !... Puisse cette impression être durable, puisse surtout la prise de possession que nous venons d'effectuer profiter à la mère-patrie ! Hélas, nous sommes déjà arrivés souvent les premiers sur bien des points de cette Afrique Centrale et nous n'avons pas su toujours nous y maintenir ni conserver les avantages qui avaient été obtenus.

Pendant les vingt-cinq années qui viennent de s'écouler, les explorateurs français ont été l'objet de l'envie et de l'admiration de l'Europe et ils ont écrit en caractères ineffaçables l'une des plus belles pages de l'histoire coloniale ! Ils n'ont d'ailleurs que repris les traditions de notre passé. Lorsque l'on entend répéter que le Français n'est pas colonisateur, il est permis de rappeler que les plus belles colonies dont s'enorgueillissent nos voisins d'Outre-Manche ont été organisées par nos nationaux. A l'époque où la France a été la plus riche, la plus puissante, correspond le développement de son empire colonial.

Aucune contrée d'ailleurs n'échappe à cette règle absolue, et les pays, petits ou grands, qui ne savent pas placer leurs capitaux dans la fondation des colonies sont condamnés à l'impuissance et à la faiblesse.

Renoncer pour la France à son influence au dehors, c'est fermer les yeux à l'avenir, c'est abandonner le rang qui lui appartient, c'est surtout ne pas comprendre la grande lutte qui vient de s'engager pour un nouveau partage du monde. Honneur donc à ceux qui ont tenu haut notre drapeau, honneur à nos explorateurs, à nos missionnaires, et à nos soldats. Oui, sans doute, c'est au prix de cruels sacrifices que ces hommes vaillants ont rendu la France plus grande, mais si un peu de gloire est venu consoler notre patrie meurtrie et mutilée, c'est à eux et uniquement à eux que nous le devons.

Vous me permettrez, Messieurs, d'évoquer un souvenir personnel qui ne me quitte guère depuis que je suis revenu à Marseille et qui remplit mon cœur de tristesse. C'était en 1896, votre ville célébrait le retour du vainqueur de Madagascar, et elle l'accueillait avec l'enthousiasme et avec la joie que lui inspirait son patriotisme. Les rues étaient remplies de drapeaux et de guirlandes et la foule se pressait au devant de nos généraux, les acclamant et les couvrant de fleurs.

Après avoir pris ma part de la fête populaire, j'étais rentré dans ma chambre d'auberge lorsqu'on me fit passer la carte d'un officier du génie. Je vis entrer un jeune capitaine dont la physionomie spirituelle, ouverte et énergique disposait tout de suite en sa faveur. En quelques mots très simples mais très précis, il me déclara qu'il était décidé à traverser la contrée, inconnue jusqu'à présent, qui est occupée par les Touaregs et qui s'étend depuis le sommet de la bouche du Niger jusqu'au-dessus du lac Tchad. Il faisait ressortir les grands avantages que la France retirerait de cette exploration, tant au point de vue de nos possessions dans le Soudan et dans l'ouest de l'Afrique qu'au point de vue de la protection du sud de nos possessions algériennes.

J'écoutais avec un vif intérêt l'exposé de ces projets où tout était étudié et où tout semblait prévu, mais je lui objectai les difficultés de l'entreprise. Je lui fis remarquer que si ce pays n'avait pas été exploré c'est qu'il était un de ceux dont la pénétration était la plus dangereuse, que les Touaregs sont de toutes les populations africaines la plus guerrière, la plus fourbe et la plus cruelle, que cette route me semblait remplie d'obstacles infranchissables et par tous les moyens dont je disposais, je cherchai à le détourner de son entreprise. Aucune de mes paroles, ni aucun de mes arguments ne purent ébranler ni même toucher une volonté qui était parfaitement arrêtée et qui était inflexible. Avec cette chaleur et avec cette éloquence que donnent une conviction profonde, le jeune capitaine me disait : « Je suis décidé à aller là-bas, je veux rendre ce service à mon pays, aidez-moi à le faire. » En présence d'une semblable résolution, il ne me restait plus qu'à le seconder de mon mieux : le Comité de l'Afrique française s'efforça de réunir les ressources qui devaient rendre la mission plus profitable et moins périlleuse et, à la fin de 1896, le capitaine Cazemajou s'embarquait pour gagner le Sénégal et le Niger. Hélas nos préoccupations et nos craintes n'étaient que trop justifiées, car il y a quelques semaines la fatale nouvelle du massacre de la mission nous parvenait.

Laissez-moi adresser d'ici, à la mémoire du vaillant officier, l'hommage de notre admiration et de nos amers regrets.

Cazemajou étaient de ceux qui honorent leur pays : un esprit très cultivé et une indomptable énergie semblaient l'appeler à de hautes destinées dans sa carrière militaire, mais il a voulu faire plus que son devoir et il a cherché à rendre à sa patrie des services exceptionnels. S'il a succombé, aucun autre assurément n'aurait réussi dans la tâche qu'il avait entreprise.

Ils ne sont que trop nombreux ceux qui ont péri sur cette terre d'Afrique, mais le sang qu'ils ont versé la féconde et là où ils sont tombés passera un jour la suprématie de la France.

Laissant de côté les voyages et les explorations, je voudrais revenir à ce qui fait plus particulièrement l'objet de nos réunions et de notre Congrès. Je voudrais en quelques mots rappeler les beaux résultats obtenus en France par l'enseignement de la géographie. Sous l'impulsion de ces maîtres admirables qui se nomment Levasseur, le général Niox, Marcel Dubois, Chailley-Bert, pour ne citer que quelques-uns, les élèves se sont pressés autour des chaires où la géographie était enseignée et avec l'ardeur et l'esprit français ils n'ont pas tardé à profiter des leçons qu'ils reçoivent et à publier à leur tour de remarquables travaux. Je ne puis dire qu'un mot de ces livres si documentés et si bien rédigés, dans lesquels on ne sait pas ce que l'on doit le plus admirer ou la richesse des connaissances ou l'élégance de la forme. Comment cependant ne pas citer le livre de M. Schirmer sur le Sahara. Il serait difficile d'ajouter un chapitre à cet ouvrage où tout a été étudié : la formation géologique du désert, les conditions climatériques, les races d'hommes nomades ou sédentaires et enfin le parti que l'on peut tirer de ces vastes espaces soumis à notre influence. Dans sa publication sur la Nouvelle-Calédonie, M. Augustin Bernard ne laisse aucun côté de l'île sans l'aborder. Il passe en revue l'histoire, l'ethnologie, la botanique, le climat, la colonisation, les ressources de la Nouvelle, comme l'appellent certains visiteurs involontaires ; ces visiteurs sont aussi l'objet d'une remarquable discussion des inconvénients de la déportation et du régime pénitentiaire actuel.

M. Armand Rainaud a cherché à traiter un sujet encore plus difficile et plus ardu. Son livre sur le Continent Austral est un magnifique résumé historique de toutes les entreprises de navigation qui ont été faites depuis les temps les plus reculés dans les régions antarctiques. Après avoir demandé à l'antiquité tout ce qu'elle peut nous révéler, il arrive aux grands navigateurs que le Portugal eut la bonne fortune de voir apparaître au XVe et au XVIe siècle, puis viennent les Hollandais et les Français et enfin Cook, qui au siècle dernier mit à néant toutes les théories qui avaient été soutenues avant lui.

Je ne puis parler de tous ces livres comme il conviendrait de le faire mais le temps me presse et je voudrais ne pas terminer sans dire quelques mots d'une brochure qui m'a été remise hier et que je viens de lire avec le plus grand intérêt.

Les *Études* sur Marseille et la Provence sont un souvenir que la Société de Géographie de Marseille veut offrir à tous ceux qui se sont rendus au Congrès et elle ne pouvait pas nous faire cadeau d'un plus charmant souvenir. Dans cette brochure nous trouvons pour ainsi dire un résumé de l'histoire et de tout ce qui concerne l'antique et belle cité de Marseille. Le sol est étudié par M. Repelin, et même pour ceux dont les connaissances géologiques sont peu étendues, son étude est intéressante et facile à saisir. Il nous montre la formation progressive des reliefs et des dépressions, les creusements opérés par les eaux et il explique le charriage des cailloux dans les vallées de la Durance et de la Crau. Dans un tableau final il montre comment le territoire de Marseille a pris petit à petit la physionomie qu'il a aujourd'hui et comment s'est formée l'admirable rade qui offre un abri complet aux bateaux qui s'y réfugient.

Après la description du sol, les transformations successives de la ville ont été étudiées par M. Clerc. Il a retrouvé dans les livres de

Strabon, de César et de Lucien tous les renseignements fournis par l'antiquité et il se livre à une intéressante discussion sur l'emplacement des anciens remparts. Mais ce n'est qu'à partir de Louis XIV et de Colbert que nous arrivons à des indications très précises et ces indications sont suivies depuis le xve siècle jusqu'à nos jours avec une méthode et une clarté parfaites.

Dans Marseille, le port occupe naturellement la place principale, et c'est ce qu'a si bien compris M. Paul Masson, en nous donnant une magnifique et intéressante étude de toutes les transformations subies par le port de Marseille depuis l'époque un peu obscure où les vaisseaux phéniciens abordaient sur la côte de Provence, jusqu'au moment où tous les vaisseaux du monde entier s'y sont donné rendez-vous. Dès le cinquième siècle, les vaisseaux massaliotes remplissent la Méditerranée. Son commerce diminua après la conquête romaine et, en 845, la ville fut prise et saccagée par les Sarrasins. Au temps des croisades le port reprend toute son activité, puis il la perd de nouveau et, au moment où Louis XI reçut l'héritage du bon roi René, il est fort délaissé. A partir de François Ier, et grâce aux capitulations, les progrès ne s'arrêtèrent plus. M. Paul Masson a retrouvé tous les chiffres indiquant le mouvement commercial du temps de Colbert et pendant tout le xviiie siècle. A la fin du règne de Louis XVI, tandis que le commerce total de la France était évalué à 1.150 millions de livres, le commerce de Marseille seul dépassait 139 millions. Une statistique de ce qui a été fait au XIXe siècle complète cette belle étude.

Avec une logique parfaite nous trouvons dans la série d'études, après la description du port, un historique de la navigation à vapeur, depuis 1830 jusqu'en 1897.

M. Hubert Giraud, dans des termes excellents et dans des tableaux du plus haut intérêt, retrace toutes les phases successives par lesquelles a passé la navigation à vapeur. Il rappelle en débutant qu'en soixante-dix ans la surface d'eau du port a passé de 23 à 172 hectares et que, dans le même espace de temps, le tonnage s'est élevé de 800.000 tonnes à 10 millions de tonnes. C'est en 1812 que le bateau *La Comète* a flotté sur la Mersey, et il faut attendre jusqu'en 1818 pour voir un pyroscaphe à Marseille. En 1826, M. Aynard, de Lyon (un nom qui est encore célèbre de nos jours), puis M. Bazin établissent les premières lignes de bateau. Comme toujours, le gouvernement au lieu de favoriser les entreprises privées, les entrave et il veut monopoliser les services de la Méditerranée.

Il faut arriver à l'année 1844 pour que MM. Bazin et Rostand puissent se substituer à l'État, au grand profit des voyageurs et du commerce. Puis vient la grande transformation du bateau à vapeur, en 1843, lorsque l'hélice a remplacé les aubes. Enfin en 1855, Ferdinand de Lesseps s'embarquait sur l'*Osiris* pour étudier le premier plan du canal de Suez et pour faire faire à la navigation à vapeur le pas le plus considérable, ou du moins, le travail qui devait contribuer le plus à son développement. Dans un dernier chapitre M. Hubert Giraud retrace les efforts considérables qui ont été faits de nos jours.

Les Marseillais du siècle présent n'ont fait que marcher sur les traces de leurs prédécesseurs et, pour en donner une preuve, M. Henri Barré a groupé les noms des vingt-neuf illustres savants ou navigateurs qui sont nés en Provence. Après Pythéas et Euthymènes, qui naviguaient au IVe siècle avant J.-C., il faut passer à Le Blanc qui, au XVIe siècle, a fait des voyages extraordinaires. Celui-ci a même trouvé un historien, le nommé Coulon, mais sa véracité n'est pas devenue proverbiale. Au XVIIe et au XVIIIe siècle, deux botanistes illustres, Tournefort et Adanson, ne se contentent pas d'étudier dans les livres, et ils vont au loin compléter sur place leurs recherches et leur examens. Le plus renommé des explorateurs provençaux est le chevalier d'Entrecasteaux et si l'on joint à son nom ceux des Guys, des frères de Gardanne et, de nos jours, celui de Pascal Coste, on aura un tableau complet des plus fameux voyageurs qui ont vu le jour sur la côte de Provence.

J'ai résumé à la hâte le charmant livre que j'ai entre les mains et si je n'ai pas pu rendre à chacun de ses auteurs la justice qui lui est due, j'ai voulu du moins les assurer de notre sincère reconnaissance.

Et maintenant, je déclare le Congrès ouvert et je vais donner la parole à M. Bonvalot, qui a consenti à nous faire la première conférence. Débuter par une conférence de M. Bonvalot, c'est bien débuter, car il est certainement parmi les explorateurs, l'un de ceux qui ont acquis le plus de renommée et le plus de notoriété.

La parole est à M. Bonvalot.

Conférence de M. Gabriel BONVALOT

Dans une conférence intitulée : « *Comment doit se préparer une entreprise coloniale* », M. Gabriel BONVALOT donne son opinion sur la situation actuelle en France ; à ce point de vue, il montre les choses telles qu'il les voit et elles ne lui apparaissent point belles. Il s'élève avec force contre notre système d'éducation et contre notre méthode d'expansion, où plutôt contre notre absence de méthode.

Nous ne songeons à l'avenir de nos enfants qu'après en avoir fait des bacheliers ou des licenciés, — qui ne répondent à aucune utilité, — et nous ne pensons à étudier les affaires extérieures qu'après leur solution. Les résultats sont déplorables. D'autre part, nous n'envoyons d'ordinaire aux colonies que des fonctionnaires ou des « fruits secs ». Comme si l'homme qui n'est pas apte à un travail sérieux et à une vie régulière dans la métropole, deviendra subitement un agent actif et avantageux de notre expansion extérieure, parce qu'il aura passé la mer. C'est un préjugé funeste de croire que les déclassés seront utiles aux colonies ; il y faut, au contraire, des hommes de première valeur. Nos colonies sont de la matière première à manipuler, qui ne pourra nous rapporter qu'en étant travaillée par des gens de premier ordre.

L'utilisation de notre domaine extérieur demande une éducation spéciale, une longue préparation, des études effectuées sur les lieux et enfin des capitaux. C'est ainsi que procèdent tous les peuples qui réussissent dans la voie de la colonisation, et notamment les Anglais et les Hollandais.

Il faut aller, d'une part, étudier les goûts des consommateurs étrangers, sur place, et diriger en conséquence notre industrie ; d'autre part, connaître à fond les procédés de culture des produits exotiques pour en tirer profit à notre tour. Quand on veut entreprendre une chose, il est nécessaire de l'étudier sérieusement et si l'on n'a pas d'expérience, il faut faire son profit de celle des autres.

Aussi qu'ont fait jusqu'ici la plupart de nos jeunes gens partis sans préparation, sans but précis, sans moyen d'action, pourvus seulement d'une vive imagination et s'en allant à l'aventure aux colonies, comme s'il s'agissait de conquérir la Toison d'or ou de renouveler les exploits des paladins ? Rien d'effectif, rien de sérieux, les échecs ont succédé aux échecs ..

Il y a des choses plus extraordinaires encore. On a vu les capitaux français, qu'on dit si timides, ne pas craindre de se livrer à des gens des moins aptes à diriger une entreprise quelconque. Si un jeune homme a dissipé son adolescence et son patrimoine en fêtes, en noces perpétuelles, en plaisirs déréglés et s'il est pourvu d'un conseil judiciaire, c'est celui-là qu'on choisit pour diriger des opérations industrielles, agricoles ou commerciales qui demanderaient toute la sagesse, toute la maturité d'un esprit sérieux, pondéré, ayant fait ses preuves.

M. Bonvalot cite des exemples déconcertants et raconte de tristes anecdotes qui montrent avec quelle légèreté nous traitons les entreprises extérieures, en confiant trop souvent nos capitaux, avec une véritable naïveté, à des gens incapables d'en tirer parti. Et, parfois même, quand quelqu'un nous propose une affaire vague et lointaine, mais venant de l'étranger, nous montrons plus de confiance que pour une entreprise qui vient de chez nous.

Regardant l'avenir, M. Bonvalot prédit que les Anglais, — dont nous médisons pour ne pas nous donner la peine d'étudier leurs procédés, ni d'imiter leur longue prévoyance, — nous ménagent de cruelles déconvenues. En Chine, ils viennent de nous évincer définitivement de la riche vallée du Yang-Tsé et on verra prochainement qu'ils nous expulseront de même de la vallée du Nil. On verra aussi, bientôt, ce que pèse notre occupation du Bahr-el-Ghazal et de Fachoda, entreprise comme les autres à l'aventure, sans décision, sans vue du lendemain, sans alliances appropriées. La route du Cap à Alexandrie sera bel et bien anglaise... Et nous paierons de plus en plus cher notre frivolité, nos divisions intestines, notre absence de sens pratique.

En terminant, M. Bonvalot s'excuse de ne pas partager l'optimisme de ceux qui l'entourent et déclare même qu'il a dû se faire violence pour parler ainsi qu'il le fait dans l'intérêt de la vérité.

M. le prince d'Arenberg a remercié en ces termes M. Gabriel Bonvalot :

MESDAMES ET MESSIEURS,

M. Bonvalot nous demande de recevoir ses excuses, mais, en vérité, nous n'en avons aucune à lui donner. Nous ne pouvons que le remercier de son intéressante conférence. Lorsqu'un homme de son expérience et de sa valeur consent à venir traiter un sujet aussi intéressant que celui de la colonisation, chacun de ceux qui l'entendent est certain d'en tirer grand profit. Nous avons entendu ce soir donner des conseils excellents, et peut-être l'orateur a-t-il noirci le tableau qu'il nous présentait pour mieux frapper notre imagination et nos esprits. Il me permettra de lui dire que Marseille ne me paraît pas être l'endroit le mieux choisi pour faire entendre d'aussi sombres vérités. M. Bonvalot nous a donné de nombreux avis ; il en a même donné sur la manière de planter les oliviers ; mais, les Marseillais ont suivi la plupart de ces conseils bien avant de les avoir entendus, ce qui prouve, d'ailleurs, combien ils sont bons. Marseille est certainement la ville de France d'où sont partis les meilleurs et les plus habiles colonisateurs. Et encore, à l'heure actuelle, je n'aurais pas besoin d'aller bien loin en faisant quelques pas dans cette salle, je trouverais des hommes dont l'habileté commerciale et dont la connaissance des questions coloniales ne redoutent la comparaison avec qui que ce soit. Aussi ne puis-je pas partager toutes les opinions exprimées par M. Bonvalot. Au lieu de conseiller, comme lui, aux jeunes gens d'aller uniquement à l'école des Anglais et des Hollandais, je leur dirais, s'il me faisaient l'honneur de me consulter : « Allez à l'école des Marseillais. Vous ne trouverez nulle part de meilleurs maîtres que ceux-ci et lorsque ces maîtres sont Français, ils réunissent tous les avantages que vous pouvez rechercher. Faites comme ont fait les Marseillais, et, en améliorant votre propre fortune, vous contribuerez à la fortune et à la puissance de la France. »

Cette séance solennelle d'ouverture, dont le succès a été complet, a pris fin à 5 h. 1/2, au milieu des applaudissements.

Réception au Cercle Artistique

A 9 heures du soir, a eu lieu une réception des membres du Congrès, organisée dans les salons et les jardins du " Cercle Artistique ", qui avait bien voulu prêter à cette occasion son hôtel de la rue Grignan, à la " Société de Géographie de Marseille ".

M. J. Charles-Roux, président de la Société et du Cercle, avec le prince d'Arenberg, président du Congrès, et les membres du Bureau, recevait les congressistes et les invités. Un certain nombre de Dames et beaucoup de notabilités marseillaises assistaient à cette fête.

Les salons et les jardins avaient été décorés et illuminés. Un concert a été donné par une partie de l'orchestre des Concerts Classiques, sous la direction de M. Paul Lautier. Un lunch a été servi et le buffet était tenu par la maison Castelmuro.

DEUXIÈME JOURNÉE

Lundi 19 Septembre

(MATIN)

RÉUNION DU COMITÉ

Le Comité du Congrès s'est réuni à 9 heures du matin, dans la Salle d'honneur de la Chambre de Commerce, au Palais de la Bourse, pour tenir la séance préliminaire consacrée à l'appel nominal des Délégués des sociétés et des ministères, à la fixation des ordres du jour et à l'élection des présidents des séances.

Sur l'estrade qu'occupe le bureau, prennent place MM. le Prince d'Arenberg, président du Congrès; Augustin Féraud, président de la Chambre de Commerce; J. Charles-Roux, président de la Société de Géographie de Marseille; Jacques Léotard, secrétaire général de la Société et du Congrès.

M. le Président du Congrès déclare que son premier devoir en ouvrant les travaux du Congrès est d'exprimer la profonde reconnaissance de l'Assemblée à la Chambre de Commerce pour son aimable accueil et sa gracieuse hospitalité. Elle a mis, en effet, à la disposition du Congrès un magnifique local, décoré de superbes peintures. M. le Prince d'Arenberg exprime à son Président combien tous les membres du Congrès sont touchés et honorés de la sympathie qu'on leur témoigne.

M. le Président signale ensuite la douloureuse perte de deux collègues, géographes réputés, qui assistaient régulièrement aux sessions du Congrès : MM. Barbier, secrétaire général de la Société de Géographie de l'Est à Nancy, et Gebelin, rédacteur en chef du *Bulletin* de la Société de Géographie commerciale de Bordeaux. M. le Président adresse à la mémoire de ces deux distingués collègues, les hommages et les regrets du Congrès, qui se doit d'honorer en eux de bons serviteurs de la science et de la patrie.

M A. Féraud, président de la Chambre de Commerce, remercie les membres du Congrès de l'honneur qu'ils font à la Chambre en acceptant l'hospitalité que celle-ci est heureuse de leur offrir. Il retrace l'intérêt que la Chambre de Commerce attache aux travaux considérables des sociétés de géographie, au sein desquelles s'agitent des questions vitales pour l'intérêt du pays ; la Chambre, qui en sent toute l'importance, recueillera avec grand soin les délibérations du Congrès, pleines d'enseignements utiles et d'indications précieuses. M. Féraud remercie également les sociétés de Géographie du choix de Marseille, comme siège du Congrès de 1898, persuadé que cette session marquera dans les annales géographiques.

Des applaudissements unanimes accueillent ces deux allocutions.

Il est procédé ensuite à l'appel nominal, qui fait constater que 27 sociétés de Géographie ou assimilées sont officiellement représentées par des délégués régulièrement accrédités. L'appel des délégués des ministères est également effectué.

Lecture est donnée des lettres d'excuses de MM. Grosjean, inspecteur général de l'enseignement agricole, délégué de M. le Ministre de l'Agriculture, et de M. Doutriaux, président de la Société de Géographie de Valenciennes, qui expriment leurs regrets de ne pouvoir assister au Congrès, ainsi qu'ils en avaient l'intention. M. le colonel Blanchot, président de la Société de Géographie de Poitiers, télégraphie que sa venue est retardée et qu'il ne pourra assister à l'ouverture de la session ; M. J. Manès, délégué de la Société de Géographie commerciale de Bordeaux, et le capitaine de vaisseau Marquer, délégué de la Société de Géographie de Lorient, informent aussi d'un retard dans leur arrivée.

Concernant la fixation des ordres du jour, le Secrétaire général fait remarquer que le nombre des questions et communications inscrites est très considérable puisqu'il atteint 70. Il conviendrait en conséquence, pour gagner du temps, de sérier les questions, de réunir ensemble, autant que possible, celles qui sont connexes, pour les faire venir dans la même séance, de façon à éviter la répétition d'explications sur le même ordre d'idées. Cette proposition est adoptée et elle sera appliquée le plus possible dans l'établissement des ordres du jour qui doivent être distribués aux Congressistes. Le Secrétaire général indique à ce sujet le plan général de la répartition des communications.

L'Assemblée procède ensuite à l'élection des présidents des différentes séances que tiendra le Congrès.

Après un échange d'observations et pour hâter les travaux, il est décidé que les présidents au lieu d'être élus seront choisis parmi les délégués des sociétés les plus anciennes, dans l'ordre chronologique de leur fondation. En conséquence, sont nommés présidents des séances : MM. Gauthiot (Paris), Chambeyron (Lyon), Manès (Bordeaux), Thoulet (Nancy), Gaffarel (Dijon), et Tellier (Douai) (1).

Les délégués des autres sociétés rempliront au bureau, à tour de rôle, les fonctions de vice-présidents ou assesseurs. Seront également assesseurs les délégués des ministères.

M. LEVASSEUR prend ensuite la parole en ces termes :

Je remercie M. le Président de me donner la parole pour me permettre de parler d'un homme que j'ai bien connu, que j'ai vu à l'œuvre. En venant ici, je me proposais de dire quelques mots sur M. Barbier ; son éloge ne saurait, en effet, être mieux placé qu'au sein du Congrès national des Sociétés françaises de Géographie, dont il a été l'un des promoteurs, l'un des plus zélés adeptes.

Je vais vous dire comment j'ai connu M. Barbier et quel a été le labeur de sa vie.

M. Barbier n'était pas dessinateur, n'était pas géographe : au prix de laborieux efforts, il devint l'un et l'autre. Un jour, il m'apporta un travail considérable, représenté par un volumineux Atlas composé de cartes toutes à la même échelle ; ces cartes, dressées avec un soin extrême, n'étaient cependant pas susceptibles d'être transformées en œuvre de gravure, car il sera toujours très difficile de représenter à la même échelle divers bassins.

Notre regretté collègue avait la passion de la Géographie et tourna ses efforts d'autres côtés ; il fonda à Nancy la Société de Géographie de l'Est, à laquelle il consacra tout son zèle, toute son ardeur. En

(1) M. Tellier, ayant dû repartir avant la fin du Congrès, a été remplacé par M. Etienne (Oran). En outre, MM. Manès et Gaffarel ont permuté pour la date de leur présidence.

même temps, il conçut le projet de publier un dictionnaire de Géographie et fit appel à mon concours ; je connaissais assez M. Barbier pour être assuré qu'il mènerait à bien une œuvre si utile. J'acceptai. Ce Lexique est loin d'être achevé, et, bien qu'il soit difficile de le continuer, je ne désespère pas de voir terminer ce travail par des mains amies.

J'ai vu les notes recueillies par notre collègue ; elles représentent un labeur colossal et témoignent de son ardeur, de sa puissance de travail. Il n'écoutait que son amour de la science et se dépensait sans compter. A plusieurs reprises, ses amis l'avaient prévenu de se ménager et la nature elle-même lui avait donné de sévères avertissements, qui l'obligèrent à suspendre ses travaux. Il était déjà trop tard et notre collègue est mort à la veille de ce congrès, accablé sous le poids d'une tâche qui l'honore profondément et honore la science dont il a été le zélé, l'infatigable serviteur.

Nous avons également à déplorer la mort de M. Castonnet des Fosses, un géographe plein d'ardeur, et de M. Gebelin, professeur à la Faculté des Lettres, dont vient de parler M. le Président. La mort de M. Gebelin m'a causé une douloureuse surprise ; il y a un mois et demi je travaillais à ses côtés, aux archives de Bordeaux, et à ce moment il me parut se bien porter ; rien ne présageait la mort prématurée que nous déplorons aujourd'hui.

M. Ch. GAUTHIOT. — Au risque de répéter ce que vient de dire M. Levasseur, j'ajouterai quelques mots sur MM. Gebelin et Castonnet des Fosses.

M. Castonnet des Fosses ne s'intéressa que sur le tard à la géographie, mais il se prit d'un zèle des plus louables pour cette science, qu'il cultiva avec fruit. Il fit de nombreux voyages en Europe, publia plusieurs ouvrages, et notamment l'*Inde avant Dupleix* et les *Italiens en Afrique*, qui attirèrent l'attention du monde géographique. L'une de ses dernières idées a été de se consacrer au développement de la géographie ; dans ce but, il a légué à la Société de Géographie Commerciale de Paris une somme qui permettra à des jeunes gens de faire des voyages. Dans cette libéralité, ceux qui ont connu Castonnet des Fosses verront un nouveau témoignage de son amour pour la science, de sa bonté si grande envers tous. Le souvenir de cet ami sera perpétué par les soins de la Société de Géographie Commerciale, mais il était nécessaire de dire au sein de ce Congrès tout ce que doit la science à l'homme de mérite, à l'homme de bien.

Je regrette de ne pas voir M. Manès, qui a vécu aux côtés de M. Gebelin et qui connaissait son talent. M. Manès vous aurait dit ce que M. Levasseur a essayé de faire en vous signalant le décès inopiné de notre distingué collègue, qu'il avait vu récemment à Bordeaux. Son œuvre dans le *Bulletin* de la Société de cette ville n'a pas passé inaperçue; je fais notamment allusion à cet ouvrage dans lequel M. Gebelin a résumé ses travaux sous le titre d' « Essai de géographie appliquée », et je suis convaincu, de même que M. Levasseur, que M. Gebelin est mort à la peine. Si, comme on l'a dit, une nation doit honorer ses morts, la Société de Géographie de Bordeaux et avec elle tous les géographes, ne manqueront pas d'honorer la mémoire de Gebelin.

SÉANCE GÉNÉRALE

A 10 heures, la réunion du Comité est transformée en séance générale par l'entrée des autres membres du Congrès dans la salle des délibérations. L'ordre du jour comporte la lecture des *Rapports* des Délégués sur les travaux des Sociétés.

M. le Prince d'Arenberg, président, fait procéder au tirage au sort pour la fixation de l'ordre dans lequel seront appelés les rapporteurs.

A la suite de cette opération, la présentation des rapports suivants a été faite par MM. de Varigny (Société de Géographie d'Alger), Merchier (Lille, Roubaix-Tourcoing), Faye (Montpellier), Charles-Roux (Comité de Madagascar et Union coloniale Française), Favier (Le Havre), Guénot (Toulouse), Tellier (Douai), Gallet (Saint-Nazaire), Etienne (Oran), Manès (Bordeaux), Gaffarel (Dijon), Chambeyron (Lyon), le Prince d'Arenberg (Paris), Arnavon (Alliance Française), Jacques Léotard (Marseille), Gauthiot (Société de Géographie commerciale de Paris), le Prince d'Arenberg (Comité de l'Afrique Française), Doby (Nantes), Thoulet (Nancy), Fabry (Institut de Carthage), Rainaud (Rennes).

1. — Société de Géographie d'Alger

Rapport de M. A. PÉRIÉ, présenté par M. C. DE VARIGNY, président et délégué.

La Société de Géographie d'Alger entre à peine dans sa troisième année d'existence. Après ses débuts pénibles, elle s'est enfin engagée dans la voie du succès, aussi bien, croyons-nous, en ce qui concerne l'organisation matérielle proprement dite qu'au point de vue de la valeur actuelle de ses travaux.

Pour vous en donner une idée suffisante, nous nous bornerons à placer sous vos yeux quelques détails qui démontreront mieux que les meilleurs raisonnements à quel point s'imposait la création d'une Société de Géographie dans un milieu intellectuel comme seule pouvait l'offrir Alger, capitale de l'Afrique du Nord, avec ses professeurs des divers enseignements, ses nombreux fonctionnaires civils et officiers de l'armée d'Afrique, sans préjudice de l'appoint si précieux, qui ne lui a pas fait défaut, de l'élément de colonisation intelligent et éclairé.

Aussi, notre Société compte-t-elle aujourd'hui plus de 350 adhérents.

Ses ressources, malheureusement, sont encore loin d'être en rapport avec le nombre considérable des sociétaires, car le chiffre de la cotisation est peu élevé et les pouvoirs publics lui marchandent encore leurs précieuses subventions, attendant sans doute, pour lui donner des preuves de leur munificence, que la Société en donne elle-même de sa vitalité par l'étude active et l'application pratique des sciences géographiques. Cependant ne nous plaignons pas trop, nos débuts ont été encouragés et largement favorisés par la municipalité algéroise, qui a résolu pour nous le grave problème des locaux en mettant à notre disposition, dès la première heure, la salle de la bibliothèque municipale pour nos réunions de Bureau et de Sections, et la grande salle des fêtes pour nos conférences.

Nous pouvons donc si, comme on le dit, le succès appelle le succès, envisager l'avenir avec confiance.

Pendant cette période de trois années, période de débuts en quelque sorte, un assez grand nombre de conférences ont pu être faites dans d'excellentes conditions : nos sociétaires et leurs invités, beaucoup de dames, nous pouvons dire la meilleure société d'Alger, s'y donnent rendez-vous et ne manquent jamais de répondre à nos appels simplement formulés par la voie de la presse laquelle, sans distinction de parti, encourage notre œuvre et ne manque aucune occasion de lui manifester sa sympathie.

Au nombre de ces conférences quelques-unes furent plus particulièrement intéressantes. Nous citerons, par exemple, la première : *Souvenirs et impressions de voyage dans les deux Amériques*, faite par M. de Varigny qui, non content d'avoir créé la Société, voulut aussi en inaugurer les travaux. L'affluence fut extrême, plus de 500 personnes assistaient à cette première solennité, et la plus grande partie de ce public d'élite demeura fidèle à nos réunions.

Puis ce fut le tour de M. de Béhagle, qui préparait à ce moment sa *mission du Tchad* actuellement en cours, et dont il recrutait en Algérie même une grande partie du personnel. C'est pendant sa conférence que le courageux explorateur présenta à la nombreuse assemblée l'algérien Ahmed ben Medjkan, l'ancien interprète de Mizon, qui pendant deux ans garda notre pavillon à Yola, et fut depuis nommé chevalier de la Légion d'Honneur.

On peut, dans notre *Bulletin* du 1er trimestre de 1897, où elle est insérée presque in-extenso, apprécier la conférence si intéressante du docteur Rouire sur les conséquences de la découverte du fleuve Triton, au point de vue du projet de mer intérieure du commandant Roudaire.

Il y aurait lieu également de signaler plusieurs conférences que fit M. de Varigny allant porter la bonne parole dans l'intérieur, notamment à Blidah et Boufarik, où il obtint un vif succès.

Ce fut aussi dans le cours de cette année 1897, que M. le capitaine d'artillerie de l'Eprevier nous fit refaire avec lui un voyage militaire très documenté dans nos postes éloignés de l'*Extrême-Sud*.

Nous eûmes la bonne fortune d'entendre le doyen des explorateurs français, M. Désiré Charnay, nous entretenir des *Anciennes civilisations américaines*.

Mais la conférence la plus sensationnelle fut certainement celle du R. P. Hacquard, nous faisant revivre les émouvantes péripéties de la descente du Niger par la *mission Hourst*.

L'espace est trop mesuré dans ce rapport pour qu'il puisse être fait une mention spéciale de toutes les conférences organisées par notre Société. Citons cependant encore celle faite avec beaucoup de succès par un de nos jeunes compatriotes, M. René Fournier, actuellement administrateur-adjoint à *Madagascar*, sur les parties de la grande île visitées par lui.

Celle de M. Galliano, Consul général d'Espagne, sur le *Chili*.

La décimalisation de l'heure et des angles, système développé par son auteur, M. de Sarrauton.

Le Maroc inconnu, de M. Mouliéras, commenté avec beaucoup de talent par M. Ed. Doutté.

Le Sahara tunisien, exploré par le conférencier M. V. Cornetz. Cette conférence très documentée et ayant une portée scientifique d'une réelle importance, mériterait beaucoup mieux que cette faible mention, car les résultats obtenus par M. Cornetz sont de nature à combler dès à présent un certain vide de la carte d'Afrique.

Nous nous en tiendrons là, mais, pour être exact, il faudrait citer les causeries faites au cours des séances plénières et des Sections technique, économique et de colonisation, par MM. Rivière, Dessoliers, Augustin Bernard, Saurel, Henri Busson, Foix, capitaine Godchot, etc. causeries dont quelques-unes constituaient de véritables conférences.

Une des premières décisions de la Société fut de donner immédiatement quelques gages de sollicitude pour l'enseignement géographique :

plusieurs prix sont attribués annuellement, l'un aux élèves du Cours de Saint-Cyr du Lycée d'Alger, un autre aux élèves de la Ligue de l'Enseignement (Ecole secondaire de jeunes filles d'Alger) et enfin, un prix est décerné au meilleur mémoire sur un sujet de géographie africaine et particulièrement algérienne, mis chaque année au concours. Il va sans dire que la Société ne manquera pas de mettre ses libéralités au diapason de ses ressources.

En ce qui concerne les travaux insérés dans notre *Bulletin*, s'il ne peut nous appartenir d'en apprécier l'importance pas plus que l'intérêt scientifique, nous pouvons néanmoins faire remarquer que c'est grâce à l'initiative de quelques-uns de nos sociétaires, que certaines idées émises par eux dans le *Bulletin* ont pu se faire jour et recevoir un commencement d'application pratique, comme, par exemple, les modifications à apporter dans le système jusque là suivi des explorations sahariennes, modifications qui semblent avoir été adoptées avec un peu d'exagération peut-être par la mission Foureau-Lamy ; il en a été de même pour la question du point d'appui de la flotte sur la côte ouest de l'Algérie, la question de Rachgoun, envisagée sérieusement cette fois par l'Amirauté et le Ministre de la Marine. Enfin, nous avons pu, par le *Bulletin*, signaler à l'autorité supérieure, ce dont elle s'est empressée de tenir compte, des lacunes ou des imperfections dans l'établissement de recueils de statistiques et de renseignements concernant l'industrie, le commerce et l'agriculture en Algérie.

Que pourrions-nous dire de plus ? En résumé, la situation financière de la Société, sans être brillante, est bonne et ne peut que s'améliorer dans l'avenir.

La Société, se tenant complètement à l'écart de la politique, jouit par cela même de la sympathie générale et de la considération des pouvoirs publics ; elle espère bien répondre à la sollicitude dont elle est entourée, en se rendant utile dans la mesure de ses forces et des aptitudes de ses membres.

Nous terminerons cet exposé en exprimant le vœu que les membres du XIXe Congrès veuillent bien, à l'occasion de la tenue à Alger du XXe, venir constater par eux-mêmes les résultats obtenus par notre jeune Société, laquelle, cela va sans dire, les accueillera de son mieux et tâchera de leur faire oublier pendant quelques jours leur passagère expatriation.

2. — Société de Géographie de Lille.

Rapport de M. A. MERCHIER, Secrétaire général et délégué.

La Société de Géographie de Lille continue à prospérer. Elle est fière de son chiffre de 2.001 sociétaires. La seule ville de Lille compte

1.533 membres payant de 15 à 20 francs de cotisation. Roubaix en compte 230, Tourcoing 238.

La Société de Lille a offert à ses membres 30 grandes conférences. Elle a organisé 14 excursions : la plus longue aux Pyrénées, durant 18 jours, avec visite à Bordeaux et Toulouse. La plus agréable au dire de nos amis a eu lieu au mois de février et cela n'est point pour surprendre, puisqu'elle s'appelait *Paris-Marseille* ! C'est ainsi que la Société de Lille vous a fait une visite « incognito » avant d'être votre hôte officielle.

Ce qu'est notre Bulletin mensuel, vous en jugerez par vous-même, puisque je dépose l'année écoulée sur votre bureau. Je vous recommande les « impressions d'un Lillois en Afrique »; elles émanent d'un membre de la mission Marchand. Nous avons donné un croquis inédit d'une partie de l'itinéraire. Enfin, je rappelle que c'est notre président, M. Paul Crépy, qui, le premier, a donné à la France des nouvelles de nos héroïques explorateurs, quand on les crut un instant perdus.

La Société a inauguré un cours de topographie professé par deux lieutenants du 43e de ligne : 4 séances en chambre, 4 autres sur le terrain ont réuni une cinquantaine d'auditeurs. Professeurs et élèves se sont quittés enchantés les uns des autres.

La Société continue la série de ses concours annuels aux écoles et établissements d'enseignement secondaire, tant de l'Etat que libres : 420 candidats ont pris part à ce concours, auquel *1.000 francs* de prix sont attribués, sans qu'il en coûte rien à la caisse de la Société, grâce à de généreux donateurs.

Pour la première fois nos sections de Tourcoing et de Roubaix sont représentées directement au Congrès.

Par une déférence dont je les remercie, leurs deux représentants, M. Petit-Leduc, de Tourcoing, M. Craveri, de Roubaix, m'ont laissé néanmoins, l'honneur d'être le porte-parole de nos deux sections.

Dans le rapport qu'il avait préparé, M. Petit-Leduc disait : « Depuis 1886, date de sa fondation, la société a donné 115 conférences et organisé plusieurs excursions qui lui étaient spéciales. Aux concours de géographie qui se font à la Société-mère, le contingent de concurrents est toujours resté fort important et fort nombreux sont les lauriers récoltés par les jeunes gens de nos écoles ». Je ne puis mieux faire que de donner cette citation.

L'effacement volontaire du délégué de Roubaix, M. Annibal Craveri, constitue un véritable sacrifice. Son rapport débutait par ces mots : « Qu'il me soit permis de vous dire combien il est doux à un Marseillais, fixé dans le Nord depuis 10 ans, d'être le délégué de Roubaix à votre beau Congrès et d'apporter à sa ville natale le salut de cette cité industrielle ».

Joignez à cela qu'il a mission d'exposer devant vous les grandes lignes d'une véritable création qui fait le plus grand honneur à ceux qui en ont pris l'initiative.

Il s'agit d'un cours *pratique* de géographie commerciale (Voir le rapport ci-joint de M. Craveri). N'est-ce pas là une heureuse initiative ?

Aussi, c'est avec orgueil que la Société de Lille se présente devant vous, appuyée sur ses sœurs cadettes de Roubaix et de Tourcoing, rappelant qu'elle a des liens de parenté avec Valenciennes, à qui elle fournit son *Bulletin*, ce qui lui permet à la rigueur de proclamer un chiffre de 2.240 membres, tous dévoués à la science qui nous est chère !

3. — Section de Roubaix de la Société de Géographie de Lille.

Rapport de M. Annibal Craveri, Secrétaire-Adjoint et Délégué,
sur la « Création d'un Cours de Géographie Commerciale. ».

Avant de vous donner quelques détails sur la création à Roubaix d'un cours de géographie commerciale et pratique, avec une méthode et des procédés nouveaux, je tiens à exprimer ma gratitude à mes collègues du Comité de Géographie de Roubaix d'avoir fourni à un enfant de Marseille l'occasion de remplir une si agréable mission.

Nulle part la nécessité d'enseigner la géographie d'une façon commerciale et pratique n'était plus impérieuse à Roubaix.

Cette ville, dont la population de 8.000 habitants en 1830 dépasse aujourd'hui 130.000 âmes, qui n'était voisine d'aucun de nos charbonnages du Nord, qui n'était pourvue d'eau que d'une façon insuffisante (d'importants forages descendant jusqu'à 500 mètres y ont remédié), qui ne produisait aucune des matières premières employées par elle et qui ne trouvait dans son voisinage qu'une consommation insignifiante de ses produits, cette ville, en un mot, que rien ne désignait pour cela, doit à l'admirable initiative et à la puissante activité de ses habitants d'être devenue le plus grand centre de l'industrie lainière en France.

Outillé pour produire annuellement plus de cent millions de mètres de tissus, il faut que Roubaix, par ses comptoirs en Australie, République Argentine et autres pays producteurs de laines, se préoccupe d'importer directement ses matières premières, et s'efforce d'exporter la plus grande partie de son excessive production de tissus.

Quelques chiffres, Messieurs, vous permettront d'en juger.

En 1897, Roubaix-Tourcoing ont reçu 151 millions de kilos de laines brutes. Les laines de France n'entrant pas dans ce chiffre pour plus de

3 0 0, il restait donc 146 millions de kilos de laines brutes à acheter au loin et à importer. Ces 151 millions de kilos de laines brutes ont produit 53 millions de kilos de laines peignées dont 14 millions ont été exportés en Allemagne, et 39 millions transformés en tissus. La valeur globale de ces tissus a atteint la somme de 270 millions de francs dont plus de la moitié a été exportée en Angleterre, Amérique et autres contrées où les barrières protectionnistes ne nous arrêtent point encore.

Comme vous voyez, Roubaix vend à l'Allemagne beaucoup de laines peignées (en 1898 plus encore qu'en 1897) et vend à l'Angleterre seule, pour plus de 40 millions de francs de tissus. De tels clients prouvent surabondamment le degré de perfection atteint par l'industrie roubaisienne.

Malheureusement, il manque au négoce de Roubaix, pour être à la hauteur de son industrie, des voyageurs de commerce qui aillent directement aux consommateurs, sans passer par l'entremise des Anglais ou des Allemands.

Il manque surtout des voyageurs français ; car, à notre grand regret, dans presque toutes nos grandes Maisons de commission, ces emplois si importants sont confiés à des étrangers qui, bien souvent, mettent au service de leur propre pays l'expérience acquise à nos dépens, et lui fournissent contre nous des armes meurtrières.

Pour porter remède à cette situation désastreuse, pour permettre aux Français de faire leurs affaires eux-mêmes, en 1887, sur la proposition de M. Faidherbe, le Conseil municipal de Roubaix décida la création d'un cours de géographie commerciale. Il ne donna pas les résultats espérés.

M. Faidherbe, que nous avons le plaisir de compter parmi les membres de notre Comité de Géographie, reprit en février 1897, le projet présenté par lui, 10 ans avant, au Conseil municipal. Grâce au zèle et au dévouement de notre Président, M. Oscar Leburque, l'idée tomba sur un meilleur terrain, et la Société de Géographie réalisa ce que la Municipalité n'avait pu mener à bien.

Le Comité de Roubaix se mit à l'œuvre. Au cours d'une de ses premières réunions préparatoires, M. Faidherbe exprima l'avis de laisser aux professeurs de l'Etat le soin d'enseigner la Géographie générale, mais de trouver parmi nos concitoyens des conférenciers, au langage simple et aux formules pratiques, qui donneraient cette instruction purement commerciale que nous demandions. Ce projet était difficile à réaliser, et M. Faidherbe reconnut lui-même que le but serait plus facilement atteint, en priant un professeur de servir d'intermédiaire entre les élèves et nos concitoyens ayant visité le pays à décrire.

M. Lefebvre, professeur à l'École primaire supérieure de la Ville, qui, dans deux conférences, l'une sur Bordeaux, l'autre sur l'Angleterre, avait fait preuve de toutes les qualités requises, fut désigné à l'unanimité. Il fut invité à toutes nos réunions, et comprit rapidement ce qu'on attendait de son dévouement. La Plata ayant été choisie comme sujet des leçons de la première année, les adresses des personnes obligeantes connaissant ce pays furent indiquées à M. Lefebvre, et les livres traitant de la République Argentine mis à sa disposition.

Pendant que le professeur, faisant abnégation de lui-même, renonçait à ses idées acquises et consentait à rassembler tous ces éléments épars, le Comité, de son côté, arrêtait les dernières dispositions du cours, et adressait à tout le monde des affaires une circulaire, dont nous extrayons les passages suivants, datée du 5 novembre 1897 :

« Tout Roubaisien, commerçant ou industriel, reconnait la nécessité absolue d'entrer en lutte à armes égales sur les marchés étrangers, autrement qu'on ne l'a fait jusqu'ici, avec les nations rivales....

« Ce qui manque, c'est un cours de Géographie commerciale adapté aux besoins particuliers de notre ville. La Géographie physique n'y serait abordée qu'incidemment. Mais on s'y attacherait à signaler en détail les produits que chaque pays exporte ou importe, les usages commerciaux, les banques et leurs procédés, les monnaies, la fortune publique, le degré de richesse ou d'aisance des populations, les nations qui y trafiquent et l'importance de leur trafic, les causes de leur succès ou de leurs échecs, les genres de tissus existants pour lesquels nous pourrions lutter avec elles et ceux qu'il y aurait lieu de créer, enfin le prix et les moyens de transport.

« Le Comité estime, en outre, que le cours devra se recruter parmi les jeunes employés signalés par leurs patrons... »

Une deuxième circulaire datée du 23 novembre indiqua exactement les conditions requises pour assister au cours :

1º Etre Français ; 2º avoir quinze ans au moins ; 3º connaître ou étudier une langue étrangère ; 4º verser un droit d'inscription de 10 fr. Cette somme devant être rendue à la fin de l'année contre remise des jetons de présence donnés à chaque leçon.

L'exemple de l'Allemagne et notamment de la Société des Commis et Employés de Hambourg sur laquelle M. Dupont, notre sympathique collègue, nous avait solidement documenté, a été scrupuleusement suivi.

Pour vous renseigner sur la marche du cours, permettez-moi, Messieurs, de vous résumer le rapport que M. Lefebvre a bien voulu adresser à M. Leburque, notre dévoué président, à la clôture de ses intéressantes causeries :

« Le Cours a consacré seize séances à l'étude de la Plata. Les renseignements nécessaires ont été puisés à différentes sources. Les ouvrages spéciaux sur l'Argentine ont été consultés. La Chambre de Commerce a mis à notre disposition les volumes de sa bibliothèque, les bulletins de Chambres de Commerce françaises à l'étranger, entre autres celui de la Chambre de Commerce française de Buenos-Ayres ; M. Gilbert Sayet, secrétaire, nous a très aimablement fait profiter du savoir qu'il puise dans une fréquentation quotidienne de nos négociants et des principaux organes économiques.

« Les administrations des Postes et Télégraphes, du Chemin de fer, nous ont aussi documenté sur certaines questions ; la Maison Fréval Sibon nous a ouvert ses archives pour ce qui concerne les grandes Compagnies de navigation maritime. Les négociants auxquels nous nous sommes adressé nous ont renseigné de la façon la plus consciencieuse ; M. Henri Selosse a même consenti à répondre à un questionnaire précis sur des points qui resteraient obscurs ou vagues, sans la documentation de quiconque a vu. Vous-même, M. le Président, avez fouillé partout, et nous avez communiqué de précieuses trouvailles. Nous n'oublions pas que M. Dupont, explorant les journaux économiques allemands, nous a mis entre les mains, traduits dans un français lumineux, des détails que les Allemands d'Outre-Océan communiquent à leurs compatriotes de la métropole. Que tous soient assurés de notre gratitude.

« Roubaix possède un noyau considérable de négociants et d'industriels qui ont visité ces pays sur lesquels nous devons attirer l'attention ; leurs mémoires sont pleines de matériaux précieux qu'il faudrait mettre en œuvre. Pourquoi, n'avons-nous pas un organe centralisateur de ces documents économiques qui sont partout et qu'on trouve si malaisément ?

« Nous faisons un mystère de nos découvertes et de notre savoir quand il faudrait armer et initier de nombreux bataillons d'exportateurs. Nous nous confinons dans nos petits intérêts égoïstes quand il est nécessaire de créer, par une action commune et une étroite solidarité, de larges courants au commerce national.

« L'enseignement a été donné sous forme de causeries, appuyées de statistiques isolées ou comparées et de lectures. Les élèves prenaient librement les notes qu'ils rédigeront ou développeront ensuite à leur loisir.

« Si les statistiques sont résumées sur les graphiques, les renseignements généraux sur le pays étudié sont réunis dans une carte. Nous espérons qu'une dizaine de tracés cartographiques sérieux mériteront d'être mis sous les yeux du Comité. Beaucoup d'élèves ont sacrifié une partie de leurs dimanches pour faire ces travaux. Vingt-neuf élèves âgés de 15 à 34 ans se sont fait inscrire. Tous suivent au moins un cours de langue étrangère. Vous aurez une idée de la fréquentation générale, quand vous saurez que vingt-un auditeurs se retrouvaient aux dernières séances. »

En soumettant à notre Comité les meilleurs résumés, au nombre de quatorze, M. Lefebvre les a accompagnés des réflexions suivantes :

« Si nous entendons récompenser ceux qui ont fourni d'intéressants résumés, il est bien convenu que les élèves dont le nom ne figure pas au palmarès, ne doivent pas voir dans notre silence une façon quelconque de blâme ; la seule assiduité à nos leçons mérite déjà des éloges. Accoutumer de simples employés à exprimer, dans une langue acceptable, une pensée à peu près exacte, en ce qui concerne les choses économiques, tel est le but poursuivi en poussant les élèves à faire des résumés. Nous croyons l'avoir atteint à l'heure actuelle, il ne nous reste plus qu'à récompenser les meilleurs travaux. Des demandes ont été adressées à la Ville, à la Chambre de Commerce de Roubaix, pour obtenir des prix dont la distribution aura lieu dans deux mois. »

En terminant cet exposé, je vous demanderai la permission de remercier publiquement ceux qui ont le plus contribué à la réussite de cette création, MM. Faidherbe, Leburque et Lefebvre. Le Comité de Roubaix n'a rien marchandé non plus pour le succès de l'entreprise. Il nous fallait tout cela pour réussir.

Cette initiative toute pratique que le succès a couronné montrera qu'il appartient bien aux Sociétés de Géographie de procurer à nos jeunes gens cet enseignement commercial qui complètera heureusement les notions de géographie qui leur sont actuellement données.

Oubliant que je n'étais point qualifié pour traiter un tel sujet, j'ai compté sur votre indulgence, et n'ai voulu écouter que mon vif désir de rendre aux Roubaisiens, dont je suis l'hôte depuis dix ans, l'hommage que mérite leur heureuse idée et de donner à nos chères sociétés de géographie celle de suivre ce salutaire exemple.

Il me serait particulièrement agréable d'avoir été utile à Marseille, ma ville natale, qui nous reçoit d'une façon si brillante et pour laquelle, malgré l'éloignement et la longue absence, je professe toujours des sentiments de filiale piété.

4. — Société Languedocienne de Géographie de Montpellier.

Rapport présenté par M. A. FAYE, délégué.

La Société Languedocienne de Géographie de Montpellier que j'ai l'honneur de représenter compte 20 années d'existence.

Elle n'a pas été effectivement représentée au Congrès national des Sociétés françaises de Géographie depuis le Congrès de Lyon, XVme session, 1894.

Depuis cette époque la Société a poursuivi paisiblement sa vie et ses travaux, fidèle à son programme, qui est de faire connaître le Languedoc sous tous ses aspects par de nombreux travaux originaux, et cela sans se désintéresser en rien de la vulgarisation géographique générale.

La vulgarisation géographique et l'information sont représentées dans ses séances mensuelles et ses bulletins trimestriels par des conférences, communications, variétés, analyses et comptes rendus, chroniques, dont voici les principales et dont la plupart sont d'ailleurs des travaux originaux :

A. Duponchel. — Ingénieur en chef en retraite, président de la Société. — « La circulation des vents et la pluie ». *Bulletin*, 1er trimestre 1894, t. XVII.

Fernand Viala. — « Les gisements d'or en France considérés dans leur rapports d'origine et de richesse avec les autres gisements aurifères ». Travail original d'un ingénieur des mines, ancien élève de l'Ecole polytechnique, 3me trimestre 1894.

Docteur Aloustant. — « La fièvre typhoïde tropicale dans ses rapports avec la civilisation moderne », 4me trimestre 1894.

X... « Lettre d'un officier de la colonne du Soudan », 1er trimestre 1895.

X... « Conférence et exposition géographique de M. Eysséric, et de M. Maistre », 27 mai 1895.

Le colonel Joffre. — « Région de Tombouctou, avec cartes », 2me trimestre 1895.

A. Duponchel, ingénieur en chef des ponts et chaussées, en retraite. « Les barages de retenue et l'aménagement des eaux courantes », 3me trimestre 1895.

F. Viala. — « Guyane française et territoire contesté entre la France et le Brésil », 3me trimestre 1895.

Paul de Rouville, professeur honoraire de géologie et ancien doyen de la Faculté des sciences de Montpellier. — « Quelques mots de géographie rationnelle », 1er trimestre 1896, 2me trimestre 1897, avec planches en couleurs et vues géologiques.

F. Viala. — « Les Etats-Unis et le Farwest, avec cartes », 2me trimestre 1896.

A. Duponchel. — « Nouvelle théorie cosmogonique. Le vide dans le plein », du 2me Trimestre 1896 au 2me Trimestre 1898.

David Levat. — « La Sibérie et le chemin de fer Transsibérien », avec cartes, 2me Trimestre 1896.

De Varigny. — « Impressions de voyage dans les deux Amériques », 2me trimestre 1896.

X. « L'Ile d'Elbe au début du XIXme siècle, Extrait des souvenirs de Pons de l'Hérault », 3me trimestre 1896, 2me trimestre 1897.

F. Viala. — « Le Val d'Aran et les sources de la Garonne », 4me trimestre 1896.
A. Duponchel. — « La colonisation Française et le chemin de fer de Madagascar », 1er trimestre 1897. Article qui a fait le tour de la presse.
Pasteur Coillard. — « Sur le Haut-Zambèze », Voyages et travaux de mission, conférence, 1er trimestre 1897.
P. J. Ytier. — « Les voyages de M. Jules Ytier, ses travaux et ses collections », 4me trimestre 1896.
Vigier, doyen de la Faculté de droit.— « Inscription de Koptos de l'an 90 de notre ère relative à des droits de transit », 2me trim. 1897.
L. Malavialle. — « Madagascar avec carte hypsométrique », 4me trimestre 1897.
Colonel Fulcrand. — « Le colonel Goulier », 3me et 4me trimestres 1897.
Paul de Rouville. — « La Géographie inspiratrice de théories géologiques ou l'influence des milieux géographiques sur les théories scientifiques. — Allocution à la Société d'études d'histoire naturelle de Nîmes. Séance anniversaire du 11 décembre 1897 », 1er trimestre 1898.
G. Westphal. — « La côte d'Ivoire, son avenir industriel et commercial », 1er et 2me trimestres 1898.
P. Eysséric. - « Voyage d'exploration à la côte d'Ivoire, avec cartes », 1er trimestre 1898.
Louis Planchon, professeur. — « Indications générales sur la récolte et la conservation des drogues exotiques », 1er trimestre 1898.
Paul de Rouville. — « Une leçon familière d'anatomie du globe terrestre », 2me trimestre 1898.
Gaston Mercier. — « Vingt-huit jours chez les tirailleurs algériens », 2me trimestre 1898.

Comme par le passé, la Société Languedocienne de Géographie s'est surtout attachée à étudier sa région, son domaine propre, par des travaux originaux. Voici les principaux depuis 1894 :

Jean Miquel. — « Essai sur l'arrondissement de St-Pons, avec cartes », 2me, 3me et 4me trimestres 1894, 2me et 3me trimestres 1895, 2me, 3me et 4me trimestres 1896.
L. Malavialle. — « Le littoral du Bas-Languedoc », 2me trimestre 1894.
G. de Lapouge. — « Matériaux pour la géographie anthropologique du département de l'Hérault », 3me et 4me trimestres 1894.
Dr C. Van Merris, médecin principal de 1re classe, médecin en chef de l'hôpital thermal militaire. — « Amélie-les-Bains, Le climat et les eaux sulfureuses », avec planches et vues, 4me trimestre 1894, 1er, 2me, 3me et 4me trimestres 1895.

Pépin Isidore. — « De l'enseignement primaire dans le département de l'Hérault, 1822-1890 », 1er trimestre 1895.

L. Blazin. — « Le Minervois et la commune d'Olonzac », avec cartes et planches, 4me trimestre 1895, 1er et 2me trimestres 1896.

J. Lahue. — « Répertoire archéologique de St-Pons », 1er trimestre 1896.

C. Bloch. — « La viticulture languedocienne avant 1789 », 1er trimestre 1896.

L. Malavialle et H. Lechat. — « Projet de construction d'un palais des états du Languedoc à Montpellier et de décoration de la place du Peyrou à la fin du xviiie siècle », avec cartes et planches, 1er trimestre 1897.

P. de Rouville. — « Notice géologique familière sur la constitution du sol de Montpellier », 1er trimestre 1896.

Valéry-Mayet. — « Communication sur la géographie zoologique terrestre du département de l'Hérault », 2me trimestre 1897, 1er trimestre 1898.

D. Durand (de Gros) et G. de Lapouge. — « Matériaux pour l'anthropologie de l'Aveyron », avec cartes et planches, 3me trimestre 1897, 1er trimestre 1898.

Vigier. — « Des enceintes successives de Montpellier et de ses fortifications, avec un plan », 2me trimestre 1898.

Vigier. — « Les guerres de religion à Montpellier et le siège de 1622 », Conférence, 2me trimestre 1898, t. xxi.

Ici s'arrête l'énumération des travaux publiés dans le bulletin depuis 1894 jusqu'à ce jour.

Il me reste à vous parler de l'œuvre la plus intéressante de la Société Languedocienne; c'est la publication de la Géographie générale du département de l'Hérault, qu'elle a entreprise depuis 1891.

Voici quel est l'état d'avancement de ce travail :

Tome I. — « Géographie Physique », a complètement paru et se compose des fascicules suivants :

1º Orographie, Géologie, Hydrologie et Minéralogie, par A. Duponchel, avec de nombreuses figures dans le texte, 8 illustrations et 4 cartes hors texte, viii 303 pages in-8º.

Fascicules annexés : A. L'Hérault géologique, par P. de Rouville, in-8º iv 148 pages avec gravures, cartes et coupes ; B. Les atterrissements du Rhône dans la région d'Aigues-Mortes, par A. Duponchel, in-8º, 47 pages, 2 cartes.

2º Météorologie, avec 9 planches hors texte et une carte, par MM. Crova et Duponchel, in-8º, 160 pages.

Tome II. — A commencé de paraître.

Fascicule I : Flore, par M. le professeur Flahault, en 1893, in-8º,

192 pages avec illustrations hors texte, une carte en couleurs et un tableau.

Le fascicule II est à l'impression et comprendra :
1º Une préface de M. Sabatier, professeur de zoologie et doyen de la Faculté des Sciences de Montpellier, avec une notice sur le laboratoire de zoologie maritime de Cette.
2º Un travail de M. Soulier, maître de conférences de zoologie à la Faculté des Sciences de Montpellier, sur la faune maritime.
3º Un travail de M. Valery-Mayet, professeur à l'Ecole d'agriculture de Montpellier, sur la faune terrestre. Ce fascicule termine le 2ᵐᵉ volume.

Le tome III, en préparation, comprendra l'histoire du Département, par M. Cazalis de Fondouce (préhistoire), Gachon, Pélissier et Malavialle, professeurs à la Faculté des Lettres (histoire proprement dite).

Le tome IV sera consacré à la géographie administrative et statistique.

En attendant la préparation et la publication de ces travaux, la Société vient de faire graver par Erhard, à Paris, une carte à 1 200.000 du département de l'Hérault en 7 couleurs, avec courbes de niveau et divisions administratives ; c'est cette carte que j'ai l'honneur de présenter au Congrès au nom de la Société Languedocienne.

Tous ces travaux prouvent que notre Société persévère dans son programme d'études locales, qui doivent se fondre plus tard dans l'édifice d'une géographie générale de la France.

En attendant, ces travaux continuent à attirer à la Société Languedocienne de géographie les encouragements et les subventions de l'Etat, du Département et de la ville de Montpellier, ainsi que les éloges des revues spéciales. Nous leur adressons à tous nos remerciements.

5. — Comité de Madagascar.

Rapport de M. J. CHARLES-ROUX, président et délégué.

La seule prétention du Comité de Madagascar est d'étudier la grande Ile, de faciliter sa mise en valeur et de répandre, dans le public, les solutions qu'il juge les meilleures. Il est né de la force des choses, du besoin qu'ont éprouvé tous les Français ayant habité Madagascar ou s'étant spécialement occupé de la grande Ile, de se grouper, de se réunir pour mettre en commun leur bonne volonté et leur expérience.

En effet, après la rupture des relations avec le gouvernement Malgache, au cours de l'été 1894, tous les Français qui avaient habité Madagascar se trouvèrent réunis en France, à Paris principalement. Les liens qui s'étaient établis entre eux et qui deviennent facilement intimes dans la vie coloniale, leur firent ressentir le besoin de se rencontrer pour causer du pays dont ils avaient, pour la plupart, été brusquement arrachés et dont l'avenir, à la veille des événements qui se préparaient, les préoccupait à juste titre.

Leurs réunions prirent d'abord la forme de déjeuners hebdomadaires, mais ces agapes fraternelles, pleines de cordialité, ne pouvaient suffire qu'au début et le moment ne tarda pas à venir où il parut nécessaire de constituer à Paris, sur des bases plus stables et plus sérieuses et en vue d'une action sur les pouvoirs publics, un groupe formé de toutes les personnes qui, à un titre quelconque, s'intéressaient à Madagascar et à son avenir, et on élabora un programme.

La Société de Géographie Commerciale de Paris voulut bien prêter au « Comité » embryonnaire un asile dans ses locaux — ainsi que la publicité de son bulletin. Une première réunion préparatoire eut lieu le 17 novembre 1894 à laquelle assistèrent 24 personnes; une seconde assemblée, plus nombreuse, fut tenue le 28 du même mois; enfin, le 9 février 1895, le « Comité de Madagascar » fut définitivement constitué.

M. Alfred Grandidier, que sa grande notoriété et ses savants travaux désignaient à tous les suffrages, fut élu président; l'appel adressé au public fut entendu. Dès le mois de mai, parut le premier *Bulletin du Comité* en titre duquel figurait une déclaration, sorte de profession de foi de l'association naissante. Le but qu'elle s'était proposé, dès la première heure, était double : étudier le régime politique, administratif et économique à donner à Madagascar, après la conquête; fournir aux intéressés tous les renseignements commerciaux et de tout genre dont ils pourraient avoir besoin.

En ce qui concerne le régime politique, le Comité se déclara, dès la première heure, partisan de la forme du protectorat. Par des conférences organisées à Paris et en province, par des communications répétées à la presse, le Comité s'efforça de faire prévaloir ces idées auprès du grand public, de démontrer leur justesse et de mettre en garde l'opinion contre les difficultés de tout ordre que pouvait soulever le régime de l'annexion.

Ces théories provoquèrent contre le Comité des hostilités sérieuses, même au sein du Parlement, et donnèrent lieu à une vive polémique; mais la grande majorité de la presse se rangea du côté du bon sens et les idées du Comité prévalurent tant que Madagascar dépendit du Ministère des Affaires Étrangères et que M. Hanotaux fut titulaire de ce portefeuille.

Le général Duchesne était, en effet, parti porteur d'un traité de paix à faire signer par la reine des Hovas après les hostilités, traité stipulant que le régime du protectorat régirait Madagascar, non pas un protectorat illusoire, comme celui qu'on avait pratiqué précédemment et qui n'en avait que le nom, mais un protectorat effectif, *serré* suivant le langage diplomatique, parce qu'il devait s'exercer d'une manière prépondérante et qu'il serait appuyé au besoin par la présence de la force armée. Comme on le sait, ce traité fut signé dès que le commandant du corps expéditionnaire entra à Tananarive. Mais le ministère dont faisait partie M. Hanotaux tomba avant que le traité ait pu être soumis à la ratification des Chambres et les membres de l'opposition, qui en avaient exploité les clauses contre le gouvernement, se trouvèrent fort embarrassés, en arrivant au pouvoir, pour trouver un autre « modus vivendi » et appliquer leurs théories. Il leur était impossible cependant de continuer les errements dont ils avaient fait les plus grands griefs à leurs prédécesseurs; mais, une fois en face des difficultés, ils furent forcés de reconnaître combien la politique suivie avait été prévoyante et sage, et combien il était malaisé de lui en substituer une nouvelle.

On inventa alors un « régime mixte » très bizarre, qui n'était ni l'annexion, ni le protectorat et qui se composait d'un mélange hybride de l'un et de l'autre; on fit passer Madagascar sous la dépendance du Ministère des Colonies et on exigea de la reine qu'elle signât un autre traité.

Ce fut une faute grave vis-à-vis des Malgaches, une sorte de manquement à notre parole qui impressionna vivement ce peuple simple; enfin, on appela au poste de résident général M. Laroche, un préfet, qui paraissait peu préparé, par ses études antérieures, à l'administration difficile d'une colonie naissante.

Vous savez le reste : l'insurrection ne tarda pas à éclater; il fallut rappeler M. Laroche, rétablir le pouvoir militaire, recommencer, morceau par morceau, la pacification de l'île, destituer la reine et l'interner.

Loin de nous la pensée de ne pas joindre nos modestes et sincères éloges à tous ceux qu'ont provoqués la ferme et habile administration du général Galliéni. Mais, nous n'en avons pas moins perdu deux ans pour la colonisation, et ajouté de nouveaux sacrifices d'hommes et d'argent à ceux qu'a entraînés la campagne de 1895, et le général Galliéni, en homme expérimenté qu'il est, reconnaît l'utilité, la nécessité de faire participer le plus possible l'élément indigène à l'administration locale.

Oui, nous n'hésitons pas à l'avouer, nous avons un faible pour la forme du protectorat. Bien que d'anciens diplomates aient soutenu que ce régime est « une institution encore embryonnaire, protéiforme, sans caractère défini, dont le type et la théorie n'ont pas été jusqu'ici établis avec certitude par la science », qu'il ne permet pas de passer l'éponge sur les anciens traités qui liaient la nation protégée aux diverses puissances étrangères, nous répondrons que la solution de ce problème de droit international a été trouvée à propos de la Tunisie et que la forme du protectorat ne nous a nullement empêchés de dénoncer le traité conclu entre la Régence et l'Italie, ainsi que celui avec l'Angleterre, qui était *sine die*, et d'en signer de nouveaux sur de nouvelles bases. Nous croyons donc la forme du protectorat la plus souple, la plus économique, la mieux appropriée à notre caractère et à notre génie colonisateur, et, je le répète, les résultats obtenus en Tunisie en sont la preuve éclatante.

Il est rare d'entendre des étrangers, et surtout des Anglais, nous rendre hommage en matière coloniale ; c'est cependant ce que n'a pas hésité à faire M. Johnston, consul général de la Grande-Bretagne à Tunis, dans un rapport des plus documentés et des plus complets adressé à son gouvernement, et qui m'a été communiqué par mon ami et collègue au Conseil de Suez, M. Austin Lee, secrétaire et attaché commercial de l'Ambassade d'Angleterre à Paris. M. Johnston était déjà en Tunisie en 1880 et il compare la situation de la Régence à cette époque avec celle d'aujourd'hui ; il énumère les progrès réalisés à tous les points de vue. Nous ne pouvons avoir la prétention de résumer en quelques lignes cet important travail, mais nous ne résistons pas au plaisir d'en citer un seul passage :

« Comparée au gouvernement de l'Algérie, écrit M. Johnston, l'administration de la Tunisie paraît si simple et relativement si peu dispendieuse, qu'on voudrait presque que la grande colonie africaine, à côté de ce protectorat, fut gouvernée par le « despotisme intelligent » qui dirige les affaires de la Tunisie ». Il est difficile de critiquer d'une façon plus sobre, plus discrète et plus fine, et de dire plus de choses en moins de mots...

Bien que le choix du régime politique devant régir Madagascar ne répondît pas aux aspirations du Comité, et que le système du protectorat ait été définitivement rejeté, nous n'avons pas pensé que notre rôle fût pour cela terminé. Estimant, au contraire, que le Comité pouvait rendre encore bien des services, nous avons accepté, sans arrière pensée, les faits accomplis, et c'est vers le développement, le peuplement et la mise en valeur de notre colonie que se sont désormais tournés nos efforts.

En 1896, M. Grandidier ayant manifesté le désir de se retirer, fut nommé président d'honneur, et je fus appelé, non pas à le remplacer, mais à lui succéder au fauteuil de la présidence.

Le Comité compte aujourd'hui plus de 600 membres ; il s'est rapproché de l'Union Coloniale dont il forme une annexe, et ses bureaux sont installés au siège même de l'Union, 44, rue de la Chaussée-d'Antin.

Pour augmenter nos moyens d'action, grouper le plus grand nombre possible d'adhérents et répandre plus efficacement les renseignements dont nous disposons, nous avons créé des sections à Marseille, Bordeaux, Tananarive, et nommé des délégués dans les principales villes de France.

Dans notre *Bulletin* mensuel sont traitées toutes les questions économiques intéressant Madagascar, au fur et à mesure qu'elles se présentent, sans négliger pour cela les études scientifiques, historiques et rétrospectives.

De concert avec l'Union Coloniale, nous avons publié un *Guide de l'Emigrant à Madagascar*, dont la rédaction a été confiée au R. P. Piolet, et, en remettant ce guide aux *postulants émigrants*, nous leur donnons une *notice* qui contient quelques *conseils* pratiques.

Nos bureaux sont ouverts à tous ceux qui viennent y frapper et — suivant l'exemple de l'Union — nous répondons au jour le jour, à la nombreuse correspondance qui nous est adressée.

Nos délégués dans l'Ile, tout en nous tenant régulièrement au courant de ce qui s'y passe, apportent le concours le plus précieux et le plus dévoué à tous les arrivants, à quelque classe qu'ils appartiennent. Ils les dirigent dans leurs premiers pas et les aident de leurs conseils et de leur expérience. L'institution de ces délégués a donné les résultats les *plus satisfaisants* et tous ceux qui ont eu affaire à eux se sont vivement félicités de leur gracieux et utile concours.

Nous avons pensé que la France avait une dette de reconnaissance à payer envers ceux de ses enfants, — officiers et soldats, — morts pendant la dernière campagne, et nous avons pris l'initiative d'une souscription publique dont le montant était destiné à élever un monument à leur mémoire. L'exécution de ce monument, confiée à un de nos maîtres dans l'art de la sculpture, M. Barrias, est terminée. Le modèle en plâtre a figuré au Salon de 1897 et vient d'être coulé en bronze. Nous allons donc avant peu l'expédier dans la grande Ile, où il sera édifié sur l'avenue de France, à Tananarive.

Sur le socle, qui sera en granit de Madagascar, nous inscrirons tous les noms des officiers, soldats et marins morts pour la patrie en 1894-95.

Enfin, Messieurs, nous sommes sur le point d'entreprendre un travail de longue haleine, que l'aide de M. Grandidier et des savants spécialistes que nous avons la bonne fortune de posséder parmi nous, nous permettra sans doute de mener à bonne fin.

Nous nous proposons de traduire, de réimprimer et de publier tous les ouvrages qui ont été écrits sur Madagascar de 1500 à 1800. Plusieurs d'entre eux présentent un très réel intérêt ; mais, comme ils sont disséminés un peu partout, comme certains sont écrits en langue étrangères et en vieilles langues (Portugais, Allemand, Anglais), comme certains sont même à l'état de manuscrits, ils sont difficilement abordables pour le grand public. Cette publication, qui comprendra une dizaine de volumes au moins, sera dirigée et annotée par M. Grandidier et ses savants collaborateurs et accompagnée de cartes et gravures, ce qui en augmentera singulièrement l'utilité et l'intérêt.

Le secrétaire général du Comité, M. Clément Delhorbe, qui s'en occupe avec autant de dévouement que d'intelligence, est en ce moment à Madagascar, pour se rendre compte de visu des progrès accomplis et nous en faire le compte-rendu.

6.— Union Coloniale Française.

Rapport de M. J. CHARLES-ROUX, délégué.

L'Union Coloniale Française compte, à l'heure actuelle, plus de 800 membres : hommes d'État, savants, industriels, commerçants et particuliers.

Quoique jeune encore — car elle date de 1893 — ses œuvres sont considérables. Législation, administration, politique indigène, peuplement, mise en valeur, commerce, tel est le vaste champ de son action.

Elle a fondé une revue, la *Quinzaine Coloniale*, pleine d'informations, qu'un professeur de la Faculté de Droit qualifiait récemment de « précieux instrument de travail ».

Après la presse et la plume, la parole ; conférences à Paris et en province, par des spécialistes, sous la présidence de personnages de marque ; et voici les titres des principaux sujets traités en 1897-98 : les idées coloniales de Richelieu (M. E. Bourgeois) ; Montcalm et le Canada (M. Gourraigne) ; la colonisation allemande (M. Marcel Dubois) ; la colonisation anglaise au Cap (M. G. Lévy), hollandaise à Java (M. Chailley-Bert), belge au Congo (le major Thys), russe en Sibérie (M. Haumant).

Après les conférences, l'enseignement : cours à la Sorbonne, donnés par des professeurs recrutés dans divers milieux. En 1897-98 : M. Marcel Dubois, professeur à l'Université de Paris (Algérie) ; Le R. P. Piolet (Madagascar) ; M. le Dr Treille (hygiène coloniale) ; M. le professeur Lecomte (cultures coloniales) ; M. Charles-Roux, député (régime économique des colonies).

Pour attirer les élèves à ses cours, l'Union Coloniale a fondé des prix importants : deux de 2.000 francs chacun, avec passage gratuit pour l'une de nos colonies.

Tout cela est conduit avec entrain, méthode, passion.

Une des principales tâches de l'Union Coloniale est le peuplement et la mise en valeur de nos colonies. Sa caractéristique, la cause de son action efficace est ce moyen de propagande et d'éducation qui s'appelle la presse, et surtout la distribution de brochures et de lettres individuelles.

Depuis le 1er juin 1897, l'Union Coloniale a reçu 12.000 lettres et il a été répondu à toutes.

Des traités d'hygiène, des guides de l'émigrant ont été déjà distribués, pour certaines colonies, à plus de 10.000 exemplaires, et la feuille de *Conseils aux Emigrants* vient d'atteindre son trentième **mille**.

Cette propagande a donné des résultats féconds : au 30 juillet 1898, par les soins de l'Union Coloniale, 568 émigrants, représentant ensemble un capital de plus de 3 millions de francs, ont pris la route de la Nouvelle-Calédonie ; il est facile de se rendre compte de l'influence qu'un pareil apport d'activités et de capitaux nouveaux a pu exercer sur la vie économique de la colonie. Aussi, les statistiques douanières de la Nouvelle-Calédonie accusent-elles une augmentation considérable du chiffre des importations.

A la même date, 62 familles, possédant chacune un petit capital, ont déclaré leur intention d'émigrer en Tunisie ; mais, il n'a pas encore été possible de vérifier si tous ces départs s'étaient effectués.

L'Union Coloniale fait les mêmes efforts pour la mise en valeur des autres colonies françaises, et elle a obtenu déjà des résultats importants, pour l'Algérie, l'Annam-Tonkin et les Nouvelles Hébrides.

Voilà pour les intérêts généraux de la colonisation. Il me reste à indiquer ce que fait l'Union dans l'intérêt de ses membres et du commerce colonial.

Elle a organisé, à son siège, un véritable office commercial qui centralise et classe méthodiquement les renseignements recueillis sur toutes les questions intéressant le commerce extérieur français.

Ces renseignements sont réservés aux membres de l'Union et on peut les diviser en quatre catégories :

I. — *Renseignements commerciaux proprement dits* : D'une très grande variété, ces renseignements portent tantôt sur la situation économique, sur les productions courantes de tel pays, sur ses cultures ; d'autres fois, il s'agit de la simple communication d'un rapport de fin d'année ou des statuts de quelque société commerciale ou industrielle. On nous demande également à consulter des documents statistiques de sources diverses ; on veut une indication pour le choix d'un agent commercial ; on désire étudier à loisir une collection d'échantillons venant de la métropole, d'une de nos colonies, ou de l'étranger, etc.

Quelques exemples d'enquêtes que nous avons été appelés à faire pour des membres de l'Union ne seront pas inutiles : Enquêtes sur les débouchés pour le sulfure de carbone dans l'Amérique du Sud ; pour l'acide tartrique en Russie et en Amérique ; pour les produits pharmaceutiques dans le Levant et en Amérique ; enquête sur les centres de production et les marchés de vente du caoutchouc, etc.

Ces enquêtes ont amené la réunion d'informations très précieuses dont nos membres ont manifesté à plusieurs reprises leur satisfaction.

II. — *Renseignements sur les décisions administratives, sur le texte même ou sur le contenu de tel document législatif, administratif ou judiciaire.*

III. — *Renseignements généraux et particuliers sur les colonies.*

IV. — *Renseignements de crédit.*

L'un des rôles de l'Union Coloniale, et non des moins importants, est de prêter son concours aux intérêts privés de ses membres ; l'entreprise et l'assistance de l'Union Coloniale lui ont été réclamées dans une quantité de cas très divers.

Dans l'ordre des intérêts généraux, nous recherchons l'amélioration progressive des institutions coloniales : par l'étude attentive, patiente de toutes les réformes à introduire dans notre système d'organisation administrative et économique. Aucune des grandes questions qui ont agité le monde colonial ne nous est restée étrangère, et nous en avons soulevé plusieurs ; toujours et à propos de chacune d'elles, nous avons tenu à exprimer notre pensée. Si la cause nous paraissait juste, le progrès à réaliser visible, nous entrions en campagne, sans nous préoccuper de savoir d'où venait l'impulsion première ; mais nous avons eu la satisfaction d'inspirer plusieurs idées nouvelles et la joie plus grande de les voir réalisées.

Les principales questions où s'est fait sentir l'action de l'Union Coloniale Française sont, comme *questions législatives* ou administratives : Régime des concessions au Tonkin ; régime des concessions à Madagascar ; régime des alcools en Algérie ; réforme du régime minier en Annam-Tonkin, réforme du régime minier en Nouvelle-Calédonie ; réforme du régime domanial en Nouvelle-Calédonie, service des colis postaux au Sénégal ; service militaire aux colonies.

Cette dernière question, une de celles qui intéressent le plus l'avenir de nos possessions d'outre-mer, paraît à la veille d'être résolue. L'enquête entreprise auprès des Chambres de Commerce, tant de la métropole que des colonies, a convaincu que l'opinion du monde des affaires est, en immense majorité, acquise à cette réforme et nous avons tout lieu d'espérer que nous pourrons l'enregistrer bientôt comme un résultat définitivement acquis, tout au moins en ce qui concerne l'exemption du service pour les jeunes gens établis aux colonies.

Les *questions commerciales* et économiques dans lesquelles est intervenue l'Union Coloniale sont : Elévation du taux du change à la Guadeloupe ; chemin de fer de Dakar à Saint-Louis ; la marine marchande française dans les colonies ; questions intéressant la Réunion (régime des sucres — recrutement de la main-d'œuvre — droits sur les tapiocas) ; régime douanier de la Côte d'Ivoire ; exportation des cafés torréfiés ; enquête sur la main-d'œuvre africaine.

Comme vous le voyez, Messieurs, l'œuvre de l'Union est considérable. Elle fait le plus grand honneur à son secrétaire général, M. Chailley-Bert, à son président, M. Mercet, et nous croyons pouvoir dire qu'elle a bien mérité du monde colonial.

7. — Société de Géographie Commerciale du Havre.

Rapport de M. FAVIER, secrétaire général et délégué.

En désignant un délégué pour la représenter à la XIXe session du Congrès National des Sociétés françaises de géographie, la Société de Géographie Commerciale du Havre n'a point seulement voulu rester fidèle à une tradition rigoureusement observée depuis sa fondation, elle a entendu aussi manifester sa sympathie toute particulière pour la Société de Géographie de Marseille. Elle s'est rappelée que les Sociétés établies dans nos ports de commerce avaient été parmi les premières à combattre le bon combat en faveur des entreprises coloniales et de l'expansion de la France au dehors, et, en souvenir de la solidarité dans la lutte, elle adresse à sa sœur de Marseille un salut amical et ses meilleurs souhaits de prospérité.

Créée en 1884, à une époque difficile, alors que la politique coloniale de nos gouvernants était devenue une arme aux mains de l'opposition, notre Société affirmait promptement son existence, se développait rapidement et dépassait bientôt le chiffre de 700 membres, autour duquel elle oscille dans ces dernières années.

Vous connaissez notre programme : faire l'éducation de l'opinion publique en matière coloniale, vulgariser les connaissances géographiques et encourager l'étude de la géographie par le livre et la parole.

En dehors de nos réunions de Comité où nous traitons les questions d'actualité, de notre *Bulletin* que vous recevez, nos principaux moyens d'action sont les conférences, les concours entre les élèves des divers ordres de l'enseignement primaire, les prix décernés aux établissements d'enseignement secondaire, et notre bibliothèque.

Nous avons donné cette année sept conférences :

1º A travers Madagascar, par M. E. Grosclaude ; 2º Un voyage en

Russie, par M. L. Léger ; 3º Les îles de l'Océan, par M. Ardouin-Dumazet ; 4º L'enseignement de la géographie commerciale, par M. Marcel Dubois ; 5º Un voyage à Jérusalem, par M. Ch. Diehl ; 6º De l'Atlantique au Pacifique, par M. le marquis de Bouthillier-Chavigny ; 7º La colonisation du domaine extérieur de la France, par M. l'abbé Rouiet.

Nos concours ont réuni 100 concurrents en 1898. Notre bibliothèque, dont nous avons fait à la fois un centre d'études géographiques et un bureau de renseignements pour les commerçants, renferme 5.000 pièces environ, livres, cartes, brochures, etc. Chaque année voit s'étendre sa sphère d'action, ainsi que le prouve la progression ascendante du nombre des emprunts.

Le chiffre des emprunts, qui n'était que de 360 en 1896, s'est élevé à 905 en 1891, à 1830 en 1896, à 2.100 en 1897.

Notre situation financière est aussi bonne que notre situation morale. Chaque année nos budgets se soldent par des excédents de recettes qui permettent de grossir notre fonds de réserve. Aussi, avons-nous cru le moment venu de solliciter du gouvernement la reconnaissance d'utilité publique. Les premières démarches ont été faites en ce sens, nous espérons réussir et nous donnerons par là à notre Société un nouveau lustre.

8. — Société de Géographie de Toulouse.

Rapport de M. Guénot, Secrétaire général et délégué.

Je ne puis que répéter ce que j'ai déjà dit l'année dernière, au sujet de la Société que j'ai l'honneur de représenter devant vous.

Nous continuons à soutenir vaillamment, comme par le passé, la cause de la vulgarisation des sciences géographiques dans notre région.

Réunions de quinzaine, conférences publiques, publications régulières de *Bulletin*, excursions régionales, tout est mis en œuvre pour contribuer aux progrès de la cause qui nous est chère.

Le nombre de nos adhérents se maintient à peu près au même chiffre que l'année précédente ; il a plutôt tendance à s'élever qu'à décroître.

Dans le courant de l'année dernière, un seul fait mérite d'être signalé, c'est notre installation dans un des plus beaux palais du Midi, l'hôtel d'Assézat.

Ce magnifique palais a été légué aux Sociétés littéraires et scientifiques de Toulouse, par M. Ozenne, qui, en véritable Mécène, a voulu assurer leur avenir. La Société de Géographie y occupe deux salles superbes, la moitié du rez-de-chaussée.

Tels sont, Messieurs, les quelques renseignements intéressants que je puis vous donner sur notre vie sociale pendant l'année qui vient de s'écouler.

9. — Union Géographique du Nord de la France, à Douai.

Résumé du rapport oral de M. G. Tellier, président et délégué.

L'activité de l'Union se manifeste par des conférences, par des excursions et par son *Bulletin*. Comme nous formons une fédération, le groupement des diverses Sociétés représente près d'un millier de membres. De nombreuses conférences sont données dans différentes villes et notre *Bulletin*, que nous échangeons avec toutes les Sociétés géographiques françaises, publie, en dehors des actes de l'Union, d'intéressantes monographies locales. Toutefois, le grand nombre d'adhérents qui, de tous les points du Nord, s'étaient inscrits à Douai lors de la fondation, ont formé ensuite des Sociétés qui vivent aujourd'hui séparément à côté de nous, mais nous sommes fiers de ce qu'elles font de bien, car c'est un honneur à reporter à l'Union. Nous organisons avec succès des concours de géographie parmi les élèves des écoles et nous faisons nos efforts pour provoquer un mouvement en faveur de la colonisation.

10. — Société de Géographie Commerciale de Saint-Nazaire.

Rapport de M. Gallet, secrétaire général et délégué.

Un grand événement s'est produit, au sein de notre Société, dans le courant de l'année dernière. Je veux parler du XVIIIe Congrès des Sociétés françaises de géographie qui s'est tenu à Saint-Nazaire du 1er au 8 août, sous la présidence de l'éminent M. de Mahy.

Ce Congrès, auquel ont pris part des délégués de presque tous les Ministères et de vingt-quatre Sociétés de Géographie ou assimilées, n'a pas, de l'avis de tous, été inférieur aux précédents par l'importance des questions qui y ont été traitées, tant au point de vue général qu'au point de vue local, et par l'intérêt des excursions et des visites aux établissements industriels de la région.

Grâce aux généreux subsides de la municipalité, de la Chambre de

Commerce, du Conseil Général et des Ministères de l'Instruction Publique et des Colonies, nous avons pu recevoir dignement nos hôtes et assurer le bon fonctionnement du Congrès.

Les recettes (subventions et cotisations) se sont élevées à Fr. 5.250
Les dépenses de toute nature jusqu'à ce jour sont de. . . » 3.360

Il reste donc disponible une somme de . . . Fr. 1.890

suffisante pour payer les frais d'impression et de distribution du Compte-rendu *in-extenso* du Congrès, superbe volume orné de plusieurs phototypies.

Le budget ordinaire de notre Société pour l'exercice 1897 se résume ainsi :

Recettes . . . . Fr. 1.610 65
Dépenses. . . . . » 1.064 55

Excédent de recette . . . . . Fr. 546 10

Notre situation est donc on ne peut plus florissante ; elle nous permettra, avec les ressources de l'année courante, d'augmenter le nombre de nos conférences et de leur donner plus d'éclat.

Dans sa dernière réunion, notre Société a décidé d'allouer une somme de cent francs au Comité d'études de la Loire navigable, à titre d'adhésion et d'encouragement à cette œuvre grandiose dont l'utilisation n'est plus à démontrer.

Le montant des cotisations, qui avait été de 710 francs en 1896, s'est élevé à 840 francs en 1897 ; c'est donc une augmentation de 13 membres dont nous sommes redevables au Congrès. Cet accroissement est atténué par le départ, la démission ou le décès de quatre membres. Ce vide sera certainement comblé dans le courant de cette année.

Nous avons eu, l'hiver dernier, quatre conférences d'un haut intérêt : les deux premières sur l'Afrique, par M. le capitaine Baudry, membre de la mission Hourst, et par M. le lieutenant Barreau, commandant la garde indigène de la Côte d'Ivoire, la troisième sur la Russie, par M. le docteur Leduc, de Nantes ; et la dernière, sur le Littoral vendéen, par M. Jules-César Robuchon, de Fontenay-le-Comte.

Notre XIVe *Bulletin* contient la monographie de la commune d'Assérac, par M. l'instituteur Chiron. Aussi complète que possible, écrite dans un style sobre, correct, et ornée de plusieurs dessins reproduits par la photogravure, cette notice a valu à son auteur une médaille de vermeil de notre Société. Le concours reste ouvert pour l'année courante et il nous apportera certainement d'intéressantes notices sur d'autres communes de l'arrondissement.

Le prochain *Bulletin* publiera un mémoire qui sera très apprécié et goûté, dû à la plume d'un de nos collègues, M. Mercier, et modestement intitulé : « Une visite à la ferme d'Autruches de Matarieh (Basse-Egypte)». On y trouvera, en outre, des renseignements sur notre colonie de la Côte d'Ivoire, envoyés par notre collègue M. l'inspecteur Barreau.

Nous continuons à décerner des prix annuels aux élèves du collège communal; à partir de l'année prochaine, nous y ferons participer les jeunes gens qui suivent les cours de la Société d'Instruction populaire.

11. — Société de Géographie et d'Archéologie d'Oran.

Rapport de M. Bouty, secrétaire général, présenté par M. E. Etienne, député et délégué.

Origine. — Notre Société a été fondée en 1878. Le vingtenaire de sa fondation a été célébré, avec éclat, le 17 avril dernier, sous la présidence de M. Cagnat, membre de l'Institut, représentant M. le Ministre de l'Instruction publique.

Programme. — Le programme de notre Société embrassait : 1º La cosmographie; 2º la géologie; 3º la géodésie; 4º la géographie physique ; 5º la géographie politique ; 6º enfin, la géographie économique.

Nos Bulletins établissent dans quelle mesure nous sommes restés fidèles à ce programme.

Bulletin. — La publication d'un Bulletin trimestriel, répondant autant que possible à notre programme, fut décidée. Le succès a été complet. Un certain nombre de membres ont fourni à sa rédaction un concours aussi précieux que désintéressé. Aujourd'hui, on peut relever, sur les tables générales détaillées du Bulletin, la participation de plus de 150 collaborateurs ayant des aptitudes diverses. Le nombre d'articles ou de notes publiées s'élève à 850, se rapportant à l'ensemble des questions constituant notre programme d'études.

Travaux. — Parmi nos travaux, je placerai en première ligne l'étude et la construction du chemin de fer transsaharien par l'Ouest de l'Algérie, avec Oran pour tête de ligne et Timboktou pour point terminus. La lutte ouverte à cet égard contre les prétentions rivales des provinces d'Alger et de Constantine a été active et énergique. Des documents techniques concluants ont été produits par nous. Il a été prouvé que le tracé occidental était le seul qui réunissait toutes les conditions désirables et nécessaires, savoir :

1º Construction facile et économique à travers un pays absolument plat et sableux ;

2° Eau abondante et de bonne qualité sur tout le parcours ; cette eau provient de la fonte des neiges et des glaciers qui recouvrent les sommets du grand massif montagneux marocain. Vers la fin du printemps, l'Oued Ghir, qui leur sert d'exutoire, prend, parfois, les proportions de la Loire. C'est bien là le seul grand fleuve saharien reconnu du temps de Ptolémée ;

3° Effectif de population intéressée atteignant près de 2 millions d'habitants, occupant environ 300 villages ou ksours. Plus de 11 millions de palmiers-dattiers ombragent la région et produisent, en moyenne, 40 kilogrammes de dattes chacun. Ce produit d'importation, joint aux marchandises d'exportation, peuvent donner lieu à un mouvement de trafic de plus de 150 millions de tonnes *kilométriques*. Rien de semblable n'existe sur aucun des projets concurrents, lesquels présentent des étendues de 8 à 900 kilomètres sans eau, sans population, sans végétation, et que recouvrent d'immenses zones de dunes sableuses et de grands massifs montagneux habités par des Touareg pillards.

4° Enfin, au point de vue politique et stratégique, cette voie s'impose si nous voulons contenir le Maroc et protéger notre hinterland.

A l'égard de cette œuvre, qui doit comporter un développement de 2.400 kilomètres, dont 550 sont déjà en exploitation, et dont le projet est déjà établi sur 250 kilomètres, en Djenien Bou Resg et Igli, notre Société n'a ménagé ni ses efforts, ni ses sacrifices financiers.

Création d'un Musée. — En 1885, notre Société décida la création d'un Musée ; elle prit, alors, le titre de Société de Géographie et d'Archéologie d'Oran.

Cette création eut pour heureux corollaire l'enlèvement, la restitution et le transport à Oran, à nos frais (10.000 francs environ), des magnifiques mosaïques de Saint-Leu, dont la valeur artistique et archéologique est très considérable, mais dont la ruine était certaine à brève échéance. Ce Musée est aujourd'hui un des plus importants de l'Algérie.

Frontière marocaine. — Nous avons établi par des documents diplomatiques irréfutables, que notre frontière avec l'Empire marocain s'arrêtait juste à quelques kilomètres au Nord de Figuig. Nous tenions d'autant plus à la fixation de cette question, que certains cartographes français poussent, par erreur sans doute, la frontière marocaine en plein dans notre territoire, jusqu'à l'Est du méridien d'Alger, alors que depuis Figuig jusqu'au Touat, tout le pays fait partie de l'hinterland algérien.

Port militaire. — L'établissement d'un port militaire sur un point quelconque de la côte Ouest de la colonie, a fait l'objet des études de la Société. Le Gouvernement a en main tous les éléments nécessaires pour se prononcer en connaissance de cause.

Œuvre économique. — Notre Société est intervenue et a provoqué la création de marchés francs sur quelques points des hauts plateaux, pour favoriser le commerce d'exportation avec les caravanes qui trafiquent entre le sud de nos possessions et certaines régions soudaniennes. Il se produit ainsi un mouvement qui se résume annuellement par un effectif de 2.250 hommes, femmes et enfants, 7.600 chameaux et 2.200 moutons. D'autre part, les entrepôts francs sont destinés à concurrencer avantageusement les produits étrangers qui traversent le sud marocain pour pénétrer dans notre hinterland.

En ce qui concerne cette importance industrielle et commerciale de notre département, elle est affirmée, dans nos Bulletins, par une publication annuelle donnant la statistique du mouvement de nos ports ; ce mouvement se traduit par un total de 6013 navires à l'entrée et à la sortie, avec un tonnage effectif de 3.097.926 tonnes et de 72.000 voyageurs.

Enfin, une statistique agricole termine cette partie de notre programme de Géographie commerciale.

— Dans un autre ordre d'idées, nous avons fourni notre contribution à l'étude de la question soulevée par M. de Rey-Pailhade, ancien président de la Société de Géographie de Toulouse, relativement à la division décimale du temps et des angles.

D'autre part, nous accordons annuellement des récompenses aux auteurs d'études historiques, statistiques et commerciales des régions les plus importantes de notre Province, ainsi qu'aux élèves les plus méritants de nos établissements d'instruction publique.

Notre Société comporte un effectif de 235 membres actifs et 17 membres honoraires ou correspondants. Nous correspondons avec 60 Sociétés de Géographie françaises ou étrangères.

12. — **Société de Géographie Commerciale de Bordeaux.**

Rapport de M. J. MANÈS, secrétaire général et délégué.

Depuis le dernier Congrès, la Société de géographie de Bordeaux a continué son œuvre sensiblement dans les mêmes conditions que les années précédentes. Lorsque je vous aurai signalé qu'elle a tenu régulièrement ses assemblées générales, organisé le plus qu'elle a pu, tant à Bordeaux que dans ses sections, des conférences publiques toujours aussi suivies que par le passé, distribué des prix de géographie aux élèves des principaux Lycées de la région et des médailles à ses plus actifs correspondants, apporté tous ses soins à la rédaction de son Bulletin, il ne me resterait rien de bien important à vous faire connaître si je n'avais à ajouter que nous avons repris cette année l'essai fait l'année dernière, et continué à organiser pour les membres de notre Société et leurs familles des excursions dans notre région. Cette tentative, que nous avions déjà faite à l'origine de notre Société, mais que nous avions dû abandonner après quelques années de pratique, parce qu'elle n'avait pas été suffisamment adoptée par nos collègues, a cette fois très bien réussi et le nombre croissant des excursionnistes qui ont visité cet été, avec notre Société, Saint-Emilion, Bazas et Cazeaux nous encourage certainement à continuer et à perfectionner cet excellent moyen de propagande pour notre œuvre.

Je voudrais pouvoir m'arrêter ici ; malheureusement un récent et douloureux événement est venu, il y a quelques jours, plonger notre Société dans le deuil et bien qu'il soit déjà arrivé à votre connaissance, je dois à la mémoire de notre regretté collègue M. Gebelin, rédacteur en chef de notre Bulletin, décédé le 15 courant, après une courte maladie, de rappeler devant vous que sa mort prive notre Société de celui de ses membres dont le concours lui était le plus précieux. Ceux d'entre vous qui ont pu le voir et l'apprécier dans nos deux derniers Congrès et qui avaient espéré le revoir aujourd'hui parmi eux, comprendront toute l'étendue de la perte que nous venons de faire et partageront notre douleur.

13. — Société Bourguignonne de Géographie et d'Histoire à Dijon.

Rapport de M. P. GAFFAREL, président et délégué.

Notre Société a été fondée en 1878, à Dijon, par MM. Muteau, conseiller à la Cour d'appel ; Clément Janin, journaliste, et Gaffarel, professeur à la Faculté des Lettres. Elle compte aujourd'hui 380 membres actifs et 20 membres honoraires.

La Société tient une séance par mois. De temps à autre elle donne des conférences publiques, soit au Grand-Théâtre, soit à la Faculté des Lettres. Chaque année, elle publie un volume de mémoires grand in-8° de 5 à 600 pages. En outre de cette publication paraissant régulièrement une fois par an, elle a édité l'*Histoire des ducs de Bourgogne de la seconde race*, par M. E. Petit (6 vol. in-8°); l'*Histoire de la découverte de l'Amérique*, par Paul Gaffarel (2 vol. in-8°); *Dijon en 1814 et 1815*, par le même (1 vol. in-8°).

Le local occupé par la Société est mis à sa disposition par la ville de Dijon.

Les ressources de la Société Bourguignonne sont constituées par le montant des cotisations des membres actifs (10 fr.; 5 fr. pour les instituteurs), par une subvention annuelle de 1000 fr. allouée par le Conseil général de la Côte-d'Or, et enfin par le revenu d'une somme de 6000 fr. environ mise en réserve par la Société.

14. — **Société de Géographie de Lyon.**

Rapport présenté par M. CHAMBEYRON, président et délégué.

La Société de Géographie de Lyon va entrer dans la 25e année de son existence, et, fidèle à la pensée de ses fondateurs, elle s'est efforcée de poursuivre la réalisation du programme qu'ils lui ont tracé : contribuer aux progrès de la science géographique et à la vulgarisation de ses conquêtes en utilisant les travaux des missionnaires, de l'armée et du commerce.

De nombreuses conférences ont été données sous les auspices de la Société devant un public assidu et attentif. On a entendu successivement le pasteur Coillard, qui depuis plus de 25 ans civilise les nègres du Haut-Zambèze; le R. P. Evangéliste de la Rajasse, de la mission des Pères Capucins de Berbera, au pays des Somalis, et enfin M. Groffier, le secrétaire du journal *Les Missions Catholiques*, qui a résumé les travaux scientifiques des missionnaires dans toutes les contrées du globe pendant l'année écoulée. Le capitaine Voulet et le lieutenant Chanoine ont fait le récit émouvant de leur *raid* dans la boucle du Niger, où ils ont su, à force d'activité et d'énergie, devancer les tentatives d'occupation des officiers anglais de la colonie de Coumassie. M. Pierre Mille, du *Journal des Débats*, a exposé la situation politique et commerciale du Sénégal, et M. Westphal celle de la Côte-d'Ivoire. MM. Meurs et Boussaud, accompagnés de M. Groslaude, ont raconté, avec beaucoup de détails et d'humour, les péripéties de leur voyage à Madagascar. M. Brenier, chef de la mission lyonnaise en Chine, a fourni à la Société une série de documents géographiques et économiques sur cette remarquable entreprise de la Chambre de Commerce de Lyon.

Toutes ces conférences ont ensuite été publiées dans le *Bulletin* trimestriel de la Société et suivies d'études plus spécialement didactiques. Tels ont été les travaux de M. le chanoine Devaux, sur la théorie des noms de lieux appliquée à ceux de la région lyonnaise ; de M. le professeur Berlioux, sur les routes des voyageurs de la Grèce antique vers la Chine, et enfin la monographie de l'Ardèche, par M. Bourdin. M. Jules Cambefort a fourni sur Dawson-City et le Klondyke des renseignements puisés aux meilleures sources américaines et M. Ennemond Morel sur la *russification* de la Mandchourie à l'aide des chemins de fer affluents du Transsibérien.

Comme les années précédentes, la Société de Géographie de Lyon a présidé au concours entre les élèves des écoles normales et des écoles primaires supérieures de la circonscription académique de Lyon, garçons et filles, et distribué aux lauréats signalés par le rapport de M. le professeur Crescent des médailles et des diplômes.

Tels ont été, Messieurs et chers Collègues, les travaux que la Société de Géographie de Lyon a encouragés et soutenus, grâce aux ressources provenant des cotisations de ses 450 membres.

15. — Société de Géographie de Paris.

Rapport présenté par M. le Prince A. d'Arenberg, délégué.

L'activité de la Société de Géographie se manifeste notamment par la publication des travaux des voyageurs et des documents d'ordre géographique et par l'organisation des séances où les explorateurs viennent exposer les récits de leurs campagnes.

A la suite d'une décision du Comité de publication et grâce à la collaboration de plusieurs membres ; grâce aussi à la générosité de quelques sociétaires soucieux du bon renom de notre Compagnie, les recueils de la Société de Géographie ont reçu, durant l'année écoulée, une impulsion marquée. Avant d'opérer une réforme générale dans les publications de la Société, la Commission a cru devoir introduire, dès cette année, certaines modifications dans la composition du compte-rendu des séances. Une place très large a été accordée aux récits de voyages qui sont publiés *in-extenso* ou résumés suivant le cas. Un chapitre spécial : *Nouvelles géographiques*, est consacré aux communications écrites (lettres, nouvelles) fournies par les explorateurs, fonctionnaires ou colons répandus dans les pays de protectorat français ou dans les principaux centres à l'étranger. Là aussi sont consignés les faits importants et les événements d'ordre scientifique, politique ou économique, traités par des spécialistes, soit d'après leurs observations personnelles, soit d'après les données fournies par les revues géographiques étrangères. La Société s'impose des sacrifices afin d'illustrer les *récits* des voyageurs comme les *nouvelles géographiques* par des cartes et des gravures.

En ce qui concerne la réception des voyageurs et la tenue des séances, la Société se félicite d'avoir pu ouvrir sa tribune à un grand nombre de nos compatriotes qui ont eu le mérite de porter au loin le renom de la France.

Règlementairement, les séances de la Société de Géographie ont lieu, comme on sait, deux fois par mois (le 1er et le 3e vendredis). Durant l'année écoulée, la Commission centrale a été amenée à augmenter sensiblement le nombre de ses réunions, eu égard à l'importance et à la fréquence des voyages que la Société était appelée à apprécier. Deux séances au mois de novembre, trois dans chacun des mois de décembre, de janvier, de février et de mars, quatre au mois d'avril, deux en mai et deux en juin, soit 22 soirées ont été suivies par une nombreuse assistance, toujours avide d'entendre l'explorateur qui expose au retour les résultats de son rude labeur.

Parmi les voyageurs applaudis au cours de cette année par les membres de la Société, nous citerons par ordre de dates : M. Foureau (9e voyage au Sahara) ; MM. Voulet et Chanoine (boucle du Niger, mission au Mossi) ; M. Brenier, chef de la mission lyonnaise en Chine ; M. D. Charnay (voyage au Yemen); M. G. Saint-Yves (Asie centrale) ; M. Gallois (Birmanie) ; M. le Dr Maclaud (Guinée française); M. Chailley-Bert (Java) ; M. le vicomte de Cuverville (Balkans) ; M. P. Labbé (Kirghizes) ; M. le comte de La Vaulx (Patagonie) ; M. le baron de Baye (Sibérie) ; M. le comte de Barthélemy et M. J.-Marc Bel (Indo-Chine) ; Mgrs Legal et Grouard (Nord-Ouest canadien et région du Mackenzie); M. le lieutenant de vaisseau Bretonnet (mission dans la boucle du Niger).

Deux séances solennelles ont été organisées : l'une, pour la réception du docteur suédois Sven Hedin, qui venait de terminer une exploration de cinq années dans les Pamirs ; l'autre, pour notre compatriote M. Edouard Foa, qui venait d'accomplir avec un plein succès la traversée de l'Afrique équatoriale.

Enfin des séances complémentaires ont dû être organisées en l'honneur de Mme Isabelle Massieu, qui n'a pas craint d'affronter les solitudes du Thibet et les régions encore inconnues de l'Indo-Chine ; de M. le pasteur Coillard, qui a consacré 17 années à la civilisation des pays du Haut-Zambèze ; de M. le capitaine Vermeersch, dont la mission, de même que celle de M. le capitaine Baud, a largement contribué à la pénétration française en Afrique.

Nous ne pouvons que rappeler ici la part de nos officiers dans cette œuvre et signaler l'heureux retour de la mission Gentil.

Comme l'a dit si justement son président, M. Milne-Edwards, « la Société de Géographie prend son bien où elle le trouve et les lointains voyages des anciens navigateurs lui appartiennent presqu'au même titre que les explorations modernes ». Aussi la Société n'hésita-t-elle pas à tenir plusieurs séances exceptionnelles spécialement consacrées à la mémoire d'anciens navigateurs. Le 10 décembre 1897 a été célébré le troisième centenaire de l'amiral espagnol Mendana qui découvrit les Marquises, aujourd'hui colonies françaises. Ce fut M. G. Marcel, vice-président de la Commission centrale, qui fixa les traits de l'illustre navigateur. M. le commandant Henri Jouan, ancien officier de marine, auquel on doit des travaux importants sur la Polynésie, n'hésita pas, malgré son grand âge, à venir de Cherbourg pour exposer devant la Société l'état dans lequel il a trouvé les Marquises, il y a quarante ans, dix ans après notre prise de possession de ces îles. Le 1er avril la Société célébrait, par deux communications de MM. Henri Cordier et Charles Rabot, le centenaire de W. Barents, l'un des plus audacieux précurseurs des navigateurs polaires. Enfin le centenaire de Vasco de Gama, le découvreur de l'Inde, eut les honneurs d'une séance solennelle tenue le 25 avril de cette année. Après une introduction de M. H. Cordier sur « les relations de l'Europe et de l'Asie avant et après le voyage de Vasco de Gama », MM. Emile Vedel, lieutenant de vaisseau, et le marquis de La Mazelière ont exposé : le premier, le voyage de Vasco de Gama, le second l'état de l'Inde à l'époque de Vasco de Gama.

La Société, qui ne pouvait rester indifférente en présence des fêtes données par le Portugal en l'honneur de Vasco de Gama, s'est fait représenter à ces cérémonies par M. Emile Vedel, lieutenant de vaisseau, et M. le marquis de la Mazelière.

MM. Rambaud, ministre de l'Instruction Publique ; Lebon, ministre des Colonies, les représentants officiels de l'Espagne, de la Hollande, du Portugal, le Commissaire-général du Canada, les délégués des différents ministères, en prenant place au bureau pour honorer les explorateurs français ou s'associer à ces commémorations des grandes dates de l'histoire des découvertes, ont marqué l'intérêt qu'ils portent aux travaux de la Société.

Nos séances participent, comme on vient de le voir, à la fois à la géographie historique, à la géographie mathématique, à la géographie physique. Si les voyageurs n'y parlent pas de politique, ils peuvent y aborder des sujets de géographie politique, de même qu'ils font une large place à la géographie économique. Toutes ces distinctions ne sont que les différents aspects d'une seule et même science : la Géographie. La Société de Géographie est donc là sur son propre domaine. Ce serait à la fois amoindrir son rôle et sa tâche que de lui assigner des limites plus étroites.

Nous n'avons pas eu la prétention d'énumérer ici les éléments de l'activité de la Société de Géographie. Ses Statuts établissent encore qu'elle doit organiser des explorations en pays inconnus. Elle ne manque pas à cette obligation, chaque fois qu'elle dispose de fonds suffisants. Nous pouvons même ajouter que, grâce à de généreuses dispositions prises par M. Renoust des Orgeries, elle a consacré un capital important à cette œuvre. Un comité, dont les membres avaient été nommément désignés par le testateur, a réglé l'emploi de ces fonds conformément à ses dernières volontés.

Par une dérogation à un usage établi il y a quelques années, le bureau de la Commission centrale a présenté aux suffrages des sociétaires la candidature (pour 1898-99) de M. A. Milne-Edwards, membre de l'Institut, directeur du Muséum d'histoire naturelle et président en exercice. Cette mesure exceptionnelle adoptée en vue de l'Exposition de 1900 a été approuvée par l'Assemblée générale du 15 avril 1898. Les autres membres du bureau de la Société sont : MM. Albert de Lapparent, membre de l'Institut, et H. Cordier, professeur à l'Ecole des langues orientales, *Vice-Présidents* ; MM. Fernand Grenard et Camille Guy, *scrutateurs* ; M. Henri Bretonnet, lieutenant de vaisseau, *secrétaire*. Le Bureau de la Commission centrale a pour Président : M. Le Myre de Vilers ; pour Vice-Présidents : MM. Gabriel Marcel et Edouard Anthoine ; pour Secrétaire général : le baron Hulot, et pour Secrétaire adjoint : M. Jules Girard.

Indépendamment des prix qu'elle alloue chaque année aux lauréats des lycées et collèges de Paris et aux écoles militaires de La Flèche et de Saint-Maixent, la Société a décerné en 1898 treize prix aux voyageurs et aux érudits.

La Bibliothèque de la Société, très libéralement ouverte aux travailleurs, s'accroit, chaque année, dans une notable proportion, d'ouvrages, de cartes et de photographies.

16. — Alliance française. Association nationale pour la propagation de la langue française dans les colonies et à l'étranger.

Rapport de M. L.-H. ARNAVON, Président du Comité régional de Marseille et délégué (1).

Invité par la Société de géographie de Marseille à nommer un délégué à votre Congrès, le Conseil d'administration de l'Alliance française a bien voulu confier cette mission au président du Comité régional de Marseille. Le devoir lui incombe de vous faire connaître les résultats obtenus par notre société nationale, l'Alliance française pour la propagation de la langue française dans les colonies et à l'étranger.

Mais il ne suffit pas de vous donner un aperçu succinct de l'œuvre accomplie.

Les sociétés de géographie ont été l'appui, une des raisons d'être de l'Alliance française ; il convient donc que celui qui a l'honneur de

(1) Le présent Rapport a été la préface d'un livre consacré par M. Arnavon à l'*Alliance française* (1883-98), et offert aux Congressistes. (Armand Colin, éditeur, Paris).

la représenter devant vous apporte au Congrès un contingent de renseignements, d'idées, de travaux qui vous permette de suivre pas à pas la vie de l'Alliance française, d'assister à ses développements successifs et de juger avec exactitude ses progrès définitifs.

Mais un autre devoir, bien doux à remplir, doit précéder celui qu'accomplit le délégué. Au nom du Comité marseillais de l'Alliance française, son président a à cœur de remercier publiquement la Société de géographie de Marseille ; il accomplit un devoir pour ainsi dire filial en lui témoignant sa profonde reconnaissance, car c'est à elle que le comité de l'Alliance à Marseille doit son existence. En 1888, c'est le vénéré vice-président de la Société de géographie, M. Delibes, et son regretté secrétaire général, M. P. Armand, qui, se dérobant l'un et l'autre à la présidence qui leur revenait de droit, choisirent celui qui préside le comité.

Grâce à eux, le Comité régional à Marseille fut rapidement constitué et composé de : MM. ARNAVON, président ; DELIBES, vice-président ; P. ARMAND, secrétaire général ; BRIÈRE, trésorier ; JACQUES LÉOTARD, secrétaire adjoint ; le colonel FAURE-DURIF ; Louis PRAT-NOILLY, représentant de la Chambre de Commerce ; SCHLEGEL, CHANAL, BOHN, Ch. VINCENS, BORTOLI, l'Inspecteur d'Académie, le représentant du Lycée.

Le comité a eu la douleur de perdre son secrétaire général, M. P. Armand.

C'est M. Jacques Léotard qui a été nommé et qui remplit ces fonctions avec l'intelligence, la science et l'ardeur dont il donne la mesure dans ses fonctions de secrétaire général de la Société de géographie de Marseille. M. Bortoli est secrétaire adjoint.

Exposer succinctement devant vous les travaux du Comité régional, c'est payer en partie la dette de reconnaissance que nous avons contractée vis-à-vis de la Société de Géographie de Marseille, et qu'il nous plaît de mettre en lumière parce qu'elle honore nos deux Sociétés.

Après avoir accueilli, à la fin de l'année 1888, M. Foncin, secrétaire général-fondateur de l'Alliance française, qui était venu installer le Comité de Marseille par une fête musicale, et avoir organisé, au Cercle artistique, la séance publique d'installation du Comité, le premier devoir du Comité a été de créer un comité de dames.

Lady Clarke en avait déjà formé un à Melbourne. Le Comité de Marseille était, par ce fait, le premier de ce genre créé en France, mais c'était le second dont l'Alliance fut dotée.

Des liens trop étroits et trop chers unissent le président du Comité régional à celle qui a été la première présidente du Comité de dames, Mme Arnavon mère, pour qu'il ne se borne pas à la simple mais pieuse expression d'une patriotique reconnaissance.

Depuis, le Comité de dames a utilement et régulièrement fonctionné sous les présidences de la regrettée Mme Deffès et de Mme Floret, femme du préfet des Bouches-du-Rhône.

Grâce à l'activité des membres du Comité, grâce à l'infatigable dévouement des dames marseillaises, les conférences faites successivement par MM. Boissière, Jean Aicard, Delibes, Le Myre de Vilers, Foncin, du Vivier de Streel, le baron Berget, comme les fêtes données par le Comité à l'occasion du Congrès pour l'avancement des sciences, obtinrent un plein succès et déterminèrent de nombreuses adhésions à notre œuvre.

Le Conseil général des Bouches-du-Rhône s'inscrivit sur le livre d'or de l'Alliance française pour une souscription de 500 francs. Il était, en France, le deuxième conseil général à prendre cette initiative, et n'avait été précédé dans cette voie généreuse et féconde que par le Conseil général de la Seine.

Depuis 1889, le Conseil général des Bouches-du-Rhône persévère dans son œuvre de protection et le conseil municipal a suivi son exemple et vote annuellement 200 francs en faveur de l'Alliance. L'un et l'autre témoignent ainsi de leur esprit de patriotisme comme de leur esprit de prévoyance en faveur des intérêts industriels et commerciaux de Marseille.

Quant à la Chambre de commerce, non seulement elle nous subventionne, mais encore elle a, pour la première fois, autorisé une conférence dans sa salle des fêtes, pour permettre à M. le vice-président Le Myre de Vilers de prononcer un discours sur le commerce de l'Indo-Chine, et une seconde fois à M. Foncin, secrétaire général de l'Alliance, de parler sur l'œuvre dont il a assuré l'existence à la fois par son dévouement et son infatigable ardeur. C'est ainsi que la Chambre de commerce affirme son patronage officiel et effectif à l'Alliance française.

La Compagnie des Docks, les principales compagnies de navigation, plusieurs industriels et maisons de commerce se sont fait inscrire comme sociétaires perpétuels.

D'après les statuts, ces cotisations à titre perpétuel sont entièrement versées à Paris ; elles ne figurent sur nos budgets que pour mémoire. Depuis 1889, nous recueillons 2500 à 3000 francs par an, et depuis que l'autorisation nous a été donnée de subventionner des écoles, Marseille verse la moitié de ses recettes aux écoles d'Egypte et de Mersina qu'elle a adoptées. Ce choix de l'Egypte a été fait parce que les Anglais venaient d'opérer une main mise sur l'Egypte.

Il y avait à prendre un poste de combat. Marseille y a pris place. Certes, nous avions des atouts dans notre jeu, pour combattre, dans la mesure du possible, l'influence anglaise. Un de nos consuls en Egypte, M. Daumas, est un compatriote qui s'est prêté, de la meilleure grâce du monde, à nous fournir les renseignements dont nous avions besoin.

Une conférence du père Le Menant des Chesnais, faite à Marseille, nous avait montré l'importance comme les moyens de conquérir les âmes de ces jeunes fellahs qui se précipitent avec avidité sur toutes les sources d'instruction qui leur sont ouvertes.

Nous savions, par les anciennes et cordiales relations que certaines maisons marseillaises entretiennent avec l'Égypte que, malgré les Anglais, l'influence française y reste profonde et indéracinable.

Nous nous sommes donc mis à l'œuvre hardiment et nous subventionnons : 1º École des Frères de Port-Saïd ; 2º École des sœurs du Bon-Pasteur, à Port-Saïd ; 3º École de M{ll} Jouanne, à Port-Saïd ; 4º École des sœurs du Bon-Pasteur, à Suez ; 5º École française copte de Manfalout ; 6º Écoles des pères capucins et des sœurs de Saint-Joseph, à Mersina ; 7º École des missions africaines, à Tantah ; 8º École des missions africaines à Mahallah-el-Kebir.

Cette dernière école a été prise sous notre patronage à la suite d'une lettre de la sœur directrice qui dépeignait la situation en termes touchants. Placée aux confins du désert, dans la région que visitent les tribus nomades de pasteurs, la sœur s'adressait à notre patriotisme et à notre charité pour avoir les moyens, non seulement d'ouvrir une école où seraient instruits les enfants, mais encore de créer un dispensaire où seraient soignés les malades, afin de prouver à tous que la France est la grande nation qui enseigne et qui guérit !

Comme il serait à désirer que les ressources du comité de Marseille lui permissent de concourir plus largement au maintien de notre influence en Orient !

Nous ne nous bornons pas à ces subventions en argent ; nous expédions des livres de prix et de classes, et, fait à signaler, dans notre comité de Marseille, les frais sont nuls.

La Société de géographie abrite notre comité et exerce vis-à-vis de lui la plus large comme la plus confortable des hospitalités. Nous n'avons pas de frais de bureau, nous avons même un trésorier qui fait rapporter des intérêts aux fonds en dépôt dans sa caisse. Les livres que nous expédions à nos écoles, les Messageries maritimes les transportent gratuitement et nos consuls les distribuent.

Ne vous étonnez donc pas, Messieurs, que le Comité de Marseille, se sentant appuyé par de si hautes et si puissantes sympathies, par des adhérents plein d'ardeur et de générosité, sente se développer en lui des ambitions nouvelles.

Nos pensées sont tendues vers l'Orient, nos yeux se tournent vers lui. Nous voudrions, à notre tour, par des moyens puissants et efficaces, assurer l'influence française dans ces pays de Syrie et d'Égypte, où nos ancêtres avaient, par une initiative hardie et féconde, assis l'influence de Marseille.

On se le rappelle sans doute, la Chambre de commerce de Marseille avait été pendant un demi-siècle, de 1669 à 1735, la seule ouvrière de l'influence française en Orient.

La Chambre de commerce avait obtenu un édit royal qui mettait

Marseille en état de franchise, et lui permettait, en prenant à sa charge l'entretien des consuls français, d'exercer la surveillance et la police des Echelles du Levant que la Porte avait abandonnées à nos consuls.

Il faut le dire bien haut, cette sorte de prédilection que Marseille avait ainsi méritée, les Orientaux l'ont conservée pour elle, et le comité de Marseille a à cœur d'en exploiter les effets pour le plus grand bien de la France.

De Marseille, avec la Syrie et avec l'Egypte, les relations sont si fréquentes et si cordiales que les habitants de ces pays se considèrent comme chez eux lorsqu'ils viennent à Marseille et qu'ils nous accueillent comme des compatriotes lorsque nous allons les visiter.

N'est-ce pas une propagande d'un caractère particulièrement intime et qui doit être féconde en résultats excellents que celle qui se fait d'ami à ami, pour ainsi dire de frère à frère ? Et ce moyen d'exploiter au profit de la France la situation matérielle et morale que Marseille s'est créée en Orient, ce serait de joindre à l'action si active de l'Alliance française dans le Levant, son pays de prédilection, comme il est dit dans les Bulletins, la création d'une université à Marseille, qui rétablirait entre l'Orient et Marseille ces relations intimes et fréquentes que notre nouveau régime douanier a tellement diminuées.

Les universités d'Italie, de Suisse et d'Allemagne s'efforcent d'attirer à elles ces populations, à la fois si intelligentes et si fermes dans leurs amitiés.

Pourquoi ne pas profiter de la situation de Marseille, de son trafic journalier avec le Levant, de son ancien prestige en Orient, pour lutter contre les universités étrangères en détournant de chez elles un élément de jeunesse, un noyau d'influence pour les attirer à la France ? Le comité régional de Marseille a formulé ce vœu dans toutes ses réunions, dans tous ses travaux. Et c'est avec l'espérance que le Congrès en comprendra l'importance et la haute portée que le comité le prie avec instance de s'associer à son vœu chaleureux en faveur de l'Université de Marseille.

17. — Société de Géographie de Marseille.

Rapport de M. Jacques LÉOTARD, secrétaire général et délégué.

Le livre sur Marseille et la Provence (1) que notre Société vient de publier, pour être offert aux membres du Congrès, et qui contient en

---

(1) *Etudes sur Marseille et la Provence*, avec *Appendice* consacré à la Société de Géographie de Marseille (Histoire de la Société et table du *Bulletin*, 1876-1898). — 1 vol. in-8°, de 200 pages, avec 10 planches hors texte. Secrétariat de la Société.

appendice l'histoire complète de notre Association jusqu'à ce jour, nous dispense de vous exposer à part nos récents travaux. Par votre présence en aussi grand nombre à Marseille, vous voulez bien reconnaître et encourager le développement acquis par notre Société et nous vous en remercions de tout cœur.

Ainsi que vous avez pu le voir, les intéressantes *Etudes* rédigées à votre intention par plusieurs de nos collègues sont : I. Le sol. Formation progressive du relief de la Provence, par M. J. Repelin, chargé de cours à la Faculté des Sciences. — II. La ville. Développement topographique de Marseille depuis l'antiquité jusqu'à nos jours, par M. Clerc, professeur à la Faculté des Lettres. - III. Le Port : le Vieux-Port et le Commerce de Marseille jusqu'en 1840, par M. P. Masson, chargé de cours à l'Université, et la navigation à vapeur (1830-97), par M. Hubert Giraud, sous-directeur de la Société Générale de Transports Maritimes. — IV. Les Voyageurs provençaux, leur biographie, par M. H. Barré, bibliothécaire de la ville.

Nous espérons que vous ferez bon accueil à cette modeste série d'études locales, et aussi au petit « Cicerone Marseillais » ou guide pratique de notre collègue M. Ruat, illustré avec plan, dont une édition spéciale est offerte aux Congressistes par notre Société de Géographie.

18. — Société de Géographie Commerciale de Paris.

Rapport de M. GAUTHIOT, secrétaire général et délégué.

Par suite de son accroissement continu et régulier, le nombre des membres de la Société, — fondateurs, titulaires et correspondants, — atteint presque deux mille trois cents.

Le Bureau central et le Conseil se sont acquittés, avec leur sollicitude et leur activité habituelles, des soins qui leur incombaient. Les collaborations et les concours précieux ou utiles ne leur ont pas manqué ; les séances générales et des sections et la correspondance en sont la preuve. Par suite de diverses circonstances, toutefois, plusieurs séances de section n'ont point eu lieu, au regret de ceux de nos collègues qui savent quel grand profit on peut tirer de ces réunions sans apparat.

La Commission des finances a exercé ses fonctions avec le soin habituel et on peut dire de notre situation financière, qu'elle supporte tout examen. Enfin, notre bibliothèque a reçu un notable accroissement par suite du legs Castonnet des Fosses. Nous reportons l'honneur de cette situation satisfaisante au Bureau de 1898, à notre président, M. Lourdelet, à nos vice-présidents, MM. Cheysson, Anthoine, de

Leymarie, d'Orgeval. et à leurs collaborateurs des Bureaux et du Conseil.

La séance générale du 15 mars, que présidait M. Lourdelet, à laquelle s'étaient fait représenter M. le Ministre de la Marine et M. le Ministre du Commerce et de l'Industrie, et qu'honorait de sa présence M. le prince d'Arenberg, président du Comité de l'Afrique Française, a montré, par son éclat, de quelles sympathies la Société est entourée, quelle action utile elle exerce, quels services elle rend au pays. Le rapport sur les prix, fait par M. Octave Noël, a été l'occasion de manifestations bien précieuses pour les hommes dont il signalait les travaux : MM. Brenier (médaille Berge), MM. Voulet et Chanoine (médaille Caillé), M. Ch.-E. Bonin (médaille Dupleix), M. Georges Blondel (médaille Gauthiot, décernée pour la première fois), M. Roché (médaille Meurand), M. le docteur Mialaret (médaille La Pérouse), Mme I. Massieu (médaille Dewez) ; M. de Pouvourville (médaille de la Presse coloniale) ; MM. Aubert et Franquet (médailles des négociants-commissionnaires), MM. Blondiaux, Castonnet des Fosses, Deville, Verbeck et Fennema (médailles de la Société).

Cette partie de l'œuvre de la Société est celle qui frappe le plus le public, c'est aussi la plus brillante. Mais il en est une autre qui n'a pas moins d'importance, tant s'en faut, et sur laquelle, en raison de sa nature même, de son caractère personnel, l'attention n'est point, et avec intention, spécialement attiré. Nous allons la signaler exceptionnellement pour prouver que l'on ne se borne pas, dans notre Société, à prêcher les bonnes idées, mais qu'on sait aussi les appliquer.

Dans les réunions familières des sections, à la bibliothèque de la Société, aux déjeuners, se retrouvent ou se rencontrent des hommes que poursuit le désir d'appliquer telle ou telle idée, de réaliser telle ou telle entreprise ; de faire valoir ou d'exploiter tel ou tel produit. L'un a la science, l'autre, la pratique ; celui-ci le capital, celui-là l'idée ; l'un est tenu au rivage, l'autre cherche à s'employer au dehors. Ces hommes, que l'occasion met heureusement en rapports, causent, échangent leurs idées, exposent leurs projets. Souvent ils en arrivent à s'unir pour arriver à leur but et mettre en commun leurs efforts. Qu'il s'agisse d'une entreprise industrielle, commerciale ou agricole, les chances de succès apparaissent alors, les obstacles sont vaincus ou paraissent devoir l'être, les chances de réussite augmentent et bientôt se forment des associations dont le succès, dans de pareilles conditions, est presque assuré.

Tel est le côté de l'œuvre de la Société, côté peu brillant, mais bien utile, que je voulais exceptionnellement signaler. Et je n'ajouterai ici qu'une phrase : c'est qu'il ne s'est guère passé de mois, en 1898, sans que des collègues soient partis pour les colonies ou pour l'étranger, dans les conditions auxquelles je viens de faire allusion et sans qu'il y ait lieu de douter de leur succès, obtenu sans bruit et sans réclame. N'avons-nous pas lieu d'être contents de pareils résultats ? Nous pourrions encore insister sur le grand nombre et la variété des renseignements fournis à nos collègues, oralement ou par écrit, par l'un ou l'autre de nous.

Je puis enfin rappeler que notre Société a jadis concouru notamment à faire envoyer les missions du Mékong (Simon) et du Niger (Hourst).

A l'extérieur, la vie de la Société est démontrée par la collaboration active de ses membres à divers Congrès et à diverses commissions, qui ont été l'occasion pour bon nombre d'entre nous de défendre leurs idées et de vulgariser cette science plus utile que jamais : la géographie économique. Partout nos collègues ont trouvé le meilleur accueil et ce serait une longue liste que celle de ceux d'entre eux qui, à Paris, en province et en Tunisie, où travaille activement une de nos sections, ont voulu semer la bonne parole et nous faire des amis.

En somme, on le voit, c'est à l'activité et au dévouement désintéressé de tous ses membres, que la Société de Géographie commerciale doit son succès. Aussi, se gardera-t-elle d'oublier ceux de ses membres que la mort lui a enlevés. Le dernier mot de ce rapport ira donc à celui d'entre nous qui a été si longtemps notre tout dévoué collaborateur et qui a voulu prouver à la Société son affection et son dévouement même après sa mort, en lui faisant un don princier (50.000 fr.) : à Henri Castonnet des Fosses notre bon souvenir et notre reconnaissance ! Nous avons la volonté d'utiliser au mieux de sa chère France ce qu'il nous a légué de sa fortune et de faire naître des dévouements qui égalent le sien.

19. — Comité de l'Afrique Française.

Rapport de M. le Prince Auguste d'ARENBERG, président et délégué.

Le Comité de l'Afrique française a été fondé à la fin de l'année 1890 par quelques personnes qui avaient organisé à leurs frais des missions envoyées au centre de l'Afrique et qui désiraient, en généralisant leurs efforts, grandir leur œuvre.

Le public français, dont l'intérêt s'était déjà porté sur les choses d'Afrique, fit un chaleureux accueil à la déclaration patriotique des fondateurs ; les souscriptions affluèrent au nouveau Comité. D'ailleurs il n'avait pas attendu de s'être assuré de nombreux concours, d'avoir réuni de nombreux adhérents pour marcher de l'avant ; son programme était essentiellement un programme d'action : par des actes il affirma dès sa fondation son existence.

Action politique. — Elle a consisté surtout dans l'appui matériel et moral que le Comité a donné et donne encore aux diverses missions africaines organisées soit par le Gouvernement, soit par lui-même. Au début, ses efforts se portèrent surtout sur la constitution, par l'acquisition de droits sérieux, du plus vaste empire africain qui se pût rêver pour la France : celui qui devait réunir sur les rives du lac Tchad l'Algérie, le Soudan français et le Congo français prodigieusement développés. C'est le plan qu'avait si fortement conçu Paul Crampel, et pour la réalisation duquel il donna sa vie. Sa mission avait été organisée par les fondateurs du Comité. On sait comment elle finit tristement par le massacre en 1891, à El Kouti, de Crampel et de tous ses compagnons. Cette fin tragique ne fit qu'exalter l'ardeur du Comité. Sans tarder, aidé du concours généreux du public français, il envoya dans la même direction, vers le lac Tchad, la mission Dybowski, puis la mission Maistre ; cette dernière, partie du Congo français, atteignit le Baguirmi, au sud du lac Tchad, et revint par la Bénoué et le Niger. Nous obtenions ainsi l'accès au Baguirmi, au fleuve Chari, au lac Tchad, et au Soudan central que le colonel Monteil, à la même époque, atteignait et traversait en partant du Sénégal. En même temps le Comité appuyait et subventionnait la mission du lieutenant Mizon dans la Bénoué.

Les voyages de Maistre et de Mizon, outre qu'ils nous donnèrent des titres sérieux à opposer à l'exclusivisme et aux prétentions exorbitantes de la Compagnie du Niger, aboutirent à l'avantageuse convention franco-allemande de délimitation de 1894. Les jalons les plus sérieux étaient plantés en vue de la réalisation de plan auquel le Comité avait plus spécialement consacré ses efforts, *la réunion sur les rives du lac Tchad des possessions françaises de l'Algérie, du Soudan et du Congo*, qui, en 1890, semblait presque une utopie. Le rêve généreux de Crampel devenait une réalité.

Mais la tâche du Comité était loin d'être terminée et son histoire est, en somme, depuis 1890, celle du développement même de l'influence française en Afrique. Il prête son appui aux missions qui, sur divers points de nos possessions, travaillaient à agrandir notre zone d'influence. Depuis 1894, son attention s'est portée d'une façon toute particulière sur la question de la boucle du Niger. La France se trouvait, en Afrique occidentale, en présence des compétitions de l'Angleterre et de l'Allemagne qui voulaient étendre l'arrière-pays de leurs colonies de la côte de Guinée au nord, dans des régions sur lesquelles les explorations d'abord, l'occupation ensuite nous avaient acquis les droits les plus formels. Ces explorations dirigées par les commandants Decœur, Toutée, Hourst, Bretonnet et Baud ont été subventionnées et appuyées par le Comité, qui n'a cessé de défendre les droits de la France dans cette question.

Mais il ne suffisait pas de travailler à agrandir le domaine africain de la France. Notre pays possède, dans les pays indépendants de l'Afrique, une situation morale de premier ordre qu'il faut défendre contre les entreprises des autres nations : cette situation est particulièrement délicate en Égypte, au Maroc et au Transvaal, où nous sommes en présence de concurrents acharnés. Sans insister sur le rôle qu'il joue à ce point de vue, on peut dire que le Comité de l'Afrique française a été dans ces divers pays un utile auxiliaire pour notre diplomatie, au service de laquelle il a mis ses conseils et son influence. Il s'est efforcé en outre de répandre en France des notions justes sur ce que doit être notre politique dans ces divers pays indépendants de l'Afrique qui ont pris tant d'importance. Les encouragements de plus en plus nombreux qui lui parviennent, notamment de la vallée du Nil, prouvent que ce rôle, quelque discret et prudent qu'il doive rester, n'en est pas moins utile et apprécié.

Le " Bulletin " Arabe. — Il est une autre forme de l'action politique du Comité dont l'importance est capitale et dont les résultats seront certainement très grands. La possession de l'Algérie et de la Tunisie, la très grande situation morale de la France dans la Méditerranée et le grand nombre de sujets musulmans qu'elle compte dans l'Afrique occidentale et jusqu'au Congo Français, ont fait d'elle un des facteurs les plus importants de l'Islam. Aussi, le Comité a-t-il décidé d'établir un Bulletin trimestriel, rédigé en langue arabe, dans les termes les plus capables de favoriser les progrès de l'action française dans le monde islamique. Il a estimé que c'était là une manière aussi heureuse qu'efficace de poursuivre son œuvre politique, de développer l'influence nationale, notamment dans le nord de l'Afrique, d'aider la politique de nos agents et représentants en Algérie-Tunisie, au Maroc, en Tripolitaine, en Égypte, à la côte des Somalis, dans les diverses colonies de l'Afrique occidentale, autour du lac Tchad, dans le haut Oubangui et de faire obstacle aux manœuvres de certaines diplomaties étrangères qui mettent trop souvent un soin attentif à exploiter, après les avoir travestis, les articles de la presse française ou les événements politiques d'Europe qui peuvent être interprétés dans un sens défavorable à notre pays.

L'utilité de ce Bulletin était d'autant plus grande que les musulmans africains s'intéressent beaucoup plus qu'on le croit généralement aux événements extérieurs.

Ce Bulletin, créé en 1896, a reçu l'assentiment du gouvernement français et a obtenu le plus vif succès. Grâce au secret qui a été gardé pendant une année sur cette innovation, le bulletin arabe a pu pénétrer dans toute l'Afrique et aujourd'hui son action va sans cesse en augmentant.

Le Bulletin du Comité. — Cette action morale en Afrique, le Comité a voulu la doubler d'une action morale en France, en développant dans notre pays la connaissance des choses africaines, et en permettant à toutes les personnes qui s'intéressent aux événements d'Afrique de les suivre aisément, présentés sous des vues d'ensemble et sans autre parti-pris que celui de servir les intérêts français. C'est dans ce but que le Comité a, dès le début, fondé le Bulletin mensuel qu'il adresse à tous ses adhérents. Le Bulletin, destiné d'abord et avant tout à rendre compte des délibérations et entreprises du Comité, s'organisa rapidement sur une base beaucoup plus large et s'étendit au point de devenir aujourd'hui la revue la plus complète qui paraisse en langue française des choses africaines. Cette publication est répandue à un nombre considérable d'exemplaires et rédigée par des hommes dont l'intérêt passionné et l'attention incessante qu'ils donnent aux questions coloniales ont fait les spécialistes les plus autorisés. Fondé par Harry Alis, le regretté Secrétaire général du Comité, le Bulletin est rédigé, sous la direction du Secrétaire général, M. H. de la Martinière, par MM. O. Houdas, Raymond Kœchlin, Auguste Terrier, R. de Caix de St-Aymour, etc. Un grand nombre de rédacteurs occasionnels lui prêtent, en outre, leur collaboration.

Le *Bulletin* publie des comptes-rendus complets des expéditions et missions en Afrique ; il ne laisse pas passer d'importants documents de politique africaine sans les publier : traités, discussions parlementaires françaises ou étrangères, rapports politiques ou scientifiques. Des cartes ou même des illustrations viennent éclairer le texte.

Action commerciale. — L'œuvre politique du Comité doit être doublée par une œuvre non moins importante : la mise en valeur de ce domaine colonial si chèrement acquis. Il n'est pas douteux, en effet, que l'Afrique finira, en dernier ressort, par appartenir non à ceux qui se seront bornés à s'y faire reconnaître par la diplomatie de vastes sphères d'influence purement théoriques, mais à ceux qui en auront fait des propriétés de rapport, qui y auront développé une vie économique appelée fatalement à déborder ensuite sur les parties inutilisées du continent.

Les études et documents économiques qu'il a publiés ont déjà été fort appréciés ; l'action heureuse qu'il exerce en dehors de toutes préoccupations d'affaires a été reconnue par les Chambres de Commerce, qui ne lui ont pas ménagé les encouragements, par les nombreux commerçants qui ont tenu à être inscrits sur les listes de ses adhérents et par la Société d'encouragement pour l'Industrie nationale, qui lui a récemment décerné la grande médaille du commerce à l'effigie de Chaptal. Le Comité commence même à être apprécié par les particuliers comme centre d'informations sur la valeur économique des colonies, chaque jour des commerçants ou de futurs colons viennent dans ses bureaux se renseigner sur ce qu'on peut faire dans telle ou telle région de l'Afrique française. A mesure que l'attribution des territoires vacants de l'Afrique se complètera et réduira la part politique des questions africaines, le Comité sera appelé à se consacrer de plus en plus à cette œuvre capitale de l'utilisation de nos colonies.

Ressources et Dépenses du Comité. — On comprend qu'une œuvre politique de cette importance nécessite des dépenses considérables. Celles du Comité pendant la période 1891 à 1898 se sont élevées à la somme de 450.000 francs environ dans laquelle figurent 350.000 francs de subventions et dépenses pour les expéditions et 50.000 francs pour le bulletin mensuel et le bulletin arabe.

Les recettes du Comité, pendant la même période, se sont élevées à la somme de 500.000 francs environ. Il est intéressant de noter que les ressources du Comité proviennent entièrement de l'initiative privée. Pour permettre à tous les Français de participer à son œuvre, le Comité n'a fixé aucune souscription minimum ; pour être adhérent et recevoir régulièrement le Bulletin, il suffit d'envoyer une cotisation annuelle à M. Armand Templier, trésorier du Comité, 79, boulevard Saint-Germain, à Paris. Aussi la liste des souscripteurs qui est publiée dans chaque numéro offre-t-elle une très grande variété dans le chiffre des souscriptions.

D'après ce qu'on vient de lire, l'objet des souscriptions recueillies est : d'organiser des missions d'exploration dans les régions soumises ou à soumettre à notre influence ; d'aider aux missions organisées par d'autres ; de développer l'influence française dans les pays indépendants d'Afrique ; d'encourager les travaux politiques et scientifiques relatifs à l'Afrique ; de poursuivre des études et recherches destinées à préparer ou à appuyer les établissements privés de nos nationaux dans ces régions ; de tenir les adhérents régulièrement au courant des faits concernant l'Afrique, spécialement au point de vue de l'action des nations européennes colonisatrices.

Dans la limite de son programme, le Comité disposera librement, et sous sa seule responsabilité, des sommes qui lui seront confiées. Fréquemment des missions ne peuvent réussir qu'à la condition d'être organisées secrètement. Elles ne peuvent que plus tard être l'objet d'une publicité qui ne leur manque d'ailleurs jamais, lorsque le moment est venu, dans le Bulletin du Comité.

Composition du Comité. — Voici la composition actuelle du Bureau du Comité :

Président : M. le Prince Auguste d'Arenberg, député, vice-président du groupe colonial de la Chambre des Députés ; Vice-Présidents : MM. Siegfried, sénateur, ancien Ministre, et E.-M. de Vogüé, membre de l'Académie Française ; Secrétaire Général : M. H. de la Martinière ; Trésorier : M. Armand Templier. Le Comité comprend, en outre, 40 membres, notabilités politiques, militaires ou scientifiques de la France.

20. — Société de Géographie commerciale de Nantes.

Rapport de M. Doby, secrétaire-adjoint et délégué.

Notre Société compte actuellement 16 années d'existence, ayant été établie par son président actuel, M. Linyer, au mois de juillet 1882. Depuis cette époque déjà éloignée, elle s'est efforcée de remplir sa mission : la vulgarisation de la géographie. Elle a de même suivi avec une patriotique émotion les succès de notre politique coloniale. Elle a fait son possible pour y intéresser le public par son *Bulletin* et par des conférences toujours bien suivies, dans lesquelles se sont fait entendre et applaudir quelques-uns de ces hommes intrépides que rien n'arrête quand il s'agit de porter au loin le nom et le drapeau de la France. Ces conférences, qui ont eu lieu au moins chaque mois, ont été faites par MM. Villemin, sur l'Auvergne, les Cévennes et les Causses du Tarn; par M. Estrade, médecin de la Marine, sur le Laos ; par M. le Dr Leduc, professeur à l'Ecole de Médecine de Nantes, sur la Russie; par M. l'abbé Rouïet, aumônier militaire de l'expédition de Madagascar, sur l'expansion coloniale par le moyen des Missions catholiques; par M. le lieutenant Gautier, de l'Infanterie de marine, sur Madagascar; par M. Edouard Foa, sur sa traversée de l'Afrique, du Zambèze au Congo, et par M. Bonvalot qui, invité par la Chambre de Commerce de Nantes et la Société de Géographie, a bien voulu se faire entendre devant un nombreux public qui a énergiquement applaudi les idées émises par l'éminent conférencier pour le relèvement de notre commerce extérieur et de notre influence dans le monde.

Notre Musée commercial, pourtant assez riche, semble délaissé par le public, probablement parce que les matières qu'il renferme intéressent peu le commerce ou l'industrie locale. Nous espérons que la réorganisation dont il va être prochainement l'objet le remettra en lumière et lui permettra de rendre les services qu'on peut en attendre.

Notre bibliothèque est aussi de plus en plus fréquentée depuis que nous l'avons ouverte le soir, mettant ainsi à la disposition de nos adhérents une foule de renseignements qu'ils ne sauraient se procurer ailleurs. Elle contient, à l'heure actuelle, près de 9.000 volumes, pièces, cartes ou documents de toute sorte.

Le groupement de plusieurs autres sociétés autour de la nôtre, dans le même local), a eu une heureuse influence sur le recrutement de nos membres qui se sont augmentés de plus de 70 cette année.

Les subventions que nous recevons de la Ville, du Conseil général et de la Chambre de Commerce nous ont permis de faire face à nos dépenses, qui se sont accrues dans d'assez fortes proportions, depuis notre installation dans le local que nous occupons actuellement.

Nous aurions sans doute désiré faire plus encore dans l'intérêt de la science géographique et favoriser autrement que par des vœux souvent stériles la mise en valeur de notre riche domaine colonial, mais vous savez, Messieurs, que sur ce point nous ne pouvons émettre que des vœux, car ce n'est pas aux Sociétés de géographie qu'il appartient de réformer le système d'éducation donnée à la jeunesse actuelle, éducation qui tend à faire plus de fonctionnaires que de colons.

Et ce n'est pourtant que par cette réforme faite aussi largement que possible, que nous pourrons donner à notre commerce extérieur et aux entreprises coloniales des hommes bien trempés et persuadés de cette vérité, qu'il n'y a point à démontrer devant vous, que c'est dans l'expansion coloniale qu'est aujourd'hui l'avenir de la France.

21. — Société de Géographie de l'Est, à Nancy

Rapport de M. P. COLLESSON, secrétaire général.
Présenté par M. J. THOULET, délégué.

La mort soudaine de notre regretté Secrétaire général a jeté un tel désarroi dans notre Comité, que c'est avec les plus grandes difficultés qu'il nous est possible actuellement de faire un rapport sur les travaux de la Société de géographie de l'Est.

M. J.-V. Barbier fut, nous pouvons le dire, le fondateur de la Société. Le 4 septembre 1878, après avoir assisté au Congrès de Paris, il revient à Nancy ayant formé le dessein de fonder dans notre ville un groupe géographique. Il eut bientôt recueilli 145 noms de souscripteurs.

Un comité provisoire de 27 membres se réunit le 2 décembre et élabora les statuts. Qu'on me permette de rendre hommage ici à ceux qui ne sont plus : MM. Benoit, doyen de la Faculté des lettres ; le docteur Lallement ; Desgodins, ancien inspecteur des forêts ; J. Gérard, professeur à la Faculté des lettres, plus tard recteur à Montpellier ; Marlier, directeur de l'Ecole Normale ; Gerbaut, conducteur des Ponts et Chaussées, et M. de Carcy, ancien chef d'escadron, qui présida l'Assemblée. Deux mois après, le 23 février 1879, la Société constituée tint sa première séance solennelle, dans la salle de l'ancienne université. La foi de M. Barbier avait triomphé : Nancy avait sa Société de Géographie dont la situation, dès le début, fut très prospère.

De ce jour, jusqu'à celui où il mourut, pendant près de 20 années, M. Barbier se consacra à nous et se dépensa pour nous sans compter. Sans doute, il a trouvé le précieux concours des hommes distingués qui ont formé le Comité. Sans doute encore, il a été aidé en sa tâche par les divers présidents qui se sont succédé à la tête de la Société. Mais l'âme de la Société n'en restait pas moins M. J.-V. Barbier. C'était lui qui entretenait la correspondance avec les autres sociétés de géographie. C'était lui qui organisait chaque année ces belles conférences dont le souvenir n'est pas perdu. C'était lui qui, avec l'aide de notre vice-président, M. Millot, a composé chaque trimestre notre *Bulletin* ; qui a suscité tant de remarquables articles de fond ; qui a rédigé lui-même une série de fort savantes études, qui nous y apprit les nouvelles géographiques, nous y analysa les derniers ouvrages parus. C'était lui enfin qui, depuis 1879, nous représentait chaque année aux divers congrès géographiques, où bientôt il conquit une grande autorité. Il n'y a manqué que deux fois : à Saint-Nazaire et à Marseille. Il s'inquiétait pourtant de ce dernier Congrès, et c'est mourant qu'il dictait à sa femme ses recommandations pour M. Thoulet, notre délégué. Le 7 septembre il était mort ! La Société de Géographie de l'Est a été sûrement l'une de ses dernières préoccupations.

On comprendra donc que devant la perte d'un tel homme, qui faisait tout par lui-même, on hésite à faire un rapport, et que l'on mesure l'abîme ouvert devant soi.

La Société de Géographie n'est pas restée inactive. Durant la saison d'hiver 1897-98, les conférences se sont succédées presque mensuellement.

Nous avons entendu à tour de rôle : M. le Dr Lapicque, nous parler de ses voyages à la recherche des Negritos ; puis Mme de Mayolle narrer, avec toute la poésie qu'elle sait mettre dans ses discours, son voyage en Amérique. M. le professeur Thoulet, de la Faculté des sciences de Nancy, nous apprit, à nous autres « terriens », comment on dresse une Carte marine. Le R. P. des Chesnais nous a fait visiter la Nubie et suivre le chemin du Haut-Nil. M. Pariset, professeur à la Faculté des lettres de Nancy, nous a exposé très clairement l'histoire du conflit anglo-vénézuelien en Guyane. M. Auerbach, aussi professeur à la Faculté des lettres de Nancy, a traité un sujet alors tout d'actualité : Cuba. M. le pasteur Coillard a fait une conférence très goûtée sur son séjour dans la région du Haut-Zambèze. M. de Pouvourville nous a raconté ses voyages en Extrême-Orient ; enfin, M. Le Blanc de Prébois a traité les questions algériennes. Voici pour la saison d'hiver.

En été, alors que les Nancéiens cherchent les plaisirs du dehors, la

Société, comme l'année précédente, organisa plusieurs excursions dans lesquelles on joignit au charme de la promenade, la leçon de géographie, pendant lesquelles on approfondissait plus ou moins tous les sujets ayant trait à l'histoire, aux mœurs, aux coutumes, ou à la culture et à l'industrie des pays visités.

Ces excursions furent dirigées par notre sympathique président : M. Pfister, professeur à la Faculté des lettres de Nancy ; par M. le Dr Bleicher, un de nos vice-présidents, professeur à l'Ecole supérieure de pharmacie de Nancy, et par le secrétaire général actuel, alors secrétaire-archiviste.

La première des excursions eut lieu à Toul, Pierre-la-Treiche et Maron. Une autre eut pour but Domremy et Neufchâteau. Dans la troisième, on visita le plateau de Malzéville près de Nancy, où l'on étudia la géologie et la préhistoire du lieu. Enfin la dernière de la saison, non la moins intéressante, fut faite à la Pierre d'Appel, à Etival et Senones.

Le Bulletin a paru régulièrement, très fourni de nouvelles et d'articles de fond sous la direction de M. J.-V. Barbier.

D'autre part, un grand travail se prépare : le catalogue de bibliographie géographique lorraine. Plusieurs membres du Comité de direction se livrent à cette étude aride mais utile.

Telle est, en résumé, l'histoire de la Société de géographie de l'Est pendant 1897-98.

22. — Institut de Carthage.

Rapport de M. A. Fabry, Président et délégué.

L'Institut de Carthage a été fondé en novembre 1893 sous le nom d'*Association tunisienne des lettres, sciences et arts*. C'est le 5 janvier 1894 qu'il a pris son titre actuel. Il compte aujourd'hui plus de 360 membres, dont plusieurs indigènes ; loin d'être un inconvénient, cette association des nationalités donne les plus heureux résultats.

Le but principal de l'Institut de Carthage est d'étudier et de faire connaître la Tunisie à tous les points de vue. Grâce au concours que ne lui a jamais marchandé l'administration, et en particulier la direction de l'enseignement public, il s'est signalé depuis sa fondation par des conférences très remarquées, par l'organisation de cinq expositions artistiques ou salons annuels, par celle du Congrès de Carthage de l'Association française pour l'Avancement des Sciences, et surtout par la publication trimestrielle de la *Revue Tunisienne*, dans laquelle ont déjà paru d'importants travaux d'histoire, de géographie, d'ethnographie, d'archéologie, d'histoire naturelle, etc.

Aussi M. René Millet, bon juge en la matière, disait-il à notre Société, dans un banquet récent :

« Le représentant de la mère-patrie est heureux de se joindre à la manifestation de ce jour ; il porte, en effet, à l'Association un vif intérêt, une affection toute spéciale, parce qu'elle incarne une idée bien française.

« Cette pensée, c'est que tout n'est pas matière en ce monde ; c'est que, notamment, l'idéal de la colonisation ne consiste pas uniquement, comme d'autres paraissent le croire, à assurer la rentrée facile de l'impôt et l'obéissance passive des aborigènes, à exploiter le pays comme une ferme.

« Il faut aujourd'hui que la conquête morale marche de front avec la conquête matérielle. Il faut pénétrer par l'étude, par la science et aussi par la sympathie, ces milieux si différents des nôtres.

« La tâche fait partie de celles que s'est imposées l'Institut de Carthage. Il l'a entreprise timidement d'abord, peut-être parfois d'une façon un peu gauche. Mais aujourd'hui, Messieurs, vous êtes sortis de cette période de tâtonnements, vous marchez d'un pas ferme, et vos travaux sont appréciés au dehors comme ils le méritent. »

Pour conclure, je ne saurais faire un plus bel éloge de notre association qu'en constatant simplement que les deux résidents généraux en font partie, non seulement comme présidents d'honneur (ce qui va de soi), mais aussi comme membres actifs.

23. — Société d'Etudes Historiques et Géographiques de Bretagne, à Rennes.

Rapport de M. RAINAUD, délégué.

Alors que la plupart de nos collègues peuvent se féliciter à juste titre des résultats obtenus par les Sociétés qu'ils représentent, je ne puis vous dire que quelques mots de la plus jeune de nos Sociétés régionales de géographie. Fondée à Rennes, au mois de mars 1897, la Société d'Etudes Historiques et Géographiques de Bretagne n'a pas encore accompli sa deuxième année d'existence. On ne saurait donc lui demander beaucoup, au lendemain de ses débuts. Un autre motif m'autorise également, je le crois, du moins, à escompter votre indulgence. Née d'hier, notre Société ne compte encore que peu d'adhérents, 90 en tout. D'autre part, le taux modique de notre cotisation, jugé d'abord nécessaire pour ne décourager aucune bonne volonté, ne nous permet pas encore d'étendre beaucoup notre influence. Nous espérons, l'an prochain, augmenter nos ressources en relevant sensiblement le chiffre de la dite cotisation : 10 francs au lieu de 5 et même de 2 francs. De plus, le Conseil municipal de Rennes a bien voulu nous accorder une subvention de 150 francs. Nous espérons, les finances départementales s'améliorant, que le Conseil général d'Ille-et-Vilaine, qui n'a pu, l'an dernier ni cette année, répondre favorablement à notre demande, voudra bien nous voter aussi une subvention.

Grâce à ces diverses ressources qui quadrupleraient au moins nos beaucoup trop modestes recettes, nous pourrons donner quelques conférences publiques et améliorer notre *Bulletin*. Nos publications de 1897 ne forment qu'une mince plaquette de trois feuilles, remplies presque en entier par nos statuts, la liste des membres et les procès-verbaux sommaires de nos séances, ceci vous explique pourquoi notre dévoué secrétaire général, M. Léon Vignols, n'a pas cru pouvoir décemment vous proposer l'échange d'un prospectus contre les bulletins des Sociétés françaises de Géographie. Nous espérons que cette année il n'en sera plus de même et que nos publications, tout en restant encore très modestes, pourront vous être adressées sans que nous ayons à en rougir. Le premier numéro de notre bulletin de 1898 renferme, en effet, 76 pages, dont les trois quarts au moins sont consacrés à la géographie de la Bretagne (car nous entendons ne faire place qu'aux communications d'intérêt régional). Entre autres articles géographiques, vous trouverez dans ce premier bulletin une notice critique sur l'opuscule de Rütimeyer relatif à la Bretagne, une note érudite de M. H. Froidevaux, sur les manuscrits de Langeron sur Brest, et une bibliographie des plus récentes publications concernant la géographie de la péninsule armoricaine, par M. L. Vignols. Le deuxième numéro paraîtra bientôt, et les géographes pourront, je pense, y trouver, comme dans le premier, quelques indications utiles sur la Bretagne.

Malgré les difficultés de nos débuts, nous avons formé un grand projet. Il s'agirait d'ériger un monument à un *découvreur* français quelque peu oublié. Jacques Cartier a des monuments au Canada, et rien en France ne perpétue par la pierre ou par l'airain le souvenir de sa grande découverte. Seulement, une modeste inscription placée récemment dans la cathédrale de Saint-Malo, par les soins d'un Canadien bien connu, M. Honoré Mercier, rappelle publiquement la mémoire du navigateur Jacques Cartier, Breton qui vécut à une époque où la Bretagne devenait définitivement française. Jacques Cartier, qui partait en découverte pour le compte du roi de France, mérite bien les hommages et la reconnaissance de tous les Français.

Il est donc possible, Messieurs, que nous fassions appel, dans quelque temps, à vos souscriptions individuelles et collectives, lorsque notre comité franco-canadien sera constitué, mais nous serions heureux de pouvoir compter dès à présent sur votre appui moral. En plaçant notre jeune *Société d'Etudes* sous le patronage de Jacques Cartier, nous voulons tout à la fois rendre hommage à une des plus grandes gloires de Bretagne, notre petite patrie, et affirmer hautement nos ardentes sympathies pour la cause du développement colonial de notre grande patrie française.

Lundi 19 Septembre

(APRÈS-MIDI)

SÉANCE GÉNÉRALE

Président : MM. Ch. GAUTHIOT.
Assesseurs : MM. DELAVAUD,
　　　　　　　Commandant ROMIEUX,
　　　　　　　A. DE CLAPARÈDE.

Au début de la séance, répondant aux souhaits de bienvenue du Président, M. de Claparède remercie le Congrès de l'invitation adressée à la Société de Géographie de Genève, qui a été profondément touchée de cette amabilité. M. de Claparède exprime les vœux chaleureux de la Société qu'il préside pour la réussite du Congrès, qui s'annonce comme un succès, et constate les liens étroits unissant les Sociétés suisses avec les Sociétés françaises de Géographie.

L'ordre du jour est ensuite abordé et appelle les communications suivantes :

LES PÊCHERIES FRANÇAISES

A LA CÔTE DE TERRE-NEUVE

Par **M. Paul DELORME**, membre de la Société de Géographie d'Alger,
Communication présentée par M. DE VARIGNY, délégué.

Messieurs, j'ai l'honneur de vous communiquer le résultat des études que j'ai été entreprendre en 1895 à la Côte de Terre-Neuve, sur nos pêcheries ; j'étudiais depuis quelque temps cette question concurremment avec d'autres questions coloniales, lorsque je trouvai l'occasion d'aller l'examiner sur place, comme chirurgien chargé du service sanitaire à la Côte Est.

J'eusse déjà fait cette communication au Congrès de Lorient en 1896, concurremment avec celle de M. le commandant Maréchal, si des convenances personnelles ne m'eussent retenu jusqu'à ce jour.

Je m'abstiendrai de vous parler des conclusions que j'ai pu tirer, au point de vue diplomatique de la question, tant des observations recueillies au cours de mon voyage que des conversations que j'ai eues à Terre-Neuve avec des personnages autorisés anglais et français. Je dirai cependant qu'à mon avis, nous avons tout intérêt à conclure un arrangement dans le plus bref délai possible, car tout atermoiement semble être plus nuisible qu'utile à nos intérêts.

Si je ne crois pas devoir rien ajouter à ce sujet, c'est que le moment me semble mal choisi pour émettre une opinion, la plus grande réserve étant indispensable dans ces questions si délicates, où un mot imprudent peut servir à étayer les prétentions de nos adversaires.

I. — *Il faut soigneusement distinguer la pêche au Banc de Terre-Neuve et la pêche à la côte, en ce qui concerne la statistique et nos intérêts internationaux.*

J'insisterai d'abord sur un fait dont on ne tient pas assez compte en France : c'est qu'il n'y a aucune communauté d'intérêts entre nos pêcheries à la côte de Terre-Neuve et celles du Banc. Pourtant dans les discussions au Parlement, comme dans les articles de journaux, j'oserais presque dire dans les rapports officiels, on a presque toujours confondu les statistiques les concernant : de là est née l'opinion que la côte de Terre-Neuve nous est indispensable pour nos opérations au Banc. Cette opinion est radicalement fausse : la côte de Terre-Neuve est tellement éloignée du Banc, que les navires banquiers ne s'y rendent jamais. On voit, par contre, de temps à autre encore un navire pêchant à la côte de Terre-Neuve, aller achever sa pêche au Banc. Ce fait était encore plus fréquent autrefois.

Le véritable intérêt de la question réside dans la nécessité où seraient les pêcheurs du Banc d'aller chercher les appâts ou boëtte à la côte. En fait, l'essai a été fait et ne semble pas avoir fort bien réussi.

Vous n'ignorez pas que le Parlement de St-Jean, il y a quelques années, vota un act interdisant à ses nationaux de vendre de la boëtte aux pêcheurs français. Cette mesure ne fut pas très favorablement accueillie du reste par toute une partie des terre-neuviens anglais, qui se trouvaient ainsi privés d'une ressource précieuse dans ces pauvres pays.

Les navires du Banc essayèrent alors de se procurer au French-Shore (côte française de Terre-Neuve) les appâts qu'ils ne pouvaient plus acquérir à la côte anglaise. Les navires côtiers réalisèrent de gros bénéfices, mais cette méthode n'eut pas tous les bons effets qu'on en attendait ; elle occasionnait d'abord une grosse perte de temps, dans un métier où chaque jour de chômage entraîne une perte considérable d'argent.

Aussi, tandis qu'en 1889, 113 navires dont 104 banquiers métropolitains avaient été se boëtter à la côte Est, 24 seulement, dont 10 appartenant à deux maisons concessionnaires de places à cette côte, s'y rendaient en 1890, et aucun ne s'y est présenté depuis.

Du reste, la boëtte, capelan, hareng ou encornet, conservés dans le sel, perd beaucoup de sa valeur : l'encornet salé est la moins mauvaise des trois.

A quelque chose malheur est bon : les difficultés de se procurer à la côte les appâts nécessaires firent découvrir que le bulot ou coucou, espèce de gros coquillage qui se rencontre en abondance sur les bancs, était excellent pour cet usage : mais c'est une ressource momentanée, car l'abus amènera sa disparition rapide. En somme, on devra toujours en revenir aux anciennes boëttes.

Je crois devoir signaler ici en passant les essais de conservation de la boëtte par la réfrigération qui ont été faits à Terre-Neuve.

On peut toujours, à ce que je crois, étudier ce procédé à l'établissement anglais de pisciculture dirigé par M. Nielsen. Ce mode de conservation, si facile sous ce climat, a donné d'excellents résultats, et il serait à souhaiter qu'il fût essayé par nos pêcheurs. Il permet de conserver la boëtte, en tout temps, pendant une durée de quatre ou cinq semaines.

Je reviens à l'inutilité que présente la Côte de Terre-Neuve pour les pêcheurs au Banc : je dois faire remarquer que, si mon opinion est vraie pour toute la Côte Est et la majeure partie de la Côte Ouest, elle ne l'est plus pour l'extrémité de cette dernière, car les pêcheurs de St-Pierre ou du Banc se rendent de temps à autre à la baie de Saint-Georges pour se boëtter.

L'utilité de ce point de la côte pour nos pêcheurs nous apparaîtra rapidement par la comparaison du montant des achats de boëtte faits dans cette baie, durant les années 1888 et 1889, où le boët-act a été en vigueur, avec celui de 1890, année où les élections de St-Jean ont amené la chute du parti qui avait promulgué cette mesure.

Tandis qu'en 1888 nous voyons 132 navires venant à St-Georges pour acheter du hareng, et en 1889, 71, — en 1890 nous n'en trouvons plus que 16. Sur ces 16 navires, 3 seulement peuvent être considérés comme étant venus du Banc dans ce but. Les autres navires étaient des concessionnaires de la Côte Ouest en relâche forcée.

En 1888, les navires français avaient pêché dans cette baie 7,799 barils de hareng du prix moyen de 5 fr. 20 le baril; en 1889, 3,659 barils du prix de 4 fr., en 1890, seulement 1,046 barils du prix de 3 fr. 55. En outre les achats faits aux pêcheurs anglais à la seule baie de St-Georges s'étaient élevés à 53,000 fr. en 1888; à 9,614 fr. en 1889 et seulement à 1297 fr. en 1890.

Ces chiffres, extraits d'un rapport du commandant Maréchal, montrent que la baie de St-Georges est le seul point de la côte qui nous soit indispensable au point de vue de la boëtte, et seulement au cas où le parlement de Terre-Neuve nous en interdirait de nouveau l'achat à la Côte anglaise : car il est facile de voir que les navires banquiers n'entreprennent ce voyage que lorsqu'ils craignent de ne pouvoir effectuer à St-Pierre des achats suffisants.

Mais j'estime surtout que le véritable intérêt des deux nations est que les pêcheurs anglais puissent approvisionner de boëtte nos nationaux : ils y trouvent un notable bénéfice, car parfois les achats de boëtte atteignent 500.000 fr. Ce bénéfice est parfois malheureusement accru par des achats d'alcool à St-Pierre, alcool entré ensuite en contrebande à la Côte de Terre-Neuve. Ce trafic est une source de continuelles réclamations pour les autorités de Terre-Neuve contre nos nationaux de St-Pierre.

II. — *De la décroissance de nos pêcheries à la Côte de Terre-Neuve.*

Je ne vous entretiendrai pas, Messieurs, de la pêche au banc de Terre-Neuve, qui constitue une industrie encore fort prospère, bien qu'elle ait diminué sensiblement, car on estime qu'en 1848 elle occupait 16 à 17.000 marins et 350 à 400 navires. Le nombre des navires est resté stationnaire, mais celui des marins a diminué de moitié.

Je vous parlerai uniquement de la décroissance de nos pêcheries à la Côte de Terre-Neuve ; j'étudierai les causes de cette décroissance et les moyens d'y remédier.

Un mot d'abord pour vous rassurer sur la répercussion que pourrait avoir cette décroissance sur le recrutement de notre marine. Il est vrai que la grande et la petite pêche constitue une véritable pépinière pour le recrutement de la marine de guerre; non, à mon avis, au point de vue des connaissances nautiques, car ce n'est pas à manœuvrer des embarcations qu'on acquiert l'habileté professionnelle nécessaire à bord des navires de guerre, — mais au point de vue de l'endurance et de l'habitude de la mer. En revanche, je ne crois pas que l'on puisse dire que le métier de pêcheur à la Côte de Terre-Neuve constitue pour tout l'équipage un dressage au métier de marin.

Ce n'est, en effet, que la mineure partie de l'équipage qui navigue réellement; plus de la moitié est occupée à terre à la préparation de la morue et ne voit la mer que durant les traversées d'aller et de retour. Car vous n'ignorez pas que les navires qui se rendent à la Côte de Terre-Neuve désarment une fois arrivés au havre qu'ils doivent occuper, et débarquent leur équipage. Il en est de même des navires armés pour St-Pierre avec sècherie.

Si, comme je le crois, les primes ne sont actuellement accordées à la grande pêche qu'en raison des services qu'elle rend au recrutement de la marine de l'Etat, il semble abusif, au premier abord, de donner des primes qui atteignent la moitié du salaire des hommes, uniquement à des charpentiers, des saleurs ou des sécheurs de morue, qui ne seront marins qu'une fois qu'ils auront appris leur profession à bord des navires de guerre. Mais il me semble que, devant la décroissance continue de nos pêcheries, les primes doivent avoir un autre but, et servir à relever cette industrie, sous peine de voir la Côte désertée par nos nationaux et nos droits s'annihiler en fait.

Nos pêcheurs ont occupé d'ancienne date différents points de la côte de Terre-Neuve. Je ne veux pas reprendre ici un travail fait avant moi ; je constaterai seulement que dès les premières années du xvie siècle, différents ports expédiaient des navires sur plusieurs points de la côte. Nous avions alors comme concurrents les Anglais et les Espagnols. Au xviie siècle, les Français et les Anglais seuls continuaient à pêcher dans ces parages. A la fin du xviiie siècle, nos pêcheries étaient très florissantes : en 1769, elles occupaient 431 navires jaugeant 41.727 tonnes, avec 1455 bateaux de pêche et 12.367 hommes d'équipage. La pêche produisit 215.000 quintaux de poisson.

Elle atteignit 435.309 quintaux en 1770. Puis le nombre des navires subit une décroissance marquée : en 1774, ils n'étaient plus qu'au nombre de 273. Leur jauge atteignait encore 31.350 tonneaux ; ils étaient montés par 15.000 hommes d'équipage, et les prises atteignirent 386.000 quintaux. Notre industrie n'était donc pas en décroissance, malgré la diminution du nombre des navires, car le tonnage restait presque le même et le nombre des marins employés augmentait ; dès cette époque, la pêche à l'aide d'armement de navires à tonnage moyen et nécessitant de gros capitaux semble la plus rémunératrice.

A la même époque, Terre-Neuve s'était peuplée de 15.484 résidents anglais, non compris 9.152 pêcheurs anglais résidant seulement à l'époque de la pêche. Les pêcheries anglaises fournissaient 550.000 quintaux de poisson et occupaient 350 navires en dehors du Banc.

La pêche française commença à décroître dans de notables proportions peu de temps après le traité de Versailles. Dès 1786, notre flotte n'était plus représentée que par 86 navires jaugeant 22.640 tonneaux, montés par 7.859 hommes avec 1.532 bateaux de pêche. La pêche fut exceptionnellement bonne et donna 426.400 quintaux de morue.

Cette décroissance s'accentua encore dans les premières années de la Révolution. En 1789, nous ne trouvons plus que 58 navires jaugeant 15.900 tonnes, avec 1.035 bateaux de pêche et 7.314 hommes d'équipage. La pêche fournissait encore 239.000 quintaux de poisson.

Les années 1791 et 1792 furent désastreuses : 43 navires seulement se rendirent à la côte en 1791 ; leur tonnage s'élevait à 10.417 tonneaux, et leur équipage à 5.895 hommes ; on pêcha seulement 40.600 quintaux de morue. En 1792, le nombre des navires est encore de 46 jaugeant 9.180 tonneaux ; mais le total des équipages n'atteint plus que 3.397 hommes.

Durant cette même période de 1786 à 1792, le nombre moyen des navires anglais occupés à pêcher à Terre-Neuve était de 480, d'une jauge de 48.950 tonneaux, avec 9.000 hommes d'équipage et prenant une moyenne de 637.900 quintaux. La pêche au Banc ne peut entrer dans ces chiffres que pour un tiers environ. La plus grosse part de prises revient, en effet, aux habitants de la côte : le chiffre moyen de leurs prises est, en effet, de 350.000 quintaux.

La décadence de la pêche française à cette époque ne peut donc pas être attribuée au manque de vitalité de cette industrie que les guerres de la Révolution anéantirent momentanément, car, en 1802, au lendemain de la paix d'Amiens, sans préparation, en pleine décadence de notre marine, nous envoyons 31 navires à la côte Est : la côte Ouest resta inoccupée. Cette statistique est fort curieuse au point de vue de la distribution des navires dans les havres et des comparaisons qu'elle fournit avec les statistiques actuelles. Je vais donc la reproduire ici :

Anse du Paquet.........	2 navires montés par	42 hommes
La Scie................	2 »	»	86 »
Havre de la Fleur de Lys.	2 »	»	74 »
Carouge................	6 »	»	258 »
Conche................	2 »	»	44 »
Sts Juliens.............	4 »	»	?
Fichot.................	4 »
Baie des Oies..........	3 »
St Antoine.............	2 »

Le nombre des hommes montant les navires expédiés dans les 4 derniers havres n'est pas indiqué : mais en procédant par comparaison, on peut estimer à 1500 hommes le total des équipages des navires expédiés en 1802. La pêche atteignit 62.000 quintaux.

Nos pêcheries redevinrent florissantes avec la paix. Vers 1848, elles occupaient à la côte environ 300 navires avec 15.000 hommes. En 1874, le nombre des navires était déjà tombé à 60 avec 3.000 hommes d'équipage. Il n'a fait que décroître depuis.

En 1888 et en 1890, nous trouvons les points suivants encore occupés :

En 1888, Côte Est :

Fichot, 1 navire.
Grands Saints-Juliens, 1 navire.
Croc, 1 navire.
Cap Rouge, 3 navires.
Baie Blanche, 2 navires.

Côte Ouest :

Port-au-Choix et Barbacé, 6 navires.
Iles des Sauvages, 1 navire.
Ile Saint-Jean, 1 navire.
Anse barrée et anse de la Tourelle, 2 navires.
Ile Rouge, 1 navire.

En 1890, Côte Est :

Fichot, 2 navires, dont l'un parti avec 22 hommes pour le Banc dès le 1er juillet.
Grands Saints-Juliens, 1 navire.
Cap Rouge (ou Carouge), 2 navires, tous deux partis pour le Banc en juillet.

Côte Ouest :

Port-au-Choix, 4 navires.
Barbacé, 2 navires, tous deux partis dès juillet, l'un pour le Banc, l'autre pour Marseille.
Iles des Sauvages, 2 navires, tous deux partis pour le Banc en juillet.
Ile Saint-Jean, 2 navires, dont l'un parti en juillet pour France.
Brig-Baie, 1 navire.
Ile Rouge, 1 navire.
Anse à la Vierge (Port à Port), 1 navire.

Le nombre des navires expédiés était encore moindre en 1893 :

CÔTE EST :
Fichot, 1 navire.
Saints-Juliens, 1 navire.
Cap Rouge, 2 navires.

CÔTE OUEST :
Ile Rouge, 1 navire, venant de Saint-Pierre.
Tweed-Island, 1 navire venant de Saint-Pierre.
Port-au-Choix, 4 navires.
Ile des Sauvages, 1 navire.
Barbacé, 1 navire.

En résumé depuis 1888, trois maisons seulement arment régulièrement pour Terre-Neuve, toutes trois de Saint-Malo ou de Saint-Servan, la maison Guibert et fils, et les maisons Auguste et Anatole Lemoine. La maison Véry père, de Binic, envoyait à peu près régulièrement un navire. La maison Thubé Lourmand, de Nantes qui, en 1888, avait fort bien réussi à la côte Est où elle envoyait deux navires, a cessé d'expédier.

L'Ile Rouge est une concession spéciale accordée à un armateur de Saint-Pierre, qui a un service de goëlettes entre Saint-Pierre et l'Ile Rouge.

Le nombre de pêcheurs employés à la côte française atteignait de 1888 à 1890, 580 à 590 hommes pour la côte Ouest.

La côte Est, qui occupait 473 hommes en 1888, était tombée à 183 en 1890. Ces chiffres étaient restés à peu près stationnaires en 1895 et tendent plutôt à diminuer.

Ces chiffres, comparés à ceux des anciennes statistiques que j'ai citées, suffisent à montrer que nos pêcheries vont devenir un simple sujet d'études historiques : nous n'occupons en somme plus que deux points de la côte : les environs de Port-au-Choix à la côte Ouest et une bande de 40 milles de long, s'étendant du Cap Rouge à Fichot, à l'entrée de la Baie aux Lièvres, à la côte Est.

J'eusse désiré, en comparaison de ces chiffres, vous montrer les progrès des pêcheries anglaises à la côte française. Il est malheureusement impossible de se procurer des statistiques se rapportant spécialement au French Shore. Celles qui sont publiées comportent les résultats totaux des pêcheries à la côte et au Banc. Depuis 1865, la moyenne annuelle du total des exportations de morue de la colonie anglaise atteint 900.000 quintaux, avec un maximum de 1.249.320 quintaux en 1874 et de 1.197.637 en 1885. La majeure partie de ce poisson est fournie par la côte : la population anglaise occupée à la pêche comporte plus de 53.000 habitants ; la flotte, spécialement employée à la pêche de la morue, comporte 1410 navires de 20 à 60 tonneaux, 271 au-dessus de 60 tonneaux et 20.500 bateaux de pêche.

Nous pouvons donc hardiment affirmer que la pêche de la morue, à la côte anglaise de Terre-Neuve, est une industrie qui reste stationnaire depuis de longues années, et tend actuellement à augmenter, en raison du repeuplement artificiel des fonds, opéré par l'établissement de pisciculture de Dildo.

Nos pêcheries à cette côte constituent au contraire une industrie en pleine décroissance.

III. — *Causes de la décadence de nos pêcheries.*

Il nous faut examiner maintenant les causes de cette décadence : elles se réduisent à trois principales, les difficultés de recrutement pour un métier pénible et insuffisamment rémunéré ; la destruction des fonds de pêche, enfin l'envahissement du littoral français par les pêcheurs anglais.

La pêche à la morue s'opère à la ligne de main, à la ligne de fond ou arouelles, et avec deux sortes de filets : la trappe et la seine ; le premier de ces instruments est interdit par nos règlements français.

Je n'ai pas besoin de vous décrire la ligne de main ou la ligne de fond. Je vous parlerai d'abord d'un instrument de pêche que je n'ai pas cité : la faux. Au moment où la boëtte — on appelle ainsi les différentes sortes d'appâts — est abondante, notamment à l'époque où le capelan, espèce de petit poisson assez délicat, arrive en masses serrées à la côte de Terre-Neuve, la morue commence à frayer ; elle se trouve alors dans un état de prostration à peu près complet, et ne cherche guère à se nourrir : le capelan étant abondant, elle mord peu à l'hameçon. La pêche s'effectue alors, soit à l'aide de la faux, soit à l'aide de la seine.

La faux se compose de deux forts hameçons accouplés et garnis d'une masse de plomb. Cet instrument est promené dans les bancs de morue, et un certain nombre de poissons sont accrochés par les hameçons : un plus grand nombre est blessé, s'échappe et meurt. Cet instrument détruit donc un grand nombre de reproducteurs ; son emploi devrait être interdit en toute saison.

La seine est un immense filet de 300 mètres de long sur 30 de haut. La dimension des mailles n'est pas une mesure de protection suffisante pour empêcher de prendre du poisson de petite dimension. En effet, à mesure qu'on resserre le filet, le banc de poisson qui s'y trouve renfermé devient de plus en plus compact, et une partie meurt d'asphyxie avant la sortie de l'eau : les morues de petite taille, qui n'ont pas encore atteint l'âge de la reproduction, sont ainsi prises en grand nombre chaque année.

De plus, la seine est employée, comme la faux, au moment du frai, et prend un grand nombre de poissons qui devraient être préservés de la destruction, soit qu'ils n'aient pas encore atteint l'âge adulte, soit que ce soit des femelles qui n'ont pu encore déposer leurs œufs.

La trappe agit comme une immense nasse ; ainsi que je l'ai déjà fait remarquer, son emploi est interdit par les règlements français ; mais elle est employée par de nombreux pêcheurs anglais installés au French-Shore. Elle serait moins nuisible que la seine si les dimensions des mailles étaient suffisamment grandes ; mais tel n'est pas le cas général. Comme avec la seine, une grande quantité de morue est capturée avant d'arriver à l'âge adulte ; enfin la reproduction du poisson à la côte est certainement entravée par les innombrables trappes, qui garnissent chaque havre au moment du frai. La trappe éloigne les reproducteurs ou les capture avant que la reproduction ait pu s'effectuer.

Le nombre des reproducteurs diminue donc de plus en plus à la côte. Pour s'en rendre compte, il suffit de constater que le nombre des morues nécessaires pour faire un quintal augmente de plus en plus : le poids moyen des morues prises au Banc, où ces engins ne sont pas employés, est de beaucoup supérieur.

La seine et la trappe sont donc des instruments essentiellement destructeurs, par les entraves qu'elles apportent à la reproduction du poisson. Beaucoup de pêcheurs anglais de la Côte Sud n'emploient les filets qu'à contre-cœur et reconnaissent leurs effets destructeurs. Mais partout où le filet est usité, la pêche à la ligne cesse d'être rémunératrice, et ils sont obligés pour vivre d'imiter leurs voisins.

Je dois ajouter un mot sur l'emploi des arouelles ou lignes de fonds, dont beaucoup de pêcheurs considèrent l'emploi comme plus nuisible que celui des filets : l'emploi de ces engins est du reste défendu à l'époque du frai.

Il est évident que la morue, qui est essentiellement vorace, se laisse plus tenter par un appât qui reste continuellement sous ses yeux, que par l'appât placé sur un hameçon tenu à la main et changeant continuellement de place. Mais, comme le fait remarquer M. Nielsen, superintendant des pêcheries de Terre-Neuve, dont les travaux m'ont beaucoup aidé dans la rédaction de cette étude, la morue ne se prend avec les arouelles, au moment de la ponte, que lorsqu'elle est maigre. Dans ce cas, les arouelles sont plus destructives encore que les filets :

ces conclusions de M. Nielsen s'accordent avec celles de nos maîtres de pêche.

On doit aussi remarquer que la présence du mâle est nécessaire pour la fécondation et que la pêche à outrance sur les lieux de ponte ruine promptement toute une partie de la côte. Il est, en effet, facilement compréhensible que, si les mâles sont en nombre insuffisant, l'eau ne se charge pas de principes fécondateurs en quantité suffisante, et la fécondation des œufs n'a pas lieu. On doit donc ne pratiquer qu'avec circonspection la pêche dans les havres où la morue vient frayer.

Mais la pêche *modérée* à la ligne et aux arouelles, même durant la ponte, n'amène jamais la ruine du fonds, comme on peut le constater aux îles Lofoden, où ces deux engins sont les seuls employés au moment du frai.

Malheureusement nous ne pouvons estimer que la pêche à la côte française soit modérée : l'examen de la carte prouve que nos pêcheurs, malgré les recommandations si formelles du commandant Maréchal dans un de ses rapports datant de dix ans, continuent à resserrer leurs navires sur un étroit espace de côte. Les maîtres de seine de tous les navires d'une côte montrent en outre une certaine tendance à se grouper sur un même point : avec les instruments puissants dont on se sert actuellement, la côte se dépeuple rapidement.

Il y aurait donc lieu d'espacer les places de pêche réservées à nos navires. Cette mesure aurait l'avantage de rendre notre occupation plus effective. Je sais que ce n'est nullement l'intérêt immédiat de nos armateurs, qui groupent leurs navires pour faciliter la surveillance du gérant ; mais j'ose espérer qu'ils comprendraient que c'est leur intérêt réel d'éviter l'épuisement des fonds, et de sauvegarder nos droits le plus possible.

Enfin le dépeuplement de nos pêcheries s'accentue encore sous l'influence de l'envahissement du French-shore par les pêcheurs anglais.

Nous devons d'abord avouer que les armateurs français ne sont pas à l'abri de tout reproche à ce point de vue. Les traités nous autorisent à conserver dans chaque havre une ou plusieurs familles de gardiens ; au lieu d'installer des familles françaises, pour de misérables raisons d'économie, les armateurs se sont adressés de temps immémorial à des familles anglaises. Une famille française, ne pouvant tirer aucune ressource du commerce des pelleteries, eut nécessité l'avance d'un salaire et de provisions plus considérables : les gardiens anglais se contentaient d'une simple ration ; ajoutons que souvent le gardien anglais était employé par nos armateurs, aidait à la pêche, et était payé en nature : les armateurs multipliaient donc, pour une mince économie, le nombre des gardiens.

Avec la prolificité de la race irlandaise, certaines de ces familles, au bout de plusieurs générations, ont formé de petites colonies. C'est ainsi que se sont formés certains villages de la côte, comme la Conche, qui compte une population de près de 300 âmes, dont les quatre cinquièmes sont les descendants ou les alliés des familles de gardiens.

Ce système est encore appliqué : l'Etat français lui-même a comme gardien de son habitation au havre du Croc, un Anglais qui reçoit un léger salaire du gouvernement et une ration de vivres.

Il me semble difficile, au point de vue humanitaire, d'exiger le retrait des gens amenés par nous, nés dans le pays, dont les parents vivaient et pêchaient avec nos nationaux à la solde desquels ils étaient.

Nous devons donc supporter le résultat de nos fautes : mais il n'en est pas moins vrai qu'il existe actuellement à la côte française, une population anglaise qui occupe chaque havre et continue à s'accroître de jour en jour : on peut estimer cette population à sept ou huit mille âmes au moins.

La présence de ces résidents est une cause perpétuelle de conflits que le tact parfait des officiers des deux stations navales parvient seul à éviter. Les Anglais établissent partout des trappes que nos maîtres pêcheurs doivent faire lever par les autorités maritimes. Malheureusement certains d'entre eux tolèrent l'établissement des trappes, parfois à condition de partager le produit de la pêche. D'autres lèvent eux-mêmes les filets tendus par les pêcheurs anglais et prennent le poisson qu'elle contient : certains pêcheurs ne se gênent nullement pour s'approvisionner ainsi de saumon. Un autre fait regrettable peut être constaté journellement : nous voulons parler de la vente à bas prix des vieilles seines que consentent certains capitaines aux résidents anglais ; ceux-ci trouvent ainsi de grandes facilités pour confectionner leurs trappes.

Enfin nos pêcheurs doivent encore supporter la concurrence des nombreuses goélettes anglaises de la côte sud, qui vont de havre en havre pour gagner le Labrador ; cette concurrence, dont nous défendent autant qu'elles le peuvent les autorités maritimes anglaises aux environs des havres que nous occupons, achève de ruiner les fonds ; les Anglais résidents s'en plaignent amèrement et non sans raison ; car non seulement ces embarcations poursuivent la morue dans les havres où elle vient frayer, mais elles empoisonnent les havres de leurs détritus.

IV. — Remèdes à apporter à la situation actuelle.

Le peu de temps dont je dispose me force évidemment à abréger.

Il me reste encore à vous dire quelques mots des mesures qu'il serait nécessaire de prendre pour remédier à cette déplorable situation.

Un des premiers remèdes que la colonie anglaise de Terre-Neuve a apporté à la dépopulation des fonds, sur la portion de la côte qui lui appartient en propre, a consisté dans la création d'un établissement de pisciculture qui jette chaque année à la mer plusieurs centaines de millions d'alevins : si nous ne rencontrions pas en face de nous la concurrence anglaise, une semblable installation nous serait fort utile, à supposer que nous obtenions de l'Angleterre l'autorisation de construire les bâtiments permanents que cette installation nécessiterait et qui sont contraires aux traités.

Les résultats de cette institution profiteraient malheureusement beaucoup plus aux Anglais qu'à nous en l'état actuel des choses. C'est évidemment très regrettable, car nous pourrions pour une somme minime — l'établissement anglais a un budget qui n'atteint pas 60.000 francs — repeupler la côte de morue et de homard, car vous n'ignorez pas que la côte de Terre-Neuve est un des principaux centres de fabrication de conserves de homard ; un grand nombre d'usines anglaises se sont installées au French-shore, pour cette industrie dont je vous dirai deux mots en passant.

Dès 1888, les Anglais possédaient, sur la côte qui nous est réservée, 29 fabriques de homard produisant 27.880 caisses de 48 boites, et nous ne possédions que quatre fabriques produisant 2.500 caisses ; une seule, celle de M. A. Lemoine, avait quelque importance et entrait dans ce chiffre pour 1.600 caisses. La question de la pêche du homard étant l'objet de négociations entre la France et l'Angleterre, le nombre des fabriques est resté stationnaire, un *modus vivendi* interdisant toute nouvelle création.

Le homard diminue à Terre-Neuve dans de telles proportions que sa disparition est prochaine. La taille des homards capturés est de beaucoup inférieure à celle d'autrefois. La ponte des homards commençant en août, la pêche devrait être interdite depuis le milieu de ce mois. Les casiers devraient être soumis à une règlementation et l'espace entre les fils mesuré de façon à empêcher la prise des homards de petite dimension ; en un mot, comme pour la morue, la pêche du homard doit être réglementée de façon à protéger sa reproduction.

Il n'y a du reste pas à se dissimuler que cette question du homard, qui fait couler des flots d'encre, est, pour nous, de minime importance. Il est à craindre que ce combat ne se termine faute de combattants, c'est-à-dire par la destruction totale du homard à Terre-Neuve.

Pour en revenir au repeuplement de la côte, à l'aide d'un établissement de pisciculture, je répèterai que, tant que la situation restera ce qu'elle est, et que nous aurons des résidents anglais à la côte, cette création est impraticable.

Pourrait-on réglementer la pêche et empêcher l'emploi des instruments destructeurs que nous avons signalés? Cette réglementation devrait, pour permettre le repeuplement comporter les mesures suivantes :

1º Interdiction absolue de la pêche à la seine et à la faux ;

2º Interdiction des trappes jusque dans les premiers jours d'août. On pourrait ensuite tolérer les trappes avec des mailles suffisamment larges pour laisser échapper tous les poissons non encore arrivés à maturité ;

3º Interdiction des arouelles dans les havres et dans les fonds où la morue vient de se reproduire jusqu'au 15 août — les règlements français ont déjà prescrit cette mesure ;

4º Interdiction de la vente en France des morues de petites dimensions ; c'est là le seul moyen d'empêcher les capitaines d'éluder les prescriptions des règlements sur la dimension des mailles de filets.

Il y a un grand *mais*, à toutes ces mesures, à part la dernière ; c'est que c'est uniquement à ces moyens destructeurs, dont la prohibition serait nécessaire, que les navires de pêche doivent de couvrir leurs frais.

Ce fait tendrait à prouver que la grande pêche n'est plus rémunératrice à moins d'être dévastatrice, et qu'elle est destinée à disparaître.

On pourrait cependant diminuer le dépeuplement des fonds en distribuant les navires sur toute la côte, comme le recommandait le commandant Maréchal.

Je ne traiterai pas, pour les raisons que j'ai exposées au début de cette communication, des mesures qu'il y aurait lieu de prendre pour diminuer l'envahissement de la côte par les Anglais : ces mesures ne pourraient être prises qu'après de longs pourparlers diplomatiques, si même il était possible de les prendre.

J'ajouterai seulement qu'en haussant fortement la prime accordée à nos navires, en combinant cette mesure avec les autres nécessaires pour diminuer le dépeuplement des fonds, on arriverait *peut-être* à faire revivre une industrie qui se meurt. Le nombre des navires occupant le littoral augmenterait, et l'on arriverait ainsi à empêcher pratiquement l'envahissement du French-shore par les résidents anglais.

Je dois cependant avouer qu'il me semble difficile d'amener le Gouvernement à s'imposer de nouveaux sacrifices : un des trois armateurs intéressés achève ses vieux navires et cessera bientôt d'expédier. Actuellement pour 9 navires, sans parler du montant des primes, nous entretenons une station navale de 3 navires de guerre, et on peut estimer que chaque pêcheur français à la côte de Terre-Neuve coûte 1.000 à 1.200 francs à la métropole.

Dans ces conditions, il est à craindre que la pêche française à Terre-Neuve ait vécu dans quelques années. Etant donné l'accroissement régulier de la population anglaise, il nous sera ensuite pratiquement impossible de reprendre possession de la côte que nous aurons abandonnée, et nos droits se trouveront annihilés en fait.

En vous remerciant, Messieurs, de l'honneur que vous m'avez fait d'accepter ma communication, j'ose espérer qu'elle sera de quelque utilité pour l'avenir de nos pêcheries à la côte de Terre-Neuve.

DU TERRITOIRE D'ALBERTA

A L'ÉTAT D'IOWA PAR LE FAR-WEST

Par M. l'abbé **Émile PETITOT**,

ancien missionnaire arctique, curé de Mareuil-les-Meaux, membre de la Société de Géographie de Marseille.

I

Vers la fin de l'année 1882, il avait été décidé que j'irais passer de nouveau une année à Paris, pour livrer à l'impression trois dictionnaires manuscrits, œuvres d'autant de confrères ; le premier en langue assiniboine, le second en pied-noir et le troisième en tchippewayan, les succès que j'avais eus pour mes propres ouvrages, en 1874-75, faisant bien augurer pour la réussite de cette nouvelle entreprise littéraire. Il est bon d'ajouter qu'elle ne devait pas aboutir.

Bien que le *Montana Raill-road* n'atteignît pas encore Héléna-City, et s'arrêtât à Dillon à cette époque, on jugea que la distance d'Edmonton-House (Haute-Saskatchewan) à cette dernière station était bien plus courte que celle que j'aurais dû parcourir, si j'avais pris la route de Wini-peg-City, parce que le Canadien transcontinental n'allait encore qu'à Regina, dans l'Assiniboya.

Enchanté, d'ailleurs, de visiter et parcourir des contrées peu fréquentées et qui m'étaient inconnues, j'adoptai ce plan volontiers, et partis le 12 janvier, à 9 heures du matin, avec deux compagnons de voyage : un guide qui parlait le cris, le pied-noir, l'anglais et le français, et un jeune Métis qui se destinait à l'état ecclésiastique. Nous devions parcourir les 225 milles anglais, qui séparent Edmonton de Calgary, en traîneaux tirés par des chevaux. J'y arrivai à 9 heures du soir et passai la nuit à la petite mission de N.-D. de la Paix.

Calgary est situé par 50°58' de latitude Nord et 113°46' de longitude Ouest de Greenwich. Il se composait encore alors de six cahutes en madriers et en planches, perdues dans une plaine nue et morne, au confluent de l'Okinistis-Sartay (rivière du Coude) avec la Namakanis-Sartay (rivière des Arcs). Quelques peupliers cotonniers (cottonwoods) bordent ce dernier cours d'eau sans égayer le paysage, que limitent dans le lointain les blanches crêtes des Montagnes Rocheuses, qui hérissent la plaine comme la mâchoire d'un immense requin.

A Calgary je rencontrai les arpenteurs du *Pacific Canadian R. R.*, qui venaient de mesurer, chaînes en mains, 495 milles de prairies depuis Regina.

Il m'en restait à moi-même 425, soit 171 lieues françaises, pour arriver à Dillon, et, comme il n'y avait plus apparence de neige dans les prairies, j'abandonnai mon traîneau pour aller à cheval. Mes deux compagnons prirent place dans un char-à-bancs qu'ils conduisirent eux-mêmes.

Le 24 janvier, après avoir traversé les rivières Partork-Artay ou des Sapins, Omakikennay-Artay ou des Mouflons, et Spitchi-Sartay ou des Grands bois, je mis pied à terre à 6 heures du soir chez un settler yankee, pour y passer la nuit. Je ne l'eus pas plutôt dévisagé que je lui fis observer qu'il était le véritable ménechme du général marquis de La Fayette.

— « *Lé Fiyette* ! fit l'Américain d'une voix douce et avec un sourire triste, *yes, it is my very name, sir. I am Lé Fiyette French.* Puis il ajouta : Vous n'êtes pas le premier à me faire cette remarque. Peut-être suis-je, en effet, un rejeton perdu du grand patriote. » Et avec le même sourire amer il retourna à ses casseroles ; car aux fonctions de fermier il ajoutait celles d'hôtelier et de maître de poste.

Un affreux chasse-neige me retint dans la ferme de La Fayette jusqu'au 27. Nous nous dirigeâmes, à notre départ, sur le Pic du Chef (*Ninna-stako*) qui ne mesure pas moins de 15.000 pieds d'altitude et est absolument inaccessible. Trois pyramides aussi aiguës que cette montagne, que notre géographe Brué appelle le Roi, lui servent d'acolytes.

Le lendemain, 28, j'atteignis la mission ou plutôt la réserve des *Piéganix* de la rivière Napé-Sartay ou du Vieillard, dans laquelle je comptai 33 cabanes en troncs d'arbres. Deux autres réserves sont situées en amont du même cours d'eau, en gagnant vers le territoire des Cœurs d'Alène et des Pans d'Oreilles. Le fort Mac-Leod n'est qu'à 20 kilomètres au sud de la première, c'est-à-dire à 15 milles anglais.

Les *Piéganix* ou Pilleurs sont la seconde tribu de la nation des *Ninnax* ou Hommes, la première étant celle des *Siksik-akex* ou Piedsnoirs, et la troisième, celle des *Kaïnax* ou Sanguinaires, les gens du sang des Métis.

Ils ont aussi baptisé la première Pieds-ganes, bien que ce nom n'ait aucune signification. Ces Indiens sont blancs ou d'un olivâtre pâle, doués d'une physionomie presque européenne et se rapprochant de celle des Sioux ; mais leurs formes sont massives et puissantes, comme celles des Caraïbes et des Esquimaux. Leurs femmes sont généralement belles. Tous sont grands et bien découplés.

Le recensement de 1877 porte à 1200 âmes le nombre des *Piéganix* qui peuplent les trois réserves canadiennes des montagnes des Porcs-Épics. Tous les hommes que j'y vis, à l'exception de leur chef, Makoyékinn (le Loup qui court), avaient la figure peinte d'une décoration fantaisiste, que je crois être l'origine de celle des clowns de nos cirques. Ils la varient de temps à autre, sans parti-pris ni mode aucune. Le goût d'un chacun en tient lieu. Tel se peint entièrement en rouge ; tel autre n'a de rouge que le front et les joues, ou bien une moitié du visage. Quelques uns avaient le masque écartelé de blanc et de noir, comme l'écu d'un blason.

D'ailleurs, chez ces Indiens comme chez les clowns, le but est le même, à savoir : déguiser son identité, donner le change à l'ennemi, en temps de guerre ; aux esprits, en cas de délit ; aux belles, dans les expéditions galantes ; à la police enfin, pour la maraude. C'est sans doute dans le but de dérouter les investigations et de lasser les soupçons des Manitos que ces mêmes Indiens ou d'autres du voisinage placent des masques hideux sur leurs morts. Quant à ceux-ci, les *Piéganix* ne les enterrent point. Ils les abandonnent dans des cahutes de branchages bien closes.

Je me reposai quatre jours dans la réserve des *Piéganix*, c'est-à-dire tout juste le laps de temps que la loi accorde aux étrangers de passage, et en repartis, à cheval encore, le 2 février, me dirigeant toujours vers le Sud, avec mes deux compagnons en char-à-bancs.

Le colonel Mac-Leod est le fondateur du fort canadien de ce nom, qui est situé sur la rivière du Vieillard à son confluent avec celle des Arcs ou de l'Arc, seconde source principale de la Makoanis-Sartay ou rivière du Ventre, que les Anglais nomment Saskatchewan du Sud. Nul doute qu'aujourd'hui ce poste de la police montée canadienne ne soit devenu, depuis l'établissement du P. C. R. (ou Pacific Canadian Raillroad), une cité florissante et animée. Mais alors ce n'était qu'une poignée de baraques reliées par des *stockades* ou palissades. J'y saluai, aux côtés du colonel, un capitaine de cavalerie qui était le fils du célèbre romancier Charles Dickens.

Le 3 février, je traversai la Makoanis, doublai le pic du Chef et allai bivouaquer dans un îlot boisé de la rivière Sainte-Marie (*Maria's River*), au lieu appelé, the Leavings. Ma petite caravane y fut rejointe par un détachement de la police montée qui arrivait en sens contraire, avec un contrebandier yankee qu'elle avait capturé dans un ravin, sur le territoire canadien. Dans cette circonstance, le marchand d'alcool frauduleux perdit 200 gallons d'eau-de-vie, son char-à-bancs et ses deux chevaux, et fut frappé d'une amende de plusieurs centaines de piastres. Cependant il prit son malheur avec beaucoup de philosophie; car il vint lui-même m'apporter, au nez des gendarmes, une chopine d'eau-de-vie, pour les besoins de mon voyage, et passa joyeusement la nuit avec ceux-ci à même ses futailles.

Le 4 février, je franchissais la frontière canadienne et entrais dans l'État américain de *Montana*. Son premier aspect ne me séduisit nullement. Aux belles et vertes prairies plates ou peu accidentées de l'Alberta, de la Saskatchewan et de l'Assiniboya, avaient succédé des terres rouges, sèches, ocreuses et parsemées de gros cailloux, de larges nappes blanchies par les efflorescences du natron, un amoncellement de buttes rondes ou informes, des terrasses superposées et en retrait, des talus semblables aux glacis rapides d'un rempart et dont les pentes abruptes descendent de replis en replis jusqu'au bord de la *Mouni-Kissé-Sartay* ou rivière du Lait, source la plus septentrionale du Missouri, le Missouri lui-même. Nous ne pûmes pas même y trouver assez de brindilles pour faire un peu de thé. Il nous fallut recourir à des crottins desséchés, comme les Tartares aux *argols*.

Pendant cette journée et les deux suivantes, nous ne fîmes que galoper à travers des hauteurs désolées, qui ne mesurent pas moins de 6.000 pieds anglais d'altitude, et qui cependant étaient absolument dépourvues de neige.

J'y doublai les trois buttes *Katoyis* ou de l'Herbe odorante; traversai la rivière Loge de Médecine, qui parcourt une jolie vallée herbeuse et même un peu boisée, où je vis d'innombrables troupeaux de bœufs et de chevaux paissant en toute liberté; puis celle du Blaireau, sur les bords de laquelle je passai à travers la première réserve des *Piéganix* américains; et enfin la rivière des Bouleaux, où les Jésuites d'Héléna ont une mission sur une seconde réserve de ces mêmes Indiens. Nous comptions bivouaquer chez les bons Pères; mais leurs ouailles étant parties pour la chasse aux bisons dans le Sud-Est, ils les y avaient suivies, confiant leur maison à un Français de la Louisiane nommé Robert, qui ne put nous en faire les honneurs autrement que par un frugal repas.

Nous reprîmes donc notre galop échevelé à travers les hauts plateaux désolés, où l'on ne voit d'autre végétation que la cypéracée roide et fauve, appelée *herbe aux buffalos*; et, à cinq heures, allions demander l'hospitalité au fermier écossais Grant, chez lequel nous trouvâmes déjà huit soldats américains, que le colonel Gibbson, alors en tournée dans les réserves, pour le paiement des sauvages, renvoyait devant lui dans leur quartier, le fort Shaw. Ces cavaliers étaient commandés par le maréchal-des-logis chef Tikle, qui me témoigna aussitôt un respect et une amitié qui ne se démentirent plus tant que nous fûmes ensemble. La raison de cette sympathie était, me dit-il, « qu'il voyait bien, par le simple examen de ma physionomie, que j'étais de pure race germanique comme lui ». Ce brave se trompait cependant un peu, au moins en tant qu'un Bourguignon croisé de Lorrain et mâtiné de sang provençal, — c'est-à-dire ligure, grec ou latin (?) — peut être appelé un Germain! Il avait raison en ce sens que Bourguignons, Lorrains et Germains furent originairement des Scythes; et que, chez moi, le sang latin ou peut-être phocéen ne compte que pour un quart seulement.

Le 7 février, je passai du territoire pied-noir dans celui des Sioux Tétons, qui nous offrit une belle prairie de dix lieues d'étendue, entièrement bordée par les *Buttes des Tétons*, et littéralement couverte de hardes de bêtes à cornes et de haras paissant en toute liberté. Plusieurs de ces animaux, morts de maladie ou écrasés par les *stages-coaches*, gisaient au bord de la route, à divers degrés de putréfaction. Le 8, même spectacle. Nous dépassons, à midi, les buttes susdites, et doublons la fameuse passe Cadotte, plus connue sous le nom de *col d'Hyde et Clarke*, parce que ces deux explorateurs anglais y franchirent les Montagnes Rocheuses, il y avait quelques quarante ans.

Eh bien, il n'y a rien qui rappelle moins un col ou passe que cette localité. C'est une simple prolongation de la prairie plate, entre de très basses montagnes boisées, qui se détachent les unes des autres en *mornes* isolés et grotesques. Nulle part les Rocheuses ne sont plus insignifiantes, moins dignes de mention, moins capables d'immortaliser des voyageurs.

A l'extrémité de la même plaine, nous descendons d'une centaine de pieds dans une vallée à fond plat, bordée de buttes tabulaires, et y traversons la rivière du Soleil sur un pont de bois. A 5 heures, nous arrivons au fort Shaw en même temps que le colonel Gibbson, qui nous y rejoint. Je passai la nuit dans un hôtel tenu par un Français nommé Lux.

Le fort Shaw est un grand quadrilatère renfermant des bâtiments en bois qui servent de casernes à 400 cavaliers. Chaque chambrée contient douze lits, aussi blancs que s'ils étaient tenus par des religieuses hospitalières. Tout dans ce quartier reluisait d'ordre, de propreté, de confort même. Le maréchal-des-logis Tikle m'en fit les honneurs avec empressement, et m'y offrit un logement gratuit avec une place à la cantine. J'en avais les larmes aux yeux, car on ne pouvait être plus aimable et plus hospitalier.

Je ne doute pas que ce sous-officier ne fût l'écho du colonel Gibbson, qui me reçut aussi très cordialement, et nous régala des accords de la musique de son régiment, une fort bonne bande, ma foi.

Devant le fort Shaw, entre deux basses montagnes schisteuses, serpente la route qui conduit à Héléna. Au-delà de la montagne de la Table, nous la quittâmes pour aller visiter la mission-ferme de *Silver-Creek*, qui appartient aux Pères de la Compagnie de Jésus. Ces religieux savants et dévoués se proposaient d'y réunir, sous la garde de leurs rochers inexpugnables, disposés naturellement en un vaste amphithéâtre, tous les enfants des réserves indiennes des alentours, afin de leur procurer une instruction chrétienne et sociale plus en rapport avec leur nouveau genre de vie.

Je ne trouvai à *Silver-Creek* qu'un seul prêtre, le supérieur, R. P. Immoda, qui était Italien, mais parlait avec un accent très pur le français, l'anglais, le piednoir et le piégane. Cinq frères laïques y vivaient sous ses ordres, gouvernant, outre de très vastes jardins et de beaux et solides bâtiments en pierre, plus de 1,800 têtes de gros bétail. Leurs écoliers ne mourront certainement pas de faim.

Je voudrais bien m'arrêter plus longuement sur cette belle réduction où tout enchante et excite l'admiration ; je voudrais aussi m'appesantir sur les beautés que la nature a semées avec tant de profusion entre Silver-Creek et Héléna, dans cette *Tayahé Tcharkoum* ou Terre montagneuse, ainsi que la stylent les Pieds Noirs ; le long de cette rivière du Loup et de ce grand Cañon, qui me rappela si fort les beautés du désert de la Grande-Chartreuse ; mais mon temps est borné et mon espace limité.

A 6 heures du soir, le 10 février, j'entrais dans Héléna-City, principale ville de l'État de Montana. C'est une ville minière qui comptait alors 10.000 âmes seulement, avec l'aspect et la grandeur d'une ville ancienne, par sa régularité, son élégance, la largeur et la propreté de ses rues, la beauté de ses maisons construites en pierre de taille, le luxe et le confort des quartiers bourgeois. Pour un sauvage comme moi, qui revenais des plages esquimaudes, c'était toute une féerie que ces riches boutiques garnies de marchandises d'Europe, ces clubs et ces cafés brillamment illuminés, ces banques semblables à des palais, cette multitude d'édifices religieux affectés à divers cultes. Les Jésuites belges et français y desservent la cathédrale, et sont tenus en très haute estime par les Yankees, qui ont le bonheur de ne pas croire la république incompatible avec la religion catholique. Le fameux P. de Smet a illustré toutes ces régions par ses longs et périlleux voyages.

Nous descendîmes chez ces bons et zélés religieux, qui m'hébergèrent ainsi que mes gens, et me procurèrent des tickets pour le chemin de fer. Mais, comme nous ne devions prendre celui-ci qu'à Dillon, ainsi que je l'ai déjà dit, c'est-à-dire à 65 milles au sud d'Héléna, je continuai ma route, le 11 février, en *stage-coach*. Tout le monde sait ce que sont ces grands chars-à-bancs ouverts à tous les vents et dépourvus de sièges rembourrés, qui font mentir la haute réputation des Américains. Notre voiture contenait déjà douze voyageurs, ce qui ne fut pas inutile, parce que la neige commença à tomber dès notre entrée et nous accompagna toute la journée. J'eus pour compagnon immédiat un mineur chinois.

Héléna étant située en pleine chaîne des Pics, par 46°44' de latitude Nord et 112° de longitude Ouest de Paris, à la source du Missouri, d'une part, et de la Colombie, d'autre part, on y jouit d'un double panorama qui réunit les paysages du Mackenzie ou de la Norwège avec ceux des forêts méridionales. L'alternance des sites septentrionaux avec ceux du midi, au fur et à mesure que la scène se déplace et que de nouvelles perspectives se déroulent à mes regards, me ravit d'admiration. A droite, nous côtoyons les parois rapides d'une montagne très raide, d'où l'œil plonge dans des vallées qui doivent être riantes à la belle saison, mais qui sont maintenant mornes et solitaires. Puis, glissant sur des pentes vertes, sur des versants boisés, nous remontons vers des crêtes bizarrement découpées et toutes hérissées de conifères. Notre attelage disposé en troïka transpirait abondamment pendant que nous gelions en voiture.

Le point culminant de la chaîne n'accuse que 4000 pieds au-dessus du Pacifique, dont le seul état de Washington me séparait; mais le double panorama dont on y jouit m'arracha des cris d'admiration, et je regrettai de ne pouvoir m'arrêter pour le dessiner. On sent vivement ici l'approche du *Yellow-stone* et du fameux Parc national, dont quelques lieues seulement nous séparent.

Les crêtes franchies, nous nous trouvâmes dans la cuvette d'un ancien lac remplie de blocs erratiques de toutes dimensions et en nombre incalculable. Les pentes et les hauteurs elles-mêmes en étaient couronnées. Ce sont des géodes et des galets de tous calibres, depuis celui d'une boule à jouer jusqu'à celui d'une meule de moulin. Explique qui pourra la présence de ces *boulders* à une telle élévation.

Malgré l'obstacle que ces moraines doivent présenter à la culture, et la froidure d'une telle altitude, cette vallée est habitée par une population catholique de 400 âmes que desservent les Jésuites d'Héléna. Elle a nom *Boulders*, mais ne se trouve pas sur les cartes françaises. L'hôtelier et maître de poste était un Français du Dauphiné, qui nous servit un assez bon repas à 75 centins par tête, ce qui veut dire 3 fr. 50 par personne; mais il m'indigna en expulsant de la table d'hôte mon jeune compagnon métis, qu'il envoya dîner à part, en compagnie d'un Peau-Rouge et du mineur chinois. Toutes mes protestations demeurèrent vaines contre le préjugé injuste et stupide de cet homme, qui se contenta de me répondre froidement:

« — *In this country, coloured men are not allowed to take their meals with white people.* »

Telle est donc l'intolérance et la force du préjugé de caste chez ces républicains anglo-saxons, qu'ils l'ont transmis même à des Français! Telles sont les contradictions de la raison humaine, même chez les hommes qui paraissent être doués de plus de raison, qu'elles leur font, d'un côté, abolir l'esclavage, et de l'autre, infliger l'opprobre d'une prétendue infériorité de race à des chrétiens aussi blancs et mieux éduqués qu'eux-mêmes! (1)

Je soupai, à la nuit tombante, chez un colon allemand, où je trouvai une maisonnette proprement tenue, une table modeste mais hospitalière, et une très belle collection de minéraux et de gemmes colligés par l'hôtelier lui-même dans les montagnes environnantes: or, argent, galène, plomb corné, malachites verte et bleue, pyrites, sanguines, et tout un lot d'agates, de cornalines et d'onyx.

---

(1) Ce jeune métis est depuis longtemps prêtre, et dessert une mission de la province de Saskatchewan.

II

Enfin, le dimanche 12 février, j'entrai à Dillon, à 6 heures du matin, et y prenais mon ticket pour New-York, par la voie d'Omaha, Chicago et Montréal. Ce n'était pas moins de *douze jours* de chemin de fer, sans compter les nuits ; car nous ne devions subir que trois arrêts en route. Je payai pour ma place 75 dollars, soit 375 francs seulement. Il est vrai que c'était en troisième classe ; mais, à partir d'Omaha, elle devait devenir seconde et par train express, en *sleeping-cars*, sans autres débours subséquents.

Je partis le même jour, à 9 heures et demie du matin, pour franchir les 381 milles (613 kilomètres), qui séparent Dillon d'Ogden. Il est regrettable que nos meilleures cartes françaises ne portent pas cette voie ferrée.

A environ 103 kilomètres de Dillon, nous quittâmes l'État de Montana pour entrer dans celui d'Idaho, à Monida. Sur tout ce parcours nous n'étions pas sortis des Montagnes Rocheuses ; mais le lecteur sait déjà qu'elles n'y sont pas très élevées, qu'elles sont toutes boisées, et ne sauraient entrer en parallèle avec la même {chaîne en pays canadiens.

Le Montana, qui ne mesure pas moins de 482 kilomètres 700 mètres du Nord au Sud, et près de 885 kilomètres de l'Est à l'Ouest, a laissé dans ma mémoire les souvenirs les plus enchanteurs. L'excellence de son terrain, l'abondance et la fraîcheur de ses eaux, la majesté de ses forêts, la beauté de ses sites, le pittoresque de ses belles montagnes, et ses richesses minérales en ont fait un véritable paradis terrestre, le *Paradis du pauvre homme*, comme le nomment les Yankees.

L'Idaho est loin d'être aussi beau ; il est vrai que j'eus le désagrément de le parcourir en chemin de fer, c'est-à-dire à vol d'oiseau ; mais sur ce parcours je ne vis que des plaines mornes et immenses, sans autre végétation que les pieds desséchés d'une grande synanthérée qui doit être de l'armoise, dernière floraison de l'automne précédente. Comme les prairies ou *pasqua* changent plusieurs fois de livrée, nul doute que ces pâturages m'eussent paru plus beaux au printemps ou durant l'été. Fait singulier, je n'y ai point vu d'herbe à buffalos. C'est un signe que le terrain en est gras et propre à la culture.

L'entière traversée de l'Idaho depuis Monida jusqu'à Logan, où l'on entre dans l'Utah, n'est que de 228 milles, soit 92 lieues. En Amérique, c'est une bien petite distance. L'Idaho n'est séparé du Pacifique que par le seul État d'Orégon. Un seul cours d'eau l'arrose entièrement par deux de ses sources, que je traversai toutes deux ; savoir, le rio Colombia, alimenté par la rivière des Saumons, au Nord, et celle des Chochones ou Indiens Serpents, au Sud.

A Camos, à côté d'un joli lac que dominent les trois pics ou buttes des Tétons, dans l'ancien pays de chasse des Indiens Corbeaux, je fus accosté par un Français ou soi-disant tel, qui se rendait dans l'Orégon. Il me dit se nommer Charles Buckingham et descendre du fameux duc de Chandos ; il me connaissait, disait-il, de réputation par mes écrits, etc.

Le 13, je parcourais l'Utah, sites plus riants, mais qui ne sont devenus tels que par les labeurs et les sueurs d'hommes déterminés. Ce sont des campagnes boisées d'arbres fruitiers, d'immenses vergers parsemés de fermes, qui rappellent la Normandie et la Touraine, du moins du côté par lequel j'abordai cet État mormon. Je ne vis de partout que belles terres cultivées, l'aspect du bien-être et de l'aisance.

La chaîne centrale des Montagnes Rocheuses borde du Nord au Sud, du côté de l'Est, ces plaines heureuses, qui des hauts plateaux descendent en pentes douces jusqu'aux rivages sablonneux du Grand Lac Salé. Mais, dans l'Utah, cette chaîne prend le nom de monts *Wasatch*, c'est-à-dire des Ours, nom d'une nation peau-rouge dont nos pères avaient fait les *Osages*, et qui est maintenant à peu près éteinte. La *Bear river* (riv. aux Ours), serpente sur les deux versants du massif montagneux après avoir franchi la passe du mont Wyoming au lac des Ours.

Me voici donc en plein mormonisme, dans l'ancien territoire des Youtah ou Pah-Youtes, dont le nom semble rappeler celui du patriarche Jhouda, et qui dépendit du Mexique jusqu'en 1847. Concédé aux Mormons, après avoir passé aux États-Unis avec le Nouveau-Mexique et la Haute-Californie, en mars 1848, par le traité de Guadeloupe-Hidalgo, il prit le nom d'état de Déseret, qu'il perdit en 1850, quand le célèbre Bringham Young en fut nommé gouverneur.

Ce territoire ne fut donné aux Mormons, pour y cacher leur secte licencieuse et antichrétienne, que parce qu'il était considéré comme rocailleux, stérile et de nul avenir. Ces sectaires en ont fait un paradis délicieux.

Nous traversons successivement les stations suivantes, habitées exclusivement par des Mormons : Meredon, Collinston, Deveyville, Honeyville, Callsfort et Bringham. Ce dernier village est pittoresquement situé sur les bords mêmes du Grand Lac Salé, à l'extrémité duquel j'aperçois distinctement les hautes et arides montagnes de

Déseret, des Cèdres et de Paroton. Dans ma naïveté de Français et de catholique, je dévisage avec curiosité toutes les personnes que je rencontre ou que j'aperçois, espérant découvrir sur leurs traits les caractères du fanatisme et de la dépravation de leurs mœurs polygames. J'oubliais que les musulmans n'ont pas une figure autre que celle de tout le monde. J'oubliais que les anthropophages du Bas-Mackenzie avaient un visage si doux et un air si innocent que je leur aurais volontiers donné le bon Dieu sans confession... Rien donc qui ressemble plus à un autre homme qu'un Mormon.

Continuant notre route à gauche, c'est-à-dire à l'est du Grand Lac Salé, que nous longeons d'un bout à l'autre, je vois les montagnes de Déseret se rapprocher peu à peu de nous et se souder avec les Wasatch. Entre les deux chaînes, la Bear-river forme des savanes ou marécages que couvrent des nuées d'oiseaux aquatiques.

A Hot-Spring, je vis des sources sulfureuses abondantes, dont la température n'est pas moindre de 136°. Rouges comme de l'oligiste, elles parcourent les campagnes en y répandant des colonnes d'une vapeur dense qui voile notre horizon. Elles imprègnent tout le terrain de leur teinte sanglante et ne sont canalisées qu'aux abords du susdit village, où se trouve un établissement thermal.

Sitôt après Hot-Spring, nous atteignons Ogden, où tout le monde descend, et je subis un arrêt de vingt-quatre heures, jusqu'à l'arrivée du train de Vancouver à Omaha. J'en profitai pour parcourir et visiter la ville.

Ogden, seconde ville de l'Utah, est située sur les deux rivières Weber et Ogden, un peu avant leur embouchure dans le Grand Lac Salé. C'est une cité de 10.000 âmes environ, qui offre l'aspect le plus riant qui se puisse voir, grâce à sa position en amphithéâtre au pied des monts Wasatch. Ces montagnes, qui en dominent les rues et les édifices, en les abritant contre l'âpre morsure des vents de l'Est et du Nord, y déversent, par l'effet de la réverbération, une chaleur estivale. En plein mois de février, j'y trouvai l'illusion de la température d'été et des climats les plus méridionaux. Tous les jardins étaient verts, toutes les pelouses diaprées, tous les arbres fruitiers en fleurs ; l'air rutilant de soleil, de joie et de vie me procurait la sensation du séjour de Menton, de Nice ou de Monaco.

Une partie des quartiers bourgeois est construite sur une terrasse naturelle formée par les contreforts de la montagne. La vue s'y déroule sur la ville entière avec ses cinq lignes de chemins de fer, sa ceinture de vergers, de beaux jardins fleuris et de villas, jusqu'à la nappe bleue et immobile du Grand Lac Salé qui sert de fond à ce riche tableau.

Dans la ville haute je remarquai l'église catholique, qui était desservie par un jeune prêtre belge, un splendide couvent-pensionnat catholique, des écoles catholiques libres, cinq temples protestants, le tabernacle des *Saints des derniers jours*, ainsi que s'intitulent modestement les Mormons, la banque, le tribunal, et une foule de ces belles et princières résidences, entourées de jardins et embaumées de fleurs, qui font de toutes les villes des républicains Yankees de délicieux et ravissants séjours très aristocratiques.

Comme on le voit, bien que Ogden ait été fondée par des Mormons et qu'elle en compte encore un grand nombre dans son sein, elle n'est ni fanatique ni intolérante, et ces sectaires, en venant se réfugier dans ces lieux jadis déserts et arides, pour fuir leurs puritains persécuteurs, n'ont pas même songé à leur en proscrire l'entrée. Quant aux catholiques, ils y sont tenus en grand honneur. Ici encore, je ne fus pas médiocrement surpris de voir mon nom et mes ouvrages répandus par la voie des revues périodiques américaines.

En somme, je fus beaucoup plus satisfait d'Ogden que d'Héléna. Je lui trouvai une physionomie vivante et animée de ville méridionale. Placée comme dans un carrefour sur les routes de San-Francisco, d'Héléna et des possessions anglaises du Nord-Ouest, c'est-à-dire au cœur du pays des fruits, de celui de l'or, et de celui des fourrures, elle est destinée à avoir un débouché commercial considérable et un grand avenir. Je ne serais nullement étonné d'apprendre un jour qu'Ogden est devenue l'émule de Chicago, surtout depuis l'exploitation des mines d'or du Kloundik.

L'Utah a 54 millions d'acres de superficie et son altitude n'est pas moindre de 4.191 pieds au-dessus du Pacifique. C'est un haut plateau dont la crête est formée par les monts Wasatch. Aussi, bien que cette chaîne mesure 6.000 pieds d'altitude, je ne lui en aurais pas donné 1.500 vue de la voie ferrée.

Cette disposition du territoire mormon semblerait devoir en faire à tout jamais le plus affreux et le plus aride des déserts. C'est bien, je crois, ce qu'avait espéré la grande République. Eh bien ! c'est tout le contraire qui a eu lieu. L'Utah est parfaitement adapté à la production de tous les fruits et de tous les légumes : pommes, poires, prunes, pêches, abricots, ananas, cerises, melons, bananes, raisins, mûres, groseilles, fraises, framboises, etc., etc. On les vend frais, on les exporte secs ou en conserves, on en fait des confitures, et ils sont pour le pays une ressource immense, disons mieux, la principale richesse commerciale de l'Utah.

Cependant, dans le sud du même état, on trouve aussi des mines riches dont je ferai mention plus loin.

14 février. — Les premiers voyageurs qui frappèrent ma vue, en prenant place dans le train d'émigrants qui devait m'emporter vers Omaha, furent douze habitants du Céleste-Empire, qui arrivaient directement du Chang-Toung et se rendaient les uns à Chicago, les autres à New-York, sous la conduite d'un Chinois d'un âge mûr. Ils pouvaient avoir de 18 à 22 ans, excepté un d'entre eux qui n'avait que 13 à 14 ans.

Satisfait de cette rencontre comme d'une bonne fortune, je m'installai au milieu des Célestes afin de les étudier attentivement.

Je ne dirai rien de leur costume. Il est trop connu; mais je fis sur ces douze jeunes gens une observation qui confirme le dire de Klaproth : je remarquai parmi eux quatre types de visage bien tranchés, permettant d'affirmer qu'en Chine, comme parmi les Peaux-Rouges d'Amérique, et les Peaux-Blanches d'Europe, il n'y a aucune homogénéité dans le type, et que les Chinois sont le produit de différentes familles humaines : Tartares, Mandchoux, Thibétains, Pan-Y, Y-Jén, Miao-Tsé, Tchoung-Kia-Tsé, que sais-je encore? dont les caractères physiognomoniques sont tous dissemblables.

A Ogden se termina ma course vers le Sud. Le chemin de fer tourna vers l'Est-Nord-Est, sous le 41° de latitude et enfila le cañon Weber, en laissant au Sud les Rocheuses qui y prennent le nom de monts Uintah, en se dirigeant presque parallèlement à la voie ferrée, vers l'État du Colorado.

Nul plus que l'Américain n'est jaloux de voir l'étranger partager son admiration pour sa patrie. Ces sentiments sont justifiables pourvu qu'ils restent dans de justes bornes; mais ici ils ressemblent trop à de la réclame, pour que le touriste ne se tienne pas, malgré lui, sur ses gardes, de crainte d'avaler un *humbug*. Ainsi, il est peu d'États du Nord et de l'Ouest qui n'aient à proposer à l'admiration des voyageurs autant de curiosités naturelles que le Montana, le Wyoming et l'Utah; mais comme l'imagination n'est pas la faculté prédominante de l'anglo-saxon, ses épithètes et ses descriptions tournent sans cesse dans la même sphère de rubriques sonores et à réclame, dont on a les oreilles battues sur tout le continent.

Nous entrâmes donc dans le cañon Weber par la Porte d'Enfer, la quatrième porte du Tartare par laquelle j'eus l'honneur de passer, en Amérique, sans devenir plus diable que ci-devant. C'est une *oule*, une simple échancrure de rochers en forme de demi-cratère. A la station de Weber j'enregistrai l'altitude de 5130 pieds au-dessus du Pacifique. Deux tunnels percés dans la roche rouge nous conduisent à la Glissoire du Diable, enrue verticale de granit, sortant d'une roche friable.

J'en avais vu de tout à fait semblables au bord du Mackenzie, au rapide Sans-Sault, ainsi que dans les cañons de la Porc-Épic, une des sources du Youkon.

Puis se succèdent des formes fantastiques de rochers qui me rappelèrent vivement mon expédition de 1870 dans le Haut-Youkon. Quoi d'étonnant que je retrouvasse ici les mêmes roches, les mêmes curiosités géologiques, les mêmes formations ? Ce sont les mêmes montagnes, la même chaîne. Cependant, le défilé Weber aussi bien que celui de l'Echo, dans lequel nous nous engageons bientôt, m'ont paru inférieurs en pittoresque et en beautés réelles, à celui de la Grande Chartreuse. Les roches sanguinolentes qui les composent ont un aspect si lugubre, et leur aridité est si attristante, qu'elles ne peuvent, à mon avis, soutenir la comparaison avec le Sapey, ni même avec les Remparts du Youkon.

Il y avait là pourtant l'Amphithéâtre, le Steamboat, la Chaire, le Rocher tremblant, les Remparts, les Coupes des sorcières, les Tombes égyptiennes, les Obélisques, le Rocher monument, bref une seconde édition des curiosités naturelles du *Parc National*, à l'usage des infortunés qui, comme moi, avaient dû passer à côté de ce féerique séjour sans le visiter ; mais l'impétuosité de notre course fut un obstacle à ce que nous pussions rassasier notre curiosité légitime.

A la nuit tombante, nous quittons l'État de l'Utah à Evanstown, petite ville houillère de 2000 âmes, bâtie à 6770 pieds d'altitude, sur la rive droite de la Bear river ou Wasatch, qui est ici à sa source. Le chiffre de la même station annonce que je me trouve à 957 milles d'Omaha. J'ai omis de m'enquérir qu'elle est la distance depuis Ogden.

Sitôt le train stoppé, il est assiégé par une troupe de jeunes filles irlandaises fort modestes, qui offrent aux voyageurs du café au lait fumant, des gâteaux tout chauds, de la crème, des tartes aux fruits, le tout à des prix modérés. Je m'empressai de faire honneur à ces provisions, et mes Chinois, qui d'abord furent un peu effarouchés et même scandalisés de voir des jeunes filles chrétiennes se permettre cette liberté, voyant leur modestie et leur aimable simplicité, se mirent de la partie et leur firent des emplettes de comestibles.

Après les petites marchandes irlandaises, vint le tour des Chinois qui habitaient la *town*, ouvriers, barbiers, blanchisseurs, mineurs, garçons d'hôtels ou autres. Ils s'empressèrent de venir saluer leurs compatriotes, les féliciter, les encourager peut-être et leur demander des nouvelles de la patrie absente. Il y a si loin de Canton au Wyoming, et il est si probable que les habitants du Royaume des Fleurs ont un cœur fait comme tous les autres !

J'appris par notre vieux Chinois, qui parlait l'anglais, que ce trou montagneux possédait tout un quartier chinois ; que ses dignes compatriotes y avaient un club, des *saloons*, des boutiques et jusqu'à des villas purement et foncièrement chinois, ce qui indique que ces Célestes s'y enrichissent promptement. Par exemple, je me demandai où ils pouvaient bien jucher leurs villas, et en quoi elles consistaient, le site d'Evanstown étant extrêmement aride, rocailleux et sauvage. C'est le rocher tout nu, sans ombrages ni verdure, ouvert par le pic et la poudre à l'exploitation houillère ; car le charbon de terre est la principale richesse du pays et la cause déterminante de la formation de cette jeune cité à une altitude aussi élevée.

Toute la région qu'arrose la *Green-river* (rivière Verte), source la plus septentrionale du rio Colorado ou Rivière-Rouge du Sud, est éminemment carbonifère, et est exploitée par une Compagnie. La principale mine est dans la vallée de Twin-Creek, à 66 kilomètres au nord d'Evanstown. Les strates de houille y alternent avec des lits d'argile rouge plastique, comme aux *Boucanes* du fort Norman, dans le Mackenzie ; mais le tout est placé sous une couche de gré houiller, qui, en Europe, est inférieur aux lignites et à la houille, dans les terrains intermédiaires ou de transition. Ces mines atteignent une profondeur de 400 pieds, et la houille en est si riche qu'elle donne 50 0/0 de coke. C'est surtout à cet usage qu'on l'emploie, ainsi que me le démontrèrent les innombrables fourneaux à houille, en forme de pains de sucre, qui bordent le chemin de fer, dans la vallée de Green-River.

15 février. — La première station de l'État de Wyoming est Millis. Nous nous couchons en cet endroit et ne nous réveillons plus qu'à Bitter-Creek, autre source du Colorado qui coule au milieu des affreuses et rouges montagnes de la *Sierra Escalenda* ou Brûlante, un des innombrables chaînons des hautes montagnes du Colorado. La station est à 6.685 pieds d'altitude.

Durant cette journée j'eus l'incomparable ennui de parcourir le *désert rouge*, hauts sommets montagneux, arides, dénués de toute végétation, et qui attristent les regards par leur couleur sanguinolente. Le chemin de fer les gravit par des rampes que surmontent de vastes plateaux.

Crestown est à 7.030 pieds au-dessus du Pacifique ; Granite-Cañon, à 7.298 ; Véta-Pass, à 9.339, soit 2.873 mètres d'altitude. C'est le plus haut point atteint jusque-là par aucune voie ferrée, dans l'Amérique du Nord.

Cette aride contrée était jadis le territoire des Indiens Serpents ou

Chochones. Je n'en aperçus pas un seul ; mais il me sembla voir sur les hauts plateaux des ruines de villages analogues à celles de l'Arizona et des rios Gila et Colorado. Je me demande seulement de quoi ces sauvages pouvaient vivre dans ces *sierras*, à moins que les bisons ne les fréquentassent. Aujourd'hui on n'y voit pas plus de trace de ces ruminants que des Chochones.

A Rawlings, sur les bords de la Plata du Nord, vers sa source, nous reçûmes la visite d'autres Chinois, tous vêtus à l'européenne et sans queue ! Au coucher du soleil, le canon du fort *Fred-Steele* nous révéla la présence de ce poste avant que nous l'eussions aperçu. Je me hâtai de l'esquisser.

C'est une grande caserne composée d'une foule de bâtiments en bois, comme le fort Shaw, et renfermée dans des palissades. Il est dominé par les Buttes-Rouges, d'où l'on pourrait le mitrailler ou l'incendier en rien de temps. Ce poste militaire n'a donc de valeur que vis-à-vis des Indiens, qui alors disparaissaient tous les jours et que le gouvernement de Washington a fini par reléguer *tutti quanti* dans un territoire commun, vers le sud de l'Union.

L'altitude du fort Fred-Steele est de 6.840 pieds. Il est situé à 1.118 kilomètres et demi d'Omaha, et à près de 197 kilom. du fort Laramie, que je ne pus voir, parce que nous traversâmes la grande plaine de Laramie pendant la nuit suivante.

Jeudi 16 février. — Au soleil levant nous sommes encore dans le même désert rouge de montagnes arides, qui percent des sables mouvants. Calcaire ou grès, tout y est rouge. C'est affreux. Sur ces hauteurs, nous sommes encore cependant dans des plaines. Elles y sont disposées en vastes gradins rouges et sablonneux, que ne peut embellir ni dérober une maigre et rude cypéracée à bisons. Du point élevé de Véta-Pass, les pics espagnols Véta, au Nord, et Bianca, au Nord-Ouest, les plus élevés de l'État de Colorado, que nous écornons, me font l'effet de vulgaires montagnes, eu égard aux 2.889 mètres où nous roulons. Vus d'une plaine inférieure, ils seraient gigantesques, debout sur les contreforts qui leur servent de piédestaux et que nous parcourons.

A 10 heures du matin, nous dépassons le fort Russel, et arrivons à Chayenne, la *cité magique des prairies*. C'est son étiquette nationale et conventionnelle. Elle l'a justifiée par sa naissance impromptue et son développement extraordinaire et subit.

Bien qu'elle soit à 6.041 pieds d'altitude au dessus de l'Atlantique, à 516 milles anglais d'Ogden et d'Omaha, c'est-à-dire à plus de 207 lieues de chacune de ces villes, qu'elle soit perdue au milieu d'une véritable Sibérie de steppes, de sables et de rochers rouges, enfin dépourvue de toute végétation, Chayenne avait alors déjà dépassé le chiffre de 6.000 âmes. Elle était la capitale du Wyoming, possédait un théâtre, un hôtel de ville, un tribunal, un marché, une prison, des temples, des écoles, deux églises catholiques, et se trouvait placée à l'intersection des chemins de fer du Colorado, de San Francisco, d'Héléna et de Chicago. N'est-ce pas magique ?

Malheureusement, Chayenne est aussi rouge que les terres qui l'environnent, tous ses édifices, toutes ses maisons étant bâtis en briques d'un rouge violent. On ne peut rien voir de plus mélancolique, à moins que ce ne soit ces tristes plaines stériles elles-mêmes, composées de sables granitiques colorés en rouge par l'oxyde de fer.

C'est de Chayenne que part la principale route charretière qui conduit des plaines du *Far-West* aux mines d'or des Black-Hills, dans l'État de Dakotah.

Fait singulier, les montagnes et les cours d'eaux de cet affreux pays fournissent cependant une variété infinie de pierres précieuses, qui exercent l'art des lapidaires américains. On en est inondé, en chemin de fer. A raison d'un dollar pièce, j'aurais pu me procurer toute une collection de ces gemmes, plus belles et plus curieuses les unes que les autres. Il y avait là des agates dendritiques, des agates mousseuses, des bois pétrifiés et colorés par des acides minéraux qui les avaient transformés en jaspes rouges, verts, bleus et noirs ; il s'y trouvait une grande variété de cornalines rouges, roses et blanches, des opales, des cristaux de topaze, des améthystes en géode, mais surtout des onyx ou œil-de-chat très grands et de toute beauté. Je dus me contenter de rassasier mes regards de toutes ces splendeurs du plus misérable des pays.

Pendant la nuit qui suivit cette même journée, nous traversâmes les déserts de la Plata du Nord, ou rivière Plate, grand cours d'eau que découvrirent en 1739-1740, les frères Mallet accompagnés de six autres Français. Ils en remontèrent le cours pendant 28 lieues seulement ; puis revinrent au Mississipi par la rivière des Arkansas, après s'être abouchés avec la peuplade des *Laïtané*, que je crois avoir été le même peuple que les *Halitané* que MM. de Bourgemont et de Saint-Ange avaient visités en 1723, dans les plaines du Colorado et du nouveau Mexique, à savoir la nation des Chochones ou Serpents américains.

Pas un de ces vaillants explorateurs n'a laissé son nom dans la géographie de ces déserts ; pas plus que les deux frères de Varenne de la Vérandrye, qui remontèrent le même cours d'eau jusqu'à sa source, en 1742, pour passer dans le Rio Colombia.

17 Février. — Vers 8 h. du matin, nous stoppâmes à North-Platte (*sic*), petite ville de 4.000 habitants, qui a poussé au confluent des deux branches de la rivière Plate, celle du Nord et celle du Sud.

Elle possède déjà des hôtels, des écoles publiques, un tribunal, des cafés, des églises, un atelier de forge à vapeur, des fonderies pour la fabrication du matériel des chemins de fer ; et tout cela date d'hier.

Le train traverse l'immense rivière Plate à l'ancien gué que fréquentèrent si longtemps les caravanes de gambusinos, d'orpailleurs, de chasseurs de buffalos, et de trappeurs qui se rendaient dans le Nouveau Mexique et dans l'Orégon. Hélas ! combien les temps sont changés ! Voici toujours l'ancienne route charretière sur l'une et l'autre rive de ce cours d'eau si plat et si large. Les mêmes ornières profondes en creusent le sable ocreux, qui sue le sang des rochers ; les mêmes massacres de bisons blanchissent dans l'herbe roide et drue qui y végète de ci de là ; les traces des campements indiens, les feux éteints des bivouacs métis, leurs tisons noircis, tout y est à sa place accoutumée ; mais pas une seule caravane ne s'y aventure désormais ; pas le moindre vestige de tente blanche ou de loge pointue ne rompt la monotonie de ces rives silencieuses. Toute la poésie du désert s'est envolée devant les lourdes locomotives, et leurs rauques beuglements — elles beuglent là-bas, au lieu de siffler comme des serpents, — y ont remplacé les cris de joie et les danses des Peaux-Rouges. La vue de ces vestiges d'un passé encore si voisin de nous et qui cependant ne reviendra jamais, fit frémir tout mon être et monter des larmes à mes yeux. Les *Red Devils* étaient et sont encore mes enfants de prédilection. On comprendra ma douleur..... Ces déserts ne m'étaient point encore chers par eux-mêmes, sans doute ; mais ils m'en rappelaient d'autres où j'avais beaucoup aimé et souffert, et que je ne devais plus revoir aussi, par l'effet d'une volonté étrangère à la mienne.....

A Kearney, nid d'Irlandais orangistes, le train est comme assailli par une nuée de jeunes filles qui nous offrent des victuailles. Mais elles sont loin d'avoir en partage le charme virginal et la modestie des Irlandaises d'Evanstown. Provocantes, effrontées, elles donnent et reçoivent, dans le train, des rendez-vous avec les jeunes gens de la ville... Les Célestes ouvrent de grands yeux, une plus grande bouche, et finissent par demander des explications à leur âgé conducteur, qui doit leur apprendre que : « bien souvent les filles des *Mélican men* et des autres Barbares d'Occident ont moins de retenue et de décence, quelque chrétiennes qu'elles puissent être de nom, que les filles païennes du Royaume des Fleurs. »

Enfin, *le samedi 18 février*, à 9 heures du matin, nous entrions à Omaha, capitale de l'État de Nébraska, par une pluie battante, et je faisais mes adieux à mes compagnons chinois, qui, à titre d'émigrants, durent prendre la route de Bismark, Moorhead et Saint-Pol Minnesota, pour se rendre à Chicago, au lieu d'y aller directement, comme moi, par la Nébraska, le Missouri et l'Iowa.

Omaha avait alors 15.000 âmes et était une ville toute moderne. Elle devait son nom aux Indiens *Páhni-Mahas* ou *Omahas*, que le célèbre Jésuite belge De Smet évangélisa en 1846, dans les parages mêmes où s'élève aujourd'hui la ville ; car il fut un des premiers pionniers évangéliques des prairies immenses que je venais de parcourir, et l'on sait qu'on était loin, bien loin, à cette époque, d'y voyager au moyen de la vapeur.

Je dus quitter cette ville sans l'avoir vue, à l'exception de son beau pont de 900 mètres de long, sur le Missouri, et qui repose sur 30 piles composées chacune de deux énormes colonnes de fonte remplies de béton et accouplées deux par deux, en tout 60 colonnes.

D'ailleurs, je dois m'arrêter ici, car je m'aperçois que je me suis enfoncé par trop dans la civilisation. Si la Nébraska n'est pas encore très peuplée, le Missouri et l'Iowa le sont tout à fait. Je vois, en passant, de beaux édifices, de superbes promenades plantées d'érables ; le climat est chaud et printanier ; en plein mois de février, les arbres y ont toutes leurs feuilles, la terre est couverte de vignobles en fleurs, l'herbe est haute et drue. Plus loin, de belles plaines, d'une terre grasse et noire, sont couvertes de moissons naissantes, et s'entourent de grands bois semblables à des parcs anglais. Ce n'est plus la sauvagerie, le désert, les *pasquas*, mes amours ; c'est la civilisation, ce sont les environs de Rouen, de Saint-Cloud, de Marseille ; c'est la France, c'est le Paradis terrestre.

Mareuil-lès-Meaux, mai 1898.

LE CAPITAINE PAULMIER DE GONNEVILLE
ET LE PREMIER VOYAGE DES FRANÇAIS AU BRÉSIL

Par **M. Paul GAFFAREL**, doyen honoraire
de la Faculté des Lettres, président de la Société Bourguignonne d'Histoire
et de Géographie de Dijon

I

Les historiens français du xvie siècle se sont montrés peu soucieux de transmettre à la postérité le souvenir des voyages entrepris par leurs compatriotes au Nouveau-Monde. Le commerce et la navigation tenaient alors une place bien secondaire dans la politique. C'était sur le continent et jamais sur mer que se décidaient les conflits internationaux. Nos souverains s'étaient à peu près complètement désintéressés des questions d'outre-mer. Leur juridiction et leur protection ne s'étendaient pas au-delà des côtes. L'Océan restait un domaine ouvert à tous, mais les armateurs ou les négociants ne s'y aventuraient qu'à leurs risques et périls. Dès lors, l'indifférence systématique de nos historiens devient excusable. L'écho de ces courses lointaines ne parvenait même pas à leurs oreilles. Uniquement préoccupés des faits et gestes de nos rois, de leurs batailles et de leurs négociations, ils se souciaient peu de tel voyage entrepris par un obscur négociant ou de telle découverte qui n'agrandissait pas le domaine immédiat de la couronne. Plusieurs de ces voyages sont pourtant fort curieux et méritent d'être signalés, entre autres celui qu'entreprit au Brésil, de 1503 à 1505, le capitaine normand Paulmier de Gonneville.

Le Brésil fut une des premières régions américaines que fréquentèrent les Français au xvie siècle. Si même on en croit de respectables traditions, non seulement aucun Européen ne les aurait précédés dans cette direction, mais encore l'un d'entre eux, le Dieppois Jean Cousin, aurait reconnu la côte américaine dès 1488, avant Christophe Colomb par conséquent. L'authenticité de ce voyage a été combattue. Nous n'avons pas à discuter ici ce problème historique. Il nous suffira de remarquer que les Normands firent, dans les premières années du xvie siècle, de nombreuses expéditions dans la direction du Brésil.

Elles dénotent, de la part de ceux qui s'y risquaient, la connaissance réelle des pays où ils s'engageaient. Il semble donc que, Cousin ayant tracé la voie, ses compatriotes la suivirent avec ardeur. Pourtant leur souvenir s'est conservé à grand peine, moins encore dans les relations françaises que par le témoignage des étrangers, Portugais, Italiens, Allemands même. Aussi bien leur silence était prémédité. Les rois d'Espagne et de Portugal avaient obtenu du pape Alexandre VI la concession éventuelle de toutes les terres à découvrir : si les souverains de France ou d'Angleterre, sans tenir compte de cette concession, autorisèrent des voyages de découverte, cette liberté qu'ils se donnaient était interdite à de simples armateurs. Les navires, de quelque provenance qu'ils fussent, étaient étroitement surveillés, et malheur à l'étranger qui se laissait surprendre. Il était considéré comme pirate et traité comme tel. Les Portugais surtout soutenaient leurs prétendus droits avec une âpreté extraordinaire. « Ne dirait-on pas, lisons-nous dans une relation contemporaine, qu'ils ont bu de la poussière du cœur du roi Alexandre ? » Mais ces prohibitions, au lieu de les comprimer, surexcitaient les convoitises, car la tyrannie commerciale, plus que toute autre, inspire une profonde répugnance. Aussi une vaste contrebande fut-elle organisée, dans laquelle nos Normands, avec leur caractère audacieux et entreprenant, rencontrèrent peu de rivaux. A côté des voyages officiels commencèrent les voyages clandestins.

Le nombre de ces expéditions anonymes fut considérable. Après avoir confié à quelque affidé le secret de l'entreprise, nos hardis marins quittaient mystérieusement la France, évitant toute rencontre fâcheuse sur l'Océan. Ils débarquaient dans une anse ignorée, au besoin sur une île voisine du rivage, où ils disposaient leurs comptoirs d'échange et ébauchaient de grossiers retranchements. Avec autant de précautions que les Phéniciens ou les Carthaginois quand ils eurent à lutter contre la concurrence grecque ou romaine, ils abordaient les terres dont leurs rivaux leur interdisaient l'approche. Comme ils connaissaient le prix du silence, ils ne consentaient à le rompre qu'en faveur de leurs amis. De la sorte s'explique le défaut de renseignements précis sur nos navigateurs au Brésil dans les premières années du xvie siècle.

Ces expéditions pourtant ont été nombreuses et presque régulières. Dès l'année 1503, lorsque le capitaine Paulmier de Gonneville, dont nous raconterons bientôt le voyage, débarqua pour la seconde fois sur le continent américain, il remarqua, non sans étonnement, que les indigènes ne paraissaient pas surpris de sa présence. Ils connaissaient l'usage des divers instruments qui garnissaient le navire ; ils n'ignoraient même pas les effets redoutables de l'artillerie, et ils avaient échangé les diverses productions de leur sol contre divers objets « comme estoit apparent par les denrées de chrestienté que les dits Indiens avoyent. » Sans doute rien ne prouve que ces Européens fussent des Français, mais rien non plus ne prouve le contraire, et le passage suivant de la relation de Gonneville est bien explicite : « Or passez le tropique Capricorne, hauteur prinse, trouverent estre plus esloignez de l'Afrique que du pays des Indes Occidentales, où *d'empuis aucunes années en ça les Dieppois, les Malouins et autres Normands vont quérir du bois à teindre en rouge*, coton, guenons, perroquets et autres denrées. » Assurément l'expression d'Indes Occidentales manque de précision, et s'applique tout aussi bien à l'Amérique du Nord qu'à l'Amérique du Midi, mais ce n'est que dans l'Amérique du Midi, et spécialement dans le Brésil, qu'on trouvait alors des bois de teinture, des guenons et des perroquets.

Les Français voyageaient donc au Brésil plusieurs années avant Gonneville, et déjà même il existait des relations suivies entre les deux régions, puisqu'un commerce régulier s'était établi.

Ce que nos compatriotes allaient surtout chercher au Brésil, ce sont les bois de teinture, qui justement ont donné leur nom à la région. Le mot Brésil a de tout temps été employé pour indiquer les bois de teinture de provenance exotique. Ainsi nous lisons dans le Livre des Métiers, rédigé sous le règne de Saint Louis : « Li barillier peurent faire baris de fus de tamarie et de brésil », et plus loin « nul tabletier ne pue mettre avec buis nule autre autre matiere de fust, qui ne soit plus cher que buis, c'est à sçavoir cadre, benus, bresil et ciprés. » A la fin du XIIIe siècle, le brésil est mentionné, comme article d'importation, dans les droitures, coustumes et appartenances de la viscomté de l'eau de Rouen. En 1387 à Honfleur, et en 1396 à Dieppe, des droits sont mis sur cette précieuse denrée. A peine l'Amérique fut-elle découverte que les voyageurs ou plutôt les négociants s'imaginèrent qu'ils venaient de retrouver le pays originaire du bois de brésil. Par le plus curieux des hasards le nom de la production fut appliqué au pays producteur, et, bien que les Portugais, lorsqu'ils prirent possession de la contrée, lui eussent imposé la dénomination officielle de Terre de Santa-Cruz, l'usage prévalut de désigner le pays des bois de teinture par le nom de ces bois.

Nos compatriotes surtout se conformèrent à cet usage. Aussi Gonneville, dans sa relation, emploie presque à chaque page le mot Brésil. Il cite même le cap Saint-Augustin, que venait à peine de signaler

Amerigo Vespucci. « D'empuis après, écrit-il, le Brésil connu, firent une traversée de plus de huit cens legues sans ver auchune terre... et furent forcés de doubler le chapo d'Augoustin. » Que signifient ces mots de Brésil et de Chapo d'Augoustin employés par Gonneville bien avant que les Portugais eussent renoncé à l'appellation officielle de Terre de Santa-Cruz, si ce n'est que la région était depuis longtemps visitée par les Français ? Nous avons donc le droit d'affirmer que ce sont nos compatriotes qui ont donné au Brésil le nom qui ne lui fut définitivement attribué que plus tard.

Le grand nombre des mots Brésiliens passés directement dans notre vocabulaire atteste encore la réalité de ces voyages ignorés. Dans tous les autres pays américains où nous avons été précédés par un autre peuple européen, par exemple par les Espagnols, nous avons toujours désigné les productions du Nouveau Monde par le nom que leur donnaient les Espagnols. Dans le Brésil, au contraire, nous n'avons emprunté ni aux Espagnols, ni aux Portugais, ni à personne les dénominations locales : nous avons demandé aux indigènes eux-mêmes les noms du tapir, du sagouin, de l'ara, du toucan, de l'acajou, du manioc, de l'ananas, et de cent autres animaux ou productions qui sont passés directement dans notre langue. N'est-ce pas la meilleure preuve que, dès l'origine, les négociants Français ont été en contact direct avec les tribus brésiliennes ? Si les Portugais ou tout autre peuple avaient occupé, avant eux, cette belle région, nous n'aurions pu que traduire en français leur traduction du brésilien, et le mot indigène eût été à peu près méconnaissable, tandis que, les empruntant de première main aux Brésiliens, nous n'avons eu qu'à les habiller à la française pour leur donner tout de suite droit de cité.

De tout ceci résulte que, pour ne pas avoir laissé de traces authentiques dans l'histoire, les voyages de nos compatriotes au Brésil avant l'année 1503, sont plus que vraisemblables.

II

C'est en 1503 qu'un capitaine normand, Paulmier de Gonneville, accomplit au Brésil le premier des voyages dont nous ayons la preuve certaine. Ce vaillant marin serait parti de Honfleur en juin 1503, aurait touché successivement à Lisbonne, aux Canaries, aux îles du Cap Vert et au Brésil. Après avoir doublé le cap Saint-Augustin, il se trouvait à la hauteur du cap des Tourmentes, quand il fut battu plusieurs semaines par une tempête qui le jeta, lui et ses compagnons, sur un continent inconnu, où ils séjournèrent six mois environ. En 1663, un des descendants du capitaine, l'abbé Jean Paulmier de Courtonne, qui désirait fonder une mission dans les terres australes, publia la première édition du voyage de son ancêtre dans ses « Mémoires touchant l'établissement d'une mission chrétienne dans le Troisième monde, autrement appelé la Terre Australe, Méridionale, Antartique et Inconnue, dédiés à nostre S. Père le Pape Alexandre VII, par un ecclésiastique originaire de cette mesme terre,.. J. P. D. C., prestre Ind. et Chanoine de l'Eglise cathédrale de S. P. d. L. » Ce qui doit être expliqué par Jean Paulmier de Courtonne, prêtre indigne (et non Indien), chanoine de Saint-Pierre-de-Lisieux. Si l'abbé Paulmier se qualifiait d'originaire de la Terre Australe, c'est qu'il descendait en effet de Suzanne, fille ou tout au moins parente de Gonneville, et d'un sauvage, ramené par le capitaine, nommé Essomeric. Cette terre inconnue, autrefois découverte par son ancêtre, n'était autre, affirmait-il, que l'Australie. Comme les preuves qu'il alléguait étaient vraisemblables et qu'elles flattaient l'amour-propre national, on accepta cette affirmation sans la discuter. On avait pourtant remarqué qu'il était à peu près impossible de déterminer la position précise du continent signalé. On s'étonnait de ce que les naturels, dont Gonneville avait décrit les mœurs, ressemblassent si peu aux indigènes australiens. On trouvait encore que les diverses étapes du voyage ne concordaient pas avec les distances parcourues. Telle était néanmoins l'opinion préconçue que la Compagnie des Indes, en 1738, chargea Bouvet de Lozier de trouver un point de relâche dans les parages que Gonneville passait pour avoir sillonnés le premier, et que, en 1778, lorsque la France après la perte du Canada, de la Louisiane et des Indes, chercha une compensation à ses pertes, le capitaine Kerguelen de Tremarec reçut la mission officielle de retrouver la terre de Gonneville, placée, croyait-on, sur le chemin des Indes : mais Bouvet de Lozier ne rencontra que la Terre de la Circoncision, au milieu des glaces, et Kerguelen se heurta à des icebergs et dut renoncer à son projet.

Ce double insuccès avait ébranlé les théories de l'abbé Paulmier. Pourtant, savants et marins s'obstinèrent à chercher ce continent mystérieux à l'est du Cap de Bonne-Espérance, dans la mer des Indes ou dans l'Océan Pacifique. Le Président de Brosses affirmait qu'on le découvrirait au sud des Moluques. Kerguelen, Eyriès, Léon Guérin, et le Baron Baude se prononçaient pour Madagascar. Ils se trompaient les uns et les autres : c'était à l'ouest et non pas à l'est du cap de Bonne-Espérance, sur l'Atlantique, par conséquent, nullement sur le

Pacifique ou l'Océan Indien, qu'avait voyagé Gonneville, et le vaillant marin avait entrevu non pas l'Australie ou Madagascar, mais le Brésil.

Voici comment on est arrivé à résoudre ce problème géographique :

L'abbé Paulmier de Courtonne avait bien eu entre les mains la relation authentique de l'expédition de son aïeul, mais sa copie non seulement est fautive, mais encore infidèle, peut-être de parti pris, et les auteurs qui, après lui, ont traité la question, n'ont jamais reproduit que ce texte controuvé. Bouvet de Lozier avait déjà soupçonné que ce texte présentait des lacunes et des erreurs. Il aurait voulu consulter le document original, mais on lui répondit de Honfleur que les registres de l'Amirauté étaient incomplets. Le comte de Caylus et l'Académie des Inscriptions et Belles-Lettres, Fréret en tête, se préoccupèrent également de retrouver la relation authentique, mais leurs recherches furent aussi inutiles que les précédentes. Estancelin crut être plus heureux en s'adressant aux bureaux du Ministère de la Marine, mais son espoir fut encore déçu. Ce fut seulement en 1847, que Pierre Margry, archiviste de la Marine, retrouva dans le dépôt confié à sa garde, la copie du procès-verbal de retour, dressé le 19 juillet 1505, copie envoyée en 1783 au maréchal de Castrie et au comte de la Luzerne par un descendant de Gonneville, qui revendiquait pour son ancêtre l'honneur de ses actes. Elle présentait avec la version de l'abbé Paulmier de notables différences qui permirent à Margry de démontrer que Gonneville avait débarqué non pas en Australie, mais au Brésil. La démonstration fut complète lorsque Paul Lacroix, bibliothécaire de l'Arsenal, retrouva dans les papiers du marquis de Paulmy une plaquette de douze feuillets in-quarto, dont il prit copie, et qu'il communiqua à son ami d'Avezac. Ce dernier en reconnut tout de suite l'importance, et s'empressa de la publier en lui restituant son vrai titre : « *Déclaration du vegage du capitaine Gonneville et ses compagnons es Indes, et recherches faictes audict vegage, baillées vers justice par il capitaine et ses dicts compaignons, jouste qu'ont requis les gens du Roy notre Sire, et qu'enjoint leur a esté.* » Grâce à ces deux pièces d'une authenticité indiscutable, la copie du procès-verbal de retour et la relation originale du voyage, il nous sera facile de détruire une erreur trop longtemps accréditée et de prouver, après Margry et d'Avezac, que Gonneville n'a pas découvert l'Australie, mais qu'il a simplement, après de longues courses sur l'Atlantique, débarqué au Brésil.

III

Paulmier de Gonneville et deux de ses amis, Jean l'Anglais et Pierre Le Carpentier, fiers et hardis compagnons, habitués comme tous leurs compatriotes aux courses lointaines et aux expéditions lucratives, n'avaient pas vu sans un secret dépit décharger sur les quais de Honfleur « les belles richesses d'épicerie et autres raretez venant en icelle cité de par les navires Portugaloises allant en Indes Orientales empuis aucunes années découvertes. » Ils résolurent de tenter la fortune dans ces contrées encore inconnues, dont on racontait tant de merveilles. Comme ils n'avaient pas à compter sur les secours du gouvernement, et qu'il leur fallait au contraire garder le secret pour ne pas éveiller les soupçons de l'Espagne et du Portugal, qui s'étaient attribué l'exploitation exclusive des terres nouvelles, ils ne cherchèrent pas à étendre leur entreprise en dehors de leur ville natale. Ils s'adressèrent pourtant à deux Portugais, que les hasards de leur existence avaient conduits à Honfleur, Bastiam Moura et Diego Cohinto, et les engagèrent comme pilotes. Il est probable qu'ils achetèrent chèrement leurs services, car ces deux étrangers jouaient gros jeu en consentant à guider des Français dans ces mers que leur souverain considérait comme siennes. Quelques bourgeois de la ville, entraînés par leur exemple, et séduits par la perspective d'un gain probable, s'associèrent à leur entreprise et contribuèrent à l'achat et à l'armement d'un navire de cent vingt tonneaux, auxquels ils donnèrent un nom de bon augure, l'*Espoir*. Ces bourgeois se nommaient Etienne et Antoine Thiéry, Andrieu de la Mare, Batiste Bourgeoiz, Thomas Athinal et Jean Carrey.

Il faut lire dans la *Déclaration du Voyage*, la curieuse énumération des armes et des munitions de guerre, du matériel naval de rechange, des approvisionnements et des marchandises qu'on entasse à fond de cale. C'est l'unique moyen de se rendre compte des conditions d'un voyage au long cours, au commencement du xvie siècle, et aussi de connaître quels étaient à cette époque les principaux articles d'exportation destinés aux terres nouvelles. Dès lors nous retrouverons ces marchandises sur tous les navires envoyés par nos compatriotes au Brésil. Trois cents pièces de diverses toiles, quatre mille haches, bêches, serpes, coutres ou fourches, deux mille piques, cinquante douzaines de petits miroirs, et six quintaux de rassades en verre. On nommait ainsi des verroteries vénitiennes diversement colorées et percées au milieu, qu'on pouvait assembler en colliers ou en bracelets. Dans la pensée des organisateurs de l'expédition, miroirs et rassades devaient concilier à nos marins les bonnes grâces des beautés indigènes, dont ils voudraient avoir pour amis les frères et les maris. L'*Espoir* portait encore dans ses flancs huit quintaux de quincaillerie de Rouen, deux cent quarante douzaines de couteaux, et une balle d'épingles et d'aiguilles. On ne comprend guère l'utilité de ce dernier article pour un pays dont les habitants portaient un costume si rudimentaire, mais, comme Gonneville et ses associés ne connaissaient pas leurs futurs clients, ne sont-ils pas excusables d'avoir supposé que ces clients auraient besoin d'épingles pour retenir, et d'aiguilles pour réparer leurs vêtements ? Par une semblable ignorance des nécessités économiques s'explique la présence à bord de l'*Espoir*, de vingt pièces de droguet, trente de futaine, quatre de drap écarlate, huit de draps divers, une de velours figuré, et de quelques robes brochées. Il est probable que cette partie de la cargaison ne fut pas à Gonneville d'une grande utilité pour ses relations avec les Américains, mais, en partant de Honfleur, il avait l'intention de débarquer aux Indes, et nullement sur le nouveau continent.

Soixante hommes, matelots, volontaires et officiers, composaient l'équipage. Il ne sera pas sans intérêt de rappeler leurs noms ; ce seront pour leurs descendants, s'il en existe encore, de véritables lettres de noblesse. On remarquera que presque tous étaient originaires de Normandie. Le chef de l'expédition était donc Paulmier de Gonneville. Il avait pour adjoints Antoine Thiery et Andrieu de la Mare, tous deux de Honfleur. Les pilotes se nommaient Colin Vasseur de Saint-Arnoult les Touques et Nollet Espendry de Grestain, sans parler des deux Portugais Moura et Cohinto. Le chirurgien était Jean Bicherel de Pont l'Évêque. Accordons une mention spéciale à « deux curieux et personnages de sçavoir », Nicole Lefèbvre de Honfleur et Coste de Harfleur, qui tous deux furent punis de leur curiosité, car le premier fut blessé à mort par les sauvages et le second mourut en mer du scorbut. Aussi bien les victimes furent nombreuses. Le scorbut enleva Pierre Estienne, Louis le Carpentier et Jean Renoult de Honfleur, Cardot Heschamps de Pont Audemer, Marc Drugeon du Breuil, Philippe Muris de Touques et Stenot Vennier de Gonneville. Jacques Lhomme de Honfleur, Colas Mancel et le page Henri Jesane furent tués par les Cannibales. Jean et Perrot Darry, Robert Vallasse, Guillaume Dubois, Guillaume Mare, Antoine Pain, Cardin Vastine, Jacques et Henri Sueur, Robert Mahieu, Claude Verrier, Andrieu de Rubigny, le bâtard de Colvé, Jean le Boucher et Marc Deschamps, tous de Honfleur, de Touques ou des environs furent tués, noyés ou blessés mortellement par les pirates. Pierre Tourtain et Pierre de la Mare, ainsi que le sieur de Saint Clérimonier furent obligés de rester malades à la Hougue. Revinrent seuls à Honfleur, cinq jeunes volontaires, les sieurs Potier, du Mont, de la Rivière, du Ham, de Bois-le-Fort, quinze matelots, les deux Cousin, Claude Mignon, Thomas Bourgeoz, Alexis Lamy, Colas Vallée, Guillaume le Duc, Thomas Varin, Jean Doulain, Gilles du Feru, Robert Henzé, Lienard Cadorge, Henri et Jacques Richard, Jean Berque ; deux pages, Lienard Cavalier et Thomas Blache.

Les derniers préparatifs de l'embarquement ne furent achevés qu'en juin 1503. Quand tout fut disposé, matelots et officiers vinrent, d'après un touchant usage, s'agenouiller ensemble au pied des autels. Ils reçurent les sacrements, et, après avoir appelé sur leur entreprise les bénédictions célestes, mirent à la voile le jour de Saint-Jean-Baptiste, le 24 juin 1503.

III

Les premiers jours de la navigation ne furent signalés par aucun incident notable. Le 12 juillet, l'*Espoir* arrivait en vue des Canaries ; le 30, il était au cap Vert. Dans les premiers jours d'avril, il franchissait la ligne, mais à peine avait-il pénétré dans l'hémisphère austral que la chance tournait. Le scorbut se déclarait à bord. On ne résistait pas alors à cette terrible maladie. Le 12 septembre, six des compagnons de Gonneville avaient déjà succombé. Pendant plusieurs semaines, malgré la maladie qui décimait les siens, le hardi capitaine continua résolument sa marche à travers l'Atlantique, ne suivant d'autre direction que celle du Sud et évitant, pour ainsi dire de parti-pris, le voisinage des terres. Il agissait ainsi, en premier lieu, parce qu'il ne voulait pas rencontrer d'escadres portugaises ; en second lieu, parce qu'il était de tradition parmi ses compatriotes de toujours s'élever au Sud jusqu'à la hauteur précise où l'on désirait aborder le continent Africain ou le doubler. Vasco de Gama, dans ses Instructions Nautiques pour le voyage des Indes, rédigées en 1500, avait expressément recommandé, une fois qu'on aurait dépassé l'île San-Jago du Cap Vert, de suivre cette direction. Ses instructions avaient été fort goûtées. Il est très probable que les deux Portugais, que Gonneville avait engagés comme pilotes, les connaissaient : en tout cas, ils se conduisirent comme d'après un plan arrêté. La rencontre de varechs flottants ainsi que l'abaissement de la température permettent d'avancer que l'*Espoir* était alors arrivé dans le voisinage de l'île Tristan d'Acunha, très reconnaissable à la masse des goëmons flottants qui signalent son approche.

Il nous a été facile, jusqu'à présent, de suivre pas à pas, dans son voyage à travers l'Atlantique, le navire de Gonneville ; mais voici que la relation ne présente plus ni clarté, ni précision. Des vents contraires tout à coup, « si que peu après de trois semaines n'avancèrent guères... et fut le dit malheur suivi d'autres, sçavoir de rudes tourmentes, si véhémentes que contraints furent laissés aller, par aucuns cours, au gré de la mer, à l'abandon, et perdirent leur route, dont estoient fort affligez, pour le besoin qu'il y avoient d'eaue et de raffraichir en terre. » Nous avouerons qu'il est impossible de préciser la région de l'Atlantique où l'*Espoir*, fut ainsi ballotté pendant plusieurs semaines jusqu'au 30 novembre. Nous lisons bien dans la Relation le passage suivant : « aussi estoient incommodez de pluyes puantes qui tachèrent les habits, cheutes sur la chair, faisoient venir bibes et estoient fréquentes. » Or nous savons d'autre part qu'en approchant des côtes méridionales du Brésil de pareilles pluies sont assez fréquentes. Ainsi nous lisons dans le voyage fait au Brésil par Jean de Léry en 1556 : « La pluye qui tombe soubs et ès environ de ceste ligne non seulement put et sent fort mal, mais aussi est si contagieuse que si elle tombe sur la chair, il s'y lève des pustules et grosses vessies. » Il est vrai que, comme ces pluies tombent sur un espace plus ou moins considérable, on ne peut encore rien préciser.

A cette période de mauvais temps succédèrent quelques jours de calme. « Disons que la tourmente fut suivie d'aucuns calmes, si qu'avançoient-ils peu. » Cette alternative de violentes tempêtes et de calmes plats nous permettra d'être ici plus affirmatif et d'indiquer approximativement la région de l'Atlantique où se trouvaient les Normands. Nos marins lui donnent un nom familier, le Pot au noir. C'est le Doldrums des Anglais, le Cloud ring de Maury, autrement dit la région des calmes équatoriaux, des poissons volants et du scorbut. Elle est située entre le 35° et le 37° latitude Sud, et le 15° et le 2° longitude Ouest de Paris.

Nous arrivons à un passage décisif qui a été singulièrement défiguré dans la version de l'abbé Paulmier de Courtonne. L'*Espoir*, on l'a vu, n'avait pas encore quitté l'Océan Atlantique. Or l'abbé Paulmier, raconte qu'après avoir doublé le cap de Bonne Espérance, il fut assailli par une furieuse tempête qui lui fit perdre sa route, et subit plusieurs semaines de calme plat avant de rencontrer par hasard un continent inconnu. C'est uniquement sur ce passage qu'on s'appuyait pour établir que Gonneville, après avoir doublé la pointe méridionale de l'Afrique, avait découvert ou Madagascar ou plutôt l'Australie ; mais il n'y a rien de semblable ni dans le procès-verbal du retour, ni dans la déclaration de voyage. Voici ce que nous lisons dans le premier de ces documents : « estant à la hauteur du Cap Tourmente, battus par furieux vent touiours excessif, sans rencontrer aucune baie, ils furent abandonnés au calme d'une mer qu'ils ne connaissoient pas. » La *Déclaration* est d'accord avec le procès-verbal de retour : « *Item* disent que huit iours après la Toussaint virent flottans en mer de ongs et gros roseaux avecques leurs racines, que les deux Portugallois disoient estre le signe du Cap de Bonne-Espérance, qui leur fit grand ioie. » Suit le récit de la tempête qui les égare et des calmes plats qui leur font perdre un temps précieux, mais il n'est pas dit un mot qui indique que Gonneville ait doublé le cap. L'abbé Paulmier avait pris sur lui d'avancer que son ancêtre avait doublé le cap, tandis que le *Procès-verbal de retour* indiquait seulement que la tempête vint le battre à la hauteur de ce cap, et *la Déclaration* qu'ils approchèrent de la pointe méridionale de l'Afrique. Il est donc prouvé par ces deux textes incontestables que *l'Espoir* n'est pas sorti de l'Atlantique. Dès lors ce n'est plus en Australie mais ailleurs, à l'Ouest et non pas à l'Est qu'il faut chercher le continent inconnu.

Aussi bien un autre passage de la Déclaration démontre jusqu'à l'évidence non seulement que l'abbé Paulmier de Courtonne avait, ou par ignorance, ou de parti-pris, altéré le texte, mais encore que la terre découverte ne pouvait être qu'en Amérique : « Dieu les réconforta, car ils commencèrent à voir plusieurs oiseaux venans et retournans du côté du Zud ; ce qui leur fit penser que de là ils n'estoient esloignez de terre : pour quoy, iacoit qu'aller là fust tourner le dos à l'Inde Orientale, nécessité ly fit tourner les vesles et le cinq ianvier descouvrirent une grande terre ; qu'ils ne purent aborder que l'assoirant du lendemain. » *L'Espoir* a donc décidément tourné le dos à l'Inde Orientale, renoncé par conséquent à doubler le cap de Bonne-Espérance, et pris la direction de l'Ouest, afin de rencontrer la terre dont le voisinage lui est annoncé par des bandes d'oiseaux : c'est ainsi que, le 5 janvier 1504, nos Normands abordent en vue de la côte américaine, la seule qu'ils pouvaient rencontrer sur leur chemin dans cette direction, et qu'ils y débarquent le lendemain 6 janvier.

IV

Cette partie du continent américain ne peut être que le Brésil, et, dans le Brésil, nous nous prononcerons pour les provinces méridionales, car il est dit expressément dans la Relation qu'Essomeric, l'Indien que Gonneville ramena en France, habitait un pays situé au-delà du tropique austral. L'*Espoir* aborda probablement entre le 33° et le 23° latitude Sud, à cette partie de la côte brésilienne qui correspond aux provinces actuelles de Sao-Paulo, Santa-Catarina et Rio-Grande-do-Sul. Après avoir reconnu le pays, les Normands entrèrent dans un fleuve qui était « quasiment comme la rivière de l'Orne. » Il ne faudrait peut-être pas prendre à la lettre cette indication ; nos compatriotes étaient hantés par les souvenirs du pays natal, et, depuis plusieurs mois, ils n'avaient pas vu la terre. Le premier pays où ils débarquèrent dut leur paraître délicieux, et leur rappeler « la tant doulce terre de France » ; mais il est à peu près impossible de fixer la position du fleuve brésilien, dont les rives ombragées et les eaux limpides ressemblaient aux riants coteaux et aux eaux transparentes de l'Orne. Comme les provinces du Brésil, situées au Sud du tropique austral, sont coupées par de nombreux cours d'eau, qui ne présentent aucune particularité géographique, et se ressemblent tous plus ou moins, l'Iguape, le Paranaga, l'Aranangua, la Mambituba, le Rio-Grande do Sul, etc. ; comme d'un autre côté Gonneville se contente de mentionner cette vague ressemblance et ne donne aucun autre détail, nous ne pouvons pas préciser l'endroit où débarquèrent nos compatriotes.

Les indigènes avec lesquels ils entrèrent en relations se nommaient les Carijos. Les voyageurs s'accordent dans leurs récits à vanter la douceur et les vertus hospitalières de ces Brésiliens. Au milieu du XVIIe siècle, un écrivain portugais qui les fréquenta, Vasconcellos, disait de leurs descendants qu'il n'y avait pas dans toute la contrée de race meilleure, a melhor naçao do Brasil. Voici comment en parle l'auteur de la *Déclaration*. « Estant les dits Indiens gens simples, ne demandant qu'à mener ioyeuse vie, sans grand travail, vivant de chasse et de pêche, et de ce que leur terre donne de soi, et d'aucunes légumages et rachynes qu'ils plantent, allant mi-nuds, les ieunes et communs spécialement. » Ce sont déjà les habitudes et le genre de vie que décrira si naïvement, un demi-siècle plus tard, à propos des Tupinambas, voisins immédiats des Carijos, Jean de Léry, l'auteur de l'intéressante *Relation d'un voyage au Brésil*. Il n'est pas jusqu'aux détails pittoresques du costume, qui ne présentent de curieuses analogies. Nous lisons, en effet, dans Gonneville : « Portent manteaux qui de nattes déliées, qui de peau, qui de plumasseries, comme sont en nos pays ceulx des Aegyptiens et Boëmes, fors qu'ils sont plus courts avec manière de tabliers ceints par dessus les hanches, allant iusques aux genoux aux hommes, et à my-iambes aux femmes. » La description de Léry est identique. « Les hommes, continue Gonneville, portent longs cheveux battants, avec un tour de plumasses hautes, vif teinctes et bien atournées. » — « Quant à l'ornement de tête de nos Tooupinambaoults, lisons-nous dans Léry, entre la couronne sur le devant et cheveux pendants sur le derrière..., ils lient et arrangent des plumes d'ailes d'oiseaux incarnates rouges et d'autres couleurs, desquelles ils font des fronteaux. »

Le pays était fertile et assez bien cultivé. Fatigués par la traversée, nos Normands jouissaient avec délices des beautés naturelles du sol et de la douceur du climat. Ils ne se lassaient pas de parcourir les grands bois, dont les paysages variés et les frondaisons luxuriantes les charmaient. Ils observaient les poissons, les oiseaux et les animaux qui différaient si étrangement de ceux du pays natal. Les perroquets excitaient surtout leur admiration par la beauté de leur plumage et leur grand nombre. C'est là, en effet, un des traits caractéristiques de la faune Brésilienne. Gandavo, dans son Histoire de la province de Santa Cruz, Ulrich Schmiedel dans l'Histoire de son admirable navigation au Brésil et à la Plata de 1534 à 1554 ; Léry, Souza, tous les voyageurs Portugais, Allemands ou Français qui ont décrit le Brésil aux premiers jours de sa découverte, se sont extasiés sur le compte de ces oiseaux. Ils formèrent plus tard un des articles d'exportation les plus recherchés en France. Aussi les compagnons de Gonneville, dans leur naïve surprise, avaient-ils donné à la région, le nom qui qui fut longtemps conservé sur les cartes, de terre des Perroquets. Ils s'étonnaient aussi du nombre prodigieux des coquillages, remarque que fera également Léry, et que confirment les observateurs contemporains. Un des compagnons de Gonneville, Nicolas Lefebvre de Honfleur, « qui estoit volontaire au viage, curieux et personnage de sçavoir, avoit pourtrayé les façons : ce qui a esté perdu, avec les journaux du viage, lors du piratement de la navire. Jamais perte ne fut plus regrettable, car il est probable que Lefebvre avait accompagné ses dessins de notes explicatives, et, si le hasard nous les avait conservés, nous connaîtrions dans leur plus intimes détails les mœurs des indigènes visités par Gonneville. C'est ainsi que grâce aux dessins de Jacques Lemoyne de Mourgues, qui accompagna Laudonnière dans son expédition de Floride en 1562, dessins qui ont été conservés par de Bry dans sa splendide collection des *Grands et des Petits Voyages*, nous pouvons étudier d'après nature les mœurs et les usages des Floridiens au XVIe siècle.

Le pays, malgré sa fertilité, n'était pas très peuplé. Il n'existait pas, à proprement parler, de villes, mais plutôt des hameaux de trente à quatre-vingts cabanes « faictes en manière de halles, de pieux fichuz, joignants l'un l'autre, entravints d'herbes et de fueilles, dont aussi lesdites cabanes sont couvertes, et il y a pour cheminée, un trou pour faire aller la fumée ; les portes sont de bastons proprement liées et les ferment avec des clefs de bois quasiment, comme on fait en Normandie aux champs, les estables. » Chacun de ces hameaux était gouverné par un roitelet investi du pouvoir le plus absolu. On en eut une preuve dramatique. Un jeune Indien de dix-huit à vingt ans avait, dans un moment de colère, soufleté sa mère. Le roi l'apprit, et, malgré les supplications de la mère et les demandes réitérées de ses compatriotes, ordonna que le coupable serait jeté à l'eau avec une pierre au cou. Un certain nombre de ces roitelets reconnaissaient l'autorité suprême de l'un d'entre eux. Le chef de cette sorte de confédération se nommait Arosca. C'était un homme de soixante ans, « de grave maintien, moyenne stature, gros et regard hontif. » Il avait tout de suite compris les avantages d'une alliance avec les étrangers, et les comblait de prévenances et de bons traitements, espérant qu'ils consentiraient à le suivre dans quelque expédition contre les peuplades voisines, et lui assureraient la victoire par la supériorité de leurs armes. « Eust bien eu envie qu'aucun de la navire l'eust accompagné avec bastons à feu et artillerie pour faire paour et desrouter les dits ennemis, mais on s'en excusa. » Gonneville agissait en ceci avec une prudence consommée. Il voyait que le pays était riche, et, comme il avait l'intention d'y revenir, il tenait à garder entre tous ces principicules la plus stricte neutralité, afin de les avoir tous à sa dévotion et d'exploiter à son aise la richesse du pays.

Les Indiens n'avaient pas encore vu d'Européens, car ils ne se lassaient d'admirer et le navire et les divers ustensiles qui le garnissaient. C'était pour eux un plaisir indicible que de se contempler dans un miroir, et ils cédaient volontiers ce qu'ils possédaient de plus précieux pour acquérir ce meuble de toilette. Comme ils avaient remarqué que nos compatriotes recherchaient avec empressement des peaux, des plumes et des bois de teinture, ils en portèrent au navire de grandes quantités, « si que desdites danrées en fut amassé plus de cent quintaux qu'en France auraient vallu bon prix. » Ils ne demandaient en échange que des couteaux et des menus objets de quincaillerie, dont l'*Espoir* était abondamment pourvu. Nos compatriotes ne cherchaient alors qu'à se faire bien venir d'eux, afin d'assurer leur relations futures. Aussi leur distribuaient-ils de menus cadeaux, peignes, rassades et autres objets « si aimez que pour eux les Indiens se fussent volontiers mis en quartiers, leur apportant foison de chair et de poisson, fruits et vivres, et de ce qu'ils voyaient estre agreable aux chrestiens. »

Gonneville était dans le ravissement. Sans doute il renonçait à l'expédition projetée aux Indes-Orientales, mais ne valait-il pas mieux exploiter un sol vierge encore, entrer en relations avec des peuplades douces et bienveillantes, et surtout ne pas s'exposer à la rivalité commerciale des Portugais ? Il venait de découvrir une mine à peu près inépuisable et comptait bien en révéler le secret à ses compatriotes. Afin de perpétuer le souvenir de sa découverte, et pour marquer par un signe matériel sa prise de possession, ainsi qu'agissaient les Portugais en plantant leurs padraos ou bornes sur tous les territoires qu'ils occupaient, il ordonna au charpentier de l'*Espoir* de construire une croix en bois, haute de trente-cinq pieds, sur laquelle on grava d'un côté le nom du pape régnant, Alexandre VI, et ceux du roi de France Louis XII, de l'Amiral, du capitaine de Gonneville, de tous les armateurs et matelots, de l'autre un distique latin, composé par Lefebvre, qui, par l'ingénieuse combinaison des caractères, indiquait la date exacte de l'arrivée des Français.

> Hic sacra Palmarius posuit Gonivilla Binotus,
> Grex socius pariter. Neustraque progenies.

C'est-à-dire : « Cette croix a été plantée ici par Binot Paulmier de Gonneville, en compagnie des indigènes et de ses compagnons normands. » On trouve en effet dans ce distique un M, trois C, trois L, un X, sept V, neuf I, ce qui donne mille, plus 300, plus 150, plus 10, plus 35, plus 9 = 1504, date exacte de l'expédition. La croix fut plantée sur un tertre, en vue de la mer, le jour de Pâques 1504. Arosca et ses enfants, ainsi qu'une foule d'Indiens, assistaient à la cérémonie. « Il n'y eust cil à qui on ne fist quelque largesse de quelques menues babioles, de petit coust, mais d'eux prisées, le tout à ce que du fait il leur fust mémoire ; leur donnant à entendre par signes et autrement, au moins mal qu'ils pouvaient, qu'ils eussent à bien conserver et honorer ladite croix. »

Il était temps de songer au retour. Tous ceux des matelots qu'avait attaqués le scorbut étaient alors en pleine santé. Le navire avait été radoubé. Il était chargé de bois précieux et des diverses denrées spéciales au pays. Les vivres étaient renouvelés. Ne valait-il pas mieux, plutôt que de prolonger le séjour du navire, mettre à la voile et faire part de la découverte aux amis de Normandie? Gonneville assembla donc ses officiers et, d'un commun accord, le départ fut décidé.

C'était alors la coutume, toutes les fois qu'on touchait une terre étrangère, de ramener en France un ou plusieurs indigènes, preuve vivante du voyage. Colomb, Gama, Vespucci, tous les découvreurs s'étaient conformés à cet usage. Gonneville agit de même. Il eut même la bonne fortune d'obtenir d'Arosca un de ses six enfants, nommé Essomeric, qui s'était signalé par sa curiosité et son ardent désir d'être initié aux usages européens. Il lui suffit de leur promettre « qu'on leur apprendrait l'artillerie, qu'ils souhaitaient grandement pour maîtriser leurs ennemis... qui estoit autant leur promettre que qui promettroit à un chrétien or, argent et pierreries, ou luy apprendre la pierre philosophale. » Pourtant Arosca ne voulut pas abandonner à des étrangers son jeune fils sans lui donner un compagnon. Il lui adjoignit un Indien de trente-cinq à quarante ans, nommé Namoa. Gonneville lui promit de les ramener tous les deux « dans vingt lunes de plus tard, car ainsi donnaient-ils entendre les mois » ; mais il ne put tenir sa parole. Namoa fut attaqué par le scorbut à bord même de l'*Espoir*. On voulait le baptiser. Nicolas Lefebvre représenta « que ce serait prophaner le baptême en vain, parce que ledit Namoa ne sçavait la croyance de nostre mère sainte Eglise, comme doivent sçavoir ceux qui reçoivent le baptême ayant âge de raison. » On le crut sur parole et on laissa le malheureux Indien mourir sans les secours de la religion. Il est vrai que Lefebvre se repentit de sa rigueur. Lorsque le jeune Essomeric ressentit à son tour les atteintes de la contagion et parut à la veille de mourir, il lui administra lui-même le sacrement, et pria Gonneville, Adrien de la Mare et Antoine Thiéry de lui servir de parrains. Essomeric reçut le nom de Binot, ou Benoît, « et semble que ledict baptême servit de médecine à l'âme et au corps, parce que dempuis ledict Indien fut mieux, se guérit et est maintenant en France. » Gonneville prit au sérieux son titre de parrain. Comme l'*Espoir* fut pillé par des pirates avant sa rentrée en France et que les armateurs ne voulurent pas s'exposer à de nouvelles pertes, le capitaine ne put renvoyer son filleul à Arosca. Au moins s'efforça-t-il de lui faire oublier cet exil forcé. Il lui donna une bonne éducation, le maria, en 1521, à une de ses parentes, on a même dit sa fille, Suzanne, et lui légua en mourant une partie de ses biens, à charge de porter lui et ses descendants mâles le nom et les armes de Gonneville.

V

L'*Espoir* quitta les côtes Brésiliennes le 3 juillet 1504, et chercha d'abord à gagner le large afin de dépasser le tropique et de couper la ligne, mais on ne connaissait pas encore les courants marins qui facilitent la navigation, et, au lieu de se laisser porter par ces fleuves océaniques, nos compatriotes luttèrent contre la masse de leurs eaux ; aussi n'avançaient-ils que lentement.

Le scorbut se déclara à bord du navire. Le chirurgien Jean Bicherel, le soldat Renoult et le valet Stenot Vennier ainsi que l'Indien Namoa périrent les uns après les autres. Le reste de l'équipage fut diversement atteint. Comme on manquait de vivres frais et que le navire n'avait pas encore réussi à s'élever au large du continent américain, Gonneville donna l'ordre de laisser arriver dans cette direction et de prendre terre de nouveau.

Le 10 octobre 1504 était signalé un pays montueux et couvert de forêts. Nos Français y débarquèrent. « Item disent que là ils trouvèrent des Indiens rustres, nuds comme venant du ventre de la mère, hommes et femmes, bien peu y en ayant couvrant leur nature, se peinturant le corps soigneusement de noir, lèvres trouées, les trous garnis de pierres verdes proprement polies et agencées, incises en maint endroit de la peau par balafres, pour paroistre plus beaux fils, ébarbez, my-tondus. » L'auteur de la déclaration ne nomme pas ces Indiens, mais les traits de sa description se rapportent de point en point aux indications de Léry. C'est dans le pays des Tupinambas et des Margaïats, c'est-à-dire dans les provinces actuelles de Rio-Janeiro, Espiritu-Santo et Bahia que venaient de débarquer Gonneville et ses compagnons. Margaïats et Tupinambas étaient également nus ; ils se teignaient le corps de genipat pour se donner un aspect farouche, « outre plus ont ceste coustume, que, dès l'enfance de tous les garçons, la lèvre de dessous au-dessus du menton leur estant percée, ils enchassent au pertuis de leurs lèvres une pierre verte » ; ils aimaient à se balafrer la figure et le corps ; ils se rasaient seulement la moitié de la tête. L'hésitation n'est donc pas possible, et c'est, sans qu'il soit possible de préciser davantage, dans la partie du Brésil habitée par ces peuplades que se trouvait Gonneville.

Plus avancés que les Carijos, ces indigènes avaient déjà vu des Européens, « comme estoit apparent par les denrées de chrestienté que lesdits Indiens avoyent. » L'aspect du navire ne les étonnait plus. Ils connaissaient l'usage des divers instruments ou ustensiles. Ils avaient même éprouvé les redoutables effets des armes à feu, dont ils avaient une grande terreur. Il paraîtrait même qu'ils avaient eu déjà à se plaindre des Européens, car non seulement ils n'allèrent pas à leur rencontre, mais encore, quand les Français essayèrent d'entrer en relations avec eux, ils les assaillirent à l'improviste, tuèrent le page Henri Jesanne, entraînèrent dans les bois, où sans doute ils les dévorèrent, Jacques Lhomme et Colas Mancel, et blessèrent quatre autres personnes de l'équipage, parmi lesquels Lefebvre « qui par curiosité dont il estoit plein s'estoit descendu à terre. » La blessure de ce dernier était mortelle. A peine remonté sur l'*Espoir*, il expirait dans les bras de ses amis.

Essayer de les venger était chose facile : on aurait vite eu raison de ces barbares. Gonneville ne voulut pas exposer ses hommes à un échec qui compromettrait l'expédition. Comme il fallait à tout prix renouveler les provisions, et surtout trouver une terre hospitalière où reviendraient à la santé malades et blessés, l'*Espoir* leva l'ancre aussitôt pour la jeter de nouveau cent lieues plus au nord. Il est question dans la Déclaration d'un débouquement, c'est-à-dire d'une sortie par un détroit. Or, le seul point de la côte brésilienne au deçà du tropique austral qui permette un débouquement, est le port de Bahia formé par l'île d'Itaparica. Il se pourrait donc que la nouvelle relâche ait eu lieu non loin de Bahia. C'est en tout cas sur le rivage de la province actuelle de Bahia que l'*Espoir* put se ravitailler. L'accueil des indigènes fut bienveillant. « Le navire fut là chargé de vivres et des marchandises dudit pays predéclarées et eussent les dictes marchandises vallu deffrayer le voyage, et entre bon profict, si la navire fut venue à bon port. »

Quand tout fut remis en ordre, l'*Espoir* mit à la voile pour la troisième fois et se lança en pleine mer. Sept à huit jours après le débouquement, « il se trouvait en présence d'un islet inhabité, couvert de bois verdoyans, d'où sortoient des milliasses d'oiseaux, si tant qu'aucuns vinrent se nicher sur les mâts et cordages de la navire. » Cette île est sans doute Fernando de Noronha. Léry, quelques années plus tard, passera dans son voisinage. « Nous vismes que ceste isle, écrit-il, estoit non seulement remplie d'arbres tout verdoyans en ce mois de ianvier, mais aussi il en sortoit tant d'oyseaux, dont beaucoup vinrent se reposer sur les mats de nostre navire, et s'y laissèrent prendre à la main que vous eussiez dit, la voyant ainsi un peu de loin, que c'estait un colombier. »

Nos compatriotes eurent bientôt franchi la ligne et se trouvèrent en pleine mer des Sargasses. Ces prairies naturelles de l'Océan ne laissèrent pas que de leur causer quelque terreur. L'aspect étrange de cette mer a souvent effrayé les navigateurs qui la parcoururent, depuis les Phéniciens, dont Aristote a raconté les courses, jusqu'aux compagnons de Colomb. Léry, quand il revenait en France, se crut arrêté par les sargasses qui retenaient son navire comme les filaments du lierre, et les matelots durent à plusieurs reprises s'ouvrir un passage avec la hache ; les dangers étaient sans doute exagérés par la crédulité des voyageurs d'alors, car ils ont à peu près complètement disparu. On comprend néanmoins les terreurs de l'équipage de l'*Espoir*. Les matelots avaient peur d'être arrêtés par ces herbes flottantes, dont quelques-unes atteignent en effet des proportions gigantesques. On en a ramassé une qui atteignait la longueur extraordinaire de 366 mètres. Ils parvinrent à se dégager et se trouvèrent de nouveau dans une mer libre.

Quelques jours plus tard, les Normands touchaient aux Açores, puis en Irlande et enfin à Jersey. Les côtes de France étaient en vue. Quelques heures encore les séparaient de l'heureux moment où ils pourraient revoir leurs familles et jouir en paix d'un repos bien légitime ; mais deux corsaires les guettaient. Prévenus de leur arrivée et comptant sur un riche butin, Edward Blunt de Plymouth, et le Breton Mouris Fortin les attaquèrent à l'improviste. Gonneville et les siens se défendirent avec l'énergie du désespoir, mais ils étaient par trop inférieurs en forces. Ils s'échouèrent à la côte de l'Ile, où leur navire se brisa et disparut avec sa riche cargaison. Douze d'entre eux succombèrent dans ce combat inégal, et quatre autres moururent des suites de leurs blessures. Telle était la triste issue d'une expédition jusqu'alors si féconde en résultats. Au moins conservaient-ils la preuve vivante de leur découverte, le jeune Essomeric, « qui audit Honfleur et par tous les lieux de la passée, estoit bien regardé pour n'avoir jamais eu en France personnage de si loingtain pays. »

A peine débarqué, Gonneville déposa sa plainte au conseil de l'Amirauté ; mais la police des mers n'était alors qu'un vain mot, et cette absence de sécurité faisait de la piraterie une véritable profession. Les gens de l'Amirauté ne purent offrir aux victimes de Blunt et de Fortin que de banales consolations. Ils eurent pourtant une heureuse pensée, et, sans le savoir, préparèrent à Gonneville la plus splendide des réparations. Ils le requirent « pour la rareté du dict voyage et jouxte les ordonnances de la marine portantes que à la justice seront baillez les journaux et déclarations de tous voyages au long cours, que ledit capitaine de Gonneville et compagnons fissent ainsy : pourquoy, obéissant à justice, il capitaine de Gonneville, et lesdicts Adrian de la Mare et Anthoine Thiery, qui ont esté chiefs présents à tout le voyage, ne pouvant à leur regret bailler aucun de leurs journaux, pour avoir esté perdus avecques la navire, ont fait la présente déclaration.» C'est cette déclaration longtemps égarée ou méconnue, dont nous venons de faire l'analyse. Elle concorde de tous points avec le procès-verbal du 19 juillet 1505, dressé à la suite par les gens de l'Amirauté, et qu'on avait également perdu.

De ces deux documents il résulte que le capitaine de Gonneville, parti de Honfleur pour aller chercher fortune aux Indes Orientales, fut arrêté par la tempête dans l'Atlantique et jeté hors de sa voie sur le continent américain. Il débarqua au Brésil dans le pays des Carijos, et y séjourna six mois environ, de janvier à juillet 1504. Dans ce long séjour il eut le temps d'observer les mœurs des indigènes, et d'étudier les ressources du sol. Pendant son voyage de retour, il débarqua deux autres fois sur le continent, d'abord dans le pays des Margaïats et des Tupinambas, puis non loin de Bahia. Il rangea l'île Fernando de Noronha, traversa la mer des Sargasses, toucha aux Açores, en Irlande, à Jersey, où il fut attaqué par les corsaires et dépouillé de son avoir. Gonneville est donc le premier de nos compatriotes dont le voyage au Brésil ait laissé des traces certaines dans l'histoire, et la relation de son voyage est bien authentique, puisqu'on peut en confirmer la véracité, et reconnaître, au moins dans leurs traits principaux, les pays qu'il a décrits.

LES RÉSULTATS GÉOGRAPHIQUES DE LA MISSION LYONNAISE D'EXPLORATION COMMERCIALE EN CHINE

Par M. Henri BRENIER, ancien directeur de la Mission.
(Résumé).

M. Brenier a donné un aperçu des travaux scientifiques de la Mission lyonnaise (1895-97), qui recherchait surtout des résultats d'ordre économique. Au point de vue purement géographique, il y a lieu de constater que l'ensemble des itinéraires représente 20.895 kilomètres, dont 13.335 ont été relevés à la boussole.

En effet, la mission lyonnaise n'a pas recueilli que des renseignements commerciaux : au point de vue purement géographique, ses travaux ont été fort appréciables. Les membres de la mission ont fait un grand nombre de levés, bien qu'ils ne fussent pas munis de tous les instruments spéciaux. M. Brenier, le chef de la mission, a levé au baromètre et à la boussole Peigné environ 3.000 kilomètres entièrement nouveaux. Les levés de MM. Duclos, Riault et Grosjean, ce dernier délégué de la Chambre de Commerce de Marseille, s'étendent sur des longueurs analogues ou même supérieures ; enfin, le délégué de Bordeaux, M. Rabaud, a fait un levé de la rivière de l'Ouest, la « West-River », de Ou-Tchéou-Fou à Pé-Sé, et de l'itinéraire de terre de ce dernier point à Mong-Tsé. De plus, un grand nombre d'altitudes ont été établies ; de nombreuses observations géologiques ont été faites par M. l'ingénieur Duclos, et des collections et observations botaniques et médicinales par M. le docteur Deblenne.

La mission a rapporté aussi les éléments d'une carte à peu près complète de la province si peu connue du Koui-Tchéou et des notes sur les populations, ignorées en grande partie, de race et de langue non chinoises, qui habitent certaines régions de cette province, ainsi que du Sé-Tchouen et du Kouang-Si.

Ces travaux constituent un bagage géographique des plus sérieux, surtout pour être celui d'une mission qui ne pouvait distraire qu'un superflu d'efforts et d'attention de la grande enquête commerciale à laquelle elle se devait tout spécialement. MM. Brenier et Deblenne ont même fait une découverte géographique d'un intérêt considérable. Ils ont établi d'une manière définitive quelle est la véritable branche mère du Si-Kiang ou rivière de l'Ouest : c'est la rivière de Liéou-Tchéou-Fou, qui descend du Koui-Tchéou, et non le Hong-Choui-Kiang, qui vient du Yun-nan.

Dans sa communication au Congrès, M. Brenier a surtout étudié les races autochtones de la Chine méridionale et occidentale, d'après les travaux de M. le Dr Deblenne, médecin de la marine attaché à la mission. Ces indigènes non chinois présentent entre eux un certain nombre de points ethniques communs. Il en existe trois groupes :

Premier groupe : Miao-Kia (Mans du Tonkin septentrional), dont font parties les Yao-jen et les Ké-lao, desquels se rapprochent les Long-Kia.

Deuxième groupe : Thaïs (Thos du Haut-Tonkin, qui comprennent les tribus désignées sous le nom d'Y-Kia et de Tchong-Kia, au Koui-Tchéou ; de P'en-ti ou Tou-jen, au Kouang-Si ; et de Pa-i (chans, ou Shans des Anglais) au Yun-nan, dont les Po-la sont une branche.

Troisième groupe : Sy-fan-Lo los (Khas du Laos), auxquels se rattachent les Man-Kia (Man-tse).

Tous ces noms, Miao, Man, Y, etc., sont des mots chinois employés comme termes de mépris, par les Han-jen (hommes de la dynastie des Han, chinois purs), aux hommes de races étrangères. Leur signification, assez vague, correspond à peu près à nos mots : barbares, sauvages, non civilisés. La terminaison tse (fils de) est également une marque de mépris. Le mot Kia est beaucoup plus acceptable.

Ces autochtones sont répandus surtout dans les campagnes ; ils s'y réunissent en hameaux et petits villages. Les marchés, les gros centres, les villes sont habités par les Chinois, les métis de Chinois et d'aborigènes.

Les indigènes préchinois forment, encore aujourd'hui, des groupes compacts en quelques endroits, particulièrement les Lo-los dans le sud-ouest du Se-tchouan (entre la vallée du Kien-tchan et le Yang-tsé), les Man-Kia au nord-ouest de cette province et du Yun-nan, les Hé-mia (Miao noirs) dans les régions de Houang-pin (est du Koui-tchéou) et de Ly-pin (sud-est de la même province, etc.) Les Y-Kia résident au sud du Koui-tchéou et dans une bonne partie du Kouang-si.

Les Miao-Kia occupent de préférence le sommet des montagnes ; les Lo-los et les Man-Kia affectionnent les hauts plateaux.

Certaines régions sont habitées simultanément par des indigènes préchinois non seulement de tribus, mais de groupes ethnographiques différents.

Les populations primitives de la Chine sont loin d'appartenir franchement à la race mongolique pure ; elle présentent un mélange des traits qui caractérisent cette grande branche des races humaines avec d'autres, qui appartiennent plus particulièrement aux races malayo-polynésiennes et indo-européenne.

Une partie des Miao semble se rapprocher du type aryen dégénéré ; les Y-Kia du Kouang-si paraissent avoir une plus forte quantité de sang altaïque ; chez les Lo-los du Sud, un troisième facteur, l'élément océanien, se serait allié aux deux précédents dans des proportions plus considérables.

En somme, les autochtones de la Chine, originaires de l'Asie centrale, ont été poussés progressivement vers le Sud par les Chinois, venus du Nord-Ouest, et se sont réfugiés finalement dans les montagnes où l'on trouve aujourd'hui leurs derniers représentants. Ces aborigènes étaient d'un type ethnique peu élevé, voisin des Négritos, et se rapprochaient de certains singes anthropoïdes, qu'ils ont dû d'ailleurs rencontrer dans les forêts primitives, alors que le climat de ces régions était plus chaud qu'à l'époque actuelle. En raison des croisements, la race chinoise est en conséquence un composé de races diverses.

Pour compléter ces renseignements M. Brenier a présenté une carte ethnographique de la Chine, montrant la distribution des différentes races autochtones dans les provinces méridionales et centrales.

L'ancien chef de la mission lyonnaise a signalé également les travaux de M. Duclos, ingénieur de la mission, sur les mines, dont les principales produisent du cuivre au Yunnan, du plomb et du zinc au Koui-Tchéou, du sel et de la houille au Sé-Tchouen. Le volume des comptes-rendus de la Mission française en Chine, en bonne voie de préparation, sous les auspices de la Chambre de Commerce de Lyon, contiendra d'ailleurs d'importants détails sur les nombreuses questions étudiées.

LA NOUVELLE CARTE D'ÉTAT-MAJOR AU $\frac{50}{1000}$.

Par M. **MEURA**, membre de la Société de Géographie commerciale du Havre. Communication présentée par M. FAVIER, secrétaire-général.

Nous avons vu paraître cette année quelques feuilles d'une nouvelle carte de France au 50,1000° publiée par le Service géographique de l'armée. C'est un simple agrandissement de la carte au 80,1000°, une amplification, qui ne nous a paru contenir aucun détail nouveau et qui ne répond à aucun besoin. Notre carte au 80,1000° est très belle, très nette et très lisible ; il était donc inutile de la rendre plus encombrante. Si on jugeait nécessaire d'agrandir l'échelle, il fallait faire autre chose qu'une reproduction et surtout remplacer les hachures par des courbes de niveau.

Le système des hachures présente de graves inconvénients, dont le principal est de faire disparaître ou de rendre confus en pays un peu accidenté les détails de la planimétrie. Seules les courbes de niveau, même très rapprochées dans les fortes pentes, permettent de respecter ces détails. Les courbes donnent au nivellement la précision mathématique qui manque aux hachures : on a pu dire que les hachures parlent aux yeux, les courbes à l'esprit. Les courbes sont d'ailleurs absolument nécessaires pour la construction des cartes en relief, si précieuses dans beaucoup de cas et en particulier dans l'enseignement de la topographie.

Il y a environ quinze ans, le Dépôt de la Guerre avait commencé la publication d'une carte au 50/1000e avec courbes ; c'était, suivant nous, un travail à continuer ; nous ignorons les raisons qui l'ont fait abandonner, mais nous les déplorons.

Au surplus, si l'on veut mettre dans le commerce une carte nouvelle et à grande échelle, ne serait-il pas plus simple de publier les minutes au 40/1000e ? Le terrain y est figuré par les courbes de dix en dix mètres qui ont servi de base au tracé des hachures sur la réduction définitive au 80/1000e. Ces minutes ne font pas partie des secrets de la défense nationale puisque, moyennant 20 francs par décimètre carré, chacun peut se procurer le décalque d'une région quelconque de notre pays, et cela sans même avoir à justifier de sa nationalité.

CARTES LITHOLOGIQUES SOUS-MARINES

Par M. **J. THOULET**, professeur à la Faculté des Sciences de Nancy.
(Résumé).

Je mets sous vos yeux une carte sous-marine du littoral français méditerranéen ; cette carte, multipliée par 22, représenterait la topographie des terrains sous-marins de la France ; le reste, en dehors des quatre cartes que je montre, se trouve à l'Exposition de pêche de Berlin.

Je n'insisterai pas sur l'utilité des cartes lithologiques sous-marines ; ces cartes servent à l'étude des lois qui régissent l'Océan ; elles servent en navigation. La double considération de la profondeur et de la nature du fonds constitue un système de coordonnées océanographiques susceptibles de remplacer, en certaines circonstances, les coordonnées astronomiques ou topographiques fixant la position d'un navire. Ces circonstances sont nombreuses ; elles comprennent non seulement le cas de brouillard, de nuit, en paix comme en guerre, alors que bien des aides sont supprimés, mais encore celui des bâtiments sous-marins, problème dont la solution est poursuivie avec tant d'ardeur.

La télégraphie sous-marine est également appelée à tirer le plus grand profit de ces cartes. C'est ainsi que M. Pruvot, qui a dressé la carte sous-marine des environs de Banyuls, a constaté que, dans cette région, la mer est coupée à pic par des ravins dont rien ne fait soupçonner l'existence. Supposons un câble jeté en travers d'un de ces accidents de terrain : suspendu aux deux extrémités, son milieu sera libre, c'est-à-dire dans les conditions les plus favorables pour se rompre.

L'exposition de pêche de Berlin m'amène à vous signaler l'incontestable utilité des cartes lithologiques sous-marines au point de vue de la pêche. Il y a un intérêt considérable à connaître les fonds, à étudier les conditions du milieu où vit le poisson. D'ailleurs, les Norwégiens, les Suédois, les Anglais, les Allemands, etc., se servent avec profit des cartes dressées par eux ; toutes les nations maritimes ont les leurs, seule la France n'en a pas, quoique les premières aient été faites par Delesse en 1867. Mais cette lacune se comblera peu à peu ; plusieurs auteurs français se sont préoccupés de la publication de cartes sous-marines, notamment M. Marion, qui a étudié les environs de Marseille, M. Pruvot, les environs de Banyuls, etc. ; moi-même j'ai entrepris des études sur la matière. Au cours de ces études, j'ai constaté que les auteurs ne s'entendaient pas sur la dénomination de divers terrains ; en présence de ces divergences, j'ai dû prendre une autre direction.

En 1895, j'ai fait partie de la Commission qui a exploré le Golfe de Gascogne ; sur les cartes dressées à la suite de cette exploration, j'ai employé les dénominations en usage chez les ingénieurs hydrographes de la marine. J'ai teinté les sables, les roches, etc., indiqué les coquilles vivantes, les madrépores, les galets, les herbes, etc. ; cette classification est tenue pour bonne, elle est cependant indéfiniment modifiable.

Par l'étude des sables, j'ai pu étudier la direction des courants, préciser ce qu'on doit entendre par le mot *sable* et établir la distinction entre les sables vaseux et les vases contenant au plus 25 0 0 de sable.

L'ensemble de ces détails m'a permis de teinter les cartes avec autant de précision que possible ; celles-ci donneront un premier aperçu des fonds sous-marins. Il s'agira, lorsqu'un échantillon nouveau sera recueilli, de modifier la nature des teintes, et j'ai l'espoir certain que ces cartes seront modifiées d'une façon continue ; elles seront voisines de la perfection lorsque nous aurons atteint, dans cette voie, le point où en sont les nations étrangères (1).

(1) Voir *Bulletin* Société Géographie Paris, 1 trim. 1897.

J'ai l'honneur de prier le Congrès de vouloir bien adopter le vœu suivant :

« Qu'il soit procédé le plus promptement possible à la confection d'une carte lithologique et bathymétrique détaillée du littoral sous-marin français. »

Ce vœu est mis aux voix et adopté à l'unanimité.

PROJET DE JONCTION GÉODÉSIQUE DE LA FRANCE ET DE L'ITALIE PAR CASSINI DE THURY

D'après des papiers inédits communiqués par M. le Chevalier d'Arneth (Archives d'État de Vienne, Autriche)

Par M. **Ludovic DRAPEYRON**, professeur, secrétaire-général de la Société de Topographie de France.

Communication présentée par M. Jacques LÉOTARD.

J'ai l'honneur de présenter au Congrès national des Sociétés de Géographie de France réuni à Marseille le *Projet de jonction géodésique de la France et de l'Italie par Cassini de Thury, soumis à l'Impératrice-Reine Marie-Thérèse en 1776.* Nous devons la connaissance de ce projet et la communication de précieux documents originaux et inédits à M. le Chevalier d'Arneth, directeur des Archives Impériales et Royales de Vienne, qui nous fut faite par lui le 10 avril 1897, c'est-à-dire quatre mois avant sa mort.

Cassini de Thury avait publié en 1775 sa relation de deux voyages en Allemagne, où il retraçait comment en 1763 il avait opéré la jonction géodésique de la France et de l'Allemagne, avec l'aide de L.L. MM. l'Empereur et l'Impératrice. Il leur en fait hommage et demande leur concours pour les États d'Italie.

La même année, le comte Cassini (IV), fils de Cassini (III) de Thury, avait fait un voyage dans l'Italie entière ; il avait visité Venise, Bologne, Florence, Sienne, Rome et Naples, en compagnie de son oncle, le maréchal de camp Marquis de Cassini. Il eut de nombreux entretiens avec les principaux savants de l'Italie, concernant les projets de son père. Il fut même chargé par le grand duc de Toscane Léopold (futur empereur) du levé de ses États.

Tout cela est resté à l'état de négociations et de projets.

Nous recherchons pourquoi. Nous croyons qu'en ce qui concerne le nord de l'Italie, le géographe italien Rizzi Zannoni, dont nous avons retracé, l'année dernière, le séjour en France, se rendit à Vérone en 1776, au mois de juillet, et continua sans doute pour lui-même les négociations de Cassini de Thury. Il réalisa, d'une façon plus ou moins incomplète, les années suivantes, ce projet, jusqu'au moment où il fut appelé dans le Royaume de Naples.

Les documents que nous a communiqués M. le chevalier d'Arneth sont les suivants :

1º Lettre de Cassini de Thury à l'Impératrice Marie Thérèse, où il lui expose sommairement son projet de jonction géodésique de la France et de l'Italie ;

2º Lettre du même au Chancelier Prince de Kaunitz, laquelle contient également un exposé très sommaire de ce dessein ;

3º Lettre de M. le Comte de Vergennes au Comte de Mercy d'Argenteau, l'un ministre des affaires étrangères de France, l'autre ambassadeur de l'Impératrice-Reine en France ; elle est datée du 25 mars 1776 ; notre ministre y expose avec un peu plus de détails le but de Cassini de Thury ;

4º Lettre, en allemand, du 13 avril 1776, du Comte Mercy d'Argenteau, entièrement autographe, au Chancelier Prince de Kaunitz; il lui expose la requête commune de Cassini de Thury et de Vergennes ;

5º Réponse du Prince de Kaunitz, en français, où il donne à M. le Comte de Mercy d'Argenteau sa pleine adhésion et offre toutes facilités à Cassini de Thury, au nom de l'Impératrice ;

6º Projet très détaillé et très explicatif de Cassini de Thury, sous ce titre : « Projet d'un voyage pour déterminer la grandeur des degrés de longitude sur le parallèle de 45º. » (1).

---

(1) Voir le texte de ce projet dans les *Comptes-Rendus* du Congrès de la Sorbonne d'avril 1898, et dans le *Bulletin* de l'Union Géographique du nord de la France à Douai, 4ᵉ de 1898.

Lundi 19 Septembre
(SOIR)

Conférence de M. le colonel MONTEIL

SUR LE DOMAINE COLONIAL DE LA FRANCE

A 9 heures du soir, a eu lieu au Grand-Théâtre une conférence publique de M. le lieutenant-colonel en retraite Monteil, de l'infanterie de marine, président du Syndicat des Explorateurs français, sur le *Domaine colonial de la France*. Le célèbre explorateur, qui est titulaire de la Médaille d'or de la Société de Géographie de Marseille, remplaçait M. l'administrateur E. Gentil, empêché par la maladie de venir faire le récit annoncé de sa mission au lac Tchad.

La salle était comble du parterre aux troisièmes et parmi les nombreuses notabilités qui avaient pris place sur la scène on remarquait le général Metzinger, commandant en chef du XVe corps d'armée.

M. le Prince d'Arenberg, président du Congrès, a présenté en termes élogieux le conférencier, qui, après avoir remercié le Président et son auditoire, a obtenu le plus vif succès par son exposé patriotique. Une grande carte murale de l'Afrique, spécialement dressée, et de nombreuses projections lumineuses ont permis à l'orateur de compléter utilement sa conférence.

Des applaudissements unanimes ont maintes fois interrompu le colonel Monteil, notamment au sujet de la mission Marchand, et une véritable ovation a été faite au général Metzinger à l'occasion de Madagascar.

Voici l'intéressante conférence du colonel Monteil :

MESDAMES, MESSIEURS,

J'ai à vous parler aujourd'hui de l'expansion du domaine colonial de la France et je voudrais rechercher avec vous les causes de ce bel essor, car si elles étaient mieux connues il y aurait plus d'esprit de suite dans les efforts que l'on tente et dans la mise en valeur de leurs résultats. La politique coloniale de la République n'a réellement existé que depuis 1878 et notre vaste empire colonial est maintenant constitué.

1878-1898 sont deux dates qui ne représentent à proprement parler ni un commencement, ni une fin, mais entre ces deux époques se développe un mouvement extraordinairement intense d'activité sur le terrain colonial, qui semblera à l'historien de cette fin de siècle une des caractéristiques les plus remarquables de l'évolution du génie de la nation.

Jusqu'en 1878, comme conséquence du recueillement imposé à la patrie mutilée pour reconstituer ses finances et son armée, le mot d'ordre donné partout aux gouverneurs avait été l'abstention absolue en matière d'entreprises d'extension coloniale. La tâche était trop lourde à l'intérieur pour la compliquer à l'extérieur.

1878 marque la fin de cette période. La France sans quitter encore ses vêtements de deuil relève le front, et, gravement, promenant son regard sur le monde, s'aperçoit du danger nouveau qui grandit à l'horizon. C'est la lutte économique qui se déchaîne, ce sont les convoitises européennes qui s'aiguisent, les appétits qui se précisent, le partage des terres encore libres de l'Ancien Monde qui sollicitent l'avidité des nations européennes.

Ce sera la gloire des hommes d'État de cette époque, d'avoir préparé l'œuvre du lendemain, d'avoir compris que la France ne pouvait se désintéresser du mouvement irrésistible qui entraînait l'Europe entière comme à la curée, à la conquête de possessions lointaines.

L'heure était propice, il est vrai : finances, armée, étaient en plus brillant état qu'elles n'avaient jamais été et lorsque deux ans après, dans une cérémonie solennelle, les troupes recevaient les nouveaux drapeaux qui, ignorant les heures de défaillance, ne portaient dans leurs plis que les noms des victoires anciennes, l'âme française s'éveillait de son recueillement prête à courir à la moisson de nouveaux lauriers.

Car cette ère de l'expansion coloniale porte avec elle un caractère qu'on ne saurait lui dénier : elle a marqué l'heure du relèvement. Du jour où la France a pu regarder au dehors, on l'a sentie redoutable au dedans et alors l'Europe a compris suivant la virile expression du Prince d'Arenberg que : « l'Âme française ne se contentait pas de vivre de souvenirs. »

Honneur à ceux qui ont conçu l'œuvre, honneur à ceux qui en ont été les héroïques artisans, honneur à ceux grands ou petits qui ont ramené à nos drapeaux la victoire qui leur avait été infidèle et y ont inscrit de leur sang les noms retentissants et populaires de nos récentes conquêtes : Tunisie, Tonkin, Iles-sous-le-Vent, Soudan, Dahomey, Congo, Madagascar.

De la France plus forte qu'avaient créée ceux-là, ceux-ci ont créé la France plus grande, c'est-à-dire la France maîtresse de ses destinées, la France qui se souvient, attend, mais agit.

Si maintenant nous voulons nous rendre compte de ce mouvement, de la manière dont il s'est développé, nous arrivons aux résultats les plus singuliers. A l'origine nous voyons des plans vagues, édifiés souvent sur des données inexactes, une opinion publique systématiquement hostile, un parlement rebelle ; et cependant en vingt ans la France se constitue un empire colonial immense, grâce à la ténacité, à l'initiative persévérante de quelques personnalités agissantes parmi lesquelles des hommes d'Etat, des parlementaires, des officiers, des explorateurs qui ne se font pardonner leur témérité que par le succès qui couronne leurs entreprises.

Et l'on a vu ce spectacle bizarre d'un gouvernement qui a la main forcée par les événements, d'une opinion publique qui se passionne pour les actes sans être absolument conquises à l'idée, d'un Parlement qui vote des crédits à l'unanimité souvent, presque toujours sans conviction arrêtée.

Reportez-vous seulement à vingt ans en arrière : rappelez-vous de ceux-là : officiers, fonctionnaires ou colons qui s'avisaient de parler de leurs voyages ou des contrées lointaines qu'ils avaient visitées ; n'étaient-ils pas aux yeux de tous, des aventuriers, des déclassés ?

Rappelez-vous l'impopularité de Jules Ferry, auquel la France doit ces deux magnifiques fleurons de son empire colonial : la Tunisie et le Tonkin ! De quelles amertumes n'a-t-il pas été abreuvé ! Et cependant cette injure suprême : « le Tonkinois », sera son plus beau titre de gloire devant la postérité, ainsi que le faisait récemment remarquer l'homme qui a été un des plus éminents continuateurs de sa politique : M. Etienne.

Rappelez-vous la campagne des mauvais numéros. Rappelez-vous que les crédits du Tonkin ont fait l'objet d'ardents débats, qu'il leur est arrivé d'être votés à une voix de majorité.

Pour le Soudan j'ai connu un ministre qui avait préparé un décret d'abandon définitif, qui en tous cas ne voulait point se risquer à demander au Parlement les crédits pour en maintenir l'occupation.

Les crédits supplémentaires y afférents furent votés par surprise le jour du départ pour les congés du nouvel an. — N'est-ce pas la prise de Bandiagara, puis de Tombouctou qui ont peu à peu amené à l'occupation de la boucle presque entière du Niger ?

La politique coloniale a été impopulaire tant que l'opinion n'a voulu y voir qu'une question d'hommes expédiés au loin, sans vocation définie, par la fatalité d'un mauvais numéro au tirage au sort, et que des dépenses considérables sans bénéfice immédiat ou apparent.

Aujourd'hui au contraire les questions coloniales sont à l'ordre du jour : chacun se passionne pour elles, et l'on peut dire qu'il n'existe point de famille présentement en notre pays qui n'ait au moins un de ses membres qui n'ait voulu de son gré sacrifier à l'émotion des voyages ou expéditions lointaines.

A quoi tient ce revirement si complet ?

C'est que la politique coloniale satisfait à des intérêts très complexes et très réels à la fois, que vous me permettrez de synthétiser en cette double formule : La guerre est la solution violente d'un problème économique ; la colonisation en est la solution pacifique.

La colonisation qui a existé, il ne faut pas l'oublier, à tous les âges de l'humanité, a toujours pris naissance dans des conditions à peu près identiques que je préciserai ainsi : Dès que l'unité politique d'une race s'est constituée dans une contrée de limites bien définies avec un gouvernement fort et respecté, sous l'influence d'un état de paix prolongé la période de colonisation s'est ouverte. Pourquoi ? parce que l'état de paix n'a pas tardé à amener à la fois pléthore de population et de produits. Conséquence : nécessité d'expatriation et d'exportation, c'est-à-dire colonisation.

Sans remonter aux colonies assyriennes, phéniciennes ou grecques, prenons nos exemples en Europe. Quelles sont les premières puissances colonisatrices ? L'Espagne, le Portugal, l'Angleterre, la Hollande ; ce sont bien là celles dont l'unité s'est faite d'abord parmi les Etats européens. La France elle-même quand entre-t-elle dans le mouvement colonial ?

Lorsque sous les ministères de Richelieu, Mazarin, l'administration et la paix intérieure se sont consolidées, que les passions se sont apaisées, que la France n'a plus à l'intérieur de ses limites d'Etats indépendants ou de grands seigneurs susceptibles de troubler la paix, que les protestants ne forment plus un état dans l'Etat. Alors nous voyons les armements commencer pour les expéditions lointaines. Colbert après la guerre de Hollande continue cette œuvre en créant une marine de commerce, qui va croissant chaque jour, et pour bien marquer le caractère éminemment national des entreprises d'outremer, il fait signer par le Roi cet édit fameux qui décrète que la navigation au delà des caps ne déroge pas à la noblesse.

Plus près de nous encore ne voyons-nous pas l'Allemagne dès le lendemain de la néfaste guerre de 1870, peu après la proclamation de son unité par l'établissement de l'Empire à Versailles, chercher à se créer des colonies; et à l'heure présente son souci n'est-il pas de les augmenter?

L'Italie, elle-même, dont l'unité date de la même époque, n'a-t-elle pas un domaine colonial récemment constitué et dont une portion lui a apporté de si amers déboires?

J'en ai assez dit pour montrer que la règle que j'ai énoncée est générale, que la colonisation est l'évolution rationnelle de toutes les nations unifiées et jouissant d'un état de paix prolongé.

Certes, il eût été défendable que la France mutilée et meurtrie se fût abstenue de prendre part à cette lutte économique. Il s'est trouvé nombre d'hommes d'État, et non les moins éminents, qui ont soutenu cette thèse.

Je crois qu'il est de votre sentiment à tous qui m'écoutez, qu'il est heureux pour notre pays qu'il se soit formé un parti colonial pour les contraindre à l'action.

L'abstention c'était l'inaction, c'était l'avilissement.

Au contraire, c'est pour nous tous un puissant réconfort aux heures de tristesse, de songer que partout aujourd'hui sur le globe, les convoitises européennes sont obligées de compter avec le résultat de nos victoires qui atténuent, sans les effacer cependant, les amertumes des défaites passées, et c'est là un spectacle bien fait pour nous donner confiance dans l'avenir. Haut les cœurs donc, et sachons envisager avec sérénité les éventualités que demain tient en réserve ; une nation assoupie dans la quiétude peut être surprise — une nation qui veille et agit, confiante en sa force, n'a rien à redouter de l'avenir.

Nous venons d'étudier les causes générales du mouvement d'expansion coloniale, nous allons en exposer brièvement les résultats.

Nous passerons d'abord sommairement en revue les parties du globe où notre domaine colonial a subi le moins de modifications, c'est-à-dire l'Amérique et l'Océanie, puis nous nous occuperons de l'Asie, où nous étudierons la formation de notre empire de l'Indo-Chine ; enfin, plus longuement, nous traiterons de l'Afrique où nous verrons la réalisation du rêve de l'amiral Jauréguiberry qui, en 1879, évoquait l'idée de la reconstitution d'Indes-Africaines, destinées à remplacer les Indes-Orientales que le génie de Dupleix avait fondées, que l'impéritie du gouvernement de l'époque laissa passer aux mains de l'Angleterre.

Nous signalerons à l'occasion les missions importantes en cours et les questions diplomatiques pendantes.

En *Amérique*, de 1878 à 1898, nos possessions n'ont pas subi d'accroissement sauf le rachat en 1877, à la Suède, de l'île Saint-Barthélemy. Des difficultés d'un ordre déjà ancien tenant à l'interprétation des droits de pêche, de temps à autre surgissent entre Terre-Neuve et Saint-Pierre et Miquelon.

Du côté de la Guyane, il y a la question depuis longtemps pendante du Contesté, territoire situé entre la Guyane et le Brésil. Toute la querelle est d'un ordre purement géographique ; le traité d'Utrecht a fixé comme frontière sud de la Guyane la rivière Vincent-Pinçon. Depuis cette époque, il n'a pas encore été possible d'établir de manière précise si cette rivière était l'Oyapok ou l'Aroueri.

Cette contestation aurait pu conserver longtemps son caractère platonique si l'on n'avait découvert, il y a quelques années, de riches gisements d'or dans le contesté. Aussitôt, la querelle a grossi et l'incident de Mapa, dont vous avez le souvenir, a montré la nécessité d'arriver au plus tôt à un règlement définitif. Celui-ci ne peut tarder d'intervenir, la France et le Brésil ayant accepté l'arbitrage du Président de la République Helvétique.

En *Océanie*, la situation s'est modifiée à notre avantage. En vertu d'un traité signé en 1847, la France et l'Angleterre avaient un protectorat commun sur les Iles sous le vent de Tahiti. Ce protectorat pouvait être changé en prise de possession effective du consentement unanime des chefs et des populations.

Après l'annexion de Tahiti en 1880, devant le consentement des îles de Raiatéa, Bora-Bora, Huahine, l'Angleterre fut pressentie ; elle refusa de sanctionner l'annexion à la France des Iles sous le Vent. Mais lors de l'arrangement relatif à la neutralisation du Canal de Suez, et à la reconnaissance du protectorat anglais sur Zanzibar, l'Angleterre abandonna les droits que lui conférait le traité de 1847. Les Iles sous le Vent sont désormais possessions françaises.

En *Asie*, si nos possessions de l'Inde n'ont subi aucune modification depuis le traité de 1815, il n'en est pas de même de l'empire que nous avons récemment créé dans la péninsule Indo-Chinoise.

La Cochinchine fut constituée par voie de conquête à la suite de vexations innombrables infligées par Tu Duc, empereur d'Annam, à nos nationaux et à nos missionnaires.

Elle comprenait en 1878 :

1º Les trois provinces de Saïgon, Mytho et Bien Hoa, ainsi que les îles de Poulo Condor (traité de 1865) ;

2º Les provinces de Vinh Long, Chodoc et Hatien, annexées en 1867.

3º Le protectorat sur le royaume du Cambodge.

En 1898, l'Empire français de l'Indo-Chine comprend : l'ancien empire d'Annam tout entier, c'est-à-dire : la Cochinchine, l'Annam et le Tonkin, toute la vallée moyenne du Mékong ou Laos, une partie du Laos Siamois.

Je ne voudrais pas insister sur les glorieux faits d'armes qui ont illustré notre conquête, mais je ne puis m'empêcher de rappeler l'époque héroïque de la première expédition du Tonkin par l'immortel Francis Garnier. C'est à une poignée d'hommes conduits par un chef d'une intelligence et d'une vigueur incomparables que nous devons la possession du delta du Tonkin et de la vallée du fleuve Rouge, voie qu'il avait découverte avec une sûreté de vue remarquable comme étant la véritable artère de pénétration au Yunnam. Maintenant, au sein même de notre capitale, s'élève à la mémoire de ce grand Français un monument qui immortalisera son nom et ses exploits, lèguera à la postérité les noms de ses vaillants frères d'armes.

Vous avez tous présents à l'esprit les noms de ceux qui ont pris la part la plus large à cette œuvre grandiose. Je citerai toutefois ceux qui sont plus particulièrement à retenir : de la Grandière, V. Duperré, Doudart de Lagrée, Courbet, Brière de l'Isle, Jamont, Dominé, Gallieni, Pennequin, Rheinart, Aymonnier, etc. L'histoire, retenant leurs belles actions, consacrera les titres de reconnaissance que leur doit la cause de l'expansion coloniale française.

Nous arrivons à l'*Afrique*. Si l'étude de notre situation en Asie peut nous causer une légitime satisfaction, l'aspect de la carte de l'Afrique française est bien fait pour nous tranquilliser sur les conséquences d'un partage, que nous pouvons regarder comme prochain, du continent noir.

En 1878, nous avons au Nord, sur la Méditerranée, l'Algérie ; à l'Ouest, la colonie du Sénégal comprenant le cours de ce fleuve jusqu'au dernier point navigable aux hautes eaux, c'est-à-dire à Médine ; au Sud, la baie de Dakar et les estuaires de quelques rivières dénommées Rivières du Sud ; sur la côte du Bénin, quelques rares comptoirs, Grand Bassam, Assinie, Grand Popo, Kotonou, Porto Novo, où l'influence française n'est représentée que par quelques commerçants qui ont reçu la garde du pavillon pour empêcher la prescription de nos droits.

Plus au Sud sur l'Atlantique, l'estuaire du Congo avec Libreville, lieu de relâche de la division navale de l'Atlantique Sud.

Sur la côte Est, la Réunion et les îles de Mayotte, Nossi-Bé, Ste-Marie de Madagascar.

A Madagascar, malgré les droits reconnus par les traités anciens, nous n'avons qu'une influence médiocre sans cesse tenue en échec par les agissements des méthodistes ou agents anglais auprès de la Cour d'Emyrne.

En 1898, notre pénétration en Algérie a été poussée fort avant au Sud et devra se compléter bientôt par l'occupation du Touat et d'In-Salah.

La Tunisie, à la suite d'incidents que vous connaissez tous, a été placée sous notre protectorat qui a la valeur d'une prise de possession effective.

Du côté de l'Océan, le Sénégal nous a servi de voie de pénétration vers le bassin du Niger et ses sources jusqu'à Tombouctou ; depuis 1894, cet immense fleuve coule en terre française. Depuis cette date, notre prise de possession du fleuve s'est étendue jusqu'à Boussa, en s'appuyant sur Say et Ilo.

A l'heure présente, toute la région ayant pour limites : à l'Ouest et au Nord depuis la frontière de Sierra-Leone jusqu'à la frontière orientale de Tunisie, les rives de l'Atlantique et de la Méditerranée, moins le Maroc ; à l'Est une ligne partant de la frontière tunisienne et aboutissant au Tchad en passant par Bilma ; au Sud, la ligne indéfinie encore, Barroua-Say, de ce point le Niger jusqu'à sa source et du Mont Tembi-Kounda à la frontière de Sierra-Leone, appartient de façon incontestée à la France.

Cet immense territoire englobe les anciennes rivières du Sud, qui forment un gouvernement spécial appelé Guinée française. A la Guinée française ressortissent les territoires fort riches du Fouta Djallon, haut plateau fertile et salubre d'où sortent les nombreuses rivières de la côte vers l'Ouest, le Sénégal et la Falémé au Nord, le Niger à l'Est. Cette région avait été vue par Mollien, et plus tard par René Caillé lors de son mémorable voyage. Mais en 1860 elle a été explorée de manière complète et son importance a été fixée par le lieutenant Lambert, aujourd'hui général, qui fut le héros de Bazeilles pendant l'Année terrible.

Sur la côte du golfe du Bénin, nous avons réoccupé, à la suite d'événements qui sont dans toutes les mémoires, la Côte d'Ivoire et le Dahomey. Par des actes d'occupation récents, toute la région comprise entre la côte du Bénin et le cours du Niger de sa source vers Boussa est aujourd'hui placée sous l'influence de la France, à part les colonies anglaises de la Côte-d'Or et du Lagos et la colonie allemande du Togo, dont les Hinterlands ont été limités par des arrangements récents.

Il me faudrait, si je voulais rendre justice à tous ceux qui ont contribué à doter la France de cet immense domaine, qui va de la Tunisie à la frontière orientale du Dahomey, citer des noms trop nombreux que vous connaissez tous ; je me bornerai aux principaux qui sont les généraux Brière de l'Isle, Borgnis-Desbordes, Archinard, Gallieni, Dodds, les capitaines Binger, Hourst, Decœur, Toutée, enfin les deux gouverneurs, hommes politiques éminents qui ont dans ces deux dernières années complété si heureusement la tâche de leurs devanciers : le colonel de Trentinian, lieutenant gouverneur du Soudan et le gouverneur Ballot, du Dahomey. Une brillante pléiade d'officiers les a puissamment secondés, qui sont : Caudrelier, Destenave, Baud, Vermersch, Voulet, Chanoine, Bretonnet.

Au Congo, notre petite colonie du Gabon est devenue la colonie du Congo français, qui s'étend de la mer jusqu'au cours moyen du grand fleuve et sur la rive septentrionale de l'Oubanghi et de son affluent le M'Bomou.

Par suite de l'arrangement de 1894 à Berlin, l'hinterland de la colonie allemande du Kameroun étant limitée au cours inférieur du Chari, tous les territoires du bassin du Chari et de l'est du Tchad, jusqu'au Nil moyen, ressortissent à la zone d'influence française.

Deux missions françaises très importantes ont été chargées de les parcourir : l'une, la mission Gentil, après avoir fondé un poste sur le Gribinghi, y a remonté son vapeur le *Léon Blot*, lequel a pu porter nos trois couleurs sur le Chari et le Tchad.

A l'Est, la mission du capitaine Marchand, qui est la continuation de la mienne propre, et de celle du duc d'Uzès et de M. Jean Hess (Mission du Haut-Oubanghi, 1893-1894), a pour objectif de relier sur le Nil, à Fachoda, nos possessions de l'Oubanghi avec celles de notre allié Ménélik, le puissant Négus de l'Abyssinie. Cette expédition, qui n'est pas sans inquiéter nos voisins les Anglais, à cause des contre-coups que son succès peut avoir sur leur occupation de l'Egypte, cette expédition, dis-je, contient trop d'hommes dont le mérite m'est personnellement connu, puisqu'ils ont servi sous mes ordres, pour que je doute de la réussite.

A défaut d'autre aide à leur apporter dans leurs périlleuses entreprises, nous devons faire les vœux les plus ardents pour que le succès couronne les tentatives audacieuses des vaillants français qui composent la mission Marchand.

L'œuvre du capitaine Marchand est une œuvre de gouvernement, elle doit rester entière. Je ne sais pas, je ne veux pas savoir quelles décisions prendra le Ministre des affaires étrangères, mais j'ai confiance, car, devant le pays, reculer maintenant serait de l'imprévoyance et si jamais il arrivait que l'on abandonne notre glorieuse conquête ce serait la plus désastreuse des décisions, le plus déplorable manque d'esprit de suite, qui affaiblirait notre autorité dans tout le domaine colonial.

Une autre expédition en route et qui va se renforcer de précieux éléments, c'est la mission de MM. de Béhagle et Bonnel de Mézières. Leur but est plus pratique, ils vont tenter l'exploitation commerciale des régions qui avoisinent le Tchad. Leur réussite, que nous souhaitons, sera une victoire pour la cause de la colonisation et de la civilisation.

Sur la côte Est d'Afrique, je ne vous parlerai pas de la conquête récente de Madagascar, à laquelle le général Metzinger, que je suis heureux de saluer ici, a puissamment contribué, mais je vous demanderai d'envoyer notre salut cordial à l'homme éminent, à l'administrateur hors de pair que s'est révélé le général Gallieni.

Le Gouvernement de la République a trop souvent joué le rôle d'Ugolin vis-à-vis de ses serviteurs les plus dévoués; souhaitons et affirmons au besoin que pareil sort ne sera pas celui de l'homme qui incarne si légitimement nos espérances dans l'avenir de la grande île africaine.

L'Afrique française s'est encore accrue des Comores dans l'Océan Indien.

Enfin, en 1884, la France a pris possession d'Obock, dont l'importance s'est augmentée par la création de Djibouti. Vous savez l'avenir réservé à cette colonie, qui sera le débouché naturel de l'Abyssinie le jour où, grâce au génie entreprenant de M. Chefneux, le chemin de fer en cours d'exécution aura atteint le Harrar.

J'en aurais fini, Mesdames et Messieurs, si à cet exposé il ne fallait une conclusion.

Si la colonisation est la solution pacifique d'un problème économique, il faut que l'exploitation de notre domaine colonial nous récompense des sacrifices de tous ordres que sa création nous a coûtés.

Or, si nous étudions comparativement le mouvement commercial de 1878 à 1898 des Colonies et de la Métropole, nous constatons que ce mouvement ne s'est pas accru en proportion de l'extension territoriale.

En 1878, le commerce total était d'environ 360 millions ; en 1896, il était d'un peu plus de 500 millions.

Il ne faut pas voir dans cette comparaison un symptôme défavorable. Nous avons dû précipiter notre action pour ne pas trouver plus tard les régions que nous pouvions légitimement convoiter, occupées par des rivaux.

D'autre part, il nous a fallu faire l'éducation morale de la nation, qui de rebelle est devenue sympathique à l'œuvre de la colonisation. Il nous faut faire désormais l'éducation pratique de la génération actuelle.

C'est à elle qu'appartiendra de mettre en valeur ce que la sagesse de la génération précédente a su acquérir par prévoyance.

Les colonies ne doivent plus être des exutoires pour les déclassés en quête d'une sinécure, mais bien un champ d'action où se développeront les qualités de notre race.

Il faut aux colonies des bonnes volontés, intelligentes et résolues ; elles sont légion déjà. Il leur faut aussi des capitaux.

Les capitaux français ont été rendus timorés, alors qu'ils tentaient un premier et important effort, par des mesures maladroites. Espérons qu'elle ne se renouvelleront pas dans l'avenir.

C'est un principe faux que celui trop souvent admis, qu'il ne faut pas savoir avantager, très sérieusement même, les capitaux qui désirent s'employer en dehors ; il est évident que si avec les risques qu'ils sont appelés à courir ils ne sont d'aucun rapport, ils auront plus d'intérêt à se reporter sur les emprunts étrangers, qui drainent ainsi notre argent au détriment de nos affaires.

Mais, d'autre part, sous prétexte de mise en valeur rapide du domaine colonial français, il peut être dangereux, et il paraît y avoir tendance en ce moment à le faire, d'attirer les capitaux étrangers dans nos possessions moyennant des avantages qui, souvent, sont refusés à nos nationaux. Il ne faut pas, en effet, que les marchés que nous aurons créés, soient accaparés le jour où nous nous mettrons sérieusement à l'œuvre.

J'ai fini cette conférence trop aride pour ne pas avoir été fatigante et, en vous remerciant de l'attention que vous m'avez prêtée, j'exprime la pensée que la France aura réellement reconquis son rang et sa puissance dans le monde seulement le jour où ses enfants, ayant enfin échappé au joug des sophistes et des rhéteurs, auront su retremper leur virilité aux saines émotions des voyages lointains, aux fatigues réconfortantes des labeurs périlleux.

TROISIÈME JOURNÉE
Mardi 20 Septembre

EXCURSION A LA CIOTAT

Les membres du Congrès, au nombre d'une centaine, ont fait une excursion des plus intéressantes à La Ciotat, à bord d'un grand paquebot des Messageries Maritimes. C'est sur l'*Océanien*, gracieusement mis à leur disposition par la Compagnie, que les Congressistes ont fait cette agréable promenade en mer, qui a été favorisée par un temps splendide. On remarquait la présence à bord de MM. le prince d'Arenberg, Charles Roux, Etienne, Thierry, Levasseur, Marcel Dubois, Chapsal, Guy, Gaffarel, Thoulet, de Claparède, Monteil, Maistre, Levat, Henri Brenier, etc., ainsi que de plusieurs dames. M. Georges Brenier, sous-directeur de la Compagnie, a conduit jusqu'à La Ciotat les Congressistes, qui étaient reçus à bord par M. Dumonteil-Lagrèze, directeur des Messageries.

A 7 h. 1/2, l'*Océanien* sortait du bassin de la Joliette et prenait la route de Toulon. A l'approche de la grande rade de notre port militaire, une agréable surprise attendait les Congressistes : le paquebot s'est trouvé en présence de l'Escadre de la Méditerranée, qui effectuait des tirs en mer, terminant les manœuvres navales. A bord du cuirassé amiral, le *Brennus*, se trouvait M. Lockroy, ministre de la Marine. Les membres du Congrès ont été vivement intéressés par les manœuvres des bâtiments de guerre, puis, arrivé au cap Sépet, l'*Océanien* a viré de bord pour gagner La Ciotat en suivant cette côte si pittoresque.

A midi, le débarquement avait lieu dans le port de La Ciotat et M. Raymond, ingénieur principal des Chantiers et Ateliers de la Compagnie, en l'absence de M. le directeur Risbec, venait souhaiter la bienvenue aux Congressistes. Malgré le déjeuner du matin et les rafraîchissements très gracieusement offerts par la

Compagnie, on s'est dirigé aussitôt vers la salle du banquet, préparé au Théâtre de la ville, qui avait été décoré avec goût pour la circonstance.

Après un excellent repas, servi par l'Hôtel du Commerce et dont le menu comprenait la traditionnelle bouillabaisse, le prince d'Arenberg a porté un toast chaleureux à la prospérité de la Cie des Messageries. Les Congressistes se sont empressés ensuite d'aller visiter les chantiers des Messageries Maritimes et le superbe paquebot en construction le *Tonkin* ; ils ont beaucoup admiré l'importance des ateliers et la perfection de leur outillage.

Sur deux vapeurs de la Compagnie Chambon, l'*Utile* et le *Marseillais-14*, la plupart des Congressistes se sont embarqués à 3 h. 1/2 pour regagner Marseille en suivant la côte, tandis qu'un autre groupe rentrait par la voie ferrée. Les excursionnistes maritimes ont été frappés de l'attrait exceptionnel que présentent pour le touriste les hautes falaises du Bec de l'Aigle et du cap Canaille, à l'approche de Cassis, puis les curieuses calanques de notre littoral : Port-Miou, Port-Vau, Morgiou, Sormiou, etc. Ils sont ainsi arrivés à 7 heures au Port-Vieux, absolument enchantés de cette magnifique excursion.

A ce compte-rendu sommaire, nous joignons deux photographies sur planche hors texte, dues l'une à M. Cavagna, de l'Agence Havas, l'autre à notre collègue M. Lezer. La première représente, sur le gaillard-d'avant de l'*Océanien*, les membres du Bureau et plusieurs notabilités du Congrès. Ce sont, en allant de droite à gauche, MM. Jacques Léotard, Camille Guy, A. Merchier, — Marcel Dubois, en arrière, — le prince d'Arenberg, F. Chapsal, J. Thierry, Charles Roux, E. Etienne, E. Favier ; assis : MM. Levasseur et Joseph Fournier.

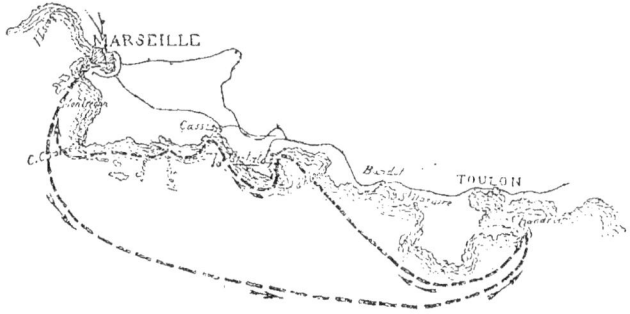

QUATRIÈME JOURNÉE

Mercredi 21 Septembre

(MATIN)

SÉANCE GÉNÉRALE

Président............ M. E. CHAMBEYRON, de Lyon.
Assesseurs............ MM. LEVASSEUR,
                                  C. NEVEU,
                                  A. MERCHIER,
                                  Colonel BLANCHOT.

Le Président constate qu'on a réuni dans l'ordre du jour de cette séance les questions d'Enseignement et donne la parole à M. Levasseur pour la première communication inscrite :

L'ENSEIGNEMENT DE LA GÉOGRAPHIE
DANS LES ÉCOLES COMMERCIALES

Par M. **E. LEVASSEUR**, de l'Institut, professeur au Collège de France.
(Résumé).

M. Levasseur fait une communication sur l'enseignement de la géographie en France, dans l'enseignement commercial. Il rappelle qu'ayant déjà donné sur diverses parties de ce sujet des communications détaillées au Congrès international de Géographie de Berne et au Congrès suivant, tenu à Londres en 1895, il est inutile de répéter les mêmes faits et il suffit de renvoyer aux comptes-rendus de ces Congrès.

On sait qu'il y a une soixantaine d'années, l'enseignement de la géographie dans les collèges était presqu'exclusivement historique, lié au cours d'histoire, et que par conséquent la géographie proprement dite, physique et contemporaine, y figurait souvent à peine. La géographie avait cependant déjà une place dans la préparation de certaines écoles, particulièrement Saint-Cyr ; les examens sur cette matière devinrent plus minutieux après 1851, mais on s'appliquait à multiplier les détails et les noms propres, sans chercher à donner des ensembles ayant un caractère ; les meilleurs livres classiques du temps, les Dussieux et les Lavallée, par exemple, en sont des preuves. M. Duruy comprenait l'importance de la géographie ; son programme d'études l'atteste ; mais il omit d'assigner une classe spéciale à la géographie et nombre de professeurs la négligèrent, afin de ne pas abréger leur enseignement historique.

Dans les programmes de l'enseignement secondaire spécial de 1863-66, on trouve, pour la première fois, un programme méthodique de l'enseignement géographique pour la France et une place est faite, suffisamment large, à la géographie économique. L'enchaînement des matières y est indiqué : géographie physique, comprenant la description du relief du sol (et non l'énumération seule des montagnes) et la description des cours d'eau, celle des côte et celle du climat ; géographie politique, comprenant la formation historique du territoire des États, l'étude spéciale des frontières, les divisions politiques et administratives ; géographie économique, comprenant l'agriculture, la pêche, les mines, l'industrie, les voies de communication, le commerce, la répartition de la population sur le sol ; le tout relié par les relations de cause à effet, qui expliquent les faits et donnent de l'unité à l'ensemble. Le même esprit se trouve dans les programmes de l'enseignement des lycées et collèges rédigés par la Commission qu'avait instituée, en 1871, M. Jules Simon, pendant son ministère.

Les programmes de 1872, ont été dans la suite remaniés et abrégés. M. Levasseur est partisan des programmes courts, qui ne lient pas étroitement le professeur ; mais les programmes de 1863-66 et de 1872 étaient développés, parce qu'il avait paru utile de faire comprendre l'enchaînement de la méthode nouvelle. L'esprit de ces programmes est à peu près resté dans l'enseignement secondaire. Le sentiment qui s'est propagé dans le pays de l'insuffisance de cet enseignement, l'intérêt que le public a pris depuis une trentaine d'années aux voyages, aux explorations, aux colonies, les efforts des géographes et des cartographes ont servi les intérêts de la géographie, dont l'étude a fait incontestablement de grands progrès.

On a reproché à cette méthode de trop embrasser et d'exiger du maître une trop grande diversité de connaissances. Le reproche serait fondé s'il s'agissait d'approfondir chacune des matières ; il ne l'est pas s'il s'agit de bien arrêter les traits caractéristiques, à l'aide des ouvrages classiques, et de savoir en faire comprendre le lien. Toutes les parties ne doivent pas, d'ailleurs, être traitées avec le même détail dans tout enseignement secondaire. Dans l'enseignement classique, la géographie physique et politique doivent dominer. Dans l'enseignement moderne, tel qu'il est aujourd'hui organisé, la géographie économique doit aller de pair avec les deux premières parties. Dans les écoles de Commerce moyennes ou supérieures, c'est la géographie économique qui doit occuper la plus large place ; les élèves qui entrent dans ces établissements sont censés posséder déjà les éléments de la géographie physique et politique.

Dans cet enseignement commercial — le seul dont M. Levasseur veuille traiter dans sa brève communication, — le programme économique doit n'être pas rigide et uniforme partout. Il convient qu'il s'adapte aux besoins de chaque localité et à la destination des élèves. Le programme dont a parlé le Délégué de Roubaix est très bien conçu, parce qu'il s'adapte particulièrement à l'industrie roubaisienne. Il conviendrait peut-être à Dunkerque ou à Reims ; il ne conviendrait qu'imparfaitement à Lille. Il en faut un tout autre au Havre. M. Levasseur pense que Marseille même n'adopterait pas sans modification celui du Havre, parce que, si le premier port a le regard fixé sur l'Atlantique, l'autre regarde l'Afrique et l'Orient. Lyon donnera un développement spécial à la soie, Bordeaux au vin. La spécialité s'impose surtout quand, à l'enseignement théorique, on veut joindre la démonstration pratique par un musée commercial. M. Levasseur ne conçoit pas un musée universel en ce genre ; mais il comprend l'utilité d'un musée de la laine, de la soie ou des produits les plus demandés sur un marché, comme l'Inde ou Madagascar. Encore, pour que ce musée soit d'une utilité pratique, faut-il que les échantillons en soient renouvelés tous les ans, ou du moins examinés par des négociants instruits et suffisamment désintéressés.

Si l'on veut que la géographie économique, comme la plupart des autres matières, soit convenablement enseignée dans les écoles de Commerce, il est désirable que ces établissements publics soient, non dans la main de l'État, qui est trop raide et trop lourde, mais dans celles des municipalités, qui sont plus près des affaires, et que des établissements privés se fondent.

DU RÔLE DE L'ENSEIGNEMENT GÉOGRAPHIQUE DANS L'ÉDUCATION NATIONALE

Par M. **Jules FLORY**, professeur au Lycée, membre de la Société de Géographie de Marseille.

I. — *Enseignement secondaire.*

Dans le discours qu'il a prononcé à la Sorbonne, le 5 juin 1898, M. J. Lemaître disait : « Ç'a peut être été une idée géniale de Raoul Frary, ce précurseur, de faire de la géographie le centre même de l'enseignement et de vouloir que les autres sciences ne fussent enseignées qu'à l'occasion de celle-là. On n'en séparerait point, en tout cas, les quelques notions de cosmographie, de géologie et d'économie politique qui s'y rattachent naturellement. »

Tous ceux qui, pour avoir pratiqué ou enseigné la géographie, connaissent la vertu éducative de cette science considérée comme discipline d'esprit, comme moyen de propagande patriotique et de relèvement économique, ont applaudi à cette déclaration d'un des esprits les plus clairvoyants de notre temps. A ce triple titre la géographie mérite, en effet, d'être considérée et traitée comme la matière fondamentale de l'éducation nationale contemporaine. Il semble donc à propos : 1º de faire valoir les titres de la géographie à devenir le centre de l'enseignement et d'établir de quel enseignement elle doit devenir le centre ; 2º de réclamer pour la géographie, réduite à la portion congrue sur les programmes de l'enseignement secondaire, la place prépondérante qu'elle y occupera légitimement tôt ou tard ; 3º de rechercher les moyens pratiques de réaliser les réformes inspirées par ces vues générales.

Nous ne pensons pas comme, M. J. Lemaître, que la géographie, bien que fondée sur la science doive être le centre de l'enseignement scientifique ; elle le sera plutôt de l'enseignement général comprenant l'histoire et la littérature, elle le sera des humanités modernes. Fille de la science proprement dite, dominée par ses lois générales et ses notions abstraites, elle tire sans doute de ses origines sa vertu éducative, mais elle ne la conserve que parce qu'elle devient vraiment humaine en nous conduisant à la connaissance concrète des hommes et des choses.

« Admettons, dit M. Marcel Dubois (Correspondance universitaire, 10 mai 1898) que l'enseignement géographique doive être empreint du plus net caractère de généralisation scientifique ; ne l'est-il pas tel que nous le comprenons ? Nous enseignons à l'université, au lycée, à l'école même, comment se combinent les faits de composition du sol, de relief, de climat, de végétation, de vie animale, comment ces faits influencent la vie humaine, comment la connaissance de leur liaison éclaire notre activité et lui permet de s'employer suivant les lois de la nature. Nous croyons former l'esprit de l'enfant et du jeune homme, en lui expliquant par des faits de composition du sol, de relief, de climat, la nature d'un fleuve, mais nous estimons ne lui nuire en rien quand nous ajoutons que ce fleuve est navigable et dans quelles conditions. Nous philosophons de la sorte et faisons vraiment œuvre éducative. »

Il est difficile de mieux faire ressortir la grande vertu éducative de la géographie ; il resterait à démontrer que cette vertu même, qui fait de l'enseignement géographique une si forte discipline d'esprit, est constituée par la faculté essentielle qu'a la géographie d'embrasser toutes les sciences qui touchent à la nature de l'homme, toutes les sciences morales, qui se ramassent en elle, non, comme on voudrait le faire croire, entassées dans un babélique désordre, mais au contraire harmonieusement ordonnées suivant le développement normal de la nature et de l'humanité.

Où trouver, en effet, un enseignement à la fois plus philosophique et plus vivant, plus proche des choses ? Le professeur étudie un pays, il prend dans ce pays une région et l'examine comme l'organe d'un corps vivant ; après avoir expliqué, d'après la géologie, la forme et la composition du sol dans cette région, il en décrit l'aspect modifié par le climat, par le relief, par les eaux, par les productions minérales, végétales et animales, dons de la nature multipliés par les mains de l'homme ; arrivant en dernier lieu à l'homme et à ses œuvres propres, les frontières, les villes, leur civilisation, les mœurs des peuples deviennent les sujets de ses leçons ; il ne reste plus qu'à aborder l'histoire. Ainsi, au lieu d'être astreint à retenir une stérile nomenclature, l'enfant, conduit comme par la main, a vu se dérouler devant lui toute la série des phénomènes actuels qui vont de l'histoire de la terre à celle de l'homme. Que de notions dans un cadre si simple et quel enchaînement naturel ! Ici la pédagogie est fondée sur la nature même des choses : c'est l'idéal que poursuivent tous les professeurs et qu'ils réalisent, peut-être plus rarement, dans l'enseignement complexe de la littérature et de l'histoire. Où trouver une discipline meilleure pour former l'esprit naissant de l'enfant ou de l'adolescent ? Et quand c'est le sol français que l'on décrit aux élèves dans ses formes variées, avec ses richesses si diverses, tant de vieux souvenirs et tous les monuments du passé triomphant ou douloureux, n'est-il pas vrai qu'un pareil enseignement sert de base naturelle à celui de l'histoire et de la littérature nationales. Ne semble-t-il pas dès lors tout indiqué pour devenir le centre de l'enseignement général, dont le but, dans l'enseignement secondaire, est de former des hommes qui soient en même temps et avant tout des Français ?

Si même il s'agit d'un sol étranger, n'est-ce point toujours la géographie qui objective, pour ainsi dire, les connaissances que peuvent avoir nos élèves dans le domaine des civilisations anciennes ou modernes ? Alors même qu'ils manquent du loisir ou des moyens de voyager, ils acquièrent une notion plus précise des faits de l'histoire littéraire, de l'histoire de l'art, de l'histoire proprement dite, lorsque la géographie leur offre, immobile en ses grandes lignes, incessamment modifié par le détail de ses aspects, le cadre vivant où se sont accomplis les grands événements de l'histoire, les villes dont les musées renferment l'œuvre des grands artistes, les sites, tantôt grandioses, tantôt modestes qui ont éveillé l'enthousiasme ou bercé la rêverie des écrivains qu'ils ont appris à aimer.

La géographie, cadre merveilleux dans lequel s'étalent les beautés de la nature et celles de la civilisation, ne saurait donc, précisément à cause de la variété des connaissances qu'elle embrasse, être considérée comme purement utilitaire C'est dans la terre natale que l'artiste trouve des conseils de beauté, le Grec « dans le ciel pur de l'Attique, dans la ligne harmonieuse et nette de ses montagnes, dans le bleu profond de ses golfes » ; le Français « dans le ciel fin et changeant de notre France, dans la fraîcheur de ses forêts et de ses vallées, dans la douceur de ses plaines et dans l'âpreté de ses granits ». Voilà dans quels termes M. le Ministre de l'Instruction publique, il y a deux mois à peine, rendait implicitement hommage à la vertu éducative de la géographie, tant il est vrai que l'étude de cette science, loin de dessécher l'esprit par une stérile nomenclature, est au contraire de nature à éveiller le sentiment esthétique.

La portée morale de l'enseignement géographique n'est d'ailleurs pas moindre que sa valeur éducative. Puisqu'on prétend, non sans raison, de nos jours, que l'éducation de la volonté doit marcher de pair avec le développement de l'intelligence, pourquoi n'irait-on pas chercher dans les annales géographiques des exemples de volonté hardie, d'énergie soutenue, de courage modeste ? Les explorations géographiques sont les croisades modernes, et si Corneille « a ouvert parmi nous une école de grandeur d'âme », les récits de voyages ou d'explorations dans des contrées peu sûres, éveillent dans les jeunes âmes l'initiative hardie et l'esprit de sacrifice. Quand on se plaint qu'il n'y a pas assez d'idéal dans l'enseignement secondaire, trop desséché par l'analyse, pourquoi ne songe-t-on pas à élever les esprits par l'étude de la géographie, trop spécialisée, trop reléguée ? Elle acquerrait une force nouvelle le jour où, faisant corps avec l'enseignement littéraire et historique, elle recevrait d'eux un appui égal à celui qu'elle leur prêterait.

L'enseignement de la géographie, de l'histoire et de la littérature se complètent, se pénètrent et se soutiennent réciproquement. Leur réunion constitue un ensemble harmonique, et leur développement régulier dans un cours d'études secondaires, une discipline naturelle, une robuste pédagogie. Des notions d'économie politique viennent d'elles-mêmes se greffer sur l'enseignement géographique : il fournira les faits qui permettront au professeur de s'élever jusqu'aux lois générales qui président à la vie d'une nation et aux rapports des nations entre elles.

Ainsi placée dans les programmes, la géographie peut devenir « le centre de l'enseignement » et le fondement de l'éducation moderne, dont on a dit si justement qu'elle devait être « nationale, contemporaine et sociale ». La géographie devrait renoncer à jouer ce rôle, si, comme le désire M. Jules Lemaître, elle devenait le centre d'un enseignement principal scientifique comprenant la géologie, la cosmographie, etc. Elle serait forcée de se plier au caractère abstrait et spécial des études scientifiques qui ne s'adressent guère qu'au jugement ou aux plus hautes facultés de spéculation. Unie à l'histoire et à la littérature qui apprennent non seulement à juger, mais à vouloir, à vouloir à propos, à sentir et à s'exprimer, elle constituera avec elles une discipline complète de l'esprit, de la volonté, du sentiment, et deviendra la base de l'éducation moderne qui vise à former des Français et des hommes de leur temps, que n'effraient ni les transformations, ni la complexité de la vie à l'époque contemporaine, ni les injonctions du devoir social.

Vœu présenté au Congrès à la suite de cet exposé :

« Que dans l'enseignement secondaire moderne le nombre d'heures accordé à la géographie soit augmenté ; qu'en raison de cette augmentation, les programmes soient remaniés ; que ces remaniements soient opérés de manière à donner plus d'importance à la géographie coloniale et à la géographie de la France. »

II. — De l'enseignement populaire de la Géographie.

L'enseignement populaire de la Géographie est suivi à Marseille par un très grand nombre d'auditeurs qu'ont successivement attiré, surtout dans ces dernières années, les leçons des professeurs désignés par la Société de Géographie. Il suffit de jeter un coup d'œil sur les sommaires de leurs cours (Etudes sur Marseille et la Provence, appendice, p. 19), pour constater qu'ils se sont tous attachés à faire connaître la France, les colonies françaises et les colonies européennes, les pays d'Europe voisins de la France.

Eveiller et diriger l'initiative des jeunes gens appartenant aux diverses classes de la société, soit pour leur donner le goût de la colonisation et du commerce à l'extérieur, soit pour leur apprendre à profiter des ressources économiques de la France, s'ils ne sont pas disposés à s'expatrier, tel paraît être le but poursuivi : on cherche à utiliser les aptitudes les plus diverses et les vocations les plus contraires pour les faire concourir à l'œuvre du relèvement économique de notre pays. Il ne semble pas cependant que l'enseignement populaire, bien que destiné à faire éclore des vocations économiques, doive s'interdire d'en susciter d'héroïques, s'il est vrai que les explorateurs fraient la voie aux commerçants et aux colons : des lectures, récits de voyages, comptes-rendus de missions dans les contrées décrites peuvent en varier agréablement la description physique et économique, ajouter l'émotion à l'intérêt et élever l'enseignement sans lui faire perdre son caractère essentiellement pratique. Rien n'empêche, d'ailleurs, de rendre l'enseignement populaire de la Géographie plus utilitaire encore, en faisant du cours populaire une sorte de centre officiel de renseignements pour le commerçant, pour le colon, pour l'ouvrier. Comparer entre eux les profits du travail, soit dans les divers pays où se rencontre l'initiative des peuples civilisés, soit dans les différentes régions de la France, ce serait sans doute permettre à chacun de mieux connaître sa juste place dans le monde ou, plus modestement, dans son pays et lui apprendre à rester à cette place.

Bien que régler ainsi la vie économique d'un peuple constitue le plus difficile des problèmes, si quelques progrès peuvent être réalisés dans cette répartition des forces et des intelligences nationales, l'enseignement populaire de la Géographie peut sans doute les rendre plus rapides et plus constants.

Vœu présenté au Congrès :

« Qu'il soit créé un plus grand nombre de Cours populaires de Géographie, au moyen de subventions fournies non seulement par les Sociétés de Géographie, mais par l'État, par les Conseils généraux et les Conseils municipaux. »

Après une discussion à laquelle prennent part MM. de Varigny, Levasseur, Gauthiot, Dubois, le colonel Blanchot, Bonnard et Manès, le vœu présenté par M. Flory est simplifié comme suit :

« Le Congrès émet le vœu que dans l'enseignement secondaire moderne le nombre d'heures accordé à la géographie soit augmenté, de manière à donner plus d'importance à la géographie coloniale et à la géographie de la France. »

Le vœu ainsi conçu est adopté, de même que l'amendement suivant, présenté par M. Camille Guy, délégué du Ministère des Colonies :

« Le Congrès émet le vœu que l'enseignement de la géographie ait la même place dans l'enseignement classique que dans l'enseignement moderne. »

L'ENSEIGNEMENT DE LA GÉOGRAPHIE ÉCONOMIQUE

Par M. **Marcel DUBOIS**, professeur à la Sorbonne.

(Résumé).

M. Dubois déclare qu'il voulait renoncer à la parole après le magistral exposé de M. Levasseur et l'excellente communication de M. Flory. Il présentera seulement quelques observations, d'abord pour constater que les meilleurs maîtres font des oublis, puisque M. Levasseur a omis de signaler que lui-même avait pris une grande part dans la réforme de 1872.

Nous avons le devoir d'insister auprès des pouvoirs universitaires pour développer l'enseignement de la Géographie. La principale difficulté d'application c'est que l'on veut tout étendre et que dans ce déchaînement la géographie rencontre de graves concurrences. L'orateur estime que l'augmentation du nombre d'heures consacrées à l'enseignement géographique est nécessaire, mais il ne croit pas qu'il soit de la compétence du Congrès de fixer ce nombre. L'enseignement de la Géographie n'a pas des ennemis que dans le camp opposé : parmi nos collègues il a aussi des adversaires inconscients, ceux qui voudraient que la Géographie se transformât en enseignement encyclopédique, ou qui voudraient l'absorber dans celui de l'histoire. Ce doit être un enseignement indépendant, adapté, et non encyclopédique, différent aussi selon qu'il s'agit de l'enseignement moderne, classique ou commercial.

A l'entrée des Ecoles de commerce, les programmes doivent être généraux ; il ne faut pas faire exclusivement de la Géographie économique ou coloniale. En spécialisant trop tôt, on mènerait nos élèves à considérer seulement ce qui fait l'activité présente d'une ville : or cette activité se modifie sans cesse et on doit prévoir ces évolutions. Il y a donc lieu de maintenir une certaine généralité, qui élève l'esprit des jeunes gens et leur donne plus d'initiative, en les préservant de l'idée que le commerce restera ce qu'il est. Il évolue au contraire avec trop de rapidité pour qu'on puisse se contenter d'un enseignement régional, que ne donnerait point la connaissance des lois générales de l'évolution du négoce. Qu'on forme des esprits souples, alertes, et non des catalogues vivants.

RÉFORME DE L'ENSEIGNEMENT DE LA GÉOGRAPHIE

Par M. le Dr **J. VINCENT**, ancien Médecin de la Marine, membre
de la Société de Géographie de Marseille.

Chaque jour nos vaillants soldats et marins exposent leur vie pour planter le drapeau de la France sur une nouvelle conquête ; ils luttent énergiquement pendant de longues années, pour pacifier le pays conquis, contre le climat meurtrier et les pièges tendus par les vaincus. Nos explorateurs font noblement le sacrifice de leur vie, marchant toujours dans l'inconnu, sans crainte du danger, abattus souvent par les maladies tropicales, victimes de trahisons, de guets-apens, où ils succombent parfois après avoir lutté énergiquement, mais toujours confiants dans leur mission civilisatrice.

Lorsque le succès a couronné un travail opiniâtre, qui a demandé de longues années pour être accompli, ils reviennent simplement dans leur pays, munis de traités de commerce qu'ils ont fait signer par les chefs des diverses régions explorées, apportant à leurs compatriotes de nouveaux débouchés commerciaux.

Le résultat obtenu par les Français exploitant nos colonies est-il en rapport avec les efforts dépensés par les soldats et les explorateurs ?

J'ai constaté avec regret, pendant un long séjour à la Côte occidentale d'Afrique, que les Maisons de commerce étaient généralement desservies par des employés d'origine étrangère : Suisses, Germains, Anglo-Saxons et Slaves. Le Français est toujours en minorité. Les patrons sont souvent eux-mêmes d'origine étrangère et, dans toutes les rivières du Sud de la Sénégambie, on trouve une maison française pour trois maisons suisse, allemande ou anglaise. Et ce fait est malheureusement constaté, non seulement dans nos possessions Africaines, mais dans toutes celles de l'Asie, de l'Amérique et de l'Océanie.

Pourquoi ce dédain de nos conquêtes coloniales ? Pourquoi le Français préfère-t-il vivre souvent misérable en France, plutôt que d'aller à la conquête de la Fortune, dans un pays qui est le sien ? Il préfère, en effet, subir l'esclavage de la misère chez lui, où il n'a que l'illusion de la liberté, plutôt que de vivre en maître sur des terres conquises où tous les hommes lui sont soumis, parce qu'il en est le conquérant.

Est-ce que le descendant des Gaulois appartiendrait à une race dégénérée ? Serait-il inférieur aux Germains, aux Saxons, aux Slaves ? Ou bien encore, séduit par les beautés du sol natal, ne peut-il s'arracher à ses rêves, vivant toujours d'illusions, méprisant l'augmentation de son bien-être matériel ?

Les Suisses ou les Germains quittent résolument le pays de leurs impressions premières, s'expatrient et vont à la conquête de la Fortune, n'importe où, risquant leur vie pour atteindre le but tant désiré ; et lorsque après de vaillants efforts, des luttes quotidiennes, ils l'ont atteint, ils reviennent au milieu de leurs compatriotes vivre d'une vie facile, augmentant la fortune de leur patrie avec l'or qu'ils sont allés conquérir dans des régions éloignées. Ces hommes ont bien mérité de leur pays et tous leurs concitoyens doivent s'incliner devant eux. J'ajoute même que l'on devrait leur donner une récompense honorifique, les distinguant des autres ; ce serait le complément des jouissances matérielles procurées par une fortune si noblement acquise.

Parmi les causes qui font redouter l'expatriation aux Français : les unes sont originelles et l'éducation française ne fait que les développer à mesure que l'enfant grandit; les autres prennent naissance dans nos colonies. Le colon n'y trouve pas toujours, en effet, une protection suffisante et nombreux sont ceux qui, après avoir tenté la fortune dans une de nos colonies, reviennent malades et désespérés au pays natal. Cette dernière cause cependant est d'importance moindre que celles que je crois devoir signaler. Le Français est prétentieux; il dédaigne les emplois modestes et il veut débuter à l'étranger ou dans nos colonies avec des appointements élevés. J'ai vu à Alexandrie un jeune Français qui avait d'emblée un emploi de 225 francs par mois. Il a trouvé que c'était trop au-dessous de lui et qu'il lui fallait immédiatement une situation lui permettant de vivre largement; il rentrait à Marseille après un séjour de quinze jours à Alexandrie. Aussi nous ne devons pas nous étonner que notre mouvement commercial diminue à Alexandrie et en Égypte.

Les Allemands et les Anglais, au contraire, acceptent en principe tous les emplois et sont très modestes dans leurs prétentions. Il arrive à Shanghaï des Allemands, employés de commerce, qui acceptent tous au début des situations de 60 dollars (150 francs par mois) et cependant la vie est excessivement chère dans cette ville. Eh bien! malgré les débuts pénibles et modestes, ils sont en ce moment légion à Shanghaï; ils y tiennent le haut du pavé; ils occupent tout le haut commerce, leur influence est chaque jour plus considérable et lentement ils arriveront à avoir la suprématie commerciale. Tout homme qui s'expatrie doit être bien imbu de cette idée : c'est que l'on n'arrive à la fortune que lentement et péniblement, quel que soit le point du monde que l'on ait choisi pour s'enrichir. Le Français au contraire veut faire fortune tout de suite et en jouir immédiatement; malheureusement les déceptions arrivent vite et il revient au pays désillusionné et plus malheureux qu'avant son départ pour les colonies. Tous nos commandants des Messageries Maritimes vous diront qu'au canal de Suez, œuvre éminemment française, ils ne trouvent plus comme pilotes que des Anglais, des Grecs et des Italiens. Pourquoi le marin français, homme essentiellement courageux, habitué à vivre constamment hors de son pays, dédaigne-t-il ces emplois de pilote, lorsque souvent il manque de commandements ? Parce que les appointements du début sont trop modestes...

Je ne chercherai pas davantage les causes de ce dédain du Français pour l'expatriation; j'admettrai même que l'amour exagéré du sol natal en est la cause première. Cependant, il faut chercher un moyen de remédier à cet état de choses.

J'ai mûrement réfléchi à cette question et j'en ai conclu que cette cause première était dans le système d'éducation des enfants. C'est dès le bas-âge qu'il faut suggérer à l'enfant l'idée que lorsqu'il sera devenu homme, il pourra aller à la conquête d'une fortune que ses parents ne possèdent pas ; il faut, — si je peux m'exprimer ainsi, — lui faire *sucer le lait colonial*, l'habituer lentement, par une étude raisonnée de la Géographie, à l'idée qu'un jour il sera heureux de visiter les pays dont on lui fait la description. Mais qui remplira vis-à-vis de lui ce rôle de nourricier ? Il ne faut évidemment compter ni sur le père, ni sur la mère qui, tous deux, voient dans leur enfant une partie d'eux-mêmes : l'idée de se séparer de l'être sur lequel ils ont porté toute leur affection, n'est pas dans la nature humaine ; ils ne s'y soumettent, et encore péniblement, que lorsqu'ils se trouvent dans l'impossibilité d'assurer son bien-être matériel.

Ce rôle appartiendra au professeur de Géographie ! C'est lui qui, en faisant la description de nos conquêtes coloniales, y apportera toute la chaleur de la parole ; il vivra avec ses élèves de cette vie coloniale, en leur faisant connaître les richesses que contiennent les pays étudiés, en faisant le récit de quelques explorations célèbres, en leur parlant de ces héros qui, poussés par un amour ardent de la patrie, ont fait le sacrifice de leur vie à la noble ambition d'augmenter les débouchés commerciaux de la France.

Ainsi donc, le rôle du professeur de Géographie consistera à frapper l'imagination de l'enfant ; mais les procédés oratoires seront-ils suffisants et n'en existe-t-il pas d'autres ? Je vais avoir l'honneur de vous énumérer ceux qui me paraissent les meilleurs, tout en développant chacune des parties du nouveau programme qui aurait pour but de frapper sans cesse l'imagination de l'enfant.

Les souvenirs du Lycée sont encore tous présents à ma mémoire et je me revois encore penché sur un Atlas quelconque, étudiant la leçon du maître ; je sortais de cette étude la mémoire chargée de noms nouveaux, de noms de villes, de caps, d'îles, etc. ; il me souvient qu'il existait des moyens mnémotechniques qui permettaient de débiter, sans respirer, le nom des îles formant un groupe, des affluents d'un fleuve, des chaînes de montagnes ; loin de moi, l'idée de proscrire ces procédés de gymnastique de la mémoire, qui ont encore leur utilité, mais l'impressionnabilité de la mémoire est-elle suffisante ? Ne faut-il pas aussi frapper l'imagination de l'écolier ? Par ces procédés, je bourrais ma mémoire de mots nouveaux qui, incontestablement ont eu leur utilité, mais mon imagination n'était nullement frappée.

Plus tard, lorsque les hasards de la vie m'eurent conduit dans des pays lointains ; lorsque les marins, dans leur langage imagé, m'eurent expliqué mathématiquement les divers points du globe où nous nous trouvions, je compris ma géographie. Alors toutes les cartes de Cortambert et autres ne m'effrayèrent plus ; je suivais par la pensée nos paquebots, traçant leur sillon sur toutes les mers du monde, m'arrêtant avec eux dans les ports de relâche, vivant de la vie des passagers, grâce aux nombreux souvenirs que chaque étape réveillait en moi ; alors j'ai pu suivre nos braves soldats à travers les mille péripéties d'une lutte meurtrière au Soudan, au Tonkin et ailleurs. Je fus tout surpris de ma naïveté géographique de l'enfance et de l'adolescence, et je ne m'étonnais plus de rien, grâce à la connaissance raisonnée de la Géographie.

Ainsi donc, à mon avis, le meilleur moyen d'enseigner la Géographie consiste à frapper l'imagination de l'écolier. Les moyens, pour arriver à ce but, sont multiples. Je vais les énumérer, en faisant de chacun d'eux une description rapide.

I. — *Création d'une salle spéciale de Géographie dans chaque établissement d'enseignement secondaire.*

Cette salle devrait être disposée en amphithéâtre, avec un plafond très élevé. Une immense mappemonde, de 5 à 6 mètres de diamètre, serait placée dans le fond de la salle, de manière à permettre à tous les élèves assis sur les bancs de l'amphithéâtre de suivre le cours pratique du professeur. Cette mappemonde serait mobile autour d'un axe fixe, ce qui permettrait de la faire tourner à la volonté du professeur.

L'hémisphère Sud de la Terre, ne présentant qu'un intérêt géographique médiocre, serait au niveau du sol ; l'hémisphère Nord, par suite, se trouverait admirablement placé pour permettre aux élèves de suivre l'enseignement du maître et de lire, de leur place, les noms de mers, villes, caps ou promontoires inscrits en grosses lettres sur le fac-similé de la boule terrestre.

Les écoliers s'habitueraient ainsi à placer dans leur cerveau la forme de la Terre, telle qu'elle est ; ils pourraient bien apprécier rapidement la valeur de ces latitudes et de ces longitudes qui sont la base de la mensuration de la Terre et qui permettent à l'explorateur et au marin de fixer mathématiquement le point exact où ils se trouvent.

La création d'une salle de Géographie n'entraînerait pas, bien entendu, la suppression des Atlas ; mais l'habitude de voir la mappemonde permettrait à l'élève de transporter, par l'imagination, sa carte sur le point de la Terre qu'il étudierait.

La création de l'étude de la Géographie sur une grande mappemonde ne m'est pas personnelle. Tous nos officiers de marine qui destinent leurs enfants à la carrière maritime procèdent ainsi : lorsque leur enfant commence à comprendre, ils font construire, ou ils construisent le plus souvent eux-mêmes, une grande mappemonde de 1 m. 50 de hauteur par exemple, et alors ils enseignent la géographie conformément au programme que je vous soumets ; ils captivent l'imagination de l'enfant par la mappemonde qui est sous ses yeux et accompagnent l'enseignement d'une foule de récits toujours intéressants. Aussi, lorsque plus tard l'enfant entre dans la vie, après les premiers succès du baccalauréat ou de tout autre examen, il n'a plus qu'un but : visiter ces pays lointains qui ont tant frappé son imagination, quelquefois même tâcher d'arracher à l'inconnu quelques-unes de ses terres pour apporter, lui aussi, son tribut à la confection du grand livre de l'histoire de l'humanité.

Je crois inutile de m'étendre plus longuement sur les avantages présentés par une salle spéciale de géographie. Cependant, j'ajouterai que pour saisir davantage l'imagination de l'enfant, cette salle devrait contenir des vitrines dans lesquelles seraient renfermés une foule d'objets : des reliefs de pays, des instruments géographiques, etc.

Peut-être, me fera-t-on l'objection qu'une telle création entraînera des frais considérables ; tel n'est point mon avis. Je ne pense pas qu'une charpente de mappemonde en bois, quelles que soient ses dimensions, — entourée d'une toile sur laquelle seront dessinées les terres et les mers avec les noms inscrits en lettres à gros caractères — puisse entraîner de grandes dépenses. Quant à la construction de la salle, c'est une question de maçonnerie et de menuiserie, sur laquelle il est inutile d'insister.

II. — *Modification de la première partie de l'enseignement de la Géographie. Création d'un cours de géographie métrique.*

Un des moyens que je crois aussi très efficace pour frapper l'imagination de l'enfant, c'est de lui apprendre à bien apprécier les distances qui permettent de faire la mensuration de la Terre et au voyageur de déterminer le point exact du monde où il se trouve.

Je sais que tous nos livres classiques d'enseignement nous apprennent ce qu'on appelle longitude, latitude, méridien, points cardinaux ; ils nous disent ce qu'on appelle degré, minute, seconde, etc. ; mais les auteurs insistent-ils suffisamment sur ces questions ? A mon avis, je voudrais que les élèves de quatrième, c'est-à-dire ceux dont l'instruction géométrique est suffisante, puissent commencer l'étude de la géographie par un cours que j'appellerai : *Géographie métrique*.

Ces impressions sur la transformation de l'enseignement de la géographie me sont venues à la suite de la conviction que la plupart de nos bacheliers de philosophie sont absolument ignorants de ce que j'appelle la géographie métrique.

Parlez-leur de la Boussole, ils vous diront bien que c'est un instrument de physique contenant une aiguille aimantée qui a la propriété de toujours se maintenir dans la direction Nord et Sud ; mais demandez-leur d'en faire l'application, de se diriger avec cet instrument sur les terres ou sur les mers, de vous faire connaître la division du cadran de la boussole ; demandez-leur ce que c'est que l'Est-quart-Nord-Est, ces expressions les surprendront entièrement. Cette ignorance, je ne l'ai pas constatée une fois, mais vingt fois, et fréquemment sur des membres de ma famille, quelques-uns même premiers sujets des classes de philosophie et de rhétorique.

Et maintenant, si vous poussez plus loin l'interrogatoire du même élève, vous constaterez qu'il ignore absolument la valeur métrique du degré, de la minute, de la seconde, et de la 120me partie de la minute que les marins désignent sous le nom de nœud.

Comme objection à cette partie du programme, je crains bien que l'on ne m'oppose que ces descriptions métriques sont du domaine de la cosmographie. Mais toutes les sciences ne puisent-elles pas une partie de leur programme dans leur voisine ? La physique et la chimie, l'arithmétique et la géométrie se complètent entre elles ; donc la géographie empruntera à sa sœur la cosmographie toutes ces études métriques ; du reste, la mensuration et l'orientation de la Terre sont plutôt du domaine de la géographie que de la cosmographie.

L'Astronome étudie la Terre dans ses rapports avec notre système planétaire, mais il ne l'étudie pas pour faire la description de sa surface ; c'est le rôle du Géographe ; il n'étudie pas, non plus, sa structure, c'est le rôle du Géologue. En procédant ainsi, l'élève aura une idée exacte de la forme de la Terre.

J'estime que ces principes de géographie métrique doivent avoir une importance telle, que l'interrogatoire du bachelier ou du candidat à une école quelconque devra se diviser en deux parties : une question de géographie métrique et une question de géographie descriptive.

Telle est le but de la géographie métrique ! Et lorsque l'enfant sera bien pénétré de tous les principes de mensuration et d'orientation, il jonglera, pour ainsi dire, avec les latitudes, les longitudes, les valeurs métriques du degré, de la minute, de la seconde. Quand il pourra, par un simple calcul, connaître la superficie d'un pays, sans que le professeur le lui dise ; lorsque, par exemple, on lui dira « La France ou tout autre pays est situé entre X° de latitude Nord et X° de latitude Sud et X° de longitude Est et X° de longitude Ouest », il classera immédiatement ce pays par l'imagination sur la boule terrestre ; il en calculera la superficie, en sachant que le degré est égal à 60 milles marins ou 60 minutes, que le mille est égal à 1852 mètres, que la seconde est la 60ᵉ partie de la minute et ainsi de suite. L'enfant comprendra ainsi pourquoi le mouvement de rotation de la terre se faisant de l'Occident vers l'Orient en 4 minutes par degré, le Soleil étant fixe, les pays occidentaux ont un retard de 4 minutes sur les pays orientaux pour voir le lever du Soleil, et que, par suite, ces 4 minutes multipliées par les 360° de longitude parcourus par la Terre représentent exactement les 24 heures du cadran d'une montre.

Je m'arrête ; je ne veux pas vous fatiguer davantage en faisant un cours de géographie métrique ; du reste, j'ai cru devoir en tracer les principes. Ainsi donc, Messieurs, j'ai l'honneur de vous proposer d'adjoindre à l'enseignement classique actuel, un cours de géographie métrique, plus complet qu'il ne l'est aujourd'hui.

III. — *Création d'un cours pratique d'études coloniales dans les Lycées, etc.*

Cette question doit être traitée par M. le Dʳ Heckel et je ne doute pas qu'il y apporte toute l'expérience donnée par une longue habitude de l'enseignement supérieur et la connaissance profonde de tout ce qui intéresse notre domaine colonial. Seulement, je crois que son but est de créer un cours d'études coloniales dans les Facultés ; l'application de cette idée ne peut que rendre un grand service au mouvement d'expansion coloniale, mais elle ne répond pas à mon idée première : frapper l'imagination de l'enfant, lui faire sucer le *lait* colonial dès le plus jeune âge. Les cours de M. Heckel s'adresseront plutôt aux adolescents et aux adultes qu'aux enfants ; j'admets que l'enfance s'arrête à l'âge de 16 ans.

Ne croyez pas que ce cours pratique d'études coloniales serait bien complexe; c'est la création du Musée des Colonies par M. Heckel, à Marseille, qui m'en a donné l'idée. M. le Dr Heckel a su réunir dans une salle presque modeste de magnifiques collections, appartenant à toutes nos possessions exotiques : botanique, vêtements, chaussures, armes, animaux, tous les produits de ces pays y sont représentés ; et cependant, j'ai constaté avec regret que cette belle salle avait de très rares visiteurs. Le concierge de ce musée est celui qui bénéficie le plus de cette création.

Cette salle contient tous les produits de nos colonies qui peuvent faire impression sur l'esprit des écoliers : je voudrais que le professeur de géographie, chaque fois qu'il fait étudier à ses élèves une colonie nouvelle, les conduisît dans cette salle et leur fît un cours pratique d'enseignement colonial. Il n'y a rien de tel pour apprendre et s'intéresser que de vivre dans le contact des choses que l'on vous enseigne.

En sortant de ces cours pratiques, les élèves auraient une idée exacte des produits de la colonie étudiée : les mœurs n'étant que le reflet de l'industrie, ils en retireraient, par l'étude des produits industriels, une connaissance raisonnée des coutumes de nos colonies.

Ainsi donc, vous le voyez, mon but est très simple : il consiste à frapper l'imagination des enfants, en les menant, au fur et à mesure que l'on étudie nos possessions coloniales, dans un Musée colonial.

Je laisse à M. le Dr Heckel le soin de s'étendre plus longuement et plus savamment sur la question coloniale ; mais j'espère qu'il ne m'en voudra pas d'avoir pris dans ses travaux l'idée d'appliquer aux enfants la méthode d'éducation qu'il veut appliquer aux adolescents.

IV. — L'Armée Coloniale.

Je terminerai en soumettant au Congrès une quatrième proposition, qui n'a aucun rapport avec l'instruction de l'enfant. Elle concerne l'adulte ou du moins le jeune homme de 21 ans qui va accomplir ses trois années de service militaire. Cette proposition, je ne doute pas qu'elle n'entraîne de nombreuses objections, principalement de nos chefs de l'armée, mais elle pourrait être agréée par les promoteurs d'une armée coloniale. Elle a pour but de réduire le service militaire au temps strictement nécessaire pour apprendre le maniement des armes, temps que je fixe approximativement à dix mois. Après ces dix mois d'exercices, ceux qui bénéficieraient de la libération conditionnelle seraient obligés de se rendre dans une colonie quelconque, à leur choix ou suivant les besoins, et, dans ce cas, la colonie serait désignée d'avance ; ils séjourneraient dans cette colonie, comme colons et hommes libres, pendant deux années, c'est-à-dire pour compléter la période de trois années de service militaire due par tout Français.

Le métier des armes est incontestablement un très noble métier, mais j'ai constaté que malgré le désir ardent que nous avons tous de servir notre Patrie lorsqu'elle est en danger, nous avons horreur, en temps de paix, de cette discipline sévère, qui certainement fait la force de notre armée, et, nous préférons vivre libres sur n'importe quel point du monde pour nous arracher à toute entrave.

Les premières objections, qui seront présentées par les chefs de notre armée, sont que le service militaire doit être égal pour tous et qu'il est impossible de faire un bon soldat en dix mois.

L'égalité de service n'en subsistera pas moins, car le Français qui s'expatriera, pour donner par son travail de l'extension à nos colonies, dépensera physiquement et intellectuellement bien plus que n'importe quel soldat de l'armée française ; du reste, il ne sera pas complètement dégagé des obligations militaires. Je ne l'astreindrai pas, il est vrai, à faire des 28 et des 13 jours, mais il constituera dans nos colonies le premier appoint de notre armée coloniale. Il ne fera pas partie de la réserve de l'Armée ; il sera de l'Armée coloniale ; mais il ne partira que si un danger quelconque menace la colonie ; il complètera le cadre de l'armée coloniale, dont on attend toujours la création avec impatience. Sa seule obligation sera de se présenter une ou deux fois par an, en tenue de service, à un chef quelconque, pour montrer qu'il est toujours prêt à faire campagne.

Quant à la dernière objection, je répondrai que, s'il est impossible de faire en dix mois un bon soldat, qui est destiné à faire la guerre européenne, — c'est-à-dire une guerre où tous les mouvements seront calculés scientifiquement, où toutes nos troupes devront obéir automatiquement aux ordres des chefs, — il n'en est pas de même dans nos colonies.

Le plus grand ennemi de l'Européen dans les colonies, c'est en général le Soleil et les marécages ; l'acclimatation est nécessaire pour pouvoir lutter contre ce danger permanent et inévitable. La lutte contre l'habitant, l'indigène, ne se fait pas, comme en Europe, par batailles rangées ; elle ne demande point une tactique savante ; c'est la guerre primitive avec des ruses faciles à déjouer.

Ce qu'il faut au soldat colonial, c'est la résistance au climat et une connaissance suffisante du maniement des armes. En dix mois, on peut former facilement des soldats qui auront à lutter contre les êtres primitifs que sont les indigènes.

Je crois inutile de revenir sur ce que j'ai dit : tout soldat qui s'engagera à faire deux années comme colon dans une colonie française n'aura aucun service militaire à faire après la courte période indiquée. L'Armée coloniale continuera à faire le service de nos colonies, mais en cas de danger, les volontaires colons de deux ans devront se rendre à un appel sous les drapeaux pour défendre la colonie, appel qui ne sera fait, bien entendu, que dans un cas de force majeure.

Ces volontaires colons présenteraient rapidement toutes les aptitudes pour faire de bons soldats coloniaux en cas de guerre et il n'est pas douteux que lorsqu'ils auront un séjour de deux années dans la colonie, ils ne demanderont pas à être rapatriés ; ils demanderont, au contraire, à rester dans la colonie pour y faire la conquête de la fortune dont ils sont dépourvus chez eux.

Comment fonctionnera ce service colonial ? Les difficultés en présence desquelles on se trouvera sont de plusieurs ordres, mais leur solution doit toujours tendre à la sauvegarde des intérêts de ceux qui demanderont à bénéficier de cette loi de colonisation. En première ligne c'est le commerçant, exportateur de produits coloniaux, qui assumera la responsabilité d'assurer le bien-être matériel du volontaire colon. Les commerçants, en présence de la facilité de se procurer de bons sujets pour exploiter leurs concessions, adresseront au gouvernement français une demande d'engagement de volontaires colons, dont le chiffre sera fixé d'avance. Le gouvernement de son côté prendra toutes les garanties pour assurer la bonne exécution des engagements pris par le commerçant. Il est incontestable que cette création présentera certaines difficultés dans l'application, mais quelles sont dans l'organisation des peuples civilisés les réformes qui n'ont pas été critiquées, et qui après avoir été adoptées n'ont pas subi de nombreux changements, jusqu'à ce que l'application se rapproche le plus possible de la perfection. Il en sera de même de cette nouvelle loi, dont le but est de donner à nos colonies la plus grande extension possible et de ne pas laisser incultes les immenses terres que nous avons arrachées à la barbarie.

Ainsi donc, Messieurs, j'ai l'honneur de vous proposer de prendre en considération la motion suivante :

« Tout soldat bien noté après les dix mois de service nécessaires pour apprendre le maniement des armes pourra, sur sa demande, être expédié en qualité de colon dans une colonie française où il s'engagera à rester jusqu'au jour de la libération de la classe dont il faisait partie. »

Après discussion, M. le D' Vincent déclare se rallier aux vœux relatifs à l'enseignement géographique que le Congrès vient de voter sur la proposition de MM. Flory et Guy.

DE LA NÉCESSITÉ DE LA CRÉATION A PARIS D'UN INSTITUT COLONIAL

Par M. le lieutenant-colonel **MONTEIL**, président
du « Syndicat des Explorateurs ».

(Résumé).

Le colonel Monteil demande au Congrès de vouloir bien approuver son projet de création, à Paris, d'un cercle qui porterait le nom d'*Institut Colonial*.

Aujourd'hui que la politique d'expansion coloniale est une nécessité admise par la grande masse de l'opinion publique, que cette politique a une répercussion sans cesse grandissante aussi bien sur le terrain économique que sur le terrain de la politique étrangère, il importe de mettre en *contact permanent* les intérêts de tous ordres qui doivent souder intimement entre eux la France d'une part et son empire colonial d'autre part.

Les temps sont proches où l'extension de nos conquêtes aura atteint ses limites, où la diplomatie européenne aura fait le partage définitif des territoires encore libres de tout joug européen ; l'ère théorique et aussi l'ère héroïque auront ce jour-là pris fin.

L'œuvre de nos savants, de nos explorateurs, de nos soldats ne pourra se soutenir en faveur qu'à la condition *d'être utile*, qu'à la condition de *servir les intérêts économiques du pays*. Or, pour éviter une nouvelle période de tâtonnements qui serait funeste à cette grande cause, il faut établir, ce qui n'existe point, le *contact intime des intérêts métropolitains et des intérêts coloniaux*.

Les nombreuses Sociétés qui, à l'instar de notre grande Société de

Géographie, ont pris depuis vingt ans corps à corps le problème colonial ont fait une œuvre méritoire : elles ont fait la conquête théorique de la grande masse. Leur rôle n'est pas près de s'amoindrir, il ne peut que grandir au contraire avec la soif chaque jour plus ardente de connaître qui se manifeste à tous les degrés de l'échelle sociale.

Mais ces sociétés ne peuvent avoir que des réunions espacées : elles ne s'adressent qu'à des premiers sujets ; leurs conférenciers ne peuvent que traiter de généralités. En dehors de milieux choisis et restreints comme assistance, l'auditeur ne peut questionner, se faire une opinion propre sur des matières qui pourraient l'intéresser spécialement.

C'est cette lacune qu'il s'agit de combler. L'*Institut Colonial* sera le lieu de réunion où hommes politiques, négociants, industriels, financiers pourront, chaque jour, s'entretenir avec les grands exportateurs, les colons, les explorateurs, les officiers et les fonctionnaires coloniaux. Les uns et les autres, à ce contact journalier et varié à la fois, pourront utilement travailler à développer leurs intérêts en même temps que ceux du pays.

De ce milieu rayonneront par influence réflexe, dans toutes les classes sociales, des idées plus justes, plus pratiques aussi, concernant la mise en valeur de notre domaine colonial.

Enfin, l'*Institut Colonial*, par la valeur et le nombre de ses membres, pourra suivre au jour le jour les progrès des nations rivales sur le terrain colonial et donner en temps utile des indications intéressantes qui manquent aujourd'hui ou ne viennent pas à leur heure.

La création d'un *Institut Colonial* est donc d'une nécessité qui, pour les raisons qui précèdent, semble ne pas devoir être contestée.

Le colonel Monteil conclut en présentant le vœu suivant :

« Que les Sociétés de Géographie, dans le but de favoriser le développement économique de notre domaine colonial :

1º Adhèrent à l'idée de la constitution à Paris d'un Institut Colonial ;

2º Secondent par une propagande efficace auprès de leur sociétaires cette constitution ;

3º Se solidarisent pour agir collectivement auprès des pouvoirs publics et du Parlement pour faire aboutir cette création au cas où l'initiative privée serait impuissante à la réaliser. »

Une discussion s'engage sur cette proposition ; MM. Rainaud, le colonel Blanchot et de Varigny y prennent part. Le vœu du colonel Monteil est ensuite adopté.

IMPORTANCE A DONNER A L'ÉTUDE DES LANGUES VIVANTES AU POINT DE VUE DE L'EXPATRIATION DES FRANÇAIS

Par M. **L. MARISSIAUX**, professeur,

Secrétaire-général de la Société de Géographie d'Avesnes-Fourmies-Maubeuge.

Communication présentée par M. G. Tellier, délégué.

Les langues vivantes, telles qu'on les enseigne actuellement dans nos lycées et collèges, ne rendent et ne peuvent rendre aucuns services à l'échange international des idées. Les professeurs ont pour objectif de préparer leurs élèves de l'enseignement classique ou moderne à passer avec succès les examens qui sont le couronnement obligatoire des études. Des auteurs sont indiqués par les programmes ; je citerai pour l'anglais : « Childe Harold, Coriolanus, Macaulay's Essays », et pour l'allemand : « Dichtung und Wahrheit, Wilhelm Tell, Maria Stuart, Poésies lyriques ».

Je doute que les ouvrages précités facilitent jamais à nos jeunes lycéens la communication de leur pensée à leurs voisins d'Outre-Rhin et d'Outre-Manche.

On enseigne encore les langues comme on le faisait en 1830 : ce sont les mêmes idées qui dominent, les mêmes méthodes qu'on emploie, les mêmes professeurs, de père en fils, qui exercent. Ces méthodes surannées ne répondent plus aux besoins actuels. Pendant les longues années que j'ai passées dans le professorat des collèges, j'ai souvent débattu cette question de l'étude des langues à un point de vue commercial ; et pour vous faire voir combien est ancrée dans les esprits cette répugnance à s'occuper d'autre chose que de ce qu'on appelle le classique, je veux citer la réponse inattendue que m'a faite un de mes collègues, professeur d'allemand à Avesnes. Je préconisais l'introduction de l'étude de l'allemand commercial dans le programme. Mon collègue m'a répondu que la différence entre l'allemand commercial et l'allemand dit classique n'était pas tellement grande qu'il en fallût faire une étude spéciale. Il va sans dire que mes autres collègues ont été de son avis. J'ai préféré ne pas insister ; mes goûts personnels et l'occasion aidant, j'ai accepté un poste de professeur d'allemand et d'anglais à l'Ecole de Commerce de Fourmies, où j'étais plus dans ma sphère.

En cette période fiévreuse que nous traversons, au moment où les conditions et les habitudes du travail et du négoce sont en passe de se transformer de fond en comble, et où le perfectionnement inouï des moyens de communication et de transport, l'effacement des distances, l'industrialisme, la surproduction, la complication et la solidarisation croissante des intérêts, la diffusion des idées, la multiplication et le nivellement des besoins déchaînent une concurrence effrénée et assignent l'univers entier pour champ d'action à l'activité humaine, en cette fin de siècle, dis-je, la connaissance pratique des langues étrangères a cessé d'être un art d'agrément et de luxe, pour devenir un indispensable instrument d'utilité courante et d'activité commerciale.

Réservé autrefois, comme une sorte de privilège ornemental, à une aristocratie intellectuelle, à l'élite des lettrés, des orateurs, des savants et des philosophes, le polyglottisme tend de plus en plus à devenir partie intégrante et essentielle de l'éducation des masses laborieuses.

Il est un point sur lequel tout le monde est à peu près d'accord, c'est que les langues vivantes sont les clefs qui doivent nous ouvrir les portes du commerce international.

Entre peuples voisins, il n'est pas sans profit, de temps à autre, de jeter un regard par-dessus le mur mitoyen. Si de 1813 à 1870 la France avait su écouter aux portes, elle eût recueilli dans les journaux et dans les discours, dans les chants patriotiques de telle de ses voisines, plus d'un avertissement salutaire, plus d'une prophétie, hélas! réalisée depuis. Mais, tout en montant la garde, l'œil fixé sur notre frontière mutilée, nous ne perdrons pas de vue que des luttes non moins vives nous attendent ailleurs, les luttes du commerce et de l'industrie. Ce n'est pas assez de relever le prestige de nos drapeaux, si notre incurie laisse tarir les sources de notre richesse nationale. Sur ce nouveau champ de bataille, entre les mains du négociant curieux de s'informer des fluctuations du marché universel, entre les mains du producteur surveillant avec une attention jalouse l'outillage de ses rivaux, la possession des langues ne sera-t-elle pas un précieux instrument d'enquête, une arme pour l'attaque et pour la défense?

Un de mes amis, qui a beaucoup voyagé en Amérique et qui est encore à l'heure actuelle en Australie, m'écrivait dernièrement que les prodigieux progrès des maisons de commerce allemandes et anglaises tiennent en grande partie à ce que tous leurs agents, sans exception, parlent au moins deux langues étrangères. Je le crois sans peine.

Est-ce donc, comme on l'a prétendu, que les Français soient moins aptes que d'autres à l'étude des langues? Pas le moins du monde. Quand ils veulent s'en donner la peine, les Français y réussissent aussi bien que les autres. Voyez nos colons d'Algérie, ceux de l'intérieur des terres; j'en sais qui, au bout de quelques mois de séjour au milieu des indigènes, sont déjà en état de converser avec eux, de traiter directement leurs affaires, sans le secours d'aucun interprète. L'arabe et le berbère sont pourtant très difficiles.

Il y a en Suisse beaucoup de personnes qui parlent trois langues, le français, l'italien et l'allemand. Je connais plusieurs négociants hollandais qui parlent et écrivent d'une manière suffisamment correcte le français, l'anglais et l'allemand. Pouvons-nous, en France, en dire autant de nos nationaux? Cherchez autour de vous, parmi vos amis et connaissances, en trouvez-vous beaucoup qui aient à leur disposition la connaissance même d'une seule langue étrangère?

J'appelle posséder une langue, pouvoir s'en servir pour demander les mille et une choses de la vie, pour s'informer de la route, du temps, des affaires, etc., etc., en un mot tenir une conversation suivie avec un commerçant étranger ou s'occuper de la correspondance avec les nations voisines.

Comme le disait M. Michel Bréal, l'éminent professeur au Collège de France, « ce n'est pas seulement pour comprendre les ballades de Gœthe et les épopées de Longfellow que nous apprenons les langues étrangères; c'est pour être en état de connaître et de suivre la vie scientifique des peuples voisins. » Comment, sans elles, se mettre au courant des recherches si intéressantes de la science faites par les savants du monde entier, et des progrès toujours croissants de l'industrie des pays qui nous environnent?

Si les langues ne nous permettent pas de faire fructifier les autres connaissances acquises dans les écoles, à quoi bon les apprendre? Elles restent lettre morte pour nous. Par elles notre commerce national s'étendra au loin et portera dans toutes les parties du globe les produits de notre industrie. A quoi bon connaître la laine et la manière de la travailler, étudier la fabrication des tissus et leurs différents genres, si nous ne pouvons pas, à un moment donné, nous expatrier pour aller nous-même faire au loin nos achats et nos ventes? Par l'étude pratique des langues, notre horizon s'étend, nos moyens d'action s'agrandissent, nos chances de réussite augmentent, et par notre activité, la concurrence étrangère déjà formidable s'amoindrit et perd du terrain, au profit de notre industrie et de notre commerce. L'avenir (ai-je besoin d'insister sur ce point?) l'avenir est à ceux qui sauront s'armer suffisamment.

La France, toute belle, toute généreuse et toute grande qu'elle est, ne peut satisfaire à l'activité dévorante de tous ses enfants, et bienheureux sera celui qui, par une instruction solide, réelle et complète, sera devenu assez... débrouillard (passez-moi le mot, il peint si bien ma pensée !) pour aller chercher au loin une vie facile et lucrative, alors que, dans son pays, il n'aurait pu que végéter et mener une existence remplie d'aléas et peut-être de déboires.

Croit-on que l'enseignement établi tel qu'il est dans les lycées et les collèges puisse répondre à tous ces desiderata ? Non, mille fois non. Demandez à un lycéen de 18 ans, muni d'un diplôme qu'il n'a pu gagner qu'au prix d'un travail acharné, de bien des larmes peut-être, comment on dit en anglais *connaissement, charte-partie* ou simplement *lettre de change*. A peine saurait-il définir ces mots en français !... Dites-lui de demander sa route, l'adresse d'un hôtel, le plus simple renseignement ; il en est incapable. Un exemple : j'ai fait (avant d'être professeur de langues, et avant mon séjour en Allemagne et en Angleterre) une excursion à Londres, en compagnie de quinze à vingt autres jeunes gens dont la plupart avaient fait leurs études dans un lycée du Nord. Eh bien ! aucun d'eux n'a jamais, en aucun cas, pu seul se tirer d'affaire. En cette occasion, c'est moi, qui avais étudié un peu d'anglais presque sans professeur, mais d'après une méthode pratique, qui leur servais de cicérone et d'interprète.

L'enseignement des langues en France, dans nos grands établissements, n'est donc pas ce qu'il devrait être puisqu'il ne répond pas aux besoins actuels. On exige pour le baccalauréat de l'enseignement moderne la connaissance des langues vivantes ; mais ces études n'ont rien de pratique, comme je l'ai déjà dit. A la rigueur, il vaudrait mieux en savoir moins, mais que ce peu pût être utile aux bacheliers en question qui, tout munis qu'ils sont d'un diplôme, n'y trouvent rien dont ils puissent se servir immédiatement pour se créer une situation sortable.

Voici, en conséquence de tout ce qui précède, le vœu que j'émets :

« Que le Congrès géographique de Marseille veuille bien appeler l'attention des ministres compétents sur la nécessité d'établir dans les lycées et collèges des cours commerciaux de langues vivantes pour mettre nos jeunes gens, bacheliers ou non, à même de tirer parti des connaissances qu'ils auront acquises et faciliter, par là, l'expatriation des Français, augmenter nos chances de colonisation et enfin peupler de nos nationaux nos colonies où, jusqu'à présent, les comptoirs Allemands et Anglais ont toujours eu la suprématie. »

Mercredi 21 Septembre

(APRÈS-MIDI)

SÉANCE GÉNÉRALE

Président .... M. Paul GAFFAREL, de Dijon.
Assesseurs. .... MM. F. CHAPSAL,
　　　　　　　　　　　　Marcel DUBOIS,
　　　　　　　　　　　　J. DYBOWSKI,
　　　　　　　　　　　　E. GALLET.

L'ordre du jour du Congrès appelle les communications suivantes, qui, la première exceptée, sont relatives à la Provence :

LA GUYANE FRANÇAISE ET LE TERRITOIRE CONTESTÉ

Par M. **E. D. LEVAT**, ingénieur civil.
Membre de la Société de Géographie de Marseille.

(Résumé).

M. David Levat présente une communication sur la *Guyane française et le territoire contesté*. Chargé par le Ministère de l'Instruction publique d'une mission géologique et minière dans la Guyane, il s'est particulièrement occupé de l'exploitation de l'or dans ce pays et dans le territoire du Contesté franco-brésilien.

M. Levat donne des détails précis sur la recherche et l'exploitation des placers guyanais ; les rivières étant l'unique moyen de pénétration dans l'intérieur, c'est par des pirogues que s'effectuent les transports. Chaque expédition, quand elle est bien montée, comporte généralement deux pirogues et un personnel de sept à huit hommes. Les expéditions pourvoient à leur subsistance comme elles peuvent ; elles errent à l'aventure et ne donnent que des résultats insignifiants et le plus souvent négatifs. M. Levat demande que les recherches soient entreprises méthodiquement, au lieu de s'en remettre au hasard, comme on le fait en ce moment.

Il fait ensuite l'historique de la question du contesté franco-brésilien, dont le règlement est soumis à l'arbitrage de M. le Président de la République Helvétique. Il expose que la question de délimitation est sortie de la phase des discussions purement géographiques ; la découverte des placers dits du Carsewène, en même temps qu'elle ouvrait de nouveau la question de propriété de ce riche territoire, a créé en notre faveur une occupation de fait sur laquelle il est maintenant impossible de revenir.

Pour consolider et rendre définitive dans le Contesté la prise de possession que nous avons effectuée sur la région des placers, il convient de persévérer dans la voie où nous sommes actuellement engagés, c'est-à-dire en multipliant les expéditions françaises sur les placers de l'intérieur, en les favorisant par une législation douanière équitable, permettant aux marchandises expédiées de France au Contesté *via* Cayenne de jouir dans ce port des avantages de l'entrepôt fictif, qu'on accorde à tous les ports de transit. Il convient également de s'occuper d'une manière très sérieuse des voies de communication ; la navigation étant impossible en Guyane, au-delà d'une distance assez faible de l'embouchure des cours d'eau, le chemin de fer est la seule solution possible pour desservir les besoins de l'industrie naissante. La ligne à établir aurait une longueur de 350 kil. : 150 kil., ligne de pénétration allant de Cayenne par la Comté et l'Approuague, à la zone aurifère intérieure ; 200 kil. de développement parallèle à la côte, à travers cette zone aurifère depuis l'Awa par la crique Inini, jusqu'à l'intérieur du territoire Contesté franco-brésilien actuel.

L'établissement de cette ligne pourrait se faire à l'aide de la main-d'œuvre pénitentiaire ; ce serait là l'unique part contributive à demander à l'État ; elle ne nécessiterait aucune augmentation des crédits alloués chaque année pour le service pénitentiaire. La concession du réseau pourrait être faite à une société qui s'obligerait à faire la dépense du matériel fixe et roulant ; cette société recevrait la concession des terrains bordant les deux côtés de la voie sur une largeur de 10 kilm., en respectant, bien entendu, les droits acquis et les concessions déjà accordées antérieurement à la construction des lignes.

La création de ce chemin de fer assurerait le rapide développement des richesses de la Guyane et du Contesté ; elle a une importance au double point de vue économique et politique, car la ligne proposée sera le lien le plus durable qui puisse réunir notre colonie actuelle aux territoires qui sont destinés à lui être bientôt annexés. Il est hors de doute que c'est le pays dont le réseau aura relié le premier les zones aurifères de l'intérieur avec le littoral qui recueillera les bénéfices politiques et économiques de cette création.

En terminant M. Levat présente le vœu suivant :

« Le Congrès, après avoir entendu les explications données par M. D. Levat, sur la Guyane, le territoire Contesté franco-brésilien et le projet de chemin de fer reliant Cayenne aux placers de l'intérieur ;

Considérant que le développement de l'industrie aurifère en Guyane est intimement lié à la création de moyens de transport ;

Considérant d'ailleurs que cette industrie est, la première, intéressée à cette création, dont elle bénéficierait immédiatement, et qu'elle est déjà dans une situation suffisamment prospère pour pouvoir supporter, sous forme de prélèvement sur le droit de sortie actuellement existant, les sommes nécessaires pour parfaire la garantie d'intérêt ;

Considérant enfin que la création d'une voie ferrée en Guyane constitue une occasion excellente pour employer à ce travail, d'utilité publique au premier chef, la main-d'œuvre pénitentiaire ;

Emet le vœu suivant : 1° qu'il soit créé en Guyane française un réseau de voies ferrées reliant Cayenne aux régions aurifères de l'intérieur ;

2° Que la garantie d'intérêt nécessaire pour réunir les capitaux de l'entreprise soit donnée sous forme de prélèvement sur le droit de sortie sur l'or, actuellement existant, et sous forme de cession en toute propriété des terrains en bordure de la voie, au profit du concessionnaire de la ligne ;

3° Que la main-d'œuvre pénitentiaire soit affectée gratuitement à la construction et à l'entretien du réseau. »

A la suite d'une discussion dans laquelle on entend MM. de Varigny, de Montricher et A. Merchier, le vœu de M. Levat est adopté.

LA RÉPARTITION DE LA POPULATION SUR LE SOL DE LA PROVENCE

Par M. **Henri BARRÉ**, Bibliothécaire de la Ville et de la Société de Géographie de Marseille.

C'est aujourd'hui un fait positif que la population provençale diffère de celle des autres régions plus encore peut-être par sa répartition sur la surface du territoire que par les éléments ethniques dont elle se compose. Le but de ce mémoire est d'exposer les éléments à l'appui.

Il résulte en effet d'une étude approfondie de cette répartition :

1º Que les habitants, au lieu d'être groupés en agglomérations minuscules, ce qui se produit dans la plus grande partie de la France, vivent généralement comme en Italie dans les communes d'une certaine importance, et dont la population est, le plus souvent, presque en entier concentrée au chef-lieu ;

2º (A) Que la zone littorale, même en tenant exclusivement compte des communes dont le territoire comprend une fraction du rivage maritime, au lieu d'offrir simplement une densité supérieure à celle de l'intérieur, nourrit plus de la moitié des êtres humains recensés en 1896 sur une superficie égale en tout aux 3/20 de l'ensemble ;

(B) Que la disproportion entre les petits et les grands centres d'une part, entre l'intérieur et la zone littorale de l'autre, tend à s'accroître sans interruption. Il serait trop fatigant pour le lecteur de parcourir la série, même décennale, des recensements de 1801 à nos jours. On se bornera donc à lui soumettre les chiffres de 1841 (1) et de 1896.

Importance relative et absolue des communes de Provence.

Dans l'ensemble de notre pays, la commune moyenne a un peu moins de 15 kil. carrés et un peu plus de mille habitants ; dans les cinq départements provençaux pris en bloc, les chiffres respectifs

---

(1) J'aurais préféré 1846, date terminale de l'accroissement général de la population, puisque le recul fut constaté dans certains départements dès 1851. Mais les seuls documents qui puissent servir pour nos comparaisons s'arrêtent aux données de 1841.

sont un peu moins de 30 kil. carrés et de deux mille âmes, soit à peu près le double ; encore, pour la deuxième donnée conviendrait-il de faire entrer en ligne de compte l'infériorité de la population spécifique provençale, qui n'atteint en 1896 que 64,9 (France entière, 72,9).

Partout la superficie moyenne est supérieure à celle de la commune type française ; quant à la population, elle n'est inférieure que dans les Basses-Alpes dont la densité n'égale plus aujourd'hui celle de la Russie d'Europe. Dans les Bouches-du-Rhône, elle est sextuple et au-delà (6181 habitants).

Le dernier dénombrement a établi qu'en France 28 mille communes (exactement 28 005), ne dépassent pas 1000 habitants ; sur les 36.170 circonscriptions existantes, la proportion est de 77 1/2 0/0.

La Provence ne donne que 551 sur 809, ou 68 0/0. Les communes qui ne dépassent pas 2.000 âmes dans l'ensemble du territoire national sont au nombre de 33.448, soit 92 1/2 0/0. On n'en relève ici que 709, ou 86 1/2 0/0.

Ces différences paraissent peut-être faibles à première vue ; elles seraient bien plus sensibles si l'on considérait le pourcentage des habitants au lieu de celui des circonscriptions.

Ainsi les trois grands centres provençaux Marseille, Toulon, Nice, sans les communes qui en dépendent naturellement comme Allauch, la Penne, La Seyne, la Vallette, contiennent à eux seuls 631.275 habitants, soit beaucoup plus du tiers du total. Dans le reste de la France les villes au-dessus de 100.000 âmes, malgré l'énorme développement qu'ont pris dans ce siècle Paris, Lyon, Lille, le Havre, Reims, Roubaix et Saint-Etienne, comptent à peine 5.323.000 âmes sur 36.900.000, soit 14 1/2 0/0.

Voici maintenant les données actuelles (1896) par département d'abord, pour la province entière ensuite, en ce qui concerne :

1º La population totale ;

2º La population des communes au-dessus de 5.000 âmes, qu'on considère comme villes dans le monde anglo-saxon ;

3º Celle des communes au-dessus de 2.000 âmes, chiffre adopté en France pour la distinction des populations urbaines et rurales ;

4º Celle des communes au-dessus de 1.000 âmes, minimum demandé par les moins exigeants des sociologues et des économistes.

Les chiffres entre parenthèses sont ceux de 1841.

BOUCHES-DU-RHÔNE (673.820 habitants, 109 communes).

Localités au-dessus de 5.000 âmes.

Marseille	442239	(154035)	Tarascon	9023	(11362)
Aix	28913	(26698)	Aubagne	8400	(6208)
Arles	24567	(20460)	Châteaurenard	6194	(4744)
La Ciotat	12734	(5902)	Saint-Rémy	5976	(5930)
Salon	10936	(5617)	Les Martigues	5659	(7772)

Total pour 10 communes en 1896.... 554.641
   »   »   »   1841.... 249.087

Il faut tenir compte :

1° Que les Martigues ont été diminuées, depuis 1841, de la commune de Bouc, soit 1.300 âmes ;

2° Qu'Auriol était la 10e commune au-dessus de 5.000 âmes en 1841 (5.103). Même avec la Bourine (1.236 habitants), détachée il y a quelques années, ce bourg n'arrive aujourd'hui qu'à 3.876 habitants.

Localités au-dessus de 2.000 âmes.

Istres	3495	(3122)	Trets	2518	(3039)
Allauch	3220	(3669)	Lambesc	2352	(3587)
Gardanne	3062	(2609)	Eyguières	2326	(2920)
Roquevaire	3012	(3143)	Saint-Chamas	2237	(2443)
Barbentane	2787	(2955)	Mallemort	2201	(2165)
Auriol	2640	(5103)	Fuveau	2190	(2100)
Orgon	2616	(2748)	Noves	2173	(1927)
Fontvieille	2541	(2142)	Miramas	2129	(585)

Total pour 16 communes de 3.000 à 2.000 hab. en 1896 41.449
  »   » 18   »   »   » 1841 51.253

Châteaurenard est passé dans la 1re catégorie, Eyragues, Eygalières, Pélissane et Cassis, dans la 3me. Auriol, descendu de la 1re, Noves et Miramas, venus de la 3me et de la 4me, rétablissent l'exactitude de nos chiffres.

Total général des localités au-dessus de 2.000 habitants :

    1896.......... 596.140 pour 26 communes
    1841.......... 300.340 » 28 »

Localités au-dessus de 1.000 âmes.

Les Pennes	1992	(1717)	Roquefort	1333	(100)
Cassis	1956	(2093)	Rognonas	1330	(1005)
Eyragues	1946	(2920)	Puy-Ste-Réparade	1305	(1388)
Marignane	1917	(1998)	Jouques	1301	(1775)
Senas	1886	(1862)	Port-de-Bouc	1300	n'existait pas
Saint-Savournin	1820	(797)	Lançon	1299	(1934)
Grans	1779	(1681)	Eygalières	1244	(2748)
Septèmes	1739	(992)	La Bourine	1236	n'existait pas
Mouriès	1680	(1830)	Saint-Andiol	1232	(1254)
Graveson	1616	(1447)	Saint-Cannat	1212	(1721)
Pélissane	1594	(2106)	Rognes	1130	(1573)
Cabannes	1583	(1508)	Châteauneuf-les-		
Berre	1570	(1926)	Martigues	1125	(994)
Roque-d'Anthéron	1522	(1498)	Cuges	1119	(1709)
Gemenos	1498	(1802)	La Fare	1084	(1260)
Fos	1473	(1862)	Boulbon	1015	(1171)
Saintes-Maries	1446	(916)	Ventabren	1011	(1600)
Maillane	1387	(1430)	Meyrargues	1005	(1035)
Maussane	1372	(1402)	Peyrolles	1005	(1203)

Total pour 37 communes de 1.000 à 2.000 hab. en 1896.. 53.053
» 34 » » » 1841.. 51.909

Sans insister sur des mutations nombreuses, et, en fait, insignifiantes pour cette 3me catégorie, passons au total général.

Localités au-dessus de 1.000 âmes.

1896... 649.193 pour 63 communes. (Restent pour les 46 autres 24.627)
1841... 352.249 » 62 » » 44 » 23.754)

N.-B. — Les Bouches-du-Rhône avaient en 1841, 106 communes et 375.003 habitants.

Var (399.343 habitants, 147 communes).

Localités au-dessus de 5.000 âmes.

Toulon	95276	(45349)	La Seyne	16344	(6560)
Hyères	17708	(9675)	Draguignan	9963	(8588)

Total pour 4 communes en 1896 .... 139.288
» 6 » 1841 .... 82.075

En 1841, Saint-Maximin, réduit aujourd'hui à 2419 habitants, en avait 6385 ; Brignoles en comptait 5518 au lieu de 4824.

Localités au-dessus de 2000 âmes.

Brignoles	4824	(5518)	Les Arcs	2532	(2707)
Saint-Raphaël	4270	(955)	Gonfaron	2524	(1810)
Ollioules	3966	(3012)	La Valette	2470	(2231)
Saint-Tropez	3599	(3538)	Saint-Maximin	2419	(6385)
Fréjus	3510	(3062)	Barjols	2413	(3132)
Cuers	3383	(4150)	Flayosc	2411	(2626)
Lorgues	3196	(4196)	La Garde	2398	(2320)
La Crau	3187	(Hyères)	Pierrefeu	2374	(1445)
Le Muy	2953	(2197)	Sanary	2347	(2774)
Six-Fours	2823	(2941)	Cotignac	2292	(2219)
Le Luc	2746	(3441)	Collobrières	2285	(3012)
Salernes	2713	(2544)	Bormes	2059	(1718)
Solliès-Pont	2701	(3171)	Cogolin	2054	(2386)
Vidauban	2629	(2088)			

Total pour 27 communes (de 5000 à 2000) en 1896..... 79425.
 »   32   »   en 1841..... 75193.

Total général des localités au-dessus de 2000 habitants :
 1896............ 218.713 pour 31 communes.
 1841............ 157.268 » 38 »

Localités au-dessus de 1000 âmes.

Bandol	1930	(1847)	Carqueiranne	1387	(Hyères)
Le Bausset	1920	(2772)	Le Pradet	1378	(La Garde)
Rians	1916	(3014)	Le Castellet	1353	(1714)
Aups	1892	(2827)	Callas	1346	(2125)
La Garde-Fresnet	1872	(2386)	Signes	1264	(1961)
Saint-Cyr	1831	(1683)	Trans	1203	(1317)
Roquebrussanne	1798	(1411)	Pourrières	1181	(1766)
La Cadière	1760	(2394)	Le Val	1176	(1734)
Carcès	1755	(2219)	Flassans	1171	(1440)
Pignans	1754	(2303)	Entrecasteaux	1165	(2040)
Puget-Ville	1665	(1791)	Besse	1145	(1720)
Saint-Zacharie	1650	(1622)	Montauroux	1111	(1687)
Bargemon	1641	(1903)	Puget-sur-Argens	1104	(918)
Tourves	1560	(2522)	Plan de la Tour	1083	(1108)
Seillans	1539	(2081)	Vinon	1072	(1110)
Fayence	1526	(2263)	Grimaud	1062	(1304)

Varages .... 1051 (1508)   Sainte-Maxime 1020 (1166)
Carnoules .... 1036 (1084)   Solliès-Toucas 1017 (1321)
Callian .... 1025 (1567)   Saint-Julien....... 1004 (1354)
Bras 1020 (1520)

Total pour 39 communes de 1000 à 2000 habitants en 1896 : 54.283
» 42 » » » 1841 : 60.509

Total général pour les localités au-dessus de 1000 habitants :

1896.... 272.996 pour 70 communes, soit pour les 77 autres : 36.317 h.
1841.... 217.777 pour 80 » » 64 » 45.069 h.

N. B. — Le Var, défalcation faite de l'arrondissement de Grasse, comptait, en 1841, 141 communes et 262.846 habitants.

BASSES-ALPES (118.142 habitants, 250 communes).

Localités au-dessus de 5000 âmes.

Digne............. 7726 (6365)   Manosque 5265 (5000)

Total pour 2 communes en 1896 12991
» » 1841 11365

Localités au-dessus de 2000 âmes.

Sisteron .... 3905 (4546)   Valensole 2624 (3284)
Forcalquier....... 3018 (3022)   Barcelonnette..... 2218 (2164)

Total pour 4 communes de 5000 à 2000 habitants en 1896 : 11833
» 8 » » 1841 : 22918

Les quatre communes passées dans la 3e catégorie sont Seyne, Riez, Les Mées et Castellane.

Total général des localités au-dessus de 2000 âmes :

1896................ 24824 pour 6 communes.
1841................ 34283 » 10 »

Localités au-dessus de 1000 âmes.

Riez.............. 1964 (2870)   Jausiers........... 1759 (1885)
Les Mées.......... 1922 (2082)   Entrevaux.......... 1391 (1659)
Oraison........... 1899 (1892)   Reillane........... 1328 (1270)
Seyne............. 1786 (2881)   Condamine Chatelard 1245 (572)
Castellane .... 1782 (2069)   Mane............... 1099 (1507)

Gréoux	1092 (1337)	Annot	1015	(1197)
Saint-Paul	1060 (1650)	Simiane	1002	(1371)
Céreste	1045 (1183)	Moutiers Ste-Marie	1001	(1790)
Banon	1039 (1316)			

Total pour 17 communes de 2.000 à 1.000 âmes en 1896.... 32429
— 27 — — — 1841.... 35929

Total général pour les localités au-dessus de 1.000 âmes :

1896.... 48.253 hab. pour 23 comm., soit pour les 227 autres 69889
1841.... 70.212 — 37 — — 219 — 88833

N. B. — Les Basses-Alpes avaient, en 1841, 256 communes et 159.045 habitants.

Le département a perdu les 257 º/ₒₒ de sa population, proportion qu'on ne retrouve nulle part ailleurs et d'après laquelle la France entière n'aurait plus guère que 26 millions d'habitants. Ceci soit dit pour expliquer la dérogation apparente à la règle de l'augmentation des principaux centres.

VAUCLUSE (236.313 habitants, 150 communes).

Localités au-dessus de 5000 âmes.

Avignon	45107 (33844)	L'Isle-sur-Sorgue	6266	(6262)
Carpentras	10797 (9776)	Apt	5851	(5989)
Orange	9980 (8633)	Bollène	5484	(4790)
Cavaillon	9405 (7195)	Valréas	5429	(4569)

Total pour 8 communes en 1896............ 98319
— 7 — en 1841............ 77149

En 1841, Monteux, dont on a détaché Althen les Paluds depuis, comptait 5.450 contre 3.847 aujourd'hui ; en revanche, Bollène et Valréas sont passés dans la première catégorie.

Localités au-dessus de 2000 âmes.

Pertuis	4910 (4380)	Vaison	2793	(2879)
Sorgues	4161 (3045)	Sarrians	2660	(2730)
Monteux	3847 (5450)	Le Thor	2640	(3320)
Pernes	3790 (4997)	Cadenet	2522	(2241)
Courthezon	3105 (3363)	Mazan	2268	(4004)
Caderousse	2819 (3131)	Mondragon	2241	(2595)

Malaucène.......... 2215 (3290)   Sault............... 2030 (2730)
La Tour d'Aigues... 2076 (2244)   Bedoin.............. 2098 (2550)
Bedarrides......... 2049 (2420)

Total pour 17 communes de 5.000 à 2.000 âmes en 1896........ 18134
    —   30   —   —   —   en 1841........ 89464

Depuis 1841, deux communes sont passées dans la première catégorie, avons-nous dit, et douze sont descendues au-dessous de 2.000 âmes, soit : Entrechaux, Gordes, Bonnieux, Saint-Saturnin d'Apt, Caromb, La Palud, Mormoiron, Camaret, Joncquières, Visan, Cucuron et Ste-Cécile. Monteux étant venu s'ajouter aux seize qui se sont maintenues de 2 à 5 mille habitants, l'on retrouve le chiffre de 17 pour le dernier recensement.

Total général des localités au-dessus de 2.000 habitants :

1896........ 146.453 habitants pour 25 communes.
1841........ 166.613   —   37   —   .

Localités au-dessus de 1.000 âmes.

Joncquières........ 1944 (2202)   Lauris.............. 1401 (1706)
Caromb............. 1862 (2573)   Menerbes............ 1403 (1708)
Bonnieux........... 1845 (2804)   Mormoiron........... 1387 (2416)
Visan.............. 1830 (2136)   Cucuron............. 1307 (2082)
Entraigues......... 1802 (1691)   St Saturnin lès Avignon 1250 (1640)
Camaret............ 1738 (2289)   Roussillon.......... 1241 (1450)
Piolenc............ 1687 (1911)   Mornas.............. 1237 (1715)
La Palud........... 1675 (2493)   Goult............... 1223 (1342)
Cheval Blanc....... 1664 (1670)   Serignan............ 1168 (1342)
Vedènes............ 1655 (1542)   Grillon............. 1121 (1312)
Gordes............. 1638 (2891)   Villelaure.......... 1121 (1125)
Ste-Cécile......... 1626 (2080)   Velleron............ 1115 (1525)
St-Saturnin d'Apt.. 1625 (2730)   Châteauneuf du Pape 1109 (1351)
Aubignan........... 1543 (1675)   Althen les Palud.... 1106 n'existait pas
Robion............. 1515 (1516)   Villes.............. 1103 (1515)
Beaumes............ 1467 (1717)   Oppède.............. 1019 (483)
Caumont............ 1463 (1927)   St-Martin de Cassillon 1011 (1505)

Total pour 31 communes de 2.000 à 1.000 âmes en 1896.... 18808
    —   33   —   —   —   1841.... 47946

Total général pour les localités au-dessus de 1.000 âmes :

1896...... 195.261 hab. pour 59 comm., soit pour les 91 autres 11052
1841...... 214.550   —   69   —   —   68   — 36521

N. B. — Le Vaucluse avait, en 1841, 251.080 habitants répartis en 147 communes.

ALPES MARITIMES (265.155 h., 153 communes).

Comme l'arrondissement de Grasse appartenait seul à la France en 1841, nous sommes obligé de sectionner le département, n'ayant pu nous procurer les documents italiens relatifs à Nice et à Puget-Théniers. La comparaison entre les chiffres de 1841 et de 1896 ne se fera donc que pour la première section.

1re SECTION. — ARRONDISSEMENT DE GRASSE. (90.838 hab., 60 com.)

Localités au-dessus de 5.000 âmes.

Cannes .... 22959 (3381) Antibes 9329 (5615)
Grasse .... 15020 (10906) Vallauris 6247 (2211)

Total pour 4 communes en 1895... 53.555
— 2 — 1841... 16.521

Localités au-dessus de 2.000 âmes.

Vence .... 3043 (3165) Le Cannet 2593 (1546)
Cagnes 3029 (2483)

Total pour 3 communes en 1896... 8.665
— 4 — 1841... 6.546

Cannes et Vallauris sont passées dans la 1re catégorie ; le Cannet, de la 3e dans la 2e.

Total général pour les localités au-dessus de 2.000 âmes :

1896 .... 62.220 pour 7 communes,
1841 .... 27.660 pour 6 communes.

Localités au-dessus de 1.000 âmes.

Mougins .... 1657 (1918) Le Bar 1253 (1626)
La Colle .... 1455 (1473) Saint-Cézaire 1208 (1098)
St-Laurent-du-Var.. 1366 (856)   Valbonne 1138 (1205)
Biot .... 1336 (1328) St-Jeannet 1065 (1323)

Total pour 8 communes en 1896... 10.474
— 11 — 1841... 15.587

Total général pour les localités au-dessus de 1.000 âmes :

1896 ...... 72.694 pour 15 communes, soit 18.144 pour les 45 autres.
1841 ...... 43.347   17   —   20.806   —   42

L'arrondissement de Grasse avait, en 1841, 64.153 habitants et 59 communes.

2ᵉ SECTION. — ARRONDISSEMENTS DE NICE ET PUGET-THÉNIERS.

(174.317 habitants et 93 communes).

Localités au-dessus de 5.000 âmes.

Nice................... 93760   Menton................. 9064

Total pour 2 communes.......... 102.804

Localités au dessus de 2.000 âmes.

Villefranche............... 4430   Breil................... 2668
La Turbie.................. 3067   Cabbe-Roquebrune........ 2258
Sospel 3756

Total pour 5 communes............ 16.479

Total général des localités au-dessus de 2.000 âmes :

119.283 habitants pour 7 communes.

Localités au-dessus de 1.000 âmes.

Lantosque 1962   Trinité................. 1282
Saint-Etienne-sur-Tinée ... 1858   Puget-Théniers.......... 1224
Peille 1811   Saorge.................. 1214
Saint-Martin-Vésubie 1720   Belvédère............... 1183
Contes 1688   Châteauneuf............. 1174
Roquebillière.............. 1654   Fontan.................. 1162
Utelle 1640   Tourrettes-Levens....... 1093
Levens 1511   Beaulieu................ 1058
Luceram 1434   Isola................... 1050
L'Escarène 1370   Guillaumes.............. 1026

Total pour 20 communes.......... 28.144

Total général pour les localités au-dessus de 1.000 habitants :

147.427 en 27 communes, soit pour les 66 autres...... 26.899

Des données que nous venons d'exposer nous allons tirer une vue d'ensemble pour la Provence entière en 1841 et 1896, réserve faite naturellement des arrondissements annexés en 1860.

PROVENCE ENTIÈRE

(SAUF LES ARRONDISSEMENTS DE NICE ET PUGET-THÉNIERS)

	COMMUNES AU-DESSUS DE 5000				COMMUNES AU-DESSUS DE 2000				COMMUNES AU-DESSUS DE 1000				COMMUNES AU-DESSOUS DE 1000			
	1896	h.	1841	c.	1896		1841		1896		1841		1896		1841	
Bouches-du-Rhône	531.641	10	249.087	10	506.110	26	300.340	28	649.193	63	352.249	62	24.627	46	23.275	44
Var	139.288	4	82.075	6	218.713	31	157.268	38	272.996	70	217.777	80	36.317	77	45.069	64
Basses-Alpes	12.991	2	11.365	2	24.824	6	34.283	10	48.253	23	70.212	37	69.889	227	88.833	219
Vaucluse	98.319	8	77.149	7	146.453	25	166.613	37	195.261	59	214.559	70	41.052	91	36.521	68
Arrondissement de Grasse	53.555	4	16.521	2	62.220	7	27.660	6	72.604	15	43.347	17	18.144	45	20.806	42
	858.814	28	436.198	27	1.048.350	95	686.164	119	1.238.397	230	898.144	266	190.029	486	214.283	437

Moyenne des Communes au-dessous de 1.000 âmes.

	1896	1841	En moins
Bouches-du-Rhône	535	539	4
Var	475	704	229
Basses-Alpes	307	405	98
Vaucluse	451	537	86
Arrondissement de Grasse	403	495	92
Provence entière	391	491	100

Les communes au-dessus de 5.000 âmes représentaient, avec 436.198 habitants, les 39 0/0 de la population en 1841. Aujourd'hui, avec 858.814 habitants, 422.616 en plus, soit près du double en 55 ans, elles atteignent les 60 0/0.

Au-dessus de 2.000 âmes, nous trouvons 1.048.350 habitants ou 70 0/0, pour la population urbaine telle qu'on la calcule en France, proportion presque double de la moyenne générale et supérieure même à celle de l'Allemagne (53 0/0). — Néanmoins, les communes de de 5.000 à 2.000 âmes ont perdu 69.430 unités, quelques-unes étant passées dans la première catégorie, beaucoup plus dans la troisième (21 localités en moins, dont 16 pour les deux départements de l'intérieur).

Les communes au-dessus de 1.000 âmes ont perdu 21.933 unités et 36 circonscriptions ; celles de moins de 1.000 âmes, 24.954, bien qu'elles aient augmenté de 49 circonscriptions.

On constate d'après les tableaux précédents, qu'il existe en Provence deux groupes bien tranchés :

1º Les départements côtiers, où la population des communes au-dessus de 2.000 âmes a augmenté sans exception. Elle s'est même accrue dans les Bouches-du-Rhône dans les localités de 2.000 à 1.000.

2º Les départements de l'intérieur, où l'augmentation ne se produit que pour les centres au-dessus de 5.000, et où la diminution pour les communes de moindre population est si accentuée que dès le total général des circonscriptions au-dessus de 2.000 âmes, on se trouve en 1896 en face de chiffres inférieurs à ceux de 1841.

Nous insisterons d'autre part sur ce fait, que, sans excepter les Bouches-du-Rhône, la moyenne des petites communes (moins de 1000 habitants) a subi un recul général variant de 229 unités dans le Var, à 4 seulement dans les Bouches-du-Rhône.

N. B. — Bien que la Provence, sans les annexions de 1860, ait gagné environ 315.000 âmes en 55 ans, la plupart des communes rurales proprement dites ont perdu des 25 aux 35 0/0 de leur population ; il en est, telles Entrechaux et Eygalières, qui ont perdu plus des 2/3. Il est juste de constater que Marseille seule a augmenté de plus de 288 mille unités, soit 27.000 seulement pour tout le reste du pays.

Nous étudierons maintenant la concentration de la population au bord de la mer.

Concentration de la Population sur le Littoral.
Tendance à l'exagération du mouvement.

Il est certain que dans la France entière la population est beaucoup plus dense au bord de la mer qu'à l'intérieur. Sur les rivages de la Manche, par exemple, le département qui offre la plus faible densité, le Calvados, compte 75 habitants au kilomètre, sans grandes villes. En Bretagne, les cantons du littoral ont de 100 à 250 habitants sur la même surface, et plus encore, alors que les portions centrales contiennent encore des landes presque désertes. Mais la tendance à l'agglomération sur le littoral est plus marquée en Provence qu'ailleurs ; on le prouvera par une comparaison avec le Finistère, département à la fois pauvre comme agriculture, surpeuplé, et possédant des côtes d'un développement extraordinaire.

Pour les départements côtiers provençaux, en effet, la statistique présente les résultats ci-dessous :

COMMUNES LITTORALES

1° Bouches-du-Rhône

	Sup. en kmq.	Pop. 1896	Pop. 1841		Sup. en kmq.	Pop. 1896	Pop. 1841
S^tes-Maries...	358	1446	916	Vitrolles.....	36,8	910	1128
Arles........	1030	24567	20460	Marignane...	23,2	1917	1998
Fos..........	102,9	1473	1862	Châteauneuf-les-Martigues......	43,7	1125	991
Port-de-Bouc....	10,8	1300 (Commune des Martigues)		Les Martigues	77,1	5659	7772
Saint-Mitre...	20,6	489	1234	Carri.........	22,4	582	503
Istres........	114	3495	3122	Le Rove.....	35,8	742	700
Miramas.....	25	2129	585	Marseille.....	228	442239	154035
Saint-Chamas	25,1	2237	2443	Cassis........	26,4	1956	2093
Berre........	43,6	1570	1926	La Ciotat....	31,6	12734	5902
Rognac......	17,4	722	550				

Superficie totale .... 2.272 kmq., 4 (sur 5.105).
Population en 1896 .... 507.292 hab. (sur 673.820).
d°   en 1841 .... 207.210 hab. (sur 375.003).

Augmentation de 1841 à 1896 = 300.082.

2° Var

	Sup. en kmq.	Pop. 1896	Pop. 1841		Sup. en kmq.	Pop. 1896	Pop. 1841
Saint-Cyr....	21,1	1831	1683	La Mole......	52,1	411	309
Bandol.......	8,6	1930	1847	Gassin.......	63,6	899	695
Sanary	19,2	2347	2774	Ramatuelle ..	35,5	775	640
Six-Fours....	26,1	2823	2941	Saint-Tropez.	11,2	3599	3528
La Seyne.....	27	16341	6560	Grimaud	44,6	1062	1304
Toulon.......	42,5	95276	45349	Sainte-Maxime	81,7	1020	1166
La Valette ...	15,3	2470	2231	Roquebrune..	106,1	1798	1998
Hyères....... }	225,8	17708 }	9675	Fréjus	103,8	3510	3062
Carqueiranne }		1387 }		Saint-Raphaël	89,6	4270	955
Bormes.......	125,6	2059	1718				

Superficie totale .... 1.099 kmq., 4 (sur 6.028).
Population en 1896 .... 161.516 hab. (sur 309.313).
d°   en 1841 .... 88.435 hab. (sur 262.846).

Augmentation de 1841 à 1896 = 73.081.

3° Arrondissement de Grasse

	Sup. en kmq.	Pop. 1896	Pop. 1841		Sup. en kmq.	Pop. 1896	Pop. 1841
Mandelieu ...	42	984	258	Villeneuve-Loubet....	19,5	793	2482
Cannes.......	19,6	22959	3381	Cagnes.......	18	3029	2482
Vallauris.....	60,5	6247	2211	Saint-Laurent-du-Var.	10,1	1356	856
Antibes......	26,2	9329	5615				

Superficie totale .... 195 kmq., 6 (sur 1.232).
Population en 1896 .... 44.707 hab. (sur 90.038).
d°   en 1841 .... 15.582 hab. (sur 64.153).

Augmentation de 1841 à 1896 = 29.125.

Donc, pour la fraction du littoral que nous possédions avant 1860 nous trouvons une superficie de

3.566 kmq., 8 sur 21.667 ou 16 0/0, moins d'un sixième

pour une population de

713.515 sur 1.428.431 ou plus de 49 0/0, près de la moitié,

alors qu'en 1841, le dénombrement ne donnait que

311.227 sur 1.112.127 ou moins de 28 0/0.

Le mouvement de concentration est donc bien marqué.

Si nous ne considérons que le littoral provençal tel qu'il est, sans comparaison rétrospective, nous avons les chiffres suivants :

	Superficie	Population
Littoral de Provence d'avant 1860.	3.566 kmq.	713.515 hab.
Côtes du Comté de Nice............	124 9	114.621
Totaux généraux.....	3.690 9	828.136

Et l'on se trouve en présence des pourcentages ci-dessous.

Par rapport à l'ensemble, 24.178 kmq. — Superficie des communes maritimes (avec Nice) 15 0/0.

Par rapport à l'ensemble, 1.602.748. — Population des communes maritimes (avec Nice) 51 0/0.

Ce qui augmente encore l'écart énorme que nous constations pour la vieille Provence.

Les densités respectives seront :

Littoral (plus de) 224 hab. au kmq., soit le triple de la moyenne de la France.

Intérieur (moins de) 38, soit à peu près la moyenne de l'Espagne, et à peu de chose près la moitié de la moyenne de la France.

Il s'en faut de peu que le premier chiffre ne soit le sextuple du second, malgré l'existence à l'intérieur de villes telles qu'Avignon, Aix et Arles et des fertiles cantons de la plaine du Rhône.

Pendant bien longtemps encore, il est à prévoir que l'écart ira en grandissant ; car, en dehors de la cause à effets généraux qui attire les populations au bord de la mer et dépeuple les centres agricoles, nous sommes en Provence en face de trois phénomènes locaux :

1º L'accroissement rapide des stations hivernales de la Côte d'azur ;

2º Le développement des ports que ralentit sans l'arrêter le système protectionniste, inauguré il y a six ans ;

3º Le dépeuplement effrayant des Basses-Alpes et des parties montagneuses des autres départements, par suite de la disparition de la terre végétale due au déboisement.

L'augmentation éventuelle de quelques riches cantons de l'intérieur des Bouches-du-Rhône ou du Vaucluse, n'exercera en sens inverse qu'une influence insignifiante.

Tous les documents que nous venons d'exposer auront plus de poids quand le lecteur les aura mis en balance avec ceux que nous fournit le Finistère ; nous n'avons pu trouver de comparaison plus frappante.

Le Finistère peut, comme nous l'avons dit plus haut, être rangé parmi les départements pauvres.

Pour 740.000 âmes en chiffres ronds, il ne fournit que 33.400.000 fr. d'impôts à l'Etat, douanes comprises ; et malgré la rectification qu'il y aurait lieu d'introduire de ce chef, ces deux nombres donnent une quotité par tête de 45 fr., inférieure de plus de moitié à la moyenne générale.

D'autre part, les valeurs successorales annuelles n'y atteignent que 59 millions, soit les 3/7 du total que la population ferait supposer à première vue.

L'Eure-et-Loir, par exemple, qui n'a que 280.500 âmes, arrive à 65 millions, et, en terre bretonne, l'Ille-et-Vilaine, pour 622.000 âmes à 82 millions, la moyenne générale étant d'environ 75 millions pour à peu près 443.000 habitants.

Les données relatives aux impôts et aux valeurs successorales coïncident donc pour nous permettre de classer le Finistère parmi les territoires les plus pauvres.

Il convient d'ajouter maintenant que ses meilleurs sols sont situés sur le littoral, ce qui n'est pas le cas de la Provence, et qu'il possède à lui seul plus de 600 km. de côtes, plus que nos trois départements maritimes réunis. On sait encore quel rôle le marin et le pêcheur jouent dans l'économie sociale de la Bretagne. Dans ces conditions la population des communes du littoral devrait être beaucoup plus forte en proportion que dans la région provençale.

Or, voici les résultats du recensement de 1896 à cet égard :

Superficie totale........................	7.070 kmq.
» des 95 communes du littoral...	1.864 kmq., 5
» des 199 communes de l'intérieur.	5.205 kmq., 5
Population totale........................	739.648 habitants.
» des 95 communes du littoral..	325.938 »
» des 199 communes de l'intérieur	413.710 »
Densité générale........................	101
» sur le littoral..................	175
» à l'intérieur...................	79

La densité sur le littoral n'est donc pas à beaucoup près le triple de celle de l'intérieur ; elle ne dépasse guère le double, alors qu'en Provence elle atteint près du sextuple. Nous ne nions pas l'influence d'une ville de l'importance de Marseille sur un tel résultat, mais il n'est que juste aussi de tenir compte des causes qui, dans le Finistère, sembleraient devoir agir avec assez d'énergie pour que les différences de densité fussent tout au plus équivalentes.

Nous croyons avoir dès maintenant apporté des preuves indiscutables à l'appui de nos prémisses. Ce mémoire est déjà long ; puisse-t-il être moins fastidieux pour le lecteur que les travaux préliminaires n'ont été pénibles pour l'auteur. Sa tâche de statisticien est terminée. C'est aux économistes et surtout aux sociologues de tirer des conclusions pratiques et bienfaisantes de cet amas de données que je n'ose appeler primordiales, tant il a fallu compulser de chiffres pour arriver à les établir.

Marseille, juin 1898.

N. B. — Il peut s'être produit des erreurs apparentes dans nos calculs ; cela provient des différences qu'on relève entre les statistiques officielles. Un seul exemple à l'appui : le dénombrement de 1896 (Berger-Levrault, éditeur) donne à Marseille 442.000 habitants, et la statistique sanitaire des villes de France et d'Algérie lui en accorde 447.000.

LA GÉOGRAPHIE DU MONT-VENTOUX [1]

Par M. **E. BARRÈME**, docteur en droit, ancien président du "Club Alpin" section de Provence, membre de la Société de Géographie de Marseille.

(Résumé).

---

1. *Célébrité, importance et beauté du Ventoux.* — Sa célébrité est moins due aux poètes, aux artistes, aux savants qui se sont occupés de lui, qu'à son isolement et à sa prestance. C'est le roi des sommets bordant les plaines entre les Cévennes, les derniers ressauts des Alpes et la mer. On le voit de partout, des lieux les plus hauts, les plus bas, les plus éloignés. Il se termine par une sorte de petite pyramide, re-

[1] Voyez le mémoire in-extenso dans le *Bulletin* de la Société de Géographie de Marseille, 1899.

posant sur son énorme masse allongée de terres rocheuses et grisâtres. Son aspect varie selon le lieu d'où on le voit. D'Orange il ressemble à une gigantesque pyramide... C'est des belvédères des Monts-Vaucluse, au sud, qu'on se fait une juste idée de sa beauté, qui du reste a été niée. On lui a reproché sa dénudation, l'uniformité de ses lignes, etc. Il faut néanmoins lui donner le premier rang. Il a une beauté à lui qui cadre avec le paysage provençal et le complète. Sans lui on admirerait moins la Provence. Cette expression "Provence" englobe le Comtat Venaissin, dont le caractère est le même.

II. *Études diverses dont le Ventoux a été l'objet.* — On a étudié la flore, la faune, sa météorologie, ses terrains, etc... Il y aurait encore beaucoup à récolter dans les champs de ces études. Il vaut mieux se cantonner dans un travail sur la "géographie" du Ventoux, travail qui n'a pas encore été fait, à notre connaissance du moins, sauf, le cas échéant, à empiéter légèrement et prudemment sur d'autres domaines.

III. *Situation et Orographie.* — Le Ventoux se dresse au N.-E. de la belle plaine du Comtat. C'est le dernier ressaut des Alpes auxquelles le rattache la montagne de Lure. Il est indépendant, par suite de fortes dépressions, des monts de la Basse-Drôme, des Monts-Vaucluse, etc. Il forme un massif, composé de lui-même et de ses contreforts. On peut lui adjoindre deux massifs annexes qui seront étudiés brièvement en appendice.

IV. *Délimitation et divisions du massif.* — Il est limité au N. par le Toulourenc, à l'O. par la vallée de Malaucène et les petites dépressions du Barroux, au S.-O. par la plaine de Carpentras, au S. et S.-E. par la Nesque, à l'Est par la vallée de Sault et la brèche d'Aurel. — Nous adoptons la division suivante de son massif. Nous le divisons par l'arête de faîte portant le culmen en deux parties ou versants, le versant Nord, qui se subdivise en deux régions, et le versant Sud qui se subdivise également en deux régions. Ce dernier versant est moins déclive et plus accessible que l'autre.

V. *Aperçu de la géologie du massif.* — Les terrains crétacés dominent et de beaucoup, surtout l'*inférieur* divisé en néocomien, urgonien et aptien, représentés par des calcaires, des marnes, etc...; le crétacé moyen s'y présente sous forme de grès divers, grès sableux, à teintes variées. — Il y a aussi des sables siliceux, des argiles (plastiques, réfractaires), etc..., noires avec bancs de lignite très médiocre. Puis des terrains lacustres à gypse et des molasses. À l'époque glaciaire, des glaciers ont probablement occupé le sommet et les flancs du Ventoux. On trouve des blocs charriés par ces glaciers, mais pas de blocs erratiques provenant des Alpes ; ceux-ci ont préféré suivre le lit de la Durance.

VI. *Études des différentes régions du massif.* — Première partie du massif ou versant Nord-Est. — Elle s'étend entre la ligne de faîte et le Toulourenc, affluent de l'Ouvèze (elle-même sous-affluent du Rhône par la Sorgue). Le Toulourenc naît au Buc (Drôme) et a 45 kil. de cours. Vallée étroite et très pittoresque, clues, défilés, belles eaux, etc... Cette partie comprend : une première région (N.-O.) où se trouvent les contreforts de la Plate (1200^m) et du Rissas (800^m), les ressauts de Saint-Sidoine (780^m) et du mont Serein (1450^m) plus vaste, en contre bas du culmen ; puis les flancs proprement dits du Ventoux, très déclives, à pic même en face de Brantes (plus de 1000^m en verticale), déclives (10°) sur les ressauts du Mont-Serein et de Saint-Sidoine, — enfin divers ressauts vers l'O. plaine du Sueil, etc.., et même des à pic de plus de 100 mètres auprès de Malaucène. — Quant à l'arête, elle n'est pas vive ; c'est une série de mamelons superposés arrondis au Sud, plus brusqués au Nord ; elle est composée le plus souvent de pierres plates sans consistance. On peut en faire trois tronçons : le petit Ventoux, du Barroux aux escarpements à la cote de 1048^m ; le grand Ventoux, de ces escarpements au Ventoux Est Signal (1581^m) ; le Ventouret, de ce signal à la brèche d'Aurel. Le grand Ventoux a des inclinaisons à peu près égales (dans le sens longitudinal) de chaque côté du culmen, sauf au-dessus du versant de Saint-Sidoine ; le petit Ventoux descend plus rapidement que le Ventouret.

L'altitude du *culmen* a été calculée bien des fois, par la trigonométrie, le baromètre, etc. ; il y a une grande discordance entre les chiffres trouvés (dep. 2106 à 1912) ; longtemps fixée à 1912, le chiffre officiel est aujourd'hui 1907^m 87^c, résultant de nivellements faits pour l'exécution de la route de l'Observatoire. Le Ventoux est le plus haut sommet de l'*intérieur* de la France. — Le versant méridional comprend deux régions : 1° celle des Combes, caractérisée par des combes, sortes de vallons, en forme de tuiles-plis de la montagne ; elle occupe toute la longueur du Ventoux et est limitée par son contrefort, le plateau des Abeilles avec ses dépendances. Ne pas confondre les combes avec les gorges et les ravins. Les combes sont généralement dénudées ; certaines ont de la verdure, des arbres, des fermes, etc. Les torrents sont nombreux et dévastateurs. Il faudra des endiguements et des reboisements pour en avoir raison. 2° La région du plateau des Abeilles (avec dépendances), vers 1.000 mètres d'altitude, limité au Sud par la Nesque, au Sud-Est par la dépression de Verdolier, etc. Il est mouvementé, contient des fermes, des hameaux, etc. ; les dépendances du plateau, boisées, cultivées mais ravinées, descendent sur Flassans, Villes et Méthamis. La Nesque naît au sud d'Aurel. Son cours de 40 kil. est très pittoresque, clues, défilés, etc., baumes, roches trouées, lit à sec pendant l'été. Elle se jette dans la Sorgue après de nombreux circuits et changements de direction. Ces divisions du massif étant l'œuvre personnelle de l'auteur du mémoire, il peut y avoir des erreurs ou omissions que l'on voudra bien signaler.

VII. *Hydrologie.* — Vu la perméabilité du sol, les sources sont faibles et rares en haut, nombreuses et abondantes dans le bas. En haut on peut citer Font-Filiole, la Grave, etc., en bas la belle source du Groseau, près de Malaucène, canalisée, servant à l'industrie et à l'agriculture, etc. Les réservoirs des grosses sources sont entretenus aussi par des puits naturels, abîmes ou ambus qui recueillent les eaux des plateaux. Il en existe au Ventoux. La Fontaine de Vaucluse a plutôt ses origines aux Monts-Vaucluse et à la montagne de Lure. Le Ventoux donne naissance aux petites rivières du Luzon, de la Mède, du Brégoux, etc. On a utilisé la combe de Caromb comme réservoir, au moyen d'un barrage ; on pourrait en utiliser d'autres, mais il y aurait à craindre des remplissages par les détritus.

VIII. *Différents climats, zones de végétation et flore.* — Comme le Teyde, l'Etna et autres, le Ventoux a plusieurs climats (le provençal en bas, celui de la Laponie au sommet) et plusieurs étages ou zones de végétation. Il y a six zones sur le versant méridional : 1re zone jusqu'à 450m, végétation de la basse Provence, arbres fruitiers, chênes kermès, pins d'Alep ; 2e zone de 450 à 550m, chênes verts ; 3e zone de 550 à 1.150m, buis, lavandes ; 4e zone de 1.150 à 1.650m, hêtres ; 5e zone de 1.650 à 1.700m, arbres rares, pinus uncinata ; 6e zone de 1.700m au sommet, flore alpine. Sur le versant Nord, cinq zones, largeurs et hauteurs différentes, non concordance par suite de l'exposition au Nord ; arbres nouveaux, sapins, noyers, flore du Spitzberg, etc. La dénudation du Ventoux s'explique par les tempêtes, les incendies et les coupes du temps de la Révolution. Les pâtures et les intérêts des lavandiers sont, avec la sécheresse, des obstacles au reboisement. Cependant l'État, les communes, les particuliers reboisent.

IX. *Faune actuelle.* — Même faune que celle des hautes montagnes de Provence, oiseaux de proie, loups, renards, etc., serpents et vipères très dangereuses ; nombreuses victimes des vipères.

X. *Voies d'accès ou de communications.* — Des routes et chemins relient les villages, hameaux, etc. Il y a de nombreux sentiers ordinaires, mal entretenus ; déjà très nombreux sont les sentiers forestiers. Les chemins et sentiers communaux ici, comme ailleurs, sont ravinés, encombrés de pierres. C'est un grand obstacle à l'exploitation et aux transports des produits du pays.

XI. *Distances du Ventoux aux principaux points d'où il est visible.* — Extrémité du rayon visuel sur la haute mer 170 kil. (grâce à la réfraction). N.-D. de-la-Garde, de Marseille, 98 kil. ; monts de Lure, 43 kil. ; Grand-Luberon, 42 k. ; l'Olan, 106 k. ; le Pelvoux, 120 k. ; le Cheval-Blanc, 88 k. ; Sainte-Baume, 96 k. ; Sainte-Victoire, 76 k. ; Marseille-Veyre, 106 k. ; Canigou, 310 k. ; Montpellier, 140 k. ; Avignon, 45 k. ; Lyon (Fourvière), 180 k. Le rayon du panorama dépasse 300 k. La réfraction permet de voir des points qui sans elle seraient invisibles.

XII. *Altitudes comparées du Ventoux et d'autres montagnes de la France.* — Lure, 1827^m ; Grand-Luberon, 1125^m ; Rochecourbe, 1592^m ; les Ecrins (Pelvoux), 4103^m ; Aiguille de Chambeyron, 3.400^m ; Cheval-Blanc, 2.323^m ; Maures, 779^m ; Sainte-Baume, 1.043, 1.154^m ; Sainte-Victoire, 1.011^m ; Marseille-Veyre, 440^m ; Canigou, 2.785 ; Aigoual, 1.567^m ; Pilat, 1.434^m ; Mont-Blanc, 4.810^m ; etc.

XIII. *Produits du Ventoux.* — Céréales, vins et huiles, miel de premier ordre, cire, ruches très abondantes. L'été les habitants de la plaine transportent leurs ruches sur le Ventoux. Les truffes sont le principal revenu ; la dernière adjudication des truffières communales de Bédouin a été au prix de 41.000 fr. Les lavandes et aspics donnent un gros revenu. Le kilogr. d'essence de lavande, vaut 12 fr. Les bois (chênes, pins, hêtres), sont d'un revenu faible, environ 30.000 fr. pour toutes les communes réunies. Pour le gibier, les lièvres, les lapins, les perdrix, etc., sont abondants et de bonne qualité. Comme bestiaux on trouve des moutons et brebis sédentaires ou transhumants, des porcs, des chèvres.

Les *glacières* ont presque disparu. Les calcaires comme pierres à bâtir sont médiocres ; les molasses meilleures. Il y a de bons plâtres et de l'albâtre. Les charbons de bois donnent un revenu médiocre ; ceux de terre aucun. Il y a des argiles plastiques et réfractaires de très bonne qualité ; des eaux sulfureuses sont inexploitées.

XIV. *Divisions administratives.* — Sauf un coin de terre qui au N.-E. appartient à la Drôme, le versant N. est de l'arrondissement d'Orange (canton de Malaucène). Le versant Sud forme un bon tiers de l'arrondissement de Carpentras.

XV. *Appendice : massifs annexes.* — Il y en a deux : 1º celui de la Bluye au N., abrupt, sauvage, pauvre, très pittoresque ; 2º celui du N.-O. ou de Saint-Amand, boisé, riche, pittoresque avec ses *dentelles* ; on y trouve des eaux sulfureuses (Montmirail, etc.), très renommées.

LA CÔTE DES MAURES AU POINT DE VUE GÉOGRAPHIQUE ET TOPOGRAPHIQUE (¹)

Par M. **Gustave AUDRIN**, ingénieur civil, membre de la Société de Géographie de Marseille.

L'auteur de ce mémoire décrit la région particulièrement pittoresque et intéressante de la côte de Provence qui s'étend d'Hyères à Fréjus, au pied du massif des Maures. Cette partie de la Côte d'Azur, jusqu'ici relativement peu fréquentée des touristes, offre néanmoins un puissant attrait, par sa constitution géologique et par le charme de ses paysages.

DE L'ÉMIGRATION DES PROVENÇAUX ET DES MARSEILLAIS EN FRANCE ET A L'ÉTRANGER

Par M. **V. TURQUAN**, ancien chef du service de la Statistique générale de la France au Ministère du Commerce.

UNE SOCIÉTÉ DE GÉOGRAPHIE A MARSEILLE EN 1801 (²)

Par M. **Joseph FOURNIER**, sous-archiviste départemental des B.-du-Rh., Membre de la Société de Géographie de Marseille.

(Résumé).

M. J. Fournier présente une communication sur *Une société de Géographie à Marseille en 1801*. Dans un discours prononcé en 1892 à la Société de Géographie de Paris, M. le Dr Hamy, membre de l'Institut, signalait l'existence à Paris même, au commencement de ce siècle,

(1) Voy. *Bulletin* de la Société de Géographie de Marseille, 1899.
(2) Voy. *Bulletin* de la Société de Géographie de Marseille, 1899.

d'une *Société de l'Afrique intérieure* fondée peu après la fin de la Terreur. Cette société, dont l'existence ne paraît pas avoir été prospère, vivait encore en l'an IX ; au début de cette année elle fêtait le départ de Baudin pour son expédition d'Australie, Van Diemen et Timor. Au cours de cette même année elle disparaît de Paris et on la retrouve à Marseille le 16 thermidor (4 août 1801) s'occupant de sa réorganisation dans cette ville.

Elle élabora un règlement des plus complets précédé d'une introduction pleine d'idées généreuses, qu'elle n'eut pas le temps de faire entrer en voie d'exécution, son existence paraissant avoir été éphémère. On perd la trace de cette société en 1808. Son développement fut arrêté net par l'agitation révolutionnaire et les guerres de l'Empire, qui avaient interrompu toute relation avec l'Afrique. La *Société de l'Afrique intérieure* a précédé la plus ancienne société française de Géographie, celle de Paris, créée en 1821 ; elle est donc bien l'ancêtre des sociétés de Géographie de France.

SUR L'ORGANISATION DE L'ENSEIGNEMENT COLONIAL DANS LES UNIVERSITÉS FRANÇAISES

Par M. le Dr **E. HECKEL**, professeur à la Faculté des Sciences, directeur du Musée Colonial, membre de la Société de Géographie de Marseille.

Communication présentée par M. J. CHARLES-ROUX.

Prenant définitivement place dans les Universités, l'enseignement colonial doit prochainement être décrété ; il entre, en tous cas, dans les préoccupations actuelles du Gouvernement. Il nous est donc permis de nous en occuper. Quelques formalités administratives, parmi lesquelles figure la réduction à une année du service militaire pour les étudiants de cette section, ont retardé, paraît-il, jusqu'ici une mesure rendue nécessaire par le besoin généralement senti de préparer pour l'exploitation méthodique de notre important domaine d'outre-mer, non pas une génération d'hommes ardents prêts à toutes les aventures, mais des colons vraiment dignes de ce nom, c'est-à-dire instruits et familiarisés dès l'adolescence avec l'idée d'expatriation et d'utilisation du monde nouveau qui s'ouvre devant la jeunesse. Pour arriver à ce résultat, toutes les forces didactiques devront être mises en mouvement. C'est dire que les différentes Facultés et Universités intéressées à la création de cet enseignement spécial devront mettre au service de ces étudiants nouveaux tout ce qui, dans le cadre de leur programme, pourra recevoir une application à l'esprit du colon. Mais ces forces ne pourront intervenir ni toutes à la fois, ni au même moment. Tout fait supposer, en effet, étant donné que l'institution de ces cours sera subordonné à l'état des ressources universitaires, à la générosité des particuliers ou enfin à la libéralité des corps élus, que leur inauguration se fera lentement et progressivement, sauf dans certaines Universités privilégiées. Dès lors, il faut envisager ce que devra être cet enseignement et à quelle loi de progression il devra obéir pour être fructueux. Afin de procéder méthodiquement, examinons d'abord ce que devront être les élèves.

Le but de cet enseignement, comme je l'ai dit dans une autre enceinte, étant de former des colons dirigeants et non des ouvriers de colonisation, il sera indispensable d'exiger des jeunes étudiants de solides études préliminaires consacrées ou non par un diplôme. Il ne faudrait pas que ces cours coloniaux puissent recruter leurs auditeurs parmi les jeunes gens portés là par le secret désir de secouer prématurément le fardeau des études classiques et n'ayant pour tout bagage sérieux qu'un goût prononcé pour les aventures et les voyages lointains.

Nous n'en sommes plus là, et le jeune étudiant colon devra, pour répondre au but poursuivi, offrir la double garantie, d'une part, d'un caractère bien trempé et bien résolu, prêt à faire face à toutes les éventualités de la vie coloniale, de l'autre, des connaissances variées et solidement acquises. Une sélection devient dès lors nécessaire et il serait utile d'exiger de ceux qui ne présentent aucun diplôme à l'appui de leur immatriculation dans nos Universités, une épreuve préliminaire probatoire établissant qu'ils sont en état de suivre utilement les cours coloniaux. Voilà en substance ce qu'on peut exiger des étudiants, mais que devront être les cours ? A mon sens, ces créations successives devront tout d'abord répondre aux nécessités les plus urgentes auxquelles les colons auront à faire face. Or, le premier besoin du colon, c'est de connaître les produits qu'il se propose d'exploiter dans une région donnée, tant ceux que la nature livre spontanément que ceux qui résultent de la culture du sol.

Cette proposition semble se passer de démonstration.

Et cependant, combien à l'heure actuelle ne voyons-nous pas de colons s'embarquer d'une façon imprévoyante pour des pays qu'ils ne connaissent que de nom, sans savoir un mot de la matière coloniale, de la culture grande ou petite, ni même des moyens qui doivent leur assurer la fortune à laquelle ils aspirent tous. C'est la mise en pratique des aventures, sans plan préconçu, sans instruction préalable et sans capitaux acquis. Que de surprises, que de déceptions ne réserve-t-elle pas ? Il faut les éviter désormais.

Le premier enseignement qu'il convient de créer est donc celui des *produits coloniaux* et des *cultures coloniales* (1). C'est sous l'empire de ce sentiment que, sur ma demande, la Chambre de Commerce de Marseille, toujours si attentive aux véritables besoins de notre cité essentiellement coloniale par son industrie et son commerce, a voté récemment les premiers fonds nécessaires à la création d'un cours de produits coloniaux. Je suis heureux de profiter de cette occasion pour l'en remercier publiquement et pour former le vœu de voir son exemple suivi par les grands ports commerciaux de France.

C'est sans doute un point important que d'avoir préparé le colon aux entreprises coloniales les plus fructueuses, c'est-à-dire à l'exploitation de toutes les richesses naturelles *agricoles*, *forestières* et *minéralogiques*. Mais il ne faut pas perdre de vue que, pour les mener à bonne fin, ce même colon devra, dès son arrivée dans la colonie, et plus encore pendant la période d'acclimatement, mettre rigoureusement en pratique les moyens connus de conserver sa santé au milieu des conditions les moins favorables et pouvoir faire face même aux premières atteintes de la maladie. Loin de tout secours technique, de toute civilisation le plus souvent, il ne devra compter que sur lui-même. De là découle la nécessité de donner à l'étudiant colon des notions sommaires mais suffisantes d'*hygiène*, de *climatologie*, d'*épidémiologie* et de *pathologie exotique*.

Je n'ignore pas que, pour le fonctionnement régulier de deux ordres si différents d'enseignement que je viens d'énoncer, relevant, l'un, le premier, des Facultés des Sciences, l'autre, le second, des Facultés ou Ecoles de Médecine, il sera indispensable d'avoir sous la main des musées et des jardins coloniaux d'une part, des cliniques de maladies exotiques de l'autre, qui en seront le complément obligé. Il importera, en effet, que le futur colon voie de ses yeux les produits qu'il se pro-

---

(1) M. Chailley-Bert, dans une remarquable étude qu'il a publiée récemment sur la colonisation et l'éducation du colon, a démontré victorieusement que nos colonies étant encore à l'âge de l'agriculture, il était de la première importance de faire du colon un agriculteur colonial émérite, et il a prouvé également que cette éducation agricole pouvait être donnée en France avec les éléments dont dispose le corps enseignant.

pose d'exploiter et les dérivés que l'industrie en tire. Il devra se familiariser, en outre, avec l'aspect et le traitement de maladies dont il peut redouter l'invasion. Il en résulte que toutes les Universités ne seront pas également bien placées pour instituer ces deux bases d'enseignement colonial. Sans vouloir préciser davantage, j'estime qu'en dehors de Paris, qui, malgré sa situation peu privilégiée en apparence au point de vue qui nous occupe, résume toutes les forces de la France, seules seront aptes à donner fructueusement cet enseignement les Universités littorales, pourvues de ports commerciaux importants sur l'Océan ou la Méditerranée et capables de recevoir facilement des colonies françaises la matière première coloniale, de la concentrer dans des musées ou instituts, de garder enfin dans de vastes hôpitaux les malades atteints d'affections coloniales.

A cet égard, il serait difficilement contestable que Marseille (comme le deviendront Bordeaux, Nantes, etc.) semble tout indiquée pour être un centre important d'enseignement colonial. Elle s'y est préparée d'avance en créant un musée et un institut colonial avec un jardin botanique à caractère exotique. En outre, il faut tenir compte à l'actif de notre ville, de cet autre fait, que, dès 1893, l'Ecole de Médecine de Marseille émit un vœu approuvé par le Conseil général des Facultés d'Aix, en faveur de la création d'une clinique de *pathologie exotique* et d'*hygiène coloniale*. Au moment voulu, c'est-à-dire quand le nouvel enseignement sera constitué par décret, ou même avant, ce vœu pourra recevoir aisément sa réalisation par le concert de l'Université et de l'Assistance publique de Marseille. Cette administration, on le sait, est toujours ouverte aux innovations utiles et aux créations capables d'assurer le développement ou l'extension des études médicales. Il ne peut donc exister aucun doute sur la question clinique exotique et la ville de Marseille, par l'exemple qu'elle a donné, par les créations qu'elle a réalisées, aussi bien que par celles qui sont en projet, servira d'initiative aux autres Universités. C'est une tâche à laquelle elle ne saurait faillir.

Ces deux enseignements assurés avec leur cortège obligé de jardins coloniaux, de musées et de clinique, il semble que, de tous les autres besoins de la vie du colon, celui qui s'impose le plus à l'attention, une fois son existence matérielle assurée, c'est la défense de ses intérêts et de ceux de sa famille. Soit avec les indigènes, soit avec l'administration coloniale, soit enfin avec les commerçants métropolitains, il est tenu à des rapports dans lesquels ses intérêts peuvent être engagés d'une façon grave. De là, la nécessité d'un cours de *jurisprudence* et de *droit colonial*, auquel serait utilement annexé un enseignement d'*ethnographie coloniale* limité à l'étude des races indigènes, de leurs aptitudes, de leurs mœurs, de leur industrie, de leur caractère. Ces connaissances permettraient au colon de mieux profiter de ses relations obligées avec les populations appelées à concourir à son œuvre d'exploitations coloniales. Je ne crois pas nécessaire d'insister sur l'étude du droit colonial qui diffère à tant d'égard du droit français, ne serait-ce que par les coutumes locales. Il y a là à acquérir toute une science indispensable au colon, qui ne saurait s'en désintéresser sans dommage. Mon incompétence en matière juridique ne me permet pas de m'étendre comme il conviendrait sur ce dernier enseignement, mais il me sera permis d'insister davantage sur l'importance que pourraient prendre certains cours coloniaux dans nos Universités, au point de vue de nos relations extérieures. J'ai particulièrement en vue le cours d'*hygiène*, de *pathologie*, de *thérapeutique exotiques*.

En dehors de l'intérêt qu'auraient pour le colon des connaissances de première utilité, capables de le mettre en état de lutter contre la routine invétérée des indigènes ou d'éclairer et de contrôler les méthodes curatives souvent si simples et si efficaces de ces peuples primitifs, ces cours spéciaux de médecine pratique exotique pourraient s'adresser très fructueusement à des étudiants étrangers, ou à des élèves praticiens indigènes qui iraient ensuite relever dans leur pays notre prestige et notre influence. C'est ainsi, par exemple, que pourrait être sauvée dans les *Echelles du Levant* notre action actuellement très amoindrie, par suite du récent décret du Sultan qui n'accorde plus aucune validité aux diplômes délivrés par la Faculté de médecine française de Beyrouth.

Les médecins issus de cette origine ne peuvent plus exercer dans les contrées du Levant soumises à la domination turque qu'après avoir subi de nouveaux examens devant le jury spécial à Constantinople. Il est certain que la Sublime Porte serait moins exigeante pour des médecins français, munis de diplômes spéciaux émanés des Universités de la métropole française.

En outre, ces cours de *pathologie exotique* augmentés de notions d'*épidémiologie* et d'*hygiène coloniale* pourraient recevoir comme auditeurs bénévoles les fonctionnaires et employés coloniaux, les vice-résidents, chanceliers, chefs de poste, missionnaires en résidence temporaire ou en congé en France, qui ramèneraient ensuite dans nos colonies ou pays de protectorat, pour les y diffuser avec autorité, les notions pratiques qu'ils y auraient acquises.

On pourrait enfin faire suivre ces leçons par les médecins

indigènes ou lettrés de nos colonies de Madagascar ou d'Extrême-Orient.

L'école de médecine indigène de Tananarive, fondée par le général Gallieni, en 1897, pourrait fournir à cet enseignement les plus méritants de ses élèves. M. le professeur Boinet, de l'École de médecine de Marseille, dix ans avant, en 1887, époque à laquelle il prenait part comme médecin militaire à la campagne du Tonkin, avait fondé à Hanoï, une sorte d'école de médecine indigène où il formait des praticiens Annamites et Chinois. Ces derniers ont rendu de grands services à la cause française, soit au point de vue hygiénique, soit comme agents de pénétration de notre influence en Extrême-Orient. Si cette fondation a subsisté, elle pourrait aussi fournir aux Universités métropolitaines, comme l'école de médecine de Tananarive, comme l'école qui sera fondée un jour dans la capitale du Soudan français, un contingent de bons élèves bien préparés par ces études préliminaires et par leur connaissance de la langue française, à recevoir un complément d'enseignement pratique. Combien seraient plus accrédités auprès de leurs compatriotes Annamites, Malgaches ou Soudanais, les praticiens indigènes qui retourneraient dans leur patrie après avoir pris des diplômes spéciaux en France, rapportant ainsi dans leur pays un rayon de la gloire métropolitaine !

Ces spécialistes pourraient, à la fin de leurs études, être pourvus d'une nomination officielle comme *praticiens hygiénistes gouvernementaux* et donneraient à leurs compatriotes le secours de leurs lumières pour lutter contre la routine, la superstition et surtout contre ces épidémies qui font des ravages redoutables sur les grandes agglomérations ignorantes des règles de l'hygiène ou incapables, faute d'entraînement, de les appliquer quand elles les connaissent. Ils viendraient puissamment en aide aux médecins militaires qui, de leur aveu même, sont accablés par la tâche coloniale actuelle. Mais ces praticiens officiels acquerraient surtout et rapidement, sur ces populations indigènes, au sein desquelles ils auraient été recrutés, une grosse influence psychique et directrice qui tournerait tout au profit de la France.

Cet enseignement destiné aux indigènes devrait être aussi pratique que possible pour être fructueux.

Un des points les plus importants de son programme devrait, ai-je besoin de le dire, porter sur l'emploi du vaccin et des sérums. C'est un lieu commun, en effet, que de rappeler quels ravages la variole fait, sans trêve ni merci, dans nos populations autochtones coloniales dont les bras sont cependant si utiles à l'exploitation agricole du sol.

Ce serait donc un grand progrès que de préparer à la pratique si simple de la vaccination le plus grand nombre de coloniaux possible de toute condition.

Il est bien entendu, que le trépied didactique colonial que j'ai posé ainsi sur les bases de la connaissance : 1º Des produits du sol et des cultures coloniales ; 2º De l'hygiène et des maladies exotiques ; 3º Du droit et de la jurisprudence coloniale, pourrait être augmenté et dédoublé dans ses assises, à raison même de l'abondance des matières à enseigner. Les Universités intéressées jugeraient elles-mêmes de l'opportunité de ces dédoublements, en tenant compte du nombre de leurs élèves et de leurs ressources de divers ordres.

Les Universités devraient apporter aussi le plus grand soin à organiser l'enseignement de la géographie et de l'histoire coloniales. Il est certain, en effet, que les colonies ne se comportent pas d'une façon identique au point de vue de l'hygiène, des productions de la flore et de la faune. Les conditions de climat, d'habitat, la nature des eaux, les éléments constitutifs du sol modifient d'une façon radicale telle ou telle colonie qui auraient, d'après un examen superficiel, une ressemblance presque parfaite. De même les questions de main-d'œuvre, d'organisation politique, d'état social se rattachent étroitement à la question ethnographique. Il est hors de doute également que les colons pourront puiser des enseignements utiles dans l'histoire de la colonie, dans l'examen de son passé, dans l'étude de son évolution. Il semble donc que l'étude de la géographie et de l'histoire coloniale doive accompagner l'étude de l'hygiène et des produits naturels du sol dont il était question tout à l'heure. Tous ces enseignements se pénètrent et se soutiennent les uns les autres. Déjà, d'ailleurs, la ville de Marseille a fondé un cours de géographie économique, celle de Bordeaux a suivi cet exemple et le Ministère des Colonies a créé, à Paris, un cours spécial de géographie coloniale.

Je m'arrête ; aussi bien ce rapport n'est qu'un canevas sans apprêt qui doit être rempli ou modifié par la discussion elle-même. J'ai voulu seulement tracer à grands traits les nécessités générales auxquelles semble devoir répondre, dans l'état actuel de nos colonies, l'enseignement universitaire nouveau que le gouvernement propose, avec tant de raison, de créer prochainement par voies progressives et sans grever le budget de l'Instruction publique. Je serais heureux d'avoir démontré, par la même occasion, que cet enseignement, légèrement agrandi dans le nombre et la qualité de ses auditeurs (et l'exemple de l'ordre médical que j'ai choisi pourrait être étendu à d'autres branches de l'enseignement colonial) doit encore servir à accroître l'influence française dans nos colonies nouvelles, dont l'assimilation est incomplète ou trop récente pour ne pas devoir être consolidée par tous les moyens dont nous disposons. Si on s'étonne que cet exposé soit dénué de considérations historiques (1) et de parallèles avec les autres nations colonisatrices déjà pourvues d'un enseignement colonial, je dirai qu'à chaque nation et à chaque caractère de peuple répondent des besoins spéciaux. J'ai essayé de conserver, sans esprit d'imitation servile, à la création projetée la forme qui paraît convenir le mieux aux conditions de cette création et à notre esprit français. En outre, il était difficile d'emprunter à des peuples comme l'Angleterre ou la Hollande, des méthodes ayant fait leurs preuves sans doute, mais établies depuis longtemps et basées sur l'exploitation d'un domaine colonial très anciennement constitué, différent essentiellement de celui qui nous est propre à l'heure actuelle et surtout de celui qui forme le principal appoint de nos possessions d'outre-mer. L'enseignement nouveau, tel que je le conçois, répond aux besoins actuels, c'est-à-dire aux exigences de la mise en valeur de nos colonies récemment conquises. Il pourra être transformé à mesure que l'assimilation de ces colonies aura fait des progrès sérieux; enfin, après des modifications successives, il sera définitivement fixé, quand ces mêmes colonies pourront être considérées, leur constitution étant achevée, comme de véritables départements français à la façon de l'Algérie ou de nos vieilles possessions des Antilles, des Mascareignes ou du Sénégal.

— Le rapport de M. Heckel sur l'organisation de l'enseignement colonial dans les Universités se termine par le vœu suivant :

1° Dans l'intérêt de la mise en œuvre méthodique des richesses coloniales, il est à désirer que le Gouvernement, persévérant dans ses intentions, mette le plus promptement possible en exécution, avec le concours de l'initiative privée, des municipalités et des corps élus, son projet d'organisation de l'enseignement colonial dans un certain nombre d'Universités, en s'inspirant du plan d'organisation qui a été développé devant le Congrès des Sociétés de Géographie à Marseille, en 1898 ;

---

(1) Sur ce sujet, la bibliographie n'est pas encombrée, tant on s'est désintéressé dans notre pays, jusqu'à ces dernières années, de tout ce qui touche à la colonisation et à ses besoins. Toutefois, je me fais un devoir de signaler la récente publication de M. Chailley-Bert qui, sous une forme saisissante a montré l'état actuel de la question et ce qu'il fallait entreprendre dans le sens du développement de nos colonies, pour aboutir rapidement à une exploitation fructueuse.

2º La ville de Marseille, à raison de sa situation topographique, de son importance et des efforts qu'elle a déjà faits, en prévision de cette organisation, doit être une des premières Universités dotées de cet enseignement et cela sur les plus larges bases.

Au nom de M. le Dr Heckel, absent de Marseille, et comme président de la Société de Géographie, M. J. Charles-Roux propose ensuite l'adoption du vœu présenté.

Après une discussion à laquelle prennent part MM. Dybowski, Marcel Dubois et Thoulet, le vœu de M. Heckel, modifié comme suit par M. Charles-Roux, est voté par l'Assemblée :

« Le Congrès émet le vœu, dans l'intérêt de la mise en œuvre méthodique des richesses coloniales : 1º Que le Gouvernement, persévérant dans ses intentions, mette le plus promptement possible en exécution, avec le concours de l'initiative privée, des municipalités et des Corps élus, son projet d'organisation de l'enseignement colonial dans un certain nombre d'Universités ;

« 2º Que la ville de Marseille, à raison de sa situation topographique, de son importance et des efforts qu'elle a déjà faits, en prévision de cette organisation, soit une des premières Universités dotées de cet enseignement et cela sur les plus larges bases. »

L'amendement suivant, présenté par M. J. Dybowski, est également adopté :

« 3º Que le Gouvernement mette en exécution un programme d'enseignement technique de l'agriculture et du commerce aux colonies. »

Mercredi 21 Septembre

(SOIR)

Conférence publique de Mme Isabelle MASSIEU sur le TONKIN

C'est sur le *Tonkin* (A travers les Territoires militaires) que Mme Massieu a fait une intéressante conférence au Grand-Théâtre, à 9 h., devant un énorme auditoire comprenant de nombreuses Dames. M. le prince d'Arenberg ayant dû quitter Marseille le soir même, rappelé à Paris par des affaires urgentes, la présidence du Congrès avait été confiée à M. le professeur Levasseur, de l'Institut.

Mme Massieu a tout d'abord résumé son remarquable voyage de 1896-97 à travers le continent asiatique, en Indo-Chine et de Pékin au Caucase, dont l'itinéraire était indiqué sur une grande carte murale de l'Asie. L'intrépide exploratrice a fait connaître ensuite en détail, avec beaucoup d'attrait et d'une façon documentée, ses impressions de voyage dans les territoires militaires et parmi les curieuses populations du Tonkin, jusque sur les frontières de la Chine. De nombreuses projections lumineuses de photographies, représentant des paysages ou des indigènes, ont concouru à l'agrément de cette conférence. En terminant, Mme Massieu a envoyé un patriotique souvenir à nos officiers et soldats qui servent vaillamment la France dans le Haut-Tonkin, ouvrant la voie à la colonisation.

Au milieu d'unanimes applaudissements, la Médaille d'or de la Société de Géographie de Marseille a été remise à Mme Massieu par M. Charles-Roux, président, pour son beau voyage à travers l'Asie.

CINQUIÈME JOURNEE

Jeudi 22 Septembre

VISITE DES PORTS

Le Congrès a consacré cette journée à la visite du port de Marseille et de nos principales industries locales. Le départ a eu lieu à 8 h. 1/2 du quai de la Fraternité, pour la place aux Huiles. Après avoir parcouru les savonneries Charles-Roux fils, dont les honneurs ont été faits par M. J. Charles-Roux, président de la Société de Géographie, et celles de M. Arnavon, président de l'Alliance Française, les Congressistes, ayant M. le président Levasseur à leur tête, se sont embarqués sur le vapeur *Salinier*, pour visiter les ports. M. Capetter, commandant du port, et MM. Batard-Razelière et Margaine, ingénieurs du Service maritime, ont bien voulu fournir aux Congressistes, qu'ils accompagnaient, des explications aussi intéressantes que complètes.

Du Vieux-Port on s'est rendu ainsi au bassin National, aux bassins de radoub, ensuite à la machinerie hydraulique (grande bigue de 120 tonnes) et aux hangars de la Chambre de Commerce, sous la conduite de M. Poussel, directeur, puis aux hangars dits Vitrés de la Cie des Docks, où les Congressistes ont été reçus par M. Aicard, chef du service actif. Revenus à 11 heures au bassin de la Joliette, les Congressistes ont visité le Musée colonial, où ils ont été guidés par M. le Dr Heckel, directeur.

Dans l'après-midi, partis à 2 heures du cours Belsunce en tramway électrique spécial, les membres du Congrès ont visité les Raffineries de sucre de Saint-Louis, conduits par M. Desbief, administrateur ; l'huilerie Fritsch-Estrangin les "Trois Mathilde", et la fabrique de bougies F. Fournier, où un lunch a été servi. Partout ils ont été enchantés de leur visite, qui a permis de constater le magnifique développement maritime et industriel marseillais.

SIXIÈME JOURNÉE

Vendredi 23 Septembre

(MATIN)

SÉANCE GÉNÉRALE

Président................... M. J. Thoulet, de Nancy.
Assesseurs.. .... MM. S. Guénot,
            V. Doby,
            E. Favier,
            A. Rainaud.

LE CHEMIN DE FER EN ASIE CENTRALE [1]
JONCTION DU TRANSCASPIEN AVEC LE TRANSSIBÉRIEN

Par M. **Paul GOURDET**, Ingénieur,
Professeur au Gymnase de Viernyï, Conseiller d'État de l'Empire de Russie,
Membre de la Société de Géographie de Marseille.

Communication présentée par M. Jacques Léotard.

I

Le Transcaspien était encore loin de Taschkent, que dès 1896 l'opinion publique, dans le Turkestan, se préoccupait déjà du choix de la direction que le chemin de fer devait prendre à partir de la capitale, et les colonnes de la presse locale s'ouvrirent à toutes les opinions, qui usèrent largement de l'hospitalité qui leur était offerte. Chacun crut

[1] Voyez *Bulletin* de la Société de Géographie de Marseille, 4ᵉ tr. 1898.

de son devoir de présenter son projet et de le soutenir par quantité d'arguments qui en prouvaient la supériorité sur tous les autres.

En principe, tous les intéressés sont parfaitement d'accord, et il ne reste que la question du choix de la direction la plus avantageuse, non seulement pour le Turkestan et la région que le nouveau chemin de fer sera appelé à mettre en valeur, mais également pour l'État lui-même, dont les intérêts doivent certainement être pris en considération avant tous les autres, et auquel, du reste, il appartiendra en dernier lieu de décider de la question. Six projets appelèrent particulièrement l'attention et furent l'objet d'une polémique animée ; cependant deux d'entre eux seulement méritaient réellement d'être pris en considération. Ce sont ces deux projets que nous nous proposons d'étudier en détail ; nous ne citerons les autres en passant que pour mention.

Le premier en date de ces six projets en question proposait de suivre la route postale jusqu'à Kara-Tougaï, sur le Syr-Daria, de traverser de là le Kara-Koum et, s'inclinant vers le Nord-Ouest, gagner Ouralsk déjà réuni, par Saratoff, au réseau général des chemins de fer russes.

Le second revenait franchement à l'idée primitive du général Kauffman, du général Beznossikoff et du Grand-duc Nicolas, c'est-à-dire à la ligne droite de Taschkent à Orenbourg, maintenant compris dans le réseau général par Samara et Penza. Ce projet a certainement sur le précédent, avec lequel il se confond du reste sur plus de la moitié de la route, l'avantage d'éviter des détours et des longueurs inutiles, dès qu'il s'agit d'atteindre le centre, Moscou, sans aucune autre considération secondaire.

Le troisième, voulant visiblement éviter la traversée du Kara-Koum, se dirigeait de Taschkent sur Djalpak-Tal, Tourgaï, Troïtzk et Tchéliabinsk, tête de ligne du Grand Sibérien.

Le quatrième s'infléchissait vers l'Est jusqu'à Aoulié-Ata, proposait de traverser la steppe aride de Bek-Pak-Dana au nord de la rivière Tchou, de gagner Akmolinsk et enfin Petro-Pavlovsk sur la rivière Ichim, et rejoindre ainsi le Grand Sibérien entre Tchéliabinsk et Omsk.

Le cinquième, qui diffère peu du précédent dans ses lignes principales, inclinait encore plus à l'Est, et, d'Aoulié-Ata, se proposait de gagner Karkaralinsk, puis Pavlodar, sur l'Irtysch, et enfin Omsk.

Enfin, un sixième projet avait franchement en vue la jonction du Transcaspien avec le Sibérien à travers les provinces de Sémiriétché, Sémipalatinsk et Altaï, par Aoulié-Ata, Viernyï, Sémipalatinsk, Kouznietzk et Mariïnsk sur le Sibérien.

On voit que tous ces projets se divisent en deux catégories distinctes suivant deux systèmes d'idées diamétralement opposées : la première consiste simplement dans la réunion directe, par la ligne la plus courte, de Taschkent à la métropole, et alors il ne peut y avoir qu'une direction, celle d'Orenbourg, tracée sur la carte au moyen d'une règle, car entre Taschkent et Orenbourg il n'existe aucun point qui vaille la peine de faire un détour, si léger qu'il soit, rien, comme on l'a vu précédemment, que la steppe aride et inculte qu'aucun chemin de fer ne peut animer et faire participer à la vie commune.

L'autre, plus vaste dans son ensemble, plus grandiose dans ses conséquences, et certainement plus en rapport avec les intérêts généraux, a en vue, comme il a été dit plus haut, la prolongation naturelle et logique du Transcaspien jusqu'au Sibérien à travers des régions riches et fertiles, qui ne demandent qu'un choc pour se réveiller de leur sommeil séculaire et prendre au mouvement général la part qui leur est indiquée par la nature elle-même. Ce serait non seulement leur propre avantage, mais encore celui de tout le Turkestan, de la Sibérie et de l'État lui-même, sur lequel elles pèsent jusqu'à présent d'une lourde charge, lorsqu'elles devraient, au contraire, lui être une source presque inépuisable de profits et d'avantages de toute nature.

Entre ces deux directions types, Taschkent-Orenbourg et Taschkent-Viernyï-Sémipalatinsk-Mariïnsk, toutes les autres ne sont que des lignes intermédiaires, possédant tous les défauts de l'une ou de l'autre des deux principales, parfois même de toutes les deux à la fois, sans en offrir aucun des avantages réels.

Le premier de ces deux projets semble avoir acquis, en fin de compte, tous les suffrages des hommes compétents de Taschkent, et toute une campagne a été entreprise en vue de sa réalisation.

Oubliant les services passés, les commerçants du Turkestan central sont arrivés à la conclusion plus ou moins fondée que le Transcaspien n'est déjà plus à la hauteur de sa mission, et qu'il est foncièrement et radicalement incapable de satisfaire à tous les besoins d'un négoce sans cesse grandissant et aux exigences légitimes des expéditeurs, exigences qui, par la force des circonstances et du progrès, deviennent de jour en jour plus impérieuses.

On lui fait entre autres le reproche de ne pas relier directement Taschkent, le centre du Turkestan, avec la Russie, mais d'être coupé à mi-chemin par la mer Caspienne, d'où deux transbordements successifs des marchandises, l'un à Krasnovodsk sur la côte Est, l'autre à Pétrovsk sur celle de l'Ouest ; ces chargements et déchargements successifs sont certainement dispendieux et font perdre un temps précieux, d'autant plus que les encombrements, fréquents sur différents points de la ligne, dont l'organisation n'est pas encore aussi parfaite qu'on pourrait le désirer et qu'elle le sera certainement par la suite, occasionnent souvent dans le transport des marchandises des retards considérables et sans aucun doute fort regrettables.

La ligne elle-même, prétend-on encore, n'offre pas toute la sécurité désirable, le sol n'est pas stable et est sujet à de fréquentes secousses séismiques qui parfois détériorent la voie sur de longs espaces, d'où interruption plus ou moins prolongée dans le service et nouveaux retards dans le trafic. Enfin, la mer Caspienne n'est pas toujours praticable, et parfois la gelée interrompt la navigation pendant tout un mois, comme cela s'est vu pendant l'hiver de 1892-93.

Ces deux derniers reproches ne sont pas précisément bien fondés, ou du moins ils sont fort exagérés. Il est certain qu'à différentes époques des dégâts ont été causés par des tremblements de terre, mais ils n'ont jamais été bien considérables et ils ont toujours été rapidement réparés. Du reste, le tremblement de terre est un phénomène qui est loin d'être rare dans tout le Turkestan, et Taschkent lui-même n'en est pas plus garanti qu'Askabad et Merv à l'Ouest, et que Pichpek, Viernyï ou Djarkend à l'Est, et alors il ne peut y avoir aucun doute que le chemin de fer d'Orenbourg, ou même celui de Viernyï, serait tout aussi exposé aux dévastations des mouvements séismiques, et peut-être même plus, que l'est le Transcaspien sur aucun de ses points. Il faut donc bien prendre son parti de cette circonstance, qui n'est nullement particulière au Transcaspien, tout comme on a dû le faire en Grèce, en Italie, dans le Sud de la France, en Espagne et en Amérique, où les tremblements de terre sont tout aussi fréquents et non moins redoutables que dans le Turkestan.

Quant aux glaces de la mer Caspienne, il est certain que le port d'Ouzoun-Ada, dans le golfe de Khiva, où le général Skobeleff avait établi sa base d'opérations, retenait parfois les navires prisonniers pendant plusieurs semaines, mais pour remédier à ce défaut capital la voie fut prolongée de la station Molla-Kary jusqu'à Krasnovodsk, où la mer est toujours libre et où un nouveau port fut créé.

Aux premiers reproches, certainement beaucoup plus sérieux que les derniers, on peut également répondre que la Caspienne, bien que présentant des difficultés réelles au transport rapide et ininterrompu des marchandises de prix, offre d'un autre côté l'avantage précieux de pouvoir expédier par eau, à des prix réduits, pendant six mois de l'année et jusqu'au centre de la Russie, celles dont le prix de vente ne permet pas de les grever d'un fret dispendieux. On peut aussi ajouter que sur le Baïkal, en Sibérie, on se propose de transporter les trains entiers, d'une rive à l'autre, sur des plates-formes spéciales et que ce qui est possible pour le Baïkal pourra le devenir également pour la Caspienne, lorsque le besoin s'en fera sentir ; alors les transbordements du wagon au navire et de celui-ci à un nouveau wagon, sans aucun doute désastreux pour le commerce, seront supprimés. Enfin on peut affirmer que l'organisation du Transcaspien, jusqu'à présent exclusivement militaire, va être réformée de fond en comble, puisque maintenant la ligne ressort du ministère civil compétent en la matière, et que le matériel de traction va être perfectionné et augmenté au fur et à mesure des besoins, et sera mis en état de pouvoir répondre à toutes les demandes, satisfaire à toutes les exigences les plus impérieuses et les plus étendues. Il n'est pas jusqu'au pont sur l'Amou-Daria, pont en bois, temporaire, dont la traversée n'offrait pas toujours les garanties de sécurité désirables, qui ne se voie sur le point d'être remplacé par un autre pont, définitif cette fois, en acier, dont les devis atteignent la somme respectable de 4 millions et demi de roubles et qui sera l'un des monuments de ce genre les plus grandioses dans le monde entier.

Les détracteurs du Transcaspien voient dans le chemin de fer Taschkent-Orenbourg le remède unique à une situation, suivant eux, désespérée. De Taschkent à Moscou par le Transcaspien, la Caspienne et les chemins de fer russes, la distance est de 4250 verstes (1), tandis que par Orenbourg elle ne serait plus que de 3180 ; ce serait donc une économie de 1070 verstes, c'est-à-dire d'environ 1/4 de la route, pour les voyageurs et les marchandises, et à cette économie sensible il faudrait ajouter l'avantage inappréciable d'un trajet direct, sans aucun transbordement. Cependant, si l'on examine la question de plus près, on s'aperçoit que cette économie n'est réelle que pour Taschkent seul, et Taschkent est loin de former tout le Turkestan ; on peut même dire que la province de Syr-Daria, dont il est le chef-lieu en même temps que la capitale du Turkestan, est beaucoup moins riche et fertile que ses voisines, le Zaravchan, avec ses vins et ses fruits, et le Ferganah qui, à lui seul, produit plus de coton que toutes les autres provinces réunies. De Samarcande à Moscou la différence entre les deux lignes ne serait plus que de 500 verstes, et à Boukhara elle se réduirait déjà à 34, et il est utile de remarquer que pour la culture du coton le Khanat de Boukhara est certainement appelé, dans un avenir plus ou moins rapproché à rivaliser avec le Ferganah lui-même. On est donc en droit de se demander si cette prétendue ligne droite, qui n'est incontestable-

(1) Une verste : 1067 mètres.

ment avantageuse qu'à une certaine catégorie d'industriels, répond d'une manière satisfaisante aux besoins généraux de tout le Turkestan et des régions avoisinantes.

Les plus chauds partisans du chemin de fer d'Orenbourg, et en même temps les plus influents, sont les négociants en coton. Les grandes filatures de Moscou et de Lodz ont toutes dans le Turkestan leurs agents, qui achètent aux indigènes le coton sur pied, le nettoient et le pressent dans leurs ateliers aux *"gins"* nombreux et perfectionnés, et l'expédient en balles compactes à leurs manufactures respectives. A leur tour ces manufactures renvoient ce même coton au Turkestan sous la forme de tissus de toutes sortes, qui se répandent sur toutes les parties du territoire et passent même la frontière pour aller, sur les marchés voisins, faire concurrence aux cotonnades de Glasgow et de Manchester qui y pénètrent par les Indes. Il est donc évident que ces manufactures, qui ne veulent voir dans le Turkestan qu'un producteur de la précieuse fibre et un consommateur des produits manufacturés de cette fibre, ont un immense avantage à réduire jusqu'au minimum possible le prix de transport à l'aller et au retour, ce qui ne peut se faire qu'en abrégeant la distance d'un centre à l'autre et en rendant le trajet plus direct et, par là, plus rapide. Si, en effet, l'intérêt exclusif des centres manufacturiers de Russie doit jouer dans la question un rôle prépondérant au détriment de toutes les autres prétentions, si légitimes qu'elles soient, il est hors de doute que le chemin de fer d'Orenbourg remplit à merveille toutes les conditions et l'on ne doit apporter aucun retard à sa réalisation.

Ne voyant, et ne voulant voir, dans la question que la réalisation de leurs intérêts du moment présent, auxquels ils sont prêts à sacrifier la prospérité future du Turkestan, les promoteurs du chemin de fer d'Orenbourg ferment obstinément les yeux sur toutes les autres considérations, qui méritent cependant la plus grande attention et sont de nature à faire réfléchir les hommes d'Etat compétents, à qui il appartiendra de décider des événements et dont les vues doivent embrasser un plus vaste horizon.

En effet, on peut admettre avec son Altesse le Grand-Duc Nicolas Constantinowitch que la traversée du Kara-Koum ne présente aucune difficulté technique sérieuse ; néanmoins, la nouvelle voie ferrée devra, sinon de Taschkent même, du moins à partir de la ville de Turkestan, à environ 260 verstes plus au Nord, parcourir, sur un espace de près de 1500 verstes, une région complètement improductive et déserte, qui ne lui fournira ni un voyageur, ni un seul poud de trafic. Ce ne sera donc exclusivement qu'une ligne de transit pour les marchandises de Taschkent à Orenbourg et vice-versa. Sur tout ce long parcours le nouveau chemin de fer ne trouvera nulle part le combustible qui lui est indispensable et sur certains points, tout comme le Transcaspien, il lui faudra organiser des trains spéciaux pour le transport de l'eau servant à l'alimentation des locomotives.

Mais tout ceci ne serait encore rien si la ligne projetée remplissait, d'un autre côté, les diverses conditions non moins importantes et non moins indispensables au complet développement économique du Turkestan. Mais justement il n'en est rien, car le nouveau chemin de fer ne mettra pas le Turkestan en communication directe avec la Sibérie, ce marché immense ouvert à tous les produits du Sud, qui lui font entièrement défaut.

Les fruits et les vins du Turkestan se rencontreront toujours sur les marchés russes avec les produits identiques des gouvernements du Sud, de la Crimée et du Caucase, qui leur feront une concurrence redoutable, tandis que dans la Sibérie centrale et orientale ils n'auront rien à craindre à cet égard. D'un autre côté, le chemin de fer d'Orenbourg n'apportera pas au Turkestan les blés qui lui seront indispensables, s'il veut, comme il le doit, étendre ses plantations de coton jusqu'aux extrêmes limites. On a bien parlé, il est vrai, des blés d'Orenbourg et de Samara, mais outre que les céréales de ces régions trouveront toujours des débouchés plus avantageux en Russie et même à l'étranger, on ne peut impunément faire parcourir à des denrées, dont le bon marché extrême doit les mettre à la portée de tous, une distance de 2.000 verstes, même aux tarifs les plus réduits. Les blés d'Orenbourg et de Samara, dont les prix sur place sont déjà beaucoup plus élevés que ceux auxquels se vendent les blés de certaines parties du Turkestan, deviendraient donc inabordables pour les indigènes, qui se verraient dès lors forcés de restreindre la culture du coton pour revenir en partie à celle des céréales.

Ces défauts essentiels du projet Taschkent-Orenbourg ont été du reste parfaitement compris par ses promoteurs et pour y remédier ils ont aussitôt imaginé de compléter la ligne désirée par deux embranchements latéraux : l'un d'Orsk à Tchéliabinsk pour établir la communication nécessaire avec la Sibérie, l'autre de Tchimkent à Viernyï, pour amener à Taschkent les blés du Sémiriétché, dont l'abondance et le bon marché peuvent mettre le cultivateur du coton à l'abri de toute préoccupation pour son alimentation.

Mais ces suppléments proposés, en eux-mêmes du reste tout à fait incomplets, prouvent de la façon la plus victorieuse, que le chemin de fer d'Orenbourg serait fort loin de remplir à lui seul les conditions qu'on est en droit d'exiger de lui, et qu'il serait complètement incapable de satisfaire aux besoins les plus indispensables du pays.

Outre cela, il n'était question dans le commencement que de la construction d'une nouvelle voie de 1700 verstes au plus, ce qui n'aurait pas été au-dessus des efforts de l'Etat, tandis que maintenant il s'agit déjà d'un ensemble de plus de 2.900 verstes de rails, dont la pose exigera des dépenses immenses, nullement justifiées par la modicité des résultats ainsi acquis.

De ces résultats, très problématiques du reste, un seul peut être prévu d'une manière certaine : la ruine assurée du Transcaspien, qui ne deviendrait plus alors qu'une section, d'une importance très secondaire, du chemin de fer de l'Asie Centrale, alors que sa position particulière et sa signification aussi bien stratégique qu'économique doivent lui assurer le premier rang et faire de lui l'artère principale de toutes les communications entre la Russie d'Europe, le Turkestan et la Sibérie orientale. Celle-ci est appelée par la construction du Grand Sibérien à jouer un rôle immense dans l'avenir politique et économique de l'Empire russe, avenir auquel non seulement le centre, mais toutes les parties du Turkestan doivent prendre la part qui est indiquée par leur situation aux confins de la Russie, sur les frontières de la Perse, de l'Afganistan et de la Chine, par la diversité de leurs richesses naturelles, par la fertilité de leur sol, et enfin par l'influence civilisatrice considérable qu'elles peuvent exercer sur les régions barbares qui les avoisinent.

Pour assurer le rôle prépondérant que le Turkestan est destiné à jouer sur la scène asiatique, le chemin de fer projeté, de Taschkent à Orenbourg, ne peut être d'aucune utilité.

II

Si l'on jette les yeux sur une carte des possessions russes en Asie, on remarquera du premier coup d'œil que la prolongation naturelle et logique du Transcaspien doit s'effectuer vers l'Est jusqu'à Viernyï, pour de là remonter au Nord et rejoindre le grand Sibérien par Sémipalatinsk et Barnaoul, soit à Mariinsk, soit même à la station de Krivostchokovo sur l'Obi.

En effet, cet itinéraire possède toutes les qualités qui font entièrement défaut au précédent. Au lieu de nuire au Transcaspien il ne ferait que le compléter, lui communiquer une vie plus intense, une activité beaucoup plus vaste. D'un autre côté ce nouveau chemin de fer serait un puissant auxiliaire du Sibérien, auquel il ouvrirait toutes grandes les portes de la Chine occidentale par la riche vallée de l'Ili, par où une branche latérale pourrait facilement parvenir à Kouldja, tandis qu'une autre, partant de Serghiopol à la limite nord du Sémiriétché, arriverait à Tchougoutchak, où conduit déjà une route très fréquentée des marchands russes et chinois.

Au lieu de traverser des déserts incultes qui n'auraient rien à lui demander et rien à lui donner, le nouveau chemin de fer s'élancerait au milieu de régions peuplées et d'une fertilité surprenante, dont le commerce et l'activité sont déjà considérables et auxquelles il ne manque que des voies de communication commodes et rapides pour prendre leur essor vers la richesse et la prospérité. Le Sémiriétché, que le chemin de fer traverserait dans toute sa longueur, de Karabalty à Serghiopol, sur une distance de 1000 verstes, est un pays agricole par excellence, qui peut produire plus de blé qu'il n'en serait nécessaire à sa propre consommation et à celles des régions cotonnières du Turkestan central. Il doit même à l'époque actuelle restreindre ses cultures, car faute de routes praticables il ne peut exporter ses produits, qui alors descendent à des prix dérisoires, bien faits pour décourager les agriculteurs : le froment d'excellente qualité se vendant souvent de 12 à 15 copeks le poud, soit de 30 à 40 centimes les 16 kilos.

Le Sémiriétché est également un grand producteur de bétail, dont il possède plus de 6.000.000 de têtes. Il lui serait facile d'élever ce chiffre jusqu'à 20.000.000, si l'éleveur pouvait trouver des prix rémunérateurs sur les marchés éloignés dont l'accès lui serait facilité par des moyens de transports sûrs, rapides et peu dispendieux. Dans la situation actuelle, l'élevage du bétail n'est pratiqué presque exclusivement que par les Kirghises nomades, dont l'insouciance à l'égard de leurs animaux dépasse toute imagination, au point même qu'aucune provision de fourrage n'est faite pour les hivers rigoureux, de sorte que les pauvres animaux meurent littéralement de faim, lorsque la neige devient trop dure ou trop profonde pour leur permettre d'atteindre, en grattant le sol de leurs pieds, une maigre pitance desséchée, reste de la végétation de l'été. Aussi les pertes annuelles atteignent-elles des chiffres énormes, — parfois, pendant les hivers particulièrement rudes, jusqu'à 250 et 300.000 têtes de bétail.

Pour donner une idée du peu de valeur du bétail dans le Sémiriétché, nous dirons en passant que le prix de la viande de boucherie, à Viernyï, c'est-à-dire dans la capitale, où toutes les denrées se vendent certainement plus cher que dans le reste de la province, ne dépasse pas 1 rouble 40 copeks le poud, soit 23 centimes le kilogramme.

Les fruits sont aussi très abondants dans le Sémiriétché, surtout les pommes de toutes sortes et de qualité vraiment supérieure, dont on pourrait expédier d'énormes quantités dans la Sibérie, qui en est complètement dépourvue. Une dizaine de magnifiques poires duchesses se vend couramment de 15 à 20 centimes. Pour le même prix, on peut se procurer une dizaine de melons succulents et d'une saveur inconnue dans les contrées plus tempérées; enfin, dans le district de Djarkend, à l'est du Sémiriétché, le raisin revient à 80 centimes le poud, c'est-à-dire à 5 centimes le kilo. Quant aux pommes, dont quelques exemplaires atteignent le poids de 1 livre 1/2, elles n'ont aucune valeur et le prix d'une dizaine ne dépasse pas quelques centimes.

Mais ce qui constituerait la richesse principale du Sémiriétché, après ses blés et son bétail, ce sont ses gisements miniers de toute nature, enfouis par immenses quantités dans le sein des massifs montagneux qui couvrent près des 2/3 de la surface totale de la contrée.

Ces gisements sont jusqu'à présent inexploités et même encore imparfaitement explorés, mais tous s'accordent à dire qu'ils sont d'une ampleur considérable. (Voir : « Les richesses minérales du Turkestan russe », par J. Mouchkétoff. Paris, 1878.)

Le fer est répandu presque partout, en même temps que le charbon de terre. On trouve également de tous côtés le cuivre et le plomb argentifère; il existe des gisements d'une richesse extrême de cinabre, d'asbeste ou amiante, d'ozokérite ou cire minérale d'une pureté remarquable. Le sel minéral et l'albâtre forment des montagnes entières. Bref, le Sémiriétché possède tous les éléments d'une industrie minière des plus florissantes, qui n'attend que le chemin de fer pour se développer sur tous les points à la fois au profit de la voie ferrée elle-même.

Pour donner une légère idée des avantages énormes qu'un chemin de fer le traversant pourrait procurer au Sémiriétché, qui, à son tour, remplirait ses caisses, il suffit de dire que les suifs d'Australie pénètrent jusqu'à Kazun et que plusieurs villes de la Transbaïkalie font venir des cargaisons de sel de Hambourg, alors que le Sémiriétché ne sait que faire de son bétail et qu'il possède des montagnes de sel qui ne lui servent de rien.

La province de Sémipalatinsk, située au nord du Sémiriétché, ne produit déjà plus de fruits, à cause de son climat plus rigoureux, mais elle n'est pas moins riche en céréales et en bétail que ce dernier, dont elle serait le puissant auxiliaire pour l'alimentation du Turkestan cotonnier. Ses richesses minérales ne le cèdent en rien à celles de

Sémiriétché, et là également le chemin de fer serait un agent tout puissant de développement industriel et commercial.

Plus loin enfin on pénètre dans l'Altaï qui, quoique plus au Nord, jouit d'un climat assez modéré, et qui est justement considéré comme l'une des contrées les plus riches du monde entier.

Sa situation particulière, la douceur relative de son climat, la beauté remarquable de ses sites, la fertilité extraordinaire de ses vallées profondes, encaissées entre des montagnes aux flancs couverts de forêts denses, la quantité et la beauté de ses lacs, la multiplicité de ses cours d'eau, ont fait surnommer l'Altaï la Suisse et le bijou de la Sibérie.

Les immenses richesses minières et forestières de l'Altaï sont parfaitement connues et appréciées ; elles sont déjà depuis longtemps en pleine exploitation et le chemin de fer qui traversera cette perle de la Sibérie ne fera que rendre cette exploitation plus intensive à son propre profit. Les gens qui connaissent les immenses ressources de toute nature de l'Altaï sont généralement portés à considérer comme une faute grave que le Grand Sibérien ne se soit pas légèrement infléchi vers le Sud, d'Omsk, par exemple, sur Barnaoul, Biïsk, Kouzvietsk, Minoussinsk et Nijni-Oudinsk, pour traverser dans toute sa largeur cette région riche par excellence. Cependant il est juste d'ajouter que cette erreur, si erreur il y a, est en voie d'être réparée, car des études s'exécutent en ce moment même pour la construction d'une voie ferrée entre Tomsk et Sémipalatinsk, par Barnaoul, la capitale de l'Altaï.

Ce tronçon seul, d'environ 800 verstes de longueur, est appelé à rendre les plus grands services au Sibérien occidental : M. l'ingénieur Mikhaïlowsky, le constructeur de cette partie du Sibérien, évalue déjà à 20.000.000 de pouds de marchandises de toute nature l'apport du chemin de fer de l'Altaï à son grand frère, mais nous sommes persuadés qu'il est encore bien au-dessous de la vérité.

La construction du chemin de fer de l'Altaï sera précisément le commencement de l'exécution du projet maintenant en question, car, de Sémipalatinsk à Viernyï, il ne restera plus que 900 verstes et de Viernyï à Taschkent 800, en tout 1.700 pour opérer la jonction désirée du Grand Sibérien et du Transcaspien, également profitable à tous les deux en même temps qu'à toutes les régions qui les séparent.

Ainsi donc, la nouvelle voie parcourrait, dans toute son étendue, depuis Taschkent jusqu'à Tomsk, les contrées les plus riches et les plus fertiles de l'Asie Centrale, et possédant tous les éléments d'un commerce des plus actifs et d'une industrie des plus variées. Elle assurerait l'échange constant des produits du Nord avec ceux du Sud, et compléterait ainsi les unes par les autres les richesses naturelles de la Sibérie et celles du Turkestan ; elle mettrait en même temps en valeur les ressources immenses des provinces intermédiaires, qui retranchées du reste de la Russie encore plus par le manque complet de routes praticables que par les énormes distances qui les en séparent, végètent péniblement alors qu'elles pourraient vivre d'une vie exubérante, pleine de mouvement et d'activité. Dans ces conditions il est évident que cette voie serait une spéculation des plus avantageuses, car dès l'origine, même dans l'état actuel du commerce en Asie Centrale, elle serait assurée d'un trafic de dizaines de millions de pouds, soit dans un sens, soit dans l'autre. Mais son rôle dans le développement économique du Turkestan ne se bornerait pas encore aux services déjà cités.

Le Turkestan n'est pas destiné, comme beaucoup sont portés à le croire, exclusivement et indéfiniment à produire simplement du coton brut pour les centres manufacturiers de Moscou et de Lodz, mais il viendra un temps, plus ou moins éloigné, où il voudra vivre de sa propre vie et où il deviendra lui-même un centre manufacturier d'une importance extrême. Tout le convie à ce rôle nouveau : la matière première sur place même, le travail à bon marché, le combustible qui se trouve en abondance sur tous les points du territoire, le climat enfin qui permet à la population indigène, déjà sobre et industrieuse, une existence facile à peu de frais. Il est hors de doute, dans ces conditions favorables, que le commerce du Turkestan fera quelque jour la réflexion qu'il ne lui est pas avantageux de grever les marchandises qu'il consomme, et qui sont fabriquées de sa propre matière première, d'un double transport sur des distances aussi énormes que le sont celles qui séparent Taschkent de Moscou, par exemple, et Andijan de Lodz. Un jour viendra donc et ce jour est proche, quoiqu'on en pense, où à côté des ateliers de nettoyage du coton s'élèveront des filatures, lesquelles donneront à leur tour naissance à des centaines d'ateliers de tissage, répandus dans toutes les villes du Turkestan.

On sait que toute l'Asie centrale s'habille presque exclusivement de cotonnades, genre de tissu qui convient particulièrement à la nature du climat et aux habitudes des indigènes ; les manufactures du Turkestan se trouveraient donc au centre même de marchés nombreux et insatiables, où par le bon marché extrême de leurs produits elles pourraient facilement défier toute concurrence, de quelque côté qu'elle pût venir. Le Khorassan, l'Afganistan, la Kashgarie et la Chine Occidentale, sans compter le Turkestan lui-même, qui ne serait pas un des moindres consommateurs de ses propres produits, assureraient au nouveau centre manufacturier un avenir que les plus riches pourraient lui envier.

Il est certain que les fabricants de Moscou et de Lodz, qui seraient ainsi frappés dans leurs intérêts les plus vitaux, s'opposeront de tout leur pouvoir, et ce pouvoir est considérable, à ce que ces prévisions se réalisent, mais ils succomberont forcément dans la lutte et s'ils veulent s'obstiner longtemps à fermer les yeux sur le danger qui les menace, ils seront certainement devancés par les étrangers qui ne laisseront pas échapper un placement aussi avantageux et aussi sûr de leurs capitaux.

Dans cette nouvelle arène le chemin de fer projeté seconderait merveilleusement le Turkestan, dont il répandrait sûrement et rapidement les produits manufacturés sur tous les points où le besoin s'en ferait sentir, de Krasnovodsk à Kouldja et à Tchougoutchak, dans la Chine occidentale, sur une étendue de 3500 verstes à travers les régions les plus peuplées de toute la contrée. Le chemin de fer d'Orenbourg, lui, ne pourrait être que d'une inutilité complète et même il n'aurait plus le coton brut à transporter, en sorte qu'il perdrait jusqu'à son unique raison d'être.

III

Sous le rapport stratégique le chemin de fer de Taschkent-Sibérie présenterait des avantages non moins considérables, plus grandioses même qu'au point de vue industriel et commercial.

Les promoteurs de la direction Taschkent-Orenbourg n'ont pas manqué de faire valoir qu'en cas de danger cette voie rendrait des services inappréciables en ce qu'elle permettrait de pouvoir jeter dans le Turkestan, à un moment donné, rapidement et à peu de frais, des masses énormes de troupes avec tout le matériel de guerre nécessaire.

Cela n'est vrai que dans une certaine mesure et toujours pour le seul Taschkent; mais les troupes une fois concentrées dans cette dernière ville qui, plus éloignée de la frontière, sera toujours la moins menacée, il faudra les disséminer ou à droite ou à gauche, suivant les besoins, et là commenceront les difficultés, les pertes de temps toujours désastreuses lorsqu'il faut agir avec promptitude et décision. Certainement si le danger se montre à l'Ouest, rien ne sera plus facile que d'y transporter les bataillons par le Transcaspien, soit au

Ferganah, soit au Zaravchan, soit enfin dans la Transcaspienne. Mais il peut se présenter à l'Est et alors le chemin de fer d'Orenbourg ne sera plus d'aucun secours. On pourra objecter à ceci que les rapports de la Russie avec la Chine sont tels qu'il n'y a absolument rien à redouter de ce côté ; mais il ne faudrait pas s'exagérer cette sécurité, qui n'est en somme que très relative. La politique dans l'Extrême-Orient peut changer d'un moment à l'autre, la stabilité lui fait défaut ; la Chine est constamment travaillée par des influences qui ne sont point précisément favorables à la Russie, et le contre-coup de ces influences peut fort bien se faire sentir sur les frontières occidentales de l'Empire Céleste. On sait en outre que la Chine n'est pas toujours maîtresse chez elle et que bien des évènements s'y passent, sur lesquels elle ne peut exercer, pour ainsi dire, aucun contrôle. En 1868, la Russie fut obligée d'occuper la province d'Ili, à l'est du Sémiriétché, pour mettre fin aux troubles causés par les Tarantchis et les Doungans que les Chinois ne pouvaient maîtriser. En 1882, le rayon de Kouldja fut, en vertu des traités existants, rendu à la Chine, mais bientôt après de nouveaux troubles éclatèrent et en 1884 on dut envoyer à la frontière chinoise de nombreuses troupes de Viernyï et même de Taschkent, ce qui occasionna des dépenses considérables, à cause des distances énormes et du manque complet de routes praticables. Les soulèvements constants des Doungans dans le Kan-Sou et le Chan-Si contre l'autorité chinoise ne se terminent pas toujours à l'avantage de cette dernière, et d'un moment à l'autre un royaume indépendant peut se créer, avec lequel le Turkestan pourra avoir à compter.

Tout ceci peut sembler, au premier abord, paradoxal, mais en Asie on ne doit s'étonner de rien. N'avons-nous pas vu un aventurier ousbek, Yacoub-Khan, se tailler un empire dans la Kaschgarie, empire qui, du reste, disparut aussi rapidement qu'il s'était élevé, sans laisser plus de traces que Yacoub-Khan lui-même, dont le voyageur anglais H. Lansdell avait, en 1889, une grande peine à découvrir l'emplacement de la sépulture ? Il serait donc puéril de croire que la sécurité du Turkestan ne peut être menacée que sur le Pamir ou sur les frontières de l'Afganistan.

Au reste, le danger peut aussi bien venir de l'intérieur que du dehors. Certes, l'autorité russe en Asie Centrale est établie d'une manière bien définitive, sur des bases d'une solidité inébranlable. Néanmoins, tout comme en Algérie, au Tonkin ou à Madagascar, tout comme aux Indes ou au Cap, des troubles plus ou moins sérieux peuvent éclater à un moment donné sur un point quelconque de l'immense territoire, car il sera encore longtemps possible à un misérable fanatique d'exercer, au moyen de ses prédications absurdes, mélangées de jongleries ridicules, une influence pernicieuse sur quelques milliers de vagabonds à l'esprit inculte et grossier, et de lever les étendards rouge et vert du Khazavat (guerre sainte).

Les récents évènements du Ferganah prouvent bien la possibilité de semblables échauffourées, promptement réprimées, il est vrai, mais qui causent néanmoins dans tout le pays une émotion, toujours exagérée, qui demande des mois pour se calmer.

Au mois de mai dernier, en pleine tranquillité, un ichan, Mahomet-Ali-Calfa, réussit, par ses démarches et ses prédications clandestines, à lever une bande de 1.500 à 2.000 fanatiques qui attaquèrent sous ses ordres le camp d'Andijan, dans les baraquements desquels dormaient paisiblement 163 soldats russes des 4me et 5me compagnies du 20me bataillon de ligne du Turkestan. Profitant de l'obscurité et de la confusion bien naturelle qui suivit cette attaque imprévue, les insurgés, armés de fusils, de revolvers, de sabres, de piques et de massues, purent massacrer en quelques secondes 22 hommes et en blesser plus ou moins gravement 16 autres. Mais les braves soldats du Turkestan ne perdirent pas leur sang-froid ; à peine remis de leur surprise ils se jetèrent sur leurs fusils et, manquant de cartouches, ils repoussèrent l'attaque à la baïonnette et à coups de crosse ; les insurgés, qui ne s'attendaient pas à une résistance aussi héroïque, se dispersèrent, laissant sur la place 11 morts et 8 blessés qu'ils n'avaient pas eu le temps d'emporter avec eux.

L'héroïque petit soldat du Turkestan avait de nouveau bien mérité de son Tsar, qui saura l'en récompenser, car s'il s'était laissé saisir par une panique bien compréhensible en pareille circonstance, la ville d'Andijan, qui compte 60000 habitants indigènes, serait infailliblement tombée au pouvoir de l'ichan, avec quelques milliers de fusils et un grand nombre de munitions, conservées dans les magasins et les poudrières. Il est possible que la population du Ferganah, grisée par un semblable succès et voyant dans l'ichan l'élu et l'envoyé de Mahomet, se fût soulevée en masse, et un mouvement partiel et insignifiant aurait pu dégénérer en une insurrection générale de toute la province. Certes il ne peut y avoir l'ombre d'un doute que la répression eût été prompte et terrible, mais combien de malheurs, combien de carnage, combien de vies et de biens ont été épargnés par cette poignée de braves qui, surpris à l'improviste dans leur sommeil, démunis, ont combattu héroïquement, pied à pied, un contre 12 ou 15, dans une mêlée rendue encore plus horrible par l'obscurité, pour la défense de leur drapeau et l'honneur de leur patrie !

Dès que l'ordre eut été un peu rétabli et que des cartouches purent être distribuées en quantité suffisante, la poursuite fut organisée ; les révoltés furent traqués dans leurs montagnes, l'ichan saisi avec ses principaux lieutenants et environ 500 de ses partisans.

Les poursuites continuent jusqu'à présent ; sur l'indication qu'une partie des fuyards s'était dirigée vers le Sémiriétché, trois sotnias de cosaques furent envoyés de Viernyï dans les districts de Pichpek et de Prjévalsk, sur la frontière du Ferganah, et dans cette province même, ainsi que dans celle de Zaravchan, où l'on suppose, peut-être non sans raison, que l'ichan avait des affiliés, des mesures énergiques ont été prises pour rétablir la tranquillité et la sécurité.

Prompte justice a été faite : l'ichan et quatorze de ses principaux accolytes ont été pendus en présence de la population indigène et de la main même de leurs congénères ; une trentaine d'autres, reconnus moins coupables, ont été condamnés aux travaux forcés, d'où il est peu probable qu'aucun d'eux revienne jamais. Le tribunal militaire examine les dossiers de ceux qui sont encore en prison et les autres seront jugés et expédiés au fur et à mesure de leur capture, qui ne peut se faire attendre longtemps.

Les étendards du soi-disant prophète furent également saisis et brûlés sur le lieu même de l'exécution de l'ichan, qui perdit ainsi en même temps que la vie le renom de sainteté et d'invulnérabilité qu'il s'était péniblement acquis, par une vie ascétique et ses prédications fanatiques du koran, dont au reste il ne comprenait pas un seul mot, car il était complètement illettré.

Ainsi se termina, ou, pour mieux dire, se termine, cette tentative de révolte qui ne pouvait qu'échouer misérablement, comme toutes celles du même genre qui se sont produites antérieurement, ou pourront peut-être même encore se produire, sur les incitations du dehors qui, si l'on en croit certaines rumeurs, sans doute dénuées de fondement, ne sont peut-être pas étrangères à la triste affaire actuelle.

Néanmoins cette échauffourée absurde a eu un grand retentissement dans tout le Turkestan et même en Russie ; les esprits ne sont pas encore entièrement calmés, quoique ce soulèvement, mal conçu et encore plus mal exécuté et qui ne pouvait être que l'œuvre de fous aveuglés par un fanatisme insensé, ne puisse avoir aucune autre conséquence qu'un redoublement de surveillance et de sévérité envers les populations musulmanes qui, pour la grande majorité, se sont depuis longtemps déjà franchement réconciliées avec la paternelle domination russe.

Pour faire face à tout danger, d'où qu'il vienne, le Turkestan doit avant tout compter sur ses propres forces qui, du reste, sont parfaitement suffisantes pour parer, au moins dans le commencement, à toutes les éventualités ; mais pour cela il doit être rendu homogène dans toutes ses parties qui, à leur tour, doivent être intimement reliées entre elles pour se prêter en cas de besoin un appui mutuel. Avant d'implorer de la Russie des secours, qui dans la plupart des circonstances ne pourraient arriver que trop tard, le Turkestan doit être en état de pouvoir concentrer rapidement toutes les troupes dont il dispose sur le point menacé, de la mer Caspienne aux confins de la Mongolie. Pour cela le chemin de fer d'Orenbourg ne peut lui être d'aucune utilité, tandis que celui du Sémiriétché et d'Altaï remplira merveilleusement cette importante condition. Même dans le cas où les secours de Russie deviendraient indispensables, ce qui est peu probable, ces secours pourraient arriver de deux côtés à la fois, de l'Ouest par le Transcaspien et de l'Est par le Sibérien et la ligne de jonction.

L'importance stratégique du chemin de fer Taschkent-Sibérie, par Viernyï, Sémipalatinsk et Barnaoul serait donc extrême, et elle ne peut être discutée. Ainsi que le faisait remarquer les « *Tourkestanskia Viedomosti* » (N° 5, Taschkent, 1896). « Cette voie, avec le Transcas-
« pien et le Sibérien oriental, formera une bande d'acier ininter-
« rompue qui ceindra et garantira sûrement toute la frontière asia-
« tique de la Russie, de Krasnovodsk, sur la Caspienne, à Vladivostok,
« sur le Pacifique, sur une étendue colossale, dépassant le quart du
« méridien terrestre. »

Cette perspective est en effet vraiment grandiose et sa réalisation aurait sans nul doute pour la Russie des conséquences incalculables, bien faites pour faire réfléchir les hommes d'État qui conduisent si habilement les destinées de l'immense Empire du Nord.

Pour parvenir à ce résultat d'intérêt général, non seulement pour le Turkestan et les provinces que le nouveau chemin de fer sera appelé à desservir, mais encore pour le grand Sibérien et pour la Russie elle-même, l'effort à faire n'est pas aussi considérable qu'on pourrait l'imaginer au premier abord, car de Taschkent au Sibérien par l'itinéraire tracé plus haut la distance n'est que de 2.400 verstes, à travers des régions qui n'offrent aucune difficulté technique. C'est ce dont a pu se convaincre M. le Ministre des Ponts et Chaussées, qui, au mois de juin dernier, a fait toute la route en voiture, de Taschkent à Sémipalatinsk, où un vapeur l'attendait pour le conduire par l'Irtysch, la Tobol et la Toura, à Omsk, Tobolsk et Tiouméne d'où, par le chemin de fer de l'Oural, il gagna Ekatérinbourg et Perm.

Sur tout son parcours, le nouveau chemin de fer trouvera de l'eau en abondance, car, longeant les massifs montagneux qui bordent le Turkestan au Sud et à l'Est, il traversera les bassins des rivières Ariss, près de Tchimkent, Talass à Aoulié-Ata, Tchou près de Pichpek, Ili au nord de Viernyï, Karatal à la hauteur de Kopal, Lepsa à l'extrémité nord-est du lac Balkasch, Aïagouz avant d'arriver à Serghiopol, Irtysch à Sémipalatinsk et enfin Obi dans l'Altaï. Nous ne comptons pas les nombreux cours d'eau, tributaires des premiers, qui se précipitent des montagnes dans la steppe et qui servent à l'arrosage de la bande de terrain cultivable, bande qui va s'élargissant d'année en année aux dépens de la steppe en friche, au fur et à mesure du perfectionnement et de l'accroissement du réseau des canaux d'irrigation.

Le combustible également ne lui fera défaut sur aucun de ses points, ce qui est, on le conçoit sans peine, d'une importance extrême pour son exploitation ; il trouvera de la houille en abondance à Tchimkent, puis à Pichpek, qui sera le dépôt du charbon provenant des puissants gisements des monts Alexandre ; à Ilisk la rivière lui apportera la houille du bassin de Kouldja, qui pourra fournir jusqu'à 400.000 tonnes par an d'excellent combustible pendant 500 ans. Plus loin le chemin de fer traversera le bassin houiller de la rivière Bija, non moins puissant que le précédent, puis ceux des monts Tarbogataï près de Serghiopol ; il passera à portée des mines du district de Pavlodar et, enfin, il pénètrera dans l'inépuisable bassin de Kouznetzk dans l'Altaï.

Ainsi donc, à tous les points de vue et sous tous les rapports, le chemin de fer proposé aurait une immense et incontestable supériorité sur son concurrent, le chemin de fer d'Orenbourg qui, à tout prendre, ne serait qu'une simple voie de transit, entre deux points distants l'un de l'autre de 1.700 verstes, d'une utilité pour le moins douteuse. Comme la construction de l'un, à cause de considérations d'ordre purement financier, entraînerait infailliblement le rejet de l'autre à un avenir lointain, il est pleinement à supposer que les hommes compétents qui auront à résoudre la question n'hésiteront pas à sacrifier les intérêts étroits et égoïstes d'une certaine classe de négociants et d'industriels à la prospérité d'immenses contrées, peuplées de nombreux habitants et possédant tous les éléments d'un commerce considérable et d'une industrie active et variée.

Au reste, S. E. le prince Khilkoff, Ministre des Ponts-et-Chaussées, dont la connaissance approfondie des régions qu'il traversait pour la première fois frappa tous les esprits et dont la simplicité pleine d'une aménité et d'un tact exquis gagna tous les cœurs, prononça, lors de son trop court séjour à Viernyï, quelques paroles mémorables qui remplirent les assistants d'une joie enthousiaste poussée jusqu'au délire. Il annonça qu'au moment de son départ de Saint-Pétersbourg l'Empereur lui avait dit que la réunion du Grand Sibérien et du Transcaspien faisait l'objet de son désir intime, de son rêve favori. Cette parole magique se répandit comme un éclair dans tout le Sémirietché qui dès lors, assuré de la sollicitude paternelle de son Souverain, regarde l'avenir avec confiance et entre d'un pas ferme dans une nouvelle ère d'activité et de sécurité.

Le Ministère des Ponts-et-Chaussées est maintenant saisi de deux pétitions, l'une de la municipalité de Taschkent, à laquelle s'est jointe celle de Marghelan, capitale du Ferganah, demandant la construction du chemin de fer de Taschkent à Orenbourg ; l'autre de la municipalité de Viernyï, secondée par celle de Sémipalatinsk, réclamant la jonction du Transcaspien au Grand Sibérien par Viernyï, Sémipalatinsk et Barnaoul.

La question étant ainsi posée, il n'y a plus qu'à attendre patiemment la solution qui, dans tous les cas, sera la plus concordante avec les intérêts généraux des vastes possessions russes en Asie Centrale.

Viernyï, 1er août 1898.

LES INONDATIONS DE 1897
ET LES EFFETS DU DÉBOISEMENT DES PYRÉNÉES

Par M. **S. GUÉNOT**,

Secrétaire Général de la Société de Géographie de Toulouse.

Il n'est peut-être pas de sujet plus intéressant au point de vue de la physique du globe et par conséquent de plus géographique que celui de l'état des forêts en montagne. C'est celui que je vais avoir l'honneur d'effleurer devant vous.

Quand je vous ai présenté, l'année dernière, la grave question du déboisement et prédit que l'état lamentable des forêts pyrénéennes mettait la région du Sud-Ouest à la merci d'une perturbation atmosphérique pouvant se produire à tout instant, je ne pensais pas, néanmoins, que les évènements me donneraient aussitôt raison et justifieraient, hélas, aussi complètement toutes mes prévisions.

En effet, vous le savez, comme pour donner un commentaire à mon exposé, le bassin de la Garonne a subi l'année dernière deux inondations successives qui lui ont, par suite de l'insouciance générale, comme les précédentes, causé les plus grands dommages.

Les causes de la rapidité et de l'exagération des crues, des malheurs qui en résultent et des moyens propres à y remédier, ont été autrefois controversées, mais aujourd'hui la genèse de ces phénomènes est connue, leur lumière éclatante et, si vous voulez bien, nous allons y apporter les nouvelles démonstrations données par les derniers évènements, en les analysant sommairement.

Tout d'abord, disons qu'on a parfois fait quelque confusion sur la valeur des éléments en cause.

Nos ancêtres, que ne préoccupait pas la rigueur de la méthode scientifique, avaient, à ce sujet, des idées bien particulières que j'ai relevées dans les recherches auxquelles je me suis livré sur les inondations de la Garonne, antérieurement à notre époque.

En voici quelques-unes, à titre de simple curiosité : nous sommes en 1643 : « Le Pont Vieux, dit l'annaliste à qui j'emprunte cet extrait, fait depuis un an, tout de bois et à neuf, tomba entièrement. La crue vint, non de l'eau de la pluie, *mais de celle qui sortait des veines de la terre.* »

En 1678, bien que le temps ait marché, le chroniqueur des annales n'est guère mieux informé ni plus difficile à satisfaire. « Après quelques jours de pluie médiocre, dit-il, la Garonne s'accrut tout d'un coup si fort que tous les ponts et moulins en amont de Toulouse sont chus, emportés ou venus en ruine » et il ajoute : « Buffon affirme que ces inondations furent causées par l'affaissement de quelques morceaux de montagne dans les Pyrénées, *qui firent sortir les eaux dans les cavernes supérieures.* »

Il n'est pas besoin de vous dire que, depuis cette époque, grâce aux moyens d'informations modernes, les idées sur la matière se sont singulièrement modifiées et précisées. Toutefois, de nos jours, on avait attribué à la fonte des neiges une action prépondérante, qu'on ne saurait admettre dans la plupart des cas. Il est possible que cette cause vienne parfois se surajouter aux autres causes, mais des observations attentives de ces derniers temps nous pouvons affirmer que l'exagération des crues particulières à notre région et à notre temps sont dues à peu près exclusivement à des pluies torrentielles, à l'exacerbation du ruissellement et de l'érosion, à l'élévation incessante du lit des cours d'eau, ces derniers phénomènes dus exclusivement au déboisement. Ces observations ont été recueillies et contrôlées de nouveau après les inondations de 1856 et de 1875, et enfin, notamment par nous, après celles qui viennent d'avoir lieu l'année dernière et dont je vous demande la permission de vous dire quelques mots.

À la suite de pluies abondantes, qui durèrent cinq jours, du 18 au 25 juillet, pluies venant s'abattre sur les Pyrénées centrales et plus particulièrement sur le plateau de Lannemezan, toutes les rivières qui y prennent naissance grossirent démesurément, charriant un volume extraordinaire de matériaux, sans qu'on ait constaté nulle part des fontes de neiges appréciables.

Il en fut de même pour l'inondation d'octobre, due exactement aux mêmes causes, se produisant un peu plus à l'Est, sur les Pyrénées de la Haute-Garonne et de l'Ariège. Ces deux inondations furent terribles. Rappelons-en sommairement les principaux effets. Le Ger, petite rivière minuscule de la région d'Aspet, projette en quelques instants 3.000 m. c. de galets et de graviers, de ses versants montagneux, dans la partie inférieure de son cours.

Dans la vallée du Bastan, le torrent, divaguant sur les pentes, a des effets dynamiques non moins puissants. Du soir au matin, la vallée est bouleversée de fond en comble, son aspect devient terrifiant : les quatre-vingts hectares de ses riches et belles prairies, bordées de peupliers centenaires, sont emportés ou ensevelis sous d'immenses champs de pierre, véritables linceuls de granit ; les maisons du Haut-Barèges, les travaux d'art, routes, ponts, voies ferrées, détruits ou rasés.

Les projectiles, lancés en masse serrée et avec force, par le torrent furieux, pesant parfois plusieurs milliers de kilogrammes, font des bonds de 40 à 50 mètres d'amplitude dont on comprend les effets sur tout ce qu'ils rencontrent sur leur passage. L'officier qui commande le détachement, accouru au secours de Barèges, nous affirme que le bruit de cette avalanche de pierres et d'eau dépasse en intensité et en horreur celui des canonnades du célèbre combat de Mars-la-Tour. À Tarbes, la hauteur de la crue dépasse celle de 1875 de 50 centimètres, envahit les bas-quartiers, emporte le pont du chemin de fer et charrie pêle-mêle des cadavres d'hommes et d'animaux, des récoltes, des arbres, des toitures, mêlés aux débris de la montagne, des champs et des prairies.

À Vic-Fezensac, les eaux de la Losse atteignent jusqu'à 1^{m}80 dans les rues de la ville. Les faubourgs sont rasés, plus de 100 maisons détruites, ensevelissant sous leurs décombres les habitants qui n'ont pu fuir.

Mais tout cela n'est rien à côté des effets de la crue du Gers, qui, à

Auch, s'élève de 10 mètres au-dessus de l'étiage, en quelques heures, fait de nombreuses victimes, causant des désastres irréparables, malgré l'armée, qui s'y montre héroïque.

A l'Isle-en-Dodon, mêmes dévastations. L'eau et les matériaux qu'elle transporte forment une vague de plusieurs mètres de hauteur. Ce mascaret d'un nouveau genre élève le niveau de la rivière avec une rapidité qui ne permet pas la réflexion, pénètre là où l'on n'avait jamais vu d'inondation et y crée des courants si violents, qu'en quelques instants, les deux tiers de la ville sont emportés et vingt personnes englouties. Dans la vallée d'Aure, les communes de la Vieille-Aure et de Vignec sont labourées en tous sens par le torrent déchaîné d'Espiaube. De larges et profondes érosions enlèvent pâturages et champs cultivés. Des roches énormes, entraînant des milliers de mètres cubes de pierrailles et de gazons, renversent ou ébranlent les maisons de ces villages, de telle sorte que tout ce qui n'est pas détruit devient une proie certaine offerte aux inondations prochaines. Quant à la Barousse, on ne saurait y compter le nombre des propriétés de toute nature que le fléau a balayées comme fétus de paille, les routes coupées, les chemins et les champs ravagés; douze ponts, quatre moulins, sept scieries ont disparu. La vallée est ruinée de fond en comble.

Loures, Marignac, Muna subissent un véritable bombardement. La mitraille torrentielle rase la moitié de ces villages. Dans les rues le sol est surélevé de plus d'un mètre, de roches, de sable, de gravier et de limon.

Sept personnes sont tuées ou noyées à Muna, sans avoir le temps de s'échapper, bien que la catastrophe ait lieu en plein jour. Leurs cadavres mutilés sont retrouvés à 25 ou 30 kilomètres du lieu où ils ont été saisis.

Comme dans les autres vallées, c'est toujours le même spectacle : routes, voies ferrées, récoltes, champs, prairies, lieux d'habitation, tout est renversé, bouleversé, emporté, éventré, détruit.

Au moment où nous visitons l'emplacement des villages de Pont-de-Cazaux, de Montauban, de Marignac, de Legé, ils n'offrent au regard qu'un amas inextricable de débris sans nom, recouverts de limon pestilentiel, de 1 à 2 mètres d'épaisseur. Nous voyons dans cette fange les survivants hagards et demi-nus, fouiller avec désespoir pour tenter d'y retrouver quelques misérables épaves de leur fortune disparue.

Ne voulant pas abuser de votre attention, je m'arrête dans cette description des effets généraux de ces deux inondations. En un mot, c'est partout, sur ce vaste champ de bataille des éléments déchaînés, même spectacle, mêmes ruines.

Des effets comparés de ces crues avec les crues antérieures, il résulte que jamais l'eau n'avait causé dans ces mêmes lieux d'aussi grands ravages, ni atteint, en si peu de temps, une si grande élévation. On a relevé une élévation des eaux de 0,80 à 1 mètre, en moyenne, au-dessus des plus hautes crues connues.

Après un coup d'œil général et en quelque sorte pittoresque sur les désastres accumulés dans les principales vallées pyrénéennes, nous allons, si vous le voulez bien, le premier moment de stupeur passé, continuer à visiter ces lieux désolés, en examinant avec attention les thalwegs des parties supérieures et déduire les enseignements qui s'en dégagent.

Au fur et à mesure que nous nous élevons en altitude dans les vallées de la Garonne, de l'Ariège, du Gers, de la Save, de l'Adour et des mille autres affluents qui descendent des Pyrénées centrales, nous constatons *que l'état de conservation ou de dégradation des lieux est toujours sensiblement le même suivant le faciès* du sol. Partout où l'eau est tombée sur des surfaces boisées les terrains n'ont pas été entamés et sont demeurés intégralement en place; sur les surfaces gazonnées, sur les landes, quelques ravinements se sont produits avec plus ou moins d'amplitude, suivant l'inclinaison des pentes et la puissance des eaux d'amont; mais partout où une fatale imprévoyance a privé le sol de toutes végétations forestières ou herbacées, les torrents se sont emparés de ces surfaces dénudées, les ont fouillées, leur arrachant jusqu'aux entrailles qu'ils ont ensuite lancées avec violence, en aval, sortant de leur lit et divaguant dans toutes les directions.

En d'autres termes, il devient évident, aux yeux de tous, que là où les abats d'eau ont rencontré la forêt avec des terrains restaurés, les ruisseaux et les rivières sont à peine sortis de leur lit, indemne de matériaux de transport, n'ont donné que des flots légèrement boueux, relativement anodins, sinon fertilisants, en aval, sans entamer le sous sol; tandis qu'au contraire, j'insiste à ce sujet parce que c'est le point capital de la question, là où ces mêmes abats d'eau sont tombés sur des terrains découverts, ces mêmes cours d'eau de pentes égales sinon inférieures aux premières, se sont changés en torrents furieux, transportant un volume de terre, de pierrailles, de galets, de quartiers de roche *deux, trois, quatre fois supérieur à celui de leurs eaux*. En somme là où est la forêt, pas de torrent, là où elle a disparu le torrent a tout enlevé.

Mais sortons des généralités et précisons.

J'ai déjà indiqué, il y a quelques années, qu'il était d'observation constante que les vallées de la Tet et de l'Agly, celles de la Pique et de l'Onne, situées respectivement sous les mêmes influences pluviométriques, avec des pentes sensiblement égales sinon inférieures, pour la Tet et l'Onne, avaient des crues absolument différentes.

Ces deux dernières, en effet, à peine boisées, voient leurs eaux grossir et monter avec une rapidité, une violence extraordinaires, tandis que les premières, en partie recouvertes de forêts, n'ont que des crues normales, relativement inoffensives.

En visitant, pas à pas, les autres vallées, nous allons trouver partout la même démonstration de ce régime différent des cours d'eau suivant le couvert de la montagne.

Dans la vallée du Bastan, nous voyons que tandis que la plupart des torrents divaguant sur des surfaces de 50 à 100 fois supérieures à celle de leur lit, vomissaient au fond du thalweg de formidables déjections provenant des terrains dénudés de leur parcours. Seuls les torrents de Viella et du Rieulet, sur la rive gauche, et ceux du Thiel et du Midaou, sur la rive droite, traversant un sol restauré par le régime forestier, sont demeurés calmes et inoffensifs. Aucun des ouvrages de leurs thalwegs n'a été entamé et de leurs versants reboisés, il n'est descendu aucun terrain de transport.

Tout à côté, dans la vallée du Lys, le sol, à nu et découvert, a été bouleversé de fond en comble par de puissantes érosions, dont les laves ont failli engloutir les villages de Luz et d'Esterré.

Observons plus particulièrement encore le plateau de Lannemezan qui s'étend sur une surface de 10.400 kilomètres. Ce plateau était autrefois entièrement recouvert de forêts ; il en existe, dans la flore de ses landes de même que dans ses annales, des témoignages irrécusables. Depuis trois siècles, les déboisements y ont été pratiqués sans mesure. Pour ne signaler que les plus récents, disons que de 1825 à 1885, les statistiques des contributions directes accusent 1.100 hectares de forêts mis en culture et 3.000 hectares de landes défrichées. Conséquence, les érosions ont fait rage dans les parties supérieures et nous avons vu la Save, l'Arros, la Baïse, qui en descendent, monter de 6 à 10 mètres au-dessus de leur étiage en quelques heures.

Dans la vallée secondaire de Barcilles, la crue du ruisseau de Lastuge a été foudroyante et hors de proportion même avec celle de 1875. Mais aussi nous remarquons que, depuis cette époque, les parties hautes de la vallée ont continué à être déboisées. Les nombreuses sapinières d'autrefois, appartenant à des particuliers et non soumises au régime forestier, ont été tellement éclaircies par des coupes incessantes et d'autres abus qu'elles ne protègent plus le sol ni contre l'érosion, ni contre un ruissellement intensif. Un peu plus loin les désastres ont été notablement plus considérables dans la vallée du Lort que dans la vallée de Ferrère, toujours pour la même cause. Dans la première de ces vallées la plus grande partie des forêts appartiennent à des particuliers qui les ont ruinées par des exploitations abusives, tandis que dans la seconde, l'administration forestière a pu encore exercer, dans une certaine mesure, son action tutélaire.

Mais jusque dans ce domaine forestier ruiné, l'effet contraire est venu confirmer d'une manière incontestable l'action conservatrice et préservatrice de la forêt. Le village de Sost nous apparaît intact, au milieu des ruines qui l'entourent. La forêt en amont, qui le domine, l'a préservé de l'avalanche torrentielle qui, sans elle, l'eut anéanti.

Dans la vallée de Ferrère, les glissements de terrains, que l'on rencontre à chaque pas, en la remontant, cessent brusquement dès qu'on a dépassé le massif calcaire et dénudé du Mont-Sacon et qu'on pénètre dans la gorge boisée de Grossentz.

Alors que la Pique, traversant des régions en parties boisées dans la partie supérieure de son bassin de réception, n'a relativement causé que des dégâts facilement réparables, l'Onne placée dans des conditions différentes a emporté tout ce qui était de main d'homme, saccagé la ville de Luchon, stérilisé des centaines d'hectares de prairies, les ensevelissant sous des couches de lave de plusieurs mètres. Puis, non satisfaite de ces ravages, elle est sortie définitivement de son ancien lit comblé d'énormes cailloux et blocs de rochers pour s'en faire un autre, au milieu des prairies et des champs cultivés.

Pour tous ceux qui sont avec nous sur les lieux, il est manifeste que les parties agglomérées de Montauban, de Juzet, de Cazaux, de Gaud, de Marignac, de Cierp, de Lège, d'Eup et ce qui reste du village de Muna ne doivent leur salut qu'aux versants boisés qui les dominent. Ces puissants massifs forestiers se sont montrés réfractaires au ruissellement et ont résisté à toute action érosive, maintenant solidement le sol en place, pendant toute la durée des pluies, au milieu de l'effondrement général de tout ce qui les entourait.

Le cirque de la Glize, très couvert, avait projeté, dans les parties basses, une énorme quantité de débris et notamment des schistes qui semblaient provenir des parties restaurées de Laou des Bas. Cette avalanche de pierres, provenant de terrains restaurés, nous paraît inquiétante. Mais une reconnaissance en amont nous démontre que toutes les parties reboisées ont très bien résisté et que les laves descendues ne sont autres que les cailloux et blocs de rochers laissés-là dans une cuvette par un torrent en activité, en 1875, et éteint depuis.

J'ai eu l'honneur l'année dernière d'appeler votre attention sur la situation précaire de certains villages de la Haute Ariège tels que Verdun, les Cabannes, Siguer, en vous annonçant leur destruction prochaine en raison de l'état de dégradation des terres en amont, si l'on ne se décidait à restaurer promptement ces régions stérilisées, vouées par là même à la destruction.

Deux mois après, en octobre dernier, ces prévisions se réalisaient en partie. A Mérens, aux Cabannes, à Verdun tout est saccagé. Dans ce dernier village il ne reste que l'église. *Détail macabre, les laves ont emporté jusqu'au cimetière, qui, fouillé en tous sens, a livré les cercueils qu'il contenait. L'un d'eux, retenu par un arbre, s'entr'ouvrit, se brisa et laissa suspendu aux branches le cadavre qu'il contenait.* A la suite de l'effondrement d'une partie de la montagne de Quierlong, près de 50.000 m. c. de galets, et de blocs, furent précipités dans le torrent de Moulines et vinrent se ruer en volées de mitraille sur Verdun, qui fut détruit en moins de temps qu'il ne faut pour le dire. Au moment où nous le visitons, ce torrent a une profondeur de 12 à 15 mètres avec des largeurs variables et coule entre des berges creusées à pic dans un sol des plus meubles. Dans la vallée de Siguer, dont le bassin supérieur de 300 à 400 hectares, ne compte qu'une surface boisée de 2 p. 0/0, toute la partie arable et superficielle du sol s'est mise en mouvement et est allée s'épandre au loin.

Il s'est produit au fond du thalweg, en moins d'un quart d'heure, une immense déchirure, large de 20 à 25 mètres, profonde de 10 à 15 mètres sur des centaines de mètres de longueur.

Ce même fait s'est produit à Canarilles.

Ce bassin comprenait de vastes pâturages dans les lieux élevés et des cultures aux altitudes inférieures. Les deux zones montagneuses étaient séparées autrefois par une région boisée que l'âpreté et l'incurie des habitants a fait disparaître. De telle sorte que sur une surface de 6.600 hectares, il n'existe plus que 150 hectares de terrains afforestés.

A la suite des pluies d'octobre, tout ce qui n'est pas roche compacte est descendu dans la plaine. De Canarilles, il n'existe plus que quelques maisons protégées par un éperon rocheux.

De vastes héritages, dont il ne reste suspendus, comme témoins, que des débris de murailles croulantes, ont été soulevées en une seule et immense plaque, et précipités, en une seule fois, à des distances considérables. Ils ont divagué, à leur tour, sur les prairies et les terres cultivées, portant avec eux la mort qu'ils venaient de recevoir. Plus de 100 hectares de cultures ou de pâturages ont été détruits en moins de 3 4 d'heure. Il n'y a pas d'exemple de pareils désastres de mémoire d'homme. Rien ne saurait donner une idée de l'aspect lamentable que présentent à nos yeux ces hauts versants déchirés dans tous les sens, éventrés par des boutures de 20 à 30 m. de profondeur, sur des centaines de mètres de largeur, au moment où pantelants, épuisés, ils viennent enfin d'être lâchés par le torrent.

Sur d'immenses espaces, l'érosion, chancre rongeur, a affouillé leurs flancs jusqu'à l'ossature, jusqu'au squelette. On ne voit partout que trous béants, hideuses plaies, terres sanguinolentes, graviers et roches ébranlés, suspendus sur des précipices, prêts à descendre à leur tour. Leurs débris épars, encore tout frémissants de la vie qui vient de les quitter, se suivent du regard sur une longue et large traînée, allant du sommet de la montagne à la plaine.

C'est surtout aux gorges des cours d'eau, débouchant dans les plaines que s'étalent, en éventail, les immenses laves de toutes tailles et de toutes dimensions, vomies par les torrents.

Ces montagnes effondrées forment là des cônes de déjection de plusieurs mètres d'épaisseur, parfois de plusieurs kilomètres d'envergure et d'un volume de plusieurs tonnes.

Elles recouvrent prairies, terres arables, lieux habités, forêts. C'est ainsi qu'a été enterrée subitement, en 1875, au-dessus de Laou des Bas, au niveau de la cascade des Demoiselles, une vaste sapinière, qu'une autre inondation, celle de 1897, vient de découvrir.

M. de Gorse, conservateur des forêts, a calculé que le volume des terres, des roches et autres matériaux détachés des Pyrénées, se cube annuellement par plusieurs millions de mètres cubes.

Je pourrais continuer, avec vous, cette visite sur les lieux inondés, les observations seraient toujours identiques, je le répète.

Partout où, dans la montagne, les bois ont été respectés ou le sol restauré, l'inondation a été anodine ; partout, au contraire, où les eaux ont rencontré un terrain découvert, le phénomène du ruissellement intensif s'est accru de celui de l'érosion, les cours d'eau ont été chassés de leur lit par les matériaux de transport, et la crue a pris des proportions invraisemblables, l'allure d'un cataclysme.

Je dois dire, pour être juste et complet, que les divers services publics ont vainement tenté, à diverses reprises, de faire accepter par ce qui reste de populations dans ces diverses régions pyrénéennes, un plan rationnel de restauration ; ces diverses tentatives n'ont jamais abouti. *Les droits des usages s'opposent, paraît-il, à la restauration des terrains qu'ils ont eux-mêmes ruinés.* Par suite, il ne nous est pas permis de consolider le toit d'une maison qui s'écroule sur nos têtes.

Ceci dit, recherchons les causes de ces érosions redoutables sur les surfaces dénudées. Comment se fait-il que le sol superficiel des Pyrénées se mobilise avec une si grande facilité ?

L'observation de la nature du sous sol répond tout de suite à cette interrogation.

La région montagneuse superficielle arable est constituée par des terrains meubles d'origine glaciaire de puissances variables. Ces terrains spongieux par excellence et mal assis ne reposent, dans les parties supérieures, que sur la roche compacte, et, dans le thalweg des vallées, que sur des assises argileuses, fortement cimentées et absolument imperméables.

En d'autres termes, ces débris de moraines, encore en place dans les parties hautes, transportés à mi-côte, mal joints par des boues glaciaires, des graviers, des éclats de pierrailles et des sédiments détritiques, constituent une couche superficielle des plus perméables, des plus affouillables quand ils sont nus, à découvert. Dès que cette couche, meuble par excellence, est sursaturée d'eau, jusqu'à la roche ou jusqu'à l'argile, elle glisse d'elle-même, sur les parties déclives, obéissant, comme les eaux, aux lois de la pesanteur et se précipite avec une vitesse de plus en plus grande, au fur et à mesure qu'elle descend. Précisons ce fait comme les autres, à l'aide d'un exemple pris sur les lieux. Observons la gigantesque patte d'oie de Lannemezan. Elle n'est autre qu'un vaste amas de débris, de déjection de torrents diluviens préhistoriques, ayant plus de 100 m. de puissance au sommet du plateau, et s'étalant sur plus de 10.000 kilomètres de surface. Ce plateau à la forme d'un immense cône oblique, très surbaissé, à sol superficiel filtrant, reposant sur un puissant lit d'argile horizontal étanche.

Le sol superficiel n'est composé que de débris granitiques ou siliceux de toute dimension et les argiles qui lui servent de base d'argiles graveleuses rouges, fortement cimentées par des dépôts ferrugineux de plusieurs mètres d'épaisseur. Ces derniers éléments confondus ne laissent pas passer une goutte d'eau.

On s'explique dès lors que, partout où, sur le plateau, la forêt n'étend pas son manteau doublement protecteur et par les ramifications de ses branches et de ses feuilles (25 à 30 p. 0/0) et par le réseau épais, serré et absorbant de ses terreaux et de ses racines, toute cette couche superficielle dès qu'elle est sursaturée d'eau par les pluies diluviennes, se disloque, se laisse aller, glisse, enfle démesurement les torrents, exhausse subitement leur lit et produit les désastres auxquels nous venons d'assister. A cet égard il n'est rien de démonstratif comme de rappeler l'origine de ces formations superficielles du sol pyrénéen, formations qui remontent aux temps préhistoriques. Nous y voyons qu'alors comme aujourd'hui les mêmes causes produisent les mêmes effets et que l'histoire de la nature comme celle des hommes se recommence sans cesse.

Ce que l'on sait de cette lointaine période, c'est que les torrents pyrénéens acquirent, sous l'influence de gigantesques phénomènes aqueux et atmosphériques la redoutable activité qu'ils reprennent aujourd'hui. C'est alors qu'ils charrièrent, avec intensité, les moraines de granit laissées en place, dans les hautes vallées, par les glaciers disparus. Leurs laves formèrent les thalwegs des hautes vallées, les plaines et les vastes cônes de déjection sur lesquels sont bâtis la plupart de nos villages pyrénéens. Ce mouvement de transport s'arrêta spontanément par suite de changement de climat. Puis, la nature, qui s'est dès lors montrée éminemment conservatrice a accompli peu à peu son œuvre en harmonisant ce chaos.

Les amas stratifiés de cailloux siliceux de grosseur variable, depuis le gros bloc siliceux voisin de 1^{mc}, jusqu'au gravier, reliés par des apports détritiques argilo-siliceux postérieurs, se sont tassés et nivelés sous l'influence des agents atmosphériques. En l'absence de mouvements dynamiques, la végétation s'est emparée de ces régions nouvelles et la forêt, du bas des vallées, jusqu'à leur sommet, s'est étendue sur ces solitudes, fixant solidement toutes choses.

Ce boisement spontané a dû s'effectuer, sans entraves et assez rapidement ; les troupeaux n'existaient pas pour contrarier l'œuvre de la nature ou les bêtes féroces veillaient à leur dissémination, et l'homme, ce grand destructeur, n'avait pas alors besoin de la montagne pour satisfaire ses très modestes nécessités. C'est ainsi que s'est formée précaire l'œuvre admirable qui se désagrège et s'écroule aujourd'hui.

Depuis nous avons vu que l'homme a, en effet, tristement pris sa revanche de sa sagesse forcée dans les temps préhistoriques.

Ce n'est toutefois que dans ces derniers siècles que le déboisement s'est effectué avec une intensité funeste, une sorte de rage stupide. Successivement nos forêts se sont vu détruire par l'incendie, allumée soit par les guerres, soit par la malveillance, l'imprudence ou l'esprit de lucre, par l'industrie des forges à la catalane, qui ont dévasté les forêts pyrénéennes, et enfin, à notre époque, par l'extension abusive, désordonnée et criminelle du régime pastoral.

Les effets que nous venons d'observer, et qui pourraient être encore analysés à l'aide d'autres éléments mathématiques plus précis, tels que la hauteur de la chute des pluies, étiage des différents cours d'eau, horaires de leurs crues, quantité de matériaux déplacés, élévation du lit des cours d'eau, démontrent tous que ces dévastations sont des plus regrettables à tous égards et notamment au point de vue des inondations. Les forêts réduisent le volume des crues et en prolongent la durée. Elles retardent la fonte des neiges et les débâcles subites. Grâce à elles et à elles seules, le sol des montagnes se consolide, les terres sont maintenues sur leurs pentes et l'exhaussement du lit des cours d'eau est arrêté.

En conséquence continuer de la détruire, ou ne pas la rétablir là où elle a été enlevée par une fatale imprévoyance, c'est vouer nos montagnes à une ruine certaine et la plaine à des dévastations de plus en plus considérables.

Les malheureux effets du déboisement ne se limitent pas même à la désagrégation du sol, à l'exhaussement du lit des cours d'eau et à l'exagération de plus en plus grande des crues; je rappellerai, pour mémoire, qu'ils troublent encore profondément l'équilibre atmosphérique et l'harmonie des fonctions de la nature. Là où les forêts ont disparu, se sont immédiatement manifestés les ravages causés par les vents que rien n'arrête, les orages dévastateurs, les interminables sécheresses, les froids excessifs, les étés torrides, et enfin la dépopulation.

C'est ainsi qu'au fur et à mesure que la hauteur des crues de nos cours d'eau augmente, leur étiage diminue. Celui de la Garonne a baissé de plus de 0,80 centimètres. L'écart entre ces deux points extrêmes, inondation, sécheresse va sans cesse en augmentant dans tout le bassin. Les terrains forestiers qui constituent les réservoirs les plus vastes de la montagne deviennent tellement réduits que nous n'avons plus d'eau pendant neuf mois de l'année, ni pour irriguer nos champs, ni pour actionner nos usines, ni même pour arroser nos promenades publiques. Je ne m'appesantirai pas, une fois de plus, à poursuivre la démonstration de ces faits différents.

Cependant en ce qui concerne la dépopulation, permettez-moi de vous signaler que mes recherches personnelles m'ont permis de constater un fait assez intéressant. Au moyen âge, dans certaines régions des frontières franco-espagnoles à altitude moyenne, les villages des Pyrénées centrales, appartenant aux deux nations, étaient contigus sur plus d'un point, les mœurs et coutumes les mêmes, le langage identique.

Soumis parfois à la même dénomination, par exemple, sous les rois d'Aragon et les comtes de Foix, leur affinité et leurs relations les rapprochaient de telle sorte, qu'ils formaient de véritables confédérations aux intérêts communs.

Les évêchés de Saint-Lizier, de Saint-Bertrand, de Mirepoix ont eu fréquemment pour titulaires des hommes originaires du versant espagnol.

Les relations de nos nationaux pyrénéens étaient plus fréquentes avec les montagnards espagnols qu'avec les Français de la plaine de Toulouse.

Cet état de choses a disparu avec la forêt. Ce trait d'union enlevé, l'érosion a fait son œuvre et la stérilité a éloigné les villages voisins, comme aujourd'hui elle fait le désert autour de Siguer, Cazarilles, les Cabannes et Verdun. La montagne se dépeuple des deux côtés des crêtes et les villages s'en éloignent de plus en plus. Du côté de l'Espagne les ravages sont encore plus grands et les « despoblados » se multiplient jusque dans la plaine de la Navarre et de l'Aragon.

Après avoir dit quelques mots de la dépopulation, voyons sommairement les effets immédiats du déboisement et des inondations qui en sont la conséquence sur la fortune publique.

De l'enquête à laquelle nous nous sommes livrés, il résulte que du fait des inondations de 1897, le département de la Haute-Garonne a subi des pertes évaluées à . . . . 4 millions

Dans le Gers à . . . . 8 »
Dans l'Ariège à . . . . 6 »
Dans les Hautes-Pyrénées à . . . 3 »

Total . . . . . . 21 millions

C'est là, sans doute, un chiffre important, mais il est relativement minime à côté de celui des pertes de 1875 dans les mêmes régions. On vit alors la Garonne, à Toulouse, s'élever, en 24 heures, à plus de 13 mètres au-dessus de l'étiage, détruire le faubourg Saint-Cyprien, noyer ses habitants par centaines, et causer des dommages évalués à plus de 100 millions. Ces deux seules inondations ont donc fait perdre à la région du Sud-Ouest de 125 à 130 millions.

Faisons, à ce sujet, cette simple remarque, c'est que si depuis trente ans que les causes de ces exagérations des crues sont connues on avait employé le quart de cette somme à les prévenir, les neuf dixième de ces malheurs n'auraient pas eu lieu et nous n'aurions pas, ce qui est plus grave, à en appréhender d'un instant à l'autre le retour.

Nous avons constaté que les vallées boisées retardent leur crue de 24 heures sur les vallées déboisées et n'atteignent leur maximum, évalué en moyenne au tiers des premières, que progressivement. Diminuons l'élévation de la crue de la Garonne en 1875 de 4 mètres seulement, ramenons-là de 13 mètres à 9 mètres et les dégâts deviennent relativement insignifiants.

Ces faits sont proclamés par MM. Elisée Reclus, Bouquet de la Grye, comte Valori, Chambrelent et par des ingénieurs et des forestiers éminents, par tous ceux qui ont voulu se donner la peine d'étudier sérieusement ces phénomènes.

Déjà Bernard Palissy, sous Henri IV, estimait que les forêts avaient plus de valeur que l'or et l'argent. Mais malheureusement, bien que ces questions soient connues dans le monde savant, elles sont très ignorées dans celui des affaires.

Nous sommes à peine quatre ou cinq qui connaissions ces questions, disait M. François Deloncle au Parlement, à l'une des dernières discussions du budget, en se plaignant de l'insuffisance des crédits proposés, crédits qui ne permettent pas même à la loi de 1882 de produire ses effets. C'est cette ignorance qui donne toute sa force à l'argument spécieux toujours invoqué avec succès pour ne pas reboiser comme il conviendrait et tiré uniquement des prétendues nécessités budgétaires.

On a su trouver plus de 5 milliards pour multiplier les voies de communications terrestres et on ne peut consacrer quelques millions à protéger ces mêmes voies contre la destruction des torrents.

Ce n'est pas admissible ! Car, il est à remarquer qu'après chaque inondation, et chaque année il y en a, le gouvernement doit s'imposer, alors d'office, des sacrifices considérables pour remettre en état les travaux publics de viabilité détruits.

Puisqu'il faut faire ces dépenses, soit en réparation, soit en indemnité, pourquoi ne pas les faire plutôt avant, alors qu'elles seraient définitives et moins élevées, plutôt qu'après, qu'elles sont plus coûteuses et plus aléatoires. C'est l'avis d'un homme éminent, M. Chambrelent, inspecteur général de l'hydraulique agricole, c'est aussi le mien. Par ce procédé, on ferait, en outre, l'économie des vies humaines. C'est dans cet ordre d'idées, qu'on a employé sagement 5 à 10 millions au peuplement des Landes. Quel en est le résultat ? De nombreux villages ont été mis à l'abri de l'enlisement et il s'est produit, de ce fait, un accroissement de la fortune publique de 80 à 100 millions.

Tous ces arguments sont si rationnels, et si puissants qu'après chaque grande inondation, on se préoccupe tout de suite de créer un service de reboisement là où il n'en existe pas et de l'activer, de le fortifier là où il est en fonction.

Mais l'écho des clameurs des sinistrés n'est pas encore éteint, les cours d'eau n'ont pas encore repris leur lit que ce service est oublié, délaissé, annihilé, supprimé.

Créé dans les Pyrénées en 1860, après les désastreuses inondations de 1856, il est supprimé en 1870, rétabli en 1877, sous le coup de l'émotion du cataclysme de 1875 ; il est fondu, en 1888, avec le service ordinaire. Telle est sa courte histoire.

Cette inertie fatale, provenant de forces morales qui se contrebalancent et s'annihilent, nous amène à nous demander où en est la question du reboisement, particulièrement poursuivie depuis 16 ans, c'est-à-dire depuis la loi de 1882.

La réponse est des plus tristes. Si l'on fait le bilan des forêts, comparant chaque année d'un côté les restaurations effectuées et, de l'autre, les pertes subies, on constate que chaque année la forêt perd du terrain. A voir la lenteur et l'intermittence avec laquelle on procède à cette œuvre importante qui devrait être de salut public, à poursuivre sans trêve ni repos, il devient évident que des travaux ainsi conduits ne remédieront à rien.

De l'enquête faite en 1860, il résulte qu'il y a, en France 1.200.000 hectares de terrains en montagne qu'il serait avantageux de reboiser et 320.000 hectares, d'une restauration indispensable. Depuis 1882, on a restauré, dans toute la France, 90.000 hectares seulement.

Dans la Haute-Garonne et dans l'Ariège, l'enquête de 1876 révèle qu'il existe 16.200 hectares, en montagne et en pentes abruptes, complètement dégradés, présentant un danger né et actuel, dont la restauration s'impose, urgente d'après les prescriptions de la loi ; depuis cette époque, c'est-à-dire en 22 ans, on en a restauré 120 hectares chaque année, en tout 2640 hectares, c'est-à-dire à peine le 7e des terrains en danger et le 120e des vacants. Il est certain que pendant ce long laps de temps la vaine pâture et les incendies ont détruit, parfois, en une seule année, une quantité de forêt égale, sinon de beaucoup supérieure à celle qu'on a restauré en 22 ans.

Les sécheresses leur sont surtout fatales. Les incendies allumés soit par imprudence, soit par malveillance, s'y multiplient alors et s'y propagent avec une rapidité désastreuse.

C'est ainsi que le feu, ce mois-ci et le mois dernier, a sévi, avec intensité dans les montagnes de l'Estérel, dans les forêts du Pas du loup, de Saint Laurens de Cerdans, d'Artax, sur les versants du pic des Trois Seigneurs, dans les forêts de pins des Landes, etc.

Il n'a été que trop fréquent, ces temps derniers, de voir les horizons pyrénéens s'empourprer la nuit de sinistres lueurs produites par les incendies allumés par les pâtres. Des milliers d'hectares, en deux mois, aussi bien en plaine qu'en montagne, sont devenus la proie des flammes.

Depuis 1791 seulement, la France a perdu plus de la moitié de ses forêts. Celles de l'Etat se sont vues réduites de 1.704.917 hectares à 967.120 hectares y compris les vacants. Ce mouvement de destruction se continue. A l'heure actuelle, nos dernières forêts sont en train de disparaître sous le coup d'exploitations abusives et d'une extension sans frein ni limite du régime pastoral. C'est ce qui faisait dire à M. de Gorse, conservateur des forêts à Pau, « si l'on n'avise promptement à l'état de choses actuel, dans un siècle, les Pyrénées n'auront plus de forêts. » Et à M. Chambrelent, « on consacre chaque année 3 millions au reboisement, alors que les pertes annuelles que préviendraient un reboisement général de tous les terrains détériorés s'élèvent à 89 millions. »

Et ce n'est pas tout ; dans cette malheureuse question, les obstacles se multiplient comme à plaisir. Non seulement nous avons à compter avec la pénurie des ressources, mais encore avec les lenteurs invraisemblables imposées par les dispositions malheureuses de la loi de 1882, la moins pratique de toutes les lois. Alors qu'il s'agit, de par son texte même, de parer à des dangers nés et actuels elle oblige l'Etat, contrairement aux sages dispositions de la loi de 1860, à acheter les terrains à restaurer à l'amiable, sinon ils ne peuvent être soumis à l'expropriation que par une loi spéciale. Dans ces conditions, les pourparlers prennent six mois, un an, et s'ils n'aboutissent pas, ce qui est le cas le plus fréquent, il faut attendre 4 ou 5 ans et quelquefois plus, avant que les Chambres n'aient trouvé le temps de rendre la loi d'utilité publique attendue. On comprend qu'après ce long laps de temps, les terrains ont été bouleversés et modifiés, en sorte que les projets formés depuis cinq ou dix ans ne sont plus applicables et que l'érosion a largement le temps d'accomplir son œuvre de destruction.

Par suite, on peut s'attendre, d'année en année, à des cataclysmes de plus en plus grands, alternance de grandes crues et d'extrême sécheresse, jusqu'à ce que les régions sous-pyrénéennes soient changées en un désert, comme l'ont été pour la même cause la Palestine, Chypre, la Grèce, la Dalmatie, l'Afrique Centrale et un grand nombre d'autres lieux. C'est ce péril qui a fait entreprendre par des personnages éminents, tels que MM. Bouquet de la Grye, Surrel, Baudrillard, les docteurs Trolard et Jeannel, de véritables croisades en faveur du reboisement. Jusqu'ici leurs efforts ont été vains. Et il est à craindre que rien ne puisse remédier à cette funeste inertie de l'opinion publique par suite de l'état de nos mœurs.

D'une futilité extrême, cette dernière s'hypnotise sur des questions de politique individuelle, de littérature, d'arts, de sports de vingtième ordre, tandis qu'elle se désintéresse des questions économiques qui seules cependant sont de nature à assurer le présent et à préparer l'avenir. Dans l'œuvre du reboisement nous avons à lutter, d'une part, contre la parfaite inconscience de la plaine et, d'autre part, contre la résistance des intérêts particuliers, des préjugés et de la routine de la montagne. Bien que le salut de nos régions montagneuses, disait M. François Deloncle, soit dans leur reboisement, il faut avoir du courage pour le dire aux populations intéressées. Eh bien, ce courage est rare et tout le monde ne l'a pas ! Il n'est pas de plus grands amis de la forêt que les corps élus pris en masse, à tous les degrés de l'échelle, mais il n'est pas pour elle d'adversaires plus néfastes que les représentants pris isolément de l'arrondissement, du canton, de la commune des montagnes.

Ce sont ces derniers qui ont fait avorter jusqu'ici les tentatives sérieuses de reboisement entreprises depuis un demi-siècle, parce qu'il faut qu'ils agissent ainsi pour être élus. Alors qu'il semble exister dans cette grave question une opposition fatale entre les intérêts du présent et ceux de l'avenir, le représentant du suffrage universel, sollicité par ses mandants, est incapable de défendre la forêt contre l'assaut des appétits qui l'assiègent. De leur côté, les représentants de la plaine, soit par ignorance, soit par indifférence, soit par camaraderie ou toutes autres causes, se désintéressent des forêts, qui ne paraissent, du reste, nullement préoccuper leurs mandants, ne visant d'ordinaire dans leurs interventions dans le domaine politique, que la satisfaction d'intérêts immédiats et personnels. C'est dans ces circonstances que les bons esprits devraient s'unir pour assurer au pays, par des mesures appropriées, la conservation d'un patrimoine indispensable à sa prospérité, pour le défendre contre l'avidité de populations ignorantes et irréfléchies, agissant contre leurs intérêts les plus prochains. La vérité nous oblige à dire que jusqu'ici ces bons esprits ou ne se sont pas manifestés ou ont vu leurs efforts impuissants.

Video meliora proboque, deteriora sequor.

RÉGULARISATION DES ACTIONS UTILES OU NUISIBLES DES EAUX PLUVIALES

Par M. le colonel **BLANCHOT**,
Président de la Société de Géographie de Poitiers.

(Résumé.)

L'auteur de cette communication démontre que les inondations sont la conséquence du déboisement du sol et de l'envahissement des cours d'eau par des matériaux de toute nature. Sur sa proposition, faite d'accord avec M. Guénot, « le Congrès émet le vœu que le Gouvernement prenne des mesures efficaces et promptes en vue d'arrêter l'œuvre de désorganisation produite par les inondations.

« Il exprime particulièrement le désir que les Sociétés de géographie veuillent bien, dans la mesure de leur action, s'attacher à cette entreprise de préservation de notre sol, en déterminant la création de syndicats départementaux dont la mission consistera :
1º A empêcher le déboisement ;
2º A rechercher toutes les surfaces qu'il y aurait intérêt à reboiser et à faire tous leurs efforts pour qu'elles le soient ;
3º A faire les démarches nécessaires pour empêcher la destruction des réservoirs naturels des eaux pluviales, étangs, pièces d'eau, mares, etc., et s'opposer à l'envahissement des cours d'eau par des matériaux étrangers à leur lit. »

LA NAVIGABILITÉ DE LA LOIRE

ÉTAT DE LA QUESTION

Par M. **V. DOBY,** professeur au Lycée, secrétaire-adjoint de la Société de Géographie commerciale de Nantes.

Parmi les questions le plus souvent traitées dans nos Congrès, celle des voies navigables est certainement une des plus importantes, et il ne saurait en être autrement quand on considère les immenses services que peut rendre à notre agriculture, à notre commerce, à notre industrie la navigation intérieure. C'est ainsi que vous l'avez pensé quand vous avez inscrit au programme de nos travaux pour cette année plusieurs questions de cette sorte : étude d'un canal à moyenne section de l'Atlantique à la Méditerranée, création d'un canal de la Loire à la Garonne et canal de Marseille au Rhône.

La question dont j'ai à vous entretenir est déjà ancienne et vous lui avez, à diverses reprises, donné votre approbation. Je ne viens donc pas la solliciter de nouveau, mais je voudrais appeler encore une fois votre attention sur le projet si cher aux populations de l'Ouest et du Centre de rendre la Loire navigable, soit directement en corrigeant son lit, soit indirectement en utilisant sa vallée et ses eaux vagabondes pour un canal latéral de Nantes à Orléans et prolongements. Je vous dirai aussi où en est la question et ce qui a déjà été fait.

Un port qui essayerait de vivre sur lui-même et sur ses environs immédiats ne saurait prétendre à un avenir illimité, à moins d'avoir des richesses minières que ne possède aucun de nos ports français. Il ne pourra donc étendre son trafic maritime au dehors qu'en étendant aussi, et dans la même proportion, sa zone d'influence à l'intérieur, c'est-à-dire en drainant les marchandises, en devenant en quelque sorte l'embouchure d'un grand fleuve commercial. Cette image nous conduit tout naturellement à la solution du problème. Un port maritime doit être en même temps qu'un nœud de chemins de fer le point d'arrivée d'un réseau de voies navigables, l'embouchure réelle, effective, d'une série de rivières et de canaux drainant littéralement tout un arrière-pays et le mettant en valeur. Nettement ou confusément tous les ports ont eu ce sentiment.

Il n'a pas suffi au Havre d'être relié à Paris par plusieurs voies ferrées, il lui a fallu la mise en état de la Seine et le canal de Tancarville.

Dunkerque n'a pu vraiment tirer parti de toute cette splendide région industrielle du Nord qu'à la condition de voir aboutir dans son arrière port un ensemble complet de canaux.

Marseille est le débouché naturel de Lyon, la seule route de l'Orient pour Paris et la moitié de la France. Il a demandé néanmoins la mise en état du Rhône et réclame, avec juste raison, comme un complément indispensable, le canal qui le reliera au fleuve dont il est le vrai débouché.

Seules, Nantes et Bordeaux ont eu jusqu'ici, selon l'énergique expression de Michel Chevalier, des existences solitaires. Elles ont dû trop longtemps se suffire à elles-mêmes. Or, il n'est plus possible à personne, dans la vie moderne, d'avoir une existence solitaire. L'association, le groupement des forces s'imposent sous peine de désastre pour les villes comme pour les individus. Il faut bien se pénétrer de cette vérité qu'il y a solidarité absolue entre toute zone desservie et son port de sortie.

C'est pour cela que Bordeaux réclame, avec tout le Sud-Ouest, la remise en état de la Garonne et le rachat du canal du Midi, que Marseille veut être unie au Rhône et qu'enfin nous assistons, tout surpris, à cet énorme mouvement d'opinion qui entraîne avec une vivacité méridionale, mais une ténacité bretonne, tout le Centre et l'Ouest de la France en faveur de la Loire navigable. Ces pays un peu somnolents, où la vie est trop facile, comprennent enfin que leur belle rivière qui coule trop mollement entre des rives si douces pourrait les régénérer en leur apportant une nouvelle vie industrielle et agricole. Elle devrait être pour eux le grand instrument de fécondation, les drainant par l'exportation, les irrigant par l'importation.

Tous les grands ports de l'Europe l'ont bien compris et c'est pourquoi on les a vus tous, en ce dernier quart de siècle, améliorer les voies fluviales qui les mettent en communication avec l'intérieur du pays. Il ne faut pas chercher ailleurs la cause de l'étonnant essor qu'ont pris récemment les ports de Liverpool, d'Anvers, de Hambourg, de Stettin, etc.

Mais, ont dit les adversaires du projet, car il en a et de puissants, réaliser cette entreprise n'est-ce pas créer aux chemins de fer une concurrence redoutable, diminuer leur trafic et, par suite, leurs recettes et compromettre les finances de l'Etat, en augmentant les charges de la garantie d'intérêts ? Nous ne croyons pas qu'il y ait lieu de s'arrêter à cette préoccupation qui résulte d'une fausse légende trop accréditée.

La prospérité des chemins de fer n'a pas de meilleure garantie que la richesse agricole et industrielle des pays qu'ils traversent. Tout ce qui contribue à l'accroissement de cette richesse vient favoriser leur trafic, sinon immédiatement au moins dans l'avenir. Ils sont, il est vrai, exposés à perdre en partie le transport des marchandises encombrantes et lourdes ; mais ont-ils donc intérêt à conserver le monopole de transports qu'ils ne peuvent faire qu'à des tarifs très réduits, c'est-à-dire à des conditions plutôt onéreuses que profitables pour eux ?

En les abandonnant à la batellerie, les chemins de fer ne trouveraient-ils pas une large compensation dans l'augmentation de transports vraiment rémunérateurs qui seraient la conséquence nécessaire du développement de la production agricole et industrielle. Donc, axiome indubitable, aux chemins de fer les transports rapides, aux voies navigables les transports lents. Aux premiers les voyageurs et les marchandises de prix ; aux secondes les marchandises encombrantes et de valeur minime.

L'expérience a démontré que la batellerie, là même où elle fonctionne à côté des voies ferrées, loin de leur nuire, complète au contraire et heureusement leur œuvre, leur vient en aide et leur apporte un utile concours. Si la concurrence amène parfois des modifications plus ou moins profondes dans leur mode d'exploitation, presque toujours il en résulte plus tard, pour eux une augmentation de trafic et de recettes.

En Allemagne, avant l'exécution des travaux pour l'amélioration du cours du Mein, les transports sur cette rivière atteignaient le chiffre d'environ 152.000 tonnes. Les chemins de fer longeant les rives de cette même rivière transportaient à peine ensemble 900.000 tonnes.

En 1889, deux ans après les améliorations apportées à la navigabilité du Mein, les transports par eau arrivaient à près de 600 000 tonnes, et ceux des voies ferrées à 1.400.000 tonnes.

Sur le Rhin, même phénomène ! Après l'exécution des travaux pour la régularisation du grand fleuve allemand, la batellerie passe en quatre ans de deux millions de tonnes à quatorze millions, tandis que les transports par chemin de fer, dans le même temps, s'élèvent de 46 millions de tonnes à 59 millions. Et on a observé la même chose partout ailleurs, aussi bien en Europe qu'en Amérique, où la concurrence de la batellerie sur les rivières améliorées a amené un abaissement des tarifs de chemins de fer de plus des trois quarts. Le prix moyen des transports est tombé de 5 centimes au prix inimaginable en France de 1 centime et quart. Cependant, il résulte du rapport d'un éminent ingénieur, M. North, que, grâce à une augmentation de 200 0/0 des recettes brutes, déterminée par cet établissement de tarifs, le bénéfice moyen des actionnaires n'a pas changé, quoique le capital *actions* et le capital *obligations* aient triplé.

Au surplus, sans sortir de France, ne voyons-nous pas que dans la région du Nord où les canaux sont nombreux et longent presque toujours les chemins de fer, le trafic de ces derniers n'a jamais eu à souffrir du voisinage des premiers ? La Compagnie du Nord n'a jamais eu besoin de faire appel à la garantie d'intérêts.

Il est donc démontré par les faits que la co-existence des voies navigables et des chemins de fer est indispensable pour rapprocher le producteur du consommateur et activer la distribution des produits. Les uns et les autres, appropriés à des besoins différents, font partie intégrante de l'outillage économique du pays.

De tout cela il résulte qu'il faut donc partout restaurer la navigation intérieure, remettre en état nos rivières, créer au besoin de nouveaux canaux, améliorer ceux qui existent et approprier enfin le matériel flottant à la tâche qu'il est appelé à remplir.

Quant à la Loire, d'où provient son état actuel ? Il est certain que son régime naturel entre pour beaucoup dans son abandon. Mais autrefois, il y a un siècle, son régime était le même ; les bateaux de cette époque étaient à peu près ceux d'aujourd'hui. Et la navigation était active. Je ne vous fatiguerai pas par l'historique pourtant fort intéressant de la navigation de la Loire pendant les xvie, xviie et xviiie siècles. Je me contenterai de vous dire qu'en 1855 il y avait encore quatre lignes de vapeurs faisant les transports entre Orléans et Nantes. Plus de 10.000 bateaux de toutes sortes circulaient annuellement entre ces deux villes. Le tonnage kilométrique était évalué à plus de cent millions de tonnes. Suivant un rapport au Conseil général du Loiret par l'ingénieur Comois, le mouvement commercial entre Orléans et Nantes atteignait à peu près celui de la Seine entre Paris et Rouen, il était beaucoup plus considérable que celui du Rhône à son embouchure et vingt fois plus fort que celui du Rhin.

Aujourd'hui, le tonnage kilométrique de la navigation entre les deux mêmes villes est tombé à 25 millions.

Aujourd'hui, les quais des villes riveraines jadis si animés, si populeux, sont vides de magasins et presque déserts. Plus de commerce ! plus de mouvement ! Le cours du grand fleuve, entravé par des obstacles sans nombre, est presque frappé de stérilité. En hiver, au-dessus de Nantes, c'est parfois un torrent indompté ; en été, c'est une mer de sable que sillonnent quelques filets d'eau. Sauf dans la partie comprise entre Nantes et la mer, la Loire, en réalité, n'est plus navigable. Et cependant c'est sur ce beau fleuve que viennent aboutir, comme à une impasse, nombre de rivières canalisées et de canaux se reliant eux-mêmes à tout le système de nos voies navigables.

L'état actuel de la Loire provient tout simplement de ce qu'après la construction du chemin de fer d'Orléans à St-Nazaire, la batellerie ne pouvant plus assurer un service aussi régulier que celui de la voie ferrée, on lui préféra peu à peu celle-ci, au moins pour les longs parcours. Il en résulta un amoindrissement fâcheux du rôle de la batellerie, que la Compagnie d'Orléans acheva de tuer pour ainsi dire par un abaissement des tarifs, quitte à les relever plus tard. La batellerie morte ou à peu près, on se dit qu'il était peu nécessaire d'entretenir une voie d'eau inutile ou à peu près et elle est devenue ce que vous savez.

Le mal est-il donc sans remède ? Trop longtemps on l'a cru.

Mais un jour, voyant tomber leur commerce et dépérir leur port, les Nantais plus intéressés que personne dans la question se sont dit qu'il était temps de réagir et ils ont étudié les moyens de tout réparer. Ils ont tout d'abord, vous le savez, creusé le canal maritime qui a relevé de 100 0/0 le tonnage de leur port. Mais ce n'était pas assez, et ils ont voulu achever l'œuvre commencée en rendant à la navigation intérieure toute cette belle région de l'Ouest qui, par la Loire, peut entrer en relation avec le reste de la France. Et ils ont créé un comité d'études, entrepris une campagne de presse, associé à leur projet les chambres de commerce, les corps constitués, les municipalités de toutes les villes riveraines. On a souri d'abord dans les milieux compétents, puis en voyant toute cette agitation s'accroître, on a donné de l'eau bénite de cour. Alors des congrès ont eu lieu à Orléans, à Angers, à Tours, à Nantes. Les quatorze comités locaux fondés dans la région se sont associés et, à force d'insistance, ils ont forcé le Parlement à s'intéresser à l'affaire. On a demandé au gouvernement, par tous les intermédiaires possibles, de faire faire les études préparatoires. Mais les bureaux ont cherché une échappatoire. Si nous avions de l'argent, ont-ils dit, nous ferions des études ; puisque vous y tenez tant, faites une partie des frais. Les bureaux croyaient ainsi se débarrasser des solliciteurs et retrouver là le citoyen français qui demande tout.

Il semblait que, ainsi posée, la question allait être abandonnée. Quelle ne fut pas la stupéfaction de ces mêmes bureaux en apprenant le versement dans les vingt-quatre heures, par quelques personnalités nantaises, des milliers de francs demandés !

L'étonnement fut plus grand encore lorsqu'on vit une souscription publique, faite dans toute la région, rembourser aux généreux prêteurs la somme avancée par eux, quand sou par sou, franc par franc, plus de 53.000 fr. furent réunis dans la seule ville de Nantes et sa banlieue.

Enfin les pouvoirs publics ont commencé à s'émouvoir de tout ce mouvement, surtout après la présentation à la Chambre des Députés de nombreuses pétitions ayant réuni plus de 150.000 signatures et de 400 vœux émanant des conseils municipaux, etc.

Ils ont fini par s'associer aux efforts de l'initiative privée, et une Commission d'études composée de spécialistes éminents s'est mise à l'œuvre avec la plus louable activité.

Le plan du lit du fleuve entre Angers et Nantes a été levé une première fois aux eaux moyennes, d'innombrables coups de sonde ont été donnés ; on le lève actuellement une seconde fois, profitant de la baisse exceptionnelle des eaux en ce moment, et tout permet d'espérer que dans les premiers mois de l'année prochaine le Parlement sera appelé à statuer sur le projet de la première section.

Dès à présent on peut supposer que toute la partie de la Loire entre Nantes et le confluent de la Maine pourra être rendue navigable en toute saison sans frais extraordinaires ; dix millions suffiront probablement à l'accomplissement d'une œuvre qui annexera aux ports de Nantes et de Saint-Nazaire le bassin entier de la Mayenne, de la Sarthe et du Loir, rivières arrosant de riches pays agricoles, renfermant des villes populeuses dont deux, Angers et le Mans, sont de grandes villes dotées de nombreuses industries.

Enfin deux faits importants ont tout dernièrement marqué le succès croissant de l'œuvre entreprise : le 3 juillet dernier, M. Tillaye, a reçu une délégation du Comité central et écouté avec bienveillance les explications qui lui ont été présentées. Il a été touché par le caractère véritablement national du projet et surtout par le mouvement d'initiative privée qui constitue un exemple assez rare en France pour mériter d'être encouragé. Non seulement il a promis à la délégation son appui le plus formel, mais encore il a bien voulu l'inviter à revenir toutes les fois qu'il lui paraîtrait que son concours et son intervention deviendraient utiles.

Quelques jours plus tard, le 13 juillet, M. le Ministre de la Marine, s'est fait présenter MM. Merlant, adjoint au maire de Nantes, et Gauvin, adjoint au maire d'Angers, et a longuement entretenu ces messieurs de la question de la Loire navigable ; il s'est fait renseigner minutieusement sur l'organisation et le fonctionnement des comités locaux, sur leurs projets, le prix de revient éventuel des travaux, etc.

Les deux représentants de Nantes et d'Angers ont insisté sur le caractère très remarquable de ce réveil de l'initiative privée dans le bassin de la Loire et sur le mouvement de l'opinion publique ; ils ont exposé au Ministre les premiers résultats du pétitionnement et des souscriptions ainsi que le projet d'exécution du travail en trois sections : Nantes-Angers, Angers-Tours, Tours-Orléans et prolongements. Ils ont affirmé à M. Lockroy la volonté énergique de tous les intéressés de participer aux dépenses des travaux dans une mesure équitable, comme le Comité participe déjà aux frais d'études techniques.

M. le Ministre de la Marine, vivement frappé des explications qui lui ont été données, s'est engagé à appuyer de toutes ses forces le projet en question auprès de son collègue des Travaux Publics.

Je ne terminerai pas sans vous dire, d'autre part, que le Comité d'initiative fait les plus grands efforts et les plus grands sacrifices pour se renseigner le plus exactement possible sur les conséquences économiques du projet dont il poursuit l'exécution. Un agent commercial, ancien élève de l'Ecole des Hautes Etudes commerciales, après avoir représenté le Comité au Congrès de navigation intérieure qui s'est tenu dernièrement à Bruxelles et visité l'Allemagne pour étudier sur place les résultats obtenus par l'établissement des nouvelles voies navigables, parcourt en ce moment toutes les régions arrosées par la Loire et ses affluents, recueillant des renseignements sur les industries capables de se développer dans le voisinage des voies d'eau qu'il s'agit de créer. Il y a là une sage précaution sur laquelle il n'est pas besoin d'appeler plus longtemps votre attention.

Nous sommes donc en droit d'espérer, Messieurs, que tant d'efforts aboutiront, que nous verrons l'activité et la prospérité commerciale renaître dans le bassin de la Loire et le fleuve se couvrir des flottilles qui le parcouraient encore il y a moins d'un siècle.

Et, chose singulière, il y a déjà un commencement de réveil d'activité dans la batellerie et une heureuse tendance à modifier le matériel dont on se servait autrefois. Je ne vous dirai rien sur ce sujet qui est trop en dehors de la géographie économique ; mais je ne saurais passer sous silence la curieuse expérience qui vient d'être faite ces jours derniers, expérience montrant bien les tendances actuelles à restaurer la navigation fluviale.

Donc, il y a à peine quinze jours, un bateau à vapeur, d'un nouveau modèle, vient de remonter la Loire de Nantes à Blois. Or vous savez qu'en ce moment les eaux de la Loire sont excessivement basses. Ce bateau, destiné surtout à alimenter de matières premières la chocolaterie Poulain, de Blois, a été construit à Nantes, dans les chantiers de la Brosse et Fouché. Il s'est trouvé un ingénieur assez hardi pour penser qu'il fallait vivre avec son mal en attendant la guérison. La Loire présente en tout temps, sauf aux très basses eaux, un mouillage de 75 à 80 centimètres. Est-il possible de l'utiliser provisoirement, telle qu'elle est, au moins pour certaines marchandises ?

Ce problème a été posé par M. Bénard, directeur de la chocolaterie de Blois, aux constructeurs Nantais. Ceux-ci se sont mis à l'œuvre et ont construit le *Fram* (En avant !) Ce chaland à vapeur est à deux hélices sous voûte ; il a 40 mètres de longueur, 5 m. 50 de largeur hors membres, 1 m. 10 de creux ; il est à fond plat sans quille. Ses deux machines alimentées par une chaudière multitubulaire Fouché développent ensemble une force de 150 chevaux. Il cale, avec son eau et sa provision de charbon, 0 m. 28 seulement.

En ce qui regarde les marchandises, le chaland à vapeur en portera 80 tonnes et ne calera pas plus de 0 m. 70 à pleine charge. Sa vitesse en eau morte étant de 13 à 14 kilomètres, il pourra remonter à Blois même en charge, en un jour et demi. Comme petite vitesse on admettra que ce n'est pas banal. Mais ce n'est pas tout. Notre chaland est en même temps un remorqueur. Il peut traîner derrière lui un autre chaland actuellement en construction, portant 70 tonnes de marchandises qui calera, vide, 0 m. 19 et 0 m. 70 à pleine charge.

Telle est la solution technique donnée par les habiles constructeurs nantais au problème qui leur était posé ; elle se résume ainsi :

On peut établir un train de deux chalands se déplaçant avec une vitesse de plus de 10 kilomètres à l'heure, calant moins de 0 m. 70 et portant outre l'approvisionnement de charbon 150 tonnes de marchandises.

Reste à savoir si cette solution est pratique. En ce qui concerne les marchandises chères, la réponse n'est pas douteuse. D'après les renseignements pris, le transport d'une tonne de sucre ou de cacao revient actuellement à 40 fr. environ. Or, suivant les évaluations les plus larges, les frais pour le nouveau mode de transport resteront inférieurs à 15 fr. la tonne.

On s'explique donc facilement que la Société de Blois n'attende que le résultat d'une première expérience pour décider la construction d'une flottille beaucoup plus importante, dont le champ d'action pourra par là même être plus étendu, comme nature de marchandises aussi bien que, peut-être, comme clientèle.

Il n'entre pas dans ma pensée de vous dire comment on s'y prendra pour corriger la Loire. C'est l'affaire des ingénieurs. Leurs opinions à ce sujet sont, d'ailleurs, très diverses. Quelques-uns, paraît-il, prétendent même que le fleuve est incurable et qu'il faut l'abandonner à lui-même, mais en se servant de sa vallée pour y construire un canal latéral. Mais ce qui est hors de doute, c'est qu'il ne suffit pas d'obtenir par quelque moyen que ce soit, un tirant d'eau suffisant en Loire, il faut aussi remédier aux causes d'ensablement et d'amaigrissement du fleuve. La restauration des bassins d'érosion s'impose ; on doit reboiser et regazonner toutes les pentes dénudées dans les terrains sujets à être emportés par les orages. Œuvre de longue haleine, sans doute, mais dont les résultats sont certains, les travaux similaires accomplis en quelques parties des Alpes sont là pour le prouver.

En fin de compte, Messieurs, l'œuvre une fois accomplie, rivière navigable ou canal latéral empruntant çà et là les bras du fleuve, donnera au commerce national la plus vive impulsion en faisant de la vallée de la Loire, de Nantes à Combleux et à Digoin une des plus grandes artères de l'activité européenne. Notre pays qui fit tant de grandes choses autrefois est-il donc impuissant à accomplir celle-là ? Le croire serait nous calomnier ; les populations riveraines de la Loire, par leur ardeur à réclamer l'amélioration de leur fleuve, et surtout par la persévérance dans l'action, nous prouvent qu'il y a encore de l'énergie dans notre pays. Elles donnent un grand exemple en montrant tous les partis unis dans une même pensée, pour une œuvre qui n'a rien de spéculatif et qui peut avoir une si grande influence sur notre avenir économique.

A la suite de cette communication, le vœu suivant, présenté par MM. le colonel Blanchot et Doby, est adopté :

« Le Congrès émet le vœu que le Gouvernement veuille bien entreprendre le plus promptement possible les travaux nécessaires au rétablissement de la navigabilité du lit de la Loire. »

LES VENTS DANS LES GOLFES DU LION ET DE GASCOGNE

Par M. **HAUTREUX**, lieutenant de vaisseau en retraite.
Vice-président de la Société de Géographie commerciale de Bordeaux.

Communication présentée par M. J. THOULET.

Les mouvements de l'atmosphère sont observés depuis bien longtemps ; un savant de génie, le lieutenant Maury, a su coordonner ces recherches et formuler des aperçus d'ensemble qui ont donné à ces travaux une impulsion générale à laquelle contribuent toutes les nations. Les États-Unis, sur leur vaste territoire, placé entre les deux grands océans, ont organisé des observatoires météorologiques très nombreux et des bureaux nautiques où ils recueillent et classent les données maritimes, que leur fournissent chaque jour les 200 ou 300 rapports de mer des capitaines, leurs correspondants ; ils sont ainsi à la tête de ce mouvement d'étude et peuvent par eux-mêmes connaître l'ensemble des données météorologiques sur les 3/4 de l'hémisphère Nord. Ils peuvent suivre, dans ses manifestations, un coup de vent parti des mers de Chine, et aboutissant aux monts Oural et à la Caspienne.

Dans la zone tempérée, entre les parallèles de 35° à 70°, l'air se transporte de l'Ouest vers l'Est autour des cercles polaires arctique et antarctique; et ce grand courant aérien se fragmente en une suite de tourbillons, qui se suivent à intervalles presque réguliers ; plus fréquents pendant l'hiver, sept à huit par mois ; moins fréquents pendant l'été, quatre à cinq par mois. Ces tourbillons forment, comme l'eau dans un entonnoir, des dépressions barométriques, dont le rayon d'action est excessivement variable, et souvent d'une étendue énorme. Ce mouvement cyclonique du vent atteint à la périphérie des vitesses d'ouragan. Il se produit toujours dans le même sens, et, dans notre hémisphère, dans le sens opposé au mouvement des aiguilles d'une montre. La marche du centre du tourbillon est celle de la masse aérienne qui le transporte, elle est d'environ 100 lieues par jour; elle suit un véritable lit de tempêtes qui, dans l'Océan Atlantique, va de Terre-Neuve à l'Islande.

Mais ce vaste courant d'air subit bien des déviations, qui tantôt le portent plus au Nord, vers le Groënland, et tantôt plus au Sud, vers la Manche ; dans ce dernier cas, les cyclones sont souvent infléchis davantage et aboutissent à la Méditerranée, vers le golfe de Gênes.

Ces dépressions passant presque toujours au nord de la France, nos côtes de Gascogne reçoivent cet afflux d'air marin qui continue sa course vers le Languedoc et la Provence, en modifiant ses caractères océaniens.

Ce fleuve aérien venant de la mer et arrivant sur nos côtes, rencontre des montagnes, des plaines, qui en dehors des coups de vents, modifient sa direction et par leur état thermique très différent produisent des perturbations locales et des déviations, qui, dues à des causes permanentes, acquièrent de leur côté une certaine fixité et particularisent le climat.

Le golfe de Gascogne est bordé au Sud par de hautes montagnes, la chaîne Cantabrique ; il baigne à l'Est, les côtes du vaste plateau des Landes, si brûlant pendant l'été. Les extrêmes de froid et de chaleur sont très voisins l'un de l'autre, leur action différente en est plus sensible.

Le golfe du Lion est limité au Nord et à l'Ouest par de hautes montagnes, les Alpes, les monts d'Auvergne, les Cévennes et les Pyrénées. Plus près de la mer sont les plaines du Rhône. Là encore les extrêmes du chaud et du froid sont très voisins et leur action évidente.

Pour étudier l'influence déviatrice des accidents de terrain de ces régions, et la constater dans des graphiques faciles à interpréter, on peut se servir du système employé par les marins pour estimer et tracer leur route sur les cartes.

Procédé graphique. — Le *Bulletin* météorologique international[1] donne, pour chaque localité, la direction et la force du vent, à 7 heures du matin et à 7 heures du soir. Ces heures résument les résultats du jour et de la nuit. Pour le but poursuivi il vaudrait mieux avoir les observations au maximum et au minimum thermal, soit de 3 à 4 heures du matin et du soir. Ces données suffisent cependant pour différencier, quand il y a lieu, les effets du refroidissement nocturne et de l'échauffement diurne.

Prenant une échelle conventionnelle, par exemple un millimètre par unité de force du vent, et traçant la direction indiquée pour le vent, chaque jour et à l'heure déterminée, on obtient une suite d'éléments formant une ligne brisée, qui est le dessin exact de l'écoulement de l'air pour le moment choisi, non seulement en direction, mais aussi en vitesse, puisque les chiffres adoptés pour la force du vent sont dans une proportion connue avec cette vitesse. On s'aperçoit bien vite que la moyenne de ces chiffres est à peu près 4, ce qui représente une vitesse de 12 à 15 milles par heure, de 100 lieues par 24 heures. Ce qui est bien la vitesse reconnue pour le grand mouvement aérien, de l'Ouest vers l'Est, de la région tempérée de l'hémisphère Nord.

Les graphiques présentés sont la réduction des minutes construites par le procédé indiqué ; leur aspect montre immédiatement s'il existe des faits qui se reproduisent souvent et peuvent former des constantes ou bien si la variabilité défend d'en formuler.

Commençons cet examen par le Golfe de Gascogne, où l'on constate les deux ordres de faits et où les causes sont faciles à définir.

GOLFE DE GASCOGNE

Les centres d'observations ont été : Biarritz, Arcachon et la Coubre, aux deux extrémités et au centre de la Côte des Landes ; Biarritz, au pied de la chaîne Cantabrique ; Arcachon et la Coubre, à grande distance de toute montagne.

Les graphiques représentent l'écoulement de l'air à 7 heures du matin et à 7 heures du soir pour chaque jour des années 1893-1894-1895 et 1896. Il a été impossible de continuer la série, le sémaphore d'Arcachon, qui donnait ses observations pour ce point, ayant été détruit par les érosions de la côte. Mais l'impression donnée par ses graphiques est telle qu'il n'est vraiment pas nécessaire d'en posséder davantage pour déterminer les lois qui dirigent les mouvements de l'air dans cette région. Les chiffres placés sur les graphiques indiquent les mouvements résumés par dizaines pour les douze mois de l'année.

Biarritz. — Le matin : Les graphiques des quatre années (voir ci-joint celui de 1896) sont tellement semblables qu'on les croirait presque calqués les uns sur les autres. Les directions générales de l'écoulement de l'air sont les suivantes :

	DIRECTIONS MOYENNES
Mois d'avril, mai, juin, juillet et août, qui sont les mois chauds.	E.-N.-E.
Septembre, octobre, novembre, décembre, janvier, février et mars, qui sont les mois froids.	Nord
Le soir : Mois chauds	S.-E.
» Mois froids.	Variables

Lorsque l'hiver est rude, les vents viennent plus fréquemment de l'Est et chassent vers l'Ouest lorsque l'hiver est moite ; les vents venant du Sud ou de l'Ouest chassent vers le Nord et l'Est.

Arcachon. – Le matin : Les graphiques montrent la variabilité des vents en toute saison, suivant les conditions atmosphériques générales, sans déviations particulières.

Le soir : Pendant les mois chauds, direction.	S.-E.
» Mois froids.	Variables

La Coubre. — Le matin : Directions variables comme à Arcachon.

» Le soir : Mois chauds, direction	S.-E.
» » Mois froids.	Variables

Cette revue rapide des mouvements de l'atmosphère le long de la côte des Landes fait ressortir un fait nettement marqué, c'est que pendant les mois chauds, dans l'après-midi, les vents soufflent généralement du N.-W. La cause en est bien évidente, c'est la vaste plaine des Landes surchauffée qui aspire l'air frais de la région centrale du Golfe de Gascogne.

Un autre fait remarquable, c'est que pendant les mois froids et dans la matinée, si à la Coubre et à Arcachon les vents n'éprouvent aucune déviation locale régulière, il n'en est pas de même à Biarritz. L'influence des montagnes voisines s'y fait nettement sentir. Pendant les mois froids l'air s'écoule des sommets glacés vers la nappe marine du Golfe ; pendant les mois chauds, cet air frais est dévié vers la plaine des Landes tout comme l'air du centre du Golfe de Gascogne.

Ainsi les déviations locales sont bien évidentes et leurs causes faciles à déterminer.

GOLFE DU LION

Le même procédé graphique fut appliqué pour l'année 1896 à différents points du Golfe du Lion : Perpignan, Cette, Marseille, Sicié et Nice.

Déjà, pour l'année 1895, cette étude avait été faite pour le Cap Sicié et avait donné des résultats très précis et intéressants. Le matin, les vents avaient soufflé généralement du Nord au N.-E., chassant dans la direction S.-W.; le soir, sauf des perturbations en février, mars avril et novembre, la direction d'ensemble de toute l'année chassait au S.-E., c'était le mistral.

Les données de l'année 1896 ont été les suivantes, reproduites sur le graphique joint à cette étude :

Perpignan. — Le matin : Les vents de toute l'année ont chassé en général vers . . . . E S E.
Le soir : Ils se sont infléchis et ont chassé au . . . . . S E.

Cette. — Le matin : Direction générale . . . . S S E.
Le soir : Sauf en janvier où les vents ont soufflé du Nord, et une perturbation en février, c'est le mistral chassant au . . . . S E.

Marseille. — Le matin : Mois chauds vers le . . . . S E.
Mois froids . . . . Sud
Perturbations en février et juin.
Le soir : Mois chauds vers le . . . . S E.
Mois froids vers le . . . . Sud

Sicié. — Le matin : Direction générale . . . . Sud
Avec perturbations en février et novembre.
Le soir : Mois chauds vers le . . . . S E.
Mois froids . . . . Sud
Avec perturbations en novembre.

Nice. — Le matin : Direction générale. . . . . W S W.
   Avec calme pendant l'été.
   Le soir : Mois chauds vers le. . . . . N N E.
   Mois froids vers le . . . . S S W.
   Avec perturbations.

L'ensemble de ces données montre en tous ces points un caractère local très déterminé. Dans la matinée, les vents descendant des montagnes les plus voisines se dirigent vers la mer et convergent vers un point central du Golfe du Lion, au Sud du cap Sicié. Dans la soirée, les vents de toutes la région soufflent du N.-W. pendant les mois chauds, et seulement vers Marseille et Sicié anordissent pendant les mois froids.

Nice est soumis pour la soirée à un régime différent, qui rappelle la loi des brises de terre pendant l'hiver et des brises de mer pendant l'été.

Les causes de ces mouvements sont bien claires, et dues à la situation orographique de la région. L'air froid descend du cirque de montagnes qui entoure le Golfe du Lion et converge le matin vers la région centrale : tous ces vents sont déviés au N.-W. dans l'après-midi des mois chauds, attirés par l'élévation de température de l'air dans le bassin Occidental de la Méditerranée.

Il était intéressant de voir si l'Algérie exerçait une action sur ces mouvements aériens. Le procédé graphique appliqué à *Alger*, pendant cette même période de 1896, montre que le matin, la dominante des vents chasse vers le Nord et l'Est, et que le soir leur direction pousse vers le S.-W. pendant la plus grande partie de l'année. Donc, brises de terre du matin et brises de mer du soir. Il n'y a aucun lien avec les vents de la Provence et du Languedoc. C'est encore la disposition des montagnes qui donne la clef du mouvement aérien en Algérie.

En faisant les mêmes observations aux îles Baléares, aux Bouches de Bonifacio et à Cagliari, on voit nettement que le lit du Mistral se prolonge des côtes du Languedoc au canal de Cagliari. Le tableau ci-joint résume les données précédentes.

Ces tableaux et graphiques suggèrent la remarque suivante, c'est que dans les deux golfes, pendant les mois chauds, les vents soufflent également du N.-W. pendant l'après-midi.

Les courants. — Dans tous les Océans les vents sont les grands générateurs des courants de la surface ; lorsqu'ils sont réguliers, comme les Alisés, ils chassent devant eux les eaux perpétuellement et engendrent des courants semblables à celui du Gulf Stream.

DIRECTIONS-RÉSULTANTES DES VENTS

	MOIS FROIDS								MOIS CHAUDS							
	MATIN				SOIR				MATIN				SOIR			
	1893	1894	1895	1896	1893	1894	1895	1896	1893	1894	1895	1896	1893	1894	1895	1896
GOLFE DE GASCOGNE																
Biarritz	S	S	S	SE/SW		S/E	S/NW	E/W	SW	SW	SW	SW		NW	NW	NW
Arcachon	NE/SW	N/SE	E/SE			NW/SW	N/NW		W	W	N/W	NW/N	NW	NW	NW	NW
La Coubre																
GOLFE DU LION																
Perpignan				WNW			NW	NW				WNW				
Cette			NNE/NW	NNW				NW				NW				
Marseille			N	N			NW/E	N/NW			NNE	NNW/N			NW	
Sicié		N/NNE	N													
Nice			ENE	ENE				NE				calme				SW
COTE D'AFRIQUE																
Alger			S/WSW					ENE/WNW				ESE				NE

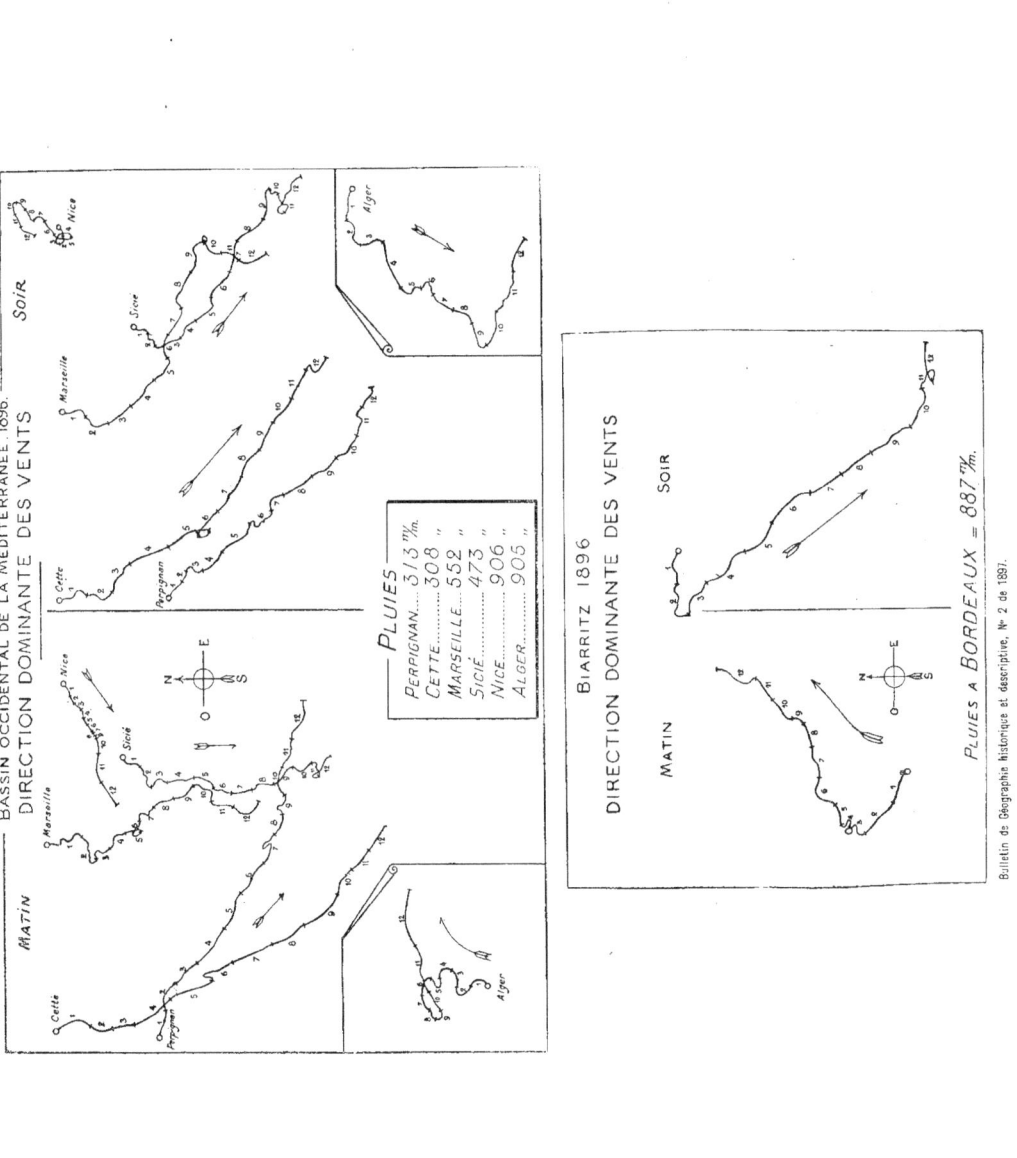

Quand ils sont variables, mais avec une dominante déterminée, comme dans la région tempérée de l'Atlantique, ils produisent des courants qui leur obéissent et deviennent variables comme eux. Dans la Méditerranée, divisée en bassins relativement peu étendus, les effets des vents dominants doivent se faire sentir de la même façon, les dénivellations de 0ᵐ 30 à 0ᵐ 50, que produisent les séries de vent sur toutes ses côtes, en sont la preuve absolue ; mais les effets se produisent si rapidement qu'ils déconcertent les observateurs.

Dans le Golfe de Gascogne, de même, la question des courants était très controversée ; on voulait trop généraliser et les causes éloignées faisaient négliger les causes locales. Des courants violents existaient ; ils se joignaient près des côtes aux courants de marée, et suivant la saison et les circonstances atmosphériques générales, on leur donnait des directions opposées. Des expériences directes furent tentées au moyen de bouteilles flottantes, pendant deux années successives, et sur les 300 bouteilles qui furent lancées, il en a été recueilli une centaine. Les résultats donnés sont en parfaite concordance avec les vents qui ont régné dans le Golfe. Les bouteilles ont suivi la direction S.-E. pendant l'été quand règnent les vents du N.-W. ; et des directions vers le Nord ou vers le Sud pendant l'hiver, quand les vents devenus variables obéissent aux mouvements généraux de l'atmosphère. C'est la négation du courant de Rennell et la démonstration de la sujétion des courants du Golfe à la direction dominante des vents.

Par analogie avec ce qui se passe près de la côte des Landes, on doit admettre que les courants de la côte de Languedoc et de Provence portent généralement au large vers le S.-E et vers le Sud, dans la direction du lit indiqué pour le mistral. Par conséquent, les bouteilles qui seraient lancées près de la côte de France ne viendraient pas atterrir sur nos rivages, sauf dans le cas de coups de vent d'Est ou S.-E, mais elles seraient poussées vers les côtes de Sardaigne et de Tunisie. Celles qui seraient lancées près des côtes d'Algérie seraient poussées vers l'Ouest pendant l'été, et vers le détroit de Cagliari pendant l'hiver.

Pluviométrie. — Les quantités de pluie recueillies en 1896 sont indiquées sur les graphiques. Biarritz montre combien cette année fut pluvieuse dans le Golfe de Gascogne ; les différences avec Perpignan et Cette, avec Marseille et Sicié, ainsi qu'avec Nice et Alger sont intéressantes à constater, la progression étant comme 1, 2, 3, 4 :

Perpignan et Cette	Marseille et Sicié	Nice et Alger	Biarritz
310 ᵐ ᵐ	500 ᵐ ᵐ	900 ᵐ ᵐ	1 375 ᵐ ᵐ

Résumé. — Dans l'hémisphère Nord le mouvement atmosphérique vient de l'Ouest dans la région tempérée. Mais les accidents du terrain produisent des déviations qui sont constantes.

Les golfes de Gascogne et du Lion sont entourés par des plaines et des montagnes élevées qui produisent entre la mer, les plaines et les sommets, des conditions thermales très différentes et très voisines, qui exercent une influence déviatrice sur la circulation générale.

Les graphiques montrent que :

Le matin, dans le Golfe de Gascogne, le Golfe du Lion et sur la côte d'Algérie, l'air s'écoule des sommets élevés vers les mers ou vers les plaines, dont la température est moins basse. Cet effet est plus marqué en hiver qu'en été.

Le soir, pendant les mois chauds, les directions du vent deviennent parallèles dans les deux golfes ; les vents viennent du N.-W. Sur la côte d'Algérie ils deviennent du N.-E. Pendant les mois froids, ils deviennent variables dans le Golfe de Gascogne et en Algérie ; ils se rapprochent des directions du matin dans le Golfe du Lion.

Les courants de surface de la mer dépendent partout de la direction des vents. Dans le Golfe de Gascogne des expériences de bouteilles flottantes ont démontré que, pendant la saison où règnent les vents de N.-W., les bouteilles sont poussées à la côte, vers le S.-E. Il en est probablement ainsi dans le Golfe du Lion, et les épaves flottantes doivent être poussées pendant toute l'année dans la direction du S.-E., vers les côtes de Sardaigne et de Tunisie, avec une vitesse probable de 50 milles par 24 heures.

Ces effets doivent s'accumuler et devenir plus sensibles dans les détroits que forment les îles si nombreuses du bassin occidental de la Méditerranée. Enfin, la pluviométrie de 1896 donne une appréciation intéressante de l'humidité relative des points d'observation.

Si l'on devait lancer des bouteilles, dans le bassin occidental, pour étudier les courants, le point de lancement préférable devrait être sur la ligne qui joint les Baléares au détroit de Bonifacio.

UN PORT FRANC A MARSEILLE

LES ENSEIGNEMENTS DE L'HISTOIRE ET LES DESIDERATA ACTUELS

Par M. **Lucien ESTRiNE**, président de la Société pour la Défense
du Commerce, membre de la Société de Géographie de Marseille.

(Résumé.)

Dans une conférence donnée au siège de la Société pour la Défense du Commerce, m'adressant aux représentants autorisés du Commerce, de l'Industrie et de la Navigation, j'ai essayé de démontrer quels seraient les avantages économiques que retirerait notre chère Cité de l'établissement d'un port franc à Marseille.

Vous me permettrez de m'occuper avec vous de la question plus particulièrement au point de vue historique, et de tirer des leçons du passé des enseignements précieux pour l'avenir de notre commerce et plus particulièrement de notre industrie.

La franchise dans les temps anciens. — Bien avant l'ère chrétienne, le commerce et la navigation jouissaient à Marseille de la liberté la plus grande. César a lui-même raconté que, s'étant emparé de notre ville après un long siège, il respecta toutes ses franchises.

Dès les premiers siècles de l'ère chrétienne et jusqu'au règne de François Ier, Marseille, puissante et libre, invitait les étrangers à venir commercer dans son port, franc de toutes entraves, de tous droits et de toutes prohibitions; elle concluait avec les souverains ou Républiques du bassin méditerranéen des traités de commerce lui assurant la réciprocité dans les transactions, la franchise pour ses navires et l'exemption de tous droits d'entrée sur ses produits.

Au temps des Croisades, la prospérité de Marseille atteignit son apogée. Marseille était alors un simple marché, un bazar universel, une grande foire permanente, si je puis m'exprimer ainsi, qui centralisait dans son port le commerce de la Méditerranée et de l'Orient; son industrie était peu de chose, sinon nulle, et son trafic consistait uniquement en l'échange des produits du royaume de France et des autres points du monde alors connu.

Aussi, les Rois, pour faciliter l'exportation des produits français, et appeler dans leurs états les échanges étrangers, ne trouvèrent rien de mieux que de suivre l'exemple donné par notre Ville et publièrent qu'à certains jours, marqués par la fête de tel patron dans la Cité, un marché libre serait ouvert; point de péage, ni sur les chemins, ni sur les rivières; point de droits d'entrée, pleine liberté pour les personnes comme pour les choses. Les rois créaient ainsi des marchés francs pour quelques jours.

François Ier, par l'édit de 1509, imposa à Marseille des taxes et gabelles qui réduisirent à rien la franchise de notre Ville désormais asservie. La brèche faite dans nos libertés fut élargie par les successeurs de François Ier et, si nous en exceptons l'édit d'Henri IV, du 29 juillet 1596, de courte durée, ce n'est qu'en mars 1669, c'est-à-dire 160 ans après la première violation de nos privilèges, que Colbert rétablit la franchise de notre port.

Le 26 mars 1669, les bureaux de perception des droits d'entrée dans le royaume furent portés hors Marseille. A ce moment, l'antique franchise de Marseille n'était plus qu'un mot, tant étaient lourdes les charges qui pesaient sur les navires fréquentant notre port et les marchandises y transitant. Pour éviter ces vexations, le commerce fuyait nos rivages et les négociants marseillais allaient faire leurs achats à Gênes et à Livourne, nos deux grandes rivales, pour les transporter de là, en droiture, en Espagne, aux Etats Barbaresques et ailleurs.

Le duc de Savoie avait, du reste, devancé Colbert de quelques années en accordant la franchise à Nice et à Villefranche.

Edit de Colbert. — Nous recommandons l'édit de mars 1669 aux réflexions de ceux qu'intéresse l'étude des questions économiques.

Tout y est à retenir et à méditer. Colbert, le protecteur le plus illustre et le plus éclairé de l'agriculture et de l'industrie, accorde à Marseille la franchise absolue comme corollaire de la protection, reconnaissant la nécessité d'assurer par *la plus grande liberté au commerce extérieur une soupape de sûreté au régime protectionniste*.

Primes à l'armement. — Colbert encourage l'armement et la construction de quantité de vaisseaux et bâtiments de commerce, donne des primes à la navigation et subventionne certaines Compagnies, estimant que multiplier la présence de notre pavillon sur toutes les mers est le meilleur moyen d'établir, en paix comme en guerre, la réputation du nom français. N'est-ce pas actuellement cette absence de notre pavillon sur presque toutes les rades que nous regrettons tous les jours? Que de pays, hélas! où depuis longtemps nos trois couleurs n'ont plus, ou n'ont jamais flotté, et d'autre part, avec quelle joie elles sont accueillies partout où elles se montrent. En février 1867, le *Courrier du Canada*, commandé par le capitaine Pellissier, fut le premier navire français, depuis la Révolution, qui ait remonté le Saint-Laurent. Il fut reçu à Québec, à Montréal, avec du délire.

Pavillon étranger. — Malgré son désir de voir se développer notre marine marchande, Colbert ne croyait pas, comme certains économistes à courte vue, devoir exclure ou éloigner de nos ports les navires étrangers par des surtaxes de pavillon ou autre traitement différentiel. Au contraire, il les convie à venir apporter leur concours à la vie maritime de Marseille en les laissant libre d'entrer, de trafiquer, de sortir sans payer aucun droit et sans formalités douanières ou d'aucune autre sorte.

De nos jours, notre Industrie et notre Agriculture ne réclament-elles pas à grands cris des débouchés nouveaux ? C'est à les créer que nous aident les navires étrangers desservant des régions encore inexploitées par notre pavillon, navires qui deviennent souvent ainsi les pionniers des services français.

J'emprunterai, bien que sortant un peu du cadre que je me suis fixé, à un rapport que j'ai été appelé à faire en 1897 sur la question des droits de tonnage, l'exemple suivant que je considère comme typique.

Il y a quelques années, Lisbonne et Marseille étaient sans communications directes. Or, la Municipalité de Lisbonne, ayant à exécuter des travaux d'adduction d'eau, s'adressa à une usine française pour la fourniture des tuyaux de fonte nécessaires à cette entreprise ; plusieurs vapeurs furent successivement affrétés pour le transport de ce matériel, qui fut chargé à Marseille.

Les affréteurs eurent l'idée d'utiliser le vide des tuyaux, de fort diamètre, en les garnissant de marchandises diverses ; un courant d'affaires fut ainsi créé et devint assez important pour engager la Compagnie navale de l'Ouest à faire de Lisbonne une de ses escales régulières. C'est le système américain, qui ne crée pas une ligne pour relier plusieurs villes, mais qui crée une ligne pour créer des cités.

Je suis heureux de constater que nos législateurs ont consacré cette doctrine par la loi de 1897, facilitant aux navires étrangers l'escale dans nos ports.

L'Angleterre, elle-même, malgré une flotte marchande supérieure aux flottes de toutes les autres nations réunies, attire dans ses ports un nombre considérable de navires étrangers qui sont pour son commerce des auxiliaires précieux et indispensables.

Main-d'œuvre étrangère. — Colbert invitait également les étrangers à s'établir chez nous et facilitait leur naturalisation. N'est-ce pas encore aujourd'hui une question d'actualité et, en présence de notre faible natalité, ne devons-nous pas nous estimer heureux de voir notre population s'accroître d'éléments jeunes et forts, qui, au bout de peu de temps, sont entièrement assimilés, et ne devons-nous pas repousser énergiquement toutes les lois d'exception qui pourraient éloigner ces auxiliaires, lois qui sont un anachronisme au moment où la fraternité des peuples est plus que jamais proclamée.

A Marseille même, le quart de notre population est étranger, et il faudrait être de parti pris pour ne pas reconnaître l'utilité des services rendus.

Mais, à côté de ces étrangers non encore naturalisés, la moitié de notre population n'est-elle pas d'origine étrangère à la deuxième ou troisième génération, et nous pourrions citer dans ce cas nombre de noms parmi nos concitoyens les plus en vue et les plus justement populaires.

Mais revenons à l'édit de Colbert et constatons que la joie de nos pères fut de courte durée, car, dès le 9 avril 1669, Louis XIV reprenait une partie des libéralités de l'édit du 26 mars, de la même année.

Franchise intégrale. — La République française ne serait certes pas plus désintéressée que le grand Roi et ce n'est pas alors que notre chère patrie succombe sous le poids d'une dette écrasante et de dépenses de défense nationale qui drainent la meilleure partie de nos ressources, que nous Marseillais, mais avant tout Français, nous oserions demander de nous soustraire aux charges qui nous incombent.

Mais il est inutile d'insister sur ce point, car aujourd'hui nous avons le très grand plaisir de voir Marseille entière d'accord et notre projet soutenu par le vote unanime de notre Chambre de Commerce, du Conseil général des Bouches-du-Rhône et du Conseil municipal de Marseille.

L'édit du 9 avril 1669 fut aggravé par nombre d'autres apportant tous des restrictions nouvelles à l'édit de Colbert ; et lorsqu'éclata la Révolution de 1789, la franchise du port de Marseille n'était plus qu'un souvenir.

Pour bien se rendre compte de l'importance qu'avait à cette époque aux yeux des Marseillais le souvenir des bienfaits qu'avait eu pour leur commerce la liberté de leur port, et le prix qu'ils attachaient à la reconquérir, il faut lire les cahiers envoyés alors aux États Généraux par le Commerce de Marseille.

C'est l'histoire de nos jours, car, Messieurs, n'avons-nous pas vu sans être centenaires, nos manufactures se fermer, écrasées sous le fardeau des impositions et les droits sur les matières premières. Les fabriques d'allumettes n'ont-elles pas émigré et l'étranger n'a-t-il pas offert un asile à cette industrie, devenue si prospère chez lui après avoir été chassée de France ? Les distilleries de maïs n'ont-elles pas été ruinées par les exigences et les tracasseries fiscales ? L'industrie des vins de raisins secs n'a-t-elle pas été désolée par les grandes régies de l'Etat ? etc.

Doléances de la Chambre de Commerce en 1789. — La Chambre de Commerce formulait ses doléances et écrivait aux Ministres du Roi :

« Nous sommes réduits au même état d'accablement, de servitude
« dont Louis-le-Grand avait voulu nous délivrer ; car, quoique les
« bureaux des fermes soient placés aux limites du territoire franc,
« une cohorte de commis de tous grades et de toute espèce inonde
« les rues de Marseille et exerce dans le port l'inquisition la plus
« sévère. »

Doléances du Corps des marchands. — La même année, le corps des marchands adressait également au roi un mémoire, où il s'exprimait ainsi :

« Une licence extrême a succédé aux invitations paisibles de l'auto-
« rité ; les négociants, à Marseille, voient tous les jours des brigades
« de la ferme se transporter à bord des navires qui arrivent dans le
« port, y bouleverser toutes les marchandises qui s'y trouvent, enfon-
« cer les écoutilles pour y porter un regard indiscret, enlever les
« marchandises par force et les transporter dans le bureau de poids
« et casse, malgré les représentations d'un capitaine étranger qui leur
« fera observer qu'il n'est que de relâche à Marseille. »

La Convention supprima, avec les autres privilèges, les ports francs et ne laissa subsister, à la grande joie de Gênes et de Livourne, que les entrepôts réels et fictifs avec toutes leurs entraves et leurs inconvénients.

Les projets de Napoléon Ier. — Les guerres de la Révolution et de l'Empire étouffèrent sous le bruit des armes les réclamations ininterrompues du commerce marseillais, qui ne cessait de demander le rétablissement de la franchise. En 1806, entre deux batailles, Napoléon, instruit du fâcheux état auquel le commerce se trouvait réduit à Marseille, trouva pourtant le temps de s'occuper de la question et, avec le génie qu'il apporta dans toutes les branches de l'activité humaine, le premier, il proposa aux représentants de notre Chambre de Commerce de réduire la franchise à un quartier de la ville.

Il témoigna le désir qu'on disposât dans notre ville un local convenable pour l'établissement d'un port franc semblable à celui de Gênes, ajoutant que, sans doute, les *Marseillais ne voulaient pas s'isoler de la France et lui être étrangers*.

M. Collin, directeur général des Douanes, reçut l'ordre de dresser, dans les trois mois, un projet de décret pour l'établissement d'un port franc, indiquant comme emplacement possible la citadelle St-Nicolas.

La Chambre de Commerce, moins bien inspirée, crut devoir repousser ce projet et persista dans la demande de rétablissement de la franchise, système Colbert.

Mais le canon tonnait de nouveau et les partisans de la franchise intégrale et ceux de la franchise limitée durent attendre 1814 pour reprendre la discussion.

Mettre Marseille hors la France, voilà le grand grief de Napoléon à la franchise intégrale, car il voyait clairement les entraves qu'apporterait la douane aux rapports des industriels marseillais avec leurs clients de l'intérieur et, d'un coup d'œil, faisant la balance du pour et du contre, il indiquait la solution juste, la seule pouvant sauvegarder tous les intérêts, celle que nous réclamons aujourd'hui.

La franchise en 1814. — Le retour des Bourbons ranima toutes les espérances de nos pères. Les Chambres furent saisies de la question :

« Sans la franchise, le commerce de Marseille est nul ; son port,
« entouré des ports francs de Nice, Gênes, Livourne, Ancône, Trieste,
« ne peut soutenir la concurrence, et déjà nous en faisons l'épreuve.

« Depuis six mois que la paix permet aux vaisseaux d'aborder dans
« tous les ports, ceux que nous venons de nommer sont remplis de
« bâtiments et celui de Marseille est désert. »

Lyon mit toute l'influence de son commerce et de son industrie à appuyer les revendications de Marseille. Fidèle à ses traditions, la Presse de cette grande cité, si fièrement libre-échangiste, a bien voulu soutenir notre projet, ce dont nous la remercions.

« Dans la discussion, M. Daville fit ressortir les inconvénients de
« la franchise étendue à toute la Ville, et demanda seulement un
« quartier franc comme à Gênes.

« Sa proposition ne fut pas appuyée.

« La franchise du port de Marseille fut donc déclarée en principe
« par la loi du 16 décembre 1814.

« La joie fut vive à Marseille ; elle devait être encore une fois de
« bien courte durée. »

Les Cent jours vinrent entraver l'essai de ce régime.

Malgré le danger de la situation politique et militaire, Napoléon, frappé des funestes conséquences de la franchise telle que Louis XVIII nous l'avait donnée, fit de nouveau proposer à notre Chambre de Commerce, par lettre de M. Chaptal, ministre d'Etat, en date du 29 avril 1815, d'examiner le projet d'un port franc semblable à celui de Gênes.

Réponse de la Chambre de Commerce. — Notre Chambre de Commerce déclara, en réponse, que la franchise du 20 février 1815, toute imparfaite qu'elle était, devait être préférée au port franc.

Mais cette fois encore, notre Chambre de Commerce avait fait fausse route, comme elle l'avait déjà fait lorsqu'elle s'opposa avec tant d'acharnement à l'édit de Colbert. M. Berteaut, ancien Secrétaire de notre Chambre de Commerce, nous a raconté tout au long cette épique résistance, ajoutant :

« Louis XIV, éclairé par Colbert, était en matière d'économie com-
« merciale et politique plus avancé que les députés du commerce
« marseillais, qui étaient tenus en considération par les appréhen-
« sions étroites de leurs commettants. »

Les événements ne tardèrent pas à justifier les sages craintes de l'Empereur et le commerce marseillais reconnut très vite qu'il ne trouvait pas dans la franchise de la ville une compensation suffisante à la gêne qui résultait pour lui du rétablissement des anciennes barrières, dans ses nouveaux rapports avec les manufactures et les consommateurs de l'intérieur.

Une Commission nombreuse, où tous les intérêts furent appelés et, chose rare, conciliés, supplia le Roi de transformer la franchise de la cité en un mode d'entrepôts combinés de telle manière que le Commerce maritime jouit de toute la faveur et de toutes les facilités dont il a besoin, en laissant toutefois au commerce intérieur la liberté indéfinie sans laquelle Marseille ne peut prospérer.

L'ordonnance du 10 septembre 1817, conformément au désir exprimé par le commerce marseillais, supprima la franchise de Marseille et la remplaça par le régime des entrepôts fictifs et réels et des primes à la sortie.

Quelle admirable leçon et combien nous devons méditer cet aveu de nos pères qui, après avoir repoussé toutes les invitations de Napoléon d'étudier la question : Un port franc à Marseille, sont forcés de déclarer eux-mêmes que la franchise intégrale de Marseille est un objet démodé et qu'il fallait trouver autre chose, tant dans l'intérêt de leurs relations avec l'étranger que de leurs relations avec la France même.

Transformation du Commerce de Marseille. — La vérité, c'est que le commerce de Marseille s'était profondément modifié depuis la Révolution ; pendant les guerres si funestes à notre marine qu'eut à soutenir notre pays, notre flotte marchande avait disparu capturée ou pourrissait dans nos ports.

Le commerce marseillais avec le Levant et les États Barbaresques complètement anéanti, nos pères durent chercher l'emploi de leurs connaissances commerciales, de leurs capitaux et de leur énergie, en se créant des relations avec l'intérieur de la France, aidés dans la création de ces débouchés par la suppression des douanes intérieures de province à province.

Tout commerce d'échange ayant cessé, ils avaient tourné leurs regards vers les industries locales. Ce fut alors que la science, sollicitée par le génie puissant de l'Empereur, créa des produits exotiques. Ce fut ainsi que furent organisées des fabriques de soude factice, d'acide sulfurique, de sel de soude, qui, à leur tour, alimentèrent d'autres ateliers, tels que les savonneries, les teintureries, les verreries et les manufactures de glaces.

De sorte qu'après les Cent jours, nos usines et nos commerçants n'avaient plus pour clients que la France ou les pays frontières terrestres.

La franchise de 1815 fit ce que ferait la franchise intégrale ; sous prétexte de créer des industries et des débouchés nouveaux, elle commença par détruire ou entraver tout ce qui existait.

Marseille, étouffée par l'enceinte de douane, ne pouvait sortir ses marchandises qu'après des formalités sans nombre et les voyageurs subissaient eux-mêmes des visites et des retards qui entravaient les moindres déplacements.

Aussi, la plupart des industries allèrent se fixer à Aix ; c'est le résultat auquel arriverait Marseille ville franche. Les industries s'adressant à la consommation française émigreraient, sans être remplacées par rien qui puisse être comparé à cette perte, car la franchise de tout ou partie de notre port ne peut qu'attirer quelques industries nouvelles, mais n'est certes pas appelée à révolutionner notre commerce et notre industrie.

Nous partageons entièrement à ce sujet l'opinion de M. Girard-Cornillon, Président du Tribunal de Commerce de notre ville, lorsque ce magistrat éminent déclarait en séance solennelle, avec la clairvoyance de son esprit : que beaucoup s'exagèrent les avantages que notre place est appelée à recueillir de l'établissement dans notre port d'une zone franche, mais ajoutant : qu'il n'y a point là de quoi justifier une opposition quelconque au projet dont l'adoption ne pourra que contribuer au développement de notre commerce d'exportation et à la création d'exploitations nouvelles, et fournir ainsi un aliment important à la main d'œuvre de nos ouvriers si souvent hélas ! en chômage.

M. Thierry, notre sympathique député, soutenait la même thèse lorsque, reprochant leur exagération aux partisans de la franchise intégrale, il disait : « Je vois bien toutes les industries que tuerait ce régime, je n'en vois que peu appelées à en bénéficier. »

Zone franche. — Tout se concilie, au contraire, avec la zone franche ; sans rien changer à ce qui existe, notre travail peut porter sur tout ce qui n'est pas illicite en soi, mais seulement au point de vue fiscal. On peut faire des allumettes comme en Suède, des cigares comme à Hambourg, des vins de raisins secs comme en Angleterre, des alcools de grains comme en Hongrie ou en Russie.

La surveillance du port franc contre la contrebande est plus facile que celle de nos frontières terrestres. Une allée sablée ou un canal, de quelques cents mètres de long, n'offrent pas aux douaniers les difficultés que présentent les côtes abruptes ou les montagnes escarpées.

États successifs de la question de 1817 à nos jours. — De 1817 à nos jours, la question a été souvent agitée de nouveau, non seulement en France, mais à l'étranger.

En 1831, le roi d'Espagne établit à Cadix une enceinte franche dans laquelle toutes les marchandises prohibées étaient admises pour un temps illimité. Dans cette enceinte, on était libre de vendre et de manipuler tous les articles prohibés.

A Marseille, on suivait au jour le jour et d'un œil jaloux l'établissement de ces quartiers francs à l'étranger, et, pendant la période de 1833 à 1841, M. J. Julliany se fit l'apôtre de l'idée d'un quartier franc à Marseille.

« Nous ne demandons pas, écrivait-il, ce que l'on demandait en « 1814, nous ne voulons pas isoler Marseille du reste de la France.

« Ce que nous voulons, c'est la réalisation de la pensée de Napoléon : « un quartier franc, clos de mur, communiquant avec la mer et où « l'on puisse commercer en toute liberté.

« Ouvrons donc sur nos rivages une enceinte où s'offriront au « commerce tous les produits du globe, naturels ou manufacturés.

« Cette enceinte franche, au milieu des liens dont les douanes « enchaînent le commerce, serait aussi utile que l'étaient, au temps « des exactions de la féodalité, les foires affranchies de tous droits.

« L'exécution de ce projet serait un immense bienfait pour notre
« ville. Il est une foule de transactions qui ne peuvent se faire à
« l'entrepôt.

« Ce serait convier l'étranger, comme disait Louis XIV, à fréquenter
« nos rivages. Cette foire perpétuelle appellerait dans notre ville une
« foule de commerçants qui auraient *dans le quartier franc* des maga-
« sins pour leurs relations avec le dehors, et, *dans la ville*, les établis-
« sements pour leurs transactions avec la France.

« Pour éviter les inconvénients que l'Administration des Douanes
« pourrait craindre, personne, à l'exception de quelques gardiens,
« n'habiterait l'enclos réservé. Il n'y aurait que des magasins, pas de
« logements.

« Du côté de la mer, les communications seraient libres ; du côté de
« la ville, il y aurait une porte, avec un bureau de perception pour le
« passage des marchandises entrant dans la consommation, et une
« poterne pour l'allée et la venue des commerçants et des gens de
« service. Ces issues s'ouvriraient au jour et se fermeraient à la
« nuit.

« Une surveillance sévère s'exercerait facilement autour des murs.

« Les avantages du port franc bien démontrés, recherchons les
« moyens de l'établir.

« Quel serait le lieu le plus convenable à Marseille pour ce quartier
« franc ?

« En l'an X, lorsque la Chambre de Commerce de Marseille sollicita
« la franchise du port, l'Administration des Douanes, qui sentait tout
« ce que ce rétablissement avait d'impraticable, proposa ce que nous
« demandons aujourd'hui, et indiqua trois locaux pour cet objet,
« savoir :

« Les vieilles infirmeries ; la citadelle St-Nicolas ; l'Ile du canal, en
« plaçant des grilles à toutes ses avenues. »

Établissement des Docks et Entrepôts et leurs avantages. — Cette
agitation ne fut pas stérile et amena à Marseille la création de la
Compagnie des Docks et Entrepôts, qui a rendu de si grands services
à notre Commerce et qui a été, nous devons hautement le reconnaître,
un des facteurs les plus importants du développement de notre
trafic.

Mais alors encore la situation n'était pas la même que de nos jours.
Marseille était restée avant tout ville de commerce où le troque jouait
le rôle principal et l'industrie locale l'accessoire. Ce que recherchait
M. Julliany c'était un local où grouper les marchandises d'entrepôt

réel et remplacer les magasins disséminés et incommodes où les marchandises étaient alors enfermées sous clef de douane. L'organisation des Docks et Entrepôts répondait et répond encore merveilleusement à ce genre d'opérations, mais aujourd'hui, ce n'est plus de cela qu'il s'agit. Le transit a sensiblement diminué et les relations tous les jours plus fréquentes et plus étendues de producteurs à consommateurs ont considérablement réduit le commerce d'importation et le rôle des entrepôts est devenu secondaire. Nous ne voyons plus des chargements complets de poivre et de café arriver à la consignation d'une seule maison qui les revendait ensuite par fractions, après les avoir conservés des mois en magasin, entre leurs clients de l'intérieur, d'Italie, d'Espagne, du Levant, etc. Aujourd'hui, le plus petit épicier de la plus petite bourgade peut acheter dix sacs de café à Java, Aden ou ailleurs. Il trouve, pour ce faire, un agent qui vient, pour compte d'un négociant exotique, souvent grand propriétaire de terrain lui-même, le solliciter à domicile, une Compagnie de navigation qui signe un connaissement direct pour la gare qui dessert son village, et un banquier qui encaisse chez lui contre livraison de la marchandise. C'est là une évolution naturelle et logique des affaires contre laquelle il serait insensé de vouloir réagir.

Les Docks ont répondu aux desiderata de notre commerce en 1840 ; ils répondent encore pleinement aujourd'hui à l'échange des produits qui se réexportent sans manipulations.

En 1900, notre ville, industrielle plus que commerçante, réclame le droit de produire pour l'exportation les articles qu'une législation étroite nous interdit actuellement.

La création d'une zone franche est-elle nécessaire ? — L'objection la plus sérieuse que nous ayons eu à combattre est la suivante.

D'aucuns disent : « La nécessité d'une zone franche ne se fait pas sentir, l'entrepôt réel et fictif et l'admission temporaire répondent amplement à tous les besoins du commerce et de l'industrie », et lorsqu'on leur montre le petit nombre d'articles admis au bénéfice de ces régimes de faveur, nos contradicteurs ajoutent :

« Mais rien de plus facile que d'étendre les facilités de l'admission temporaire et de l'entrepôt réel aux articles qui en sont actuellement privés ». Certes, nous nous considérerions comme largement récompensés de notre travail, si nos efforts aboutissaient à ce résultat ; mais c'est parce que nous savons qu'une semblable extension est bien peu probable que nous poursuivons, avec une conviction d'apôtre, la réalisation d'un projet dans lequel, seul, nous voyons la solution.

Entrepôt réel. — En dehors des arguments que nous avons fait valoir contre l'entrepôt réel, on peut ajouter, même pour le peu d'opérations y tolérées, les inconvénients suivants :

L'entrepôt réel, emplacement surveillé, est un espace restreint à l'abri de la concurrence, dont le propriétaire peut demander impunément un gros loyer. Le premier inconvénient de l'entrepôt réel est donc le prix élevé du service rendu. Le deuxième c'est le retard apporté par les formalités multiples, retard qui, dans ce siècle de communications rapides à outrance, fait souvent manquer bien des opérations.

M. Artaud, dans une brochure très remarquable, écrit ce qui suit :

« Nous eûmes un moment la pensée de travailler à l'entrepôt réel
« avec un stock, un outillage spéciaux et nous demandâmes à la
« Compagnie des Docks, qui jouit du monopole de l'entrepôt réel, de
« nous louer un des nombreux magasins dont peut disposer cette
« Société.

« Il y eut d'abord un obstacle capital à surmonter; la douane ne
« voulait ni étendre le périmètre de l'entrepôt réel que son personnel
« aurait été insuffisant à surveiller, ni restreindre l'emplacement
« réservé à ce service public, pour nous en réserver une parcelle;
« mais des négociations vinrent à bout de cette difficulté et nous
« échouâmes devant celle que nous signalons dans le texte. La Com-
« pagnie des Docks nous demandait un loyer de dix-huit mille francs
« par an pour un local d'environ six cents mètres carrés et imposait,
« en outre, le paiement de son tarif d'entrée et de sortie aux marchan-
« dises que nous aurions manipulées dans ce local. »

C'est un argument de plus en faveur de notre thèse. L'entrepôt réel ne peut en aucune façon remplacer le port franc.

Admission temporaire. — L'admission temporaire, au contraire, présente pour certains articles des avantages supérieurs au régime du port franc, nous sommes les premiers à le reconnaître, mais la simple lecture des articles qui sont autorisés à en bénéficier suffirait à démontrer, en constatant combien leur nombre est restreint, à quel point ce régime est limité et imparfait par rapport aux avantages que présente un port franc.

Les maïs, par exemple, ne sont pas admis à l'admission temporaire, et, en dépit des efforts que nos semouliers ont fait à la fin de la dernière législature, nous devons nous contenter, pour le moment, du vague espoir d'obtenir cette faveur de la nouvelle Chambre.

Les toiles d'emballage sont dans le même cas; impossible de les recevoir à l'entrepôt pour les couper et les transformer en sacs, ce qui serait un excellent aliment pour nos ateliers de couture mécanique ; il faut, pour en disposer, acquitter les droits de douanes excessifs qui leur sont imposés et, partant, renoncer à l'exportation des sacs, au seul profit de nos concurrents anglais ou indiens.

Nous lisons, dans une brochure publiée en 1897, sous la signature de M. F. Angst, par le Syndicat des négociants en cafés de notre ville :

« Marseille a perdu le premier rang dans l'exportation des cafés en
« Méditerranée ; Gênes et Trieste lui ont ravi une suprématie depuis
« longtemps incontestée et en voici les causes :

« Les cafés du Brésil, du Vénézuéla, d'Haïti, arrivent en Europe
« mal préparés et mal triés. L'importateur, pour satisfaire une
« clientèle de jour en jour plus exigeante, est obligé de les nettoyer,
« laver et glacer.

« A Marseille, la Douane oblige le négociant à travailler aux Docks
« et sous ses yeux : elle l'oblige également à payer les droits sur les
« pierres, poussières, corps étrangers et déchets provenant de la des-
« sication pendant le nettoyage ; elle défend d'exporter les brisures et
« fèves noires extraites ; elle interdit la coloration. »

Malgré certaines atténuations accordées à ce régime depuis la publication de cette brochure, le tableau n'en demeure pas moins exact dans son ensemble.

Nous dirons enfin à ceux qui craignent que la création d'une zone franche ne restreigne les facilités de l'admission temporaire, que nous sommes les premiers et les plus énergiques défenseurs de l'admission temporaire, mais que ce régime ne pouvant être généralisé, ni répondre à tous les besoins, nous demandons pour répondre à une demande nouvelle, la création d'un outil nouveau.

L'admission temporaire, l'entrepôt réel et le port franc, sans infirmer la protection que la majorité parlementaire croit nécessaire à nos produits nationaux, constituent, nous le répétons, une vraie soupape de sûreté pour le régime protectionniste et les économistes appartenant à l'école de M. Méline doivent être les premiers à seconder nos efforts.

Nous signalerons, en France même, des régions qui jouissent d'un régime économique se rapprochant de la franchise.

Du 2 décembre 1856, époque de leur incorporation à la France, au 16 avril 1895, les communes des Aludes et d'Urepel, sur la frontière d'Espagne, étaient autorisées à importer en franchise des droits de douane les denrées de consommation destinées à l'approvisionnement de leurs habitants.

Le pays de Gex vit, tout comme Marseille, ses franchises englouties par la Révolution. Le traité du 20 novembre 1815 lui en accorda le rétablissement, en déclarant que la ligne des Douanes serait placée à l'Ouest du Jura, de manière que tout le pays de Gex se trouve hors de cette ligne.

Mais là aussi 25 années de participation au régime économique de la France avait créé des relations commerciales et industrielles que vinrent troubler le retour de l'ancien régime ; des pétitions se produisirent et, dès 1816, un commencement de satisfaction fut accordé pour les laitages, beurres et fromages.

Huit tanneurs, 5 potiers et 3 papetiers établis dans le pays demandèrent et obtinrent de recevoir de France les matières premières nécessaires à leurs industries sans payer les droits de sortie et à réexpédier en France les produits fabriqués, sans payer de droits d'entrée ; on prit toutefois le soin de limiter les chiffres aux besoins des fabriques sans qu'il leur fût permis d'augmenter leur production.

La Haute-Savoie jouit d'un régime identique à celui du pays de Gex, avec cette différence qu'alors que la franchise du pays de Gex est garantie par les traités internationaux, la franchise qui fut accordée en juillet 1860 à la zone neutre de la Haute-Savoie est une simple libéralité du Gouvernement français révocable à son gré.

Le régime économique de ces territoires privilégiés nous permet de répondre à la question suivante : « Comment les états étrangers traiteront-ils les produits fabriqués dans la zone franche ? » par ces simples mots : comme produits français ; basant notre dire sur les exportations des territoires francs dénommés plus haut et sur l'opinion unanime des consuls des grandes puissances.

Conclusion. — Nous n'exposerons pas de nouveau notre projet de port franc, ayant mis sous vos yeux la brochure de la Société pour la défense du Commerce. Nous devons toutefois de nouveau affirmer hautement que les avantages que pourrait présenter la franchise du port et du territoire de Marseille seraient loin d'être une compensation suffisante aux entraves qu'elle apporterait à l'écoulement de nos produits sur la place elle-même, sur le marché intérieur et même sur les marchés étrangers.

Nous tenons toutefois à bien préciser notre pensée au sujet du projet de port franc présenté par la Société pour la défense du Commerce, pensée qui, mal rendue ou mal comprise, a suscité l'objection suivante :

« Vous admettez, nous dit-on, que peu nombreuses seront, au
« moins au début, les industries nouvelles qui se créeront dans votre
« port franc, et vous voulez dépenser 30 millions pour le construire. »

Nous répondrons que nous avons nettement indiqué dans notre conférence et notre brochure, que le projet de port franc que nous présentions n'avait qu'un but : celui de fixer les idées, mais que nous étions prêts à nous mettre à la besogne le jour même où le Gouvernement aurait consacré le principe d'un quartier franc, et que, dès ce jour, un môle, un terrain vague rapidement isolé, pourrait, sans autres frais ou retard que le coût d'une barrière et le temps de la poser, nous permettre d'y créer immédiatement sous un hangar en planches ou sous une tente un triage de café, une fabrique de sacs, etc. Nous demandons au Parlement de voter le principe des quartiers francs. Le principe une fois admis, la Chambre de Commerce ou la Municipalité auront à déterminer l'emplacement et à réglementer la gérance.

Nous nous faisons l'apôtre d'un quartier franc dans Marseille, comme de la seule œuvre pratique qui puisse, en conservant à notre industrie et à notre commerce tous les avantages laborieusement acquis de l'entrepôt fictif et réel et de l'admission temporaire, permettre la création de quelques industries nouvelles actuellement interdites par notre législation douanière.

Longue est déjà la liste des industries disparues : distilleries de maïs, de vins de raisins secs, d'allumettes, etc.; c'est à faire revivre ces industries, à en créer de nouvelles et à ouvrir à notre activité de nouveaux horizons que doivent tendre nos efforts et c'est une zone franche qui pourra amener ce résultat, en rendant à Marseille une partie de sa prospérité passée.

Ce que nous demandons, nous ne saurions le répéter trop souvent ni trop haut, ce n'est pas la franchise du port ni même d'un port où puisse accoster un vaisseau de haut bord, mais la franchise d'un quartier de la ville en communication avec la mer par un canal accessible à une mahonne, et dans lequel on construirait des usines en vue de l'*exportation*.

A côté de cette *zone franche*, Marseille continuera à vivre de la vie normale d'une grande cité, bénéficiant de sa prospérité, sans aliéner aucun des avantages dont elle jouit aujourd'hui dans ses rapports avec le marché intérieur.

C'est ainsi que Hambourg a atteint, en quelques années, un développement prodigieux et qu'après avoir dépassé, d'une manière bien alarmante pour nous, le mouvement d'affaires de tous les ports français, elle devient aujourd'hui la rivale de tous les grands ports d'Angleterre.

Copenhague, entré depuis cinq ans à peine dans cette voie, marche à grands pas vers un égal succès.

Notre voie est donc toute tracée, et, forts des expériences de l'histoire autant que des résultats obtenus par nos voisins, nous pouvons poursuivre notre œuvre avec confiance.

En terminant sa communication, M. Estrine propose de voter la motion suivante :

« Le Congrès émet le vœu que le Gouvernement décide la création d'un Port franc à Marseille. »

Ce vœu est adopté par l'Assemblée.

LE CANAL DE JONCTION DU RHÔNE A MARSEILLE

VOIES NAVIGABLES ET VOIES FERRÉES

Par M. **J. CHARLES-ROUX**,

Ancien député, président de la Société de Géographie de Marseille.

Il y a plus de vingt ans que la Chambre de Commerce de Marseille poursuit la solution de cette question avec une persévérance qui ne s'est jamais lassée et qui ne se lassera certainement pas.

Dès notre arrivée au Palais-Bourbon, en 1889, avec le concours de tous nos honorables collègues du Sénat et de la Chambre des Députés, nous obtînmes que le Gouvernement déposât un premier projet de loi, qui ne put pas venir en discussion avant la fin de la législature.

Au début de la nouvelle, le Gouvernement déposa de nouveau le projet, en en modifiant les termes, au point de vue des voies et moyens financiers, pour se conformer aux indications données par le Sénat dans la discussion du projet de loi relatif à l'amélioration du port du Havre et de la Basse-Seine. La Chambre de Commerce n'hésita pas à entrer dans les vues du Gouvernement et à assumer les lourdes charges résultant pour elle de l'application du système adopté par le Sénat. Une commission spéciale fut instituée pour étudier le projet du gouvernement, sous la présidence de M. Méline, alors tout puissant ; j'en fus nommé rapporteur. Cette commission procéda à une enquête des plus minutieuses, se rendit sur les lieux, suivit pas à pas le tracé du Canal et me chargea à l'unanimité de conclure favorablement. Mon rapport ne fut pas long à rédiger et je le déposais sur le bureau de la Chambre le 24 février 1896, avec l'espoir d'être promptement appelé à le discuter, car le Président de la Commission paraissait le désirer autant que moi. C'était la première fois que j'avais l'honneur de me trouver en harmonie de vues avec l'honorable M. Méline et que j'étais appelé à collaborer avec lui. Ce rapprochement inattendu, cette association inespérée et sa grande bienveillance à mon égard, dont je garderai le meilleur souvenir, me faisaient bien augurer du résultat final.

Entre temps, je jugeai qu'il était utile de faire connaître la question au grand public parisien, un peu dans tous les mondes, et je publiai un premier article dans la *Revue des Deux Mondes*, puis un travail beaucoup plus complet et plus technique, avec cartes et plans, dans la *Revue de Géographie*, que dirige le modeste et laborieux M. Drapeyron et dont nous avons célébré cette année les noces d'argent. Enfin, le Secrétaire général de la Société de Géographie commerciale de Paris, M. Gauthiot, me pria de faire une conférence à ce sujet dans la grande salle de la Société de Géographie, et je me rendis avec le plus grand plaisir à son appel.

Je signalais dans cette conférence une des conséquences les plus heureuses de l'exécution du canal, « *L'Utilisation de l'Étang de Berre* », cette mer intérieure de cinq mille hectares de superficie, ce Bizerte provençal, qui pourrait nous rendre tant de services commerciaux et autres, que nous nous proposons de faire visiter au Congrès et dont la non utilisation constitue un véritable scandale économique. Je ne peux rien vous en dire aujourd'hui, car je sortirais du cadre que je me suis tracé, et je me borne à vous en montrer la carte, ce qui constitue du reste le meilleur plaidoyer que l'on puisse faire en sa faveur.

La presse réserva bon accueil à mes communications variées ; au Parlement, la grande majorité de mes collègues semblait favorablement impressionnée ; mais, bien que le projet de loi eût été vingt fois mis à l'ordre du jour des séances sur ma demande, les interpellations sensationnelles, les questions d'ordre purement politique, jointes à une sorte de pouvoir magique, en ont toujours empêché la discussion. Il en a du reste été de même pour un projet de loi sur la Navigation intérieure, dont M. Félix Faure avait été le rapporteur et dont la discussion eût été du plus haut intérêt. J'avais l'honneur de faire partie de la commission chargée d'étudier le projet, par lequel on instituait des Chambres de Navigation et on entrait à pleines voiles dans la voie de cette fameuse décentralisation dont on parle sans cesse mais que l'on n'entrevoit qu'en rêve, comme ces effets de mirage, si fréquents dans la Crau et dans la Camargue, qui s'éloignent toujours, au fur et à mesure qu'on s'efforce d'en approcher, et que vous apercevrez certainement dans nos excursions, si notre beau soleil de Provence veut bien nous rester fidèle.

La haute situation qu'occupe actuellement l'ancien rapporteur du projet de loi sur la navigation intérieure donne à ses paroles une valeur toute particulière. Je vous demande donc la permission de vous citer quelques lignes de ce travail : « La voie navigable, écrivait M. Félix Faure, ne se prêtait jadis qu'à des transports pour ainsi dire locaux, en raison de la très grande diversité des conditions offertes à la navigation dans les diverses parties du territoire.

« Elle est devenue aujourd'hui un instrument de transport à grande distance. Une péniche de 300 tonneaux va directement du Havre à la frontière d'Alsace (822 kilomètres) ou de Dunkerque à Lyon (1100 kilomètres).

« Bien des progrès sont encore à réaliser. L'unification du gabarit, complète ou à peu près dans les régions du Nord et de l'Est, ne sera terminée que dans quelques années sur les lignes du Bourbonnais et de la Bourgogne.

« La ligne du nord vers Paris, dont le tonnage moyen ramené à la distance entière, en 1891, a dépassé 2.500.000 tonnes pour l'ensemble et a atteint 3.700.000 tonnes sur quelques sections, approche de la limite et sa capacité de transport devra être doublée dans peu de temps, si l'on ne veut arrêter le développement naturel du trafic. Le canal de la Marne à la Saône, celui de la Saône à la haute vallée du Doubs, celui de la Haute-Seine restent inachevés par défaut de ressources. Le réseau breton et celui de la Mayenne n'ont pas encore reçu les améliorations dont ils ont besoin.

« *Le Rhône s'arrête, pour ainsi dire en impasse, aux rives désertes de la Crau et de la Camargue, et attend encore le grand canal sur Marseille qui pourra seul lui donner la vie commerciale.*

« *La région du sud-ouest est absolument déshéritée…* »

Je me bornerai à ce très rapide coup d'œil rétrospectif sur la question et, comme tous les documents dont je viens de parler ont été publiés et analysés par la presse, au fur et à mesure de leur apparition, je les dépose sur le bureau sans y insister davantage.

J'aborde donc sans tarder la série des arguments que l'on a mis en avant tout récemment contre le Canal du Rhône à Marseille, et l'examen des nouveaux faits qui en rendent au contraire l'exécution plus indispensable et plus urgente que jamais.

J'ai eu l'honneur de vous faire observer, Messieurs, qu'en dehors des questions et interpellations sensationnelles, une sorte de pouvoir occulte a empêché la discussion de notre projet. L'attitude molle du Ministre des Travaux publics, le peu de désir, la sorte de crainte même qu'il éprouvait de voir s'ouvrir ce débat, me laissaient comprendre qu'il avait été impressionné et refroidi par des démarches pressantes et peut-être par des menaces de défection.

Quel était le véritable mobile de ces démarches ? — Mystère.

A ce moment, nous avancions péniblement vers la fin de la législature et le Ministère de M. Méline subissait de fréquents et rudes assauts ; les élections étaient proches, et, comme il arrive souvent, le Président du Conseil et ses collaborateurs se préoccupaient beaucoup plus de ramener les brebis égarées, de déplaire le moins possible aux hésitants, de gagner même de nouveaux adeptes que de satisfaire ceux dont l'appui politique leur était assuré. Tout à fait au dernier moment, quand avec mon ancien collègue M. Pelletan, nous tentâmes un dernier et vigoureux effort pour obtenir de la Chambre qu'elle discutât notre projet avant sa séparation, nos adversaires se démasquèrent et demandèrent, au nom de l'agriculture et de plusieurs départements du Midi, que la question du Canal du Rhône à Marseille fût liée à celle des *canaux d'irrigation dérivés du Rhône*.

Or, Messieurs, le Gouvernement n'avait déposé aucun projet de loi à ce sujet ; la question, bien qu'examinée à diverses reprises dans les bureaux du Ministère de l'Agriculture, n'était pas mise au point, et la partie financière de cette vaste et coûteuse entreprise n'avait été étudiée complètement ni par le Gouvernement, ni par la Commission du Budget, ni par les Départements intéressés eux-mêmes.

De plus, comment et pourquoi lier deux questions qui ne sont pas connexes ? En quoi notre projet pouvait-il gêner celui de nos honorables collègues, puisque nous ne prenons pas une goutte d'eau au Rhône et que notre canal vient aboutir à *Bras-Mort*, suivant le plan de M. Guérard, ingénieur en chef des Ponts et Chaussées, approuvé par le Conseil des Ponts et Chaussées, ou à *Arles*, suivant le vœu des Arlésiens, c'est-à-dire sur des points où le Rhône est à la fin de sa course, près de ses embouchures et forme une véritable mer. Enfin, je ne suppose pas que nos adversaires aient la prétention de réserver exclusivement le Rhône à l'irrigation, d'y interdire toute navigation, de rendre ainsi inutiles les importants travaux qu'on y exécute depuis de longues années et de passer par profits et pertes les 70 ou 80 millions par lesquels ils se sont traduits.

Quelque magique que fût l'effet produit sur la Chambre par le mot « agriculture », nos adversaires sentaient bien que leur opposition ne tiendrait pas devant une discussion publique ; toute leur ambition était donc d'éviter cette discussion et de gagner du temps. Si le gouvernement n'avait pas été aussi faible en cette circonstance, s'il nous avait vigoureusement appuyés, Pelletan et votre serviteur, au lieu de flotter dans l'indécision, le canal du Rhône serait voté à l'heure où je vous parle et non seulement Marseille, mais le commerce français tout entier s'en réjouiraient. Les Italiens et les Allemands seuls seraient en droit d'en concevoir de l'ombrage.

Le soin scrupuleux, ou plutôt la faiblesse avec laquelle les divers gouvernements qui se sont succédés au pouvoir depuis une vingtaine d'années se sont pliés docilement à tous les caprices des représentants de l'agriculture, qui (ayons le courage de l'avouer) ont été inspirés en grande partie par des considérations politiques, l'intérêt secondaire qu'ils ont témoigné d'autre part à la seconde mamelle de la France, — le commerce, — n'ont pas fait grand bien à l'agriculture, mais ils ont causé un mal profond au commerce et aux intérêts généraux du pays. Il ne serait que temps que les pouvoirs publics changeassent de système et qu'ils fissent balance égale entre ces deux forces vives de notre pays ; on me permettra d'ajouter que les paysans, que l'on a tant adulés, ne semblent pas pénétrés d'une reconnaissance infinie ; qu'ils deviennent, au contraire, de plus en plus exigeants et sceptiques et que les dernières élections l'ont bien prouvé.

Pardonnez-moi, Messieurs, d'avoir soulevé un coin du voile de la vie parlementaire ; mais, après y avoir consacré plus de huit longues années, — ce qui est bien quelque chose dans l'existence d'un homme, — après avoir accompli ma tâche avec tout le dévouement, toute l'abnégation dont je suis capable et avec l'unique souci de voir aboutir les questions dont je jugeais la solution utile, j'en parle par expérience et je ne puis m'empêcher de déplorer amèrement la façon bizarre et attristante dont nous la comprenons et la pratiquons. Notre méthode de travail, ou, pour mieux dire, l'absence totale de méthode, ménage tant de surprises, entraîne tant d'atermoiements, oblige à des délais tellement longs entre le dépôt du projet de loi le mieux préparé, répondant à un besoin urgent et émanant même de l'initiative gouvernementale, et la discussion à la tribune suivie du vote final, qu'au moment où l'on y est enfin arrivé et où le projet entre dans la voie de l'exécution, il a déjà perdu une grande partie de son effet utile.

Il y a là, Messieurs, une réforme indispensable à accomplir, et sans tarder, car les autres nations galopent à fond de train, pendant que nous trottons sur place. Ne l'avons-nous pas constaté tout récemment, hélas ! pour les travaux d'amélioration du port du Havre et de la

Basse-Seine et pour bien d'autres encore ? Je crains que nous n'ayons à le constater à nouveau pour le Canal du Rhône.

La dernière discussion du budget du Ministère des Travaux Publics avait été tellement fertile en enseignements à ce sujet et son honorable rapporteur, M. de Lasteyrie, avait dénoncé le péril à la tribune avec tant de franchise et de force, que la Chambre en avait paru impressionnée, mais... « autant en emporte le vent... » et elle n'a pas tardé à retomber dans ses chères erreurs.

Je ne crois pas, Messieurs, que ces réflexions d'ordre plutôt philosophique que politique soient déplacées dans un Congrès, dans une réunion d'hommes libres dont le but exclusif n'est pas de faire de la science pure, mais de la mettre au service des grands intérêts du pays.

Oui, Messieurs, pour faire progresser sérieusement l'amour de la science géographique et de la grande cause coloniale, il faut que nous y soyions aidés autrement que par des paroles, et que les savantes théories développées dans nos Congrès puissent être mises en pratique. Il faut que les pouvoirs publics fassent cas de vos travaux, s'en inspirent et que nos représentants chargés de faire les lois auxquelles nous devons obéir, les adaptent à nos besoins nouveaux et ne craignent pas de consacrer une large part de leur temps à les étudier et à les discuter. De cet ensemble d'efforts, de cet accord intime, dépend le succès et si nous persévérons dans les errements actuels, le mouvement qui se dessine dans le pays, le désir qu'il manifeste de s'arracher des bras du fonctionnarisme, pour recourir à l'initiative individuelle, mettre en valeur notre vaste empire colonial, rendre à notre vie commerciale, à notre marine marchande, l'entrain et l'activité qui lui manquent, entreprendre de grands travaux publics ; ce mouvement, qui n'est encore qu'à l'état naissant (ne nous y trompons pas), ne sera qu'éphémère, ne tardera pas à s'en aller en fumée. Nous serons de plus en plus distancés par les nations concurrentes et nous n'échapperons pas à la fatalité qui semble peser sur les vieilles nations de race latine.

Je reviens à mon sujet.

Vous ne serez certainement pas surpris que la Compagnie P.-L.-M. se soit rangée parmi les plus chauds partisans des canaux d'irrigation dérivés du Rhône. Son opposition, du reste, date du moment même où la question du canal du Rhône a pris corps et elle n'a manqué aucune occasion de la manifester. A l'époque où l'on n'était pas encore définitivement fixé sur l'efficacité des travaux entrepris pour l'amélioration du Rhône : « Mais, nous disait-elle, comment

« pouvez-vous avoir la prétention de faire un canal de navigation
« pour aller rejoindre le Rhône, quand vous ne savez pas encore si le
« Rhône sera navigable ! » Et j'avoue que l'objection ne manquait pas
de force. Dès qu'il n'y eut plus de doutes sur les résultats obtenus, il
fallut naturellement trouver autre chose et alors apparut le spectre
de la garantie d'intérêts.

« Si on nous enlève une partie de notre trafic, s'écriait la Compagnie
P.-L.-M., il s'en suivra une notable diminution des recettes et la
conséquence fatale sera un appel correspondant aux ressources de la
garantie d'intérêts. »

Et le Ministre des Finances levait l'oreille et la Commission du
budget devenait pensive ! Grâce aux progrès très réels que les
Congrès de navigation ont fait faire à cette question, en définissant
exactement le rôle que doivent jouer les voies navigables et les voies
ferrées, cet argument avait besoin d'être rajeuni. L'éminent directeur
général du P.-L.-M. l'a bien compris et, avec l'habileté qui le caractérise, il a bâti un nouveau programme d'opposition, qu'il a développé
avec beaucoup de verve à Lyon, le 25 avril 1898, au banquet annuel
de la « Société d'Economie politique », dans cette ville de Lyon qui,
sous son calme trompeur et sa froideur apparente, est un foyer ardent
d'intelligence, de travail, d'idées libérales et généreuses, d'amour de
l'art, qui est susceptible d'emballement, — pardonnez-moi l'expression, — mais c'est un défaut indispensable pour réaliser de grandes
choses. Je regrette vivement qu'un de ses plus distingués représentants,
mon ancien collègue et excellent ami M. Aynard, ait été retenu par
une indisposition et que nous soyons ainsi privés de sa précieuse
collaboration.

Il y a une Société d'Economie politique à Lyon, très vivante, très
progressiste, où bon nombre de membres ne craignent pas de se
déclarer libre-échangistes, et où tous professent la saine doctrine de la
liberté commerciale. Elle est actuellement présidée par le laborieux
M. Cambefort, mon collègue au Conseil de Suez et administrateur du
P.-L.-M. Chaque année, la Société d'Economie politique a coutume
d'inviter à son banquet de clôture, comme hôte d'honneur, une
personne étrangère à Lyon et s'occupant d'Economie politique. J'ai
eu ce grand honneur, il y a deux ans, et, cette année, son choix s'est
porté sur M. Noblemaire. Je saisis avec empressement l'occasion qui
m'est offerte de le remercier publiquement de la façon beaucoup trop
flatteuse et bienveillante dont il a parlé de ma très modeste personnalité et de déclarer que je ne suis animé d'aucun sentiment hostile à
l'égard de la Compagnie P.-L.-M., et bien moins encore envers

M. Noblemaire, qui est Marseillais par ses alliances, et pour lequel j'ai depuis de très longues années une profonde et très sincère amitié. Je lui rends pleinement hommage comme ingénieur, et, ce qui ne gâte rien, comme homme d'esprit, orateur et écrivain. Mais l'homme n'est pas parfait ! et le Directeur général du P.-L.-M. a un goût très modéré pour les Canaux de navigation en général et une antipathie profonde pour le Canal du Rhône en particulier. Il a un faible, au contraire, pour les canaux d'irrigation et les souffrances de l'agriculture touchent tellement son cœur qu'il rend des points à M. Viger et à M. Méline lui-même ; jugez-en :

« Quand on considère, dit-il, en s'adressant aux Lyonnais, d'après les études de l'homme le plus compétent en ces matières, j'ai nommé M. Philippe, directeur de l'hydraulique au ministère de l'agriculture, que le volume d'eau nécessaire pour rendre incomparablement fécondes les garrigues trop ensoleillées de l'Ardèche, du Gard et de l'Hérault, ne représenterait qu'une lame d'eau de 5 à 10 centimètres d'épaisseur, il semble qu'avec le tirant d'eau aujourd'hui assuré par les admirables travaux de Jacquet, vous pourriez sans inconvénient consentir à nos frères méridionaux une concession qui leur permettrait de quadrupler leur production agricole ; et je ne peux m'empêcher de trouver que vous aimez votre beau fleuve d'un imparfait amour, puisqu'il est exclusif et jaloux et que l'amour n'est parfait qu'à la condition d'être généreux et compatissant. »

Et le directeur du P.-L.-M. déclare que les travaux exécutés pour asservir et dompter le cours torrentueux du Rhône ont pleinement réussi et que la stabilité des résultats obtenus et une expérience déjà longue permettent de donner tort aux craintes qui s'étaient manifestées autrefois. Cette constatation, émanant d'une bouche aussi autorisée, a une grande importance, car nos adversaires se plaisent encore quelquefois à mettre en doute l'état de navigabilité du Rhône.

Passant à un autre ordre d'idées et atténuant la rigidité de la doctrine qu'il avait soutenue il y a quelques années, dans la *Revue des Deux-Mondes*, M. Noblemaire accepte la lutte avec les canaux, mais il n'admet pas qu'on y circule sans acquitter des péages et que l'Etat en prenne l'entretien à sa charge. Il voit dans ce fait une concurrence déloyale. Il reconnaît que les voies navigables ne jouissent pas de la garantie d'intérêt ; mais il la considère plutôt comme une tunique de Nessus appliquée sur les épaules des compagnies de chemin de fer que comme un cadeau de l'Etat. Quant aux subventions en capital qui, pour la Compagnie du P.-L.-M. seule, représentent 796 millions, soit 17 0/0 de son capital d'établissement, il juge que ces subventions ont pour contre-partie d'importantes rentrées du chef des impôts sur les transports, sur les titres, et des économies non moins importantes réalisées par l'Etat du fait des facilités imposées par le cahier des charges en faveur des services publics.

M. Noblemaire s'élève contre les libéralités de l'Etat en faveur des voies navigables « que Dieu a faites, mais que l'homme doit approprier à ses besoins ou même construire de toutes pièces ». Il ne s'explique pas que l'Etat, au lieu de fournir une partie du capital, d'aménagement ou de construction, l'ait fourni tout entier. Et, cependant, le total des débours de l'Etat en faveur des voies navigables ne représente que le tiers de ce qu'il a donné aux chemins de fer. Dans tous les cas, M. Noblemaire ne peut pas nous adresser ce reproche à l'occasion du canal du Rhône, puisque sur les 80 millions que coûtera sa construction, 40 millions sont fournis par la ville de Marseille, le Conseil général des Bouches-du-Rhône et la Chambre de Commerce, qui prend en outre à sa charge tout l'aléa pouvant résulter de l'entreprise, mais... *in cauda venenum*... M. Noblemaire fait observer que le Rhône n'étant navigable que jusqu'à Lyon, et ne l'étant pas encore de Lyon à Genève, le canal ne serait d'aucune utilité pour les marchandises à destination de Suisse et ne détournerait pas le trafic par Gênes, puisque les taxes de transport par voie ferrée sur cette section, s'ajoutant au fret, aussi réduit qu'on voudra le supposer, de Marseille à Lyon par voie d'eau, formeraient un total assurément supérieur à la taxe du tarif différentiel actuellement appliqué par toute voie de fer, de Marseille à Genève.

Il ajoute que « pour assurer l'intérêt et l'amortissement des 40 millions formant notre quote-part dans la construction du canal », nous avons commis une grosse erreur économique en imposant une taxe de tonnage à toutes les marchandises débarquant sur le port de Marseille et en ne limitant pas cette taxe aux usagers du canal ; il se demande au nom de quel principe on a pu faire une pareille généralisation.

La question de M. Noblemaire, son étonnement et son indignation nous surprennent d'autant plus, que ce principe qu'il paraît ignorer est celui auquel on a obéi pour tous les travaux d'utilité publique. Dès qu'une œuvre est déclarée d'utilité publique, c'est-à-dire profitable aux intérêts généraux du pays, il est plus que naturel que tous les citoyens, tous les contribuables d'un pays, concourent à son exécution ; et ce principe n'est ni contesté, ni discuté, en France ou ailleurs.

Comment soutenir sérieusement que, Marseille étant devenue ville industrielle, peu importe à ses chefs d'industrie que le transit commercial soit plus ou moins facilité et que l'équité exige que ce soit la marchandise seule utilisant le Canal du Rhône qui en paye les frais, et non tel ou tel élément de l'activité locale n'étant pas appelé à en tirer un profit direct ?

Si cette objection était admise, l'exécution du Canal deviendrait irréalisable, ce qui est certainement la solution désirée par l'auteur de la proposition. Comment, en effet, gager une dette de fr. 40.000.000, — pour l'exécution d'une œuvre qui n'aura ses effets que dans dix ans au moins, — sur le produit d'un péage perçu sur des marchandises que la taxe même détournera de la voie projetée ?

Les intéressés l'ont bien compris. Ils ont manifesté clairement l'intérêt qu'ils attachent à l'exécution de cette entreprise et n'ont pas hésité à déclarer qu'ils la considèrent comme devant assurer l'avenir de la ville qu'ils ont choisie pour y établir le siège de leur exploitation.

Les contribuables au droit de tonnage, nos chefs de Compagnies maritimes et de Sociétés industrielles, ont spontanément déclaré à l'enquête que c'était à bon droit que ces taxes étaient établies pour assurer l'exécution de cette grande entreprise. On peut aisément s'en rendre compte en consultant les procès-verbaux de la Commission d'enquête, et ces armateurs et industriels avaient bien qualité pour faire cette déclaration, puisqu'ils seront les premiers et les plus imposés ; ils étaient bons juges des charges qu'ils peuvent assumer et ils ont déclaré nettement que c'est justice de les leur imposer.

C'est qu'ils avaient et qu'ils ont le sentiment exact de l'impulsion que donnerait à tous les éléments d'activité de la région, — à l'avenir de laquelle ils ont lié leur propre avenir, — l'exécution de l'entreprise à raison de laquelle ils seront frappés de charges nouvelles. Pourquoi donc protester pour eux, qui ne protestent que contre les obstacles opposés à cette œuvre de salut, contre les retards qu'elle subit ?

Comment, d'ailleurs, soutenir cette conception financière que la Chambre de Commerce peut emprunter 40 millions de francs sans les gager, sans assurer les ressources pour acquitter intérêts et amortissement de la dette ? C'est dans le présent que l'emprunt sera contracté, c'est par des ressources présentes et non à venir qu'il faut les gager.

A-t-on procédé autrement quand il s'est agi de la construction des chemins de fer ? Ne sont-ce pas les contribuables qui ont payé les frais d'infrastructure ou autres, à la charge de l'Etat ? S'est-on avisé de protester et de dire que ces frais seraient ultérieurement acquittés par les marchandises ou les voyageurs qui utiliseraient les voies en construction ? Non ! On a considéré l'intérêt général et avec raison. On a fait payer par la nation ce qui pouvait paraître fait à l'avantage spécial de telle ou telle région, persuadé que la nation tout entière avait de bons effets à attendre de la création de voies ferrées et des avantages qui en résulteraient pour l'ensemble du territoire.

Que l'auteur des considérations qui nous occupent quitte donc tout souci ; que sa sollicitude s'apaise : en l'espèce, elle n'a pas à s'exercer en faveur de contribuables qui acceptent et déclarent justifiées les taxes qui leur seront imposées.

Enfin M. Noblemaire termine son éloquent plaidoyer par une malice que je ne trouve vraiment pas digne de lui. Il cherche à représenter le le Canal du Rhône comme une œuvre d'intérêt local, en opposition avec les intérêts des ports de l'Océan ; il dévoile nos arrière-pensées et nos appétits : « Qu'il soit fort intéressant pour Marseille de desservir par une voie d'eau continue une partie du territoire français aujourd'hui alimenté par Bordeaux, Nantes, Le Havre, Rouen et Dunkerque et de concurrencer ainsi les ports de l'Océan et du Nord, cela est évident. » Nous avons déjà lu, du reste, cette bienveillante appréciation dans diverses feuilles qui puisent leurs inspirations à la rue Saint-Lazare, mais nous ne nous attendions pas à la trouver dans la bouche de M. Noblemaire. Nous y répondrons.

En résumé, la thèse soutenue par le directeur du P.-L.-M. est la même, à quelque chose près, que celle défendue par l'ingénieur Franz Ulrich, président de la Direction des chemins de fer prussiens. Elle n'a eu aucun succès au Congrès de Nuremberg, le 4 juin dernier. Espérant être plus heureux ailleurs, M. Ulrich l'a développée dans une brochure intitulée : « *Les Chemins de fer nationaux, les voies navigables nationales et la politique économique de l'Allemagne* ».

Afin de ne pas être taxé de chauvinisme et de ne pas encourir le reproche de défendre des intérêts locaux, en opposition avec ceux des autres ports français, nous opposerons aux arguments généraux de M. Noblemaire, ce qui vient d'être dit au Congrès de navigation de Bruxelles, par des hommes compétents de tous les pays. Ce congrès a eu une importance exceptionnelle, puisque non seulement tous les gouvernements d'Europe mais encore l'Amérique y étaient représentés, et que le nombre des Congressistes s'élevait à 1400. M. Guérard y était du reste et je suis convaincu qu'il ne me démentira pas. Je n'ai pas pu m'y rendre parce que je me trouvais à ce moment en Angleterre, mais les renseignements les plus précis m'ont été fournis par notre ingénieur en chef de la Compagnie de Suez, M. Quellenec, qui en a rapporté la meilleure impression et m'a remis les nombreux documents qu'on y a distribués et que j'ai lus avec la plus grande attention.

Le 7e Congrès international de navigation, qui s'est tenu à Bruxelles en juillet 1898, a réuni pour la première fois les anciens Congrès internationaux de navigation intérieure et de travaux maritimes. C'est au dernier Congrès de navigation intérieure tenu à La Haye que cette fusion a été décidée. Nos concurrents sont depuis longtemps habitués à considérer les ports de mer comme le terminus naturel des voies de navigation intérieure et celles-ci comme le prolongement indispensable des ports de mer vers l'intérieur. Il y a de longues années que nos voisins du Nord sont persuadés que la prospérité des ports de mer est intimement liée à leur jonction avec les voies navigables et se ressent de l'extension et de l'amélioration de celles-ci. Aussi, quand on visite les grands ports du Nord, est-on frappé de voir qu'ils sont tous formés par la juxtaposition d'un port de navigation maritime à un port de navigation intérieure, dont le trafic, de jour en jour plus important, prouve la vitalité et l'utilité des transports par eau.

Quel peuple intéressant que ce peuple de Belgique ! J'ai fait avec lui connaissance intime à l'occasion de l'Exposition internationale de Bruxelles et il est impossible de ne pas être frappé du courage, de l'esprit de suite, de l'intelligence avec lesquels il marche dans la voie du progrès, et de la place considérable qu'il a prise en matière commerciale, maritime, industrielle et coloniale. On pourrait même ajouter financière, car les Belges ont su s'assurer une très large part dans toutes les grandes affaires, en Russie notamment. Chaque voyage que j'ai fait dans ce pays hospitalier a été pour moi fertile en précieux enseignements.

Le très distingué Ministre des Travaux publics, M. de Bruyn, dans son discours d'ouverture du Congrès, attache une importance capitale au fait que je viens de signaler.

« Pour la première fois depuis son institution (1885), dit M. de Bruyn, le Congrès va s'occuper simultanément de questions maritimes et de travaux relatifs à la navigation intérieure. C'est le Congrès de La Haye qui en a décidé ainsi, et il serait d'ailleurs bien difficile de ne point parler de navigation maritime en Belgique, dans un pays où la moitié du territoire appartient à la plaine maritime et où la nation cherche par d'importants travaux que vous aurez à juger, à donner à ses communications avec la mer la plus large expansion possible. »

Et M. Hellepute, président général du Congrès, commence son grand et beau discours en disant: « La création du réseau de chemins de fer a diminué l'importance des voies de navigation intérieure, fleuves, rivières et canaux ; mais il est loin de les avoir — comme certains l'affirment avec témérité — rendues inutiles. Avant le chemin de fer, elles étaient indispensables ; aujourd'hui, elles sont encore, dans une immense quantité de cas, nécessaires. Si bien, qu'au lieu de les abandonner, il faut se préoccuper d'en construire de nouvelles et de perfectionner celles qui existent, la supériorité de la voie navigable sur la voie ferrée demeurant tout entière dans une foule de circonstances. Or, si l'on a pu dire que la rivière ou le fleuve est « un chemin qui marche » il est non moins exact que la mer, ce prolongement de tous les fleuves, est un chemin qui conduit partout depuis surtout que la vapeur a permis à l'homme de mieux mesurer sa marche sur l'élément liquide et de le rendre moins dépendant des caprices de l'aquilon. A mesure que la science et le génie inventif de l'homme parviennent à tirer un meilleur parti de cette route unique en son genre, son importance grandit et il n'est plus aujourd'hui une seule nation, qui, sous peine de ne plus progresser, ou ce qui revient au même, de déchoir, ne doive s'évertuer à s'en assurer le libre et suffisant usage... Et si l'on se demande quel est dans l'ordre matériel le principal facteur des transformations étonnantes auxquelles nous assistons, la réponse jaillit lumineuse de l'examen des faits : c'est le perfectionnement de l'industrie des transports. Jamais l'importance du transport à bon marché n'est apparue plus évidente. Tandis que les industries en général, en transformant la matière première, augmentent la valeur et l'utilité des choses, on peut dire, presque sans métaphore, que l'industrie des transports crée des valeurs, crée des richesses ».

M. Schultz, représentant de l'Empire germanique et vice-président du Congrès, expose ensuite par le menu les efforts tentés par l'Allemagne pour l'amélioration des voies navigables et des transports intérieurs et l'extension de l'activité des ports maritimes. Il avait avec Hambourg une belle mine à exploiter ; aussi, narre-t-il avec complaisance et un légitime orgueil, les grands résultats obtenus et affirme-t-il la nécessité, pour une nation qui veut vivre et prospérer, de perfectionner sans cesse cette partie si importante de l'outillage commercial et industriel.

Si l'Allemagne a organisé avec grand soin ses lignes de chemins de fer, elle a mis plus de sollicitude encore à créer des voies de navigation intérieure qui forment actuellement un superbe réseau (1). A la fin de 1896, il représentait 13.827 kilomètres (non compris les 98 kilo-

(1) Marquis d'Héricourt, consul général de France à Leipzig (*Moniteur officiel du Commerce*).

mètres du canal de Kiel), soit : 9.383 kilomètres de fleuves libres, 2.206 kilomètres de fleuves canalisés, 2.238 kilomètres de canaux creusés.

M. le docteur Russ, au nom de la délégation d'Autriche-Hongrie, M. de Gorgeo, délégué de Hongrie, M. Conrad, délégué du gouvernement néerlandais, M. Ghuercevanoff, au nom de la délégation du gouvernement russe, etc., etc., soutiennent la même thèse que M. Schultz, en joignant à ces considérations générales, l'énumération des travaux considérables exécutés dans leurs pays respectifs.

J'ai gardé pour la bonne bouche le discours du délégué du Gouvernement français, M. Holtz, inspecteur général des Ponts et Chaussées et collègue par conséquent de mon ami M. Noblemaire. Je tiens à citer textuellement ses paroles, dont je me suis procuré la sténographie :

« Il y a treize années, dit-il, lors du premier Congrès, nous étions 400 adhérents ; nous sommes 1400 aujourd'hui, à tel point que l'on commence à craindre de ne plus trouver de local capable de nous réunir pour les sessions ultérieures. L'opinion publique qui avait voulu d'abord, dans un moment d'engouement, au moment de l'inauguration des chemins de fer, combler ses canaux, commence à mieux comprendre le rôle qu'ils doivent remplir : on est persuadé, à présent, que loin de devoir se combattre, les deux moyens de transport doivent, au contraire, s'entr'aider.

« M. le Président a rappelé tout à l'heure le programme conçu par M. de Freycinet ; dans ce programme, M. de Freycinet s'occupait surtout de l'amélioration des voies navigables. Il a été en partie réalisé. Déjà les droits de péage ont été supprimés sur presque toutes les voies navigables et l'unification est à peu près complète. Une autre tâche considérable incombe encore à la France : celle de doubler nos écluses de la grande voie navigable entre Paris et la Belgique ; le trafic y atteint actuellement près de 6 millions de tonnes. Il faut terminer le canal de la Marne à la Saône, *et des canaux nouveaux doivent réunir le port de Marseille, le port de Cette à notre grand fleuve, le Rhône.* »

Il nous semble que M. Holtz, inspecteur général des Ponts et Chaussées, n'est pas précisément d'accord avec M. Noblemaire, directeur du P.-L.-M.

Mon Dieu ! l'opposition du P.-L.-M. ne nous surprend pas. Elle est la conséquence de la longue jouissance d'un monopole, et cette Compagnie se fait difficilement à l'idée d'être troublée dans sa quiétude et d'avoir à compter avec une concurrence, quelque modeste qu'elle soit. Le même fait s'est produit quand la Chambre de Commerce de Marseille a émis la très légitime prétention d'établir des hangars couverts sur les môles des nouveaux bassins qu'elle venait de faire construire. La Compagnie des Docks et Entrepôts, autre Compagnie à monopole, poussa les hauts cris, et comme la Chambre de Commerce paraissait peu émue de ces plaintes, la Compagnie des Docks lui fit carrément un procès et soutint que sa concession ne visait pas seulement le périmètre qu'elle occupait, mais s'étendait sur toute la surface des ports Nord de Marseille, c'est-à-dire jusqu'à l'Estaque, car il faut bien espérer que les ports y arriveront un jour...

Inutile de vous faire observer que la Compagnie des Docks perdit son procès, que les Hangars de la Chambre de Commerce, ainsi que vous le constaterez, fonctionnent depuis de longues années, et rendent les plus grands services, que les Docks ont abaissé leurs tarifs, au grand profit du Commerce tout entier, et qu'ils n'en continuent pas moins à payer annuellement un bon dividende à leurs actionnaires, et à être prospères, ce que je leur souhaite de tout mon cœur.

M. Isaac, le très vigilant vice-président de la Chambre de Commerce de Lyon, et M. Jean Coignet, trésorier de la même Chambre et auteur d'un rapport très serré sur la question du canal du Rhône, ont été émus du discours de M. Noblemaire à la Société d'Économie politique de leur ville et ont réfuté ses arguments dans une lettre qu'ils ont publiée dans le *Journal des Débats* du 16 mai dernier. Il est difficile de mieux dire et de résumer plus succinctement les vrais principes qui doivent régir la matière :

« Il doit être bien entendu d'abord qu'il ne s'agit pas d'entamer un débat tendant à la victoire d'un des deux moyens de transport sur l'autre. Il s'agit simplement de savoir s'ils doivent chercher à se nuire réciproquement ou s'il n'est pas plutôt de l'intérêt général, comme de leur intérêt particulier mieux entendu, qu'ils s'habituent à vivre ensemble, tantôt en concurrents courtois, tantôt en alliés, pour tirer parti, d'un commun accord, des ressources de certaines régions.

« Ceux qui croient désirable le développement de nos voies fluviales n'ont point la vaine prétention de porter un coup dangereux à la suprématie des voies ferrées. Ils désirent seulement que tout le monde se persuade de l'énorme intérêt qu'il y a pour le pays à mettre pleinement en valeur les avantages commerciaux de ses cours d'eau. Pour y arriver, un certain nombre de conditions doivent être observées. Il faut ne point tarir nos fleuves et nos rivières et ne point accabler d'impôts ceux qui s'en servent.

« M. Noblemaire sait que le Rhône a dans certaines saisons tout juste le tirant d'eau nécessaire à la navigation commerciale. Une dérivation de quelques centimètres rendrait sa profondeur insuffisante.

Et, cependant, il a reproché aux Lyonnais de trop aimer leur fleuve, et de ne pas vouloir en laisser détourner une goutte pour les Méridionaux. S'il avait feuilleté les annales de la Société à laquelle il s'adressait, il aurait vu qu'en 1888 deux de ses membres avaient cherché à se rendre compte de l'importance de la privation que la résistance des Lyonnais imposait à leurs compatriotes du Midi. Leurs rapports sont absolument concluants. L'un de ces rapports est même, détail piquant, l'œuvre d'un ingénieur, auteur d'un des nombreux projets de dérivation. La conscience des Lyonnais est tranquille, les Méridionaux ont plus d'eau qu'ils n'en peuvent consommer, il est inutile de leur livrer le Rhône. Ajoutons, en passant, que le mode de conservation des vignes par immersion, qu'on faisait valoir il y a dix ans en faveur de la dérivation, a cessé d'être préconisé par les viticulteurs.

« En ce qui concerne les impôts, M. Noblemaire, avec une crânerie qui a charmé ses auditeurs, a osé se faire l'avocat du rétablissement des droits de navigation, dans le milieu même où on n'a cessé de les combattre. Les arguments qu'il a fait valoir ont déjà été réfutés à plusieurs reprises par la Chambre de commerce de Lyon, à qui les pouvoirs publics ont toujours fini par donner raison. Il ne nous déplaît point de rappeler, en passant, que M. Félix Faure, dans son rapport sur le budget des travaux publics, en 1888, a soutenu énergiquement la franchise des voies navigables.

« M. Noblemaire voudrait que l'usage des canaux ne fût point gratuit parce que l'Etat ne prend à sa charge ni la construction, ni l'entretien des voies ferrées. « La balance n'est pas égale, dit-il, nos concurrents trouvent leur voie toute prête et toute entretenue, tandis que nous avons à payer la nôtre. Cela n'est point conforme aux doctrines économiques. »

« Retournez-vous de grâce, et parlons de la garantie d'intérêt et des subventions. C'est une robe de Nessus, dites-vous, et vous préféreriez ne pas l'avoir. Sans doute, elle peut vous gêner actuellement ; mais existeriez-vous sans elle ? Ne jouissez-vous pas d'un ensemble d'avantages auxquels tous les contribuables ont fourni leur quote-part, et qui vous ont fait les grandes puissances que vous êtes, avec un monopole de fait, un crédit qui se confond avec celui de l'Etat, et une situation administrative qui défie le plus souvent tous les assauts du commerce libre et du public ?

« Si, pour tenir la balance égale, les chemins de fer demandent que la circulation sur les canaux cesse d'être gratuite, que ne demandent-ils aussi le rétablissement des péages sur les grandes routes ? Là aussi, l'Etat a dépensé et dépense encore des sommes énormes, parfois disproportionnées avec la richesse des pays parcourus, et les marchandises s'y transportent souvent en concurrence directe avec les chemins de fer. Qui sait ce que l'automobilisme réserve à ses puissants devanciers de la voie ferrée ?

« M. Noblemaire voudrait qu'une partie au moins de l'entretien des voies navigables fût mise à la charge des régions qu'elles traversent et qui en profitent directement. Il croit cette solution plus conforme aux saines doctrines économiques.

« Les saines doctrines économiques sont toutes en faveur de la plus grande liberté de circulation. Elles établissent que les dépenses d'intérêt général doivent être supportées par l'ensemble des citoyens et non par une fraction. C'est une illusion de limiter aux pays riverains les avantages qui sont dus à l'existence d'un réseau bien constitué de voies navigables. Les effets produits peuvent se faire sentir à de très grandes distances. Il ne sera pas, par exemple, indifférent aux habitants de la Savoie, ou des environs de Grenoble, que la navigation du Rhône ait permis de remonter à bon compte de la mer à Lyon des marchandises qui sont destinées à se consommer ou à se transformer dans un rayon de plusieurs centaines de kilomètres.

« Ce qui serait par dessus tout conforme à la saine économie politique, ce serait de faciliter la production et la circulation des richesses, en associant par tous les moyens possibles les forces respectives des voies ferrées et des voies navigables, en créant ces ports fluviaux que les Allemands ont su aménager avec tant de succès pour le transport de la houille et des autres marchandises encombrantes. Pour atteindre ce but, il faut s'inspirer surtout de l'intérêt général et s'attacher un peu moins aux inégalités apparentes dont peuvent bénéficier de modestes rivaux. Il faut enfin ne point perdre de vue ce principe essentiellement économique que les profits du voisin sont toujours un peu les nôtres, et que l'art de la concurrence consiste souvent à les faciliter par un effort et dans un but communs. Si le développement de la navigation fluviale favorise la prospérité d'un pays, qui en profitera mieux et plus vite que l'industrie des chemins de fer elle-même ? Chercher à entraver ce développement, c'est, à notre avis, pratiquer le pire des protectionnismes, le protectionnisme à l'intérieur.

« En terminant, et pour rassurer les nombreux actionnaires du P.-L.-M. qui lisent le *Journal des Débats*, qu'il nous soit permis de citer deux chiffres relatifs à la concurrence fluviale que supporte cette Compagnie.

« Dans l'ensemble du tonnage de toute la région, les voies navigables figurent pour 15 0 0.

« Si l'on considère isolément les lignes qui descendent de Lyon à la mer, la proportion tombe à 6 1/2 0/0 ».

Je terminerai en relatant un fait dont l'importance ne vous échappera pas, c'est le rachat par l'Etat du Canal du Midi et du Canal latéral à la Garonne, voté par le Parlement. Nous avons pris part à la discussion qui a eu lieu au sein de la Commission du Budget à ce sujet et voici comment a conclu, en son nom, M. Maurice Lasserre, rapporteur :

« Le Canal du Midi (Cette à Toulouse) et le Canal latéral à la Garonne (Toulouse à Bordeaux) ont ensemble une longueur de 492 kilomètres. Ils mettent en communication l'Océan et la Méditerranée. Ils constituent une voie navigable de premier ordre. Ils pourraient rendre aux populations qu'ils traversent d'inappréciables services. Or, ils périclitent et voient peu à peu leur trafic disparaître, tandis que le tonnage des autres canaux français augmente sans cesse. Pourquoi donc ce moyen de transport que le génie de l'homme a su créer dans le Sud-Ouest est-il inutilisé et en quelque sorte inutilisable ?

« La raison en est bien simple. Le Canal latéral à la Garonne fait partie de la concession de la Compagnie des Chemins de fer du Midi qui, d'autre part, est fermière du Canal du Midi jusqu'au 1er juillet 1898, en vertu d'un bail qu'elle a passé avec la Compagnie propriétaire de ce Canal.

« Dès lors, pendant que tous les autres canaux sont libres et gratuits et offrent au commerce un fret qui, s'abaissant le plus souvent pour les longs parcours à 0,01 et même au-dessous, est en moyenne de 0,15 à 0,20 par tonne kilométrique, le Canal du Midi et le Canal latéral à la Garonne sont grevés de droits qui atteignent jusqu'à 0,60 par tonne kilométrique pour certaines marchandises et qui, en moyenne, dépassent 0 fr. 03. Ces droits s'ajoutant au fret, restreignent singulièrement le trafic.

« Si les péages étaient supprimés simultanément sur les deux canaux, le trafic augmenterait certainement. L'agriculture et l'industrie du Sud-Ouest ne profiteraient pas seulement d'une diminution des prix de transport, ils auraient en outre et surtout les bénéfices résultant de l'exploitation de richesses naturelles que la cherté des transports a fait négliger jusqu'à ce jour, et que le bas prix permettrait de mettre en valeur en ouvrant au commerce de nouveaux champs d'activité.

« La question de l'affranchissement des Canaux du Midi a donc une très haute importance économique.

« Le but de la loi qui nous est soumise est précisément de mettre un terme au grave préjudice que le régime actuel des Canaux du Midi fait éprouver à la région du Sud-Ouest.

« La question enfin résolue des transports par voie d'eau à bon marché sera, pour les départements traversés par le Canal de l'Océan à la Méditerranée, la rénovation complète de ces contrées fertiles, dont la richesse pourrait atteindre un immense développement.

« Nous pouvons ajouter, il est bon de le faire ressortir, que les populations du Sud-Ouest ont contribué au rachat de tous les canaux de France, les leurs exceptés : la justice nous commande d'entendre leurs justes revendications. La région desservie par les canaux dont on nous propose le rachat, ne peut rester plus longtemps en dehors des sacrifices communs faits pour donner à l'agriculture, au commerce et à l'industrie, des moyens de transport à bon marché. »

La voilà l'application du principe en matière de travaux d'utilité publique, dont nous avons déjà parlé et sur lequel il nous paraît inutile de revenir.

Que pourrais-je ajouter de mon cru aux citations que vous venez d'entendre ? Il ne restait qu'à se rendre compte si le rachat du Canal du Midi et du Canal latéral à la Garonne avait entraîné une diminution de recettes pour le chemin de fer du Midi. Dans ce but, nous nous sommes rendu au Ministère des Finances et nous avons acquis la certitude que les recettes du chemin de fer du Midi n'avaient eu aucunement à en souffrir.

Cet exemple est-il assez probant ?

Du reste, la situation générale des chemins de fer, et tout particulièrement celle du P.-L.-M., est tellement brillante, — ce dont nous devons tous nous féliciter, — qu'on peut déclarer sans hésitation que les craintes manifestées par M. Noblemaire sont tout à fait chimériques.

Le directeur du P.-L.-M. est un père trop timide, animé d'un excès de sollicitude à l'égard d'un enfant solidement constitué, bâti en Hercule, qui s'est admirablement développé, grâce aux soins intelligents dont il a été entouré, et qui ne redoute en rien la modeste concurrence des Canaux en général et de celui du Rhône à Marseille en particulier.

Certes, avec M. Holtz, je veux bien reconnaître que l'on a fait quelque chose pour l'amélioration de nos voies navigables et je me garderai bien de tomber dans l'exagération. Mais il suffit de jeter un coup d'œil sur la carte figurative du tonnage des voies navigables et des ports, dressée annuellement par le savant M. Cheysson et jointe aux Statistiques publiées par le Ministère des Travaux Publics, pour se rendre compte que la région du Midi est absolument délaissée et que l'on ne s'est en rien préoccupé de conserver à la vallée du Rhône le privilège dont elle a joui si longtemps, d'être la grande route des marchandises d'Orient et d'Extrême-Orient à destination non seulement de la France, mais de la Belgique, de l'Allemagne, de l'Autriche et du Nord de l'Europe. Regardez cette carte, Messieurs, et voyez combien est pauvre le rôle joué par le Rhône dans le transport des marchandises. Alors que les réseaux du Nord et de l'Est s'épanouissent comme les larges feuilles d'un palmier, il semble que le Rhône forme le tronc mince, élancé, presque malingre, d'où part cette frondaison luxuriante sous le poids de laquelle il paraît succomber.

Cette représentation est d'autant plus frappante que l'ensemble des marchandises déposées à Marseille couvre une superficie relativement énorme et que l'on est ainsi conduit à se demander pourquoi la voie du Rhône, toute proche, n'en absorbe pas une plus grande quantité.

Et pour débouché de la plus grande partie de ces marchandises, nous nous trouvons en face d'une seule et unique voie ferrée de montée jusqu'à Miramas, et d'une seule voie de descente. La Compagnie a bien établi une gare de marchandises à Arles et une gare de formation des trains et de triage à Miramas ; mais, pour sortir de Marseille, nous sommes absolument étranglés et réduits à la situation de 1844, quand la ligne s'arrêtait à Avignon. Mais, qu'a donc à craindre sérieusement la Compagnie P.-L.-M. du canal du Rhône ? Les canaux ne peuvent convenir qu'aux matières lourdes, encombrantes et de peu de valeur, à celles-là mêmes que les Compagnies de chemin de fer sont obligées d'admettre sur leurs rails, pour ainsi dire par devoir et sans en retirer de bénéfice sensible. Les tarifs les plus bas, elles peuvent alors les appliquer à des marchandises plus avantageuses à transporter, et il se produit ainsi une sorte de déclassement dont le résultat est d'améliorer le trafic, de l'augmenter, sans porter atteinte aux recettes. D'autre part, les objets qui ont pris la voie fluviale ne pénètrent pas dans l'intérieur du pays sans donner lieu à un supplément de transactions qui entraînent à leur tour un surcroît de productions, d'expéditions et de mouvement, dont les chemins de fer prennent leur large part.

La Compagnie P.-L.-M., à la prospérité de laquelle je suis attaché autant que qui que ce soit, ne saurait, par une sorte de privilège à rebours, échapper aux heureux effets de cette loi générale et déjà maintes fois vérifiée.

« La situation est telle, dit M. Guérard, que des marchandises expédiées de Marseille à destination de Paris, prennent la voie de mer, par bateaux à vapeur, de préférence à la voie directe, dont le parcours est quatre fois et demi plus court ; elles paient moins cher et elles arrivent plus vite ; le prix du fret est de 20 à 30 fr. et le délai de 12 jours seulement. Pour les marchandises expédiées d'Égypte (d'Alexandrie), à destination de Dijon, la voie directe est Marseille ; dans certain cas, on a eu avantage à les faire porter par vapeur au Havre, et là elles ont pris la voie de la Seine, de l'Yonne et du canal de Bourgogne, pour arriver à destination. La distance d'Alexandrie à Marseille est de 3.210 kilomètres ; en passant par le Havre, elle est de 6.320 kilomètres. »

Si c'est d'un genre de trafic pareil que nous comptons de priver le Havre par le canal du Rhône, ainsi que nous en accuse M. Noblemaire, je suis convaincu qu'on ne trouvera jamais ni au Havre, ni ailleurs, un négociant digne de ce nom qui fera chorus avec lui.

M. Noblemaire nous dit ensuite que, comme le Rhône n'est pas encore navigable entre Lyon et Genève, notre canal ne servira pas à grand'chose, puisqu'il ne pourra transporter en Suisse les blés de la mer Noire. D'abord, il ne m'est pas bien prouvé que, si nous allions par canal jusqu'à Lyon, les frais par chemin de fer de Lyon à Genève, ajoutés au fret, ne seraient pas inférieurs au tarif différentiel existant. Mais, dans tous les cas, nous irions jusqu'à Lyon, et toutes les marchandises, pour une autre destination que la Suisse, pourraient de là se répandre dans le pays et monter jusqu'au nord de l'Europe en suivant les canaux existants. Ce ne serait point un mince résultat et, pour ma part, je m'en contente.

Mais, il y aurait un autre avantage, qui ne serait pas moins considérable : ce serait d'attirer à Marseille des frets de sortie pour nos navires. Actuellement, une des causes du malaise de notre marine marchande est la pénurie des frets de sortie. En dehors des compagnies maritimes postales et subventionnées par l'État, bien peu de navires quittent Marseille avec un entier chargement et presque tous doivent aller se compléter dans les ports d'Italie ou de Sicile. Ce que nous voulons donc, c'est que les nombreuses usines échelonnées le long du Rhône puissent nous envoyer leurs produits dans la modeste et économique péniche, qui viendra déverser directement son chargement dans les flancs du paquebot chargé de le porter à l'étranger.

Les usines du Teil, de Terre-Noire, de la Voulte, de Bessèges, du Creusot, de l'Horme, de la Société de construction des Batignolles, etc..., ont nettement déclaré à l'enquête que bien des affaires sont enlevées aux usines françaises par la concurrence étrangère, à cause du manque de moyens de transport économique en France pour atteindre les ports d'embarquement.

Enfin, le complément naturel du Canal du Rhône à Marseille serait celui d'Alais au Rhône, étudié par l'ingénieur en chef des Mines du Gard, M. Rigaud. Ce serait la meilleure façon de combattre la concurrence des charbons anglais, car la seule cause qui a diminué le grand débouché qu'offre Marseille aux houillères du bassin du Gard est la cherté du transport.

Chez nos voisins, toutes ces vérités ne sont plus à démontrer et la voie fluviale vit en parfait accord avec la voie ferrée. Voulez-vous en connaître les conséquences pour Anvers ? En vingt-sept ans, le tonnage maritime du port, à l'entrée, a augmenté dans une proportion notable, mais celui du battelage a augmenté de même. En 1870, le tonnage maritime était de 1.118.158 tonnes ; il a monté à 6.315.910 tonnes en 1897. Quant au battelage, il a passé à l'entrée de 1.030.785 tonnes en 1870, à 4.102.650 tonnes en 1896. Anvers est desservi par cinq lignes de chemin de fer, appartenant les unes à l'Etat, les autres à la Compagnie du Grand Central Belge, et par trois voies de navigation, dont un grand fleuve, l'Escaut, et deux canaux, et cela ne suffit pas aux Belges, puisqu'ils ont entrepris une foule d'autres travaux fort importants dont l'examen m'entraînerait beaucoup trop loin, mais que je tiens cependant à signaler parce qu'ils ne les auraient certainement pas entrepris s'ils n'y avaient pas été vivement incités par les premiers résultats obtenus.

Je ne veux pas parler de Hambourg parce que l'augmentation en est stupéfiante et que ce port, dont le tonnage est resté longtemps très inférieur au nôtre, en est arrivé non seulement à nous écraser, mais même à dépasser Liverpool. Hambourg, dont le port est situé sur l'Elbe et en communication directe avec une multitude de canaux, est desservi par quatre lignes de chemin de fer.

Voilà des faits, Messieurs, devant lesquels il me paraît difficile de ne pas s'incliner et nous devrions être d'autant plus perplexes que la menace du Simplon n'est plus une chimère.

Après Hambourg et Anvers, sommes-nous appelés à voir Gênes nous devancer à son tour et devons-nous passer au cinquième rang parmi les ports d'Europe ?

A la date du 3 août 1898, M. le général Pelloux, président du Conseil des Ministres d'Italie, fixait avec le Ministre de la Confédération Suisse les derniers accords pour le percement du Simplon ; on décidait que les travaux commenceraient simultanément, dans peu de jours, à Briey (Suisse) et à Isella (Italie) et seraient inaugurés par une fête internationale.

Le 19 août, les premières mines ont fait explosion à Isella et un banquet a été offert à tous les entrepreneurs et ouvriers des travaux.

A l'heure actuelle, le tunnel a déjà 107 mètres de profondeur du côté Nord, ce qui représente à peu près un avancement de 1 mètre 75 par jour. Du côté Sud, malgré l'extrême dureté de la roche, on s'est déjà enfoncé de vingt mètres.

Devant cet ensemble d'efforts tentés par toutes les nations, et devant ce danger imminent, persisterons-nous à rester l'arme au bras et à discuter sur les garanties d'intérêt et les craintes chimériques que les voies navigables inspirent aux voies ferrées?... Ce serait mille fois coupable et il nous paraît plus urgent que jamais, absolument patriotique, de prendre une détermination virile sans délai...

Qu'on ne vienne donc pas nous dire qu'en défendant avec ardeur et conviction l'œuvre du canal du Rhône, nous n'avons d'autre présomption que de servir des intérêts locaux.

Nous avons conscience que nous poursuivons une œuvre éminemment nationale, que de sa prompte exécution dépend non seulement l'avenir de notre ville, qui est le premier port de la France et notre seule et grande porte ouverte sur l'Orient et l'Extrême-Orient par le canal de Suez, mais l'avenir d'une notable portion du Commerce français.

Pour faire suite à sa communication, M. Charles Roux présente au Congrès le vœu suivant, qui est adopté :

« Le Congrès émet le vœu : 1º Qu'il soit procédé le plus tôt possible à l'exécution du canal de jonction du Rhône à Marseille, conformément au projet de loi déposé par le Gouvernement et rapporté devant la Chambre des Députés ; 2º Qu'il soit pourvu à l'utilisation de l'Etang de Berre. »

Vendredi 23 Septembre

(APRÈS-MIDI)

SÉANCE GÉNÉRALE

Président................ M. J. MANÈS, de Bordeaux.
Assesseurs............... MM. VERSINI,
                               E. FALLOT,
                               Vicomte BÉGOUEN,
                               A. CRAVERI.

M. J. Charles-Roux communique une lettre de M. le Prince d'Arenberg, exprimant ses regrets d'avoir dû quitter la présidence du Congrès à cause d'affaires urgentes, et ses remerciements pour l'accueil sympathique qui lui a été fait à Marseille. En conséquence, la présidence a été transmise à M. le professeur Levasseur, de l'Institut, délégué du Ministre de l'Instruction Publique.

M. Ch. Gauthiot présente une lettre de Mme veuve Gebelin, qui remercie le Congrès de s'être associé à sa douleur en rendant hommage au caractère et aux travaux de son mari regretté, le professeur Gebelin.

Conformément à l'ordre du jour, les communications suivantes sont présentées au Congrès :

LE CANAL DES DEUX-MERS A MOYENNE SECTION

Par M. le colonel **BLANCHOT**,
Président de la Société de Géographie de Poitiers.

La Société de Géographie de Poitiers avait mis à l'ordre du jour du Congrès la question du Canal des Deux-Mers pour le cas éventuel où elle serait présentée par d'autres Sociétés. Ce cas ne s'étant pas produit, elle n'offre plus qu'un intérêt restreint ; cependant, je tiens à en dire quelques mots.

Le projet primitif du canal des Deux-Mers a été transformé : il n'est pas resté à l'état d'études, mais il s'est basé sur une opération financière, car des capitaux ont été versés. Il s'agirait d'un grand canal maritime pour établir une communication entre l'Océan et la Méditerranée ; on percerait le seuil de Naurouze.

Malgré le Gouvernement, malgré les ingénieurs hydrauliques, on a fait une campagne qui dure depuis 20 ans en faveur de ce projet ; je l'ai combattu au foyer même de ses partisans, car il fallait empêcher de drainer les capitaux de la France. On a encore entretenu une propagande énorme pour ce canal à grande section. Craignant qu'on ne vînt la poursuivre au Congrès de Marseille, comme dans les précédents, j'avais fait mettre cette question du Canal des Deux-Mers à l'ordre du jour. Mais si je repousse le canal à grande section, j'accepte un canal à moyenne section, qui serait utile et rémunérateur.

OPPORTUNITÉ DE LA CONSTRUCTION DU CANAL DE LA GIRONDE A LA LOIRE

Par M. **AUDOUIN**, professeur à la Faculté des Lettres, Secrétaire général de la Société de Géographie de Poitiers.

Communication présentée par le colonel BLANCHOT, président.

L'auteur démontre l'importance capitale d'un projet qui depuis fort longtemps retient l'attention des pouvoirs publics et n'intéresse pas seulement le Poitou, mais la France entière, puisqu'il s'agit de compléter le réseau des voies navigables de notre pays, tant au point de vue commercial que pour la défense nationale.

Comme suite à cette communication, M. le colonel Blanchot, au nom de M. Audoin, dépose le vœu suivant, qui est adopté :

« Le Congrès émet le vœu que le Gouvernement mette à l'étude sans retard et coopère à l'exécution aussi prompte que possible du projet de Canal, reconnu depuis longtemps nécessaire, entre la Loire et la Garonne et qui doit emprunter les lits de la Vienne, du Clain, de la Charente et de la Dronne. »

LA TOPOGRAPHIE ANCIENNE DE MARSEILLE

Par M. **L. LAN**, ancien chef de division des Travaux publics de la Ville, Membre de la Société de Géographie de Marseille.

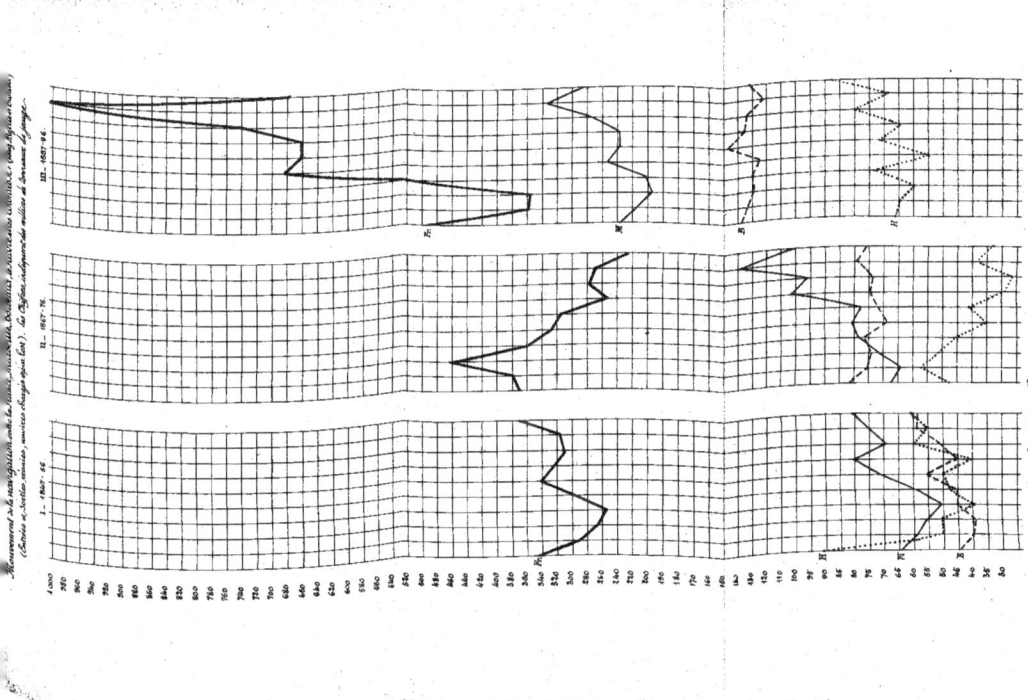

MARSEILLE PORT COLONIAL

Par M. **Paul MASSON**, professeur à la Faculté des Lettres,
membre de la Société de Géographie de Marseille.

(Extrait).

La communication de M. Masson, accompagnée de tableaux graphiques et de statistiques et trop longue pour pouvoir être insérée in-extenso dans notre Compte-rendu, est publiée en grande partie dans le *Bulletin* de la Société de Géographie de Marseille (1er et 2e trimestre de 1899). Nous donnons ici la plus importante des statistiques qui la complètent, ainsi que l'un des tableaux graphiques.

Ce dernier est très instructif ; il montre au premier coup d'œil quelle place prépondérante Marseille a prise peu à peu depuis cinquante ans dans les relations maritimes entre la France et ses colonies. Vers 1850, le tonnage total des navires que Marseille, le Havre, Bordeaux, y envoyaient ou en recevaient chacune, ne différait pas beaucoup. Vingt ans après, Marseille et Bordeaux, toutes les deux en grand progrès, semblaient encore se disputer le premier rang, tandis que le Havre paraissait vouloir presque renoncer au trafic colonial. Enfin, dans la dernière période décennale, bien que Bordeaux et le Havre même aient su profiter de l'extension de notre empire colonial, Marseille a pris sur elles une énorme avance. Il faut remarquer le parallélisme frappant des deux lignes qui représentent le mouvement de la navigation de Marseille et celui de tous les ports français : le rôle prépondérant de Marseille en ressort nettement. Ce tableau fait voir aussi que la part de nos trois grands ports dans la navigation coloniale est devenue plus grande à chaque période décennale ; dépassant de peu la moitié du tonnage total dans la première, elle a atteint presque les deux tiers de ce total dans la seconde, elle a dépassé fortement cette proportion dans la dernière. Certaines années (1888-1889), plus de la moitié du tonnage allant aux colonies ou en revenant a passé par le port de Marseille. Et il ne faut pas oublier qu'il n'est pas ici question de l'Algérie ni de la Tunisie. De plus les lignes de navigation dont le terminus est en terre étrangère n'entrent pas ici en ligne de compte bien qu'elles desservent nos colonies ; or, ce sont surtout des lignes marseillaises qui sont ainsi omises (Madagascar, La Réunion, Maurice ; Indo-Chine, Chine et Japon, par les M. M.). — Quant aux statistiques publiées ici elles n'ont pas besoin d'explications. Il faut seulement regretter que ces chiffres paraissent isolément, mais on trouvera réunis dans une brochure tous les éléments de cette étude.

✱

TABLEA...

des Exportations de Marse[ille]

D'après les...

EXPORTATIONS	Algérie	Tunisie	Sénégal	Côte Occ. Afrique	Madagasc.	Réunion	Mayotte
Animaux vivants.							
Chevaux entiers......têtes	25	6	..	..	..	..	..
» hongres..... »	142	15	..	..	..	..	..
Juments............ »	45	4	..	..	..	..	..
Mulets............. »	808	1	..	1	..	..	..
Vaches............. »	693	..	..	..	..	..	..
Taureaux........... »	21	1	..	..	..	..	..
Veaux.............. »	196	..	..	..	..	..	..
Chiens............. »	63	10	..	..	..	6	..
Animaux non dén. (francs).	82.070	400	..	..	..	..	..
Produits et dépouilles d'animaux.							
Viande fraîche de bœuf.....	29.268	889	..	..	..	..	..
Jambon et lard............	612.904	42.053	351	6.319	2.957	131	810
Viande salée de bœuf......	16.381	184	..	1.026	342	..	..
Charcuterie...............	164.197	8.240	471	1.246	3.268	2.481	96
Paté de foie gras..........	1.291	437	..	219	38	25	5
Extraits de viande.........	4.167	632	26	5	..	..	..
Peaux brutes, grandes.....	410.177	5.269	..	..	..	..	..
» » autres......	18.366	18.912	..	..	..	..	..
Laines en masse...........	90.701	68.945	..	..	..	..	..
» peignées............	2.746	155	110	..	..	..	130
Crins bruts................	6.475	574	..	..	..	..	..
Poils bruts (chèvres, etc.)..	12.556	5.386	..	..	..	..	..
Plumes de parure..........	177	166	..	..	..	..	..
Soies grèges...............	24.524	29.390	..	..	..	..	..
Déchets...................	437	4.771	..	..	..	..	..
Bourre de soie.............	2.235	2.134	..	..	608	14.066	550
Suif.......................	241.401	4.698	8.145	2.583	27.769	14.417	3.551
Saindoux..................	1.160.657	145.454	5.137	12.649	168	1.246	657
Graisses autres............	284.359	13.140	70	328	40	..	..
Margarines et subs. simil...	141.269	23.069	..	..	3.684	70	..
Lait concentré.............	8.035	13.962	5.856	3.827	14.656	18.286	881
Fromages..................	2.266.600	161.383	1.242	4.170	448	..	..
Beurre frais fondu.........	544.146	3.938	29	514	1.702	513	398
» salé.............	36.892	9.180	58	1.975	..	..	..
Miel.......................	73.243	4.969	..	..	..	..	..
Engrais autres.............	208.421	1.360	..	111	..	..	..
Pêches.							
Poissons secs (morues)....	392.939	42.036	539	484	5.632 + 60 (2)	95.426	1.595
Stockfish..................	20.219	..	25	..	..	..	..
Harengs...................	51.857	7.810	118	15	186	25	153
Autres.....................	22.876	6.893	235	1.096	161	..	61
Sardines...................	37.534	14.028	99	8.964	9.780	28.650	3.687
Conserves autres...........	41.696	3.628	104	298	2.003	77	219
Huîtres fraîches (mille)....	2.600	771	..	..	..	..	..
Moules et autres...........	107.021	20.279	..	..	..	..	..

(1) Ce tableau est complet pour les exportations dont la valeur totale dépasse 10.000 fr. Partout où ...
(2) Ces chiffres sont ceux des exportations à Ste-Marie-de-Madagascar.

...TAILLÉ

...s les Colonies françaises en 1896

...uane (1)

...e	Guadelou.	Guyane	St-Pierre	Inde	Indo-Ch.	Nouvelle Calédon.	Taïti	Totaux	Prix de l'unité	Valeur en francs
									en francs	
	..	..	..	..	..	..	..	31	2.500	77.500
	..	..	..	..	..	..	..	157	950	149.150
	..	..	..	..	..	..	..	49	850	41.650
	..	..	..	..	..	...	..	810	700	567.000
	..	..	..	..	..	..	..	kil. 342.000	0.67	229.140
	..	..	..	..	..	..	..	» 10.000	0.65	6.500
	..	..	..	..	..	..	..	» 13.720	0.93	12.759
	..	..	..	..	..	..	..	79	125	82.740
	..	..	..	..	250	20	..	..	..	82.740
	..	..	..	..	..	..	..	30.157	1.50	45.235
.2	250	..	1.167	419	8.070	2.087	..	681.165	1.20	817.398
	..	..	..	..	40	..	..	17.973	1.05	18.871
30	1.943	949	15	458	14.932	2.446	..	204.339	2.25	459.763
19	..	..	..	36	1.998	218	..	4.409	10	44.090
	..	..	..	..	900	90	..	5.814	9.50	55.243
	..	..	..	..	119	..	..	415.565	1.79	743.661
	..	..	166	..	..	..	..	37.278	3.65	136.064
	..	..	..	..	..	..	..	159.812	2.45	351.939
	..	..	..	..	23	..	..	3.164	3.85	12.181
	101	..	..	..	180	100	..	7.430	3.40	25.262
	..	..	..	..	..	..	..	17.942	1.65	29.604
	..	..	..	..	52	..	..	395	105	41.475
	..	..	..	..	..	..	..	53.824	29.50	1.587.708
	..	..	..	..	..	..	..	5.208	5.50	28.664
	..	..	..	..	..	..	..	4.369	3.80	16.600
14	..	817	..	..	412	..	..	283.645	0.47	113.313
32	..	440	..	..	1.717	..	..	1.376.586	0.62	853.483
95	..	..	..	..	2.014	2.485	..	305.202	0.50	152.601
	1.393	900	3.962	..	458	..	..	171.031	0.80	136.824
	..	2.255	..	..	4.019	3.951	..	45.659	0.70	31.961
51	15.732	1.815	221	2.532	62.026	25.918	..	2.590.970	1.46	3.782.816
	360	..	..	520	..	..	..	549.955	3	1.649.865
71	..	38	..	27	29.960	1.696	..	82.812	2.70	223.592
	..	..	..	..	254	..	..	78.466	0.75	58.849
	...	..	..	..	..	..	..	209.895	0.08	16.791
40	..	391	..	196	2.134	1.310	..	547.155	0.55	300.935
	..	..	..	..	..	..	..	20 244	0.85	17.207
	..	..	..	..	2 335	787	..	63.286	0.12	7.594
37	..	42	20	..	3.567	1.814	..	36.802	0.80	29.441
70	858	599	125	176	12.395	15.919	..	133.070	1.60	212.912
	136	35	293	439	5.332	1.158	..	55.453	2	110.906
	..	..	..	..	..	..	..	2.771	30	83.130
	..	..	..	..	..	..	..	127.300	0.10	12.730

...ndication spéciale les chiffres représentent les quantités exportées en kilogrammes.

EXPORTATIONS	Algérie	Tunisie	Sénégal	Côte Occ. Afrique	Madagasc.	Réunion	Mayotte
Huile de morue	14.488	1.868	..	..	40	727	..
Huiles autres	17.879	684	..	..	..	65	..
Corail brut	2.169	..	..	..	..	..	..
Substances propres à la médecine et la parfumerie							
Éponges brutes	871	419					
» préparées	2.758	275	142	5	94		
Matières dures propres à tailler.							
Cornes brutes	37.671	..	..	..	..	..	..
Farineux alimentaires.							
Froment, épautre .. quintal	2.670	13.131	..	..	122	..	..
Orge »	371	1.683	252	..	..	..	..
Maïs »	7.383	904	216	..	393	..	..
Farine de froment »	80.941	101.984	192	648	586 + 4	610	1
Malt »	1.112	510	..	..	..	..	..
Biscuits de mer	7.506	3.341	74.372	37.692	11.926	2.300	250
Gruaux, semoules en gruaux	5.459.306	28.383.700	3.996	..	5.764	80	..
Semoules et pâtes d'Italie	258.359	136.161	23.966	3.402	18.022	9.261	559
Brisures de riz	1.750	..	1.071.570	43.050	..	..	..
Riz entier, farines, semoules	2.955.885	361.599	2.260.017	312.650	..	..	..
Fèves	300.398	47.275	10	..	2.050	..	..
Pois pointus	38.843	600	..	120	..	..	..
Légumes secs autres	4.263.420	462.086	30.026	28.484	34.147	30.428	4.014
Marrons, châtaignes	769.871	141.104	..	212	305	50	22
Grains	85.415	10.474	1.400	..	..	..	..
Pommes de terre	1.641.743	1.861.981	11.350	77.860	150.057	3.120	9.923
Fruits et graines.							
Pommes et poires	334.327	25.962	105	576	246	..	..
Figues	115.516	97.573	493	67	1.733	420	70
Raisins	72.496	51.911	977	285	2.028	3.698	..
Amandes, noisettes	305.313	89.268	2.063	252	2.428	1.183	..
» sans coques	32.259	30.669	..	20	80	..	..
Noix	200.693	39.546	510	25	403	272	..
Pruneaux et prunes	10.423	4.183	35	177	758	2.309	93
Pistaches	298	11.920	..	..	..	..	..
Fruits secs autres	45.117	4.418	32	..	677	..	..
Fruits confits ou cornichons, concombres, etc.	122.111	19.680	551	1.790	1.915	2.532	100
Fruits à l'eau-de-vie	3.010	792	..	35	..	..	..
» cons. sans sucre ni miel	21.865	2.988	..	28	1.745	..	28
Anis vert	11.253	2.138	..	229	..	..	..
Baies de genièvre et fenouil	23.246	6.460	..	..	..	..	..
Fruits pour distillerie ou vinification :							
Raisins secs	8.325	211.008	..	96	2.727	3.044	..
Figues	38.545	44.523	..	..	..	..	..
Arachides en cosses	215.837	61.367	..	..	..	..	..
Graines de chènevis	59.357	1.759	..	..	..	87	..
» de sésame	38.191	39.106	160	..	..	..	..
» à ensemencer	96.802	15.965	..	20	262	2.410	..
» de luzerne et trèfle	18.455	1.111	..	..	212	111	..

	Guadelou.	Guyane	St-Pierre	Inde	Indo-Chin.	Nouvelle Calédon.	Taïti	Totaux	Prix de l'unité	Valeur en francs
									en francs	
6	193	..	..	..	986	727	..	19.075	0.95	18.121
	..	..	..	..	370	..	..	18.998	1.—	18.998
	..	..	..	..		..	..	2.169	55.—	119.295
	..	..	..	..	1.093	..	..	2 383	17.—	40.511
0	..	..	..	..	164	100	..	3.548	45.—	159.660
	5.000	..	..	..	..	..	..	42.671	0.55	23.469
	..	..	..	..	..	..	..	15.801	21.50	339 721
1	..	..	..	..	..	..	..	2.429	15.—	36.435
3	..	229	..	..	1	..	..	9.129	14.—	127.806
79	..	194	92	..	13.052	..	..	198.933	36 —	7.161.588
	..	..	..	..	41	..	..	1.663	25.—	41.575
00	..	1.750	..	..	5.820	..	..	160.947	0.32	51.503
13	..	100	..	..	17	1.160	..	33.855.098	0.30	10.156.529
59	25.242	9.857	408	3.936	92.710	27.230	..	617.655	0.55	339 710
	..	..	..	..	..	400	..	1 116 770	0.20	223.354
90	26.870	25.125	60	..	73	19.760	..	6 089.929	0.25	1.522.482
	..	..	..	..	176	..	..	349.909	0.14	48.987
	..	4.000	..	..	100	..	..	43 663	0.28	12.225
90	4.743	61.434	12.376	484	87.833	36.888	..	5.087.832	0.26	1.323.436
51	..	..	..	..	3.148	637	..	855.903	0.28	239.652
95	1.130	10	50	..	62	1.851	..	101.187	0 20	20 237
28	103.955	27.891	..	30	88.676	9.940	..	13.108.739	0.06	786.524
	..	..	..	..	129	48	..	361 393	0.25	90.348
28	366	420	29	120	1.794	678	..	219.907	0 35	76.967
41	1.539	2.977	630	62	4.193	3.364	..	145.462	0.70	101.823
02	3.094	1.635	1.240	195	8.746	4.457	..	429 786	0.60	257 871
01	..	..	..	..	289	599	..	64.547	1.10	71.001
87	320	602	737	50	869	1.895	..	246.303	0.45	110 836
00	..	255	..	20	9.328	2.572	..	30.253	0.65	19 664
	..	..	..	..	..	..	..	12 218	5 —	61 090
	..	100	545	..	379	116	..	51.382	0.35	17 983
32	974	2 541	20	20	21.783	3.846	..	181.565	0.35	63.547
30	53	..	..	..	2.781	..	..	6.701	1.80	12.061
80	.	..	..	134	5.011	471	..	32 460	0 90	28.194
00	..	..	..	..	100	30	..	13 850	0.90	12.465
	..	..	..	..	50	..	..	29.756	0.40	11.902
	..	..	..	..	..	663	..	226 051	0.18	42.689
	..	..	..	..	..	..	..	83.068	0 11	9 137
	8.644	2.371	..	..	..	..	..	288.219	0.21	60.525
516	518	..	50	..	25	1.705	..	66.930	0 22	14.724
	..	..	..	..	..	101	..	77.645	0.28	21.640
580	506	..	..	49	2.501	1.174	..	121 069	1.05	127.122
	54	..	..	..	1.145	3.073	..	27.536	1.40	38.536

EXPORTATIONS	Algérie	Tunisie	Sénégal	Côte Occ. Afrique	Madagasc.	Réunion	Mayotte	Nos
Denrées coloniales.								
Sucres bruts coloniaux....	400.379	50.470	..	..	..	..	..	
» indigènes	653.436	500	..	..	..	..	..	
» raffinés	1.631.932	74.637	217	4.099	128	..	..	
» »	7.320.724	1.562.115	252.281	71.288	4.014	452	25	
» »	..	99	..	..	..	..	..	
» vergeoises	203.972	3.055	..	50	..	..	..	
» »	911.769	1.044.635	127.750	8.300	700	..	..	
Glucoses............	125.169	999	225	217	..	..	..	
Sirops et bonbons	412.602	28.036	10.562	30.130	992	1.234	275	
Fruits confits au sucre.....	35.402	2.165	197	298	936	607	89	
Biscuits sucrés	73.404	27.821	755	501	1.510	378	224	
Lait cond. addit. de sucre	16.797	49.057	307	5.341	11.933+50	460	1.316	
Confitures au suc. et au miel	71.465	6.165	212	1.083	2.819	679	244	
Cafés en fèves	3.187.667	537.871	808	1.314	9.282	..	10	
Chocolat...............	87.310	9.373	..	30	838	4.429	9	
Poivre................	552.722	95.096	1.369	165	222	2.021	..	
Clous de Girofle..........	197.547	179.763	6.390	1.491	..	..	..	
Thé..................	20.727	10.787	194	69	3.607	..	..	
Tabac en feuilles..........	1.943.106	181.594	1.366	80.951	..	251	23	
Cigares.......... cent.	161.241	27.596	112	145	2.018	1.018	32	
Cigarettes.............	1.582	24.239	1.968	1.318	13.170	138	..	
Tabacs fabriqués autres....	27.206	4.274	680	1.373	29.646	274	99	
Huiles et sucs végétaux.								
Huile d'olive	256.539	42.925	23.143	16.075	43.760	101.688	2.804	
» de palme...........	25.059	13.452	..	..	..	..	..	
» de coco, touloucouma, illipé, palm..	234.514	154.654	..	..	..	..	..	
» de ricin et de pulgh..	97.796	6.246	62	15	775	323	2.102	
» de lin	79.969	38.811	2.943	3.605	8.069	5.346	157	
» de coton	1.651.997	248.840	150.645	12.261	670	2.060	..	
» de sésame	3.873.157	7.583	8.961	1.041	55	3.231	..	
» d'arachide	452.250	189	251.592	10.972	..	..	..	
» de colza	117.236	123.318	..	12	..	..	125	
Essence de rose	89	17	..	..	..	..	..	
» de geranium rosat	510	13	..	..	..	..	..	
Essences autres..........	8.795	1.419	..	6	126	..	..	
Cire végétale	208	265	..	..	67	..	..	
Gommes exotiques	14.132	1.916	..	..	320	..	..	
Goudron	70.936	3.117	279	11.393	1.498	1.699	..	
Résines autres exotiques...	48.642	31.522	2.139	..	..	..	..	
Essence de térébenthine ...	35.681	17.429	1.764	1.838	1.035	1.431	25	
Baume de benjoin.........	48.291	37.911	453	52	..	..	..	
Baumes autres...........	1.375	745	..	..	..	..	..	
Camphre raffiné..........	3.287	360	..	18	..	106	..	
Caoutchouc et gutta-percha	12.311	1.373	..	..	..	..	..	
Jus de réglisse..........	11.038	2.040	..	..	13	..	..	
Espèces médicinales.								
Racines autres	64.721	15.976	6.301	.	94	38	..	
Herbes, feuilles et fleurs...	33.197	24.961	102	39	187	..	37	
Fruits médicinaux autres..	111.145	5.452	..	..	..	..	..	
Bois communs								
Bois de chêne, rond brut ..	1000 kil. 184	..	..	..	..	..	..	

	Guadelou.	Guyane	St-Pierre	Inde	Indo-Ch.	Nouvelle Calédon.	Taïti	Totaux	Prix de l'unité	Valeur en francs
									en francs	
	..	..	58	..	..	22.390	..	473.297	0.28	132.823
	..	..	..	..	2.000	13.596	..	669.532	0.28	187.468
	..	..	..	..	35	165	500	1.711.781		
18	29.997	19.411	7.837	460	224.891	98.330	..	9.591.193	0.36	1.087.737
	..	..	2.000	..	262.904	29.960	..	294.963		
	..	..	..	..	..	..	..	207.077	0.31	68.193
	..	..	22.100	..	1.822.760	100	..	3.936.054		1.020.175
	..	..	..	..	353	..	..	126.963	0.40	50.785
.75	440	4.845	..	215	4.109	3.734	54	501.484	1.75	877.597
.84	207	14	..	434	1.858	603	..	44.694	1.80	80.449
18	21	15	..	68	4.615	7.121	..	116.708	1.35	157.555
	..	4.431	..	..	21.861	6.046	..	120.768	1.—	120.768
36	..	63	..	14	20.113	1.141	..	104.274	1.10	114.701
	93	116	2.877	..	133.898	115	..	3.873.999	2.33	9.026.417
28	..	..	31	54	427	199	..	102.728	3.—	308.184
12	683	1.982	3	..	..	4.045	..	661.320	0.85	562.122
	316	..	..	..	..	32	..	385.539	0.62	308.434
62	..	15	5	..	..	..	..	34.886	3.60	125.517
74	16.181	2.685	24	..	..	3.809	..	2.238.664	1.49	3.334.609
21	46	326	112	..	9.234	815	..	kil. 135.133	5.88	1.192.187
43	12.582	273	512	71	51.509	877	..	108.777	16.15	1.756.748
14	1.575	3.529	3.561	471	95.979	16.472	200	188.123	5.32	1.000.814
90	398.843	204.669	7.495	2.087	169.925	80.471	46	1.537.428	0.759	1.666.907
	..	..	..	..	..	..	..	38.511	0.49	18.870
	..	2.797	..	..	..	382	..	352.347	0.58	221.761
81	34.031	1.700	..	..	382	415	..	153.050	0.639	97.798
50	1.298	661	1.478	..	36.837	1.869	..	182.571	0.40	73.028
	4.031	..	..	5.487	5.414	1.786	..	1.483.191	0.52	981.259
	4.297	..	1.614	..	6.980	3.119	..	3.910.038	0.55	2.150.520
	..	700	..	..	10.216	129	..	726.048	0.50	363.024
	200	1.525	..	..	..	1.000	..	243.416	0.44	107.103
	..	..	..	..	..	..	..	106	1000.—	106.000
	..	..	..	..	..	..	..	523	35.—	18.305
	..	..	..	..	57	60	..	10.457	35.—	365.995
	..	..	..	..	..	..	..	510	1.—	540
53	25	..	..	..	8.009	88	..	24.543	1.20	29.451
	3.638	..	800	..	47.055	935	..	140.979	0.18	25.376
	35	..	..	..	..	..	..	82.338	2.50	205.845
	80	46	..	..	22.815	10	..	82.184	0.46	37.844
	..	..	..	..	..	..	..	86.707	3.20	276.462
	..	..	..	..	..	..	..	2.120	8.—	16.960
.20	110	..	..	..	351	202	..	4.548	3.45	15.690
	..	..	..	..	663	..	..	14.347	6.—	86.082
	..	..	..	..	..	36	..	13.127	1.30	17.065
	..	..	..	..	14	5	..	87.144	3.—	261.432
	..	50	..	87	1.264	115	..	60.039	1.80	108.070
585	6.003	..	..	..	175	..	..	126.455	3.—	379.365
	..	..	..	..	..	..	..	184	80.—	14.720

EXPORTATIONS		Algérie	Tunisie	Sénégal	Côte Occ. Afrique	Madagasc.	Réunion	Mayotte
Bois de chêne, équarri ou scié	1000 kil.	105	6	..	..	..	..	..
» » »	»	88	4	..	..	..	..	..
» noyer équarri	»	179	2	..	..	..	..	..
Autres bois ronds bruts	»	242	1	..	..	3	..	..
» équarris	»	3.123	126	156	232	462	..	14
Merrains de chêne		644.401	40.832	..	56.470	..	..	225
Bois en éclisses		295.495	23.645	790	100	..	..	300
» feuil. et échalas fabriq.		71.869	4.193	..	..	..	..	725
Liège brut, rapé, en planch		64.629	25.866	..	..	..	..	..
Bois exotiques								
Bois d'ébénisterie		45.276	1.380	..	..	..	..	..
Fruits, tiges et filaments à ouvrer								
Coton en laine		54.142	8.375	744	793	25	..	..
» ouate		6.032	3.490	..	..	..	..	..
Chanvre teillé		13.461	30.615	..	..	..	..	..
» étoupes		13.942	1.002	2.773	1.494	571	..	130
» peigné		7.711	231	..	..	..	632	52
Phormium tenax, abaca, etc.		42.235	78.564	760	200	..	..	30
Teintures et tanins								
Ecorces à tan		324.918	14.947	..	..	1.635	..	..
Noix de galle		12.208	7.927	..	..	..	20	..
Autres teintures et tanins		470.366	4.433	..	..	..	..	..
Produits et déchets divers								
Légumes frais		216.296	560	15.775	28.314	32.102	4.250	3.691
» salés ou confits		210.705	47.910	11.570	19.748	..	..	1.894
» conservés ou desséch.		78.837	6.665	411	3.809	14.395	315	518
Truffes		40	10	..	..	..	197	25
Houblon		8.522	1.603	53	..	696	..	..
Sons de toutes sortes de gr.		90.596	309.172	6.138	1.000	1.108	..	..
Tourteaux de grain. oléag.		1.432.545	23.610	..	..	..	498.850	..
Drilles		153.860	3.503	..	..	62	..	..
Plantes, arbustes de serre et de pépinière		33.153	9	587	20	370	381	..
Produits et déchets végét.		23.397	2.220	1.200	..	78	..	..
Boissons								
Vins ordin. en futail.	litres	329.900	171.260	72.725	224.107	4386227 + 2934	2.053.408	60.291
» bouteilles.	»	100.301	34.772	785	21.266	107.161	44.985	1.242
Vins de Champ. et mous.	»	54.939	13.122	2.754	7.931	12.263	6.239	122
Vins de liq. en futail.	»	186.223	27.797	379	1.109	2641 + 410	78.605	228
» bouteilles.	»	124.543	41.010	15.441	16.078	81.526	94.008	1.637
Vinaigre	»	125.263	8.934	1.594	1.866	11.785	56.881	428
Bière	»	3.298.829	827.213	128.555	180.011	115.309 + 605	83.005	7.519
Jus d'oranges	»	6.667	781	..	3	..	321	..
Eaux-de-vie de vin, fut	»	27.222	6.775	185	1.358	361	30	252
» bout.	»	4.343	2.640	359	59.675	7.240	7.044	145
» de cerise (kirsch)	»	4.857	303	127	53	1.433	..	..
» de mélasse (rhum et tafia)	»	190.701	30.199	3.011	52.153	2.454	..	1.302
» autres	»	1.602.181	124.517	19.831	734.608	110.070	5.345	2.418

	Guadelou.	Guyane	St-Pierre	Inde	Indo-Ch.	Nouvelle Calédon.	Taïti	Totaux	Prix de l'unité	Valeur en francs
									en francs	
	..	..	..	..	..	..	..	111	105.—	11.655
	..	..	..	..	..	..	..	92	145.—	13.340
	..	..	..	..	..	..	..	131	100.—	13.100
	..	..	..	..	5	..	..	251	63.—	15.813
2	2	..	1	..	..	..	..	4.018	90.—	361.620
	..	..	..	..	..	..	..	741.928	0.21	155.804
	..	..	..	..	..	..	..	320.330	0.25	79.082
	..	..	..	..	..	..	..	76.787	0.25	19.196
40	..	..	480	..	..	..	..	91.515	0.50	45.757
	..	..	..	..	32	..	..	46.688	0.27	12.605
00	..	..	..	..	2.245	200	..	66.726	0.90	61.053
	..	..	..	..	957	110	..	10.589	1.28	13.553
	..	..	..	..	..	..	..	44.076	0.85	37.464
	..	200	..	..	28.456	..	..	48.568	0 79	38.168
00	..	..	..	..	..	100	..	8.726	1 50	13.089
	..	..	..	..	20.280	1.100	..	143.469	0.38	54.518
	..	..	..	..	..	..	..	341.500	0.11	37.565
	..	..	..	..	..	..	..	20.155	1.15	23.178
	..	..	..	..	24	..	..	474.823	0.14	66.475
40	171.827	30.322	..	..	1.164	12.904	301	677.363	0.30	203.208
61	25	9.225	..	5.022	148.550	41.249	..	612.589	0.45	275.665
	12.004	46	..	396	16.927	11.704	..	146.147	1.—	146.147
	..	10	..	..	810	44	..	1.136	12 —	13.632
	..	..	..	..	720	119	..	11.713	1.40	16.398
	..	..	50	..	..	..	..	408.064	0.11	44.887
78	..	..	..	..	..	..	..	2.228.583	0.17	378.859
	..	..	..	..	617	..	..	158.102	0.38	60.078
	..	..	..	..	1.730	40	..	36.290	1.—	36.290
	..	..	..	..	239	200	..	27.234	0.40	10.933
61	1.431.051	784.472	115.061	183.382	2.875.529	2536762	..	14.018.712	0.60	8.411.227
06	1.253	8.166	1.320	11.444	113.677	18.104	..	472.415	1.25	590.518
04	180	4.302	144	1.880	75.120	2.026	..	183.137	4.—	732.548
93	11.937	1.942	13.345	82	21.351	10.671	..	387.948	1.35	523.729
63	60.144	47.582	7.838	724	83.616	32.618	..	673.739	1.65	1.111.669
95	1.226	2.945	1.420	1.249	58.927	18.206	..	295.026	0.35	103.259
68	29.960	70.375	..	8.754	1.009.857	95.845	..	6.017.810	0.40	2.407.124
2	..	..	..	..	884	121	..	8.779	1.50	13.168
81	243	856	..	2.918	9.520	3.528	..	54.769	1.50	82.063
09	554	1.949	394	3.793	28.054	3.318	..	121.090	1.50	181.635
78	35	557	..	25	1.584	151	..	9.309	3.25	30.254
	..	701	..	1.361	34.695	11.219	..	334.893	0.80	267.914
521	3.251	10.995	2.174	1.051	134.846	47.192	..	2.836.682	0.37	1.049.572

**

IMPORTATIONS	Algérie	Tunisie	Sénégal	Côte Occ. Afrique	Madagascar	Réunion	Mayotte
Esprits de tout. sortes »	1.464.498	61.772	361	1.078.975	13.670		87
Liqueurs . . . . »	162.828	25.474	4.921	38.302	21.369	6.719	626
Eaux minérales . . . . . . »	1.576.061	236.850	30.439	55.419	57.277	13.383	2.706
Pierres, terres et combustibles minéraux.							
Marbre blanc statuaire brut	71.918						
» sculpté, poli	15.910						
» sciés	176.502		520		185		
» »	74.582	4.383	220			100	
» »	679.261						
» sculptés, etc.	16.369						
» autres	77.898	2.800	90		50	3.453	106
Albâtre	6.356						
Pierres ouvrées	76.325	1.960	372.022	432	1.171	2.836	
Meules à aiguiser (pièce) . .	3.134	112	12	18	1		
Emeris agglomérés	4.504	795		4	170		
Pierres et terres servant aux arts et métiers	447.480	176.003	3.919	1.797	1.523	1.832	
Briques	1.110.294	1.142.728	917.940	586.900	10.616	61.070	
Tuiles	14.867.585	854.370	872.600	221.300	5.030		19.000
Pierres de construct. (quint)	22.784	10.647	220				
Plâtre . . . . »	26.163	4.885	194			116	
Chaux hydraulique . »	113.811	41.931	9.370	8.638	265 + 18		23
Ciment . . . . »	219.714	75.247	5.087	4.737	254	2.539	71
Carreaux en ciment compr.	123.516	52.438	68.670		89	8.160	
Soufre épuré	1.222.426	7.079		394		60	4.392
» sublimé (fleur de) . .	5.594.393	2.800			140		
Houille (quintal)	3.221	1.735	1.992	4.217	9.000	9.325	
Bitumes	108.740	192.227			1.050		
Huile de pétrole et schiste .	(hec) 1.165	286	31	147	26		
Huiles lourd. et résid. de pét.	(k) 573.411	85.309	24.072	2.422	3.513	1.132	2.461
Métaux.							
Or battu en feuilles (gram.)	15.330						
Fer en barres au bois	56.568	35.322			3.986		
» au coke	4.375.269	375.615	1.981	12.461	50.014	11.083	1.527
» rails	95.575		340				
Fer d'angle et à T	713.073	64.557					
Feuillard en fer ou en acier	400.228	10.197		21.918	46	1.346	394
Fer platiné ou laminé (tôle)	388.563	59.752	335	3.686	32.813	7.732	403
Fer blanc	99.198	2.831			10.270	400	472
Fils de fer	359.607	16.070	10.627	310	1.098	420	42
Essieux et bandages de roues	162.672	1.031			875		
Cuivre battu ou laminé . . .	24.505	13.721		1.018	714	1.012	380
» en fils	13.149	2.083		636	1.669	2.166	
Plomb brut	399.544	31.685		16.076	120		
» battu ou laminé	80.312	27.246		21		8.603	590
Etain allié d'antimoine	17.762	5.453					
» battu ou laminé	15.364	8.569			156		14
Zinc laminé	363.072	29.632	1.435	640	1.882		80
Produits chimiques.							
Phosphore blanc	3.686	9					
» rouge	297	61					
Acide acétique	14.769	6.603			352	130	
» borique	6.961	2.645			142	105	
» citrique cristallisé . . .	4.518	299		12	57		
» stéarique	30.966	7.420					

	Guadelou.	Guyane	St-Pierre	Inde	Indo-Ch.	Nouvelle Calédon.	Taïti	Totaux	Prix de l'unité	Valeur en francs
		798	8.700	958	17.920	20.099	..	2.669.879	0.35	934.447
	298	3.316	545	2.763	38.783	7.157	..	313.808	1.75	549.164
	5.145	2.000	17.700	815	316.789	42.523	..	2.325.349	0.15	348.802
								51.918	0.20	10.383
	..	..	..	..	2.000	..	..	18.060	1.75	31.605
	..	..	..	..	3.240	..	..	180.442	0.12	21.653
	1.010	..	..	560	1.349	..	..	82.404	0.15	12.360
	..	..	..	..	..	..	..	679.261	0.20	135.852
	..	..	..	..	1.610	121	..	18.120	1.—	18.120
	5.498	7.596	270	340	2.147	230	..	113.453	0.15	17.017
	..	..	..	..	..	..	..	6.836	2.—	13.672
	..	..	..	2.161	6.495	3.600	..	476.563	0.30	142.068
	12	..	4	..	442	8	..	3.798	6.—	22.788
	..	..	..	..	3.198	200	..	9.167	2.—	18.334
	25.530	57	162	..	38.703	4.213	..	702.870	0.03	21.086
	118.003	358.000	..	50	2.155	33.040	..	4.488.087	0.015	67.321
	300	30.830	37.500	..	..	5.000	..	17.635.615	0.025	440.890
	34	..	..	..	..	..	..	33.685	1.80	60.633
	2	..	..	..	492	..	..	32.070	1.—	32.070
	478	1.595	..	..	98	..	..	265.619	2.20	562.361
	4.150	1.519	206	..	31.484	1.748	..	344.960	3.—	1.034.880
	20.385	15.050	..	..	799.690	..	..	960.793	0.10	96.079
	712	..	..	2.970	2.518	135	..	1.273.707	0.12	152.844
	..	..	..	..	606	50	..	5.598.233	0.15	839.734
	..	..	..	..	20.001	..	..	52.901	1.70	89.931
	..	3.250	50	..	2.424	..	..	704.441	0.08	56.355
	..	..	..	..	15	1	..	1.166	11.60	18.325
	491	4.150	520	..	258.262	389	..	956.152	0.15	143.422
	..	..	..	..	..	..	..	15.330	3.20	49.056
	..	..	..	..	55	..	..	95.931	0.22	21.104
	10.465	..	440	..	267.972	29.900	..	5.128.491	0.12	615.418
	..	..	..	..	84.658	..	..	180.573	0.14	25.280
	..	..	..	..	314.434	..	..	1.092.064	0.13	141.968
	..	..	192	..	49.250	1.251	..	487.816	0.15	73.172
	3.206	..	..	69	145.173	61.265	..	694.368	0.24	166.648
	..	..	..	..	8.170	13.549	..	134.890	0.34	45.862
	565	200	201	282	53.760	5.585	..	449.830	0.30	134.949
	..	..	280	..	74.350	196	..	239.118	0.22	52.605
	232	..	..	..	18.219	..	..	60.268	1.65	99.436
	..	..	..	979	2.715	65	..	23.582	10.—	235.820
	..	..	..	..	3.956	2.608	..	453.989	0.31	140.736
	910	400	..	..	13.526	..	..	135.037	0.43	58.065
	..	..	..	..	520	..	..	23.735	1.40	32.329
	20	..	..	..	163	40	..	24.266	2.45	59.451
	718	3.894	..	..	11.890	..	..	416.243	0.56	233.096
	..	..	..	..	1.634	..	..	4.739	5.25	24.879
	..	..	..	..	918	..	..	1.276	9.—	11.484
	..	..	..	..	4.375	57	..	26.281	0.50	13.140
	..	..	..	..	9.083	..	..	18.964	0.70	13.274
	..	35	..	..	286	19	..	5.217	3.—	15.741
	..	..	..	..	..	..	..	38.386	0.815	31.284

EXPORTATIONS	Algérie	Tunisie	Sénégal	Côte Occ. Afrique	Madagasc.	Réunion	Mayotte
Acide sulfurique	908.598	20.939	150	1927	14.026	26.102	..
» tartrique	28.866	3.806	..	..	..	240	40
Oxyde de plomb	61.167	13.661	1.312	1.141	24.922	6.350	152
» de zinc	9.398	13.529	..	153	..	..	..
Ammoniaque	63.287	7.902	..	79	325	1.463	..
Magnésie calcinée	745	241	..	35	194	647	..
Potasse et carb. de potasse	7.679	4.851	748	255	1.663	1.068	44
Soude caustique	120.645	40.072	..	..	..	4.124	..
Carbonate de soude brut	135.495	22.944	..	..	279	110	400
» » raffiné	124.845	14.848	2.346	383	760	1.633	..
Natron	130.078	126	..	580	..	..	..
Bicarbon. de soude	25.912	14.841	..	120	4.620	1.459	..
Sel brut (quintal)	1.621	..	4.798	24.890	18.957	1.466	1
Sels ammoniacaux bruts	11.191	3.692	..	..	120	12.405	..
» raffinés	7.448	2.434	59	..	89	..	20
Alun d'ammon. et potasse	72.762	18.614	60	83	375	907	..
Arséniate raffiné	13.961	5.386	..	80	50	185	..
Carbonate de plomb	3680	12.132	1.231	..	..	..	..
Chlorate de potasse	19.084	..	..	..	430	258	..
Chlorure de chaux	64.118	12.135	110	..	100	..	..
Glycérine	9.626	798	..	250	74	70	..
Nitrate de potasse	10.787	7.460	..	..	79	117	..
» de soude	103.317	37.194	..	..	..	..	..
Sulfate de cuivre	858.213	12.380	225	..	2.061	11.847	100
» de fer	856.713	147.746	..	..	1.102	204	..
» de potasse	58.808	3.076	120	..	326	..	..
» de soude	193.284	10.477	78	..	622	2.349	..
Superphosphate de chaux	462.032	76.630	..	..	..	83.980	..
Engrais chimiques	885.129	27.962	..	..	52	5.050	..
Prod. chim. du goud. de h.	155.557	4.458	70	624	333	199	..
» non dénommées	612.376	12.784	3	1.450	2.431	2.840	45
Teintures préparées.							
Cochenille	7.576	7.894	..	..	..	..	..
Indigo	2.213	14.793	..	..	60	..	..
Indigo pastel, indique	2.881	6.140	2.586	547	..	3.876	80
Extraits de bois de teinture	39.647	1.154	..	..	..	..	..
Teint. dériv. du goud. de h.	7.966	7.923	..	..	70	50	..
Outremer	101.577	57.854	120	465	935	7.100	750
Bleu de prusse	300	349	..	..	..	..	..
Vernis à l'alcool	2.913	739	35	..	..	..	..
Vernis à l'huile ou à l'ess.	58.256	9.336	45	67	315	38	25
Encre	70.080	31.309	890	924	1.081	3.307	40
Crayons	5.526	348	..	120	132	..	..
Ocres préparés	201.453	42.687	410	3.813	450	..	..
Couleurs.							
Couleurs broyées à l'huile	134.048	23.093	7.054	9.582	8.236	3.000	863
» non dénommées	59.712	16.016	1.148	66	2.667	..	1.001
Compositions diverses.							
Savons	37.787	6.313	232	1.371	963	2.558	..
Parfumeries alcooliques	21.234	6.437	680	2.118	984	1.868	65
» non alcooliq	9.969	4.854	189	330	474	11	..
Savons aut. q. ceux de parf.	8.546.610	235.934	609.226	84.700	29.932	195.632	15.273
Moutarde	65.060	6.197	468	654	1.010	218	..
Epices préparées autres	3.807	1.573	110	1.112	538	37	..
Médic. compos. Eaux distill.	72.903	1.891	138	20	272	1.116	41

ue	Guadelou.	Guyane	St-Pierre	Inde	Indo-Ch.	Nouvelle Calédon.	Taïti	Totaux	Prix de l'unité	Valeur en francs
									en francs	
83	880	..	..	..	26.354	..	..	1.003.759	0.86	60.225
	..	..	..	..	1.272	..	..	34.224	2.90	99.249
92	..	756	..	..	27.098	1.190	..	143.541	0.32	45.933
12	..	108	..	..	16.235	..	..	39.635	0.55	21.790
	..	924	..	..	2.703	..	..	76.683	0.25	19.170
64	..	120	..	..	5.130	..	..	7.176	2.—	14.352
	..	..	..	..	10.377	100	..	26.725	0.40	10.689
	..	..	..	..	6.859	180	..	131.880	0.26	34.288
	..	..	..	..	3.257	8.368	..	170.853	0.06	10.251
75	..	410	..	..	11.862	336	..	157.678	0.10	15.767
	..	..	..	..	..	..	..	13.784	0.04	..
06	..	707	55	..	2.010	210	..	50.140	0.22	11.030
00	..	504	251	..	12	60	..	116.755	1.50	175.132
80	95.241	..	61.045	..	250	..	..	120.379	0.27	32.502
	..	..	..	..	494	..	..	10.544	1.10	11.598
	..	..	..	..	292	880	..	93.973	0.15	14.095
	1.110	..	..	..	2.000	189	..	22.981	0.50	11.490
	..	..	700	..	9.294	..	..	27.037	0.38	10.274
	..	..	..	..	17.358	..	..	37.130	1.30	48.269
	..	..	..	..	26.933	735	..	104.131	0.24	24.991
80	..	152	..	..	442	..	..	11.492	1.30	14.939
	71.500	..	..	..	40	856	..	90.839	0.43	39.060
	..	..	..	..	12.784	..	..	153.295	0.21	32.191
	..	..	..	..	1.769	614	..	887.209	0.43	381.499
76	..	..	..	..	6.835	230	..	1.012.966	0.05	50.648
	..	..	..	..	1.821	916	..	65.067	0.23	14.965
	..	57	..	..	6.758	2.227	..	215.852	0.05	10.792
00	615.840	..	..	..	..	..	..	1.258.482	0.07	87.793
70	15.000	..	..	..	425	..	..	980.688	0.10	98.068
	..	93	..	..	3.750	..	..	165.084	0.60	99.050
	..	105	900	..	15.994	3.008	..	651.838	0.66	430.213
	..	..	..	..	..	..	..	15.470	3.25	50.297
	..	..	..	..	..	..	..	17.066	10.—	170.660
	..	..	..	..	600	100	..	16.804	2.—	33.608
	..	..	..	..	28.539	..	..	69.340	1.60	110.944
	..	..	..	..	8.554	..	..	24.763	5.25	128.955
	..	565	120	..	8.991	300	..	179.077	1.10	196.984
	..	..	..	..	5.646	..	..	6.295	3.—	18.885
	..	44	..	..	..	..	..	3.731	3.50	13.058
	..	793	..	..	14.192	1.002	..	84.099	1.40	117.738
	..	53	..	..	18.999	3.757	..	130.601	2.—	261.202
	..	..	..	..	361	21	..	6.508	3.—	19.524
756	..	260	..	..	262	2.655	..	257.746	0.06	15.464
152	3.012	..	1.191	168	60.010	11.736	806	286.038	0.90	257.434
250	..	..	..	139	36.010	2.670	383	119.688	1.80	215.438
35	..	91	..	94	5.427	855	..	56.562	3.50	197.967
39	45	..	..	119	8.559	1.388	..	46.968	5.60	263.020
192	..	50	7	..	296	98	..	17.494	4.50	68.723
106	105.814	143.539	69.315	125	120.534	64.635	..	10.459.744	0.40	4.183.897
142	12	..	..	..	3.336	376	..	71.510	1.40	100.114
	..	180	..	..	1.620	1.526	..	10.153	4.—	40.612
751	1.987	234	..	22	2.580	1.187	..	83.142	1.—	83.142

EXPORTATIONS	Algérie	Tunisie	Sénégal	Côte Occ. Afrique	Madagasc.	Réunion	Mayotte	Noss...
Médicaments autres	85.249	11.257	308	3.985	3.587	3.116	69	
Chicorée	129.001	24.696	35	25				
Amidon	76.493	6.488	10.122	85	283	105		
Cire à cacheter	8.053	526	429	136	250		62	
Bougies	2.554.998	318.540	26.132	11.268	241.312	121.859	1.289	
Cire et acide stéar. ouvrés	6.723	450	28	40		237		
Chandelles	7.852	582	280			22		
Colle de poisson	1.142	1.185						
Colle forte	73.323	9.392	69	150	251	160		
Cirage	74.501	18.963	76	122	2.105	101	40	
Poteries, verres, etc.								
Poteries réfr. en terre com.	567.663	169.706	12.506	1.270	695	184.156	4.096	
Tuyaux de drainage	228.025	87.096						
Pipes de terre	5.362	703	7.902	1.079	39	261	25	
Autres prod. en terre com.	295.448	31.037	38.469	1.825	3.944	31.796	100	
» vern. ou ém.	1.382.474	2.839	190	773	400	2.896		
Tuyaux de toutes formes	228.393	150.893						
Carreaux et pavés céramiq.	5.825.516	1.144.347	163.906	6.709	24.080	79.760		
Faïences stan fères	897.834	134.723	5.197	11.052	21.771	76.935	1.263	
» fines	434.469	42.824	12	1.189	593	2.035		
Porcelaine blanche	165.481	33.288	309	140	3.441	13.214	87	
» décorée	41.409	8.517	485	252	44	321		
Glaces	52.078	9.928	845	2.689	1.329	1.294		
»	52.956	17.262	320	16				
» brutes fr.	21.690	1.450						
» étamées fr.	33.055	22.800	310		180	1.000		
Verres bruts coul. ou moulés	33.844	8.601	108					
Gobeletterie unie et moulée	911.796	184.979	788	15.646	8.785	29.656	467	
» taillée, gravée	8.580	1.736	15		23	175		
Verres ou chemin. d'éclair.	86.292	5.799	60	312	789	116	34	
» à vitres ordinaires	164.448	26.402	3.104	2.342	5.417	2.614		
» émaillés, gravés	2.386	727		386		233		
Vitrification en gr. percés	33.031	213	14.411	17.179	1.108			
Fleurs et ornem. en perles	85.549	8.829	429	1.019	256	1.066	30	
Bouteilles pleines	5.679.762	308.200	27.527	1.899.832	169.939	156.016	7.264	1
» vides	1.275.963	202.180	665	3.530	4.164	1.832	40	
Lampes élect. à incandes.	194	96						
Objets en verre non dénom.	62.860	26.319	817	1.553	3.729	1.042		
Fils								
De lin, chanvre et ramie	5.352	1.225			70			
De lin et ramie purs ou mél.	3.491	593						
» retors écheveaux écrus	7.267	1.058						
» » échev. blanchis	5.422	261						
» » » teints	1.796						20	
» » en pelot. cart.	746	162						
Fils phormium tenax, abaca	18.324							
Ficelles en fils polis. simpl.	12.513	1.752	1.393	2.724	1.617	315	20	
Cordag. fil ret. double tors	110.521	24.439	8.035	6.414	8.996	1.013	97	
Fils de coton écrus	7.345	2.485				223	8	
» blanchis	13.951	1.553	19		15	382		
» teints, chinés	86.950	980			214			
Fils retors écrus	2.048	2.057	799	702	82			
» blanchis	70.521	8.018	144		527	696		
» teints ou chinés	67.853	3.275	605		125	922		
Fils de laine								
Simples, blanchis non peign.	2.723	534						
» peignés	4.908							
Retors p. tissage peignés	1.266	4.066						

...ue	Guadelou.	Guyane	St-Pierre	Inde	Indo-Ch.	Nouvelle Caledon.	Taïti	Totaux	Prix de l'unité	Valeur en francs
241	1.255	..	..	362	27.935	6.705	..	143.513	5 —	717.565
..	..	..	620	..	25	899	..	155.321	0.55	85.426
300	..	420	..	85	4.828	1.409	..	101.096	0.36	36.391
255	706	326	..	137	5.182	321	..	16.374	2.50	40.935
050	100.594	34.774	1.823	1.171	159.897	43.315	..	3.710.641	1.20	4.452.769
80	97	..	..	..	..	..	..	7.754	1.80	13.957
358	44.442	3.577	..	..	..	..	..	85.313	0.80	68.250
..	..	..	..	..	..	100	..	2.427	20 —	48.540
212	166	..	..	..	3.895	629	..	88.337	0.65	57.419
210	7.913	30	1.350	..	8.820	1.105	..	129.570	0.80	103.656
764	35.160	..	..	..	15.251	..	..	1.092.152	0.25	273.038
180	..	30	..	..	..	..	..	315.325	0.10	31.532
245	..	6.255	..	..	40	240	..	22.145	1.50	33.217
910	255.350	12.750	..	200	6.920	1.169	..	917.767	0.25	229.441
257	800	8.690	..	145	1.053	135	..	1.114.284	0.25	353.571
..	..	..	..	..	..	..	..	379.106	0.20	75.821
221	42.185	32.250	..	..	287.702	7.000	..	7.764.315	0.10	776.431
487	10.068	50	..	576	23.470	16.980	..	1.183.751	0.55	651.063
..	..	130	..	..	65.850	450	..	548.040	0.55	301.422
200	63	..	..	727	21.494	3.439	..	247.001	1.50	370.501
..	..	..	..	..	25.455	516	..	77.499	4.10	317.745
..	..	100	..	..	3.721	..	..	71.984	0.90	64.785
525	..	..	..	..	..	250	..	71.473	1.50	107.209
..	..	..	..	..	139	..	..	23.670	..	23.670
..	..	..	..	..	..	..	..	58.965	..	58.965
..	..	..	..	..	1.000	..	..	63.253	0.26	16.445
596	1.940	441	..	224	95.705	17.139	..	1.269.460	0.85	1.079.041
73	..	..	..	..	25.694	..	..	35.295	2.60	91.767
140	..	..	..	..	5.721	72	..	99.211	0.77	76.392
798	3.505	..	..	..	10.687	6.489	..	231.266	0.254	58.726
..	..	..	..	..	87	..	..	3.854	7 —	26.978
..	..	..	..	881	233	455	..	67.506	2.35	158.639
..	..	125	..	16	4.486	334	..	102.083	8.35	852.393
665	67.550	89.150	26.320	32.240	425.847	234.888	..	9.349.397	0.13	1.215.421
698	50	..	..	..	18.697	3.967	..	1.532.389	0.13	199.210
..	..	..	..	..	835	..	..	1.121	25 —	28.025
101	..	13.969	..	..	6.853	377	..	117.620	1.10	129.382
..	..	..	..	..	170	..	..	6.797	1.80	12.234
..	..	..	..	..	250	42	..	4.376	2.70	11.815
..	..	..	..	..	..	..	..	8.325	3.75	31.218
..	..	..	..	..	206	10	..	5.893	6 —	33.358
..	..	..	..	..	22	..	..	1.638	7 —	12.066
..	..	..	..	..	1.690	..	..	2.598	6.50	16.887
..	..	..	..	..	9.841	1.357	..	29.552	0.87	25.710
37	12	..	..	..	..	..	..	22.749	2.30	52.313
742	2.963	..	4.550	..	80.595	21.830	..	265.229	1.15	305.013
..	..	..	..	..	..	..	..	10.067	2.38	23.959
..	..	..	..	..	275	150	..	16.366	2.18	35.677
..	..	..	..	..	..	..	..	88.094	3.22	283.662
..	..	..	..	..	1.296	..	..	6.493	3.42	22.206
..	..	..	..	..	4.986	..	..	84.922	3.55	301.473
..	..	..	..	..	4.771	194	..	77.743	3.60	279.874
..	..	..	..	..	..	..	..	3.257	5.25	17.099
..	..	..	..	..	3	..	..	4.911	6.10	29.957
..	..	..	..	..	..	..	..	5.332	5.75	30.659

EXPORTATIONS	Algérie	Tunisie	Sénégal	Côte Occ. Afrique	Madagasc.	Réunion	Mayotte
» teints ou imprimés..	1.565	1.369	..	..	..	36	..
» soie à coudre, broder	262	501	..	..	..	..	..
Tissus							
Tissus de lin chanv. ou r. éc.	88.252	13.806	389	776	96	..	454
De lin, chanvre, ram. blan.	72.247	2.681	1.200	382	..	923	..
Tissus de jute purs........	23.839	4.029	..	30	490	..	..
Sacs de jute neufs........	102.147	418.663	2.500	29.381	9.400	..	9
» ayant servi............	1.614.192	193.637	3.400	49.358	3.213	5.000	..
Tissus de coton écrus	198.879	1.626	361	226	785	931	72
» » blanchis...	1.064.039	64.828	606	1.628	7.376	9.617	30
» » teints......	3.199.924	151.910	8.959	8.076	8.898	118.364	76
Tissus fabriq. avec fils teints	1.633	4.173	437	1.407	..	..	..
» imprimés....	29.611	7.623	33	..	1.127	1.021.927	..
Dentelles à la mécanique..	69	4	6	..	..	..	..
» à la main.......	4	..	..	..	..	..	..
Rideaux de tulle...........	888	..	..	..	..	..	..
Couvertures	76.956	7.144	130	1.880	1.358	5.717	412
Bonneterie, ganterie......	769	64	..	..	..	..	..
» autre	199.561	12.771	1.236	2.397	2.210	8.605	653
Passementerie	27.302	11.981	9	134	597	4.564	10
Rubanerie	8.452	137	..	..	721	..	..
Brod. à la main ou mécan.	33	217	24	..	..	125	..
Mèches de lampes.........	5.594	2.644	..	33	..	..	..
Toiles cirées ou autres....	16.987	1.072	50	45	..	147	8
Etoffes mélangées.........	29.716	2.526	2.559	329	37	818	..
Guinées des Indes.........	..	..	6.314	3.600	29	80	..
Filets de pêche en coton, etc.	15.623	1.030	..	40	..	..	..
Draps, casimirs et autres..	477.653	100.167	207	4.705	2.776	19.909	..
Etoffes pure laine p. ameubl.	5.314	913	..	..	..	28	..
» moires........	..	270	..	..	325	..	..
» mérinos	12.521	214	..	..	2.599	10.397	..
» p. habillem. autres	7.735	298	15	..	1.084	3.767	..
Tapis, persans et indiens..	984	534	..	..	..	..	..
» turcs............	178	805	..	..	..	..	..
» »............	223	216	..	..	..	141	..
» autres	15.679	1.363	..	30	216 + 30	1.499	..
Bonneterie laine	45.977	5.945	520	653	259	604	290
Passementerie et rubanerie	5.322	1.196	..	..	22	..	..
» mélangée....	520	..	..	..	..	..	..
Fez	163.691	866	2.428	812	..	..	..
Couvertures	117.156	8.335	40	2.145	3.198	6.571	148
Etoffes mélangées.........	38.232	1.728	783	2.155	..	1.821	..
Tissus de soie pure unie..	10.565	1.883	..	111	67	708	..
Tissus de soie façonnés ...	537	..	..	..	..	..	..
» d'autres matières unis	7.430	1.666	128	18	202	196	..
Gazes et crêpes de soie....	244	19	..	..	..	14	..
Tissus de bourre de soie...	359	104	..	..	18	..	..
Bonneterie de soie.........	461	36	..	..	..	..	..
» ou bourre de soie	81	350	..	..	10	..	..
Broderies.................	361	16	..	..	..	30	..
Rubans de soie pure.......	1.863	191	..	..	678	155	..
» » mélangée..	420	..	..	..	70	..	..
Toile cirée et linoléum.....	16.688	967	622	58	604	813	..
Vêtements et lingerie							
Pièces de lingerie cousues.	155.167	13.142	515	1.677	1.763	1.046	380
Vêtem. confect. p' hommes.	449.960	85.917	2.657	4.711	2.622	3.296	81
» » p' f. en soie.	279	11	..	148	2	..	..
» » » autres t.	24.764	1.615	15	91	26	43	36
Cravates en soie..........	64	15	..	60	..	..	..
» en autres tissus...	916	221	..	..	..	99	..
Art. conf. non dénommés..	62.274	6.194	540	1.721	1.471	..	..

e	Guadelou.	Guyane	St-Pierre	Inde	Indo-Chin.	Nouvelle Calédon.	Taïti	Totaux	Prix de l'unité en francs	Valeur en francs
	..	..	..	..	..	..	..	2.964	6.60	19.562
	..	..	..	5	..	..	..	768	58 50	44.728
0	..	..	..	..	12.822	5.802	..	122.652	2.91	357 917
0	2.900	..	800	..	16.058	529	..	99.170	7.70	763.609
	..	..	2.190	..	951	..	..	31.519	1.05	33.126
	..	..	..	..	1.803	1.514	..	565.427	1.10	621.969
	920	12	..	..	..	2.878	..	1.872.810	0.55	1.030.045
15	..	..	244	1.302	156.680	963	..	377.377	2.50	943.442
8	..	..	..	..	400.653	945	..	1.552.036	2.75	4.268.499
0	824	..	..	..	547.882	20.232	..	4.089.020	3.85	15.708.077
	..	..	..	..	..	..	..	7.650	4.50	34.425
	..	..	..	3.835	2.050.493	234.785	..	3.349.459	4 43	1.440.267
	..	..	..	..	307	102	..	488	80.—	39.040
	..	..	..	..	400	..	..	404	400.—	161.600
	..	..	..	..	..	..	..	888	32.—	28.416
	151	..	..	..	35.006	..	..	128.854	2.10	270.593
	241	..	..	..	..	355	..	1.629	40.—	65.160
	702	..	..	15.271	35.667	6.089	..	286.656	9.—	2.579.904
	..	..	..	..	6.905	162	..	51.724	14.50	749.998
	..	..	..	..	30	..	..	9.340	11.—	102.740
	..	..	..	..	..	..	..	399	120.—	17.880
10	..	..	..	..	419	100	..	8.790	2.25	19.777
	..	..	..	..	108	181	..	18.646	2.30	42.885
	..	..	..	..	1.049	115	..	37.149	7.10	263.757
	..	..	..	..	..	..	..	10.113	7.25	73.319
	..	..	..	..	..	240	..	16.933	7 25	122.764
00	..	..	40	5.580	19.357	2.404	..	633.048	12.50	7.913.700
00	..	..	..	..	113	..	..	6.768	8.45	57.189
	..	..	..	..	150	..	..	747	6.75	5.042
	..	..	..	473	5.399	2.728	..	34.331	7 90	271.216
	..	..	..	163	2.978	1.351	..	17.391	9.90	172.170
	..	..	..	..	..	..	..	1.518	14.—	21.252
	..	..	..	..	..	..	..	983	14.—	13.662
46	..	..	..	..	958	231	..	580	5.15	2.987
	..	..	..	1.522	..	279	..	20.046	5.15	103.236
	..	..	..	72	102	..	..	56.518	14.—	791.252
	..	..	..	..	205	..	..	6.714	21.—	93.996
	..	..	..	..	..	..	..	725	14.70	10.657
96	321	..	..	71.803	..	5.031	..	107.131	1.40	149.983
	..	..	..	..	10.416	160	..	215.244	3.30	710.305
	..	..	..	60	1.311	97	..	55.295	21.—	1.161.195
	..	..	..	..	..	..	..	14.808	71.—	1.051.368
	..	..	..	..	2.188	16	..	537	97.—	52.089
	..	..	..	..	..	..	..	11.938	45.—	536.210
	..	..	..	..	..	..	..	277	104.50	28.946
	..	..	..	..	50	..	..	481	49.—	23.569
	..	..	..	..	..	..	..	547	75.—	41.025
	..	..	..	..	..	..	..	481	63 75	30.663
	..	..	..	..	..	..	..	407	205.—	83.435
	..	..	..	105	232	10	..	3.534	72.—	254.448
	..	..	..	..	..	..	..	490	52 —	25.480
	..	..	..	5	1.843	1.600	..	23.198	2.45	56.835
40	87	..	..	108	10.586	6.345	..	190.714	54 —	10.298.556
217	1.495	..	160	33	2.515	11.539	357	567.426	14.13	8.017.729
	..	..	..	..	..	..	..	440	336.34	147.989
662	..	..	..	..	1.666	234	..	29.562	95.16	2.812.919
	..	..	..	..	106	..	..	239	84.50	20.195
	..	..	..	..	..	..	..	1.236	39.75	49.131
	825	..	..	..	2.659	212	..	76.556	6.70	512.925

***

EXPORTATIONS	Algérie	Tunisie	Sénégal	Côte Occ. Afrique	Madagasc.	Réunion	Mayotte
Papier et ses applications							
Papier ou carte de fantaisie.	9.880	2.773	2.068	618	906	342	86
» » autre......	3.052.004	525.874	6.644	13.390	37.142	79.097	165
» » de tenture.	24.478	13.179	..	..	63	255	..
» » photograph.	5.390	857	57	..	27	20	..
Carton en feuilles........	149.729	12.656	120	325	400	..	..
» coupé ou façonné.	198.805	850	..	..	338	..	..
» assemblé en boîtes	30.243	2.172	99	965	2.318	3.601	36
Objets en cart. ou en cellul.	4.831	62	..	75	..	62	..
Livres en langue française.	131.760	21.847	178	1.551	3.367	7.413	..
» » étrangère.	4.405	2.705	530	322	725	..	12
Gravures, estampes, etc...	2.949	45	28	..	406	40	..
Photographies.............	1.752	444	..	..	30	..	..
Etiquettes et dessins divers.	17.766	2.748	..	..	284	353	..
Imprimés non dénommés..	113.567	15.381	220	1.262	1.265	2.121	103
Cartes géographiques......	2.858	215	..	..	..	..	..
Musique	2.207	151	..	..	..	..	..
Cartes à jouer........(fr.)	176.370	65.529	914	340	4.743	3.680	..
Peaux et Pelleteries ouv.							
Peaux tan. de chèv., mout.	24.068	3.348	..	..	..	486	..
» » autres	471.671	142.260	470	..	403	1.259	..
Peaux corroyées de veau...	17.915	1.493	..	..	..	315	..
» » teintes.	99.025	34.076	..	..	860	5.375	..
» de vache et aut. grand.	236.547	9.149	..	..	..	55	..
Chaussures	649.018	51.935	2.055	5.068	9.457	20.393	189
Gants.....................	844	23	..	..	..	40	..
Selles	223	32	..	..	4	..	4
Sellerie autre	2.892	241	..	72	26	..	..
Bourrellerie	78.864	10.357	776	..	723	1.460	60
Maroquinerie	4.061	886	50	77	..	..	..
Ouvrages en peaux autres..	30.974	5.115	30	282	241	1.595	59
Pelleteries ouvrées	601	..	..	..	..	..	..
Bijouterie, Horlogerie et ouvrages en métaux.							
Orfèvrerie d'argent....(gr.)	682.847	92.708	1.000	10.000	9.500	5.500	..
Bijouterie d'or.......... »	21.690	23.828	485	..	100	5.732	..
« d'argent ...... »	95.720	5.220	..	..	700	4.780	..
Ouvrages dorés et argentés.	4.120	310	91	..	..	55	..
Bijouterie fausse...........	950	60	..	..	99	26	..
Montres à boîtes d'or (pièce)	134	110	25	..	..	13	..
» » d'argent »	1.407	150	9	..	200	188	..
» » autres «	900	78	99	..	112	6	..
Pendules et horloges,etc.(fr.)	53.332	2.240	..	635	765	300	50
Compteurs de tours, etc...	34.171	2.815	..	..	..	..	..
Horloges en bois...........	38.223	14.482	70	217	396	306	125
Carillons et boîtes à musiq.	1.519	244	..	143	387	10	..
Fournitures d'horlogerie...	476	..	..	..	73	..	..
Machines fixes............	163.700	8.099	..	374	11.883	..	..
Locomobiles...............	84.770	..	..	..	..	..	..
Locomotives..............	132.050	5.300	..	..	..	..	..
Machines hydraul., pompes	150.579	58.756	1.726	942	3.555	500	625
Tenders de locomotives....	18.625	..	..	..	..	..	..
Machines à imprimer......	29.266	10.147	..	..	7.855	136	..
» pour l'agriculture.	715.525	128.707	350	..	15.175	1.476	..
» à coudre	37.250	6.328	..	501	5.870	221	..
» dynamo électriq..	8.842	..	..	..	40	..	..
» outils	39.856	12.301	..	849	49	407	40
Mécanique générale	344.613	378.632	862	12.842	24.137	2.733	128
Chaudières à vapeur simpl.	51.301	26.142	..	..	17.852	..	1.068

...e	Guadelou.	Guyane	St-Pierre	Inde	Indo-Ch.	Nouvelle Calédon.	Taïti	Totaux	Prix de l'unité	Valeur en francs
									en francs	
07				124	14.772	1.710		35.140	1.80	63.252
93	7.500	8.002	351	1.105	412.228	51.547	40	4.207.550	0.45	1.893.397
					9.875	207		47.997	2.—	95.994
					85	49		6.485	9.—	58.365
72	1 300				13.848	1.813		181.465	0.21	38.107
					1.731			201.724	0.50	100.862
94				346	20.722	2.241		64.935	0.60	38.961
88					2.571	666		8.655	2.25	19.483
77		50		.791	32.431	6.204		208.993	4.80	1.003.166
				11	9			8.719	6.80	59.289
		117		125	100			3.810	28.35	10.801
					25			2.251	38.10	85.763
21	46	20		40	14.818	585		33.881	3.80	128.747
32					12.271	1.024		147.536	3.80	569.636
4					874	7		3.958	11.35	44.923
					152			2.510	7.30	18.323
52		300		300	15.072	536		269.382		269.382
								28.067	7.85	220.325
70	1 843				3.613	1.664		623.653	4.70	2.931.169
14					96			20.133	8.50	171.130
96				606	6.884	2.330		113.352	17.—	1.926.984
46						100		247.097	5.45	1.387.078
				86	10.072	29.200	706	778.575	18.—	14.014.350
						90		997	130.—	129.610
					100			363	77.50	28.132
					549			3.780	11.50	54.810
50	175			156	7.277	1.145		101.118	4.60	465.142
					925	90		6.089	25.—	152.235
00	43			105	7.221	1.085		47.780	8.50	406.130
					49			649	40.—	25.960
					69.543	15.758		886.856	0.26	230.582
					14.661	550		67.046	5.40	362.048
					1.749	2.900		111.069	0.70	77.748
					1 057	140		5.773	28.—	161.644
					701	254		2.090	13.25	27.692
					31	6		319	110.—	35.090
					1.069	2		3.025	16.—	48.400
					324	13		1.552	9.—	13.788
				200	5.570	100		63.242		63.242
					82	436		37.504	10.50	393.792
				501	1.510			55.830	10.—	558.300
					415			2 718	8.—	21.744
					778	25		1.344	40.—	53.760
					7.920			191.976	1.39	249.568
								84.770	1.75	148.347
								137.350	1.70	233.495
088				954	11.512	696		180 861	1.25	226.076
								18.625	1.—	18.625
					10.477			47.881	1.88	90.016
	1 511				5.458	9.418		757.703	1.—	757.203
					6.420	363		56.953	3 40	193.640
			32		5.833	35		15.157	2.30	34.861
					2.180	1.118		56.425	1.62	91.408
280	1.660		350		49.122	5.575		836.565	1.20	1.003.806
					49.017			145.380	0.70	101.766

EXPORTATIONS	Algérie	Tunisie	Sénégal	Côte Occ. Afrique	Madagasc.	Réunion	Mayotte
Chaudières à vapeur tubul.	25.380	11.854	..	..	..	..	..
» découvertes....	11.638	5.085	127	..	394	..	..
Appareils p^r brasser., distill.	1.183	2.357	..	..	2.668	..	..
» frigorifiques....	9.005	2.217	..	223	1.191	..	..
Pièces détachées en fonte..	127.178	13.737	..	244	13.372	115	2.100
» en fer ou en acier...	659.936	140.978	4.935	4.799	22.892	16.715	2.405
Ressorts en acier p^r wag., etc.	77.687	641	..	..	275	1.820	..
Pièces dét. en cuivre p. ou al.	7.519	1.613	..	..	169	..	..
» de plusieurs métaux	46.557	12.129	399	..	72.501	12	..
Outils en fer pur.........	157.586	23.601	45	1.473	4.606	829	20
Outils en acier............	150.537	23.167	245	2.791	1.355	1.677	364
Caractères d'imprimerie...	10.555	5.319	..	725	..	505	..
Toiles métall. en fer ou ac.	16.829	1.514	3.936	323	114	275	..
Grillages en fer ou acier...	48.961	12.338	..	622	1.263	250	42
Aiguilles à coudre.........	1.568	27	25	..	60	155	12
Épingles.................	6.715	1.093	90	..	..	67	..
Coutellerie commune......	44.936	3.697	1.351	1.712	1.939	2.167	108
» fine............	1.944	850	..	34	48	175	..
Statues en métal..........	1.859	508	..	..	..	410	..
Ouvrages en fonte moulée.	1.595.917	345.260	468	15.719	15.191	23.694	259
» polis ou tournés.	3.967	6.246	..	..	..	..	..
» étamés, émaillés.	12.616	4.184	..	..	..	..	..
Ferronnerie, construct. mét.	369.491	223.693	..	2.787	107.919	..	..
» petits ouvrages.	922.113	222.889	10.653	14.682	22.152	7.024	1.853
Serrurerie................	82.290	37.217	1.214	4.804	6.619	6.125	437
Ancres, câbles et chaînes...	197.078	14.386	..	2.739	7.379	2.625	429
Clous....................	273.673	45.667	23	6.853	821	1.093	411
Pointes..................	281.171	18.454	..	1.533	3.803	2.604	426
Vis, pitons, boulons......	737.501	126.356	495	2.954	1.271	35.139	1.246
Tubes en fer ou en acier..	161.575	85.358	..	4.575	4.608	523	1.320
» pour recouvrement.	38.138	1.904	..	..	..	..	2.120
Articles de ménage......	54.409	28.727	1.030	1.321	8.323	1.773	..
» peints ou vernissés	366.160	75.001	430	2.115	9.694	449	284
» étamés et émaillés.	381.453	64.100	6.316	17.625	8.387	25.357	1.474
Appareils inodores...	19.126	5.421	..	..	..	..	..
Chaudronnerie...........	3.609	2.338	..	..	1.222	..	..
Objets d'art et d'ornement	5.654	312	..	..	89	..	..
Articles de lampisterie et de ferblanterie	78.109	10.375	230	1.121	2.019	167	90
Ouvrages en cuivre ou autr.	256.175	28.186	721	1.854	17.767	32.169	581
» en plomb........	388.905	276.752	18.803	4.322	5.482	31.957	631
» en étain........	8.283	1.374	341	..	649	..	..
» en zinc........	36.837	7.279	378	170	1.356	..	176
» en nickel.......	2.079	243	..	..	..	..	..
Armes, poudres et munitions.							
Armes de guerre, fusils..	390	3.781	..	3.918	2.745	..	..
» de commerce, blanch..	744	312	31	..	265	21	..
» » à feu..	22.421	3.585	58	1.036	1.861	169	112
Poudre à tirer............	181.953	78.804	19.790	134.125	854	225	..
Dynamite................	1.900	15.207	..	..	..	..	..
Poudre de chasse.........	6.119	2.278	..	39	89	169	..
Cartouches vides.........	52.457	12.567	62	207	1.439	45	96
Projectiles...............	33	6.153	..	..	..	..	..
Mèches de mineurs.......	16.943	2.518	..	19	255	..	..
Artifices p. divertissements	11.779	943	..	91	..	..	..

	Guadelou.	Guyane	St-Pierre	Inde	Indo-Ch.	Nouvelle Calédon.	Taïti	Totaux	Prix de l'unité	Valeur en francs
	..	..	..	4.485	..	90	..	41.716	1.—	41.716
	..	..	..	4.952	..	..	..	22.286	0.80	17.828
	..	..	..	..	3.185	178	..	9.571	1.75	16.749
	..	..	..	..	12.636	..	..	12.636	1.70	21.475
30	..	..	..	40	14.983	400	..	185.479	0.50	92.739
35	1.074	..	..	..	9.085	8.431	..	876.269	1.06	928.845
	..	..	..	..	6.805	653	..	87.881	0.68	65.759
15	..	..	..	..	150	..	..	9.496	4.10	37.933
	..	..	..	..	8.680	..	..	140.438	1.80	252.788
03	796	..	250	55	69.250	6.826	..	266.835	0.60	160.101
34	7.317	..	..	..	46.111	715	..	242.946	1.75	425.155
	..	..	..	79	1.285	151	..	18.629	2.45	45.641
20	..	..	..	160	2.180	100	..	25.877	0.75	19.407
35	1.023	1.090	..	..	9.216	1.500	..	76.740	0.50	38.370
	..	..	..	..	475	..	..	2.322	8.25	19.156
	..	..	..	..	20	221	..	8.206	1.50	12.309
79	1.712	..	..	..	5.418	868	..	65.817	5.—	329.085
	..	..	..	..	145	130	..	3.326	24.—	79.824
	..	..	..	..	828	..	..	3.605	8.—	28.840
31	..	3.728	4.463	110	171.384	14.102	..	2.201.878	0.17	374.319
	..	..	..	..	..	..	..	10.213	0.48	490.124
	..	..	..	..	94	..	..	16.291	0.70	11.403
	..	..	..	..	49.145	..	..	684.035	0.35	239.412
99	24.342	4.208	..	..	67.109	19.104	..	1.331.203	0.45	599.041
52	4.909	..	..	602	15.499	4.557	..	170.795	1.35	230.573
67	385	..	2.980	..	15.231	5.795	..	250.884	0.44	110.388
97	2.856	..	3.318	..	30.818	14.788	..	382.928	0.47	179.976
79	13.252	3.120	825	..	254.673	15.547	..	604.862	0.33	199.604
	4.128	..	..	807	193.191	4.283	..	1.107.369	0.45	498.316
65	..	..	..	..	12.965	..	..	277.568	0.28	76.719
	..	..	..	..	4.010	..	..	46.172	0.60	27.703
	740	..	..	102	16.410	1.651	..	114.931	0.76	87.347
	515	..	..	308	11.709	10.042	..	469.110	1.25	586.387
98	..	695	..	256	63.669	6.573	..	776.430	1.80	1.397.574
	..	410	381	..	199	..	..	21.746	1.50	37.119
	..	..	..	..	390	..	..	7.449	3.60	26.816
	..	..	68	..	469	72	..	6.664	20.—	133.280
60	17	..	..	..	8.750	795	..	81.613	7.50	612.097
86	..	..	..	232	17.783	14.559	..	372.497	3.50	1.303.739
93	16.114	4.740	50	947	69.404	8.111	..	846.826	0.62	525.032
59	..	..	..	252	2.279	216	..	13.644	6.80	..
	107	..	..	..	223	250	..	46.776	6.90	92.779
	..	..	..	..	22	..	..	2.304	6.50	322.754
	..	..	..	..	670	1.054	..	11.888	1.50	17.932
	..	..	..	..	4.751	376	..	2.419	10.—	24.190
03	61	160	..	100	2.816	533	..	35.565	30.	1.066.950
	..	..	..	..	37.795	5	..	507.510	1.39	761.265
	..	..	..	..	750	..	..	51.226	1.75	40.665
	..	..	..	..	5.861	15	..	9.432	13.—	122.610
23	..	11	..	..	..	437	..	74.255	4.—	293.028
56	..	..	..	..	..	..	..	6.242	4.—	24.965
	..	..	..	..	4.415	..	..	24.156	3.50	84.526
	..	..	..	..	684	..	..	16.887	3.75	63.326

EXPORTATIONS	Algérie	Tunisie	Sénégal	Côte Occ. Afrique	Madagasc.	Réunion	Mayotte
Meubles et ouvrages en bois.							
Meubles en bois courbés..	40.898	6.030	1.886	77	5.532	2.498	
» autres (sièges) (fr).	108.975	20.460	2.650	2.795	10.015	3.255	240
» » id..	1.039.485	81.385	3.495	7.555	5.360	2.240	375
Cadres, baguettes et moulures en bois.............	56.015	6.895	..	..	156	..	..
Futailles vides cercl. en bois	295.959	121	..	83.480	..	..	..
» » » en fer..	232.767	105.121	..	297.004	..	..	..
Balais de sorglo ou de cann.	213.986	6.080	449	419	418	1.340	25
Pièces de charp. et charron.	302.419	61.152	..	48.704	15.247	780	277
Sabots communs	48.205	6.036	..	..	259	..	..
Bois, planches.............	66.302	3.122	..	..	..	..	..
Portes, fenêtres, lambris...	59.882	22.543	875	4.178	850	..	..
Boisellerie (boîtes, b. de br.).	94.634	14.505	504	99	537	128	..
» autres	360.633	10.217	938	39.084	2.002	105	..
Ouvrages de tournerie.....	108.806	1.308	..	161	202	..	..
Manches d'instruments agricoles en bois dur........	85.759	7.702	51	422	508	..	50
Ouvrages en bois autres....	199.815	31.836	4.843	995	4.168	699	5
Instruments de musique							
Pianos droits (pièce).......	273	84	2	..	2	4	..
» à queue »	4	..	..	..	..	..	..
Orgues, harmoniums (pièce)	185	9	..	7	5	2	..
» d'église	4.053	25	..	..	..	..	..
» à manivelle (pièce)..	52	9	..	..	..	..	1
Cornets à pistons (pièce)..	1.979	214	46	2	187	8	..
Saxhorns, tromp. bug. (pièce)	175	9	..	4	..	..	..
Accordéons (pièce)........	510	5	..	61	127	..	..
Ouvrages de sparterie, vannerie, cordonnerie.							
Tresses gross. p. paillass..	4.584	975	7.220	152	..	..	
» pour chapellerie..	2.014	280	..	..	..	..	
Tapis en coco, aloès, spart..	10.427	1.983	50	..	..	90	
Vannerie en végétaux bruts	153.353	47.570	3.517	40	7.600	1.000	
» en rubans de bois.	79.926	7.801	28	..	25	533	
» fine d'osier ou aut.	4.435	3.662	..	67	..	..	
Chap. d'écorce, spart., etc.	2.630	110	81	454	453	..	
» de paille ou autres, cousus, remaillés, noués.	91.063	6.323	186	1.707	4282+158	14.233	1.110
Ouvrages en matières diverses.							
Voitures...................	26.101	5.045	..	..	317	1.650	..
Vélocipèdes et part. de vél.	29.963	8.067	413	88	179	266	..
Voitur. de commerce. agric.	104.722	28.891	3.990	2.730	1.056	..	..
» p. chemins de fer..	8.551	..	..	3.620	..	..	..

	Guadelou.	Guyane	St-Pierre	Inde	Indo-Ch.	Nouvelle Calédon.	Taïti	Totaux	Prix de l'unité	Valeur en francs
									en francs	
9	..	1.449	..	..	15.522	34	..	76.695	2.—	149.390
0	5.360	2.495	..	..	..	10.180	..	348.255	..	348.255
0	710	110	..	..	4.235	12.900	..	1.158.450	..	1.158.450
	..	..	..	..	671	27	..	63.764	0.70	44.634
	..	..	..	..	..	..	..	379.560	0.15	56.934
0	..	30	..	..	..	..	..	641.925	0.20	128.385
8	..	..	24	..	1.042	2.752	..	226.613	0.70	158.839
	..	..	..	..	3.706	6.469	..	435.744	0.15	65.361
	..	301	..	..	391	691	..	55.883	0.60	33.529
	..	..	..	..	..	..	..	69.424	0.26	18.050
	166	..	..	..	274	1.120	..	89.888	0.20	17.977
	..	..	..	..	350	..	..	110.757	1.—	110.757
0	92	..	100	..	1.700	440	..	417.941	0.60	250.764
	331	..	..	..	1.480	100	..	112.388	2.50	280.970
	..	..	..	..	180	88	..	94.760	0.45	42.642
2	..	..	400	..	5.547	1.281	..	249.997	0.45	112.409
					14	6	..	385	600.—	231.000
	..	..	..	..	1	..	..	6	1.800.—	10.800
	..	1	..	..	10	1	..	222	2.50	55.500
	..	..	..	2	..	..	..	4.078	3.50	14.273
	..	..	..	..	3	..	..	65	500.—	32.500
	..	..	..	..	10	8	14	2.482	30.—	74.460
	..	..	..	..	..	..	..	188	60.—	11.280
	..	..	..	..	129	43	..	875	15.—	13.125
50	..	400	504	..	..	2.160	..	16.645	1.80	29.961
	..	..	..	..	..	..	..	2.294	16.—	36.704
	280	288	..	..	1.529	..	..	14.547	2.30	33.458
88	26	4.185	..	..	..	410	..	218.129	0.75	163.596
	..	..	..	..	..	62	..	79.875	1.10	87.862
	..	150	25	..	..	100	..	8.439	3.—	25.317
	..	..	..	..	320	..	..	4.083	11.50	46.954
49	..	..	..	106	7.689	3.727	..	130.950	22.—	2.880.900
00	..	..	..	1.940	530	590	..	36.273	7.—	253.911
32	83	157	..	378	5.031	974	..	45.871	16.—	733.936
00	..	..	..	..	2.575	750	..	145.014	1.85	268.275
	..	..	..	..	187	..	..	12.171	1.—	12.171

EXPORTATIONS	Algérie	Tunisie	Sénégal	Côte Occ. Afrique	Madagasc.	Réunion	Mayotte
Ouvrages en matières diverses (*Suite*)							
Voitur. p. tramways	8.020	1.800	..	2.820	..	..	..
Wagons de terrassement	37.285	1.218	450	..	30.975	..	..
Ouvrages en caoutchouc, en tissus élastiques	2.112	28	..	..	..	..	..
Vêtements confectionnés	1.822	351	..	..	..	..	..
Chaussures	1.540	114	..	..	483	227	..
Courroies, tuyaux, etc	49.958	4.900	90	612	175	1.918	428
Feutres p. machin. et pian.	1.175	26	..	..	..	..	20
» autres	15.049	1.431	..	..	270	..	..
Chap. feutre., poils .(pièce)	24.758	789	4	524	715	2.276	12
» de laine ....(pièce)	38.278	1.329	1.456	1.822	20.787	13.660	..
Casquettes et bonnets(pièce)	20.421	12.152	108	1.104	124	..	..
Corail taillé non monté	4.123	1.909	..	..	178	44	..
Ouvrag. en écume de mer	11	..	6	..	15	..	185
Liège ouvré	4.317	6.726	455	618	5.708	25.805	..
Instruments d'optique, etc.	11.672	1.847	281	591	1.661	1.160	..
» de chim., chir.	4.774	588	..	..	..	20	52
Tabletterie d'ivoire, nacre ou écailles, peignes	2	..	..	135	..	..	..
Billes de billard	137	..	15	..	..	..	..
Touches de pianos, porte-cigares, etc	40	625	..	149	..	..	..
Tabletterie d'autres matières	8.849	2.661	20	..	166	..	..
Pipes en bois	2.586	300	167	172	15	..	..
Event. en bois, pap., étoffes	506	191	..	..	..	..	..
Brosseries de toutes sortes	41.974	10.073	1.009	743	1.653	160	118
Boutons	10.966	2.914	58	1.141	7.449	32.958	..
Bimbelot. (jeux et jouets)	276.417	98.164	374	9.889	12.886	20.022	..
» autres	139.754	53.769	2.594	2.022	3.509	3.898	190
Corsets (pièce)	40.221	2.062	..	70	15	1.050	..
Allumett. chimiq. en bois	70.834	662	237	390	359	270	..
Ouvrages de mode (francs)	145.680	50.825	100	200	110	670	..
Fleurs artificielles (francs)	79.995	15.155	..	..	1.000	1.050	..
Parapluies et parasols en coton (pièce)	48.683	7.085	1.176	2.222	4.901	6.010	40
Parapluies et parasols en soie (pièce)	2.017	939	96	1.914	50	120	..
Objets de collection hors de commerce	39.245	12.965	400	..	200	..	..
Colis postaux (francs)	2.239.320	297.016	5.271	10.204	2.834 + 4.	22.816	69
Or monnayé (grammes)	3.500	603.000	..	..	..	140.000	..
Argent brut (grammes)	294.930	1.788.459	..	..	..	..	..
» monnayé (grammes)	12.655.648	110.000	610.000	..	878.500	1.050.000	1440.000
Monnaies de cuivre et billon	..	258	30	685	..	2.550	..

...ue	Guadelou.	Guyane	St-Pierre	Inde	Indo-Ch.	Nouvelle Calédon.	Taïti	Totaux	Prix de l'unité en francs	Valeur en francs
	..	..	..	..	3.807	..	..	12.827	2.10	26.936
	..	..	..	..	..	..	..	73.735	0.50	36.867
	..	..	..	..	337	..	..	2.477	15.—	37.155
	..	..	..	..	37	240	..	2.450	25.—	61.250
	..	..	..	..	108	27	..	2.499	7.—	17.493
	469	..	..	90	3.048	1.547	..	63.242	8.—	505.936
	..	..	..	..	2.328	..	..	3.529	15.—	52.935
	..	..	..	..	312	170	..	17.282	5.50	94.886
	..	..	200	..	864	380	..	30.510	4.50	137.295
	..	..	..	..	5.611	11.165	..	94.080	1.60	150.528
	..	..	..	..	759	230	..	34.898	1.50	52.347
	..	..	..	..	..	..	..	6.254	370.—	2.313.980
48	3.864	658	108	522	252	..	..	284	300.—	85.200
	20	..	..	..	12.180	4.714	..	67.246	6.—	403.476
	..	..	..	..	4.892	672+152	..	23.050	10.—	230.500
	..	..	..	..	1.763	103	..	7.310	14.—	102.340
	..	..	..	..	..	..	..	137	309.—	42.333
	..	..	..	..	32	..	..	184	110.—	20.240
	..	..	..	..	..	..	..	814	105.—	85.470
	..	..	..	..	201	45	..	11.942	10.—	119.420
	..	50	..	..	589	236	..	4.115	13.—	53.495
	..	..	..	..	8	..	..	705	50.—	35.250
28	327	..	30	46	11.967	1.095	..	68.848	4.50	309.816
94	195	..	..	670	7.470	3.588	..	69.125	5.50	380.187
83	696	170	..	2.490	76.393	8.998	..	507.618	8.—	4.060.944
286	2.409	1.481	..	58	14.011	3.853	..	228.475	9.75	2.227.631
00	..	..	..	..	50	160	..	43.728	6.—	262.368
	2.847	..	..	..	..	..	..	75.599	1.093	82.629
	30	..	200	150	2.190	200	..	199.525	—.—	199.525
	..	..	..	150	1.615	560	..	99.555	—.—	99.555
	..	..	..	..	88.749	710	..	159.654	2.50	399.135
	..	..	..	..	549	340	..	6.025	10.—	60.250
252	1.886	..	3	..	6.725	200	100	59.835	—.—	59.835
	..	..	..	69	8.400	194	73	2.590.538	15.—	38.858.070
	..	..	..	3.333	..	..	..	749.833	3.20	2.399.465
	..	..	..	19.000	..	..	..	2.102.389	0.112	235.467
	..	..	..	..	320.497.098	..	..	337.411.246	0.19	64.108.136
	..	..	..	..	..	..	..	3.523	10.—	35.230

L'ÉVOLUTION ÉCONOMIQUE DES COLONIES AUSTRALASIENNES

Par M. **Georges BOURGE**, capitaine au long-cours (Brevet supérieur).
Membre de la Société de Géographie de Marseille.

> « On peut affirmer, dans l'état actuel du monde, que la fondation des colonies est la meilleure affaire dans laquelle on puisse engager les capitaux d'un vieil et riche pays... »
> STUART MILL. *Principes d'Économie Politique.* liv. V, ch. XI, § 14.

Le développement des communications régulières et rapides entre la France et l'Australie ayant été marqué au commencement de l'année par un fait d'une importance considérable : l'admission de Marseille, pour cette direction, par les compagnies postales anglaises, comme grande escale continentale, le moment semble opportun de recommander l'étude du monde lointain avec lequel les services nouveaux nous mettent en rapports plus intimes. Pleine d'enseignements de toute sorte, l'histoire de la colonisation en Australasie peut nous donner aussi de sûres indications sur la marche à suivre pour que notre commerce et notre industrie arrivent à retirer un légitime profit du rapprochement économique réalisé par la fréquence et la facilité des transports maritimes dans le secteur australasien, où, d'ailleurs, gravitera toujours, par la force des choses, la fortune de notre belle Corse antipodale — la Nouvelle-Calédonie.

La raison de ce travail est d'appeler l'attention de nouveaux esprits sur cette question intéressante et malheureusement trop peu connue, malgré les études magistrales qu'en ont faites nos meilleurs économistes. On perd trop souvent de vue qu'il n'y a pour ainsi dire plus de distances, principalement sur les grandes voies commerciales, et que les marchés à conquérir ne se trouvent pas uniquement dans les pays surpeuplés.

Les régions qui naissent à la civilisation et à la vie européennes en possèdent aussi de nombreux et s'ils ne sont pas immédiatement les plus rémunérateurs, il est permis d'avancer qu'ils deviennent les plus sûrs à condition que leurs racines grandissent et multiplient avec les racines mêmes des nouvelles sociétés. L'étude méthodique des colonies anglaises d'Australasie rappelle tout cela. On y puise aussi ce qui manque encore à tant de bons Français : la foi dans la nécessité de l'expansion coloniale. Les esprits les plus sceptiques y trouveront, en outre, une démonstration frappante de cette vérité que, sous toutes les latitudes, avec de l'énergie et de la persévérance, l'homme parvient toujours à créer une œuvre qui le récompense de ses peines.

I

Sous le terme générique d'Australasie, les géographes anglais réunissent le tout des possessions britanniques dans les mers australes, jusques et y compris les îles Fidji (depuis que leur gouvernement a été représenté dans le Conseil fédéral d'Australasie), et la partie anglaise de la Nouvelle-Guinée, qui n'est dans leur pensée que le prolongement équatorial du Queensland. Cependant nous ne comprendrons pas ces dépendances dans notre étude qui n'a en vue que les états ayant atteint depuis plus ou moins longtemps leur majorité, si on peut s'exprimer ainsi, et mérité les bienfaits du *Self government*. En voici le tableau :

ÉTATS	CAPITALES	DATE de la fondation	SUPERFICIE EN ACRES	POPULATION en 1896	CHINOIS (1891)	Aborigènes (1891)
Nouvelle Galles...	Sydney	1788	198.848.000	1.297.000	10.950	7.021
Victoria.........	Melbourne	1851	56.245.760	1.174.888	12.128	565
Australie mérid^{le}.	Adélaïde	1836	578.361.600	359.000	3.392	113
Queensland......	Brisbane	1859	427.838.100	472.179	8.574	?
Australie occid^{le}..	Perth	1829	678.400.000	137.946	918	?
Tasmanie........	Hobart	1825	16.778.000	166.113	943	»
Nouvelle Zélande.	Wellington	1841	66.6..440	743.214	4.434	41.953 Maoris
Australasie.......................			2.023.332.900	4.350.080	41.339	?

En observant que le domaine colonial de l'Angleterre en ces parages s'étend du cinquième au quarante-quatrième degré de latitude Sud, on remarque immédiatement qu'on y doit rencontrer tous les climats et tous les paysages. Les limites longitudinales sont à peu près le 111^e

à gauche, et à droite le 180ᵉ méridien de Paris. C'est donc dans un trapèze sphérique de 69 degrés de base et de 39 de hauteur que la race anglo-saxonne a réussi à réaliser les chefs-d'œuvre de la colonisation moderne. Et c'était le seul coin de cette petite Terre où l'homme pouvait réunir d'un seul tenant tous les types de colonisation depuis celui des régions brûlantes les plus malsaines jusqu'à ceux qui, terminant le cycle, touchent par un nombre considérable de points à l'entité métropolitaine.

On se laisserait facilement entraîner à croire qu'il y a quelque chose de providentiel dans cette mission absorbante des peuples Anglo-Saxons. La façon dont ils la comprennent, les moyens par lesquels ils l'accomplissent peuvent ne pas toujours nous être sympathiques, étant donné que nous poursuivons un idéal tout différent ; mais il est impossible de nier que les résultats obtenus par eux commandent l'admiration, et peuvent s'offrir en exemple.

Pour l'Australasie, en particulier, la chose est d'autant plus remarquable, que la nature de cette grande île ne semblait offrir aucune promesse souriante à la première poignée d'Anglais qui débroussa son sol inhospitalier pour y déposer la semence d'une vie nouvelle. Inutile de rappeler les déboires du début, car personne n'ignore que les épreuves ne furent pas ménagées aux premiers occupants. Il a fallu même l'extraordinaire ténacité qui distingue les grands administrateurs anglais pour que l'établissement projeté ne fût pas abandonné complètement à la fin de la première année. Sans la fermeté et l'énergie du Gouverneur Phillip, on peut se demander en effet de combien eût été retardée la mise en valeur de l'Australasie. Il est possible de s'en faire une idée en considérant que le manque de foi et de persévérance du colonel Collins a renvoyé de 1803 à 1836 la fondation de la magnifique colonie de Victoria.

La prise de possession de ce vaste domaine ne s'est faite qu'avec une dépense inouïe d'énergie et de courage ; aussi l'éminent auteur de la Géographie Universelle, Elisée Reclus, a-t-il estimé que « l'histoire des explorations australiennes est de celles qui donnent la plus haute idée de la grandeur de l'homme. »

L'œuvre n'est pas près d'être achevée ; d'énormes espaces restent encore en blanc sur les cartes les plus récentes. C'est ainsi que la portion de continent comprise entre deux itinéraires du désert, ceux de Giles et de Warburton, par exemple, représente une surface de sept à huit cent mille kilomètres carrés — plus que la superficie de la France.

Ces vastes étendues constituent les réserves d'avenir des états d'Australie, car les dernières explorations ont démontré qu'on se faisait une idée exagérée des difficultés à vaincre pour arriver à atteindre ou à cultiver l'intérieur.

Il est certain que le grand drawback du continent Australien gît dans le mauvais équilibre de son climat. L'irrégularité des pluies cause des pertes inimaginables, soit qu'elles manquent totalement, soit qu'elles provoquent par leur abondance des inondations désastreuses. S'il est difficile de se mettre à l'abri du dernier fléau, par la création de vastes réservoirs et de puits artésiens on est arrivé à atténuer, dans une large mesure, les terribles effets de la sécheresse. C'est ainsi que la Nouvelle Galles a démontré la possibilité de conquérir de nouvelles terres propres à la culture ou tout au moins à l'élevage dans ce qu'on s'est habitué à appeler le désert, en augmentant continuellement par l'irrigation son domaine utilisable vers l'Ouest. Il y a cent ans, cette colonie, qui comptait un peu plus de 5.000 habitants, n'avait en culture qu'une quinzaine de mille acres, tandis qu'aujourd'hui elle en a le centuple, sans parler des terres en pâturage ou en jachère ; et sa population marche rapidement vers le million et demi. Mais que de mécomptes avant d'avoir ainsi transformé du tout au tout une contrée qui paraissait rebelle au travail de l'homme, et vouée par la rudesse même de sa constitution à une barbarie éternelle ! Du reste la façon dont on souhaitait la bienvenue aux émigrants des premiers temps, les fixait du premier coup sur la somme d'énergie qu'ils auraient à déployer pour arriver non pas à s'enrichir, mais simplement à vivre. Voici comment le Gouverneur Phillip, sur le point de rentrer en Angleterre, reçut un respectable colon qui venait lutter sur ces rivages : « Pendant une longue période, lui dit-il, ma ration n'a été que d'une poignée de riz par jour ; et j'ai vécu durant trois ans dans la croyance constante que nous devions tous périr un jour de faim... »

Depuis... mais regardons les chiffres, qui montrent plus éloquemment que les mots le chemin parcouru, sans jamais perdre de vue cette observation présentée dès 1841 par Merisale, parlant de l'Australie : « Le progrès des Etats-Unis n'a jamais été aussi rapide, du moins par l'accumulation des richesses, car la population ne s'accroît pas aussi vite en Australie ; le caractère distinctif de la colonisation australienne c'est l'accroissement vraiment inouï de la richesse en proportion de la population. » Et ceci a été écrit vingt ans avant le commencement de la grande poussée qui surprend le monde et nous inspire autant d'admiration que d'étonnement.

L'évolution économique des colonies Australasiennes peut se diviser en deux grandes périodes : la première allant de leur fondation à l'institution du *self government*, et la deuxième de cette véritable émancipation jusqu'à nos jours. Pour la Nouvelle Galles du Sud, dont la Constitution et le premier Parlement datent de 1856, nous voyons :

La population de........	1788 passer de 1030 à	357.978	en 1861 (1).
Les terres en culture....	» q.q. acres à	295.917	»
Les moutons	» 29 à	5.615.054	»
Le gros bétail..........	» 5 à	2.271.923	»
Les chevaux...........	» 7 à	233.220	»
Les porcs.............	» 12 à	146.091	»
Le commerce général...	» 0 à	11.986.394 Liv.	»
Le tonnage commercial.	» 0 à	859.319	en 1860
L'activité postale.......	» 0 à	4.369.463 lettres	en 1861
»	» 0 à	3.384.245 journaux	»
Le revenu public	» 0 à	1.421.831 Liv.	»
Et les dépenses publiques	» 0 à	1.540.005 Liv.	»

Pendant cette période l'institution des Banques s'est développée normalement ; les caisses d'épargne commencent à fonctionner : on compte 5.645.101 livres sterling en dépôts dans les premières et 615.409 dans les secondes. La balance des finances publiques montre un solde débiteur, mais cela s'explique par d'immenses travaux d'installation qui loin d'appauvrir le pays vont aider à son essor. Grâce à la découverte de l'or en 1851 dans les environs de Bathurst, pendant sept années consécutives l'émigration augmente en moyenne de 12.000 personnes par an la population productive de la colonie. Puis le progrès des machines marines permet bientôt la multiplication des bateaux à vapeur sur les mers lointaines : le développement de cette industrie fera plus pour la fortune du pays que les mines d'or, dont les plus riches n'ont que la durée d'un feu de paille comparativement aux trésors inépuisables et sans cesse renouvelés que les bras laborieux sortent d'un sol fertile. Les merveilles réalisées par l'architecture et les sciences navales abolissent le temps et la distance, poussent à la production et à la création de nouveaux commerces : par suite de la fréquence, de la rapidité et de la sécurité des transports, l'Australie peut se présenter en temps utile sur les marchés du vieux monde. Après avoir modestement commencé par la laine,

(1) En 1859, le Queensland se séparait de la Colonie-mère, lui enlevant une vingtaine de mille habitants.

les métaux, le charbon, on voit les matières plus délicates figurer au chapitre des exportations jusqu'à renverser les termes du négoce, comme pour le beurre par exemple, dont on importait 3.624.992 livres d'Angleterre en 1885 contre une exportation de 521.473, tandis qu'en 1894 les envois de la Nouvelle Galles se montaient à 4.595.430 livres contre une importation de 417.740 livres. Voilà ce que peuvent l'énergie et la persévérance dans les pays nouveaux.

De 1861 à 1891, date de l'apogée des colonies anglaises d'Australasie pour le cycle centenaire, l'activité heureuse de la Nouvelle Galles éclate brillamment dans les statistiques, indiscutables du moins quant aux grandes lignes.

La population de 1861 passe de 357.978 à 1.165.300 hab. en 1891
les terres en culture......   »   295.917 à   846.383 acres   »
les moutons,............   »   5.615.054 à 61.831.416   en 1891
le gros bétail............   »   2.271.923 à 2.465.411   en 1894
les chevaux............   »   233.220 à   518.000   »
les porcs............   »   146.091 à   270.000   »
le commerce général.....   »   11.986.394 à 51.327.417 liv. en 1891
le mouvement maritime ..   »   859.319 à 5.754.236 t.   »
l'activité postale........   »   4.369.463 à 67.993.400 lett. en 1894
     »   ....   »   3.384.245 à 41.667.300 journ.   »
le revenu public.........   »   1.421.831 à 10.536.504 lv. en 1893-94
les dépenses publiques...   »   1.540.005 à 10.886.381   »
les dépôts en banques....   »   5.645.101 à 40.390.159 liv. en 1891
les dépôts en caisse d'éparg.   »   515.409 à 6.535.758 lv. en 1893-94
les écoles publiques......   »   85 à   3.386   en 1894.

auxquelles il faut ajouter 863 établissements privés avec 51.016 élèves, ce qui porte à 260.482 le nombre des enfants suivant exactement les cours.

Si nous ajoutons que les 16 kilomètres de voies ferrées que la colonie possédait en 1855 et dont les recettes nettes s'élevaient à 3.290 livres sterling, sont devenus un réseau de plus de 2.500 kilomètres rapportant net, en 1895, la somme de 1.310.615 livres sterling, nous aurons montré autant qu'on peut le faire si brièvement quelle a été la marche du développement de la Nouvelle Galles du Sud depuis sa fondation. Le petit tableau suivant complètera utilement les chiffres donnés plus haut, en fixant le caractère des relations commerciales de la grande colonie australienne avec la mère-patrie.

Commerce du Royaume-Uni avec la Nouvelle-Galles du Sud en 1894 (1)

Importations de la Colonie en Angleterre	Milliers de liv. st.	Exportations Anglaises en Nouvelle-Galles	Milliers de liv. st.
Laines	6.059	Métaux ouvragés	887
Suif et stéarine	1.100	Cotonnades	769
Minerai d'argent	854	Vêtements et mercerie	735
Mouton frais	676	Lainages	489
Viande en conserves	272	Librairie et papeterie	325
Cuirs bruts	259	Cuirs préparés	298
Peaux et fourrures	166	Vins et spiritueux	192
Beurre et margarine	209	Bière et porter	181
Cuivre	155	Lingerie	112
Etain	250	Pickles	97
Divers	760	Divers	1.493
Total	10.760	Total	5.578
Moyenne de cinq ans	9.784	Moyenne de cinq ans	7.225

II

Plus heureuse que la Nouvelle Galles du Sud, dont elle s'est séparée de force en 1851, seize ans après la fondation de Melbourne par Batman et Fawkner, la colonie de Victoria n'a pas commencé par la transportation. Cette même année, la découverte de l'or vint mettre toutes les cervelles à l'envers.

La fièvre fut telle que le plus grand désordre s'introduisit dans les affaires aussi bien que dans l'administration. Sans compter les gens qui gagnèrent les placers à travers les frontières de la Nouvelle Galles et de l'Australie méridionale, sa population s'augmenta par émigration directe d'Angleterre :

en 1852	de 63.719	en 1859	de 14.030
1853	» 40.469	1860	» 12.979
1854	» 51.291	1861	» 14.256
1855	» 21.072	1862	» 15.353
1856	» 21.314	1863	» 20.261
1857	» 40.921	1864	» 13.909
1858	» 21.666	1865	» 9.713

(1) Pour conserver aux statistiques leurs valeurs officielles, nous avons cru préférable de ne pas les traduire en mesures françaises.

A partir de 1865, le chiffre se maintient au-dessous de 9.000. On juge de ce qu'un tel apport comportait d'énergies violentes. Quatre ans après la découverte du « noble métal », ces colons turbulents se faisaient octroyer une nouvelle constitution semblable à celle de la colonie-mère. Alors commença une vie d'agitation et de spéculation à l'intérieur qui devait aboutir au fameux krach de 1893, et une de rivalité avec la Nouvelle Galles du Sud qui n'est pas près de finir (1). Cet excès de vitalité ne manquait pas d'inconvénients, et la catastrophe des banques est venue à point pour convaincre les Victoriens qu'il était temps de s'assagir. En tout cas, elle a eu cet immense avantage de porter en quelques années la fortune de la nouvelle communauté à la hauteur de la vieille colonie du Pacifique, qui luttait déjà depuis un demi-siècle quand celle qui devait devenir sa rivale acharnée n'était encore qu'un informe embryon. Voici les chiffres : ce sont les plus extraordinaires qui soient au monde ; ils valent la peine d'être médités :

De 224 en 1836, la population passe à..... 1.174.022 en 1891
De 50 acres en 1836, les terres en culture passent à.......................... 2.337.621 en 1893
De 41.332 en 1836, les moutons passent à.. 13.098.725 »
De 155 têtes » le bétail » .. 1.817.291 »
De 75 » les chevaux » .. 463.903 »
De 3.986 en 1845, les porcs » .. 337.588 en 1895
De 127.557 liv. st. en 1837, le commerce général passe à....................... 37.718.351 en 1891
De 26.178 tonnes en 1837, le mouvement maritime passe à..................... 4.715.109 »
De 1.050 lettres en 1837, l'activité postale passe à.............................. 62.526.448 »
De 1.355 journaux en 1837, l'activité postale passe à.............................. 22.729.005 en 1890
De 6.071 liv. st. en 1837, le revenu public passe à.............................. 8.343.588 pour 1890-91
De 5.872 liv. st. en 1837, les dépenses publiques passent à.................... 9.128.699 »
De 480.000 liv. st. en 1853, la dette publique passe à.......................... 47.297.708 en 1893-94

(1) L'échec du Bill devant proclamer la fédération des États d'Australasie vient de démontrer la justesse de cette impression et de rendre sensible l'hostilité sourde des colonies rivales.

De 7.575.406 liv. st. en 1861, les dépôts
en banques passent à.... .... 45.261.932 en 1891
De 52.697 liv. st. en 1851, les dépôts aux
caisses d'épargne passent à............ 6.715.443 »
De 214 milles (de 1.600m) en 1862, les chemins de fer passent à .... 2.933 en 1892-93

La plus grande impulsion est donnée à l'instruction publique. En 1892, on compte 2.140 écoles du gouvernement avec 141.864 élèves, et 745 établissements privés avec 44.721 élèves. Et tandis que la Nouvelle Galles reçoit 77.524 Liv. st. de rentes, taxes, etc., et dépense, construction et entretien des bâtiments non compris, 533.192 Liv. st., Victoria ne perçoit sur ses écoles que 2.216 Liv. st. contre 643.301 Liv. st. de dépenses nettes.

Commerce du Royaume-Uni avec Victoria en 1894.

Importations de la Colonie en Angleterre	Milliers de liv. st.	Exportations Anglaises en Victoria	Milliers de liv. st.
Laines.	3.803	Cotonnades.	836
Beurre et fromage.	938	Métaux ouvragés.	606
Grains : blé.	400	Lainages.	477
Cuirs, peaux et fourrures.	444	Librairie, papeterie.	341
Suif et stéarine.	257	Spiritueux.	145
Etain.	115	Cuirs.	128
Viande.	37	Soieries.	123
Vins.	33	Cuivre (métal et sulfate).	73
Divers.	452	Armes, etc.	66
		Divers.	1.550
Total.	6.559	Total.	4.345
Total en 1893.	7.491	Total en 1893.	5.512
Moyenne pour cinq ans.	6.039	Moyenne pour cinq ans.	5.947

III

De même que celle de Victoria, la colonie de l'Australie méridionale n'a pas subi le fléau des convicts. Inconnue complètement au commencement du siècle, peu de temps après la découverte du Murray par Stuart en 1831, une Société se forma dans le but de coloniser cette partie du continent d'après des principes entièrement nouveaux. Une charte lui fut accordée en 1834. Depuis le vote du Reform Bill de 1832, l'Angleterre souffrait d'un malaise analogue à celui qui nous tue : la congestion, la pléthore ; et comme chez nous aujourd'hui, un état-major d'hommes éminents s'était formé pour sauver le pays en suscitant des explorateurs, en préparant une émigration féconde, en se sacrifiant à l'œuvre difficile et périlleuse des créations coloniales. Montée théoriquement, l'affaire de l'Australie du Sud fut aussi étudiée que possible quant à l'application. Cependant des fatigues terribles et de grands déboires attendaient administrateurs et colons.

Toujours l'abîme entre la théorie et la pratique ; et, bien que les émigrants fondateurs eussent été triés sur le volet, de violentes dissensions, dont on eût fait un crime éternel à des Français, ne tardèrent pas à éclater au camp. Débarqués en 1836, quatre ans plus tard, après des querelles presque byzantines, colonie et colons se déclaraient insolvables. La douche, comme toujours, fut suivie d'une réaction salutaire : on se reprit, la spéculation fut un peu délaissée pour le vrai travail et, dès 1844, la colonie était considérée comme ayant triomphé des dernières difficultés. Etablissement essentiellement agricole, l'Australie Méridionale, sans avoir marché aussi rapidement que ses puissantes voisines, est aujourd'hui une colonie des plus florissantes ainsi qu'en témoignent les chiffres ci-dessous :

De 14.600 en 1841, sa population est passée à....	325.766 en 1891
De 2.503 acres en 1841, la surface cultivée est passée à...............................	200.160 »
De 200.160 en 1841, ses moutons sont passés à..	7.745.541 »
De 30.000 » son gros bétail est passé à..	676.933 »
De 2.150 » ses chevaux sont » ..	202.906 »
De 32.079 Liv. st. en 1841 ses exportations sont passées à...............................	10.642.416 »
De ..... Liv. st. en 1841, son mouvement maritime est passé à.......................	2.738.589 »
De 41.103 lettres en 1840, son activité postale est passée à...............................	17.836.092 »
De 51.101 journaux en 1840, son activité postale est passée à...............................	8.883.103 »
De 558.587 Liv. st. en 1861, son revenu public est passé à...............................	2.732.222 »
De 482.931 Liv. st. en 1861, ses dépenses publiques sont passées à.......................	2.603.498 »
De 875.327 Liv. st. en 1861, ses dépôts en banques sont passés à.......................	9.933.135 »
De 131.590 Liv. st. en 1861, ses dépôts aux caisses d'épargne sont passés à................	2.158.228 »

Sa dette publique qui était de 866.500 liv. st. en 1861 atteignait en décembre 1894 : 22.306.500 liv. st. C'est avec la Nouvelle-Zélande, la seule colonie qui voit diminuer cette charge par rapport au nombre d'habitants. En 1861, la longueur de ses voies ferrées n'était que de 56 milles, leurs recettes nettes de 11.186 liv. st. ; en 1892-93 leur développement comptait 1831 milles avec une recette nette de 412.933 liv. st. L'éducation reçoit tout autant de soins que dans les autres colonies ; en 1892 la colonie comptait 579 écoles publiques avec 35.371 élèves et 254 écoles privées avec 11.647 élèves. L'esprit d'entreprise des Sud-Australiens est caractérisé par la création à travers le continent d'une ligne télégraphique de 2000 milles de longueur, allant de Port-Augusta sur l'Océan Austral à Port-Darwin sur la mer de Timor. L'ambition de cette vaillante colonie était de la doubler d'une voie ferrée qui eût considérablement raccourci la distance qui sépare les états australasiens du sud et de l'est de la mère-patrie, tout en assurant le développement de l'intérieur en appelant vers cette artère centrale le réseau des colonies adjacentes. Malheureusement l'entreprise dessinée n'avance que très lentement faute de capitaux. Les temps ne sont pas encore venus.

Commerce du Royaume-Uni avec l'Australie Méridionale en 1894

(Non compris l'argent monnayé ou en lingots)

Importations de la Colonie en Angleterre	Milliers de liv. st.	Exportations Anglaises en Australie Méridionale.	Milliers de liv. st.
Laines	1.418	Métaux et marchandises	289
Grains	568	Cotonnades	247
Minerai d'argent	236	Vêtements et mercerie	226
Peaux et fourrures	161	Lainages	204
Plomb	136	Librairie, papeterie	99
Cuivre	120	Charbon, etc.	56
Bois de teinture	35	Spiritueux	48
Suif et stéarine	35	Cuirs ouvragés	47
Cuir	31	Armes, etc.	45
Vins	30	Soieries	34
Divers	58	Divers	164
Total	2.828	Total	1.759
Moyenne quinquennale	3.032	Moyenne quinquennale	2.022

Le commerce total en 1893, y compris l'or, avait été d'un peu plus de 5 millions et demi de livres sterling.

IV

De 1824 à 1850, le Queensland a été une succursale de la colonie pénitentiaire de Botany Bay. Maintenant, c'est un des plus grands états australasiens, cinq fois et demi aussi étendu que le Royaume-Uni, d'une superficie égale aux territoires des Iles Britanniques, de la France, de la Belgique, du Danemark et de l'Allemagne ajoutés ensemble.

Au contraire de la colonie de Victoria, dont le peuple avait soif d'indépendance, le Queensland se trouva proclamé colonie libre en dépit d'une opposition très forte des principaux squatters, « gentlemen, dit le Dr Lang, le grand apôtre de la colonisation australienne, qui se considéraient comme la véritable aristocratie de la contrée, et désiraient conserver l'établissement pénal afin de pouvoir se procurer une main-d'œuvre bon marché pour leurs terres et leurs troupeaux. » Le premier Parlement montra immédiatement que la nouvelle colonie était digne du gouvernement responsable, en déployant une activité législative dont l'effet salutaire se manifesta par de rapides progrès, en dépit de la tâche compliquée en face de laquelle se trouvaient les représentants d'un pays à la fois tropical et soumis aux besoins de la zone tempérée. La population n'était que de 2.257 habitants en 1846, des convicts pour la plupart. En 1848, le premier navire chargé d'émigrants libres jeta l'ancre dans Moreton-Bay, et trois ans plus tard, transportés compris, la colonie comptait 8.575 habitants. En 1856, ce chiffre avait doublé, et depuis ce moment l'accroissement se fait régulièrement.

De 34.367 hab. en 1861, la population passe à. 410.330 en 1891
De 4.440 acres en 1861 la terre en culture passe
à.. 242.629 »
De 409.358 en 1861 les moutons passent à...... 20.289.633 »
De 560.196 » le gros bétail » ...... 6.192.759 »
De 28.983 » les chevaux » ...... 399.364 »
De .... » les porcs » ...... 89.677 »
De 1.677.550 liv. st. en 1861 le commerce général passe à .... 13.384.391 »
De 1.077 onces en 1861, la production de l'or passe à........ .... 576.400 »

De 35.889 ton. en 1861, le mouvement maritime passe à .... 997.118 en 1891
De 515.211 lettres en 1861, l'activité postale passe à .... 15.345.842 »
De 427.489 journaux en 1861, l'activité postale passe à .... 11.896.148 »
De 238.238 liv. st. en 1861, le revenu public passe à .... 3.350.223 »
De 255.180 liv. st. en 1861, les dépenses publiques passent à .... 3.684.655 »
De 70.000 liv. st. en 1861, la dette publique passe à .... 29.434.734 »
De 334,503 liv. st. en 1861, les dépôts en banque passent à .... 11.720.112 »
De 12.193 liv. st. en 1861, les dépôts aux caisses d'épargne passent à .... 1.666.855 »

En 1866 la colonie ne possède que 50 milles de voies ferrées ; en 1891-92 elle en a 2.320 avec une recette nette de 413.034 liv. st. La table suivante donne le pourcentage réalisé sur le capital dépensé dans chaque colonie, pendant cinq ans ;

COLONIE	1888-89	1889-90	1890-91	1891-92	1892-93
Nouvelle Galles du Sud..	3.14 0/0	3.18 0/0	3.60 0/0	3.58 0/0	3.48 0/0
Victoria	3.73	2.91	2.72	2.58	2.37
Australie du Sud	4.05	5.03	5.32	4.38	3.49
Queensland...........	0.84	1.70	1.71	2.57	2.44
Nouvelle-Zélande	2.60	2.97	2.95	2.79	3.05

Le taux moyen des emprunts australasiens étant de 3.96 0/0 et les profits nets des chemins de fer ne donnant qu'une moyenne de 2.97 0/0, il s'ensuit une perte de 0.99 0/0, équivalant à 1.186.400 liv. st., se répartissant ainsi :

Nouvelle Galles du Sud.	0.34 0/0	Queensland........	1.49 0/0
Victoria	1.12	Nouvelle Zélande....	1.09
Australie du Sud.	0.59	Australie occidentale	3.70
	Tasmanie............	3.76	

La situation, malgré l'apparence, n'est alarmante que pour la colonie de Victoria, dont une trop grande partie de l'important réseau construite pour des intérêts particuliers électoraux n'a aucune valeur économique.

En 1892, le département de l'Instruction publique disposait de 657 écoles avec 45 975 élèves, et les institutions privées étaient au nombre de 135 avec 9.275 élèves.

Commerce du Royaume-Uni avec le Queensland en 1894

Importations du Queensland en Angleterre	Milliers de liv. st.	Exportations anglaises au Queensland	Milliers de liv. st.
(Marchandises seulement)		(Marchandises seulement)	
Laines	1.634	Métallurgie	351
Viandes { Fraîches... 459 ; En conserves... 117 }	576	Vêtements et mercerie	269
		Cotonnades	264
Suif et stéarine	166	Lainages	115
Nacre	132	Librairie, papeterie	81
Divers	226	Spiritueux	74
		Armes, etc.	72
		Cuirs divers	53
		Divers	569
Total	2.734	Total	1.848
Moyenne quinquennale	2.890	Moyenne quinquennale	2.010

Le commerce total avec le Royaume-Uni, non compris l'or, a donc été de 4 millions 1/2 de liv. st. L'exportation de l'or s'est élevée à 684.002 onces, valant 2.381.916 liv. st.

V

Le cas de l'Australie Occidentale est une anomalie phénoménale dans l'histoire de la colonisation en Australasie. En 1825 afin de prévenir une occupation française à laquelle les explorations des corvettes le *Naturaliste* et le *Géographe* avaient fini par donner quelque crédit, le gouverneur de la Nouvelle Galles du Sud envoie un détachement de 75 soldats et des convicts prendre possession de la magnifique baie de King-George. Cet établissement la fait classer comme la plus vieille colonie continentale ; ses limites géographiques lui donnent le premier rang, quant à la superficie, et cependant elle reste comme un membre mort du groupe australasien, incapable de vaincre son atrophie économique, sa léthargie, pendant qu'une fièvre de croissance ne cesse de bouillir autour d'elle. Les offres de terrains les plus libérales, le concours le plus large de la main-d'œuvre pénale, toutes les tentatives faites pour la lancer sur la voie de ses sœurs énergiques et travailleuses n'aboutirent qu'aux plus attristants des résultats : 1° l'impossibilité, par dispersion, d'une œuvre commune ; 2° la démoralisation au contact des forçats. Après avoir pétitionné pour obtenir la transportation, il fallut lutter non-seulement pour la faire cesser mais encore pour en effacer ensuite les funestes effets. Le dernier convoi débarqua en 1868 ; en 1870 la colonie reçut un gouvernement à forme représentative limitée, et en 1890 seulement une constitution semblable à celle des autres colonies.

Ce n'est que depuis la découverte des mines d'or de Coolgardie en 1892 que cette province commence à se développer sérieusement. L'examen de sa richesse montre qu'indépendamment de ses trésors, de perles et de pépites, elle peut disposer encore de ressources considérables.

De 1830 à 1894 sa population a passé de 830 à 82.072, donnant un accroissement de 28.787 pour les trois dernières années, tandis qu'il n'avait été que de 23.272 au recensement de 1871 à celui de 1891.

Les 1.096 moutons de 1830 sont devenus....	2.220.642 en 1893
Les 204 bêtes à cornes de 1893 sont devenus	173.747 »
Les 57 chevaux de 1830 sont devenus.....	45.747 »
Les 106 porcs de 1830 sont devenus.......	28.396 en 1895
De 75.009 liv. st. en 1848, le commerce général a passé à..........................	3.365.820 en 1894
De 30.311 onces en 1891, la production de l'or a passé à..........................	207.131 »
De 115.256 tonnes en 1861, le mouvement maritime a passé à.....................	1.071.418 en 1893
De 38 milles en 1891, les chemins de fer ont passé à................................	1.150 en 1894
De 193.317 lettres en 1861, l'activité postale a passé à............................	11.368.906 »
De 137.476 journaux en 1861, l'activité postale a passé à..........................	9.375.589 »
De 67.261 liv. st. en 1861, le revenu public a passé à..............................	681.246 en 1893
De 161.786 liv. st. en 1861, les dépenses publiques ont passé.....................	656.357 »
De 511.000 liv. st. en 1881, la dette publique a passé à............................	3.232.254 en 1894

De 2.487 liv. st. en 1861, les dépôts en Caisses
d'épargne ont passé à .... 76.086 en 1893
tandis que les dépôts en banques atteignaient 1.581.845 liv. st.
En 1894, les écoles publiques étaient au nombre de 115 avec 5.037 élèves, et les institutions privées de 20 avec 2.381 élèves.

Commerce général de l'Australie Occidentale en 1893.

Importations	Milliers de liv. st.	Exportations	Milliers de liv. st.
Matériaux de chemins de fer.	245	Or.	421
Or et espèces monnayées	139	Laines.	245
Draperie et mercerie	133	Bois.	66
Bière	56	Nacre	59
Sucre	50	Perles (valeur estimée).	30
Farine	46	Divers.	97
Fer	41		
Divers.	784		
Total	1 494	Total	918
Moyenne quinquennale	1.172	Moyenne quinquennale	807

Sur ce commerce total de l'Australie occidentale en 1893, près d'un million s'est effectué avec le Royaume-Uni.

VI

Avec ses pics neigeux, ses montagnes ouatées de ramures, ses claires rivières et ses lacs charmants, son climat merveilleux et reconstituant, la Tasmanie semblait plutôt appelée à devenir une terre de villégiature qu'un centre d'exploitation agricole ou minier ; et cependant elle a su joindre à la qualité de sanatorium (où non seulement les continentaux anémiés par les étés violents de l'Australie, mais encore les Anglais des Indes, viennent chercher la santé), le mérite de la culture : c'est le jardin de l'Australie.

Découverte en 1642 par Tasman qui la baptisa du nom du gouverneur hollandais des Indes orientales, qu'elle porta longtemps, attendu que même dans l'acte lui conférant une constitution son parlement est appelé « le Parlement de la Terre de Van Diemen », elle fut complètement reconnue en 1798 par Bass qui en démontra l'insularité. Dès 1803, le gouverneur de Nouvelle Galles y envoyait un noyau de militaires et de transportés. Première succursale de Botany Bay, cette île délicieuse eut à supporter jusqu'en 1853 les pestilences d'un bagne. Ouverte en 1816 à la colonisation libre, elle ne reçut le droit de se gouverner elle-même qu'en 1856, et ce n'est que de l'époque de son émancipation complète que son essor, comme pour les autres colonies, l'emporte vers le bien-être et la richesse, ainsi que le prouvent les statistiques.

En 1810 elle comptait 1.500 habitants ; 7.400 en 1821, cinq ans après l'admission des émigrants libres. En 1820, son premier envoi de laine en Europe n'avait été que de 88 liv. st.; en 1823, elle en expédiait 550 balles d'une valeur de 1 399 liv. st.

De 90.211 h. en 1861, sa population passe à	152.619 en 1891
De 163.385 acres en 1851 la terre de culture passe à............................	191.951 en 1893
De 1.714.498 en 1861 les moutons passent à	1.662.801 en 1891
De 87.114 en 1861 le bétail passe à.......	169.141 »
De 22.118 en 1861 les chevaux passent à..	31.262 »
De ...... les porcs passent à.....	65.620 »
De 1.859.989 liv. st. en 1861 le commerce général passe à...................	3.492.782 en 1891
De 408 980 liv. st. en 1861, l'exportation de ses produits passe à................	1.367.927 »
De 230.218 T. en 1861, son mouvement maritime passe à......	1.014.606 »

Encore qu'elle soit en dehors des grandes lignes postales,

Elle écrit ou reçoit 835.873 lettres et lit ou envoie 895.656 journaux en 1861.

Elle écrit ou reçoit 5.852.381 lettres et lit ou envoie 5.376.142 journaux en 1891.

Son revenu public est de 256.958 liv. st. en 1861 et ses dépenses de 324.447 liv. st.

Son revenu public est de 758.100 liv. st. en 1891 et ses dépenses de 722.646 liv. st.

Sa dette passe dans le même temps de moins d'un million à 7.613 604 liv. st. en 1893. Les dépôts en banques augmentent de 729.085 liv. st. à 4.378.448, et ceux des Caisses d'épargne de 217.413 en 1877 à 580.438 en 1891. Possédant seulement 45 milles de voies ferrées en 1871 elle en a dix fois plus en 1892. L'instruction y est gratuite, quand les parents n'ont pas les moyens de payer, et obligatoire de 7 à

14 ans. Les écoles primaires sont au nombre de 251 en 1892 avec 10.654 élèves et les institutions privées de 135 avec 6.265 élèves.

Les affaires de la Tasmanie s'étendent surtout aux colonies voisines de Victoria et de la Nouvelle Galles ; son commerce extérieur est en grand progrès depuis quelques années, ainsi qu'il appert du tableau ci-dessous :

Commerce général de la Tasmanie en 1893

Importations	Milliers de liv. st.	Exportations	Milliers de liv. st.
Draperie (vêtements, etc.)...	256	Laines	296
Sucre (en grande partie p. confi.)	104	Etain (minerai et saumons)..	266
Quincaillerie, etc........	64	Fruits.............	122
Thé	38	Pommes de terres	84
Bétail vivant	29	Ecorces pour tannerie	39
Divers...........	567	Divers	545
Total	1.058	Total	1.352
Total en 1894 ..	979	Total en 1894 ..	1.489
Moyenne quinquennale	1.623	Moyenne quinquennale	1.417

Dans ce commerce total de la Tasmanie en 1893, celui avec le Royaume-Uni figure pour près de 3/4 de million L. st.

VII

La Nouvelle-Zélande partage avec la Tasmanie l'avantage d'un climat tempéré et la gloire de beautés naturelles comparables aux plus beaux sites de l'Islande, de l'Ecosse, de la Norwège et de la Suisse italienne. Située presque aux antipodes de l'autre, cette Grande Bretagne du Sud semble encore exagérer les capacités d'activité, d'énergie, de persévérance et de vitalité dévolues si largement pourtant aux fils de la vieille Albion. Le mélange des immigrants et des autochtones, impossible sur le continent, a donné ici, avec les Maoris, des demi-sangs de toute beauté. C'est une source d'exubérance de plus.

Découverte en 1642 aussi par Tasman, visitée par Cook en 1769, la Nouvelle-Zélande reçut une colonie de missionnaires en 1814 ; mais la première tentative de colonisation, qui échoua d'ailleurs, est de 1825. En 1838 une nouvelle Société, la *New Zealand Company*, fut plus heureuse. Elle acheta aux Maoris une certaine quantité de terrains sur le détroit de Cook, où s'élève aujourd'hui Wellington, la capitale. Deux ans plus tard, par le traité de Waitangi, l'archipel était déclaré dépendance de la Nouvelle Galles, et en 1841 proclamé colonie propre avec Auckland provisoirement comme capitale. Ainsi que pour la plupart des colonies, sa constitution actuelle lui fut accordée en 1856. Depuis ce moment sa richesse n'a fait qu'augmenter : c'est la plus florissante des sept républiques australes.

De 99.021 en 1861 sa population a passé à 634.058 en 1891
De 2.761.583 » les moutons ont passé à 18.128.186 »
De 193.285 » le bétail a passé à.... 831.831 »
De 28.275 » les chevaux ont passé à 211.040 »
De 43.270 » les porcs ont passé à.. 308.812 »
De 3.864.058 L. S. en 1861 le commerce général a passé à .... 16.070 246 »
De 1.071.040 liv. st. en 1854, la laine exportée a passé à........................ 132.025.528 en 1895
De 1.339.241 liv. st. en 1861, les produits exportés ont passé à.................. 9.403.094 en 1891
De 128.395 tonnes en 1854 son mouvement maritime a passé à .... 1.244.322 en 1891
De 1.236.768 lettres en 1861 son mouvement postal a passé à...................... 28.571.844 en 1892
De 1.438.351 journaux en 1861 son mouvement postal a passé à. .... 12.027.582 »
De 149.020 liv. st. en 1854 son revenu public a passé à............................ 4.407.963 en 1891
De .... liv. st. en 1854 ses dépenses ont passé à .... 4.386.359 en 1893-94
De 1.289.750 liv. st. en 1864 sa dette publique a passé à........................... 39.826.415 »
De 905.675 liv. st. en 1861 ses dépôts en banques ont passé à........ .... 18.390 868 en 1893-94
De 7.862 liv. st. en 1858 ses dépôts en caisses d'épargne ont passé à................. 3.966.849 en 1893
De 500 (?) en 1873 ses écoles publiques ont passé à .... 1.355 avec 124.690 élèves en 1893, plus 299 institutions privées avec 11.922 élèves.

Elle possédait 115 milles de chemins de fer en 1873 ; en 1893 son exploitation comprend un réseau de 1948 milles donnant une recette nette de 1.172.792 liv. st. Les autres colonies, qui se le sont vite approprié, lui doivent le commerce de la viande congelée (*frozen & chilled meat*), dont l'exportation, qui n'était que 15.244 penny-weight (le c. w. t. : 1.555 grammes), flotte déjà dans le voisinage de un million. Outre le bois, la Nouvelle-Zélande exporte encore une espèce de résine fossile, la gomme Kauri, et un textile, le Phormium, la plus vieille denrée d'exportation néo-zélandaise.

Commerce général de la Nouvelle-Zélande en 1893.

Importations	Milliers de liv. st.	Exportations	Milliers de liv. st.
Ferronnerie et Machines...	692	Laines.	3.775
Cotonnades	394	Viandes (congelées et en conserves).	1.132
Vêtements, etc.	347		
Draperie.	337	Or.	916
Sucre	294	Grains (blé, avoine, etc.) . .	541
Linge, soieries, etc.	223	Gomme Kauri	511
Lainages.	205	Beurre.	254
Librairie, papeterie	200	Phormium.	219
Thé	164	Suif	184
Cordonnerie.	142	Peaux (de lapins).	139
Tabac	125	Divers.	1.314
Divers (or monnayé inclus). .	3.789		
Total.	6.912	Total.	8.985
Total en 1894.	6.788	Total en 1894.	9.231
Moyenne quinquennale . . .	6.586	Moyenne quinquennale . . .	9.448

Commerce général de la Nouvelle-Zélande, près de 16 millions sterling.
Commerce général avec le Royaume Uni, plus de 11 1/2 millions sterling.

*
* *

Malgré la création de la ligne d'Australie par la Compagnie des Messageries Maritimes en 1882, la France, qui a été la première grande nation continentale à établir des services réguliers entre les antipodes et l'Europe, n'a pas su prendre la part qui semblait devoir lui revenir de droit dans le magnifique épanouissement de ces marchés nouveaux. La raison en est, comme partout, dans l'apathie et le manque d'organisation de son commerce extérieur. Le danger a été vu, signalé, et les hommes compétents se préoccupent de le conjurer. Dieu veuille que les mesures prises arrivent à nous faire rattraper une grande partie de l'avance gagnée sur nous par les Allemands, dont l'apparition des paquebots, presque immédiatement doublés de cargo-boats réguliers, ne datent en ces eaux que de 1887. Pour l'Australasie, ainsi que l'a dit M. de Jouffroy d'Abbans, notre consul à Wellington, dans son excellent rapport sur le commerce de la Nouvelle-Zélande en 1896, « il y a lieu de tenir compte de l'avenir plus que du présent, et ce qui importe c'est de poser des jalons pour les affaires futures ». Nous ne pouvions finir sur un mot plus judicieux, et la meilleure des péroraisons ne saurait avoir l'éloquence démonstrative du petit tableau suivant :

Progrès du commerce des colonies australasiennes de 1861 à 1891

ANNÉES	FRANCE et NOUVELLE CALÉDONIE		ALLEMAGNE		BELGIQUE		AUSTRALASIE	
	Importations	Exportations	Importations	Exportations	Importat.	Exportations	Importations	Exportations
	Liv. st.	Liv. st.	Liv. st.	Liv. st.	Liv. st.	Liv. st.	Liv. st.	Liv. st.
1861	136.124	26.793	109.172	—	—	—	18.451.499	16.609.783
1871	158.992	101.758	3.899	—	—	—	16.633.691	23.095.325
1881	340.750	336.498	225.672	70.422	26.713	100.437	33.313.706	31.210.972
1891	369.035	1.835.784	1.773.277	863.815	321.025	1.485.731	41.408.315	43.243.173
1892	191.004	2.092.052	1.390.529	1.778.487	373.766	1.474.798	34.562.861	40.784.238

NOTES SUR LES PORTS DE L'ANATOLIE ET DU CAUCASE

Par M. **E. SCHEULT**, commandant à la Compagnie Paquet,
Membre de la Société de Géographie de Marseille.

Les côtes de l'Anatolie et du Caucase ne possèdent, en fait, de véritables ports que ceux de Batoum, Poti et Novorossisk, qui sont dans le Caucase. Les autres ne sont que de mauvaises rades, dont on pourrait faire de bons ports à peu de frais. Ce sont ceux de Inéboli, Sinope, Samsoun, Trébizonde et Rizeh, tous Turcs.

En partant de Constantinople, le premier que l'on rencontre est Pendérékli ou Héraclée. Ce petit port naturel n'a pas de commerce et n'abrite guère les navires que des vents du N.-E. A 20 milles à l'Est, dans la petite baie de Zongoul ou Zongouldac, une Compagnie française avait construit une jetée de 200 mètres qui pouvait abriter de petits navires. Cette jetée a été détruite en janvier 1898 par un coup de vent du Nord. Quand la Compagnie française exploitera sérieusement les mines de charbon qui sont aux environs, ce port de Zongouldac pourra avoir une importance relative.

Ineboli, qui se trouve à quelques milles à l'est du cap Kérempeh, quoiqu'étant une très mauvaise rade, a une certaine importance commerciale. En 1895 il est passé 370 vapeurs d'un tonnage de 442.067 tonnes et 112 voiliers d'un tonnage de 8.370 tonnes, parmi lesquels 2 vapeurs français seulement. L'importation a été de 10.404 tonnes, d'une valeur totale de 5.901.890 francs. L'exportation atteint 19.506 tonnes, d'une valeur totale de 5.034.840 francs. Quoiqu'il n'y ait eu que 2 vapeurs français ayant fait escale à Ineboli, les transactions commerciales avec la France occupent le troisième rang. L'importance de Ineboli provient de sa proximité de Castamouni, qui est un grand centre près d'Angora.

Sinope, vaste rade pouvant contenir de nombreux navires, pourrait être le plus beau port de la mer Noire, mais le commerce a disparu de ce pays et Sinope n'est plus qu'une rade d'abri par tous les temps.

Samsoun est le port de Sivas, grand centre qui se trouve dans l'intérieur. Sa contrée, arrosée par les fleuves Kizil-Irmak (ancienne Hallys), Yechil-Irmak (ancienne Iris) et Thermé-Tchaï (ancienne Thermodon), est très fertile. Les céréales sont en abondance, le tabac est renommé, ainsi que les pommes. En 1896, il y a eu 606 vapeurs, dont 99 français, ayant fréquenté le port de Samsoun. Les importations ont été de 83.980 tonnes, d'une valeur de 8.550.000 francs. Les exportations ont été de 38.730 tonnes d'une valeur de 15.984.000 francs. La rade n'est pas bonne, exposée qu'elle est aux vents du N.-O. Les moyens employés pour l'embarquement sont primitifs. Le mouvement des passagers est de 35 à 40.000 par an. Le nombre des moutons exportés atteint 65.000 par an ; ils sont expédiés à Constantinople.

Kérassunde est une petite ville bâtie sur une éminence et possédant deux rades, toutes deux mauvaises. En 1896, il est passé 478 vapeurs et 2.793 voiliers jaugeant 14.994 tonnes. Les importations ont été de 8.743 tonnes, d'une valeur de 2.672.600 francs ; la France y est représentée par 979 tonnes. L'exportation a été de 12.812 tonnes, d'une valeur de 4.367.200 francs ; la France y figure pour 1.440 tonnes. Sur les 478 vapeurs entrés en 1896, il y a eu 73 vapeurs français avec un tonnage de 101.414 tonnes. Kérassunde exporte principalement des noisettes.

Trébizonde est une ville de 35.000 habitants, bâtie au bord de la mer sur une éminence. On voit encore les ruines de l'ancienne Trapézus, bâtie 747 ans avant Jésus-Christ. Ces ruines ont la forme d'un trapèze, ce qui avait sans doute fait donner le nom de Trapézus à la ville. Trébizonde est devenue le port de la Perse depuis la construction de la route de Bayazid, longue de 594 kilomètres. Les transports se font par chameaux et ce mouvement de transit est de 2.500 à 3.500 chameaux par mois. Le transit de la Perse a été à l'importation, en 1896, de 5.478 tonnes, d'une valeur de 14.430.000 francs. Le commerce d'Anatolie seul a été, à l'importation, de 21.721 tonnes, d'une valeur de 15.481.465 francs. Le transit de la Perse a été à l'exportation de 721 tonnes, d'une valeur de 4.713.055 francs. Le commerce d'Anatolie seul a été à l'exportation de 19.948 tonnes, d'une valeur de 9.777.645 francs. L'importation par voiliers et petit cabotage a été de 12.115 tonnes, d'une valeur de 1.475.100 tonnes. L'exportation par voiliers et petit cabotage a été de 1.303 tonnes, d'une valeur de 401.600 francs. Le mouvement des passagers à Trébizonde est de 40.000 personnes par an. L'exportation des moutons est d'environ 100.000 têtes. Le nombre des vapeurs a été de 481. La France tient le 3ᵉ rang avec 106 vapeurs, jaugeant 139.500 tonnes. Ces vapeurs appartiennent aux deux Compagnies françaises : Messageries Maritimes et N. Paquet et Cie.

Rizeh, ou Rizo, se trouve entre Batoum et Trébizonde ; c'est une jolie petite ville bâtie au milieu de jardins d'orangers et de citronniers. On prétend qu'il existe des sources de pétrole aux environs et qu'on en voit à la surface de la mer.

*
* *

Batoum, autrefois petit port de pêcheurs, est devenu depuis la conquête Russe (1878) une ville importante, avec un grand port naturel et deux ports artificiels. Ce port est relié au reste de l'Empire par une voie ferrée qui va à Tiflis et Bakou ; de ce dernier port des services de vapeurs vont à Reicht et à Ouzoun-Ada. Ces deux voies conduisent la première en Perse, par Inzélie dont Reicht est la station, et l'autre au terminus du chemin de fer Boukhara-Samarkand. Pour aller dans l'intérieur de la Russie d'Europe, on passe de Tiflis à Vladicaucase, où l'on retrouve le chemin de fer, au moyen de diligences par la route militaire.

Le port naturel de Batoum est relativement bon. Les navires mouillés en rade n'ont rien à craindre. Il n'en est pas de même dans le port à pétrole. Aussitôt qu'il fait mauvais temps, la houle, en entrant dans la baie, la contourne et arrive avec force dans le port où, ne rencontrant plus de berge, elle vient se briser le long des quais, produisant un violent ressac. Les vapeurs amarrés à la jetée à pétrole sont souvent obligés de larguer leurs amarres et d'aller mouiller en rade. La grande jetée peut recevoir quatre vapeurs citernes, qui sont en moyenne de 5 à 9.000 tonnes. Quand les réservoirs sont pleins, on peut embarquer 10.000 tonnes de pétrole par vingt-quatre heures au moyen de tuyaux venant des usines directement à bord. Le pétrole est amené de Bakou par des wagons-citernes de 20 à 30 tonnes qui, à l'aide de pompes, sont vidés dans les réservoirs ; de là des tuyaux conduisent le pétrole à bord. Les usines sont vastes et outillées pour fabriquer les caisses et les bidons.

En 1896, les principales importations consistent en étain, bois pour caisses, tuiles, fers et fontes, soufre, zinc, plomb, soit pour 782.000 liv. sterl. Les exportations ont été de 698.827 tonnes d'une valeur de 2.946.038 liv. sterl. Dans ce chiffre, soit 73.650.950 francs, les produits de naphte figurent pour 678.824 tonnes, d'une valeur de 2.599.782 liv. sterl. La France participe à ce mouvement pour 58 260 tonnes, parmi lesquelles pour 245.016 liv. sterl. de produits pétrolifères. En 1896, il est entré 477 vapeurs étrangers jaugeant 738.324 tonnes, dont 80 français jaugeant 107.311 tonnes. En 1897, il est entré 584 vapeurs étrangers dont 104 français avec 135.814 tonnes. Dans ce mouvement ne sont pas compris les vapeurs russes, que l'on peut évaluer à 8 ou 900 par an.

Poti, bâtie sur les bords du Rion (ancien Phase), est une petite ville construite en bois sur un marais. Très fiévreuse, elle tend à se déplacer depuis la construction du port. Ce port (si on peut l'appeler ainsi), commencé il y a 36 ans, n'a pu recevoir des navires que depuis une quinzaine d'années, et encore y sont-ils en danger. L'entrée se trouve dirigée du côté de la mer et, à la moindre houle, les navires sont obligés ou de l'abandonner ou de larguer leurs amarres et de se tenir au large de la jetée, sans quoi ils risqueraient de se briser sur les blocs. Ce port ne peut contenir que trois vapeurs en charge. Ces navires sont amarrés le long de la jetée d'abri et ne peuvent travailler qu'avec le beau temps. Un môle perpendiculaire à la berge a été construit il y a quelques années et est réservé aux vapeurs de la Compagnie Russe. Le fond maximum dans le port est de 6 mètres. En 1896, il est entré dans le port de Poti 60 vapeurs jaugeant 71 973 tonnes et 52 voiliers, jaugeant 1.850 tonnes (non compris les vapeurs russes). L'exportation totale a été de 134.965 tonnes, d'une valeur de 238.686 liv. sterl., consistant surtout en manganèse (133.365 tonnes) d'une valeur de 226.720 liv. sterl. Ces chiffres ne représentent que l'exportation à l'étranger ; le cabotage est important. Il y a deux ou trois vapeurs russes tous les jours faisant le service de la mer Noire, côte russe.

Novorossisk a été fondée en 1722 par les Turcs et n'est devenue possession russe qu'en 1820. Depuis 1892 il y existe un grand port formé par deux jetées se croisant. L'intérieur du port est composé de jetées en bois perpendiculaires au quai de rive, ou plutôt à la berge, car les quais n'existent pas encore ; elles sont au nombre de sept. Les navires accostent de chaque côté et chargent soit au moyen de wagons, soit de courroies de transmission, prenant les céréales dans un bâtiment central, situé à 1.500 mètres, et les amenant jusque dans la cale des navires ; ou bien encore par des wagonnets, circulant sur une jetée supérieure et s'ouvrant au moyen d'une soupape sur un conduit menant les céréales dans les cales.

Une grande fabrique de ciment occupe une partie du port et possède des quais. Le reste est encore inachevé ; les môles appartiennent à la Compagnie du Chemin de fer. Ce port est vaste et pourrait contenir de nombreux navires, mais l'outillage manque. Les jetées ne peuvent recevoir que seize vapeurs au maximum. Les autres doivent attendre leur tour sur rade, et avec la Bora (coup de vent de N.-E. d'une très grande violence), il se peut que les navires restent trois ou quatre jours sans pouvoir accoster les jetées. Novorossisk a beaucoup d'importance à cause de sa proximité de la mer d'Azof, dont il devient le seul port en hiver, ayant le grand avantage de ne jamais geler. En outre, la nouvelle ligne de Tzaritzina vient de relier ce port à toute la vallée de la Volga et à la Sibérie. Novorossisk exporte aussi du pétrole. Les exportations ont été en 1895 de 29.117.235 pouds (le poud est de 16 kilog. 38) de céréales, de 2.910.000 pouds de pétrole et 300.000 pouds de divers. Dans les huit premiers mois de 1896 on a exporté 3.000.000 de pouds de pétrole, soit 49 000 tonnes. Dans les six premiers mois de la même année, on a exporté 19.000.000 de pouds de céréales, soit 311.000 tonnes. Ce port deviendra sûrement le plus grand et le plus important des ports de la mer Noire, à cause de sa situation géographique et de ses voies ferrées.

LE DÉVELOPPEMENT ÉCONOMIQUE DE NOS COLONIES DE L'AFRIQUE OCCIDENTALE

Par M. **Frédéric BOHN**, administrateur-directeur de la Compagnie française de l'Afrique Occidentale,
Membre de la Société de Géographie de Marseille.

I

La Convention franco-anglaise du 14 juin dernier a définitivement délimité nos possessions dans l'Afrique occidentale, consacrant ainsi, après de longs et laborieux débats, les travaux et les efforts persévérants de nos officiers, de nos explorateurs et des divers ministres qui se sont succédé à la direction des Colonies.

Cette convention nous a attribué la plus grande partie des territoires situés dans la boucle du Niger. Ces territoires d'un seul tenant, dont la superficie est bien supérieure à celle de la France continentale, forment l'arrière-pays commun de nos quatre colonies littorales de l'Afrique occidentale. Ces quatre colonies : Sénégal, Guinée Française, Côte d'Ivoire et Dahomey, séparées les unes des autres sur le littoral par des enclaves étrangères : Gambie anglaise, Guinée portugaise, Sierra-Leone, Libéria, Côte d'Or anglaise, Togoland, se rejoignent, se soudent l'une à l'autre à quelque distance dans l'intérieur et offrent ainsi autant de voies de pénétration vers ces vastes contrées intra-nigériennes dont nous ne connaissons encore qu'imparfaitement les ressources et les possibilités économiques.

La reconnaissance définitive de notre domination sur ces immenses territoires constitue une véritable victoire politique qui fait le plus grand honneur aux hommes d'action qui l'ont préparée et aux diplomates qui l'ont achevée. Mais cette victoire sera stérile, ces efforts seront vains et sans sanction, si nous ne savons pas profiter de la situation exceptionnelle que nous occupons dans l'Afrique occidentale pour faire succéder à la conquête militaire, relativement aisée, la conquête morale et économique, tâche bien autrement difficile.

De nombreux problèmes se présentent à l'attention et à l'étude de tous ceux qui, à des titres divers, s'intéressent à ces pays et particulièrement de ceux qui ont la charge et la responsabilité directes de leur destinée.

II. — *Administration*.

Parmi ces problèmes il en est qui sont exclusivement du ressort de l'Administration supérieure des Colonies ; nous voulons parler de la pacification définitive de ces contrées et de leur organisation administrative.

Il faut qu'au plus tôt une ère de paix et d'ordre fasse suite à l'état d'anarchie, aux petites guerres locales et aux insurrections qui n'ont cessé de troubler ces pays.

Ce n'est pas seulement un devoir d'humanité et de justice que nous avons à remplir vis-à-vis des populations qui ont accepté, ou qui ont dû subir notre protectorat, c'est encore un acte de bonne politique pratique, car l'avenir économique, là comme ailleurs, repose en grande partie sur le chiffre de la population, c'est-à-dire sur le nombre des producteurs, des consommateurs et des contribuables, et toutes les dépenses, tous les efforts qui seront faits pour pacifier le pays, pour favoriser l'accroissement de la population et en augmenter le bien-être contribueront à enrichir et à faire prospérer notre grande colonie de l'Afrique occidentale.

Les populations noires étant en général assez paisibles quand on les traite avec fermeté et justice, il paraît possible de mener promptement à bien l'œuvre de la pacification, en confiant la direction des diverses provinces qui devront être créées, à des administrateurs expérimentés et consciencieux, comprenant bien et prenant à cœur leur mission morale et civilisatrice ; tout en organisant des forces suffisantes pour faire respecter l'autorité française et pour, en cas de nécessité, étouffer, dès le début, tout mouvement insurrectionnel.

Il ne nous appartient pas d'examiner ici de quelle façon devront être constituées les diverses provinces dont nous parlons plus haut ; il est évident que l'Administration supérieure devra, autant que possible, tenir compte des caractères ethniques, de la race et de la religion des individus qui seront appelés à former ces divers groupements.

Afin d'assurer une plus grande unité de vues et de directions et afin d'utiliser au profit de ces nouvelles possessions l'expérience acquise dans les anciennes colonies de l'Afrique occidentale, ainsi que les ressources administratives et financières dont elles peuvent disposer, il paraît éminemment désirable de reculer le plus possible vers l'intérieur les limites actuelles (limites mal définies en général) de nos quatre colonies littorales, de manière à ce que chacune d'elles puisse exercer directement sa légitime influence sur tout l'arrière-pays se trouvant sous sa dépendance politique et économique.

Si cet ordre d'idées venait à prévaloir, le Sénégal pourrait, sans inconvénient, s'étendre jusqu'au Niger moyen, vers Bamakou ; la Guinée Française engloberait les territoires du Haut-Niger et de ses tributaires jusqu'aux environs de Siguiri ; la Côte d'Ivoire exercerait son action administrative jusqu'à Kong et le Dahomey aboutirait à Say sur le Niger.

Les territoires de l'Intérieur non attribués à ces quatre colonies formeraient le Soudan français proprement dit, dont le siège serait transféré de Kayes, c'est-à-dire des bords du Sénégal, aux bords du Niger moyen, et, plus tard, au centre même de cette colonie.

Chacune de nos cinq grandes colonies de l'Afrique occidentale, c'est-à-dire le Sénégal, la Guinée, la Côte d'Ivoire, le Dahomey, le Soudan, conserverait son autonomie financière, fiscale et administrative, le Gouvernement général étant maintenu, mais rendu tout à fait distinct du Gouvernement particulier du Sénégal, avec lequel l'organisation actuelle tend parfois à le confondre. L'action du Gouverneur général s'exercera d'autant plus librement dans l'intérêt commun, elle sera d'autant plus vigilante et efficace, qu'elle sera plus dégagée de préoccupations et d'influences particularistes.

Après que la pacification et la bonne administration des territoires dont nous venons de parler auront été assurées, se posera le problème de leur utilisation et du développement de leurs multiples ressources.

Ces ressources sont encore insuffisamment connues, et il est à désirer que l'on entreprenne au plus tôt l'exploration méthodique de ces pays dans le but d'étudier leurs productions et de rechercher les richesses latentes qu'elles peuvent contenir.

Mais quelles que soient ces productions et ces richesses, elles sont destinées à rester inutilisées, sans emploi possible, si les diverses colonies africaines intéressées ne se mettent pas résolument à l'œuvre et si elles ne créent pas au plus tôt des voies de pénétration vers leur arrière-pays, de manière à faciliter les communications et le transport des produits et marchandises.

III. — *Voies de pénétration.*

Il est incontestable, et sur ce point l'accord devient de plus en plus unanime, que, dans l'intérêt du développement économique de ces domaines africains, cette question de transport est celle qui prime toutes les autres, en même temps, il faut bien le reconnaître, qu'elle soulève de très grandes difficultés.

Les distances à franchir sont considérables et, en l'absence de voies fluviales navigables et même de simples routes assurant les communications régulières avec l'intérieur, comme aussi par suite des obstacles naturels qui s'opposent presque partout à l'emploi d'animaux porteurs, les transports s'effectuent encore aujourd'hui principalement à dos d'homme et il est facile de comprendre que dans ces conditions, les frais de transport sont très onéreux et paralysent les transactions.

Aussi, le commerce d'échanges n'a-t-il pu jusqu'à présent se développer qu'à une très faible distance du littoral et le long de quelques cours d'eau ou de quelques estuaires navigables dont la plupart, à l'exception du Sénégal, ne peuvent pas être remontés au-delà de 50 à 100 kilomètres de leur embouchure.

Le Sénégal même ne constitue qu'une voie d'accès précaire et insuffisante, car il n'est navigable dans son cours supérieur que pendant deux ou trois mois de l'année, en pleine mauvaise saison et seulement pour des navires de faible tirant d'eau, à cause des difficultés de la barre d'entrée.

Aussi ne peut-on pas songer un instant à faire de ce fleuve si capricieux, si irrégulièrement utilisable, le débouché exclusif du Soudan. Cette idée est, d'ailleurs, à peu près abandonnée aujourd'hui.

Aussi longtemps que de grands changements ne seront pas apportés à la situation actuelle, on ne peut pas raisonnablement compter sur une progression sensible dans le mouvement commercial de nos colonies africaines et leurs richesses naturelles continueront à n'être exploitées que dans une proportion relativement bien faible. Nos nouvelles possessions de la boucle du Niger feront bonne figure sur nos cartes, probablement aussi dans le budget de la Métropole, mais elles resteront à peu près sans valeur au point de vue économique.

Il est temps de mettre un terme à cet état de choses si défavorable et d'entreprendre courageusement les travaux publics qui seuls pourront y remédier.

Il est unanimement reconnu, aujourd'hui, que la pénétration efficace et l'exploitation méthodique de nos possessions de la boucle du Niger ne pourront avoir lieu qu'au moyen de la voie ferrée et, malgré les difficultés techniques et financières que peut présenter l'établissement d'un réseau de cette importance, le devoir de tous ceux qui s'intéressent au développement de ces contrées doit être de rechercher les moyens de faire exécuter au plus tôt ces voies de pénétration.

Il est d'autant plus nécessaire d'agir promptement et avec résolution que nos entreprenants et énergiques voisins, les Anglais, ayant compris, un peu tard, la situation inférieure et difficile faite à leurs colonies de l'Afrique occidentale par suite de l'extension des nôtres, se sont rapidement décidés à remédier à cet état de choses inquiétant pour eux en dotant leurs principales colonies d'un réseau de voies ferrées qui pourrait bien, si nous n'y prenons garde, faire détourner vers leurs Colonies la plus grande partie du mouvement commercial de nos possessions soudaniennes.

Deux de ces chemins de fer sont déjà en construction, l'un part de Freetown (colonie de Sierra-Leone) et se dirige vers les sources du Niger, l'autre a pour tête de ligne le port de Lagos et doit aboutir au point terminus du cours navigable du Bas-Niger.

Un troisième chemin de fer est à l'étude, celui de la Côte d'Or, qui, partant d'un point (non encore déterminé) de cette colonie, sera très certainement poussé jusqu'à sa frontière septentrionale et pénètrera ainsi au centre même des territoires que nous venons d'acquérir.

Il ne faut pas être grand prophète pour prévoir qu'à moins d'agir de notre côté avec la même énergie, nous devons nous attendre dans une dizaine d'années, au plus, à voir se former dans le Soudan central français trois grands courants commerciaux aboutissant aux trois colonies anglaises de Sierra-Leone, de la Côte d'Or et de Lagos.

Il en résultera que nous aurons à supporter les lourdes charges de l'Administration et du maintien de l'ordre dans ces territoires soudanais et que nos voisins, grâce à leur initiative hardie, en recueilleront tout le profit.

Nous ne pouvons conjurer ce péril qu'en imitant nos voisins et en les devançant si possible.

Dans ce but nos quatre colonies côtières doivent devenir les têtes de lignes d'autant de voies ferrées de pénétration vers le Soudan intranigérien.

Des études sérieuses et quelques travaux importants ont déjà été faits dans ce sens.

Au Sénégal, l'on travaille sans grande hâte, faute de fonds sans doute, à la voie ferrée qui doit relier Kayes, sur le Haut-Sénégal, à Toulimandio, sur le Niger moyen.

En raison des difficultés considérables que présente la navigation au Sénégal, cette ligne de pénétration ne pourra être utilisée d'une manière régulière et ne rendra des services efficaces que le jour où l'on se décidera à construire un embranchement qui, d'un point de la ligne Dakar-Saint-Louis, ira atteindre Bakel et Kayes.

En Guinée Française, les études faites par le capitaine Salesses permettent de procéder dès maintenant à la construction du chemin de fer de Conakry au Niger navigable. Le tracé qui a été étudié avec le plus grand soin et qui s'étend sur 590 kilomètres environ n'offre pas de difficultés spéciales.

Des études semblables ont dû être faites ou vont être entreprises à la Côte d'Ivoire et au Dahomey ; il n'est pas douteux qu'elles ne démontrent également la possibilité d'exécuter sans difficultés ni dépenses exagérées des voies de pénétration, d'une part dans la direction de Kong, d'autre part dans la direction de Say.

Chacun de ces chemins de fer aura son utilité, sa raison d'être et pourra être exécuté sans porter la moindre atteinte à la prospérité des autres lignes.

Pour mieux préciser, nous indiquons ci-après les points qu'il paraît utile de relier le plus tôt possible dans chaque direction et la longueur présumée de chacun de ces réseaux.

1º Ligne du Sénégal :

De Dakar par Bakel et Kayes à Toulimandio, sur le Niger moyen, environ 1.000 kil. à vol d'oiseau.

2º Ligne de la Guinée Française :

De Conakry à un point du Haut-Niger navigable, environ 590 kilomètres.

3º Ligne de la Côte d'Ivoire :

De Grand-Bassam ou de Dabou à Kong, environ 400 kilomètres.

4º Ligne du Dahomey :

De Cotonou ou Porto-Novo à Say sur le Niger, environ 750 kilomètres à vol d'oiseau.

On peut prévoir que dans un avenir plus ou moins éloigné tous ces réseaux finiront par se rejoindre dans l'intérieur et qu'un jour un embranchement du Trans-Soudanais ira se souder, dans les environs de Tombouctou, au Trans-Saharien, mettant ainsi en communication ininterrompue par voie ferrée toutes nos possessions du Nord et de l'Ouest de l'Afrique, des bords de la Méditerranée au golfe de Guinée.

De longues années s'écouleront avant que ce programme soit réalisé dans son entier et il est prématuré de prévoir toutes les conséquences aux points de vue commercial, politique et social qu'entraînera son exécution. Mais même dans la limite restreinte ci-dessus indiquée, la construction de voies ferrées rendra au commerce et à l'industrie d'inappréciables services, en même temps qu'elle constituera un bienfait pour les populations indigènes, ne serait-ce que parce que l'établissement des chemins de fer contribuera puissamment à l'extinction de la plaie de l'esclavage.

Une des raisons d'être de cette institution provient, comme on le sait, de l'obligation pour les producteurs et commerçants indigènes d'employer constamment un grand nombre d'hommes pour effectuer les transports dans toutes les directions. La plupart, sinon la totalité, de ces porteurs sont des esclaves. On sait que pour se procurer ces esclaves, certains chefs de bande ou plutôt de bandits, tels que Samory, promènent le fer et le feu dans le Soudan, massacrant les populations qui leur résistent et semant partout où ils passent la dévastation et la ruine. La construction de voies ferrées permettra non seulement de mettre un terme à ces guerres intestines, à ces honteux brigandages, mais leur enlèvera une grande partie de leur raison d'être, car le chemin de fer remplacera avantageusement et supprimera avant longtemps les caravanes d'esclaves porteurs.

Le chemin de fer constituera encore un véritable bienfait pour les Européens habitant la zone côtière généralement malsaine, en leur permettant de se rendre périodiquement sur les plateaux élevés et salubres des hauts pays pour y rétablir leur santé ébranlée, comme aussi en facilitant l'évacuation rapide vers la Côte et à destination de l'Europe des troupes européennes éprouvées par un long séjour dans l'intérieur ou par les fatigues d'une campagne de guerre.

Nous indiquerons encore que, disposant d'un moyen de transport aussi efficace, nous pourrons considérer comme définitivement assurée la pacification complète de nos possessions de l'Afrique Occidentale.

Parmi les questions que soulève l'exécution de travaux aussi importants, celle qui paraît la plus laborieuse et la plus lente à résoudre n'est autre que la question financière. Elle le serait beaucoup moins si les colonies intéressées étaient autorisées à contracter des emprunts sur leurs ressources personnelles et surtout si la Métropole consentait à garantir ces emprunts.

Nous croyons aussi qu'en vue de favoriser ces grandes entreprises de construction de voies ferrées, en Afrique et ailleurs, il conviendrait de ne pas retarder davantage, mais bien au contraire d'encourager la création de la Banque Coloniale dont il a été souvent question et qui intelligemment administrée pourrait rendre à la cause coloniale d'inestimables services.

Il serait téméraire de prévoir dès à présent quel pourrait être le rendement, le produit net, de l'exploitation de ces chemins de fer ;

mais le grand et légitime succès du chemin de fer que les Belges viennent d'inaugurer au Congo doit être considéré comme d'un très heureux augure pour les entreprises analogues qui seront tentées dans les autres colonies africaines offrant les mêmes ressources, et la plupart de nos colonies de l'Afrique Occidentale sont dans ce cas.

A quelque point de vue que l'on se place, la question de l'établissement de voies ferrées en Afrique est de la plus haute importance ; elle s'impose d'urgence à l'attention et à l'étude de nos Ministres, fonctionnaires, commerçants coloniaux et, en général, de tous les hommes de bonne volonté et d'initiative qui, à des titres divers, sont appelés à prendre part aux délibérations et aux actes dont dépendra l'avenir de nos colonies africaines.

IV. — *Régime douanier.*

On a dit souvent avec raison que pour faire de la bonne politique il faut avoir de bonnes finances. En Afrique, comme ailleurs, les questions financières et, par suite, les questions fiscales, jouent un rôle éminent dans les préoccupations de l'Administration et dans celles des contribuables et il serait intéressant d'instituer une enquête pour rechercher quel est le système d'impôts, ou de taxes, qui, dans la plus large mesure possible, donnerait satisfaction aux intérêts en présence et permettrait de réaliser un maximum de recettes avec un minimum de frais de perception, tout en répartissant les charges budgétaires aussi équitablement que possible.

Il ne semble pas que l'on soit encore arrivé à ce sujet à des conclusions définitives puisque chacune de nos colonies africaines (en y comprenant le Congo) jouit d'une législation douanière différente, les unes demandant de préférence leurs ressources financières à des droits d'entrée et de consommation, d'autres à des droits de sortie sur les produits exportés. Dans quelques-unes toutes les marchandises, quelle qu'en soit l'origine, sont soumises aux mêmes droits, dans les autres les marchandises étrangères ont à supporter des droits différentiels.

Il n'entre pas dans le cadre de cette communication de discuter à fond la question douanière ; il suffira d'énoncer ce principe que les taxes, tout en restant aussi modérées que possible, doivent frapper principalement les objets de consommation qui ne sont que d'une utilité douteuse pour les indigènes, comme, par exemple, les spiritueux, la poudre, les armes, le tabac, etc...

Par contre, les articles alimentaires, les vêtements, les matériaux de construction, etc..., tout ce qui peut contribuer à l'hygiène et à la moralisation devrait bénéficier de taxes réduites.

Il convient sans doute de dire ici quelques mots de la question si souvent controversée des droits différentiels applicables aux marchandises étrangères importées dans nos colonies.

Une certaine école coloniale, partant de ce principe que les Colonies ne doivent avoir d'autre but que de favoriser l'écoulement avantageux des marchandises fabriquées dans la Métropole, ne demande rien moins que l'application de tarifs prohibitifs aux importations étrangères. Ce système, qui a tant contribué à faire perdre à l'Espagne ses plus belles colonies, fleurit au Gabon qui est la moins prospère de nos colonies africaines et qui ne subsiste que grâce aux sacrifices constants de la Métropole. Ces exemples ne sont guère encourageants.

Par contre, l'on peut constater que celles de nos Colonies qui se développent de la manière la plus rapide et la plus satisfaisante sont celles où il n'existe aucune tarification différentielle. C'est le cas de la Guinée française qui, grâce à cette circonstance ainsi qu'à une habile et pacifique administration, est arrivée en peu d'années à rivaliser non sans succès avec la Colonie voisine de Sierra-Leone.

Il est certain que le jour où l'on voudrait introduire en Guinée française le système en vigueur au Congo, cette Colonie serait promptement réduite à la ruine.

Il ne faut pas oublier que les peuplades africaines sont fort pauvres et qu'elles se déplacent avec une très grande facilité. Comme les diverses possessions européennes à la Côte d'Afrique sont très rapprochées les unes des autres, une simple question de tarif peut amener l'exode d'une nombreuse population d'une Colonie dans l'autre. Aussi n'est-il pas de meilleurs et de plus sûrs moyens d'attirer les indigènes dans une Colonie et de les y retenir que de les traiter avec bienveillance et équité et de les taxer avec modération.

A ce point de vue il est certain que la convention franco-anglaise du 14 juin 1898, en abolissant pour une période de trente années tous droits différentiels à la Côte d'Ivoire et au Dahomey, a assuré, pendant ce laps de temps, la prospérité commerciale de ces deux Colonies, qui, entourées de Colonies étrangères (Libéria, Côte-d'Or, Togoland, Lagos) n'auraient pu progresser sous un régime de protection, c'est-à-dire de taxes oppressives.

Il est évidemment fâcheux que la Métropole ne prenne pas une part plus active dans les importations de nos Colonies africaines, mais il faut bien faire remarquer que ces importations consistent pour la majeure partie en marchandises que la France ne produit pas et qu'elle importe elle-même (tabac en feuilles, bois de construction, ambre, pétrole) ou bien en marchandises qui sont la spécialité d'autres pays et n'ont pas d'équivalent en France (genièvre de Hollande et de Hambourg, sel fin d'Angleterre, tissus de Manchester à bon marché).

Pour les autres articles, tissus et soieries de qualité supérieure, lainages, quincaillerie, vêtements confectionnés, provisions de toutes natures, sucre, savon, bougies, certains matériaux, etc..., l'industrie française est parfaitement en mesure de lutter contre l'étranger, mais à la condition qu'elle veuille bien produire exactement les qualités et types demandés par les consommateurs africains. Or comme il s'agit presque toujours d'articles dont le principal mérite doit être le bon marché, beaucoup de nos industriels habitués à ne livrer que des articles de qualité supérieure ne se soucient pas de modifier leur outillage en vue d'une fabrication plus intensive, mais d'ordre tout à fait inférieur et en somme peu rémunératrice.

Il faut ajouter que la plupart de nos fabricants français sont moins bien placés que leurs concurrents étrangers pour l'expédition à prix réduits de leurs produits, soit au port d'embarquement, soit en Afrique. Les tarifs de nos chemins de fer et de nos compagnies de navigation sont en général supérieurs à ceux de nos rivaux anglais, belges, hollandais et allemands qui, en outre, disposent chez eux d'un admirable réseau de voies fluviales et de canaux permettant les transports des usines de l'intérieur aux ports de charge à des prix très réduits.

Il est permis à ce propos de déplorer ici amèrement que la question du canal de Marseille au Rhône soit toujours à l'état de simple projet, presque de légende. Sa construction ouvrirait certainement une ère de prospérité pour notre Cité et pour une foule d'industriels de l'intérieur dont les produits sont actuellement grevés de trop lourds frais de transport. Notre marine marchande et nos colonies en retireraient aussi de grands avantages, de sorte qu'à tous les points de vue l'on doit souhaiter la prompte mise à exécution et le complet succès de cette si utile et si nécessaire entreprise.

V. — *Cultures.*

Parmi les autres questions qui s'imposent à l'attention des autorités coloniales, nous pensons qu'il y a lieu de citer encore celles qui se rattachent à l'extension des cultures indigènes et aux plantations à tenter par des Européens.

On sait que les natifs de la Côte d'Afrique se bornent en général aux cultures nécessaires à leur subsistance (mil, riz, manioc, bananes) et que les articles qui leur servent aux échanges avec les Européens sont pour la plupart des produits naturels qui ne demandent que la peine d'être récoltés et transportés aux comptoirs de la Côte (gommes, palmistes, huile de palme, caoutchouc, or, cire, ivoire, etc.). Ce n'est que dans les contrées où ces produits naturels n'existent pas en quantité suffisante que les indigènes, poussés par la nécessité, se sont adonnés d'une manière régulière à l'agriculture. C'est à cette circonstance qu'est due la culture au Sénégal et en Gambie de l'arachide, dont 100.000 tonnes environ ont été exportées cette année de la Côte d'Afrique. Il faut dire que cette culture est des plus faciles et n'exige pas une très grande somme de labeur. De plus la création du chemin de fer de Dakar à St-Louis en réduisant les frais de transport a rendu cette culture beaucoup plus rémunératrice que par le passé.

Dans toutes les autres colonies et malgré la richesse du sol, l'agriculture est dans l'enfance et peu en honneur. Il arrive même fréquemment, pour peu que les conditions climatériques soient défavorables, que les récoltes alimentaires soient insuffisantes et que l'on soit obligé d'importer de grandes quantités de riz de l'Inde dans des pays où la culture du riz réussit admirablement et pourrait devenir un élément de grande richesse, si les natifs voulaient s'y livrer avec plus d'activité. Mais, comme il est dit plus haut, ceux qui désirent faire l'acquisition d'articles européens, et c'est le cas de presque tous, préfèrent partout où c'est possible s'en tenir à l'exploitation des produits naturels du pays, soit directement soit en qualité d'intermédiaires.

Aussi longtemps que ces produits seront suffisamment abondants et que le prix en sera rémunérateur, il est peu probable que l'agriculture fasse des progrès dans nos colonies. Il n'existe malheureusement pas de moyen pratique d'obliger les indigènes au travail. Tout au plus pourra-t-on obtenir de certains chefs qu'ils usent de leur influence pour introduire chez eux la culture de quelques produits coloniaux demandés par la Métropole ; des essais ont été déjà tentés dans ce sens, mais sans grand résultat.

Peut-on espérer que des entreprises de culture dirigées par des Européens auraient plus de succès ? Les tentatives de ce genre faites jusqu'à présent ne sont guère encourageantes, mais ces échecs peuvent bien avoir pour cause principale l'inexpérience des planteurs généralement improvisés qui se sont livrés sans études préalables, sans connaissances spéciales, à ces cultures tropicales.

On peut admettre que s'il en était autrement les capitaux européens pourraient utilement s'employer dans quelques-unes de nos colonies en produisant les denrées que nous demandons en abondance aux colonies étrangères : café, cacao, vanille, caoutchouc, poivre, tabac, etc.

Ils le pourraient d'autant mieux que la Métropole réserve un traitement de faveur au point de vue douanier à quelques-uns de ces produits provenant des colonies françaises.

Il paraît par conséquent très désirable que l'on institue dans chacune de nos colonies des études méthodiques et prolongées relatives aux diverses cultures qui pourraient y être entreprises.

La colonie du Sénégal est déjà entrée dans cette voie en créant un service officiel d'études agricoles à la tête duquel a été placé l'éminent agronome M. Enfantin, qui s'est déjà livré à de très intéressantes recherches sur la culture de l'arachide. Des travaux analogues ont été entrepris en Casamance pour ce qui concerne le caoutchouc par M. Adam, administrateur à Sedhiou.

On ne saurait trop engager les autres colonies à imiter ces excellents exemples et à créer sous la direction d'hommes compétents des jardins d'essai, permettant d'étudier les meilleurs procédés de culture et de fournir éventuellement des graines, semis et boutures aux particuliers et aux Sociétés qui pourront être tentés d'entreprendre des cultures dans nos colonies.

Nous sommes heureux à ce propos de pouvoir signaler la généreuse initiative d'un notable habitant de Nantes, M. Durand Gasselin, qui a récemment mis à la disposition du département de la Loire-Inférieure un domaine de 35 hectares, situé aux portes de Nantes, d'une valeur de 400.000 fr., et une somme de 300.000 fr. pour la création d'une École d'agriculture coloniale, plus une somme de fr. 1.000.000 pour la construction de serres destinées aux cultures coloniales et à l'aménagement du domaine.

Cette École d'agriculture coloniale, qui doit être organisée avec le concours et sous le patronage de l'Union Coloniale, est appelée à rendre les plus grands services et tous les coloniaux français adresseront avec nous à notre généreux compatriote nantais le témoignage de leur reconnaissance, et leurs vœux pour le complet succès de cette entreprise si désintéressée et qui peut devenir des plus fertiles en bons résultats.

Il nous reste à dire quelques mots d'une question à laquelle la prospérité de nos colonies se trouve intimement liée.

VI. — *Colonisation.*

Pour avoir de florissantes colonies il faut disposer de bons et solides colons, c'est-à-dire d'hommes physiquement, moralement et intellectuellement préparés aux exigences de la vie coloniale.

A ce point de vue l'on ne saurait trop recommander de n'envoyer aux colonies que des jeunes gens bien portants, ayant atteint au moins leur vingtième année, sobres, de tempérament calme, énergiques et préalablement munis des connaissances spéciales qu'exige la carrière à laquelle ils se destinent.

Il appartient, d'autre part, aux administrations coloniales de ne rien négliger pour assurer de plus en plus dans la mesure du possible l'hygiène et la salubrité publiques.

Grâce aux dispositions déjà prises dans ce sens dans certaines colonies, grâce aux progrès incessants de la science médicale, à l'observation devenue plus générale de la manière de vivre appropriée au climat, grâce aussi aux facilités actuelles de prompt rapatriement en cas de maladie grave, l'état sanitaire dans nos colonies africaines s'est sensiblement amélioré ces dernières années et, mieux que par le passé, il est permis d'y tenter des opérations de longue haleine sans avoir à redouter de trop fréquents changements de personnel. Ce n'est pas là un des moindres éléments de succès dans ces entreprises lointaines où la valeur intellectuelle et l'esprit de suite jouent un rôle aussi décisif.

Le sujet que nous traitons comporterait de plus amples commentaires, mais nous croyons avoir indiqué tout au moins les principales questions qui se rattachent au développement économique, au progrès matériel et moral de nos colonies africaines.

En terminant cette rapide et bien incomplète étude, nous exprimons l'espoir qu'un prochain avenir démontrera que la Nation française n'est pas moins apte à la colonisation que ses rivales anglo-saxonnes et qu'elle saura administrer avec honneur et avec succès, comme aussi faire prospérer au plus grand profit de la Métropole et de ses sujets indigènes, le magnifique domaine que la vaillance de ses soldats et explorateurs, l'habileté et la clairvoyance de ses hommes d'Etat lui ont fait échoir en partage sur la terre d'Afrique.

LE DAHOMÉ

RESSOURCES ÉCONOMIQUES ET AVENIR COMMERCIAL

Par M. **Georges BORELLI**, négociant-armateur.
Membre de la Chambre de Commerce et de la Société de Géographie de Marseille.

I

Au début de cette étude commerciale sur le Dahomé, il n'est pas hors de propos de rappeler quelques dates.

En 1671, sous le règne de Louis XV, la Compagnie des Indes construit à Whydah un fort important avec fossés, pont-levis, canons, etc. Le fort est évacué en 1797.

En 1841, autorisation est donnée par le Gouvernement de Louis Philippe à V. Régis aîné, négociant de notre ville, de le relever et d'y installer un établissement commercial.

Le 25 juillet 1883, la France établit son protectorat sur le royaume de Porto-Novo, limitrophe du Dahomé à l'Est.

En 1885, la France prend possession des pays limitrophes du Dahomé, à l'Ouest : Grand-Popo, Agoué, Petit-Popo, Porto-Seguoro, et, en décembre de la même année, cède à l'Allemagne ces deux dernières localités.

Le 3 octobre 1890, après une première expédition contre le Dahomé, Kotono, l'un des ports du Royaume, est occupé par la France.

Le 3 décembre 1892, après une seconde expédition, la France déclare prendre possession du Royaume entier.

Le 9 juillet 1897, une convention franco-allemande rectifie, d'une façon définitive, la frontière entre la colonie du Dahomé et la colonie du Togo.

Le 14 juin 1898, une convention anglo-française établit la frontière entre les possessions anglaises et françaises, au-dessus du 9ᵉ degré, jusqu'au Tchad. La délimitation de la mer au 9ᵉ degré avait été précédemment établie par les conventions du 2 janvier 1888 et du 12 octobre 1896.

Les deux dernières conventions ont, pour notre politique africaine, une extrême importance : elles complètent la série des documents diplomatiques établissant la reconnaissance, par toutes les nations intéressées, des droits de la France sur les immenses territoires intérieurs reliant en un seul tout nos possessions de l'Algérie-Tunisie, du Sénégal, avec nos possessions Guinéennes et du Gabon-Congo.

Cette soudure diplomatique — permettez-moi l'expression — nous la devons à l'habileté du négociateur auquel le Gouvernement avait confié nos intérêts, à M. Binger.

Le capitaine Plé délimite, en ce moment, au nom de la France, la nouvelle frontière Franco-Allemande et le commandant Toutée est chargé de la délimitation Anglo-Française dans ces régions du moyen Niger que, le premier, il nous a fait connaître.

A la suite de tous ces bouleversements politiques, « Dahomé » n'est qu'une expression géographique dont la valeur actuelle, encore bien vague, n'a plus aucun rapport avec sa signification primitive.

Le Dahomé primitif c'était le petit royaume de Béhanzin. A la suite des annexions, à l'Est, du royaume de Porto-Novo ; à l'Ouest, de la région de Grand-Popo et Agoué ; au Nord, des territoires au-dessus d'Abomé, jusqu'au 9e degré, il est devenu le « Dahomé Français ».

L'usage a divisé cette nouvelle colonie en « Bas Dahomé » et « Haut Dahomé ».

Le « Bas-Dahomé » c'est le « Dahomé maritime », c'est le pays des Palmiers à huile, région très spéciale s'étendant de la mer aux environs de la capitale, « Abomé ».

Au-dessus, sol, climat, productions, tout change, c'est le « Haut-Dahomé ». Les alluvions font place au granit, aux quartz, aux conglomérats ferrugineux ; l'atmosphère n'est plus chargée d'humidité, la fièvre paludéenne devient rare ; le Palmier à huile disparaît complètement.

Par extension, tous les nouveaux territoires Français, au-dessus du 9e degré, sont compris dans la désignation indécise de Haut-Dahomé.

C'est le « *Bas-Dahomé* » — le pays des palmiers — qui fait l'objet de cette communication. D'ailleurs si le « Bas-Dahomé » est très connu, le « Haut-Dahomé » ne l'est pas ou fort peu, — nous en dirons quelques mots pourtant si le temps nous le permet.

Le « Bas-Dahomé », traversé à peu près exactement en deux parties égales par le méridien de Paris, a 120 kilomètres de large sur 100 kilomètres environ du Nord au Sud. Il est situé entre le 6me et le 7me degrés de latitude Nord ; il confine à l'Ouest à la Colonie allemande du Togo et, à l'Est, à la Colonie anglaise du Lagos.

II

Ces considérations préliminaires exposées, j'aborde mon sujet : l'*Avenir Commercial du « Dahomé »*. Le « Dahomé » est-il une acquisition coloniale satisfaisante ?

L'avenir commercial du Dahomé se déduira logiquement de l'étude des trois points que je me propose de développer devant vous : le climat, les productions, la population.

Si le climat n'interdit pas aux Européens d'y séjourner pour le soin de leurs affaires; si les productions sont de nature à rémunérer convenablement les capitaux employés à les exploiter; si la population est suffisamment nombreuse, dirigeable et portée au travail; si, enfin, l'accès et l'exploitation du pays n'offrent point de difficultés sérieuses, le Dahomé est une acquisition heureuse pour la Mère-patrie et son avenir commercial est assuré.

Le Climat.

Les principaux éléments qui constituent le climat d'un pays sont : la température, le régime des pluies, les vents régnants, la nature du sol.

La *température* du Dahomé varie de 19° à 35° et ces écarts de 15° environ se retrouvent dans chacun des mois de l'année. La moyenne annuelle est de 25° à 27° (1). Ces chiffres sont extraits du bulletin météorologique publié très exactement chaque mois par l'administration de la Colonie. Ils peuvent donc être admis pour certains.

La température moyenne des terres océaniques du Pacifique est de 25°, avec écarts de 8 à 10°. La température moyenne de Bombay est 27°, Calcutta 26°, Ascension 29°, Ceylan, Seychelles, Philippines 28°, avec écarts faibles ou nuls.

La température du Dahomé est donc de 1 à 2° supérieure à celle des îles du Pacifique, elle est égale ou de 1 à 2° inférieure à celles de Bombay, Calcutta, Ceylan, Seychelles, Philippines, Ascension.

Ce ne sont pas là de mauvaises conditions climatériques : les Européens peuvent séjourner dans tous ces pays. Les écarts plus considérables entre les minima et maxima au Dahomé constituent un avantage au point de vue de l'anémie, qui est la conséquence des climats trop uniformément chauds.

(1) J'ai vu le thermomètre à 16°.

Le régime des pluies. — Le même bulletin météorologique de la Colonie du Dahomé donne 0 m. 90 pour la hauteur d'eau de pluie annuelle.

Il tombe à Bombay, Calcutta, Ceylan 2^m de pluies dans l'année ; aux Philippines, aux Fidji 2^{m}50 ; dans l'Insulinde, aux Comores 3^m ; à la Réunion de 1 à 3^m.

Il pleut donc moins ou beaucoup moins au Dahomé que dans les pays que je viens de citer, pays où pourtant les Européens peuvent séjourner. Au point de vue sanitaire, les conditions climatériques du Dahomé sont donc meilleures. Il n'y a pas excès d'humidité.

Il pleut au Dahomé comme en France : Marseille 0^{m}55, Paris 0^{m}51, Lyon 0^{m}78, Bordeaux 0^{m}80, Brest 0^{m}90 ; moyenne générale de la France 0°77 ; moyenne de l'Algérie 0^{m}70.

Les vents régnants. — On peut dire qu'il n'y a au Dahomé qu'un vent régnant. Toute l'année souffle des profondeurs de l'Atlantique, et sans discontinuité, une fraîche brise de Sud-Ouest à peine déviée et affaiblie par la terre pendant quelques heures de la nuit.

Pour donner une idée de cette continuité à peu près absolue, je viens de relever jour par jour la direction du vent pour toute l'année 1897 à l'observatoire de Porto-Novo : je ne trouve que 4 jours pendant lesquels la direction du vent a été autre que Sud-Ouest.

Peu de régions sur le globe offrent une continuité aussi absolue dans la direction du vent. Une stabilité aussi complète de l'un des éléments principaux de la climatologie d'un pays ne peut être indifférente ; les résultats doivent être ou très bons ou très mauvais, suivant la nature de cette ventilation toujours la même. En fait, le Dahomé entier se trouve constamment plongé dans un grand courant d'air Atlantique sans cesse renouvelé.

Le climat du Dahomé est donc un climat maritime. Les habitants, constamment plongés dans cet immense et constant courant d'air, vivent et respirent dans une atmosphère essentiellement océanique. Ce n'est que par exception qu'ils subissent les vents venant de l'intérieur. On peut dire que le climat du Dahomé est en entier constitué par cette heureuse et bienfaisante disposition géographique.

La nature du sol. — Le « Bas-Dahomé » est formé par une immense plaine d'alluvions, s'élevant doucement, sans relief sensible, de la côte jusqu'au parallèle d'Abomé, à 100 kil. de la mer, où les altitudes varient de 100 à 200 mètres.

Quatre petits cours d'eau, coulant du Nord au Sud, arrosent le pays : Le Ouémé, la Sò (branche occidentale du delta du Ouémé), le Couffo, le Mono.

A peine pendant quelques semaines de l'année, les deux derniers peuvent porter utilement les pirogues chargées. L'Ouémé, plus utilisable, offre pendant deux ou trois mois jusqu'à 100 kilomètres de la Côte un volume d'eau suffisant pour permettre la navigation aux embarcations calant 0.60 à 0.80 centimètres.

Le littoral est bordé de lagunes et une grande dépression centrale de 10 à 15 kilomètres de largeur est occupée par le marais de Cò, à mi-distance entre la Côte et Abomé.

Le pays est entièrement couvert d'une végétation luxuriante, dont la plus grande partie est formée de bois de Palmiers à huile (Elaïs Guinéensis), tantôt exclusivement composés de cette essence, tantôt entremêlés à diverses autres et entrecoupés de clairières. Sauf le marais de Cò, couvert d'une intense forêt, cette végétation a l'allure plutôt légère du bois que de la forêt.

D'innombrables sentiers sillonnent le pays en tous sens.

De ce que je viens de vous exposer au sujet du climat du Dahomé, il résulte :

Que la température du pays, comparée à un certain nombre de stations connues, où les Européens peuvent séjourner, est à peine supérieure de 1 à 2° à celles des Iles du Pacifique, égale ou inférieure à celles de Bombay, de Calcutta, de Ceylan, des Philippines, des Seychelles, de l'Ascension.

Que l'intensité des pluies annuelles est, au Dahomé, inférieure de moitié à celles qui tombent à Bombay, Calcutta, Ceylan, au tiers de ce que reçoivent La Réunion, l'Insulinde, les Comores. La quantité d'eau de pluie est à peu près la même au Dahomé qu'en France.

Qu'une incessante et forte brise, brise océanique, plonge le Dahomé dans une saine atmosphère marine, balayant constamment et rejetant au loin dans les profondeurs du Continent la plus grande partie des miasmes paludéens produits par les lagunes littorales. Et nous avons vu qu'aucun relief du sol ne s'oppose à la marche constante de ce torrent d'air marin, dans lequel se trouve fort heureusement noyé le pays entier.

Et je conclus : voilà certes, pour un pays intertropical, des conditions climatériques qui ne sont pas mauvaises.

LES PRODUCTIONS.

Pour une exploitation fructueuse, il faut que *l'emploi du produit soit certain, qu'il soit abondant,* enfin *qu'il soit d'une exploitation et d'une obtention faciles.*

Le Bas-Dahomé a 120 kil. de l'Est à l'Ouest sur 100 kil. en profondeur. Le pays n'est qu'un immense bois de palmiers à huile, plus ou moins entremêlé d'autres essences et entrecoupé de clairières plus ou moins grandes. Nous l'avons dit : d'innombrables sentiers font communiquer d'innombrables villages ; le pays est facilement accessible dans toutes ses parties.

Le palmier à huile donne deux récoltes par an.

Les fruits, de la grosseur d'une prune, pressés en gros régimes compacts de 5 à 10 décimètres cubes environ, sont composés d'une pulpe extérieure qui, écrasée sur place, donne sans plus de préparation l'huile de palme. Le noyau a l'aspect d'une minuscule noix de coco de la dimension d'un gros raisin ; cassé, il laisse échapper une amande de la grosseur des billes à jouer de nos écoliers ; cette amande est importée telle quelle en Europe. Il est donc absolument exact de dire que le palmier à huile donne annuellement 4 récoltes.

L'huile de palme sert à la fabrication des bougies et du savon ; l'amande à la fabrication du savon.

Ces indications préliminaires étaient utiles pour examiner si les productions du Dahomé pouvaient faire l'objet d'une fructueuse exploitation, répondant aux conditions posées au début de ce chapitre.

Emploi. — La bougie et le savon sont, on peut le dire, des objets de première nécessité ; l'emploi du produit est donc ici absolument certain.

Abondance. — Le Dahomé étant, en somme, une plantation naturelle de un million d'hectares de palmiers à huile, accessible dans toutes ses parties, la condition de l'abondance du produit se trouve largement remplie.

Exploitation. — Il n'y en a aucune. Le palmier à huile n'a pas été planté. C'est une production naturelle du sol, tout comme nos forêts de pins en Provence et dans l'Ouest de la France, tout comme nos forêts d'autres essences du Centre et de l'Est du pays.

Le seul travail, ce sont les récoltes. Je le répète, le pays plat, sillonné de sentiers en tous sens, est partout accessible ; les villages innombrables sont disséminés dans toute l'étendue de la Colonie.

Ne suit-il pas de ce que nous venons d'établir que les productions du Dahomé sont de nature à rémunérer largement les capitaux employés à les exploiter ?

L'emploi du produit est sans limite, son abondance excessive, son exploitation nulle et son obtention facile.

Mais je dois ajouter immédiatement que l'exportation des produits du Dahomé n'augmente pas et demeure stationnaire depuis plusieurs années. La fin de cette étude en établit le motif et, tout aussi évidemment, indique le moyen infaillible de décupler immédiatement, de centupler peut-être cette exportation.

La Population.

Aucun recensement n'a été fait encore. Il y a peu de centres importants, sauf sur la côte : Porto-Novo, 20.000 habitants ; Whydah, 10.000 et la capitale Abomé, 8 à 10.000. Quelques rares autres localités dans l'intérieur comptent de 2 à 4.000 habitants.

La race dahoméenne est une race de paysans ; la population est disséminée sur toute la surface du pays, qui est couvert d'innombrables hameaux entourés de champs dans lesquels, pour les besoins seuls de son alimentation, l'homme cultive le manioc, le maïs, le bananier, les haricots, les pois, l'igname, la patate, le mil, etc.

J'ai pendant dix mois entiers parcouru le pays dans tous les sens à pied, en hamac ou en pirogue.

Dans quelque direction que ce soit on ne peut voyager une 1 2 heure sans traverser un ou plusieurs villages, que ce soit dans les lagunes du littoral, sur les cours d'eau ou dans l'intérieur des terres.

Rien ne peut donner une idée plus exacte de la vie dahoméenne que celle de nos petits villages de France — n'était la couleur des habitants ce serait à s'y tromper. Les chaumières sont les nôtres, avec leurs murs d'argile pétrie et leur toiture de chaume, disposées sans ordre autour d'une grande place ombragée de beaux arbres, sous lesquels promènent ou palabrent les vieux et les chefs en fumant la pipe ; les jeunes hommes cultivent les champs alentour ; les vieilles filent le coton sur le seuil de leur chaumière avec la quenouille de nos grands-mères ; dans les cases on voit les femmes préparant le repas et sur la grande place les enfants grouillent et piaillent avec les chiens, les porcs, les cabris et les poules.

Dans certains villages, les hommes dépouillent les régimes cueillis et font l'huile de palme. Les femmes et les enfants cassent entre deux cailloux les amandes.

Dans d'autres, la population est plus spécialement composée de pêcheurs, les eaux du Dahomé étant extrêmement poissonneuses et le poisson fumé formant une des bases de l'alimentation.

J'ajoute que je n'ai jamais vu un noir ivre. Je n'ai jamais vu des noirs se battre entre eux. Je n'ai jamais surpris un geste grossier au milieu de ces amas de nudités, surprenantes au début pour un Européen.

La population du Dahomé est donc extrêmement douce, paisible et facilement dirigeable. S'il en fallait une preuve sans réplique, je la trouverais dans ce fait que la sécurité complète du pays est assurée par une dizaine d'officiers et soldats européens et une petite milice indigène dans les centres principaux. Et encore, dans ces cases à peu près ouvertes décorées du nom de prison, où j'ai vu les rares patients accepter de bonne grâce l'internement et la nourriture de l'administration en se livrant à d'amicales causeries avec leurs gardiens et les passants.

Le Dahoméen n'est pas voleur... Cette affirmation ne cadre peut-être pas exactement avec ce que vous pouvez avoir lu ou entendu raconter; seulement j'affirme que c'est moi qui dis vrai parce que je suis allé au Dahomé pour voir et j'ai bien vu, sans idée préconçue, sans parti pris.

J'ai parcouru le pays dans tous les sens, de nuit et de jour, m'arrêtant le soir dans le premier village venu, où les chefs s'empressaient de m'offrir la meilleure case ; j'étais toujours sans arme, bien entendu, et sans compagnon européen : je n'ai jamais été volé. J'ai trouvé partout et toujours des gens très empressés à me servir et à m'aider.

Plus encore que chez les autres nègres, le fond du caractère dahoméen est la gaîté : les bébés sont rieurs et turbulents comme les nôtres, les jeunes filles et les jeunes femmes aiment à se parer de bijoux du pays, de verroteries et d'étoffes qu'elles savent assez bien trousser. Tous aiment la danse et le rire.

Pas plus le noir que le blanc ne travaillent par plaisir... Nous travaillons tous pour gagner de quoi satisfaire nos besoins, nos fantaisies. Le travail, pour l'espèce humaine, n'a jamais été et ne sera jamais un but : c'est un moyen d'accroître nos jouissances, notre bien-être.

Les populations primitives, n'ayant que des besoins fort limités et n'ayant pas l'idée du bien-être acquis par notre race, n'ont aucun intérêt qui les pousse au travail. Elles ne travaillent que pour obtenir leur nourriture ; or dans les pays où la terre est généreuse comme au Dahomé, cette nourriture elles l'obtiennent sans le moindre effort...

Et les esprits superficiels s'en vont alors disant et écrivant que le nègre est paresseux ; de même qu'ils posent en axiome que le noir est voleur. J'affirme, moi, que j'aime beaucoup mieux camper la nuit n'importe où en plein Dahomé que dans le bois de Boulogne en plein Paris !

Quelle est la capacité intellectuelle du cerveau dahoméen ?

Comme pour toutes les interrogations précédentes, c'est par des faits que je réponds :

Les écoles de nos missionnaires et de nos religieuses sont envahies, le désir d'apprendre est général. Beaucoup de Dahoméens sont employés dans les administrations et dans les maisons de commerce de la Colonie. Dans les villes du littoral, beaucoup s'habillent à l'Européenne, mangent et boivent dans notre vaisselle et notre verrerie, dorment dans des lits.

La tendance au progrès est d'ailleurs générale ; souvent dans les villages de l'intérieur on m'a servi le café dans un appareil européen et j'étais éclairé par la lampe au pétrole. Le commerce d'échange a vécu dans toute l'étendue du pays, les achats et les ventes se font avec la monnaie d'Europe.

En résumé, le Dahoméen est porté aux travaux agricoles, il est doux et facilement dirigeable, son intelligence est suffisante. Il n'est nullement réfractaire au travail. Il travaillera de plus en plus pour se procurer un bien-être qu'il apprécie.

Jusque là tout est satisfaisant dans cette étude sur la valeur et sur l'avenir du Bas-Dahomé :

Le climat vaut celui de nombreuses régions intertropicales où les Européens peuvent séjourner.

J'aurais pu multiplier les exemples et comparer surtout nombre de pays d'une salubrité bien inférieure et pourtant fréquentés par les Européens.

Je répète encore d'ailleurs que cette étude ne vise que le Bas-Dahomé. Le Haut-Dahomé est absolument salubre.

Les productions sont extrêmement abondantes, d'un emploi certain et illimité pour nos industries, d'une exploitation nulle, d'une obtention facile.

La population est nombreuse, douce, ne redoutant pas le travail, très portée à se façonner à l'Européenne.

Tout cela nous venons de l'établir, mieux que par le raisonnement, par des documents officiels et par des faits.

La conséquence normale, la déduction naturelle de ces prémisses, c'est que l'avenir commercial du Dahomé est magnifique.

Mais comment se fait-il alors que ce commerce si facile et si lucratif ne se développe pas et que, depuis d'assez nombreuses années, il soit stationnaire ?

L'objection est absolument exacte et juste. Il faut y répondre.

III

Comme dans toutes les Colonies nouvelles, les statistiques commerciales sont assez peu précises au Dahomé pour les premières années de l'occupation. Mais nous possédons les chiffres certains à dater de 1893, c'est-à-dire de l'époque où le Dahomé français a été complété par l'annexion du royaume de Béhanzin.

Avant cette époque les indications fournies par Zoller (géographe allemand) notre Elisée Reclus, d'Albéca, fonctionnaire français au Dahomé, Nicolas, officier du corps expéditionnaire, établissent que la valeur des importations et exportations était de 12 à 15 millions de francs. Le même d'Albéca, dans son ouvrage publié en 1880, estime qu'on peut évaluer à 20 millions de francs le mouvement commercial de la Colonie en y comprenant le Dahomé de Béhanzin, non encore français.

Depuis la prise de possession de ce dernier royaume, qui a complété notre Colonie, les chiffres officiels sont les suivants :

1893 Importation et exportation réunies. Valeur Fr. 19.140.000
1894   »   »   »   20.745.000
1895   »   »   »   21.050.000
1896   »   »   »   18.953.009
1897   »   »   »   14.021.000

Les valeurs ci-dessus sont représentées, à l'exportation, par :

1894 24.000 tonnes amandes de palme et 8.350 ton. huile de palme.
1895 21.000   »   »   12.500   »   »
1896 25.000   »   »   5.500   »   »
1897 13.000   »   »   3.000   »   »

La diminution considérable de 1897 doit être attribuée surtout à une sécheresse persistante. Le 1er semestre de 1898, dont les résultats ne sont pas encore publiés, constatera sans doute une sérieuse amélioration (1).

(1) La date de publication de ce mémoire me permet de donner les résultats de l'année 1898 et du 1er semestre 1899. Ces résultats constatent une très grande amélioration :
Année 1898....... Importation et exportation réunies. Valeur fr. 17.533.000
1er semestre 1899..   »   »   »   13.493.000
Les valeurs ci-dessus sont représentées à l'exportation par :
Année 1898....... 18.000 T. amandes de palme et 6.000 T. huile de palme.
1er semestre 1899.. 10.000   »   »   6.000   »   »

Il résulte clairement des tableaux officiels qui précèdent que non seulement le commerce du Dahomé ne progresse pas, mais qu'il tend à décroître (1).

D'autre part, le budget local, prélevé sur le commerce de la colonie, s'élève de 15 à 1800.000 francs, ce qui est assez lourd pour un mouvement global d'affaires — entrées et sorties réunies — de 15 à 18.000.000 de francs.

D'ailleurs, le budget entier est absorbé en dehors de tous travaux publics : les routes sont encore les sentiers de Béhanzin, les rues (?) des villes ont les mêmes fondrières et la même obscurité aussi, dès le Soleil couché. Je ne critique pas, je constate; mais je constate encore qu'il n'en est pas de même dans les colonies voisines du Lagos et du Gold-Coast anglais, du Togo allemand.

Dans ces colonies, des routes ont été établies pour faciliter les rapports avec l'intérieur, et les affaires progressent.

Ce qui manque au Dahomé, et ce qu'il lui faut absolument, ce sont des voies de communication. Jusque là son mouvement commercial est condamné à une irrémédiable stagnation.

J'ai indiqué plus haut combien peu sont utilisables les petits cours d'eau de notre colonie. Deux souvenirs personnels préciseront ce degré de non navigabilité :

Au mois de février 1895, remontant en pirogue le « Ouémé » — le plus grand de ces cours d'eau — au dépassé de « Danou », à 20 kil. de son embouchure et jusqu'à « Dagba », situé à 25 kil. de « Danou », mes canotiers ont été plusieurs fois obligés de sauter dans la rivière pour traîner mon embarcation sur la vase liquide. J'ai renoncé à continuer plus haut une navigation aussi désagréable.

Au mois d'août de la même année, même mésaventure sur le « Mono ». Et à la même époque, essayant de remonter le « Couffo », après mille efforts, nous avons échoué dans une prairie semi-liquide. Voilà les cours d'eau du Dahomé.

Au moment où je vous parle, les lettres de Grand-Popo annoncent que le « Mono » commence à porter de petites pirogues après être demeuré huit mois complètement à sec.

D'autre part, le Dahomé est sillonné de sentiers innombrables, mais ces sentiers ne permettent que le portage à dos d'homme — ou

---

(1) Il convient encore de faire ressortir qu'une partie des chiffres qui précèdent est constituée par le montant des fournitures résultant de l'occupation et n'ayant par conséquent pas le caractère commercial qui fait l'objet de cette étude.

plus exactement à tête d'homme et à la file indienne. Le hamac du blanc a souvent peine à passer et le voyageur doit soigneusement garantir son visage contre les agressions violentes des branches et des piquants, souvent aussi mettre pied à terre. La végétation est d'ailleurs si intense que toute piste non usagée pendant une saison est envahie et à reconstituer.

Pour être complet, il faut indiquer que si les transports, même par pirogues, sont impossibles pendant la plus grande partie de l'année sur les cours d'eau, les sentiers sont impraticables parfois ou peu utilisables pendant la saison des pluies.

Dans les colonies anglaises du Gold-Coast et du Lagos, des cours d'eau importants facilitent cependant les transactions. Et, dans chacune de ces colonies, un chemin de fer de pénétration se construit en ce moment. Dans le Togo allemand, moins bien partagé sous le rapport des voies fluviales, la colonie a déjà établi deux routes de 100 kilomètres chacune, et un chemin de fer est à l'étude.

Considérons maintenant que la charge du noir est de 25 kilog.

Les produits du Dahomé n'ont qu'une faible valeur, eu égard à leur poids. L'huile de palme vaut en Europe 0,45 à 0,50 c. le k., les amandes de palme 0,20 à 0,25.

Le noir ne peut vendre aux Factoreries, qui toutes — sans exception — sont établies sur la Côte, qu'à moitié de ces prix, car il faut payer le transport par mer, les frais généraux des Factoreries, les futailles, l'assurance, etc., sans compter les pertes, déchets, avaries, et le reste.

La valeur de vente des deux produits, sur les lieux, varie donc de 0,10 à 0,25 le kil. Le transport à tête d'homme n'est possible dans ces conditions que pour de très courtes distances ; quelque nègre que l'on soit, il n'y a pas rémunération suffisante à porter au loin une charge dont la valeur est de fr. 2,50 à 5,00. Cela tombe sous les sens et ne demande pas plus de démonstration. Tout le mal est là, là est la seule et unique cause de la stagnation commerciale du Dahomé.

Les seuls palmiers exploités sont ceux qui se trouvent en bordure étroite sur les rives des lagunes ou des petits cours d'eau, ou encore dans la proximité immédiate des Factoreries. L'exploitation est onéreuse et impossible plus loin. Ce que nous venons d'exposer nous parait le démontrer péremptoirement.

Et pendant dix mois, j'ai parcouru le pays dans tous les sens, partout j'étais sous les palmiers, entouré de palmiers ; partout le sol était jonché de fruits tombés pourrissant sans emploi. Je le répète, le Dahomé c'est une plantation naturelle d'un million d'hectares de palmiers à huile. Mon voyage n'avait pas d'autre but que de me rendre un compte exact, au point de vue commercial, de l'avenir du pays. Je cherchais à voir, j'ai vu et j'ai bien vu

D'énormes richesses naturelles sont là gisantes, n'attendant que des bras pour les ramasser. Quel pays plus riche que le Dahomé ?

Qu'entend-on par « un pays riche » ?

Tous nos biens viennent de la terre. Un pays riche est celui dont le sol produit beaucoup, naturellement ou par la culture.

Il peut alors nourrir de nombreux habitants, qui acquièrent ainsi le bien-être, la richesse et la puissance.

Une contrée à mines d'or n'est pas un pays riche si la terre est ingrate à la culture : les mines s'épuisent et ne laissent qu'un sol incapable de nourrir sa population accidentelle.

Mais n'y a-t-il pas lieu de distinguer encore entre le pays qui, sans travail et sans soins, livre chaque année de riches et d'abondantes récoltes à ses habitants, et celui qui pour produire exige des travaux constants de plantation, de fumure, des soins de tous les instants ?

Le blé, la vigne, le coton, le café, le cacao, l'indigo, les graines oléagineuses, le sucre et les mille produits que nous demandons à la terre, ne nous sont livrés par elle qu'une fois dans l'année et en échange d'un sérieux et pénible labeur.

La plantation naturelle d'un million d'hectares de palmiers au Dahomé nous donne sans travail, sans soins aucuns, quatre récoltes par an. Voilà le pays riche par excellence !

IV

J'espère avoir fait passer dans vos esprits une conviction qui chez moi est le résultat de plus de 49 années d'un commerce ininterrompu avec le Dahomé et d'une étude sur les lieux, étude de 10 mois dans laquelle j'ai mis toutes mes facultés commerciales puisque mon voyage n'avait pas d'autre but.

Le Dahomé est une précieuse acquisition pour la France; son habitabilité par notre race est très suffisante, ses produits naturels s'offrent sans labeur autre que la récolte, leur abondance est extrême et l'emploi sans limites. C'est un pays d'une immense richesse. La seule ombre au tableau, c'est le manque à peu près complet de voies de communication. Il faut les établir : c'est à ce prix seulement que le pays sera mis en valeur.

Je tiens à le répéter. Le commerce du Dahomé n'augmente pas : il ne le peut pas; toute la partie exploitable est exploitée, l'occupation française n'y peut rien. L'action métropolitaine n'a eu jusqu'ici pour résultat que de grever lourdement les transactions commerciales et d'ouvrir le pays à l'intérieur; malheureusement cet intérieur est inaccessible commercialement.

Le remède infaillible qui décuplera immédiatement les transactions entre la métropole et le Dahomé, c'est de faire communiquer utilement toutes les parties du pays avec le rivage.

Il faut des routes ou des chemins de fer.

Des routes? Il n'y faut pas songer. Pour faire des routes, il faut des cailloux: on ne trouve pas un caillou dans tout le Dahomé jusqu'à 40 kil. dans l'intérieur. Dans ces conditions, des routes dans un sol d'alluvions argileuses ne seront jamais que des fondrières impraticables. J'ajoute que des routes n'ont aucune raison d'être dans un pays où il n'y a ni bête de bât ni bête de trait et où, d'ailleurs, il n'est pas prouvé qu'elles pourraient y vivre.

Des chemins de fer? C'est évident. Non le chemin de fer impressionnant notre esprit par son coût élevé, l'importance et la complication des matériaux employés, les difficultés d'exécution, l'exploitation onéreuse, le chemin de fer en un mot tel que nous le voyons dans nos pays européens. Ce qu'il faut dans les pays nouveaux, c'est non le « Chemin », mais le « Sentier » de fer ; c'est un outil bon marché, d'une exécution facile, d'une exploitation simple.

Il ne faut pas faire *grand*, ce serait la ruine. Il faut faire *pratique*, ce sera la richesse.

Le cadre qui nous limite aujourd'hui ne peut permettre d'entrer dans les détails ; nous ne pouvons qu'indiquer la solution, en démontrer la nécessité et la possibilité.

La nécessité. — Je crois que cette conviction est maintenant dans vos esprits. Sans voie ferrée, j'affirme que le progrès commercial est absolument impossible au Dahomé. L'occupation française n'a produit et ne pouvait produire aucune augmentation d'affaires; donc, à continuer ainsi, les 15 ou 1800.000 francs qu'elle coûte grèveraient le le commerce sans aucune compensation.

La possibilité. — C'est ce qui me reste à démontrer — et cela est facile : le Dahomé est une plaine sans ondulation sensible, s'élevant en pente douce et régulière de la côte à Abomé, dont l'altitude est de 100 mètres et la distance de la mer de 100 kilomètres, soit une pente de 1 p. 0/00.

Les quatre petits cours d'eau, coulant du Nord au Sud, il n'y a pas à les franchir : donc, aucun pont sérieux.

D'autre part, ni tunnels, ni tranchées dans aucune partie du parcours.

Deux seuls travaux à prévoir :

1º La traversée de la lagune littorale, nécessitant un pont de 200 mètres environ; mais il est bon d'indiquer immédiatement que la hauteur de l'eau n'est que de 0 m. 50 à 1 mètre, le fond dur et que cet ouvrage, étant établi à quelques mètres du rivage, les matériaux arrivant d'Europe n'auront à subir aucun transport onéreux;

2º La traversée du marais de Cô (Lhama), qui exigera une chaussée de 12 kilomètres sur 2 mètres d'élévation, hauteur largement suffisante. Ajoutons que les gravats et autres matériaux pour l'établir se trouvant sur place même, que pendant huit mois le marais étant complètement à sec, le travail est facile, que la main-d'œuvre ne manque pas; enfin que les officiers du corps du Génie, après étude faite lors de la dernière expédition contre Béhanzin, déclarent que ce travail peut être rapidement accompli. Voici leur conclusion :

« Il suffirait de niveler et surélever de 2 mètres environ le chemin actuel, travail que les habitants du pays, bien dirigés, pourraient faire en deux mois et demi; on n'aurait pas un seul pont à construire et on aurait une route commode et sûre en tous temps. »

Nulle part au monde on ne pourrait trouver une disposition du sol se prêtant davantage à l'établissement facile, rapide et économique de voies ferrées.

Pourquoi donc cette voie ferrée si indispensable et si facile à établir n'est-elle pas encore construite? Je me le demande souvent et, avec moi, tous ceux qui s'intéressent à cette riche colonie.

Il faut bien l'avouer, lorsqu'il s'agit d'explorations, de conquêtes à faire, de dangers à courir, la France fait toujours bonne figure à côté de ses rivaux, les dépasse même souvent, mais il n'en est pas de même lorsqu'arrive la période d'organisation.

Ma conviction est que nous voulons trop bien faire; que, dès le début, il y a chez nous trop de tendance à vouloir immédiatement une administration complète, définitive, alors que chez nos rivaux on pare au plus pressé, on se contente d'installations rudimentaires se complétant à mesure que grandit la colonie. Aussi voyons-nous actuellement trois chemins de fer en construction dans les trois colonies guinéennes anglaises : Sierra-Leone, Gold-Coast, Lagos, et pourtant, quoique plus ancienne, leur organisation administrative n'est pas plus complète que la nôtre.

Je répète ici que je ne critique pas. Je suis d'autant moins porté à critiquer que je n'ai jamais pu comprendre ces attaques sans répit et souvent sans portée contre l'administration centrale des colonies.

Certes ! Ceux qui sont obligés de manier les hommes savent que *faire* soi-même n'est rien, mais *faire faire* est difficile.

Or, si l'on peut avec du sang et de l'argent improviser en 20 années un immense empire colonial, il n'est pas possible d'improviser l'armée de fonctionnaires de tous ordres s'adaptant sans tâtonnements, sans hésitation, sans défaillance même à nos très nombreuses et très diverses colonies.

On a raison de prendre pour modèle l'administration anglaise, mais il ne faut pas oublier qu'elle a un siècle d'avance sur nous ; un siècle pendant lequel l'Angleterre a demandé à ses affaires coloniales la richesse et la puissance, pendant que nous nous en désintéressions complètement.

Il faut donc faire notre chemin de fer du Dahomé et le faire sans tarder.

Comment, par quels moyens ? Là n'est pas la question. Le Gouvernement peut adopter tel système d'exécution qui lui paraîtra le meilleur : notre rôle à nous, négociants africains, est de lui en démontrer l'absolue nécessité et j'ajoute que nous devons le lui demander économique, très économique, afin que les produits de l'intérieur de l'immense Soudan n'arrivent pas à la côte meilleur marché par les lignes de pénétration anglaises et allemandes que par la nôtre, car nous nous trouverions, dans ce cas, pour la vente de nos produits sur les marchés européens, dans une situation commerciale inférieure à celle de nos rivaux.

Au point de vue commercial, notre chemin de fer permettra l'exploitation, impossible aujourd'hui, de la plus grande partie du Dahomé et réduira les frais de transport dans d'énormes proportions.

Pour s'en faire une idée, il suffit de comparer les prix moyens aujourd'hui bien connus du transport de la tonne kilométrique à tête d'homme avec ceux qui peuvent être établis par une voie ferrée coloniale.

M. Binger, dans une étude qui a servi de base à tous les coloniaux, a établi qu'à la Côte d'Ivoire le coût de la tonne kilométrique varie de 4 à 6 francs. Une étude faite par le Ministère des Colonies l'établit de 6.50 à 8.50 à Madagascar ; un rapport officiel l'évalue de 6 à 10 fr. au Congo, et il est de 8 francs au Togo allemand.

On peut donc admettre que, par le portage à tête d'homme, la tonne kilométrique coûte de 4 à 8 francs ! !

Quelque coûteux que puisse être l'établissement d'une voie ferrée coloniale, il y a de la marge.. Au Dahomé, la dépense sera moindre que partout ailleurs et les résultats incalculables.

Comment et pourquoi hésitons-nous pendant que Anglais, Allemands, Belges, Portugais nous devancent partout ?

Au point de vue sanitaire, les Européens fatigués par un séjour prolongé dans le Bas-Dahomé, pourront en quelques heures gagner la partie haute du pays et éviter ainsi soit une aggravation du mal, soit l'obligation de rentrer en Europe.

Au point de vue politique, la base de l'action française, administrative et militaire au besoin, reportée à l'extrémité de la voie ferrée à mesure de sa pénétration à l'intérieur, facilitera l'ouverture du pays et sa mise en valeur.

V

Le temps nous le permettant, je voudrais dire quelques mots du Haut-Dahomé ou du moins de la région qui se trouve immédiatement au-dessus de la capitale, — région très accessible puisque, de la côte, la voie ferrée — à raison de 15 à 20 kilomètres à l'heure — nous y mènera en cinq ou six heures.

Cette vitesse est d'ailleurs très suffisante. Elle est économique et pratique dans un pays où elle représente, en une heure, le parcours du nègre dans sa journée entière.

Cette région, je l'ai dit plus haut, est absolument dissemblable du Bas-Dahomé.

Dans le Bas-Dahomé, végétation luxuriante, pays couvert de palmiers à huile ; population dense.

Au-dessus d'Abomé, la végétation se calme, le palmier à huile disparaît ; la population est clairsemée.

Dans le Bas-Dahomé, sol d'alluvions argileuses, profondes, pas un cailloux ; pays entièrement boisé, eaux stagnantes ou peu courantes.

Dans le Haut-Dahomé, sol de granit et de quartz, conglomérats ferrugineux ; pays découvert, grandes plaines herbeuses, brousse coupée de bois rares et maigres ; eaux courantes, bonnes, fraîches et limpides.

Dans le Bas-Dahomé, l'atmosphère est généralement humide, les émanations paludéennes prédisposent à la fièvre, à l'anémie.

Dans le Haut-Dahomé, l'état hygrométrique est normal. La fièvre rare ou nulle (1).

Donc : climat, sol, productions, tout diffère.

Quelles sont les productions, quelle est la valeur du Haut-Dahomé ?

Je serai très sobre sur ce chapitre et n'aurais aucune confiance en qui ne ferait comme moi.

Le Bas-Dahomé est à peu près connu, le Haut ne l'est nullement et si je me permettais un conseil, j'engagerais notre Ministère à en confier l'exploration commerciale à une Mission qui en ferait l'inventaire : un géologue, un botaniste et encore 2 ou 3 hommes de sciences spécialisées, pourraient en une année d'études recueillir de nombreux documents sur la valeur des productions naturelles, sur le climat, le régime des cours d'eau, le régime des pluies, etc... Ils rapporteraient de nombreux échantillons. Le tout étudié, classé, catalogué au retour ferait la matière d'une publication d'extrême intérêt qui serait bien l'inventaire du pays, la plus utile et profitable source d'études pour susciter et guider les entreprises futures.

Ce serait une œuvre éminemment pratique et féconde.

Car on a bientôt dit d'un pays tropical : sol riche, végétation luxuriante ; tout y prospère, coton, café, indigo, cacao, canne à sucre et le reste. Ce lieu commun, nous le connaissons : cela ne signifie rien... Parbleu ! il est évident que sous les tropiques ce ne sont ni les ormes, ni les platanes, ni la vigne, ni le blé que nous pouvons trouver.

Ce qu'il s'agit de savoir, c'est si dans le Haut-Dahomé, les productions naturelles existantes ou la culture du sol payeront le travail pour les récolter. Cela personne ne le sait encore ; ce que nous savons c'est que la population est clairsemée, le climat sain, la chaleur supportable.

Nous savons que le coton et l'indigo, le tabac et beaucoup d'autres plantes industrielles y poussent sans culture.

Nous savons qu'aux abords d'Abomé les noirs cultivent des champs de haricots, de pois, de manioc, de bananiers, de maïs ; nous savons que bœufs et porcs y prospèrent, que les chevaux, quoique rares, y vivent.

(1) Une preuve familière : Vous roulez une cigarette dans le Bas-Dahomé, le tabac est mou, collant, visqueux ; dans la partie haute, il est sec, brisant comme dans nos pays en saison sèche.

Une autre — mille autres : Voyez les fonctionnaires qui reviennent du Haut-Dahomé et vous me direz s'ils ont l'air malade.

Dans le bas pays, remarquez les poules : la crête est incolore, exsangue ; dans le haut pays, elle est rouge vif comme en Europe. C'est que les poules, comme nous, ont la fièvre dans les terres basses.

Nous savons encore que le pays est découvert, les bois plus ou moins espacés, le sol couvert de brousse et de hautes prairies ; enfin que le sol bien que riche l'est moins que dans le Bas-Dahomé.

VI

Comme conclusion — car j'en ai une — mais elle m'est personnelle :
Le Bas-Dahomé doit être exploité tel qu'il est : remplacer la plantation naturelle de palmiers, donnant quatre récoltes par année de produits toujours vendables en Europe, par d'autres cultures, serait une grave erreur.

Ma conviction est d'ailleurs que café et cacao dans ces terres basses et humides, dans lesquelles l'eau s'écoule trop lentement, ne donneront pas de bons résultats.

La canne à sucre donnera tout ce qu'on voudra, mais je ne me rends pas compte de l'avantage d'une exploitation semblable, concurrencée par mille autres sur le globe — alors, ne l'oublions pas, que l'habitat du palmier à huile est absolument spécial, exclusif même, confiné à cette seule et unique région Guinéenne (Elaïs Guinéensis).

Enfin, je déclare en outre, qu'au point de vue sanitaire, je redouterais beaucoup la culture qui, éventrant le sol, ramènerait chaque fois à la surface cet humus séculaire, résultat de prodigieuses décompositions organiques, trésor pour la végétation, mais foyer incontestable de maladies.

Et je termine en affirmant que, dans tous les cas, le travail de la terre est interdit aux Européens dans le Bas-Dahomé, sous peine de mort. C'est ma conviction.

Il faut laisser aux noirs l'exploitation agricole du Bas-Dahomé, à nous l'exploitation commerciale. Ce serait d'ailleurs une suprême injustice que d'enlever aux indigènes l'exploitation du palmier. Ce serait spolier de son gagne-pain une nation entière, très disposée cependant à vivre en paix sous la tutelle française.

La situation change du tout au tout au-dessus d'Abomé.

La population clairsemée, inoccupée, ne cultive autour des villages que le strict nécessaire pour vivre.

D'immenses prairies de hautes herbes, coupées de brousse et de bois, animées de très rares villages, c'est bien là le *Res nullius* des diplomates.

C'est un pays d'élevage. L'élevage est la première étape des pays nouveaux vers le progrès : l'Ouest Américain, l'Algérie, l'Argentine, l'Australie sont des exemples que tout le monde connaît.

Le sol du Haut-Dahomé se prête admirablement à l'élevage, des peuplades de pasteurs habiles possèdent de grands troupeaux à l'intérieur. Les prairies nourriront les bœufs ; les bananiers et le maïs nourriront les porcs ; les moutons qui, dans le Bas-Dahomé, ont à peine quelques poils sur le dos, prennent une toison d'autant plus forte que le pays s'élève ; les chèvres sont partout.

Voilà l'utilisation du Haut-Dahomé. Il ne faut pas songer à autre chose, pour le moment du moins.

Il faut y attirer des familles de pasteurs, qui échangeront leur vie misérable de France contre une existence large et facile.

Le climat est sain, aucune industrie ne demande moins de capitaux, moins de préparation, moins de main-d'œuvre. Nos pasteurs trouveront là l'aisance et la fortune que tant d'autres ont su acquérir dans les pays neufs par la même industrie.

Mais, ne nous y trompons pas, l'effort individuel n'est qu'un atome dans l'immensité de notre nouveau domaine colonial. A ce régime, il a fallu 60 ans pour commencer à mettre l'Algérie en valeur. Et l'Algérie est à nos portes.

Si nous ne trouvons pas mieux, ce sont des siècles qui s'écouleront avant la mise en valeur de nos possessions Guinéennes et Soudanaises. C'est trop long.

A cette grande œuvre, il faut intéresser les grands capitaux. Tout le monde le pense, tout le monde le dit... et les capitaux restent sourds.

Pourquoi ? Les grands capitaux — en France surtout — ne sont que l'agglomération des petits capitaux. Ce qu'on appelle les grands capitaux, ce sont les 3 ou 4 milliards déposés dans nos établissements financiers par l'épargne du Pays.

Ces établissements, par cela même qu'ils en sont les gardiens, sont les conseils des milliers de déposants qui leur confient leurs capitaux.

Et — j'ose le dire — réduite à sa plus simple expression, la question coloniale française consiste à convaincre 12 ou 15 personnes en France, celles qui disposent de la confiance financière des propriétaires de ces 3 ou 4 milliards, auxquels, en dernière analyse, il faudra s'adresser pour les émissions à effectuer.

Et alors, qui est le propriétaire des immenses domaines à mettre en valeur ? — L'Etat, l'Etat seul.

La conclusion logique c'est que l'Etat, propriétaire de ces domaines qui lui coûtent 100 millions par an, doit se montrer large, très large vis-à-vis de ceux qui lui offriront les intelligences et les capitaux pour les mettre en valeur.

Et l'obligé, ce ne sera pas le concessionnaire, ce sera l'Etat.

LES FORÊTS ET LES ESSENCES FORESTIÈRES EXPLOITABLES A MADAGASCAR

Par M. Henri **JUMELLE**, docteur ès sciences naturelles, professeur-adjoint
à la Faculté des Sciences.
Membre de la Société de Géographie de Marseille.

Bien que l'attention ait déjà été attirée, à plusieurs reprises, sur les ressources forestières de Madagascar, le commerce des bois est resté, jusqu'alors, dans notre nouvelle colonie, à peu près insignifiant, et limité presque exclusivement à une exportation, relativement faible, de billes d'ébène et de palissandre. Les Hovas avaient, il est vrai, promulgué, en 1881, une loi interdisant l'exploitation des forêts dans toutes les régions soumises à leur domination ; et cette défense suffirait, semble-t-il, pour expliquer comment, au moins jusqu'en ces dernières années, il n'avait pas été tiré parti d'une des grandes richesses naturelles de l'île. En réalité pourtant, cette première raison n'a pas l'importance qu'on serait tenté de lui attribuer. La prohibition faite par les Hovas fut, en effet, toujours quelque peu platonique, car les Indiens et les Arabes, établis depuis longtemps à Madagascar, et qui précisément s'adonnaient tout spécialement à ce trafic des bois, ne le cessèrent pas un seul instant, et, d'autre part, les indigènes, pour établir leurs rizières, continuèrent, comme par le passé, à détruire les forêts. Œuvre de dévastation qui a dénudé presque complètement certaines régions telles que l'Imérine ! Les vraies causes du faible trafic actuel sont bien plutôt : en premier lieu, le mauvais état des bois préparés par les indigènes, ce qui les a toujours fait déprécier sur les marchés d'Europe et d'Amérique ; en second lieu, l'absence, dans l'île, de voies de communications, permettant un transport facile de l'intérieur vers la côte.

Lorsque par les soins de notre administration, ce dernier obstacle aura disparu, et lorsque nous aurons, en même temps, indiqué aux indigènes des procédés moins primitifs pour l'abatage des arbres, il ne faut pas oublier que notre colonie trouvera dans cette exploitation des essences forestières une source sérieuse de bénéfices. Si grands qu'aient été les dégâts produits par les défrichements et les incendies, les espaces boisés représentent encore, d'après le dernier rapport du général Galliéni, plus du dixième de la superficie totale de l'île.

Le but de cette note est d'indiquer, à grands traits, la répartition actuelle de ces forêts, puis de passer rapidement en revue parmi les essences qu'elles renferment, celles qui, par leurs qualités ou leur fréquence, pourront être utilisées pour les travaux d'ébénisterie ou de menuiserie. Malheureusement beaucoup d'incertitude règne encore sur la véritable nature de beaucoup de ces espèces, qui ne nous sont bien connues que sous leurs noms indigènes ; nous pensons cependant, cette restriction faite, qu'il n'en est pas moins intéressant et utile d'esquisser, fût-ce provisoirement, ce chapitre important de l'histoire naturelle de notre possession africaine. Nous en savons assez pour qu'il soit déjà possible, en résumant nos connaissances actuelles, de donner au moins une idée générale de la situation forestière du pays, et des ressources qu'on en peut attendre.

Le versant oriental de l'île, bien arrosé par de nombreux cours d'eau et par tous les petits torrents qui descendent des montagnes est la partie de Madagascar la plus richement boisée. Primitivement, la grande forêt devait même s'étendre, sans interruption, depuis la baie d'Antongil, au Nord, jusqu'à Fort-Dauphin, au Sud, commençant sur le côté est de la première chaîne montagneuse (1) qui court parallèlement au littoral, à travers le pays des Betsimisarakas, des Antaimoro, des Antaisakas et des Antanosy, puis couvrant la région comprise entre cette première arête et la chaîne de partage des eaux, et remontant, sur cette seconde chaîne, jusqu'aux hauts plateaux. Mais les dévastations des indigènes l'ont fortement réduite, et même, sur quelques points, fait complètement disparaître.

Ainsi, d'après M. Chapotte, qui a bien étudié récemment la répartition des forêts dans le sud de l'île, on ne trouvera plus guère comme région boisée, entre Tananarive et Fianarantsoa, que le massif de l'Ankatra et le plateau de 1.700 mètres qui, entre Ambositra et Fiadanana, sépare les vallées de l'Ivato et du Mania. Plus à l'est, entre le Betsileo et le pays des Tanalas, il ne reste des anciennes forêts de la province de Fianarantsoa qu'une bande d'une dizaine de kilomètres

---

(1) Rappelons que Madagascar est traversé, du Nord au Sud, par un massif montagneux qui s'étend du cap Leven jusqu'à Fort-Dauphin ; mais ce massif presque aussitôt, se divise en deux arêtes à peu près parallèles, qui ne se réunissent ensuite qu'au Sud du pays des Betsileos. En allant de l'Est à l'Ouest, à partir de la côte de Tamatave, par exemple, vers Tananarive, on rencontre donc successivement deux arêtes faîtières : la première est voisine du littoral, dont elle s'éloigne seulement de quelques milles ; la seconde est la ligne de partage des eaux, et à une distance approximative de 70 kilomètres de l'Océan Indien. C'est la première de ces deux arêtes qui est aujourd'hui la plus boisée.

de largeur qui diminue de plus en plus dans sa partie occidentale, ravagée par les Betsileos. Et d'une façon générale, d'ailleurs, dans la région située entre les deux chaînes faîtières — qui commence au lac Alaotra au Nord, et se termine au sud du pays des Tanalas, comprenant les vallées de Mangoro, de Mananjary et de Matitanano, — les forêts n'occupent plus que les pentes et les sommets des montagnes ; tout le reste du pays a été déboisé par les habitants.

Le versant Est de la chaîne orientale est donc, en définitive, la seule partie restée bien garnie. La forêt, en certains points, peut alors atteindre, d'après le Père Piolet, une largeur de 100 kilomètres. Dans sa partie centrale, elle va de l'Ouest d'Ampasimbé, à 400 mètres d'altitude, jusque vers Anamalazaotra, après avoir atteint 1041 mètres d'élévation ; il faut à peu près deux jours pour la traverser.

D'autre part, dans la région méridionale, au sud de Fianarantsoa, au-delà de la haute vallée du Mandraré, les forêts occupent les deux chaînes de montagnes parallèles à la vallée d'Ambolo. La première chaîne, dit M. Chapotte, celle qui sépare les vallées d'Ambolo et du Mandraré, commence à être boisée sur le versant nord-ouest, dès l'altitude de 600 mètres en moyenne ; la forêt de l'autre versant, après être montée à 1.300 mètres, descend jusque vers 400 mètres ; la traversée complète dure six heures. Sur la seconde chaîne, la forêt, dont la traversée se fait en trois heures, descend jusqu'à 250 mètres d'altitude environ, sur les deux versants.

En dehors de ces deux chaînes principales, il y a du côté de Fort-Dauphin, plusieurs massifs détachés, présentant tous les intermédiaires entre la forêt et la brousse. Puis de Fort-Dauphin à Farafangana, près du littoral, on ne rencontre que des bosquets composés de petits arbres ; et ce n'est que plus à l'intérieur, jusqu'à l'embouchure du Manantena, que des massifs assez importants, situés à une faible altitude, sont interposés entre le littoral et la chaîne de l'ouest. Enfin de Farafangana à Ikongo, les forêts n'occupent généralement que le sommet des mamelons ; et, entre Ikongo et Fianarantsoa, on franchit l'arête boisée qui forme la ligne de partage des eaux.

Au nord de Tamatave, la forêt s'étend, représentée par de nombreuses essences, entre Tamatave et Ambatondrazaka ; et d'Anténina jusqu'à Soanierana, au nord de la baie d'Antongil, c'est la haute futaie, qui occupe une grande étendue et arrive jusqu'à la côte. Dans l'Aniankarana, il faut surtout citer la région de Diego-Suarez ; le massif d'Ambre est couvert d'arbres qui n'ont pu être encore exploités en raison de la difficulté des communications et de la cherté des moyens de transport.

Redescendons maintenant vers le versant occidental de l'île. Dans le vaste pays des Sakalaves, compris entre la baie de Passandava, au Nord et la rivière Saint-Augustin au Sud, les essences se présentent généralement par groupes isolés ; et il n'y a même pas, d'après le P. Piolet, d'exception à faire pour la forêt de Manérinérina, indiquée sur les cartes à l'Ouest de Suberbieville. Cette forêt n'est, en réalité, composée que de bouquets d'arbres et de brousse.

On ne trouve également que des arbres épars, au Nord-Ouest de Fianarantsoa, dans la région du Bongo-Lava, dans la plaine d'Ikalamavony ; et la chaîne du Bongo-Lava est presque entièrement dénudée, sauf au fond des ravins, où coulent le Beloboka, le Bekinoly, l'Iaboasy, etc.

Le nombre des essences n'augmente, dit le capitaine de Thuy, que lorsqu'on a franchi le mont Ambohibola ; et à Mahereza on se trouve en pleine forêt. La largeur de la bande boisée n'est cependant pas considérable, et ne dépasse pas deux à trois kilomètres. Elle se continue le long du Mangoky, surtout sur la rive droite. Plus au Sud, vers Maromba, la largeur augmente, et atteint 30 kilomètres.

Enfin, dans l'extrême Sud, M. Gautier a signalé, au-dessus de l'Onilahy, une autre forêt, qui s'étend dans le pays des Mahafaly et des Antandroy.

On voit donc bien que, même en laissant de côté les forêts non encore reconnues dans les régions qui ne sont pas encore explorées, les ressources forestières de Madagasgar, au point de vue de la quantité des essences, sont encore assez importantes et pourront fournir, si l'œuvre de dévastation est entravée, un appoint nullement négligeable à l'exportation des produits de l'île. Nous allons, à présent, passer en revue les espèces les plus répandues, et celles dont l'industrie, soit pour la construction, soit pour l'ébénisterie, peut tenter de tirer parti.

Au premier rang, tant par leur abondance que par leur valeur, il faut citer l'ébène et le palissandre.

L'ébène (ou *hazomainty*) est commun à Madagascar. On le rencontre aussi bien dans les forêts de Diego-Suarez que dans le Bouéni et le Ménabé, ainsi que sur le versant Est et dans le Sud, et il y a peu de régions où les explorateurs ne l'aient signalé ; il semble manquer cependant sur la grande chaîne du territoire des Tanalas. Au point de vue de son origine botanique le seul fait bien acquis est qu'il appartient au même genre *Diospyros* que les véritables ébènes de l'Inde, qui sont principalement le *Diospyros Ebenum* Kœn. et D. *melanoxylon* Roxb. Il serait donc ainsi d'origine moins complexe que l'ébène de

Zanzibar, qui provient très probablement, non seulement du *Diospyros mespiliformis* Hochst, mais aussi d'arbres tout différents, tels que certaines espèces d'acacias et le *Dalbergia melanoxylon* Guil. et Perrot, qui est l'ébène du Sénégal.

Toutefois ni les *Diospyros* indiens, ni le D. *mespiliformis* n'ont été retrouvés à Madagascar ; on y connaît, par contre, actuellement vingt-deux autres représentants du même genre, diversement répartis : dans la région Ouest est, entre autres, le *Diospyros lenticellata* Baker ; dans l'Est et dans l'Ouest poussent le *Diospyros gracilipes* Hiern et le D. *haplostylis* Boiv.; dans l'Est, le D. *megasepala* Bak. et le D. *sphærosepala* Bak ; entre l'Imérine et la mer, sur le versant oriental, on trouve le D. *gonoclada* Bak. Ce sont certainement quelques-unes de ces espèces dont le cœur constitue l'ébène de Madagascar, mais il reste à établir quelles sont celles qui correspondent aux bonnes qualités. Plusieurs sont, en tout cas, exploitées, et c'est ce qui explique la valeur variable des billes livrées au marché ; parmi les plus estimées sont, par exemple, celles qui sont apportées des monts Andranobi, Vatovaky et Pikazo, au Sud du Manambala, dans le Ménabé. En janvier 1897, les plus belles de ces billes étaient cotées de 150 à 250 francs la tonne. Lorsque les valeurs exactes des diverses espèces de *Diospyros* seront mieux connues, il est certain que le commerce de ces bois prendra de l'extension, surtout si leur préparation est améliorée. Il faut ajouter, pour expliquer l'état actuel, que ce commerce est relativement récent à Madagascar. Il y a une vingtaine d'années, l'ébène ne servait guère que de lest pour les voiliers ; et ce sont les Indiens et les Arabes qui, comme nous l'avons dit plus haut, ont commencé un peu plus tard à l'exploiter sur la côte Ouest et à l'expédier à Nossi-Bé, d'où les maisons allemandes et anglaises l'envoyaient à Zanzibar. De là, l'exportation avait surtout lieu vers l'Inde et la Chine, où ce bois était très recherché pour la confection des cercueils. Mais nous avons vu que la loi malgache interdisait l'exportation ; et, si peu appliquée qu'elle fût, elle n'en était pas moins un obstacle à l'extension du trafic ; aussi les premières expéditions de Majunga ne datent-elles que de 1894. En 1896, il a été exporté pour 99.796 francs, dont 95.650 francs pour l'Angleterre et 3.870 francs pour la France.

Le palissandre est aussi fréquent dans l'île que l'ébène. Il est principalement représenté par deux espèces de *Dalbergia* : le D. *Baroni* Bak., qui est le *voamboana* des indigènes, et le D. *trichocarpa* Bak., qui est le *manary*.

Le *manary* est surtout le palissandre du Ménabé, où les Sakalaves l'emploient comme bois de construction pour leurs cases. Le plus répandu dans les autres parties de l'île est le *voamboana*, bel arbre très branchu, très droit, qui peut atteindre deux mètres de diamètre. Il est commun du côté de Diego-Suarez, dans les montagnes de l'Ankaizinana, dans les environs de Majunga, dans la grande forêt de Moramanga, dans la région d'Ambohimanga du Sud, dans la province de Fianarantsoa, près des territoires des Betsileos et des Tanalas, etc. Avec son bois, qui est rouge-foncé et dur, les indigènes, dans le cercle de Moramanga, font des meubles remarquables par leur brillant et par l'entrelacement des veines. Le palissandre de Madagascar est encore très peu exporté.

Après les deux essences précédentes, l'ébénisterie peut encore utiliser le *volomopona*, ou *bois de rose*, dont la nature botanique nous est inconnue et ne peut même pas être soupçonnée, car on désigne sous ce nom de « bois de rose », dans les divers pays, les essences les plus différentes. Le vrai *bois de rose* paraît être le *Physocalymma scaberrimum* Pohl, du Brésil, mais le même terme désigne encore, entre autres, l'*Amyris balsamifera* L., de l'Amérique du Sud, le *Cordia Gerascanthus* L., borraginée du Mexique, le *Thespesia populnea*, malvacée de Nouvelle-Calédonie, etc. Personne, à notre connaissance, n'a encore identifié le *bois de rose* de Madagascar, qui est abondant surtout au Nord, dans la région de Diego-Suarez et près du lac Alastra ; il est exploité en petite quantité dans le Vohémar et aux environs d'Andevorante. C'est un bois imputrescible, d'un brun violet, qui noircit peu à peu au contact de l'air.

Une sorte de *varongy*, le *varongy mainty*, fournit un autre bois de premier choix, d'un très beau veiné, à fond blanc et nuancé de noir. Cet arbre qui n'est pas rare ne doit être coupé qu'en saison sèche. Deux autres sortes de *varongy*, le *varongy fotsy*, ou blanc, et le *varongy voara*, qui sont plutôt des bois de charpentes, peuvent, au contraire, être abattus en tout temps.

Les *varongy* sont des Laurinées, mais il importerait de s'assurer que les trois espèces réunies sous ce nom général sont bien réellement voisines. Nous croyons que l'arbre presque toujours désigné sous le simple terme de *varongy* est le *fotsy*, et ce serait alors l'*Ocotea trichophlebia* Baker.

On considère quelquefois comme *acajous* des bois exportés de Madagascar. Ce qualificatif peut s'appliquer à plusieurs essences à cœur rouge ou jaune-rougeâtre, mais, en fait, doit désigner généralement soit le *rotra*, soit le *nato*.

Le *rotra*, myrtacée du genre *Eugenia*, a un tronc d'une dizaine de mètres de hauteur et de 70 centimètres à 1 mètre de diamètre à la base. On le trouve dans la vallée de la Mananara, en Imerine, dans la forêt de Moramanga (à Ambohitrony et à Ampasimpotry), dans la province de Fianarantsoa, sur la grande chaîne du territoire des Tanalas, etc. Le bois est brunâtre, dur, résineux, mais noueux et, en somme, d'assez médiocre qualité.

Bien meilleur est le *nato*, ou *bois de natte*, qui, à Madagascar, est, très probablement d'après Baron, l'*Imbricaria coriacea*, voisin des Sapotacées du même genre qu'on trouve à la Réunion.

Le *nato* de Madagascar est surtout apprécié des indigènes pour la matière colorante que contient son écorce, et qui est employée pour la teinture de la soie, mais il donne aussi un excellent bois de menuiserie, jaune-rougeâtre. Les Indiens en exportent beaucoup, comme tel, du Ménabé. Le *nato* mesure 10 à 15 mètres de hauteur, du moins dans les vallées ; il abonde dans la région basse d'Antenina, dans la montagne d'Ankaizinana, dans l'Imerine, dans la forêt de Moramanga. Dans le Bouéni, l'écorce, qui se roule facilement, sert quelquefois à faire des conduites d'eau. Dans la région d'Ambohimanga du Sud, le bois n'est utilisé que pour le charbon.

Comme qualité, entre le *rotra* et le *nato* on peut placer les *lalona*, dont on connaît deux variétés : le *lalona blanc* et le *lalona rouge*. Les *lalona* sont des *Weinmannia*, saxifragées arborescentes : les espèces surtout exploitées seraient le *W. lucens* Bak. et le *W. Bojeriana* Tul. De très beaux spécimens de *lalona* existent dans la vallée de l'Andranomena, de Tsinjoarivo à Ambohilimanga. On retrouve d'ailleurs les *Weinmannia* sur beaucoup d'autres points : dans la vallée de la Mananara, avec le *rotra* ; dans la haute futaie de la région d'Antenina ; entre Tamatave et Ambatondrazaka ; dans la province de Fianarantsoa ; chez les Tanalas, etc. Ces arbres sont communs, d'une façon générale, sur le bord des rivières, dans toute la région Ouest ; ils sont fréquents aussi dans le Nord, vers le cap d'Ambre. Ils peuvent être coupés en toutes saisons. Le bois est rouge, mais a, paraît-il, le défaut de travailler beaucoup ; il est très dense.

Très lourd aussi est le bois du *vivaona*, sorte de faux palissandre et qui est une Protéacée, le *Dilobeia Thouarsii* Rœhm. et Sch.

Mais de tous les bois de Madagascar, un des plus durs serait le *harahara* qui est une Papilionacée, du groupe des Dalbergiées. On en connaît deux espèces : le *Neobaronia phyllanthoïdes* Bak. et le *Neobaronia xiphoclada* Bak., remarquables toutes deux par leurs rameaux, plusieurs fois bifurqués, qui sont dépourvus de feuilles, mais qui, en s'élargissant, prennent eux-mêmes l'apparence foliaire, c'est-à-dire deviennent ce qu'on appelle des *cladodes*. Ces cladodes sont plus étroits et plus fermes dans le *N. xiphoclada* que dans le *N. phyllanthoïdes* ; c'est un des principaux caractères distinctifs entre les deux espèces. Toutes deux sont des arbres de dimensions restreintes, de six à huit mètres de hauteur, au plus, sur vingt centimètres de diamètre environ ; elles poussent dans les vallées et sur les côteaux. Dans la région centrale de l'île, c'est surtout le *N. xiphoclada* qu'on rencontre. Le bois des *harahara* est noir rougeâtre ; dans le Ménabé, dans les régions de Tamatave et de Moramanga, etc., on en fait des pioches, des couteaux et des sagaies ; il pourrait être employé pour le tour.

Soit dans le même but, soit encore pour le lambrissage ou pour la confection de petits meubles, on peut aussi recommander les quelques essences que nous allons citer maintenant.

Le *vandrika*, ou *Craspidospermum verticillatum* Boj., est une Apocynée très abondante dans le Nord ou dans le Ménabé. Son bois est très beau, jaunâtre, et ne se fend pas ; il présente quelque analogie avec le buis.

Le *zahana* (ou *zambé*) est une Bignoniacée, le *Phyllarthron Bojerianum* D. C. Les indigènes s'en servent comme des *harahara*, pour faire des manches de sagaies et de bêches, et des armes. Il n'atteint pas de plus grandes dimensions que les précédents, mais il abonde un peu partout dans la vallée de la Mananara (en Imérine), dans la région d'Andramasina (cercle de Tsiafahy).

Le *mongy* est l'*Hernandia peltata* Meiss., de la famille des Laurinées. Le cœur est rouge, à grain serré et prend bien le vernis. C'est surtout un arbre du Sud ; on le signale cependant aussi entre Tananarive et Diego-Suarez.

Dans cette même région et dans le Ménabé, une espèce d'*ambora* est employée pour les cercueils des princes et pour la construction des maisons royales. C'est très probablement le *Tambourissa parvifolia*, Batt., une Monimiacée. En tout cas, les qualités qui font rechercher l'arbre dans le pays étant sa dureté et sa grande résistance à l'humidité, il convient d'appeler l'attention sur cette essence ; et il y aurait également lieu de rechercher le parti qu'on pourrait tirer d'autres *ambora*, qui poussent dans le centre de l'île et qui sont, sans doute, d'autres espèces de *Tambourissa*, le *T. Rota* Bak. et le *T. trichophylla* Bak.

Sur la côte Ouest et dans le Sud, l'*hazomalanga*, ou *faux-camphrier* (dont l'origine botanique nous est complètement inconnue), donne, comme les *ambora*, à côté desquels il pousse, un bois imputrescible, ne se gonflant pas par l'eau. Les Malgaches l'utilisent pour les balanciers de leurs pirogues et les poutres de leurs cases; on en fait aussi des malles qu'on dit inusables. Peu connu jusqu'alors en Europe, c'est peut-être un des bois d'exportation de l'avenir, d'autant plus qu'aux qualités précédentes il joint encore la propriété d'être très agréablement odorant. Il pourrait être employé pour la confection de petits objets de fine ébénisterie.

Ses dimensions, d'autre part, permettront d'ailleurs tout aussi bien de l'utiliser pour la construction. Et, à ce point de vue, l'*hazomalanga* nous amène des essences précédentes, qui fournissent plutôt des bois d'ébénisterie, aux espèces que nous allons signaler pour terminer et qui, par leurs caractères, ne peuvent convenir que pour la menuiserie et la charpente.

Ce sont, en effet, des arbres à bois blanc, ou de coloration faible et peu veiné, qui ne tirent leur valeur que de leur plus ou moins grande résistance et de leur plus ou moins longue durée. Et dans cette catégorie on conçoit que rentrerait un grand nombre d'arbres, mais les seuls qu'il y ait évidemment intérêt à signaler sont ceux dont la fréquence peut permettre une exploitation régulière.

De ce nombre est, tout d'abord, l'*azofy* ou *hetatra*, qui est le *Podocarpus madagascariensis* Bak., de la même famille que notre sapin. Son bois est excellent, blanc, léger, résistant, et donne de belles planches; il est très employé dans l'île pour les travaux de charpente. L'arbre atteint une vingtaine de mètres de hauteur; on le rencontre un peu partout sur les hauteurs et dans les vallées.

Le *merana*, qu'on peut mentionner ensuite, a un bois rougeâtre, très dur et très lourd, imputrescible. C'est une Composée arborescente, le *Vernonia merana* Bak., d'une dizaine de mètres de hauteur; la face inférieure des feuilles est blanche. Le *merana* vient, en grande partie, du Nord : des montagnes de l'Ankaisinana et de la région d'Antenina, par exemple. Il se trouve cependant aussi dans le cercle de Moramanga.

Enfin dans toutes les régions de l'île pousse un très grand arbre, bien connu des Malgaches, le *hazomena*, qui est une Saxifragée, le *Weinmannia Rutenbergii* Engl., appelé quelquefois par les colons *fauxnatte* quoiqu'il se rapproche bien plus, au point de vue botanique, des *lalona* que du *nato*. Le *hazomena* peut atteindre de très grandes dimensions; c'est un tronc de cet arbre qui formerait le support central du toit de l'ancien Palais de la reine, à Tananarive; et ce pilier, qu'on dit être d'une seule pièce, a 40 mètres de hauteur. Le bois est rougeâtre, très dur; dans le Sud-Ouest on en fabrique des meubles. Le *Weinmannia Rutenbergii* est signalé chez les Tanalas, dans tout le cercle de

Tsiafahy, dans la forêt de Moramanga, dans la région de Tamatave, dans le Ménabé et dans le Bouéni ; c'est donc bien une essence commune.

Tels sont les principaux bois dont nous avons cru bon de rappeler les noms et les propriétés, et nous pensons que l'énumération rapide que nous venons de faire — dans laquelle on voit que nous n'avons compris que les espèces les plus fréquentes, parmi celles qui sont utilisables pour l'ébénisterie et la menuiserie — suffit pour donner, comme nous le voulions, une idée générale des ressources forestières de Madagascar. Ces ressources sont, du reste, assurées pour un grand nombre d'années encore si l'exploitation est menée dorénavant de façon raisonnée et méthodique, et si l'on empêche, autant que qu'il est possible, les dévastations d'autrefois.

Il n'est que juste de reconnaître que l'Administration y emploie tous ses efforts, et qu'elle se préoccupe très activement aussi de reboiser les parties dénudées. Des pépinières ont été installées à Nahanisana, près de Tananarive, à Ambohimanga du Sud, à Anzozorobé, etc. On y a semé simultanément des espèces indigènes, telles que le *rotra* et le *zahana*, et des essences étrangères, telles que l'*Acacia Lebbeck* ou *Bois noir* (*bonara* des indigènes), l'Ailanthe, le *jamerose* (*Eugenia Jambos L.*) de l'Asie tropicale, le Lilas des Indes (*Melia Azedarach L.*), les eucalyptus et le filao, des îles du Pacifique.

Ce dernier arbre — qui est comme on sait, le *Casuarina equisetifolia*, acclimaté aujourd'hui dans la plupart de nos colonies — est d'ailleurs introduit depuis longtemps à Madagascar, puisque c'est de cette île qu'ont été importés, en 1768, les filaos plantés à la Réunion. On le rencontre aujourd'hui sur tout le littoral de l'île, et il est particulièrement abondant sur la route de Tamatave à Andevorante. C'est, par excellence, l'arbre des régions sablonneuses ; il pousse près du rivage et atteint de grandes dimensions. N'exigeant aucun soin spécial, sa culture est certainement à recommander, ainsi que celle des eucalyptus.

Parmi ceux-ci, l'espèce à choisir de préférence paraît être l'*Eucalyptus robusta*, ou *eucalyptus de Tasmanie*, appelé encore quelquefois *acajou des marais*. Comme tous les autres représentants du genre, il croît avec une très grande rapidité. Son bois, dur et pesant, d'une belle couleur rouge, résistant aux insectes et à l'humidité, est très employé pour les constructions maritimes ; il présente aussi une grande valeur pour le chauffage. Dans certaines parties de l'Australie où la houille est fort rare, on la remplace par ce bois, qui donne une braise ardente, restant longtemps en ignition, et dont le pouvoir calorifique est très-élevé.

Les eucalyptus réussiraient en Imérine, où, étant donné la nudité actuelle de la région, le reboisement s'impose le plus promptement possible.

M. Chapotte, d'autre part, a indiqué les principaux points à garnir d'essences diverses, dans la partie Sud de l'île.

Il est à souhaiter que tous ces travaux soient poursuivis avec rapidité et que les ordres donnés par l'Administration ne restent pas lettre morte comme l'était la loi malgache.

En arrêtant l'œuvre de dévastation et en réparant peu à peu, en même temps, les dégâts commis, nous assurerons doublement l'avenir de la colonie : d'abord parce que la présence des forêts influe sur la production agricole d'une contrée ; en second lieu parce que les bois de Madagascar, mieux connus, mieux exploités, et appréciés à leur juste valeur, seront comme nous le disions en commençant et comme on a pu s'en rendre compte, une source non négligeable de profits, à partir du jour où des communications seront établies entre toutes les régions de Madagascar pacifié.

LE CHEMIN DE FER TRANSSAHARIEN
PAR LA PROVINCE D'ORAN

Par M. **E. ETIENNE**, député, délégué de la Société de Géographie d'Oran.

Notre grande colonie de l'Afrique du Nord présente ce double aspect qu'elle est tout à la fois un des premiers clients de la Métropole au point de vue commercial et l'un des facteurs les plus importants de la défense nationale. On peut ajouter qu'elle est la clef de voûte de l'immense empire africain que la France a constitué au cours des vingt années qui viennent de s'écouler.

Son mouvement d'affaires avec la France est annuellement de 462 millions. Le développement de ses côtes sur le bassin méridional de la Méditerranée dépasse 1100 kilomètres.

Si les cruels événements de 1881 et, avant eux, notre défaite en Europe ont affaibli successivement l'autorité que près de quatre siècles d'efforts nous assuraient dans tout l'Orient de la Méditerranée, la conquête de l'Algérie nous a donné la suprématie dans tout le bassin Ouest et nous a permis, à quelques heures des rives de

France, d'entreprendre une vaste et grandiose politique, où les intérêts de la patrie et de la civilisation doivent trouver leur pleine et entière satisfaction.

La conquête de l'Algérie a été un surcroît de force matérielle et morale ; car qui pourrait penser sans frémir à la situation qui nous serait faite si par aventure elle était tombée aux mains d'une puissance rivale ? L'Algérie a été le pivot de toutes les entreprises qui allaient successivement se dérouler dans les bassins du Niger et du Congo.

Aussi, dès que la conquête du Tell est réalisée, les efforts pour la pénétration vers le Sud se poursuivent-ils sans relâche ! Successivement, nous gagnons les hauts plateaux et le Sahara. Mais alors que la plus élémentaire des conceptions nous commandait de procéder rapidement et économiquement, en employant l'instrument de conquête par excellence, le chemin de fer, nous avons cheminé pendant de longues années avec une lenteur désespérante, semant à travers les immenses plaines et au milieu des plus dures difficultés notre or et notre sang. Et cependant nous n'ignorions pas les gigantesques résultats que le peuple américain avait acquis par la seule puissance du chemin de fer pour la conquête du sol sur les Indiens ; nous savions que dans l'Afrique du Sud le gouvernement anglais avait assuré sa domination dans le Nord de sa colonie et avait conquis le Bechuanaland par la construction d'un important réseau de chemins de fer !

Dans notre admirable pays d'Algérie, il a fallu qu'une insurrection fomentée dans le Sud oranais ait envahi tous les hauts plateaux et ait menacé jusqu'à nos villes importantes du Tell pour qu'enfin, sous le feu même de l'ennemi, le Gouvernement prit la résolution de pousser la ligne déjà construite d'Arzeu à Saïda, jusqu'à Méchéria tout d'abord et jusqu'à Aïn-Sefra ensuite.

Chacun pouvait penser que désormais nous allions, sans coup férir et sans arrêt, poser le rail jusqu'à Igli, atteindre les oasis du Gourara, et méthodiquement nous diriger vers un point à choisir soit sur le Niger, soit dans la région du Tchad. Il n'en a rien été. La locomotive avait atteint Aïn-Sefra en 1886. La ligne partant d'Arzeu avait un développement de 454 kilomètres, formés de la première section d'Arzew à Saïda, qui est de 200 kilomètres et qui avait été construite en 1873 par une Société privée pour l'exploitation de l'alfa, et de la deuxième section de Saïda à Aïn-Sefra, qui a 254 kilomètres et qui a été construite de 1881 à 1886 pendant et à la suite de l'insurrection de 1881.

De 1886 à 1893, nous demeurons dans le statu-quo. Malgré les sollicitations les plus pressantes, le Gouvernement demeure inactif. L'insurrection est vaincue ; il veut attendre sans doute qu'une nouvelle agitation le mette dans l'obligation de poursuivre l'œuvre inachevée. En 1893, le Gouvernement général de l'Algérie, inquiet des nouvelles alarmantes qui lui parviennent de l'Extrême Sud, où s'est réfugié Bou-Amama, le chef de l'insurrection de 1881, obtient enfin que la ligne sera poussée de 85 kilomètres en avant et devra atteindre Djenien-Bou-Rezg. Les Chambres votent la loi qui autorise la construction, mais au lieu d'allouer le crédit total nécessaire, soit cinq millions environ, elles se réservent d'accorder chaque année la somme qu'elles jugeront utile. De 1893 à 1897, le crédit accordé annuellement a été soit de 500.000 fr., soit de 700.000 fr. ; en 1898, sur ma pressante intervention, il a été de 1.200.000 fr. ; la ligne sera vraisemblablement terminée au cours de l'année 1900.

Ainsi donc, pour construire une section de 85 kilomètres, il aura fallu six longues années, soit 14 kilomètres par an ; cette démonstration est-elle suffisamment humiliante et lamentable ! Il faut réagir, Messieurs, contre cette incurie et cette imprévoyance. Notre intérêt le plus immédiat le commande. Il faut, qu'en vue des événements qui peuvent surgir en Europe, la sécurité intérieure de l'Algérie soit pleinement assurée, afin que notre colonie puisse jouer, dans les destinées du pays, le rôle important qui lui est assigné. Il faut, en outre, que nous pénétrions dans les Oasis du Gourara, du Touat et du Tidikelt, qui sont avec les régions du Niger et du Tchad dans l'hinterland de notre Algérie, ainsi que le reconnait le traité conclu avec l'Angleterre en 1890. Il faut enfin que nous atteignions, par le rail et dans le plus bref délai, le Soudan Français, afin que de la Méditerranée au Niger et au Congo l'autorité de la France soit définitivement affirmée.

Pour atteindre ce résultat, je fais appel à la bienveillance et à l'influence du Congrès de Géographie. Je sollicite le concours des membres éminents que je vois devant moi. Si mon appel est entendu, j'ai pleine confiance que le Gouvernement et le Parlement accueilleront favorablement le vœu que j'ai l'honneur de soumettre à l'approbation du Congrès.

M. Etienne présente ensuite le vœu suivant : « Le Congrès émet le vœu que le Gouvernement poursuive avec rapidité la construction du chemin de fer d'Arzeu à Aïn-Sefra jusqu'à Igli. »

Après une discussion à laquelle prennent part MM. Monbrun, Bonnard, le comte Desplaces et Charles-Roux, le vœu de M. Etienne est adopté.

Vendredi 23 Septembre

(SOIR)

CONFÉRENCES

De M. S. GUÉNOT, sur le Déboisement des montagnes et les inondations

ET

De M. Marcel DUBOIS, sur l'Esprit colonial Français.

A neuf heures du soir, au Grand-Théâtre, sous la présidence de M. Levasseur, de l'Institut, deux conférences publiques ont été successivement faites, en présence d'un auditoire très considérable, par M. Guénot, secrétaire général de la Société de Géographie de Toulouse, sur le *Déboisement des montagnes et les Inondations dans la région sous-pyrénéenne* (1), et par M. Marcel Dubois, professeur de Géographie coloniale à la Sorbonne, délégué du Ministère du Commerce, sur l'*Esprit colonial Français.* De nombreuses notabilités et beaucoup de Dames assistaient à cette séance solennelle : les deux orateurs ont obtenu un vif succès et ont été fort applaudis.

M. Guénot, d'après les résultats de l'enquête effectuée par lui à la suite des inondations du bassin supérieur de la Garonne, en 1897, a tracé un tableau saisissant et documenté des désastres constatés et de la gravité de la situation.

Il a exposé, tout d'abord, les ravages du fléau dans les vallées descendant du plateau de Lannemezan et des Pyrénées Centrales. Les torrents des montagnes, charriant des quantités considérables de matériaux, chassent les rivières de leur lit ;

(1) Voir communication de M. Guénot, p. 274.

ces dernières déchaînées emportent habitants, maisons, troupeaux, récoltes, champs cultivés. Les villes d'Auch, de l'Isle-en-Dodon, de Luchon, de Barrèges, etc., deviennent l'image de la désolation.

La hauteur des crues suit une marche ascendante et les inondations de 1897, là où elles se sont produites, ont atteint une élévation supérieure à celle de toutes les précédentes. De même s'exagère sans cesse l'écart entre le niveau des eaux d'étiage et celui des crues : débordement subit ou pénurie d'eau, tel paraît devenir le terme du régime de nos cours d'eau.

En remontant le bassin supérieur des torrents, on constate que l'état de conservation ou de dégradation des lieux est toujours le même, suivant le faciès du sol. Partout où l'eau est tombée sur des surfaces boisées, les terrains n'ont pas été entamés et, par suite, n'ont pas fourni de matériaux de transport, tandis qu'au contraire partout où le sol a été dépouillé de toute végétation, des quantités considérables de terre, de sable, de graviers, de roches, ont été enlevées et précipitées dans la plaine.

Ce sont ces millions de mètres cubes de matériaux transportés, joints à l'exacerbation du ruissellement, accru par le déboisement, qui ont amené la hauteur extraordinaire des crues de 1897 et les malheurs qui en sont résultés. Non seulement le déboisement produit l'exagération de la hauteur des crues, mais encore il entraîne, à sa suite, l'exhaussement du lit des cours d'eau, l'irrégularité de leur cours, la détérioration du climat, la sécheresse, la stérilité et la dépopulation. Le remède au mal est connu depuis longtemps ; il a été proclamé par Surrel, Elisée Reclus, Chambrelent et une foule d'esprits éminents : c'est le reboisement. Malheureusement, il ne s'applique que par intermittence, sur des surfaces beaucoup trop restreintes, pour ne pas dire relativement insignifiantes. Les résultats sont à peu près négatifs. Cet échec est dû aux fâcheuses dispositions de la loi de 1882, qui favorise tous les atermoiements, à la résistance des populations pastorales et à l'insuffisance des crédits affectés au reboisement. En l'état actuel des choses, nos montagnes sont vouées à la destruction et nos plaines aux inondations et à la stérilité, si des mesures plus énergiques ne sont pas enfin résolues.

D'intéressantes projections lumineuses de photographies ont permis à M. Guénot, de faire défiler sous les yeux du public le spectacle des désastreux déboisements et celui des terribles effets des inondations dans le sud-ouest de la France.

M. Marcel Dubois, dans sa brillante conférence sur l'*Esprit Colonial Français*, a traité avec éloquence cette importance question à la fois philosophique et pratique. Il a constaté que la cohésion nécessaire entre le commerce, l'industrie et l'agriculture, pour former un esprit colonial groupant toutes les bonnes volontés afin d'assurer la féconde exploitation de notre domaine extérieur, n'existait peut-être pas encore au degré désirable. Nos divergences de vue au sujet des systèmes de colonisation et les tâtonnements qui en sont le résultat retardent les progrès de l'œuvre coloniale. Nous sommes encore imbus de vieilles théories, alors qu'au contraire il ne faudrait plus nous payer de mots et de formules, ne point croire surtout à cette légende, répandue par nos rivaux, que « le Français n'est pas colonisateur. » Notre glorieuse histoire et l'expansion actuelle démentent victorieusement une telle opinion et l'Angleterre elle-même applique aux Indes le système de notre grand Dupleix. La politique coloniale britannique a d'ailleurs varié avec le temps, s'adaptant aux milieux et aux circonstances, empruntant aux autres nations coloniales les procédés favorables à ses plans ambitieux.

En principe, l'œuvre de la colonisation dépend du caractère du peuple colonisateur et de la nature du pays colonisé. D'autre part, pour qu'il y ait colonisation, il faut une modification quelconque d'une civilisation au contact d'une autre ou l'établissement d'une civilisation dans un pays neuf. Mais, tandis que la France a répandu des idées et recueilli des sympathies en même temps qu'étendu son influence, l'Angleterre a plutôt détruit les races autochtones et exploité surtout commercialement les pays conquis.

La véritable politique coloniale a été en réalité créée par les Latins et nullement par les Anglo-Saxons. Marseille, par exemple, qui a fait depuis si longtemps œuvre coloniale, en fondant les premiers comptoirs français dans le Levant, a montré que son commerce était dans la bonne voie. Néanmoins, la méthode actuelle de colonisation française mérite des critiques et nécessite des réformes. Il faut constituer un véritable esprit colonial, basé sur l'union et l'initiative de tous et sur une large décentralisation administrative, qui assure rationnellement la mise en valeur des vastes possessions acquises et facilite la pénétration dans les régions avoisinantes. En même temps une action gouvernementale et diplomatique sérieuse, s'inspirant de la tradition, doit assurer la sécurité de notre domaine colonial et faire respecter les droits historiques de la France.

Dans une allocution applaudie, qui a clos cette belle séance, M. le Président Levasseur, en félicitant les deux orateurs, a remercié le public marseillais de s'être intéressé en si grand nombre aux travaux du Congrès de Géographie et d'avoir suivi avec tant de sympathie les conférences publiques.

SEPTIÈME JOURNÉE

Samedi 24 Septembre

(MATIN)

SÉANCE GÉNÉRALE

Président................. M. E. Etienne, d'Oran.
Assesseurs................ MM. C. de Varigny,
　　　　　　　　　　　　　　　Capitaine de vaisseau Marquer,
　　　　　　　　　　　　　　　A. Fabry,
　　　　　　　　　　　　　　　J. Petit-Leduc.

L'ordre du jour de cette dernière séance ordinaire du Congrès appelle les nombreuses communications suivantes, qui n'ont pu être présentées antérieurement et dont la plupart traitent de questions africaines.

LA VALLÉE DE LA BRESQUE (VAR)[1]

Par M. **J. DELMAS**, professeur honoraire du Lycée, membre de la Société de Géographie de Marseille.

---

[1] Voyez *Bulletin* de la Société de Géographie de Marseille, 1899.

DES MOYENS DE RELEVER LE COMMERCE FRANÇAIS EN ORIENT

Par M. **G. AUDRIN**, Ingénieur civil,
Membre de la Société de Géographie de Marseille.

Un long séjour que j'ai fait en Orient (de 1883 à 1896) m'a permis d'assister aux diverses phases qui se sont produites depuis une vingtaine d'années dans les relations commerciales de la France avec les pays orientaux, et de constater de jour en jour la décadence de l'industrie française dans ces pays.

Le projet commercial que j'ai l'honneur de présenter à la haute appréciation du Congrès est peut-être, à mes yeux, le principal moyen qui reste à l'industrie française pour lutter efficacement contre l'envahissement de l'industrie allemande, qui, aujourd'hui, a acquis de grandes faveurs pour ses débouchés commerciaux dans toute la Turquie, à la suite du rôle que l'Allemagne a pris dans le dernier conflit Gréco-Turc.

Ce rôle favorise parfaitement la continuation d'un plan mené habilement et d'une manière persévérante par l'empereur Guillaume lui-même, et n'a d'autre but que d'accaparer à l'étranger tous les débouchés commerciaux et notamment ceux de la France, au bénéfice du commerce allemand.

Dans ces conditions, il convient que le Commerce français entre immédiatement en lutte par des moyens énergiques et appropriés surtout aux circonstances et aux dispositions favorables qu'il peut trouver encore, à son bénéfice, dans chaque pays qui doit être le théâtre de cette lutte, et que je vais faire connaître pour les contrées d'Orient.

Jusque vers 1880 l'industrie étrangère qui avait le plus de débouchés en Orient était l'industrie française et les grandes villes de ce pays, de consommation énorme, Constantinople, Smyrne, Salonique, Athènes, recherchaient et appréciaient les articles de fabrication française de préférence aux produits similaires provenant des autres pays étrangers.

Il semblait donc que le commerce de la France devait pouvoir atteindre un chiffre relativement bien supérieur à celui des autres nations et que les transactions commerciales entre l'Orient et la France devaient avoir, par conséquent, un développement toujours continu.

Malheureusement pour les intérêts français, les choses ne se sont pas passées ainsi et, soit manque d'initiative, ou bien éloignement des pays orientaux, le commerce de la France y diminue tous les jours, se laissant rapidement effacer par les autres nations, notamment par l'Allemagne, l'Angleterre et l'Autriche, dont les produits entrent en Orient par toutes les portes et par tous les moyens possibles.

A mon avis il est encore temps d'arrêter cette concurrence qui nous est faite à outrance, principalement par les Allemands, mais à laquelle participent toutes les autres nations. Et malgré que nos concurrents commerciaux aient installé dans toutes les grandes villes de l'Orient des agences qui ont cherché à accaparer le plus possible le commerce d'importation de ce pays, au détriment de l'industrie française, les résultats obtenus jusqu'à ce jour sont loin d'être complets. Il ne faudrait qu'un effort du commerce français pour arrêter d'abord la marche progressive de ces résultats et réduire ensuite rapidement les avantages commerciaux qui en sont la conséquence.

D'après ce que j'ai observé, la cause principale des difficultés qu'éprouvent les commerçants français, à s'assurer de bonnes relations commerciales dans les pays d'Orient, tient aux connaissances imparfaites qu'ils ont du caractère et des habitudes des personnes qui y détiennent le commerce.

En général, le commerce est entre les mains des Grecs et il serait bien inutile de chercher à se passer de leur concours en affaires commerciales. A Constantinople, à Smyrne, à Salonique et à Alexandrie, des établissements commerciaux existent bien en dehors des maisons grecques, mais on peut compter que les affaires qu'ils font représentent un chiffre très faible relativement à celui des commerçants grecs. J'ai d'ailleurs trouvé les Grecs installés dans toutes les villes du littoral de l'Orient, y trafiquant et arrivant à faire passer entre leurs mains la plus grande partie du mouvement commercial.

Il faut dire que le Grec a eu de tout temps pied à terre dans ces villes, qui, anciennement, constituaient ses principales colonies, lui assurant le monopole du commerce en Orient. Il est resté encore là, aujourd'hui, et avec une telle ténacité à vouloir conserver ce monopole qu'il arrive à évincer, presque toujours, les concurrents qui viennent se placer à côté de lui.

Aussi je suis profondément convaincu que c'est avec le concours des commerçants grecs que le commerce français doit chercher à se relever en Orient, plutôt qu'avec celui des commerçants de toute autre origine. Le Grec déteste l'Allemand et l'Anglais, surtout depuis les derniers évènements Gréco-Turcs. Il aime au contraire le Français et ses sentiments de reconnaissance à son égard, pour le rôle si noble qu'il a joué dans la guerre de l'indépendance grecque, n'ont pas encore disparu. Le Grec d'ailleurs n'est pas fabricant et est toujours attiré vers la vente des produits français, de préférence à tous les autres, à cause de leur bonne fabrication.

Toutes ces dispositions étant bien connues, il importe maintenant de voir comment doit s'établir un nouveau mouvement commercial entre la France et l'Orient comportant, avec la plus grande vente des produits français, un échange de marchandises entre ces deux pays.

A cet effet, il est incontestable que la ville de Marseille, par sa situation, son port, ses docks et entrepôts, étant tête de ligne de tous les paquebots français qui vont en Orient et ayant déjà un grand mouvement commercial dirigé de ce côté, offre les avantages les mieux établis et se trouve dans les conditions générales les plus favorables pour être le siège principal du mouvement commercial qui rayonnera de ce port dans toutes les grandes villes d'Orient.

Mais le cadre de ce mouvement commercial ne doit pas seulement comprendre les principales villes de l'Orient et, pour qu'il englobe autant que possible les ports de mer qui ne sont pas desservis par les bateaux à vapeur français, malgré que ces ports donnent lieu à des transactions considérables, il est indispensable d'avoir des moyens de transports pouvant pénétrer partout, afin de laisser et de prendre des marchandises.

Or il existe en Grèce une région admirablement située pour fournir ces moyens de transports. Je peux en parler en toute connaissance, car j'ai vécu là assez longtemps, lié par mes travaux à la classe des marins qui peuvent assurer ces transports avec le zèle et le dévouement les plus absolus. Il y a dans les îles appelées Cyclades, formant l'Archipel Grec, notamment dans les îles de Syra et de Santorin, toute une population de marins qu'on désignait autrefois sous le nom professionnel de « voituriers » de la Méditerranée.

De tout temps, les habitants de ces îles se sont servis de la mer pour en retirer les ressources nécessaires à leur existence. Alors que les services des bateaux à vapeur n'existaient pas dans la Méditerranée, ces marins faisaient avec leurs voiliers les transports à grande distance. Ils allaient charger des marchandises jusque dans les ports de la mer Noire et les portaient à Marseille et même à Londres. Ils retournaient chargés de nouvelles marchandises qu'ils distribuaient sur leur route et, trafiquant ainsi, ils rentraient chaque année, au commencement de l'hiver, dans leurs îles, où ils se reposaient pendant les deux ou trois mois de mauvais temps. Dès que la bonne saison revenait, ils recommençaient à courir les mers en prenant le chargement le plus rapproché de leur point de départ.

Il est facile de voir quelle situation commerciale occupaient et occupent encore en Orient les marins de ces îles, dont beaucoup sont passés de leurs voiliers à des comptoirs, qu'ils ont établis non seulement dans les principales villes orientales, mais même en France et en Angleterre, à Marseille et à Londres, où par leurs aptitudes commerciales, ainsi aiguisées, ils sont arrivés à créer des établissements commerciaux de la plus grande importance. Aujourd'hui les marins de l'Archipel Grec, malgré que plusieurs aient substitué à leurs voiliers des bateaux à vapeur, voient les transports à grande distance leur échapper complètement, car ils ne suffisent plus comme rapidité aux exigences du commerce actuel. Pourtant toute cette population maritime existe toujours dans l'Archipel, lutte contre la ruine, cherche à se rattraper par le cabotage et n'a pas encore abdiqué complètement l'ancienne profession de voituriers qu'elle avait monopolisée dans les mers du Levant.

Il y a donc lieu de considérer de quelle aide peuvent être ces îles et leurs marins au point de vue qui nous occupe et comment on pourrait les utiliser dans le mouvement commercial à organiser. Si on consulte la carte, on remarque que les îles des Cyclades sont placées entre la Grèce et la Turquie d'Europe et d'Asie et que de plus elles se trouvent sur le passage des lignes parcourues par les bateaux à vapeur qui vont du Pirée à Constantinople et du Pirée à Alexandrie. C'est grâce à cette disposition que Syra, qui est à peu près au centre de l'Archipel, est devenue un port très important, où s'arrête la presque totalité des navires marchands qui sillonnent les mers du Levant.

Evidemment, cette heureuse disposition naturelle des îles et des marins de l'Archipel est trop favorable pour ne pas songer à en tirer tout le parti possible, au bénéfice du développement du commerce français en Orient. Et ce serait méconnaître les devoirs que nous impose la défense des grands intérêts commerciaux de notre patrie, à l'heure où ils sont menacés de tous les côtés, que de ne pas chercher à utiliser un concours que les dispositions topographiques et les circonstances politiques du moment semblent si bien désigner au commerce français.

C'est donc en me basant sur l'utilisation des îles de l'Archipel Grec et des moyens de transports qu'elles fournissent actuellement, que je vais indiquer le cadre du mouvement commercial à créer en Orient, tel que je le conçois, en tenant compte de tous les renseignements qu'un long séjour m'a permis d'y acquérir par la nature même de mes occupations, qui m'ont amené à bien en connaître les dispositions topographiques ainsi que le fonctionnement commercial.

L'organisation complète de l'entreprise commerciale doit comprendre :

1º Un siège principal à établir à Marseille ;

2º Des sièges correspondants à établir au Pirée et à Syra pour la Grèce, à Constantinople et à Salonique pour la Turquie d'Europe, à Smyrne et à Beyrouth pour la Turquie d'Asie, à Alexandrie pour l'Egypte et à Odessa, Batoum et Taganrog pour la Russie Méridionale. Toutes ces grandes villes sont des ports de mer fréquentés par les bateaux à vapeur partant de Marseille et auxquels aboutissent les voies ferrées pénétrant dans l'intérieur des pays. C'est dans ces ports que se concentreront toutes les marchandises, soit de provenance directe de Marseille soit à destination de cette ville même ;

3º Des correspondants établis dans les villes du littoral intermédiaires aux grands centres désignés ci-dessus. Les ports de ces villes seront desservis par les bateaux des marins de l'Archipel Grec, au moyen d'un service combiné de telle sorte que le passage de ces bateaux servira aussi bien à laisser des marchandises de provenance française qu'à prendre les produits des pays desservis. Ces produits seront portés aux ports des grands centres pour être remis aux bateaux à destination de la France.

Certes, tout ce mouvement commercial donnera lieu à l'établissement d'une entreprise bien considérable et je ne me dissimule ni les difficultés, ni les fatigues, ni le temps que sa création exigera pour arriver à un fonctionnement complet. Je dois même dire que si je n'avais pas étudié sur place la possibilité de son exécution, en en soumettant toutes les parties à l'appréciation des personnes les plus compétentes, une entreprise commerciale aussi vaste me paraîtrait impossible à réaliser. Et encore aujourd'hui, malgré que tous les éléments de cette entreprise soient bien classés dans mon esprit et que le programme ci-dessus résulte rationnellement de tous ces éléments, je n'en suis pas moins disposé à modifier le cadre de mon projet devant les raisons pratiques qui peuvent s'opposer à sa mise en fonctionnement, d'après l'ensemble que je viens d'exposer.

De tous les renseignements que j'ai recueillis, il ressort que le moment est encore opportun pour combattre avec succès nos rivaux commerciaux en Orient et leur porter des coups terribles, pour réduire autant que possible leurs empiètements commerciaux. Dans les pays orientaux, quoique en disent ses détracteurs, le prestige de la France est resté grand encore, s'appuyant sur un long passé de gloire, de loyauté et de dévouement. Mais il n'est que temps de ne pas compter seulement sur l'effet de ce glorieux passé pour favoriser les débouchés commerciaux de la France en Orient, et il est de toute nécessité d'intervenir promptement dans ce pays, avec des moyens énergiques, pour y préserver le commerce de la France de la ruine que ses rivaux lui préparent ; je les ai vus à l'œuvre, avec un acharnement qui ne se démentira jamais, profitant de toutes les occasions pour que cette ruine soit aussi complète que possible.

En présentant ce projet commercial, je remplis un double devoir, d'abord envers la ville de Marseille, qui a un si grand intérêt à défendre ses débouchés commerciaux en Orient ; ensuite, envers les membres du Congrès National de Géographie, en leur soumettant les moyens qui me paraissent les plus favorables, actuellement, pour arriver à relever le commerce français dans les pays orientaux.

LES DIVISIONS ADMINISTRATIVES
DE LA FRANCE ACTUELLE

Par M. **Paul GAFFAREL**, Président de la Société bourguignonne
de Géographie de Dijon,
Doyen honoraire de la Faculté des Lettres.

Une des premières et des plus importantes questions soulevées par les membres de la Constituante fut la nécessité absolue de modifier l'ancienne division territoriale. En fondant les anciennes provinces dans une majestueuse unité, ils espéraient régénérer la France. Aux institutions qu'ils projetaient, il fallait un cadre nouveau. De là, la création des départements. Alors que, les unes après les autres, ont été ébranlées ou transformées les institutions de la période révolutionnaire, les départements sont encore debout. L'œuvre de la Constituante fut donc excellente. Elle a été conduite avec résolution et exécutée avec énergie : elle n'est pas parfaite.

La première critique à adresser à la division départementale de 1790 est relative aux dénominations adoptées. Les Constituants se sont trop conformés aux préjugés géographiques de l'époque. On considérait alors l'hydrographie comme le caractère essentiel de la topographie, et sur nos 86 départements 62 portent des noms de rivières. La montagne a été par trop oubliée. En outre, les Côtes-du-Nord n'occupent pas le plus septentrional de nos rivages ; le Nord appellerait par contraste le Midi, le Centre, l'Est ou l'Ouest, et le Var est ainsi appelé du nom d'un fleuve qui ne coule plus sur son territoire. Ces anomalies sont regrettables, mais consacrées par l'usage, et, puisque l'ancienne nomenclature est à peu près suffisante, il serait vraiment inutile d'en forger de toutes pièces une nouvelle.

Une critique plus grave est relative à la formation défectueuse de la plupart des départements. Tantôt on a réuni des pays différents de mœurs et d'histoire, tantôt on a juxtaposé des climats opposés, des bassins divergents, des sols disparates, et trop souvent on a adopté des limites conventionnelles. Dans certains départements, il existe même des enclaves. Il est néanmoins difficile de revenir en arrière et de recommencer ce travail de délimitation. À l'exception des enclaves, que rien ne justifie et qu'il faudrait faire disparaître, mieux vaut par conséquent respecter ces limites, bien que trop souvent arbitraires.

Que dire des inégalités qui existent entre les départements pour la superficie et la population ? La Seine a plus de trois millions d'âmes et les Hautes-Alpes n'en possèdent que 123.000 ! La Gironde dépasse un million d'hectares et le Tarn-et-Garonne n'en a que 372.000 ! Dans le département que de singulières disproportions pour la répartition de la population entre les arrondissements, les cantons et les communes ! Le canton de Roubaix a plus de 100.000 âmes et celui d'Audeux, dans le Doubs, n'en compte que 145. Il y a plus de 500.000 habitants à Lyon, Morteau en compte 12, la Tartre-Gaudran 14 et la Genevroye 19 ! Mêmes étrangetés pour la répartition des cantons et des communes. Pourquoi 62 cantons dans la Corse et 20 dans l'Ariège. Pourquoi une seule commune dans les cantons d'Allos, Bonifacio, Corte, Cette, Cherbourg, Sainte-Marie de la Mer, Ouessant, Yeu, et, ce qui est un comble, pas même une commune dans les cantons de Sainte-Marie des Basses-Pyrénées et de Veyre, du Puy-de-Dôme, qui dépendent des communes d'Oloron et de Monton ?

Quant aux bizarreries administratives de la géographie judiciaire, ecclésiastique ou universitaire, il serait vraiment trop long de la signaler dans ce rapide exposé ; mais de cette extrême bigarrure, de ces choix extraordinaires de résidence, de ces contradictions mêmes, que conclure, sinon qu'une réforme s'impose et que l'œuvre entière est à reprendre par la base ? Tout en respectant la tradition, tout en maintenant les noms aujourd'hui acceptés par tous et les limites qu'il serait dangereux de modifier, on pourrait établir sur des bases plus égales une nouvelle répartition des départements. Puisque les distances ne sont plus un obstacle pour personne, ce n'est plus la superficie territoriale, mais bien la population qui devrait être le principal facteur de cette répartition. Soit qu'on diminue, soit qu'on augmente le nombre des départements, il serait relativement aisé d'en égaliser les populations respectives. De la sorte disparaîtraient les anomalies signalées, les différences inexpliquées, les rouages inutiles.

M. Gaffarel pense que, des deux systèmes proposés, mieux vaudrait adopter celui qui consiste à augmenter légèrement le nombre des départements. Il en dresse la liste et arrive à un total de 102 départements pour la France (30 départements auxquels rien n'est changé, 25 dont le nom est conservé mais le territoire diminué, treize dont le nom est conservé et le territoire augmenté, 9 dont le nom est conservé mais le territoire modifié, 25 départements nouveaux), neuf pour l'Algérie et quatre pour les colonies.

Comme conséquences immédiates de cette nouvelle distribution de territoires : suppression des arrondissements, des conseils d'arrondissements, des sous-préfectures, des recettes particulières, de nombreux tribunaux de première instance ; nouvelle répartition des Cours d'appel, des Evêchés, des Académies, des Sénateurs et des Députés ; en un mot refonte de la plupart de nos institutions administratives, et diminution considérable du nombre des fonctionnaires.

Dans la discussion qui s'engage à propos de cet exposé, M. Gaffarel, tout en tenant compte des observations qui lui sont présentées, s'efforce de soutenir le bien-fondé de son opinion. Il conclut en faisant remarquer que ses contradicteurs sont, au moins sur un point, du même avis que lui, à savoir que tous s'accordent sur la nécessité d'une réforme administrative. C'est ce qu'il cherchait à établir, et il est heureux de constater que, sur ce terrain, tout le monde est sur le point de s'entendre.

LES TRANSPORTS A MADAGASCAR [1]

Par M. **J. CHARLES-ROUX**, ancien député.
Président de la Société de Géographie de Marseille.

(Résumé).

La première préoccupation du général Galliéni, gouverneur général de Madagascar, a été, avec juste raison, la création de voies de communications. Il n'existait, au moment de la conquête, qu'une piste de Tamatave à Tananarive, une autre de Tananarive à Majunga, plus un ou deux autres sentiers moins fréquentés. Le transport par porteurs ou bourjanes coûtait de 1300 à 1500 francs la tonne de Tamatave à la capitale. Le plan du gouverneur consiste à relier Tamatave à Tananarive, puis à faire rayonner autour de cette dernière ville des routes vers des positions bien déterminées à l'avance, en reliant les principales villes entre elles.

Routes. — Aujourd'hui les routes existantes comprennent : 1º la route charretière de Majunga ou plutôt de la Betsiboka à la capitale, réparée et améliorée depuis son établissement par la colonne expéditionnaire ; 2º une piste muletière de Tamatave à Tananarive par Andevorante, accessible aux chariots sur une certaine longueur, et qui a permis d'abaisser le prix du transport à 800 ou 900 francs la tonne. Cette piste va être remplacée par une voie charretière, terminée déjà en certains points et qui doit être livrée à la circulation en 1899 ; à la même époque une route carrossable reliera également Tananarive à Fianarantsoa.

Canal des Pangalanes. — La zone qui s'étend, au bord de la mer, entre Tamatave et Andevorante est recouverte d'une série de lagunes de 100 kilomètres de longueur, coupée de loin en loin par des monticules sablonneux nommés pangalanes. On a tout naturellement songé à pratiquer dans ces obstacles des tranchées qui permettraient d'effectuer ce parcours au moyen d'embarcations. Ce canal a été concédé à une compagnie française qui doit le mettre en exploitation le 1er janvier 1900. La largeur minimum doit être de 15 m. et la profondeur de

---

(1) Voir « Les Voies de communication et les moyens de transport à Madagascar », par J. Charles-Roux. 1 vol. in-8º, chez Armand Colin, éditeur, à Paris.

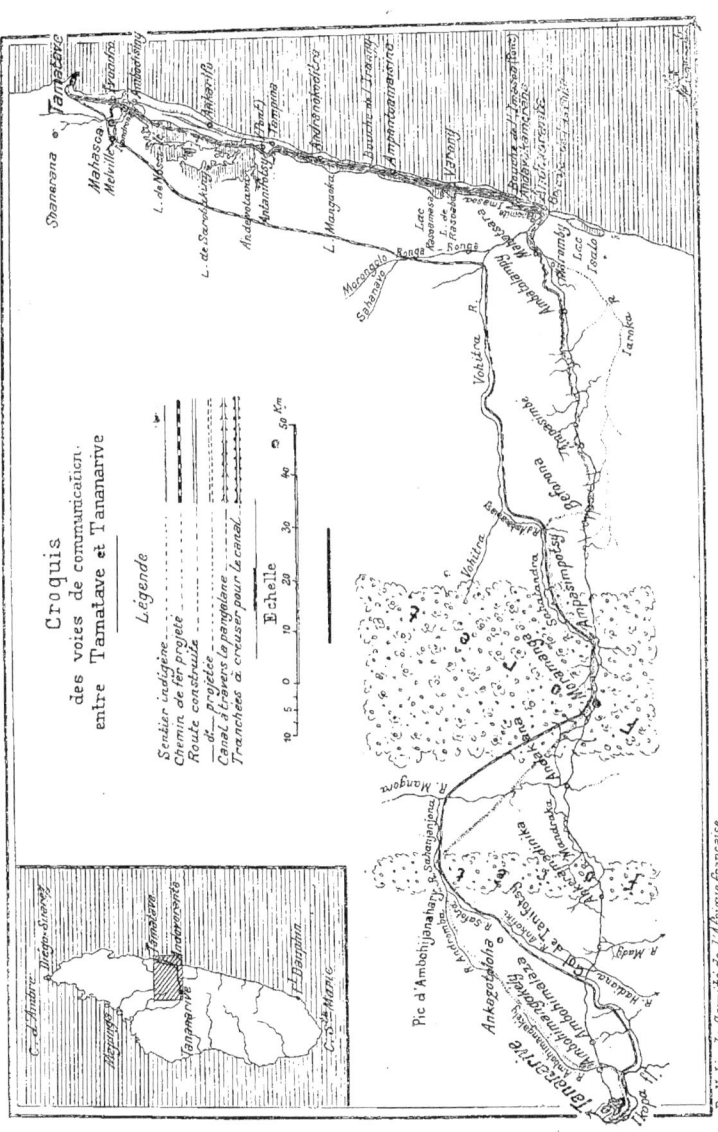

1 mètre. Toute cette partie de la côte est couverte d'une végétation luxuriante.

Voies Ferrées. — Elles ont déjà fait l'objet de projets nombreux. En 1896, la Société des Batignolles offrait de construire une voie de Tamatave à Tananarive, moyennant une garantie d'intérêt qui fut refusée. En même temps, un Mauricien, M. de Coriolis, demandait la concession à perpétuité d'un chemin de fer qu'il construirait sans subvention, mais moyennant l'allocation de 300.000 hectares de terrain ; ce projet accepté par M. Laroche, résident général, fut ensuite repoussé. Un troisième projet ébauché par le gouvernement avec une Société bordelaise qui demandait une concession de 520.000 hectares n'aboutit pas, cette société n'ayant pas réussi à constituer son capital. Après deux autres projets de concession ou de construction directe par l'État, une convention a été enfin passée avec la Compagnie coloniale de Madagascar, qui étudie actuellement l'établissement de la ligne.

Cette ligne ferrée reliera Tamatave à Tananarive ; elle a été levée sur le terrain par le colonel Roques et mesurera 370 kilomètres. Bien que semé de difficultés et très discutable au point de vue de ses avantages, ce tracé, dont nous donnons ci-joint le plan, a été préféré à celui de Majunga-Tananarive parce qu'il est plus court. On calcule qu'en réduisant le prix moyen du transport de la tonne à 281 fr. 25, les recettes couvriraient les dépenses d'exploitation et d'intérêt avec un certain excédent.

Services Maritimes. — Après avoir examiné les voies de communication à Madagascar, il reste à jeter un coup d'œil sur les moyens de relier la grande île à la métropole. Si Diego-Suarez peut constituer un magnifique point d'appui, Tamatave est bien imparfait : c'est un mouillage peu sûr, et il faudrait creuser un bassin où les navires puissent trouver un abri sérieux. Trois lignes françaises desservent la grande île : Messageries Maritimes ; Compagnie Havraise Péninsulaire et Chargeurs Réunis. Ces services sont suffisants. Par contre, il y aurait une véritable urgence à créer un service côtier reliant entre eux tous les ports et rades, et une double ligne circulaire devrait remplir ce desideratum. Les relations entre Madagascar et la Côte d'Afrique, et aussi avec nos possessions d'Indo-Chine devraient également être assurées et à toutes sortes de points de vue offriraient un intérêt considérable. Une grave question est également celle du câble télégraphique avec la métropole, car il faut songer que nos communications par cette voie avec Madagascar sont entièrement entre les mains de l'Angleterre. Enfin, on étudie actuellement l'établissement de phares à Diego-Suarez, Tamatave et Majunga.

D'importants progrès ont donc été déjà réalisés et la question des transports et des communications a fait un pas très considérable depuis la conquête de notre nouvelle colonie. Lorsqu'elle sera résolue favorablement, la mise en valeur des richesses de Madagascar pourra entrer dans une voie féconde.

Comme suite à la communication de M. Charles-Roux, le secrétaire général, M. Jacques Léotard, invite le Congrès, réuni dans cette ville de Marseille qui a été la première à applaudir à la conquête de Madagascar, à exprimer ses félicitations au général Gallieni. Il donne lecture d'un projet de résolution rédigé de concert avec M. Charles-Roux. Cette adresse sera envoyée par lettre au général Gallieni, les télégrammes n'arrivant pas toujours en raison du monopole des câbles sous-marins anglais. En conséquence, la motion suivante est adoptée :

« Le Congrès National de Géographie, réuni à Marseille, avant de se séparer, vote de chaleureuses félicitations au général Gallieni, pour son habile administration de Madagascar et son dévouement éclairé aux intérêts nationaux. »

DÉCIMALISATION DU JOUR ET DU CERCLE

Par M. **J. de REY-PAILHADE,** Ingénieur civil des Mines, ancien Président de la Société de Géographie de Toulouse.

Communication présentée par M. S. Guénot, Secrétaire général.

Empêché de venir au Congrès de Marseille, j'ai l'honneur de vous exprimer tous mes regrets et de vous prier de vouloir bien excuser mon absence. D'ailleurs, le Recueil de Tables et Formules pratiques pour la division décimale du jour et du cercle entiers, que je me proposais de présenter au Congrès et dont j'aurais été heureux d'offrir un exemplaire à chaque membre, n'a pu être imprimé à temps, par suite du soin nécessaire aux corrections. Il le sera certainement pour la réunion des Sociétés savantes, qui aura lieu l'année prochaine à Toulouse.

En attendant, je prends la liberté de vous signaler les progrès réalisés par l'idée de l'extension du système décimal au temps et aux angles, depuis le jour où, sur ma proposition, le Congrès international de Londres, en 1895, a mis cette question à l'ordre du jour des travaux du Congrès de Berlin de 1899.

A la suite d'une pétition adressée à M. le Ministre de l'Instruction publique par les Sociétés géographiques réunies de Marseille, Nancy, Oran et Toulouse, puis d'un rapport de M. Bouquet de la Grye, les Pouvoirs publics ont nommé une Commission qui a étudié ce problème. A ma connaissance, le rapport définitif et officiel de cette Commission n'a pas été publié.

L'idée de l'application du système décimal au temps et aux angles ayant été répandue dans le monde scientifique et dans le public par les discussions qui ont eu lieu chaque année, depuis 1893, dans les Congrès des Sociétés savantes et en particulier de Géographie, cette question n'a pas tardé à prendre rapidement un grand essor. Les revues scientifiques, les journaux d'horlogerie et la presse quotidienne ont publié des articles parfois passionnés sur ce sujet.

Afin de ne pas toujours rester sur le terrain théorique, j'ai eu l'idée d'organiser, avec l'aide du *Moniteur de l'Horlogerie* de Paris, un concours d'appareils de mesure du temps gradués décimalement. L'exposition des instruments a eu lieu à Paris, à l'Ecole d'horlogerie, en juin dernier, sous le patronage de la puissante Chambre syndicale d'horlogerie de Paris ; le succès a été complet. De nombreux concurrents, dont deux étrangers (un Suisse et un Italien), ont adressé dix-neuf appareils entièrement inédits. Un chronomètre battant 200.000 fois par jour, des montres de poche divisant le jour en fractions décimales, etc., etc., ont prouvé aux moins clairvoyants la facilité de cette réforme si nécessaire. Le jury des récompenses était présidé par l'éminent M. A. Cornu, de l'Institut, qui est un partisan convaincu d'un changement dans le sens décimal.

Un résultat et non des moins importants est déjà acquis : dans le courant de l'année 1899, la Marine française va faire des essais pratiques sur six navires différents, avec des appareils et des cartes gradués suivant la division décimale du grade. M. le commandant Guyou, de l'Académie des Sciences et du Bureau des longitudes, vient à cet effet d'écrire un Traité de navigation, où tous les problèmes sont résolus par la seule notion des angles, sans faire intervenir le temps. Sans être prophète, on peut prédire que le résultat sera tout à l'avantage du système décimal.

Par ce court et bref exposé, on jugera de l'importance du problème et on reconnaîtra que l'honneur de la réforme reviendra sans conteste aux Congrès de Géographie qui, depuis 1893, n'ont cessé de maintenir cette question à l'ordre du jour de leurs travaux.

En complément de cette note, adressée par M. de Rey-Pailhade au Président du Congrès, M. Guénot a signalé les travaux de la maison d'horlogerie Leroy et Cie, de Paris, pour la construction d'appareils mesurant le temps décimal.

MAINTIEN DE L'HEURE NATIONALE
ET ADOPTION DU CADRAN DE 24 HEURES

Par M. **Jacques LÉOTARD**,
Rédacteur au *Sémaphore*.
Secrétaire général de la Société de Géographie de Marseille.

(Résumé.)

L'orateur déclare qu'il n'a pas l'intention de développer devant le Congrès une question qui est suffisamment connue, mais qu'il désire proposer un vœu actuellement opportun. Une loi du 14 mars 1891 a substitué l'heure nationale — celle du méridien de Paris — aux différentes heures locales, et la ville de Marseille participa des premières au mouvement en faveur de cet heureux changement. Tandis que cette réforme a constitué un remarquable progrès, il n'y aurait, au contraire, pas d'utilité véritable, après l'unification actuelle, à changer une nouvelle fois l'heure légale de la France. Deux projets de loi ont cependant été déposés par MM. Deville et Boudenoot, députés, tendant à remplacer notre heure nationale par celle du méridien de Greenwich, qui retarde de 9 minutes 21 secondes sur celle de Paris. La raison donnée par les promoteurs est l'extension générale dans le monde de l'emploi du méridien de Greenwich, qui sert de méridien initial pour les fuseaux horaires de l'heure internationale. L'adoption de l'heure de Greenwich placerait la France dans le fuseau de l'Europe occidentale, accepté en Belgique et en Hollande, mais repoussé par l'Espagne et le Portugal.

Le changement proposé et qui tendrait, en somme, à substituer l'heure anglaise ou universelle à l'heure française, ne présente pas de sérieux avantages pour le moment et il aurait entre autres inconvénients celui de jeter la perturbation dans notre cartographie nationale, basée sur le méridien de Paris. Il convient d'ailleurs de remarquer les protestations qui se sont déjà élevées contre la substitution projetée. Le Ministère de la Marine, l'Académie des Sciences, la Société Astronomique de France, se sont montrés opposés, ainsi notamment que M. Bouquet de la Grye, de l'Institut et du Bureau des Longitudes, ingénieur-hydrographe en chef.

Par contre, une réforme facile et qui rendrait de grands services en France, surtout pour les horaires des chemins de fer, sans causer de trouble notable, serait l'emploi de la notation des heures du jour de 0 à 24, de minuit à minuit, ainsi que cela existe dans de nombreux pays, en Belgique, en Suisse et en Italie, etc.

En conséquence, M. Jacques Léotard présente le vœu suivant :

« Considérant, d'une part, les deux projets de loi dus à l'initiative parlementaire, qui tendent à substituer en France l'heure du méridien de Greenwich à celle du méridien de Paris ;

« Considérant, d'autre part, les avantages qui résulteraient de l'adoption du cadran de 24 heures ; le Congrès émet le vœu :

« 1° Que notre heure nationale, rendue légale par la loi du 15 mars 1891, soit maintenue ;

« 2° Que les heures du jour soient comptées de 0 à 24 heures, de minuit à minuit. »

Une discussion s'engage sur cette question. M. Thoulet se prononce en faveur de l'heure universelle et estime qu'il y aurait avantage pour notre marine à se servir du méridien de Greenwich.

M. E. Nicolle soutient l'adoption de l'heure universelle et considère comme avantageuse sa substitution en France à l'heure nationale actuelle. Il estime que notre patriotisme ne doit pas s'en émouvoir davantage que celui des autres nations qui emploient le méridien de Greenwich. On pourrait d'ailleurs ne pas l'adopter pour les cartes, mais pour les usages de la vie courante. L'orateur propose la motion suivante :

Le Congrès émet le vœu : « Que l'heure de l'Europe occidentale ou du premier fuseau horaire universel soit adoptée en France ;

« Que la loi en prescrive l'usage exclusif, sans aucune altération volontaire, aux municipalités, aux compagnies de chemins de fer et à tous les établissements même privés possédant des horloges destinées à la vue du public ;

« Que les heures de la journée soient comptées de 0 à 24, de minuit à minuit. »

M. de Claparède constate que les sentiments exprimés par M. Jacques Léotard l'ont été aussi en Suisse lorsque l'heure de l'Europe centrale y fut adoptée. Il se déclare néanmoins favorable à la généralisation des fuseaux horaires de l'heure universelle, qui peut d'ailleurs ne pas être appliquée à la cartographie.

M. Nicolle demande la priorité pour son vœu. Elle est accordée, ainsi que la division du vote sur les trois paragraphes. Le premier est ensuite adopté par le Congrès, le deuxième n'est pas maintenu et le troisième paragraphe, également proposé par M. Jacques Léotard, est voté sans débat.

LES SOCIÉTÉS DE GÉOGRAPHIE
A L'EXPOSITION UNIVERSELLE DE 1900

Par M. le colonel **BLANCHOT**, président de la Société de Géographie de Poitiers.

L'orateur demande au Congrès s'il ne croit pas devoir se préoccuper de la part faite à la Géographie et de la présentation des travaux des Sociétés françaises de géographie ou coloniales à l'Exposition de 1900, et s'il ne compte pas proposer à la Société de Géographie de Paris d'élaborer un projet en vue de cette participation.

M. le colonel Monteil et M. Ch. Gauthiot signalent qu'un Comité nommé par le Gouvernement étudie cette question. M. le colonel Blanchot estime que les Sociétés géographiques de province ont été laissées trop à l'écart de l'organisation projetée.

LA SITUATION ÉCONOMIQUE DE LA TUNISIE

Par M. **E. FALLOT**, chef du Service du Commerce à la Direction de l'Agriculture de Tunisie.
Ancien secrétaire de la Société de Géographie de Marseille.

L'année 1898 est destinée à marquer le début d'une nouvelle étape dans l'évolution du Protectorat tunisien. En effet, l'établissement de la France dans la Régence de Tunis présente un caractère unique dans l'histoire de la colonisation française. Il n'y a pas eu au début, comme cela s'est produit pour nos autres colonies, un acte unique de prise de possession définitive et complète à la suite duquel le représentant de la mère-patrie a pu, en toute liberté, organiser le pays à sa guise. Le traité de 1881, qui est la charte de notre établissement en Tunisie, ne contenait qu'en germe la plénitude absolue des pouvoirs. C'est que le souverain qui l'avait accepté, dépouillé de la plupart des attributs de la souveraineté, n'avait pu en céder à la France que les épaves restées entre ses mains. Aussi a-t-il fallu plus de quinze ans d'efforts persévérants pour cultiver ces germes de souveraineté et les amener à un complet épanouissement, pour rassembler ces débris épars du pouvoir beylical et les reconquérir les uns après les autres. C'est graduellement, par une série de patientes négociations, soit à Tunis, soit en Europe, que notre Ministère des Affaires Étrangères a obtenu successivement le droit de maintenir des troupes françaises dans le pays et de le représenter dans les relations avec l'étranger (traité de 1881), celui de réorganiser l'administration intérieure (convention additionnelle de 1883), celui de disposer des revenus publics (conversion de la dette sous la garantie de la France en 1884) et, enfin, celui, plus important encore peut-être, de rendre la justice aux ressortissants des puissances étrangères (abolition des juridictions consulaires en 1884). Politiquement, administrativement et judiciairement la France se trouvait maîtresse de la Tunisie. Mais un dernier lien la rattachait encore aux principales nations européennes et fixait une limite à la toute puissance de la France : des traités de commerce antérieurs à 1881 et qu'il avait fallu respecter, imposaient un régime douanier uniforme pour tous les produits, quelle que fût leur provenance, et limitaient à 8 0/0 (1) *ad valorem* au maximum les droits de douane dont on pouvait les frapper. Force a été d'attendre avec patience que l'expiration de ces traités ou le bon vouloir des nations contractantes rendît à la Tunisie une liberté dont elle userait au profit de sa puissante protectrice, la France. L'heure de cette échéance, si longtemps attendue, a enfin sonné. Une série de négociations, habilement conduites et heureusement terminées par M. Hanotaux, a rompu en 1897 ce dernier lien de vassalité à l'égard des puissances étrangères et a affirmé la main-mise de la France sur la Tunisie dans le domaine économique aussi bien que dans tous les autres domaines. Profitant sans tarder de sa liberté d'action, S. A. le Bey a rendu dès le 2 mai dernier un décret promulguant un nouveau tarif de douanes supérieur à l'ancien pour la plupart des articles, et accordant l'entrée en fran-

---

(1) Une seule exception était faite pour les vins et spiritueux, qui étaient taxés à 10 0/0.

chise dans ses États aux principaux produits français qui y sont consommés.

Au seuil de cette nouvelle période de son histoire dans laquelle le Protectorat français, désormais débarrassé des anciennes entraves qui l'ont trop longtemps paralysé, va pouvoir produire tous ses effets de rénovation et de vie, il a paru intéressant de présenter dans un tableau d'ensemble la situation économique de la Tunisie. Nous examinerons brièvement les finances, les travaux publics, la colonisation, le commerce et l'industrie.

I. — *Finances.*

La Tunisie est l'une de nos rares colonies qui vivent sans réclamer aucun secours du budget métropolitain : aussi jouit-elle en France d'un excellent renom au point de vue financier, et l'on s'imagine volontiers que ses ressources sont inépuisables. Nous allons rechercher jusqu'à quel point cette réputation est justifiée.

L'héritage laissé au Gouvernement du Protectorat par l'ancienne administration des beys était peu enviable et beaucoup d'héritiers auraient cru prudent de réclamer le bénéfice d'inventaire : une dette consolidée ou flottante de 142.550.000 francs (1), exigeant une annuité de 6.250.000 francs, et des recettes qu'on n'évaluait pas à plus de 14 millions, telle était la situation misérable à laquelle la Régence se trouvait réduite. Grâce à une politique financière faite de prudence et de régularité, ces difficultés qui avaient entraîné la ruine de l'ancien Gouvernement ont été résolues en peu d'années. Les trois conversions successives de 1884, de 1889 et de 1892 ont rendu la dette amortissable en quatre-vingt-seize ans et réduit l'annuité nécessaire à son service à 5.945.790 francs (2), en même temps qu'elles mettaient à la disposition du trésor des soultes d'emprunt formant une somme totale de 20 millions environ. Les recettes normales provenant des contributions et revenus publics, dont la rentrée était assurée avec la plus sage exactitude, ont suivi une marche ascendante : de 14 millions, elles ont passé dans ces dernières années à 25 millions, malgré d'importants dégrèvements accordés sur de nombreux articles, et dont le montant

---

(1) La Tunisie : Agriculture, Industrie, Commerce, t. II, p. 207, Paris. Berger-Levrault 1896.

(2) La différence entre cette somme et l'annuité de la première conversion, soit 361.730 francs est appliquée à l'amortissement ; cette somme s'accroît chaque année par le jeu même de l'opération.

d'après les évaluations de la Direction des Finances, dépassait 6 millions de francs au 31 décembre 1896 (1). Ce budget bien faible encore, quoiqu'il ait été accru dans ces remarquables proportions et dont un quart environ est absorbé par les intérêts de la dette, a suffi non seulement pour payer régulièrement la liste civile du Souverain et de sa famille et les services publics qui ont été conservés de l'ancienne administration, en les transformant plus ou moins, tels que l'Ouzara (administration générale), la direction des finances et l'armée tunisienne, mais pour créer de toutes pièces des services nouveaux, indispensables dans une organisation coloniale régulière. C'est ainsi que les directions des Travaux Publics, de l'Enseignement Public, des Postes et Télégraphes (2), de l'Agriculture et du Commerce, des Forêts et des Antiquités et Arts, ainsi que le service des Contrôles civils et des tribunaux indigènes de provinces ont été institués et mis à même de fonctionner. En outre, d'importantes dépenses ont été faites pour réaliser un vaste plan de travaux publics nécessaires pour la mise en valeur économique du pays. Tout un réseau de voies de communication (routes et chemins de fer), plusieurs ports et un système complet d'éclairage des côtes, des travaux d'aménagement d'eau et des forages de puits artésiens ont été exécutés : les dépenses faites de ce chef peuvent être évaluées au 31 décembre 1896 à 70 millions qui ont été prélevés soit sur les recettes ordinaires, soit sur les ressources exceptionnelles.

Mais ce n'est pas tout encore. Les rapporteurs successifs de la Commission du Budget ont insisté complaisamment ces dernières années sur les dépenses supportées par le Trésor français pour le compte de la Tunisie, et les Chambres ont saisi avec empressement toutes les occasions d'en diminuer l'importance. En fait, elles se trouvent réduites actuellement aux frais d'entretien de la division d'occupation et à la garantie d'intérêt accordée à la Compagnie des chemins de fer de Bône-Guelma pour la ligne de la Medjerda par un contrat antérieur à l'établissement du Protectorat. Par contre, le budget tunisien a assumé successivement la charge de plusieurs dépenses qui ont un caractère nettement métropolitain et qui, pour la plupart seraient classées dans la catégorie des dépenses de souve-

(1) Exactement 6.028.807 francs. Le détail se trouve dans les annexes du Rapport annuel au Président de la République.
(2) Jusqu'en 1888, le service des Postes et des Télégraphes dépendait de l'Administration française et toutes les dépenses étaient payées par le budget de la Métropole. Depuis cette époque elles sont entièrement supportées par le budget tunisien.

raineté et supportées par le budget français, si la Tunisie était une colonie. Tels sont les traitements du personnel de la Résidence générale, les dépenses des contrôles civils, de la magistrature française, de la gendarmerie française, la solde du maghzen du Sud, force armée irrégulière qui concourt avec nos troupes à la police et à la défense de la frontière tripolitaine, et une part de la subvention payée par la France aux Compagnies de navigation. Le total de ces diverses dépenses annuelles dépasse 2 millions (1). A ce chiffre, il faudrait ajouter des dépenses extraordinaires relativement importantes pour constructions de casernements et travaux militaires que le Gouvernement français a imposées au Protectorat.

Si l'on s'étonne de ce que la Tunisie a pu faire tant de choses avec un si petit budget, et si l'on est curieux de pénétrer son secret, il sera nécessaire d'entrer dans quelques détails au sujet de la méthode financière que le Ministre des Affaires Etrangères a eu la sagesse de lui imposer. Les prévisions de recettes sont établies pour chaque année sur la moyenne des recettes effectuées pendant les cinq dernières années, ce qui ne laisse qu'une faible marge aux erreurs d'évaluation. Contrairement à la pratique suivie pour le budget français, dans lequel les dépenses arrêtées d'abord servent de base au calcul des recettes, en Tunisie c'est dans les limites des recettes prévues que les dépenses ordinaires doivent forcément se tenir. La ressource des demandes de crédits supplémentaires, si commode pour les administrations françaises, n'existe pour ainsi pas pour les services tunisiens, qui n'ont à se partager chaque année qu'une somme de 300.000 francs pour les dépenses imprévues. Lorsque la balance de l'exercice se solde par un excédent de recettes, il est versé à une caisse spéciale, appelée « caisse des excédents disponibles » (2) qui sert à couvrir les dépenses exceptionnelles et notamment celles de travaux publics, et dans laquelle on ne peut puiser qu'en vertu d'autorisations spéciales du Ministère des Affaires Etrangères. Mais la Tunisie étant un pays agricole, dans lequel les influences climatériques agissent d'une manière très directe sur la rentrée des impôts, il a fallu prévoir l'éventualité de déficits se reproduisant à de longs intervalles, mais pouvant revenir avec la régularité presque périodique des mauvaises récoltes. Pour faire face aux insuffisances de recettes on a constitué un fonds de réserve dont le montant a été fixé par décret à 8 millions de francs.

(1) Exactement 2.256.931 fr. au budget de 1898.
(2) Au 31 décembre 1897, cette caisse contenait 4.141.689 fr. 40.

Il est facile de se rendre compte que, par ce mécanisme très simple les finances de la Tunisie ont été organisées sur des bases solides. Comprimant ses dépenses ordinaires dans les limites de ses recettes normales, assuré contre les déficits par un fonds de réserve, consacrant les excédents budgétaires aux dépenses extraordinaires, et voyant sa dette s'amortir mécaniquement, le Gouvernement du Protectorat peut envisager l'avenir avec confiance. Aussi longtemps qu'il ne se départira pas de ces habitudes de prudence, et si le Gouvernement renonce à décharger le budget français en grevant outre mesure le budget tunisien, la situation restera bonne. C'est à l'autonomie financière dont elle jouit que la Tunisie en est redevable : sachant qu'elle n'a rien à attendre de la France et qu'elle ne peut compter que sur elle-même, l'administration du Protectorat doit mettre tous ses soins à éviter les dépenses inutiles et à obtenir avec le minimum de ressources le maximum d'effet utile.

II. — *Travaux Publics.*

Si l'on excepte la ligne de chemin de fer de la vallée de la Medjerda, construite par une compagnie française que l'Etat français avait dotée d'une garantie d'intérêt par une loi du 8 mai 1877, et l'aqueduc de Zaghouan également restauré pour le compte du Gouvernement beylical par des ingénieurs français, on peut dire que la Tunisie était en 1881 une terre vierge en fait de travaux publics. Les quelques kilomètres de route empierrée qui avaient été tracés à une époque antérieure avaient presque disparu faute d'entretien et la plupart des fontaines, des abreuvoirs et des ponts que la charité musulmane, suppléant à l'indifférence du gouvernement des beys, avait installés le long des principales pistes, tombaient en ruines. La Direction générale des Travaux publics, installée en 1883, trouvait donc devant elle un vaste champ d'activité. Elle s'est mise à l'œuvre résolument et, après quelques années de recueillement, nécessaires pour les études préliminaires, mais qui ont paru singulièrement longues à l'impatience des premiers colons, elle a réussi à mettre en train un vaste programme d'ensemble dont une partie notable est déjà exécutée. Le balisage des côtes de la Régence et leur éclairage, au moyen de 47 phares ou feux, ont été complètement assurés. Les grands ports de Bizerte, de Tunis et de Sfax ont été creusés ; celui de Sousse est en voie d'exécution et doit être terminé pour le 1er janvier prochain. Pour l'exécution de ces importants travaux, qui constituent des œuvres remarquables de génie maritime, l'administration du Protectorat a fait appel au concours de l'industrie privée, en les concédant à la Compagnie du Port de Bizerte et à celle des Ports de Tunis, Sousse et Sfax. 1.516 kilomètres de routes étaient construits au 1er janvier 1898, mettant en communication les principaux centres de la Régence : Tunis avec Sfax par Grombalia, Sousse et le Sahel, avec le Kef par Teboursouk, avec Zaghouan et avec Bizerte, Sousse avec Kairouan et le Kef avec Tabarka. Quarante-huit centres ont été alimentés en eau potable, de nombreux abreuvoirs et points d'eau ont été aménagés le long des pistes du Sud, et 14 puits artésiens ont été forés.

L'œuvre du Protectorat n'est pas moins remarquable en ce qui concerne les chemins de fer. Retardée pendant plusieurs années par l'indifférence et les lenteurs du Parlement français, cette œuvre a enfin pu voir le jour à partir de 1891. Un premier embranchement à voie large, de 73 kilomètres, a été construit pour relier le futur arsenal maritime de Bizerte au grand réseau de Tunisie et d'Algérie. Un second réseau à voie d'un mètre, de 194 kilomètres, met Tunis en communication rapide avec Sousse et Kairouan, ainsi qu'avec les principaux marchés du Cap Bon, Soliman, Menzel bou Zelfa et Nabeul et avec Zaghouan. Ces nouvelles lignes ont été construites comme les autres travaux publics entièrement sur les disponibilités du budget tunisien. L'exploitation en a été concédée à la Compagnie de Bône-Guelma et prolongements. Enfin une ligne de 250 kilomètres, destinée à relier le port de Sfax avec les gisements de phosphates de Gafsa et qui sera probablement prolongée jusqu'aux oasis du Djerid, est en voie de construction. Commencée au milieu de l'année dernière, avançant actuellement à raison de 1.500 à 1.800 mètres de voie par jour, elle atteint Gafsa en ce moment et sera terminée à la fin de la présente année. Elle a été concédée en même temps que l'exploitation de phosphates à une compagnie française, qui la construit à ses frais et qui l'exploitera à ses risques et périls et sans aucune garantie d'intérêts. Cette œuvre considérable a rendu cette année, qui était une année de famine, d'inappréciables services en répandant sur la population misérable du Sud tunisien une somme de 5 millions de salaires. La Tunisie aura donc réussi à construire en moins de 5 ans un réseau de plus de 500 kilomètres.

A l'heure actuelle, les travaux publics que l'on pourrait appeler de première urgence sont terminés ou sur le point de l'être. Mais cet effort, remarquable pour un aussi petit pays que la Tunisie, serait insuffisant, s'il n'était pas suivi d'efforts moindres peut-être, mais continus. A mesure que la colonisation progresse, de nouveaux besoins se révèlent qu'il faut satisfaire, sous peine d'entraver un mouvement en avant si nécessaire à entretenir. Il faut donc prévoir de nouvelles dépenses pour les grands travaux qui restent à entreprendre. Pour réaliser complètement le plan arrêté de construction de routes, il reste un millier de kilomètres à faire. De nouvelles lignes de chemins de fer s'imposeront dans un délai peut-être prochain, notamment celle qui reliera à un port d'embarquement la région agricole du Kef et la région phosphatière située plus au Sud, et celle qui prolongera la ligne de Sousse à Kairouan vers la frontière algérienne, traversant toute la partie centrale de la Régence. Les principaux ports maritimes sont aujourd'hui terminés ou à la veille de l'être ; il reste cependant à aménager le port de Tabarka au Nord et à en créer un autre dans l'extrême Sud, en un point à désigner du golfe de Gabès. Bien des villages sont encore privés d'eau potable. Enfin le problème de l'hydraulique agricole, problème capital sous un ciel capricieux et souvent avare de pluies, a été à peine abordé jusqu'à ce jour.

III. — *Colonisation.*

Personne ne conteste plus aujourd'hui la nécessité de coloniser la Tunisie, d'y implanter une population agricole française, attachée au sol devenu sa propriété avec cette énergie et cette ténacité qui caractérisent le paysan de la vieille France. On a compris dans les sphères administratives et l'opinion publique aussi bien dans la colonie que dans la Métropole a fini par ratifier ce sentiment, que c'était là le seul moyen d'assurer à tout jamais la conquête et d'unir indissolublement la Régence à la mère patrie.

Ce serait sortir du cadre de ce travail que de discuter ici les méthodes mises en œuvre depuis quelques années pour atteindre ce résultat et d'indiquer la part qu'y a prise le Gouvernement du Protectorat. Aussi bien des publications officielles peuvent-elles renseigner à cet égard (1). Nous nous bornerons à constater les résultats obtenus à l'heure actuelle, en montrant successivement ce qui a été réalisé au point de vue de l'acquisition des terres par les Européens et au point de vue du peuplement français.

Une enquête permanente, instituée à la Direction de l'Agriculture et du Commerce de la Régence, permet de suivre le mouvement des

(1) Voir « Notice sur la Tunisie à l'usage des Emigrants » publiée par la Direction de l'Agriculture et du Commerce, et la collection des « Rapports au Président de la République sur la situation de la Tunisie ».

achats de propriétés et de se rendre compte des nationalités entre lesquelles elles se répartissent. Au 31 décembre 1897, la superficie totale des propriétés rurales appartenant à des Européens dépassait 500.000 hectares. Ce chiffre est satisfaisant, mais il faut malheureusement constater qu'une petite partie seulement est cultivée d'après les procédés perfectionnés importés par les colons ; le reste est inculte ou abandonné à la culture arabe. Le nombre des propriétés était de 1585.

Au point de vue des nationalités, la répartition était la suivante :

Les propriétés françaises représentaient...	467.371,86	hectares
» italiennes »	39.523,35	»
» appartenant à des personnes d'autres nationalités européennes représentaient	21.852,14	»
Totaux	528.747,35	hectares

On voit que la catégorie des propriétés françaises l'emporte de beaucoup sur les deux autres catégories de propriétés.

Plus de la moitié de la superficie possédée par des Européens se compose de très grandes propriétés, d'une étendue supérieure à 2.000 hectares. Mais cette situation fâcheuse tend à s'atténuer de plus en plus. C'est par l'achat d'immenses domaines que la colonisation a débuté en Tunisie ; mais ces énormes étendues de terres sont fatalement condamnées à se morceler et l'on constate depuis quelques années une tendance de plus en plus marquée à la création de moyennes et même de petites exploitations rurales. On remarque que les très petites propriétés, celles dont la superficie ne dépasse pas 10 hectares, sont surtout entre les mains d'étrangers, et principalement d'Italiens, tandis que les domaines plus vastes appartiennent en grande majorité à des Français. Parmi eux la catégorie des domaines de 11 à 100 hectares, qui correspondent pour le pays à la petite propriété, et ceux de 100 à 500 hectares, qui constituent la moyenne propriété, forment le plus grand nombre. Il se constitue donc une catégorie de domaines dont l'étendue varie avec les ressources du colon, mais dont l'exploitation ne dépasse pas les forces d'un homme, et le plus grand nombre est dans des mains françaises. C'est là un fait intéressant à noter.

L'étendue et le nombre des domaines possédés en Tunisie par nos compatriotes ne constitue pas un indice suffisant pour permettre de se rendre complètement compte des progrès réels de la colonisation française. En effet, une partie de ces propriétaires habitent la France et ont recours presque exclusivement à la main d'œuvre indigène ou à la main d'œuvre étrangère. S'ils contribuent par leurs capitaux au développement économique du pays, ce dont il faut les féliciter hautement, leur œuvre cependant reste à peu près stérile au point de vue du peuplement de la Régence par l'élément français. Les opérations des deux dénombrements effectués en 1891 et en 1896 ont fourni des éléments officiels d'appréciation sur l'importance qu'a acquise après 15 ans de protectorat cette fraction de la population fixée sur le sol de la Régence.

Au 31 décembre 1880 il y avait en Tunisie ...   708 Français civils
Au 12 avril 1891..........................   10.030   »
Au 29 novembre 1896 ....   16.534   »

Si depuis 1896 le courant de l'immigration française ne s'est pas ralenti, ce que rien ne peut faire supposer, il doit y avoir à la fin de 1898 : 20.000 français civils établis en Tunisie.

Pendant les 10 années qui ont suivi le traité du Bardo, la population française s'est accrue en moyenne de 932 personnes par an, tandis que pendant les 5 années qui séparent les deux recensements, l'augmentation annuelle moyenne a été de 1300 personnes.

L'intensité du courant d'émigration qui porte les Français vers la Tunisie, s'il n'est pas encore aussi considérable que ce qu'on pourrait souhaiter, augmente cependant d'année en année.

On a dit souvent que ceux de nos compatriotes qui vont s'établir dans les colonies françaises, au lieu d'y apporter avec leurs capitaux une activité féconde et libre, y recherchaient surtout des emplois administratifs, et l'on a conclu que la France ne savait enfanter que des colonies de fonctionnaires. Voyons si ce reproche est mérité en ce qui concerne la Tunisie. Au recensement de 1896,

23 0/0	de la population civile (1)	était adonnée au commerce ;
18 0/0	»	était adonnée aux industries diverses ;
18 0/0	»	appartenait aux administrations publiques ;
13 0/0	»	était adonnée à l'agriculture ;
10 0/0	»	appartenait aux carrières libérales ;
7 0/0	»	comprenait les personnes vivant de leurs revenus, sans profession ou de profession inconnue ;
6 0/0	»	constituait la force publique (armée non comprise) ;
5 0/0	»	se rattachait à l'industrie des transports.
100 0/0		

(1) On a réuni dans chaque catégorie de professions tous ceux qui en vivent, y compris les femmes et les enfants.

Il est regrettable que la population agricole française ne représente pas plus de 13 0/0 de la population totale. Mais il est probable que cette situation s'améliorera avec le temps. La proportion des personnes qui s'occupent de commerce ou d'industrie ou qui s'adonnent aux professions libérales est déjà relativement considérable. Si la proportion des fonctionnaires paraît élevée (elle est en France de 1.39 0/0) il ne faut pas oublier que leur action ne s'étend pas seulement sur leurs concitoyens, mais sur une nombreuse population européenne et sur 1.200.000 à 1.500.000 indigènes. D'ailleurs les cadres des diverses administrations publiques qui ont dû être constitués dès l'organisation du Protectorat sont aujourd'hui à peu près remplis, de sorte que la proportion des fonctionnaires à l'ensemble de la population, forcément élevée au début, ne peut que décroître à mesure qu'augmentera le chiffre total des Français fixés en Tunisie (1).

Ces quelques brèves indications permettront de juger d'une manière approximative où en est la grande œuvre de la colonisation. Mais les conclusions à en tirer au point de vue de la situation économique du pays seraient incomplètes, si l'on n'ajoutait pas quelques mots sur la part que prennent les indigènes à sa rénovation agricole. Les colons européens, pour la plupart français, peuvent montrer avec fierté leurs belles exploitations, leurs aménagements de caves appropriées au climat, leur matériel agricole des derniers modèles, le vignoble de 8.000 hectares qu'ils ont créé et le million de pieds d'oliviers qu'ils sont en train de planter. Les indigènes de leur côté non seulement fournissent aux colons une main d'œuvre à bon marché et dans le Sud des associés spéciaux pour la plantation de l'olivier, mais encore mettent à profit la tranquillité que fait régner partout le régime du Protectorat pour étendre leurs cultures. C'est ainsi que la surface ensemencée en céréales qui, d'après les relevés dressés chaque année pour la perception de l'impôt achour, ne dépassait pas avant l'occupation française 56.000 méchias, s'est élevée depuis lors, certaines

---

(1) Jusqu'à la fin de l'année 1898, on ne possédait que des données extrêmement vagues sur le nombre des étrangers des diverses nationalités européennes fixés en Tunisie. Un décret les ayant astreints à une déclaration de séjour, on sait désormais à quoi s'en tenir, d'une manière au moins approximative : le total de la population européenne (français non compris) est d'environ 80.000 habitants, dont 60.000 italiens. Depuis 1881 près de 100.000 européens se sont donc établis dans la Régence. Malheureusement l'immigration italienne s'est développée avec une beaucoup plus grande rapidité que l'immigration française. Ce phénomène, qui s'explique d'ailleurs par le voisinage de l'Italie et par la situation économique de la Sicile, mérite d'appeler tout spécialement l'attention du gouvernement du Protectorat.

années, jusqu'à plus de 86.000 méchias (1). De même les plantations d'oliviers par les indigènes, interrompues par suite du manque de sécurité, ont repris depuis quelques années sur une large échelle dans le Sahel et autour de Sfax. Il n'est pas jusqu'aux méthodes de culture qui, contrairement aux idées admises à ce sujet, n'aient une tendance à se perfectionner par suite du contact des cultivateurs européens. J'ai rencontré il y a quelques années aux environs de Tabarka un Kroumir qui, après avoir travaillé chez un colon français et s'y être initié aux procédés de notre culture, les avait transportés sur son propre domaine et commandait ses semences à la maison Vilmorin de Paris. Cet homme de progrès a fait école, car un rapport récent du contrôleur civil de la région signalait l'existence de 28 charrues françaises, travaillant dans des propriétés arabes de la plaine de Tabarka. Les indigènes du contrôle de Béja et d'autres endroits commencent également à se servir de nos charrues. Ils recevront un puissant encouragement du décret du 31 mai 1898 qui exonère de 90 0/0 de l'impôt achour toutes les terres cultivées avec des instruments européens.

IV. — *Industrie*.

L'industrie était jadis l'une des principales sources de prospérité de la Régence (2). Tunis a été longtemps un grand centre industriel. Le tissage de la soie, qui a occupé autrefois jusqu'à un millier de métiers et qui avec les industries annexes du moulinage et de la teinture fait encore vivre 4.000 personnes, approvisionnait les marchés de l'Algérie et de la Tripolitaine. La fabrication des chéchias (bonnets rouges) qui constituent la coiffure obligatoire de tout musulman, alimentait autrefois un commerce d'exportation qui s'étendait à tout l'Orient. Kairouan est depuis longtemps célèbre par ses tapis ; on y trouvait aussi de nombreuses tanneries qui produisaient des cuirs teints réputés dans tout l'Orient à l'égal de ceux du Maroc. Les couvertures de laine fabriquées au Djerid, à Gafsa et à Djerba, et appelées « ferrachia » et « batania », occupent encore de nombreux ouvriers

---

(1) La méchia est une mesure de surface dont la valeur varie en Tunisie de 8 à 15 hectares suivant la région. Les totaux fournis par la commission d'achour ne peuvent donc pas avoir une valeur absolue ; il n'est pas moins intéressant d'en comparer la progression puisqu'ils sont formés de quantités variables suivant les régions, mais toujours semblables dans chaque région.

(2) Voir le chapitre « Les Industries indigènes » dans l'ouvrage « La Tunisie. Agriculture, industrie, commerce. t. I, p. 291 ».

Commerce de la Tunisie avec la France

Année 1886 à 1896.

Importations ———
Exportations - - -

Société de Géographie de Marseille

ou ouvrières. Enfin, les poteries grossières de Djerba et de Nabeul fournissent la consommation indigène.

Malheureusement toutes ces industries sont tombées dans une décadence profonde. La situation économique générale de la Tunisie sous l'ancien gouvernement a certainement contribué à amener ce fâcheux état de choses. Mais sa cause principale ne doit pas être cherchée ailleurs que dans la concurrence européenne. Depuis un nombre infini de siècles les artisans tunisiens se transmettent de père en fils leurs procédés et leur outillage : c'est ainsi que l'on retrouve encore actuellement dans certains tapis fabriqués à Kairouan des dessins semblables à ceux de tapisseries coptes des premiers siècles de notre ère (1). Il n'est pas surprenant que le jour où l'industrie européenne, avec son outillage mécanique et ses procédés chimiques perfectionnés, a pu amener sur les marchés de la Régence des produits analogues à ceux de l'industrie locale, elle les ait fournis à des prix très inférieurs. Aussi les soieries et les cuirs importés n'ont-ils pas tardé à battre les soieries et les cuirs tunisiens. Il en a été de même pour les chéchias, dont l'Autriche s'est fait une spécialité et dont elle inonde les pays musulmans, au grand détriment des fabricants tunisiens.

Cette situation est-elle sans remède et l'industrie indigène de Tunisie est-elle fatalement frappée à mort ? Cela ne fait aucun doute, si elle persiste dans la routine de ses procédés antiques. Si, au contraire, sous la pression d'une inéluctable nécessité, elle sait avoir la hardiesse de se transformer, elle peut vivre et redevenir prospère. Mais pour cette œuvre de rénovation, deux choses lui font défaut : la connaissance des progrès industriels accomplis en Europe et les capitaux. Or, ces deux choses, la France peut les lui donner. Il faudra donc qu'elle consente à subir une inspiration française et à accepter le concours du capital français, qui pourra trouver là un emploi fructueux. Plusieurs intéressantes tentatives sont faites en ce moment dans cet ordre d'idées.

M. Jules Pillet, inspecteur des Beaux-Arts, vient de créer à Tunis la Société des Industries d'art de la Tunisie. Cette société, fondée avec des capitaux français et dirigée par un indigène qui a étudié en France nos procédés industriels, a déjà organisé un atelier de maroquinerie, une teinturerie, un tissage de tapis et une fabrique de carreaux de faïence. Elle s'attache à reproduire les anciens motifs de décoration de l'art arabe au moyen de méthodes perfectionnées et obtient des produits du meilleur goût à des prix peu élevés.

(1) La Tunisie. Agriculture, industrie, commerce, t. I, p. 298.

En même temps une autre société française, la Compagnie Commerciale de la Régence de Tunis, mettant en application une idée préconisée par la Direction de l'Agriculture et du Commerce, à la suite d'une enquête sur la matière (1), vient de construire à Nabeul un four perfectionné où elle cuit les objets fabriqués sous sa direction par les potiers indigènes. La voie est ainsi tracée et peut-être d'autres entreprises de même nature verront-elles le jour.

A côté de cette antique industrie tunisienne, condamnée à périr si elle continue à ne regarder qu'à elle-même et à fermer les yeux sur le monde extérieur, il s'est créé depuis quelques années une industrie française toute moderne par ses conceptions et ses procédés et qui, bien que très jeune encore, paraît assurée de l'avenir.

Le prodigieux développement que l'on constate depuis quelques années dans Tunis, où une ville française a été construite à côté de la ville arabe, ne pouvait pas manquer d'avoir pour conséquence la création d'industries spéciales. Aussi est-ce de ce côté que se sont portées les premières tentatives industrielles de nos compatriotes. A Tunis ou dans ses environs des carrières de pierres à bâtir ont été mises en exploitation, et plusieurs fabriques de chaux et de ciment, de carrelage en ciment comprimé et de briques et tuiles ont été créées. La fabrication des liqueurs et des boissons gazeuses était exploitée en 1896 par soixante maisons, dont cinq possédaient des moteurs à vapeur, et la préparation de la glace artificielle était faite par huit usines. Dans un pays où la viticulture a pris dès les débuts de la colonisation une importance capitale, il était inévitable que la tonnellerie s'implantât : deux grands chantiers de construction de foudres et futailles ont été ouverts à Tunis. Mais l'activité de nos compatriotes s'est surtout portée sur une industrie qui existait déjà à l'état rudimentaire, celle de l'huilerie. L'huile consommée dans le pays ou exportée était fabriquée dans de nombreux moulins à traction animale, actionnés le plus souvent par des chameaux. Le résidu ou grignon extrait des presses en bois contenant encore une notable quantité d'huile, était exporté en France et surtout en Italie. Quelques Français entreprenants se sont donné la tâche de remplacer cet outillage primitif et barbare par un outillage au niveau du progrès contemporain. En peu d'années soixante-huit usines à vapeur et plusieurs actionnées par des moteurs à pétrole ont été créées ; quatre d'entre elles traitent

---

(1) « La Poterie de Nabeul », par Théo. Boubila (extrait du Bulletin de la Direction de l'Agriculture et du Commerce de la Régence de Tunis, du 15 janvier 1898).

les grignons par le sulfure de carbone. D'importants capitaux ont été consacrés à ces entreprises qui sont généralement florissantes. Elles ont cependant à lutter contre une difficulté économique d'un ordre particulier : l'irrégularité des récoltes d'olives, subordonnées au régime fort capricieux des pluies, et la faible durée des opérations de chaque campagne ; aussi cherche-t-on les moyens d'utiliser un matériel coûteux, qui reste sans emploi la plus grande partie de l'année, en l'adaptant à une industrie autre que celle de l'huile d'olive, et dont la matière première serait disponible en tout temps. Ces intéressantes entreprises viennent de recevoir du Gouvernement une preuve de sollicitude qui ne peut manquer de leur être d'un grand secours, dans la diminution des droits de sortie qui grevaient l'huile d'olive (décret du 2 mai 1898).

L'industrie minière commence à fournir un aliment à l'activité de nos concitoyens. Dix gisements ont été concédés ; sur ce nombre huit seulement sont en exploitation : ce sont des mines de plomb et de zinc. Elles se trouvent dans les régions de Béja, de Teboursouk et de Zaghouan. Deux salines placées dans des conditions qui en rendent l'exploitation facile, l'une située à la Soukra près Tunis, et l'autre à Zarzis dans le sud de la Régence, ont été récemment concédées à une Société française. Enfin une entreprise qui est appelée à avoir pour tout le sud de la Régence les conséquences les plus heureuses est l'exploitation des phosphates du Djebel-Seldja, qui s'étend entre Gafsa et Tamerza. L'importance du gisement est énorme : il paraît dépasser trente millions de tonnes. « Le cubage du minerai disponible et exploitable à ciel ouvert est de cinq millions de tonnes de minerai riche, dans la partie Sud seulement des affleurements » (1). Une voie ferrée qui sera ouverte à l'exploitation au mois de janvier prochain amènera les phosphates extraits au port d'embarquement de Sfax. Deux cents ouvriers ont déjà commencé à creuser les galeries et à extraire le phosphate de manière à assurer une réserve suffisante pour que l'exportation, dès qu'elle sera possible, ait lieu sans interruption. On pense qu'elle sera dès la première année de 200.000 à 250.000 tonnes, égalant celle du port de Bône. La compagnie concessionnaire espère la porter un peu plus tard à 500.000 tonnes.

Tel est pour l'instant l'état de l'industrie européenne en Tunisie. Faut-il croire qu'elle devra borner son ambition à se maintenir sur le terrain qu'elle a conquis, sans espoir d'étendre son champ d'action ? De sérieuses raisons portent au contraire à supposer que les capitaux

(1) La Tunisie. Agriculture, industrie, commerce. T. 1, p. 456.

français pourront trouver dans des entreprises industrielles en Tunisie un placement avantageux. Peu de pays semblent offrir, en effet, des conditions aussi favorables. L'absence presque complète d'impôts grevant la fabrication est un premier encouragement. On trouvera sur place, en s'adressant à la population maltaise et à la population israélite, une main-d'œuvre abondante et docile, qui se contentera des salaires les plus modestes et dont il suffira de faire l'éducation industrielle. Enfin, le voisinage de la France permettra d'avoir le charbon à un prix relativement faible, surtout si l'on sait utiliser les bonnes récoltes de céréales, et prochainement l'exportation des phosphates, pour procurer du fret de retour aux navires qui l'auront apporté.

La Tunisie est encore loin de mettre en valeur toutes ses richesses naturelles. Le jour où elle le fera, grâce à l'aide des capitaux français, le jour où elle aura constitué sur son sol une puissante industrie française, elle aura contribué à accroître la grandeur matérielle et la force morale de la mère patrie.

V. — Commerce.

La Tunisie, dans l'état où l'a trouvée l'occupation française, était exclusivement un pays agricole. Cette observation suffit pour expliquer ce qu'est son commerce : à l'exportation, des produits du sol (céréales, huiles d'olive, bétail, alfa, peaux, minerais et vins) ; à l'importation, des produits fabriqués et des produits naturels provenant d'autres climats (tissus, farine et semoule, denrées coloniales, machines et instruments, bois de construction et bois ouvrés, matériaux de construction, cuirs et chaussures, houille et huiles minérales (1).

Avant l'établissement du Protectorat français ce commerce existait déjà, mais le nouveau régime politique dont le pays a été doté en 1881 a influé sur lui de deux façons : il a amené une augmentation dans la quantité des produits sur lesquels portaient les transactions, et un déplacement des routes suivies par les marchandises aussi bien à l'exportation qu'à l'importation.

Si l'on se reporte aux statistiques commerciales, on voit que pendant les cinq années qui ont précédé le traité du Bardo (2), le chiffre

---

(1) Voir L'Avenir Commercial de la Tunisie, par E. Fallot Bulletin de la Direction de l'Agriculture et du Commerce, avril 1897).

(2) Les statistiques commerciales de la Tunisie ne remontent pas au delà de 1875. Voir le chapitre intitulé « Mouvement du commerce de la Tunisie; part des diverses nations » dans l'ouvrage La Tunisie, Agriculture, Industrie, Commerce, t. II, p. 91.

le plus élevé atteint par le commerce total de la Régence (importations et exportations réunies) a été de 27 millions de francs seulement. Or, ce même commerce total a atteint en 1897, malgré une crise commerciale intense, provoquée par une série de mauvaises récoltes, 90 millions et demi de francs (1). Le rapprochement de ces deux chiffres indique le chemin parcouru ; en quinze ans, le commerce tunisien a plus que triplé d'importance.

Ce rapide développement s'explique, pour l'exportation, par le rétablissement de l'ordre matériel dans les campagnes et par la sécurité plus grande résultant de la réorganisation administrative et judiciaire du pays, qui ont eu pour conséquence un accroissement de la production locale ; et en ce qui concerne l'importation par le développement de la colonisation, qui a nécessité l'introduction dans le pays d'une plus grande quantité de produits manufacturés et de denrées alimentaires de provenance étrangère. C'est, jusqu'à ce jour, le commerce qui a tiré le plus fort bénéfice des institutions sous lesquelles vit la Tunisie.

Un phénomène non moins intéressant à constater est ce qu'on pourrait appeler le déplacement du pôle commercial du pays. Pendant les années qui ont précédé le traité du Bardo, la France luttait péniblement contre l'Italie et l'Angleterre sur le marché tunisien. Aujourd'hui, elle a remporté une victoire décisive, puisque sa part proportionnelle dans le commerce de la Régence était en 1896 (Algérie comprise) de 65.75 0/0, tandis que celle de l'Italie était tombée à 11.04 0/0, et celle de l'Angleterre et de Malte à 11.18 0/0. On ne saurait trop répéter que cet heureux résultat est dû pour la plus large part à la loi du 19 juillet 1890. Dès le moment où la France, cessant de traiter le pays qu'elle couvrait de sa protection en ennemi économique et de lui appliquer son tarif de guerre, a entr'ouvert sa porte aux produits de la Régence, tous ceux de ces produits qui avaient obtenu des conditions de faveur s'y sont précipités en masse, et par contrecoup les produits français en sont sortis en beaucoup plus grande abondance se dirigeant vers la Tunisie. Rien n'est instructif à cet égard comme l'examen du graphique représentant le mouvement des transactions entre la Tunisie et la France. On y verra le bond prodigieux qu'ont fait depuis 1890 les exportations de Tunisie en France, qui de 5 millions de francs seulement ont passé à près de 30 millions certaines années, aussi bien que les importations de France en Tunisie, qui de 16 à 17 millions de francs se sont élevées à plus de 27 millions.

(1) Le total de l'année 1898 dépasse 97 millions et demi.

Ces brillants succès, bien loin de ralentir l'activité des négociants et des industriels français sur le marché tunisien, devraient au contraire les piquer d'émulation et les inciter à s'y faire une place toujours plus large. Si l'on veut se rendre compte des moyens à employer et des obstacles à vaincre, il est nécessaire d'entrer dans le détail des différents produits qui alimentent les transactions de la Régence. A l'exportation, l'étude des statistiques publiées annuellement par la douane tunisienne montre que, tandis que les produits qui bénéficient d'un tarif réduit à l'entrée en France prennent presque en totalité le chemin de la Métropole (78 0/0 de l'exportation pour l'orge, 89 0/0 pour l'huile, 92 0/0 pour le blé et jusqu'à 99.47 0/0 pour le vin), la part revenant à la France dans l'exportation des produits tunisiens qui ne bénéficient à leur entrée dans la Métropole que du tarif minimum est restée invariablement fixée aux environs de 25 0/0, avant comme après la mise en application de la loi du 19 juillet 1890 (1). Qu'est-ce à dire ? sinon que le tarif minimum français est trop élevé pour les produits tunisiens, et que si la France désire voir s'accroître encore ses relations commerciales avec la Tunisie, il est nécessaire qu'elle abaisse en sa faveur toutes les barrières douanières et qu'elle ouvre toute grande à la colonie sa porte, qu'elle n'a fait qu'entr'ouvrir en 1890.

Mais peut-être quelqu'un pensera-t-il que la France n'a pas intérêt à encombrer ses marchés de nouveaux produits agricoles qui viendraient déprimer encore les prix de vente trop réduits qu'obtient la culture nationale. Ce serait se faire une idée inexacte et d'étranges illusions sur l'agriculture tunisienne. Jamais les blés durs de Tunisie ne feront concurrence aux blés tendres de France : et quelle influence peuvent avoir les 700.000 quintaux de blé, les 300.000 quintaux d'orge, les 200.000 hectolitres de vin que la Tunisie exporte dans les bonnes années sur un marché comme celui de la France, qui non seulement absorbe les 92 millions de quintaux de blé, les 10 millions de quintaux d'orge et les 44 millions d'hectolitres de vin de sa propre production, mais qui demande encore à l'étranger, malgré l'élévation des droits protecteurs, 10 millions de quintaux de blé, 2 millions de quintaux d'orge et 2 millions d'hectolitres de vin ? La vérité est donc que c'est aux seuls produits étrangers que la Tunisie fait concurrence dans la Métropole. La France, en faisant abandon des 100.000 francs qu'elle perçoit encore comme droits de douane sur des produits tuni-

(1) Voir : Rapport au Président de la République sur la situation de la Tunisie en 1896, annexe F, p. 122.

siens, ne porterait aucun préjudice à l'agriculture nationale et faciliterait le succès de beaucoup de ses enfants établis sur le sol tunisien. C'est la seule subvention dont la colonie ait besoin.

D'ailleurs, il suffit de jeter les yeux sur le graphique représentant le commerce de la Tunisie avec la France pour affirmer, en vertu de l'expérience faite en 1890, que tout encouragement apporté à l'exportation des produits tunisiens en France amènera par voie de conséquence un accroissement dans l'importation des produits français en Tunisie.

Un examen attentif du commerce tunisien d'importation conduit à cette constatation que, pour un très grand nombre d'articles dont la plupart figurent pour des chiffres très élevés aux statistiques de la douane, la France a déjà acquis, grâce à l'habileté de ses commerçants, un avantage très marqué sur ses concurrents. Tels sont les farines et semoules, les matériaux de construction, les tissus de laine, de chanvre et de soie, les cuirs et chaussures, les machines et mécaniques, les ouvrages en métaux, la carrosserie, les bougies, la lingerie cousue et les vêtements confectionnés. Depuis quelques années déjà, à conditions égales, les produits français ont la préférence sur le marché tunisien. Les seules marchandises pour lesquelles la prépondérance est restée à des maisons étrangères sont celles que la France ne produit pas ou n'exporte pas, telles que les bois de construction et le pétrole, ou bien celles que l'industrie française n'est pas en état de fournir, comme les cotonnades écrues et certains tissus de laine. Pour certains produits, enfin, nos concurrents étrangers accordent aux importateurs tunisiens des crédits à long terme que le commerce français ne s'est pas encore décidé à accepter. Il est de la plus haute importance d'appeler, comme l'ont déjà fait souvent nos représentants à l'étranger, l'attention des exportateurs français sur cette question de la durée des crédits à accorder à leurs clients de l'extérieur. Il existe en Tunisie à cet égard des usages locaux, établis depuis un temps immémorial, auxquels se soumettent sans difficultés les négociants anglais, belges et allemands. C'est uniquement en s'y soumettant à son tour que le commerce français arrivera à évincer ses concurrents étrangers et achèvera la conquête commerciale du marché tunisien.

CONCLUSIONS

Le rapide examen de la situation de la Tunisie en 1898 auquel nous venons de nous livrer nous a montré en résumé : des finances établies sur des bases solides, mais nécessitant la plus grande prudence dans l'accroissement des dépenses ; un programme de travaux publics dont une partie est déjà exécutée et qui nécessitera encore pour être mené à bonne fin de notables sacrifices ; un mouvement de colonisation et un courant de peuplement déjà heureusement amorcés et qui ont besoin d'être encouragés et accrus ; une industrie indigène mourante, mais susceptible d'être vivifiée par l'intervention intelligente des capitaux français, et une industrie européenne qui ne fait que de naître et qui est placée dans d'excellentes conditions économiques pour se développer ; enfin un commerce qui ne cesse de grandir à mesure que le pays se reconstitue, malgré des conditions climatériques qui raréfient certaines années la matière exportable, et dont la France, qui a déjà réussi à en accaparer la plus forte part, pourra, si elle le veut, bénéficier toujours davantage.

Des résultats encourageants ont donc été acquis par dix-sept années d'autonomie financière et administrative sous le contrôle du Ministère des Affaires Étrangères. Pour les consolider et permettre à la colonie d'envisager l'avenir avec confiance, il reste à régler une question capitale, qui préoccupe vivement l'opinion publique dans la Régence : c'est celle des relations douanières qui devront exister désormais entre la Tunisie et la Métropole. La loi de 1890 n'avait pu la résoudre que d'une façon provisoire et incomplète. Il semble que le moment est venu de trouver la formule définitive de ces relations.

Déjà la Tunisie, usant de sa liberté enfin recouvrée, a, par le décret du 2 mai 1898, édicté un tarif de douane qui frappe la plupart des produits étrangers de droits élevés, et accorde l'entrée en franchise aux principaux produits manufacturés que la France lui envoie. Certains auraient désiré qu'elle fît davantage, qu'elle admît en franchise toutes les marchandises françaises sans exception et qu'elle promulguât pour l'étranger tous les droits, souvent prohibitifs, du tarif minimum de la Métropole. Agir ainsi eût été créer dans le budget un déficit considérable, qu'il eût fallu combler par un grand nombre de taxes intérieures qui eussent brusquement arrêté le mouvement de colonisation si précieux à entretenir. C'eût été aussi mettre fin brutalement et sans aucun profit pour la France au courant des transactions établi depuis des siècles entre la Régence et certains marchés étrangers et précipiter le pays sans utilité dans une crise où il aurait pu sombrer. La prudence la plus élémentaire commandait d'éviter ces dangers. C'est ce que le décret du 2 mai 1898 a réussi à faire ; il a su « ménager les intérêts locaux autant qu'il se pouvait, dit l'exposé des motifs, et ouvrir enfin plus largement au pays protecteur un marché dont le développement lui importe au premier chef. »

Il reste maintenant à obtenir du Parlement français la contrepartie de cet acte, c'est-à-dire les plus larges facilités pour l'écoulement en France des produits tunisiens. C'est à cette condition seule que la colonisation agricole et industrielle, enfermée par le tarif de douane dans l'exploitation de 3 ou 4 produits, pourra prendre un nouvel essor dans la Régence, en étendant le champ de ses opérations.

Répudiant des idées économiques étroites, la France comprendra que la politique la plus habile qu'elle puisse suivre envers sa colonie consiste à lui donner les moyens de devenir prospère. Elle ne peut manquer de bénéficier du crédit et du bon renom dont son enfant jouira dans le monde. Ses intérêts matériels ne seront pas sacrifiés pour cela, car plus elle lui achètera de produits agricoles qui lui manquent, plus elle lui vendra d'objets manufacturés. Elle trouvera dans la Tunisie, l'une des rares colonies où elle puisse placer avec avantage ses émigrants et ses capitaux. C'est ainsi qu'elle montrera à ses rivaux et à ses envieux qu'elle est capable de fonder des établissements coloniaux florissants et unis à elle par les liens indissolubles d'intérêts économiques appuyés sur un commun patriotisme.

LE LAC DE BOU-GRARA ET LA PÉNÉTRATION

Par M. Eusèbe VASSEL,

Ancien capitaine d'armement et de navigation au Canal de Suez,
Secrétaire général de l'Institut de Carthage.

Communication présentée par M. FABRY, président.

Au fond du golfe de Gabès, la *Syrtis minor*, entre le continent africain et Gerba, l'île des Lotophages, l'antique Meninx, un chenal étroit, long et sinueux, appelé Canal d'Ajim, praticable en son état actuel aux bâtiments d'un tirant d'eau de trois mètres, donne accès à une admirable nappe d'eau calme de 350 ou 400 kilomètres carrés de superficie. C'est le *Bahiret-el-Bou-Grara* des cartes hydrographiques, la mer de *Bou-Grara* des instructions nautiques. Du côté de l'Est, le bras de mer d'un mille et demi de largeur qui sépare Gerba de la terre ferme n'est navigable que pour les embarcations ; à mer basse, les chameaux le passent à gué, et les Romains l'avaient coupé d'une jetée aujourd'hui détruite en partie.

Dans ce lac si bien abrité, les fonds supérieurs à neuf mètres occupent une surface énorme et les millions en feraient un formidable port de guerre, assez vaste pour recevoir toutes les flottes du monde. Mais ce n'est pas à ce point de vue que nous nous en occuperons aujourd'hui, quoique les mesures infiniment plus modestes dont nous allons faire ressortir l'utilité puissent être considérées comme un acheminement lent vers l'appropriation de Bou-Grara à la défense de la Tunisie et même de la Métropole.

Relier ensemble nos possessions africaines, tel est le but auquel doivent tendre tous nos efforts ; et nos gouvernants, c'est justice à leur rendre, paraissent pénétrés de cette idée. Malheureusement, la pratique, en cela comme en d'autres choses, retarde sur la théorie.

Pour aller de nos possessions barbaresques au lac Tchad ou Tzadé, la route la plus courte de beaucoup est celle qui part du littoral tunisien entre Gabès et le ras Ajdir et qui passe à Rhadamès. Elle est relativement facile, car elle côtoie sans y pénétrer l'Erg ou mer de sable, la région du Sahara la plus aride, la plus desséchée, la plus désolée ; elle ne sort pas de la sphère d'influence qui nous est reconnue.

A la vérité, dans notre hinterland tunisien, les Turcs détiennent Rhadamès et Rhat, où touche la route en question, ainsi que Derdj : ce sont là faits accomplis, sur lesquels il faut passer condamnation. Mais il doit être bien entendu que la Porte n'a aucuns droits en dehors de l'enceinte même de ces trois oasis ; et toute tentative d'empiètement de sa part, improbable d'ailleurs, serait, nous y comptons, immédiatement et vigoureusement réprimée.

Dans ces conditions, il est possible, facile même (abstraction faite des Touareg, dont nous deviendrons les maîtres le jour où nous y serons fermement résolus, notre présence à Tombouctou en est garante) de contourner Rhadamès et Rhat et d'aller au Tchad sans sortir de chez nous. A la première halte, on substituerait Sidi-Mâabed, petite oasis à trois kilomètres dans le nord-ouest de Rhadamès ; ou, pour éviter toute chance de collision entre nos caravanes et celles de la Tripolitaine, Toukout, point d'eau à 25 kilomètres à l'ouest de la ville ottomane. Rhat serait remplacé par Barakat, petite localité à quatre kilomètres plus à l'Ouest, si bien indépendante des Turcs qu'on y fait, dans les mosquées, la prière au nom du sultan du Maroc (1).

Cette route, quel port allons-nous lui donner comme tête ?

(1) LIEUTENANT-COLONEL REBILLET : *Les relations commerciales de la Tunisie avec le Sahara et le Soudan*. Nancy, 1896. p. 28.

« Lorsque Gabès, dit Elisée Reclus, pourra recevoir les navires d'un fort tirant d'eau, nulle ville des possessions françaises n'offrira plus d'avantages pour devenir le point de départ d'une voie ferrée transsaharienne vers le lac Tzadé. »

A l'époque où l'éminent géographe écrivait ces lignes, Bou-Grara n'était pas découvert et il était encore question de doter Gabès d'un

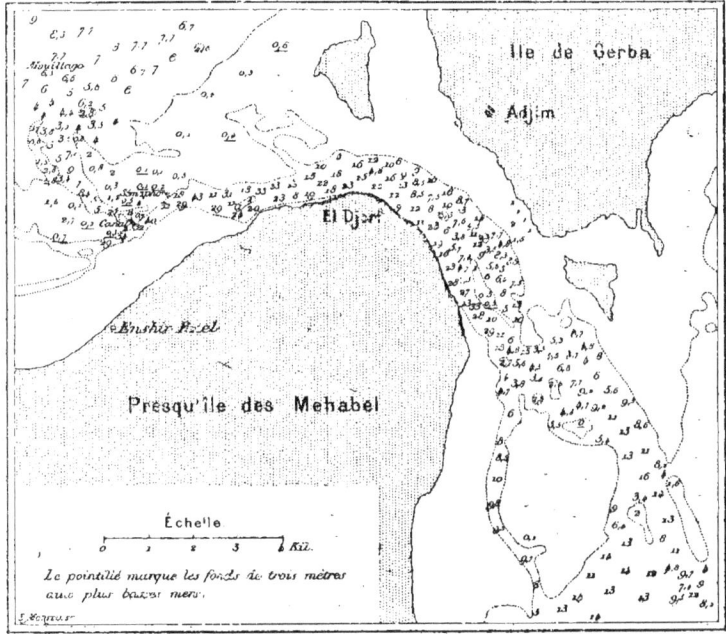

bassin en eau profonde, situé d'ailleurs (ô ironie!) à dix-sept kilomètres au nord de cette ville, à l'embouchure de l'oued Melah. Le projet est dans l'eau, comme on dit, avec la fameuse utopie de la mer intérieure, et Gabès reste un mouillage très défectueux, où la tenue est bonne, mais où les communications avec la terre sont fréquemment difficiles et parfois impossibles (1).

(1) L. Manen et G. Héraud : *Instructions nautiques sur les côtes de Tunisie.* Paris, 1890, p. 88.

À Zarzis, les opérations sont moins pénibles ; toutefois, ce n'est encore qu'un ancrage en pleine côte.

Heureusement, Bou-Grara s'ouvre là fort à point. C'est sur lui que se portera infailliblement le choix de tout marin : or, il se trouve que c'est la voie la plus courte ; on gagne 4 à 5 kilomètres sur Zarzis et 63 ou 64 sur Gabès.

Le point de départ des caravanes peut être placé indifféremment à Sidi-Salem-bou-Grara, l'ancienne Gigthis, ou à Hassi-Chérif. D'après le lieutenant Lecoy de la Marche, la voie romaine allant à Cydamus (Rhadamès) avait son origine à la première de ces localités (1) ; mais il nous paraît préférable de laisser entièrement celle-ci à la marine française, qui a des projets sur elle, et d'adopter la seconde, où les facilités sont suffisantes et autour de laquelle, depuis quelques années, la population tend à se condenser.

Bien que Bir-Jeneien, à 210 kilomètres de Rhadamès, n'ait qu'un *thmed*, c'est-à-dire un puits tarrissable (à la vérité récemment mis en en état et où l'eau est assurée, dit-on, pour plusieurs années), c'est une étape indispensable. D'après nos renseignements, le tracé le plus avantageux pour la route des caravanes passerait entre le djebel Rehache et la chaîne des Ouderna, longeant celle-ci à l'Est jusqu'au Khechem-el-Frida, son éperon méridional ; il passerait du Sahel ou plaine littorale au Dahar ou penchant occidental en empruntant le col de l'oued Oum-Zouggar. La distance de Hassi-Chérif à Bir-Jeneien serait de 230 kilomètres environ, avec l'eau en abondance et des terrains cultivables sur les 175 premiers kilomètres.

Mais le Bahiret-el-bou-Grara, nous l'avons vu, ne reçoit pas les navires calant plus de trois mètres. Que faudrait-il pour le rendre accessible, comme les ports de Tunis, Sousse et Sfax, aux bâtiments d'un tirant d'eau de six mètres ? Supprimer trois petits seuils par le déblaiement de 100.000 mètres cubes, dont, il est vrai, une partie en rocher. Certes, ce n'est point là dépense à faire reculer un État qui veut avoir une politique coloniale.

Toutefois, les six mètres ne nous paraissent indispensables en aucune façon. De notre temps, tout le commerce du Sénégal, qui n'était pas sans importance, se faisait par des trois-mâts de Bordeaux atteignant rarement le tirant d'eau de quatre mètres.

Ces quatre mètres, nous avons dit ailleurs (2) comment, à Bou-

---

(1) *Revue tunisienne*, janvier 1897, p. 122.
(2) Eusèbe Vassel : *Les ports de Bou-Grara*. Paris. 1896. — *Bou-Grara port de commerce*, Tunis. 1896.

Grara, on pourrait les avoir à mi-marée, moyennant un dragage insignifiant, n'allant pas à 3.000 mètres cubes. Nous avons également donné le détail des quelques installations nécessaires pour que les paquebots à qui leur tirant d'eau interdirait l'entrée pussent utiliser l'excellent mouillage situé devant la passe nord du Canal d'Ajim.

Le tout coûterait peut-être 250.000 francs, qui seraient simplement placés, car indépendamment du trafic avec l'intérieur par Hassi-Chérif et Sidi-Salem, du jour où une ligne régulière de vapeurs ferait escale au mouillage susdit, elle accaparerait, vu la difficulté des opérations à Houmt-Souk, tout le mouvement de ce port, qui a été en 1897 de 8.734 tonnes de marchandises et 7.581 passagers (1) et qui se développerait sans retard en changeant de lieu.

LE CHEMIN DE FER DE BIZERTE AU KEF ET A LA VALLÉE DU SARRATH (2)

Par M. **Eusèbe VASSEL**, ancien capitaine d'armement et de navigation au Canal de Suez, secrétaire général de l'Institut de Carthage.

(Résumé.)

L'auteur expose que dans l'intérêt de la défense nationale, il est nécessaire que Bizerte soit relié à l'Algérie par une voie ferrée plus occidentale que celle qui passe à Mateur. Il est indispensable que cet arsenal possède un dépôt de charbon très considérable et constamment renouvelé.

Les deux faits se réaliseront de façon économique si l'on choisit Bizerte pour la sortie des phosphates de chaux de l'est de la Kroumirie, dans le nord-ouest de la Tunisie.

Des voies ferrées proposées en vue de cette exportation, celle qui aboutit à Bizerte est la plus avantageuse pour le constructeur, pour l'exploitant des phosphates et pour la Tunisie en général.

Le mémoire conclut en demandant que le gouvernement français désigne, pour étudier sous toutes ses faces la question, qui est d'intérêt national, une Commission d'ingénieurs, de militaires, de marins, d'économistes n'ayant dans la Régence aucune attache ni rien à attendre de personne.

(1) *Ports, navigation et pêches maritimes. Tableaux statistiques et renseignements divers au 31 décembre 1897.* Tunis, 1898, p. 20 et 21.
(2) Voir *Revue de Géographie*, n° février 1899.

Pour compléter la communication de M. Vassel, le vœu suivant est proposé par M. Paul Bonnard :

« Attendu que selon le Directeur des Travaux Publics en Tunisie « l'avenir du port de Bizerte serait certainement assuré s'il avait à exporter du fer et des phosphates. » (Procès-verbal de la conférence consultative, séance du 24 novembre 1897. *Journal Officiel Tunisien*, p. 667) ;

« Attendu qu'au point de vue militaire, non moins qu'au point de vue commercial, il faut à Bizerte d'amples dépôts de charbon sans cesse renouvelé ; que l'exportation des phosphates de Thala et des minerais des Nefzas, aurait pour contrepartie certaine l'importation du charbon ;

Le Congrès émet le vœu que les pouvoirs publics fassent étudier un tracé de chemin de fer des Nefzas et de la région de Thala à Bizerte.

Ce vœu est adopté par le Congrès.

HENRI DUVEYRIER

SON DERNIER PROJET DE VOYAGE DANS LE SAHARA

(Lettres inédites.)

Par M. le commandant **Henri WOLFF**,

Ancien chef de Bureau Arabe et Commandant supérieur en Algérie, Membre de la Société de Géographie de Marseille.

Dans le récit de son beau voyage « Sur le Niger et au pays des Touareg », le lieutenant de vaisseau Hourst évoque le souvenir de l'illustre voyageur Henri Duveyrier en disant, à propos du désastre de la Mission Flatters : « Lorsque Flatters périt 20 ans après, il n'y avait pas assez de pierres pour lapider Duveyrier accusé d'un optimisme mensonger au sujet du caractère de férocité des Touareg ». Et plus loin : « Et comme épilogue, désespéré de ces accusations, malade encore des fièvres rapportées de son voyage et de l'ingratitude de ses compatriotes, Duveyrier arma son revolver et s'en alla par de-là la vie chercher la justice si elle existe. Les Anglais l'auraient fait pair du Royaume et lui eussent élevé une statue ; notre ignorance, pour ne pas dire pis, le conduisit au suicide. »

A l'occasion du Congrès national des Sociétés françaises de Géographie réuni à Marseille, j'ai pensé payer un tribut de reconnaissance à la mémoire de Henri Duveyrier en publiant certaines lettres inédites, que l'illustre voyageur m'adressait jadis quand je commandais dans le Sud de l'Algérie. J'essayerai en même temps de répondre aux allégations citées plus haut, formulées par le brillant officier de marine qui dirigea l'importante mission du Niger.

Tout d'abord, est-il bien vrai que la France se soit montrée si ingrate envers l'explorateur du Sahara ? Dans l'avant-propos de son bel ouvrage « Les Touareg du Nord », Duveyrier exprime sa reconnaissance à l'Empereur Napoléon III et à toutes les autorités qui lui ont facilité son voyage, soit par des subsides, soit par leur concours ; aucun dépit, aucune acrimonie ne percent dans ses lignes. A son retour, on le fit chevalier de la Légion d'honneur, on lui décerna la grande médaille d'or de la Société de Géographie de Paris ; beaucoup d'autres Sociétés de France et d'Europe, notamment celle de Marseille, tinrent à honneur de le compter parmi leurs membres. Sans doute, son exploration si remarquable, à l'âge de 20 ans, que l'on peut mettre en parallèle avec les voyages de René Caillé et de Barth, n'eut pas le retentissement qu'eurent plus tard celles de Savorgnan de Brazza, Binger et Monteil ; c'est qu'à l'époque où il parcourait le Sahara, de 1859 à 1861, la science géographique ne passionnait pas les esprits comme de nos jours. Mais ce qu'on peut dire, c'est que Duveyrier, malgré ses travaux scientifiques, ses autres voyages en Tripolitaine en 1883 et dans le pays du Riff en 1886, ne fut nommé officier de la Légion d'honneur que très tard, quelques années seulement avant sa mort. Il est vrai aussi, si toutefois j'ai pu deviner le fond de sa pensée, qu'il aurait été fier de représenter la France, soit à Tripoli, soit au Maroc ; et quelle précieuse acquisition pour notre diplomatie, lui, l'homme sage, au caractère plein d'énergie, qui avait pénétré tous les secrets de l'Islam ! Il aurait certainement pris rang parmi les Mathieu de Lesseps, Léon Roche, Féraud, qui ont si brillamment représenté la France auprès des cours musulmanes de Tunis, Maroc et Tripoli et cela parce que, comme eux, il maniait la langue arabe avec toutes ses finesses et qu'il savait que chaque diplomate musulman était doublé d'un Machiavel.

Autre question. Le lieutenant de vaisseau Hourst dit encore qu'après le massacre de la mission Flatters des accusations injustes avaient été portées contre Duveyrier, qui nous aurait dépeint les Touareg comme des gens hospitaliers, accessibles à nos principes de civilisation. Il est certain que les conclusions de son ouvrage sur les « Touareg du Nord » sont un peu optimistes ; mais il faut se reporter à l'époque où le grand voyageur parcourait le Sahara, aux années 1859-61. Non seulement il fut le protégé de l'Émir Ikhenoukhen, des Touareg Azdjer, parvint à décider le marabout Si Otman ben El Hadj, chef des Ifoghas, à faire le voyage de Paris pour être présenté à l'Empereur, mais à son retour la mission Mircher-Polignac, envoyée par notre gouvernement à Ghadamès, revint en France apportant un traité d'alliance avec les Azdjer, traité dont nous ne voulons pas ici discuter la valeur. Aucun événement sanglant n'était venu jusqu'alors troubler la situation politique de l'Algérie ; dans l'Extrême-Sud le nom Français était respecté de tous les nomades, les caravanes circulaient librement, la guerre civile entre les Azdjer et les Hoggars, qui devait rendre ces derniers maîtres du Sahara, n'avait pas encore eu lieu ; le parti ultra-fanatique, représenté par les Turcs à Ghadamès et à Rhat, aidé par la puissance occulte de la secte des Senoussia, ne s'était pas encore signalé par des massacres de voyageurs européens ; il était donc permis à Duveyrier de nous présenter les Touareg du Nord non comme des forbans, des gens perfides, mais comme des hommes libres, des guerriers fidèles à la foi jurée, incapables de trahison.

La nouvelle de la catastrophe de Flatters avait douloureusement impressionné Henri Duveyrier. Il en indiqua aussitôt les causes, ainsi qu'en fait foi une lettre qu'il m'écrivait et qu'on lira plus loin ; nous verrons aussi par sa correspondance qu'elle le trouva prêt à ressaisir son bâton de voyageur pour reprendre l'œuvre laissée inachevée par la mort du colonel et voici dans quelles circonstances.

Dans la nuit du 31 mars au 1er avril 1881, lorsqu'on apprit dans les postes du sud de l'Algérie, l'anéantissement de la Mission Flatters, un immense cri de douleur partit de toutes les poitrines ; les braves que nous avions vus partir quelques mois auparavant, pleins de vie et d'espérance, venaient de tomber sous le poignard targui, au puits de Garama. Trois officiers, passionnés pour l'étude des questions sahariennes, songèrent immédiatement à venger l'outrage qui venait d'être fait au nom Français ; il importait, en effet, de faire voir aux Hoggars que ni la distance, ni les difficultés du terrain, rien ne pouvait nous empêcher d'aller châtier un ennemi qui avait fait injure à notre pavillon. Ces trois officiers, par le plus grand des hasards, représentaient les trois armes tactiques de l'armée, un capitaine d'infanterie, chef de bureau arabe ; un lieutenant de cavalerie, son adjoint, et un lieutenant d'artillerie. Mais comment espérer obtenir l'autorisation du

Gouvernement pour une expédition aussi aventureuse qui, forcément, nécessiterait beaucoup d'hommes et d'argent? On comprit aussitôt qu'il fallait se placer sous le patronage d'un grand personnage politique ou scientifique et on songea à Henri Duveyrier, dont nous étions tous les trois de fervents admirateurs. Un projet fut dressé et l'on décida que l'un de nous irait à Paris pour avoir une entrevue avec le grand voyageur; ce fut le lieutenant d'artillerie R..... qui se chargea de cette mission; il devait en même temps sonder les esprits à Paris, tâter certains membres du Gouvernement, surtout Jules Ferry, que l'on savait favorable à toutes les explorations ayant pour but l'agrandissement de notre domaine colonial.

Le lieutenant R..... fut accueilli par Duveyrier de la façon la plus empressée; le projet d'expédition que nous avions conçu, avec itinéraires et devis, lui fut présenté; les principaux points furent examinés par le grand voyageur avec cette haute compétence et cette sagesse qui le caractérisaient: les considérations pour et contre furent discutées dans plusieurs conférences et le projet fut définitivement arrêté. L'expédition devait comprendre 250 hommes armés de fusils à répétition, y compris un peloton de cavaliers, 2 mitrailleuses, grenades à mains, batterie électrique pour éclairer le camp la nuit, etc., etc. Pour ne pas effrayer le Gouvernement, l'exploration devait présenter un caractère pacifique, tout en ayant des forces suffisantes pour châtier les Hoggars si l'on parvenait à renouveler l'alliance avec les Azdjer. Outre les subsides que l'on se proposait de demander à l'État, on comptait sur une souscription en France; on ferait des conférences pour réveiller la fibre patriotique en faisant ressortir qu'il s'agissait aussi de donner aux ossements des martyrs de la Mission Flatters mieux que le linceul de sable sous lequel ils sont ensevelis et que le vent du désert arrache et replace tour à tour, mais une sépulture digne de ces héros. Notre futur chef, Henri Duveyrier, nous donna immédiatement pour mot d'ordre « calme et patience »; on se lia avec lui par un véritable pacte à mort ou pour mieux dire par une amitié inviolable, qui devait nous souder les uns aux autres, à la vie et la mort, de manière à éviter ces froissements et les actes d'indiscipline qui se produisent parfois dans les expéditions de ce genre et qui sont cause de leur insuccès. Avec quel amour nous caressions ce beau rêve? Chacun avait fait le sacrifice de sa vie et déjà je me voyais commandant le cercle de Tombouctou, doux mirage qui se déroulait devant nous sans doute parce qu'alors nous avions le Sahara sous nos yeux!

Et maintenant nous demandera-t-on, comment ce projet si grandiose a-t-il avorté ? Il est facile de le deviner. Changement de Ministère : Jules Ferry écarté, les pouvoirs publics, la première émotion passée, restant indifférents à l'outrage fait au nom Français par les Ahaggar, puis après, notre futur chef Henri Duveyrier acceptant une autre mission sur les côtes du Riff.

Avant de terminer ce memento, je voudrais essayer de répondre à une dernière allégation du lieutenant de vaisseau Hourst, qui nous dit que c'est l'ingratitude de ses compatriotes qui a poussé Duveyrier au suicide ? Sans vouloir sonder ce douloureux mystère, qu'il me soit permis d'en indiquer les raisons principales.

Je suis en possession d'une lettre de Henri Duveyrier, datée du 12 novembre 1883 et sur papier grand deuil, qui sera reproduite plus loin, dans laquelle il me fait part d'un grand deuil qui est venu le frapper, la perte d'une compagne à laquelle il devait d'avoir recouvré la santé au retour de son exploration de 1859-64, et qui lui prodiguait son affection depuis 27 ans ; il en éprouva une indicible douleur.

Dans sa villa de Sèvres, qu'il habitait l'été, on voyait sur la cheminée de son salon un superbe buste en marbre blanc représentant les traits de la défunte tant aimée ; j'ose dire qu'il ne se consola jamais de cette perte. L'isolement, sa santé altérée par les fatigues de ses voyages, minée par la fièvre, usée par un surmenage intellectuel, tout cela produisit chez lui un épuisement cérébral et un jour on apprit, avec stupéfaction, que Henri Duveyrier s'était donné la mort.

Et maintenant qu'il me soit permis d'exprimer un vœu que je prends la liberté de soumettre à la haute appréciation de mes collègues du Congrès national des Sociétés françaises de Géographie. Il serait digne de la France de ne pas laisser le linceul de l'oubli recouvrir la mémoire du hardi voyageur qui, le premier, est allé faire flotter notre drapeau sur les dunes du Grand Sahara et qui, somme toute, a donné sa vie pour l'avancement des sciences géographiques.

De nos jours on élève tant de statues à des hommes plus ou moins célèbres. Ne pourrait-on pas lui dresser un monument sur une des places d'un de nos nouveaux postes de l'extrême sud de l'Algérie, à El Goléa, par exemple, qui est devenu le chef-lieu d'un cercle ?

Pour rappeler le souvenir de Henri Duveyrier, on pourrait aussi donner son nom à un des nouveaux postes en voie de création, comme on l'a fait pour plusieurs grands Africains.

En attendant que ce vœu se réalise, nous saluons avec émotion et respect la mémoire de l'illustre voyageur qui a daigné nous honorer de son amitié et nous déposons sur sa tombe les fleurs du souvenir.

LETTRES INÉDITES DE HENRI DUVEYRIER
AU COMMANDANT WOLFF

Lettre n° 1. « Paris, le 14 Avril 1883.

« Cher et honoré Confrère,

« Je commence par vous prier de m'excuser car, puisque la lettre que je vous ai écrite pour vous remercier de votre beau cadeau du bouclier targui ne vous est pas arrivée, vous avez dû me trouver bien négligent.

« Peut-être cette lettre vous est-elle parvenue depuis ? Je ne vous en réitère pas moins l'expression de ma vive reconnaissance pour la gracieuse pensée que vous avez eue, et qui complète les objets et armes que je possédais de l'équipement d'un guerrier targui.

« Le lieutenant Roussel m'avait entretenu d'un projet d'expédition dans le Sahara, et j'avais cru comprendre que vous étiez un des auteurs de ce projet. Je vois que, comme lui, vous voudriez me voir prendre part à l'expédition, si elle se réalise, et je suis profondément touché de l'honneur que vous me faites. Sans prendre encore de décision en ce qui me concerne, j'ai compris qu'il fallait préparer les voies à l'expédition et j'ai écrit à Ikhenoukhen une lettre dont le lieutenant Roussel vous communiquera la traduction. Il me paraît nécessaire d'attendre la réponse d'Ikhenoukhen avant de donner un corps au projet, avant de le publier. Or, si on devait partir après les chaleurs de l'été, ce qui me paraît prudent, ce ne serait guère que dans l'automne de 1884 qu'on pourrait se mettre en route. En effet, je doute que la réponse d'Ikhenoukhen arrive avant quatre ou cinq mois, et ce serait trop tard alors pour organiser l'expédition encore dans la bonne saison. Afin de ne pas perdre la bonne occasion de faire parvenir ma lettre à Ikhenoukhen, je l'ai expédiée en double, le 7 de ce mois, par Mohammed ben Touati d'El Ouad et par M. Féraud, à Tripoli. Je crois devoir ajouter à ce que je vous dis plus haut, relativement à la date du départ, que dans le cas où je ferais partie de l'expédition, j'aurais besoin d'un certain temps pour finir quelques travaux commencés ou promis. Le principal de ces derniers est la collaboration à l'Afrique de la Géographie universelle d'Elisée Reclus. Je viens d'écrire à Elisée Reclus, actuellement à Smyrne, pour lui demander l'époque à laquelle il faudra que je sois à Paris pour collaborer utilement. S'il s'agissait de faire un voyage de quelques mois, six mois, par exemple, je crois que je pourrais m'arranger de manière à ce que mes travaux n'en souffrissent pas.

« Veuillez agréer, etc. »

Lettre n° 2.   Paris, le 9 mai 1883.

« Je reçois avec reconnaissance votre lettre du 2, qui m'apporte de bien bonnes nouvelles de la famille de Ben Zerma, et des nouvelles intéressantes du pays des Touareg. Je vais écrire directement à M. Blachère pour le remercier, comme je vous remercie vous-même, car je n'oublie pas que c'est à *vous* que je dois d'être renseigné. Il est très important de savoir que mon vieil ami Ikhenoukhen (El Hadj Mohammed Ben Osman, surnommé Ikhenoukhen) est aujourd'hui en guerre contre les Ahaggar, nos ennemis traditionnels, et que ses dispositions en faveur des Algériens et de la France sont les mêmes qu'autrefois, malgré l'investiture qu'il a reçue de la Porte. Je ne pouvais me résigner à croire qu'Ikhenoukhen fût devenu un ami sincère des Turcs. Ce qu'il m'avait dit d'eux, le mal que j'ai eu à le décider à aller à Mourzouk, ce qu'il ne consentit à faire qu'après que je lui eusse donné ma parole que je le protègerais utilement contre la trahison des Turcs ; son refus *formel* d'entrer en ville et de faire une visite au Pacha, indiquaient assez une répugnance instinctive et.... raisonnée. Je crois qu'on aurait coupé une main à Ikhenoukhen plutôt que de lui faire accepter une tasse de café ou une cuillerée de *marga*, préparée dans une cuisine turque ! Aujourd'hui, plus que jamais, je crois qu'il n'a appelé les Turcs à Rhat, ou *toléré* leur entrée dans cette ville, qu'en désespoir de cause, ne pouvant pas dominer le parti fanatique dirigé dans cette ville par El Hadj El Amin, mais que, quant à lui personnellement, quant aux Oragen, etc., ils ne sont pas plus aujourd'hui qu'autrefois les sujets de la Turquie. C'est là ce que nous a appris le docteur Von Bary.

« Permettez-moi de vous demander votre concours pour éclaircir, s'il est possible, un doute que j'ai, relativement à la situation de la confrérie de Sidi Es-Senoussi, dans la subdivision de Gabès. D'une part, on m'a indiqué l'existence de Zaouiya ou d'écoles des Senoussiya à Djara (Gabès), à Matouya, à Ouderef, à El Hamma, Matmata et à Queçor Mouddenin (Ourghamma). D'autre part, l'interprète militaire de la subdivision de Gabès m'écrit que ces cinq points n'ont pas de Zaouiya des Senoussiya. Peut-être la contradiction s'expliquerait-elle ? Peut-être a-t-on appelé *Zaouiya* des groupes de Khouan, dirigés par des moqaddam, et la négation serait-elle bonne seulement pour des établissements dotés et organisés comme les zaouiya en général ? Vous serait-il possible de trouver des indigènes ayant voyagé dans El Aarad (Gabès) et connaissant la vérité à ce sujet ? Mon papier m'oblige à terminer cette lettre. »

Lettre n° 3.   Paris, le 18 mai 1883.

« Je reçois de mon ami M. Féraud, Consul général à Tripoli, une lettre contenant quelques renseignements dont vous prendrez connaissance avec intérêt, car il est précieux pour nous de connaître l'impression d'un homme qui s'est tenu au courant de toutes les affaires du Sahara et dont l'expérience et le patriotisme sont indiscutables. — M. Féraud a approuvé la lettre que j'ai écrite à Ikhenoukhen ; il l'a lui a envoyée par une occasion sûre. Mais il m'expose les raisons pour lesquelles il considèrerait comme une grave imprudence d'entreprendre *actuellement* une expédition *pacifique* dans le pays des Touareg. Voici, en résumé, les vues de notre Consul général :

« Il paraît que, voyant notre silence après les désastres du colonel Flatters et du père Richard, les Touareg et les gens du Sud, en général, nous ont jugés incapables de tout acte de vigueur, et s'imaginent qu'ils n'ont absolument rien à craindre... Actuellement les Imanghasâten (Azdjer), toujours avec l'appui des Arabes du Fezzân, sont en guerre contre les gens d'In-Çalah ; le sang a coulé et, de part et d'autre, il y a des tribus en armes, en campagne. On risquerait fort de tomber entre les deux partis et de recevoir des coups. » — M. Féraud conclut en disant qu'entreprendre, en ce moment, une expédition pacifique serait s'exposer à une mort certaine. Vous voyez qu'il ne sait pas que l'expédition doit être assez forte pour résister à une attaque. — Je suis frappé de deux choses. C'est *d'abord*, étant donnée la situation exposée plus haut, *la nécessité* de frapper un acte de vigueur, de tirer des représailles des déplorables faits que nous connaissons. Et là, M. Féraud se trouve être en conformité de vues avec vous. Il diffère de ma manière de voir en ce que je croyais tout d'abord plus politique de combiner notre revanche contre les Ahaggar avec celle que les Azdjer eux-mêmes doivent nécessairement désirer prendre sur le même ennemi. — Je suis frappé, en outre, de l'avis que donne M. Féraud, et sur lequel il revient à plusieurs reprises avec force, de remettre à plus tard le projet d'expédition pacifique dont je lui avais parlé. — Il est évident que notre Consul à Tripoli est mieux placé qu'aucun Français en Algérie, où les nouvelles du Sahara central n'arrivent souvent que dénaturées par des intermédiaires intéressés, pour se renseigner sûrement et complètement sur la politique de l'Azdjer, des Ahaggar et de l'Aïr. Par Ghadamés, par Mourzouk, on reçoit à Tripoli des nouvelles de première main de ces contrées, dont les habitants fréquentent les deux marchés que je viens de nommer. En outre, Tripoli voit arriver des marchands Ghadamésiens venant directement de Rhat, d'In-Çalah, de Tombouctou, et ayant ou croyant avoir un intérêt à se ménager les bonnes dispositions d'un Consul, mais dégagés de la crainte de compromettre leurs affaires ou leurs amis de l'intérieur par une confidence qu'on leur arrache. Je crois donc qu'il faut tenir grand compte du jugement de M. Féraud. — Reste à examiner si une expédition militaire telle qu'il en faut une pour châtier les agresseurs du colonel Flatters (ceux du père Richard étant depuis longtemps réfugiés auprès de Sidi El Mahiddin à Jerhboub, sur la frontière égyptienne), peut sagement se combiner avec la grande mission politique et géographique dont vous avez eu l'idée, si les mêmes Français peuvent et doivent remplir les deux programmes *dans une même campagne*. — Tout mauvais voisins qu'ils sont, les Ahaggar ont des alliés. Ils en ont dans le Sud-Oranais, dans les oasis du Sahara marocain et en Aïr, sans parler de ceux de leurs alliés que nous ne connaissons pas dans le Sahara de Tombouctou. — Je suis convaincu de ceci, c'est qu'une expédition militaire contre les Ahaggar aura un grand retentissement au loin. Les hommes sensés (peut-être sont-ils un peu rares) comprendront et approuveront cette mesure, parce que le droit est de notre côté. Les brutes et les gens malveillants (beaucoup plus nombreux sans doute) n'y verront, au contraire, qu'une menace contre la sacro-sainte communauté des musulmans. Or, il y a des Oulad Sidi Ech Cheikh réfugiés dans l'Aïr, qui est sur la route de la caravane; il y a aussi dans l'Aïr des Ifadeen, gens turbulents par nature, la confédération guerrière des Kel-Gueres distincte de celle des Kel-Oui, et dont les dispositions sont inconnues, enfin les nouveaux amis de la Zaouiya Senoussienne d'Agadez, dont l'influence a pu modifier les dispositions des tribus autrefois tolérantes... Supposons qu'une expédition militaire arrive dans le Ahaggar, et qu'elle rencontre et batte les agresseurs du colonel Flatters, amis des Oulad Sidi Ech Cheikh, quel résultat ce fait produira-t-il au point de vue des dispositions envers nous des gens de l'Aïr? Vouloir trancher cette question est bien audacieux. Nous ne connaissons pas assez aujourd'hui la situation respective de divers éléments de la population du Sahara central et austral. Si on peut espérer de châtier les coupables parmi les Ahaggar et de traverser ce pays de force, il me semble qu'il faut envisager autrement la question s'il s'agit de traverser un Aïr hostile. Quand un ennemi est nombreux, qu'il y a de la cohésion dans ses rangs, qu'il vous attend dans son propre pays et que ce pays est montagneux, la supériorité de l'armement et la discipline d'une petite troupe, la valeur des hommes et l'intelligence de leurs chefs ne sont plus des garanties suffisantes de succès. Les deux confédérations qui le peuplent ont, celle des Kel-Oui, dix mille guerriers montés, celle des Kel-Gueres, cinq mille guerriers montés, sans compter les esclaves armés, et les Kel-Gueres sont des alliés de la puissante confédération des Aouelimmiden du Niger. D'autre part, il faut bien admettre ce que M. Féraud m'écrit, tout pénible que cela soit. Nous avons baissé dans l'opinion des Sahariens à cause de l'impunité où on laisse les assassins du colonel Flatters et du père Richard.

« Je crois, en conséquence, qu'avant de prendre une décision, surtout quant au caractère et à la composition de la mission, il faut attendre la réponse d'Ikhenoukhen. Et, peut-être verrons-nous la possibilité de frapper utilement les Ahaggar, nos ennemis, en même temps que l'opportunité de laisser passer quelques mois entre cette campagne là, et l'exécution du projet pacifique d'une mission politique et géographique chez les Touareg du Sud et en Nigritie. Je vous avoue, en effet, que la nouvelle de la prise d'armes d'une partie des Azdjer et des Fezzâniens contre les gens d'In-Çalah et les Ahaggar, annoncée par M. Féraud, et dont je reçois la confirmation par El Ouad, constitue un élément nouveau dont nous devons tenir le plus grand compte. Peut-être les Touareg en arriveront-ils à nous réclamer comme arbitres dans leurs querelles ? — Pour me rendre compte, un peu mieux, de cette situation, je partirai de Marseille le 28 de ce mois pour Tripoli par la Goulette et Gabès ; je compte passer une semaine à Tripoli, c'est-à-dire juste le temps indispensable pour prendre langue, mais assez j'espère pour apprendre bien des choses. C'est M. Féraud qui m'invite à aller le trouver. — Je me ferai un plaisir de vous communiquer, dès mon retour, les résultats de cette excursion.

« Agréez, cher confrère, l'expression de mes sentiments affectueux et dévoués. »

Lettre n° 4.   « Paris, le 12 novembre 1883.

« Peu de mots suffiront à m'excuser auprès de vous. A mon retour de Tripoli de Barbarie, j'ai trouvé une vieille amie, à qui je dois certainement d'avoir recouvré la santé au retour de mon voyage de 1859-61, et qui me prodiguait ses soins et son affection depuis 27 ans, j'ai trouvé cette bonne amie très malade. Hélas ! c'était le commencement de la fin. J'ai eu la profonde douleur de la perdre quelque temps après mon retour, et aujourd'hui encore je ne suis pas remis du coup qui m'a frappé dans ma plus chère et ma plus regrettable affection. — Avant le dénouement fatal, alors que je me berçais encore d'espérances, j'ai rédigé et communiqué au Ministre de la Guerre un mémoire sur mes observations politiques faites pendant mon rapide voyage à Tripoli. Dans ce mémoire, il y a un chapitre consacré à la *situation dans les pays des Touareg*. Naturellement je n'ai pas rencontré de Touareg à Tripoli, mais j'ai eu le bonheur d'y voir longuement des notables de Ghadamès, très au courant des affaires du Sahara central, qui m'ont fait comprendre la situation actuelle peut-être mieux que si j'avais dû m'en rapporter aux dires d'un petit nombre de Touareg, dont le défaut eût été de particulariser.

« L'opinion de mes anciens amis de Ghadamès est qu'il faut profiter de ce qu'Ikhenoukhen (âgé de 96 ans) vit encore pour tirer vengeance du massacre du colonel Flatters, en aidant Ikhenoukhen lui-même à se venger des écrasantes défaites que lui ont infligées les Ahaggar, nos ennemis. Mais si Ikhenoukhen, malgré l'occupation de Rhat par les Turcs, est toujours un chef indépendant, les Azdjer qu'il gouverne n'ont plus aujourd'hui la force que je leur ai connue. Aux chefs qui commandaient les tribus des Azdjer, en 1860 et 1861, ont succédé des hommes qui ont trouvé à côté d'eux des rivaux, se mettant à la tête de partis hostiles. La confédération de l'Azdjer manque aujourd'hui de cohésion.

« Il s'est produit un autre phénomène qui amènera, je le prévois, une révolution sociale. L'équilibre des forces du peuple s'est déplacé. La classe des serfs, qui, de mon temps, était armée de piques et de glaives seulement, a adopté le fusil ! Les seigneurs ont fait de même, mais ils sont si peu nombreux comparés aux serfs ! Ikhenoukhen, comme aussi son héritier présomptif, Yokkiya Eg Sidi Mohammed Eg Khatita, *est plus que jamais notre ami*. Depuis vingt-deux ans, rien dans la conduite d'Ikhenoukhen n'a témoigné d'un refroidissement à notre endroit. Il a, dans un moment de détresse, accepté l'alliance de la Turquie, mais sans s'engager à fond. Et il a bientôt compris la nullité, bien plus, le danger, de cette alliance, et y a renoncé. Au moment de la deuxième mission du colonel Flatters, Ikhenoukhen et les siens venaient d'être terrassés. Ils n'ont pu rien faire ni pour empêcher ni pour réprimer le désastre.

« Les Ahaggar sont très fiers de posséder les armes de précision qu'ils ont enlevées à la mission du Transsaharien. Ils gardent précieusement fusils et munitions pour s'en servir à la première occasion sérieuse. Ils ont refusé de se désaisir de ces armes à *aucun prix*. Voilà ce que j'apprenais à Tripoli, l'été dernier ; une lettre d'un de mes vieux amis de Ghadamès, que j'ai reçue depuis mon retour (le 15 octobre), m'apprend que la guerre est déclarée entre les Touareg de l'Aïr et ceux de Damerghou, c'est-à-dire *entre Agadez et la frontière des Etats Haousa*. Ces dernières nouvelles laissent peu de chance à une mission pacifique dirigée vers le Soudan par la voie du pays d'Azben ou d'Aïr, qui est celle des Algériens. Une mission pacifique française ne peut pas non plus passer à la portée des Ahaggar ; les nouvelles que M. Blachère nous communique, un rhezou de 21 Mehara des Ahaggar arrivant à 30 kilomètres de Berreçof (le puits père de la plaque de roche couvrant l'eau, et non le puits du soff), le 16 septembre dernier, indique trop bien la nature de leurs dispositions.

« Je suis donc tout à fait de votre avis qu'il faut renoncer au projet *de voyager* pour cet hiver. S'il s'agit d'une expédition militaire, la question est tout autre. Mes vieux amis Ghadamésiens m'ont très nettement fait comprendre que tant que nous n'aurions pas châtié les Ahaggar nous ne devions pas songer à ouvrir une route commerciale à travers le pays des Touareg. Or, voici qu'après le massacre de la mission du colonel Flatters, sur leur territoire, ils viennent chercher querelle à nos sujets *dans les dunes près de la frontière Tripolitaine !* Cela est par trop fort !... Pourquoi pas venir enlever les baigneuses entre Biskra-Ville et Hammam Çalohin ? — Vous comprenez maintenant, je l'espère, comme moi, la difficulté de partir, avec chances de succès, pour une expédition destinée à relier le Soudan à l'Algérie. Quant à l'organisation d'une expédition de représailles contre les Ahaggar, la saison est peut-être avancée, et vous-même reconnaissez que le moment serait mal choisi au point de vue de notre politique extérieure. Seulement qu'on ne s'y prenne pas trop tard pour la saison prochaine (1884-5) ! Je suis revenu avec la conviction que l'expédition contre les Ahaggar doit être faite, que c'est une mesure politique indispensable, par laquelle on châtiera non seulement les coupables parmi les Touareg, mais encore le parti ultra-fanatique dans le Sahara et.... la Sublime Porte ; par laquelle on détruira tout un cycle de données fausses que les agents de la politique néo-musulmane (agents senoussiens et panislamiques) se sont ingéniés à faire accepter par les populations du Sahara. Le plus tôt sera le meilleur. Mais le plus tôt n'est malheureusement pas cet hiver. Je vous propose de nous tenir mutuellement au courant de ce que nous apprendrons et, soit qu'individuellement nous persistions dans notre idée ou que nous y renoncions, de n'en pas moins prêter notre concours à ceux qui entreprendront de réaliser ce qui est votre projet et celui du lieutenant Blachère, projet auquel je me rallie maintenant, après un voyage d'information qui m'a permis de comprendre par d'autres données la situation du Sahara central. Si vous êtes encore dans vos dispositions d'il y a treize mois, dans un an je serai des vôtres. D'ici là j'aurai trouvé le temps d'achever l'impression de chiffres (positions géographiques de l'Afrique) et d'une brochure sur la confrérie de Sidi Mohammed ben Ali Es-Senoussi, et qui ne nous sera pas inutile, même chez les Ahaggar. — A Tripoli, M. Féraud m'a ouvert les trésors de ses informations. J'ai dépouillé ligne par ligne ses registres de correspondance et ses registres de notes personnelles. J'ai causé avec les musulmans, j'ai flairé aux quatre vents comme un vieux renard, et je suis revenu épouvanté (pour nous Français) des progrès réalisés par le fanatisme musulman. Tripoli n'était pas reconnaissable. Vingt et un ans, au lieu d'apporter un progrès dans les rapports entre musulmans et chrétiens, avaient amené un recul en arrière qui me faisait songer au temps où, dans les capitales de la Berbérie, l'Europe était représentée par les forçats qui peuplaient leurs bagnes et leurs galères! Et je n'ai pas de peine à croire que la situation était encore pire quelques mois avant mon arrivée.

« Pour répondre à ce que vous me dites de l'effet produit en France et sur le Gouvernement par les succès du colonel Borgnis-Desbordes, je vous dirai que je considère la nature de nos intérêts politiques dans le Sahara central comme très suffisante pour justifier l'expédition telle que vous l'avez conçue. Indépendamment du désir d'obtenir justice des assassins du Ahaggar, nous avons intérêt à montrer que la distance et les difficultés du terrain et des climats ne nous empêchent pas d'aller chercher nos ennemis jusque-là. Ce sera un avertissement pour les Oulad Sidi Ech Cheikh, etc... Quant à la question de l'ouverture de la route d'Amadghor, elle séduira moins, parce que la France aura dépensé des millions pour ouvrir celle du Dhiôli-Ba. Mais on n'aura pas prouvé qu'il faille pour cela abandonner l'idée de rouvrir la route *des caravanes* par Amadghor, et on pourra faire valoir, en faveur de cette dernière idée, des raisons politiques, et l'économie (de peu de dépenses). Il ne peut y avoir de concurrence à des distances pareilles. Si les caravanes apportent des marchandises de la Nigritie à Ouargla, et les offrent en vente à des prix rémunérateurs, la question sera tranchée. Et je crois que pour un certain nombre de produits les prix seront rémunérateurs pour l'acquéreur. Remarquez qu'on apporte à Tripoli des produits non pas de Timbouctou, qui est un simple entrepôt dans le désert, mais du Maçina, mais de Segou! Et que des marchands européens les achètent et les revendent plus chers. Par rapport à Kano, à Katsena, etc.., Ouargla et Alger sont moins loin que Ghadamès et Tripoli ne le sont de Segou.

« A bientôt, j'espère, de bonnes nouvelles de vous, Monsieur et cher confrère! Ma santé a résisté aux épreuves dont je vous parlais en commençant, et la manière dont j'ai supporté les bien légères fatiques du voyage de Tripoli m'a appris que je n'étais pas encore trop vieux pour reprendre le bâton de voyageur si l'occasion se présente.

« Agréez l'expression de mes sentiments les plus affectueux et de ma reconnaissance pour les lettres que vous voulez bien m'écrire. »

Votre tout dévoué, HENRI DUVEYRIER.

TRADUCTION DE LA LETTRE A IKHENOUKHEN

A notre ami, le respecté, l'honoré, le véridique, Monsieur le pèlerin Mohamed Ikhenoukhen, fils d'Othman, petit-fils de Dembalou, arrière-petit-fils de Kousa, prince des Touareg du pays d'Azdjer, salut complet et la bénédiction de Dieu et sa vivification !

O notre ami, cher et ancien, voilà de nombreuses années que je n'ai pas vu ton visage, et que je n'ai entendu parler de toi que d'après les nouvelles données par les arabes, mais mon cœur pense toujours à toi et ma langue et mes écrits vantent ta justice, ta grâce et ta puissance.

Ce mois-ci pourtant, le commandant de Biskra m'a informé qu'une lettre de toi lui était arrivée ; j'ai trouvé de tes nouvelles dans cette lettre et j'ai vu qu'elle témoignait le bien, l'amitié pour nous et la paix. En conséquence j'ai loué Dieu, à qui reviennent les hommages.

C'est là un fait bien connu que l'homme libre et noble, que l'homme chevaleresque et sûr, n'a qu'une parole.

Or toi, chef des Oragen et sultan d'Azdjer, tu as prouvé dans cette missive à la fois ta noble origine et la bonté de ta nature. Que Dieu te récompense !

Nous apprenons aujourd'hui par ta lettre que toi et tes gens, les Oragen, et tous leurs amis sont nos amis. Gloire à Dieu ! qu'Il vous comble de biens, qu'il vous soutienne et augmente votre puissance. Ainsi soit-il !

Et si tu t'enquiers de mes nouvelles je t'apprendrai que je me porte bien et vis en paix, et que je ne désire pas autre chose que ton amitié. — Mais voici que certains des hommes distingués parmi les Français veulent faire un voyage dans votre pays afin de te saluer et de conférer avec toi sur les affaires du Sahara. Ensuite ils traverseront le pays d'Aïr pour pénétrer en Nigritie. Tu n'ignores pas, en effet, que le commerce est la source des profits entre les peuples et les tribus. Or les commerçants de notre pays demandent à vendre et à acheter chez vous et chez les nègres, et, sans une paix solide, le commerce n'est pas possible. De même que les hordes des Oulad Seliman ont coupé jadis les routes des salines de Bilma, de même les Oulad Sidi Ech Cheikh et leurs amis, vos ennemis, les Ahaggar, ont coupé autrefois les routes de la saline d'Amadghor et d'Assiou. Les derniers ont ajouté à leurs méfaits en attaquant et en anéantissant, il y a de cela un an et demi, la caravane Française (dont le chef était mon ami) entre Amadghor et Assiou. A partir de ce jour vos ennemis sont devenus les nôtres. Et il nous a paru évident que les voyageurs français dans le Sahara devaient partir avec beaucoup de monde, et bien armés, afin d'inspirer de la crainte aux pillards et aux malfaiteurs. — Mais toi, tu es mon ami, nous avons voyagé ensemble dans ton pays, et tes sujets me connaissent. Tu m'as protégé quand, jeune et isolé, je me suis placé sous ton égide. J'espère que tu es un ami sûr ; j'ai une entière confiance en toi. — Or ces Français, qui veulent arriver d'abord auprès de toi et ensuite au Soudan, demandent que moi, ton ami, je parte avec eux. De mon côté, je désire aller te trouver, mais je n'ai pas encore pris de résolution à ce sujet et je te demande, en tous cas, que tu honores ces voyageurs français car ils sont tes amis et tes alliés. — Je te prie, en outre, de m'écrire bien vite quel est ton avis au sujet de ce voyage, de me dire dans ta lettre si tu approuves notre projet, si la route de l'Aïr est libre, et si tes amis et tes gens à Aïr recevront amicalement la caravane française. Je te demande d'écrire aux chefs de l'Aïr pour les informer de ce que notre dessein sera profitable, s'il plaît à Dieu, à eux comme à toi et à tes gens. Ecris-moi également au sujet des Ahaggar, pour me faire connaître si tous, indistinctement, sont tes ennemis et nos ennemis, écris-moi enfin dans quelles vallées campent les ennemis, le nombre de leurs guerriers, les noms des tribus des Aouelimiden et des Touareg d'Aïr qui sont avec eux. Et avec l'aide du Très Haut, nous rendrons la paix et la prospérité au Sahara. Mille saluts sincères de ton ami.

Henri Duveyrier. Saad ben Doufini, le Français qui nomadisait avec toi, il y a 23 ans, de Ghadamès à Tikhammalt, Rhat et Mourzouk.

Fait dans la ville de Paris, la bien gardée, dans le pays de France en date de l'année 1300 de l'hégire (avril 1883).

A la suite de cette communication, le vœu suivant a été voté :

« Le Congrès émet le vœu qu'il soit donné à un poste de l'Extrême-Sud Algérien le nom de Duveyrier. »

LES ARCHIVES DE LA CHAMBRE DE COMMERCE DE MARSEILLE

ET LES RAPPORTS DE LA TUNISIE AVEC LA FRANCE AVANT LA CONQUÊTE FRANÇAISE

Par M. le vicomte **BÉGOUEN**, attaché à la Résidence générale de France à Tunis, délégué de la Section tunisienne de la Société de Géographie commerciale de Paris.

Les documents sur l'histoire de la Tunisie sont assez rares. Par suite du pillage et de l'incendie du Consulat de France par les Algériens en 1756, il n'y a pas aux Archives de la Résidence de France des pièces antérieures à cette époque.

C'est à Paris, au Ministère de la Marine et au Ministère des Affaires Étrangères, que se trouvent les dépôts les plus intéressants. M. Plantet y a largement puisé pour sa publication si intéressante de la correspondance des beys de Tunis avec la Cour de France.

Il y a une troisième source de renseignements qui mérite aussi une mention spéciale : ce sont les archives de la Chambre de Commerce de Marseille. Admirablement classées et inventoriées par l'archiviste, M. Octave Teissier, les recherches y sont faciles et fructueuses.

On sait que les consuls des pays du Levant, quoique nommés par le roi de France, depuis le traité de François Ier avec Soliman (1535), relevaient de la Chambre de Commerce de Marseille (consuls et gouverneurs de Marseille à cette époque), avec qui ils correspondaient et qui les payait. On conçoit donc que les documents soient nombreux et intéressants. Voici, sommairement relevé, l'exposé des pièces ayant trait à l'histoire de la Tunisie :

Correspondance des consuls, 1039 pièces dont la plus ancienne est une lettre de Nicolas Borrely, consul, de 1584. A partir de 1663 jusqu'en 1795, la correspondance se poursuit avec une seule lacune de 1641 à 1681, d'autant plus regrettable qu'elle correspond à l'époque où le Père le Vacher fut consul à Tunis.

Lettres des chanceliers, 69 pièces.

Lettres des députés de la nation, depuis 1688 (date de leur fondation) jusqu'en 1795, 658 pièces.

Lettres diverses, de 1600 à 1795, 234 pièces.

A tout cet ensemble il faut ajouter les registres de délibérations, où il est fréquemment question de Tunis, et l'on voit quelle précieuse source de renseignements contiennent ces archives sur l'histoire politique et privée, sur les corsaires de Bizerte et de Tunis, la traite des esclaves chrétiens, le commerce des blés et du corail, etc., etc.

LES TRAVAUX ACTUELS DU SERVICE GÉOGRAPHIQUE DE L'ARMÉE

Par M. le commandant **ROMIEUX**, chef de la section de Topographie,
Délégué du Ministre de la Guerre.

M. le commandant Romieux remercie le Congrès de l'accueil qu'il a reçu ; il se félicite d'avoir eu l'occasion de s'entretenir avec plusieurs membres, des travaux cartographiques en cours à l'état-major du ministère. Comme ces travaux sont importants et intéressent le pays, il croit devoir donner quelques détails sur l'organisation du service géographique, divisé en 4 sections, et l'œuvre qu'il poursuit en France et en Algérie.

Le commandant Romieux insiste particulièrement sur les travaux de la section de topographie en Algérie et en Tunisie, sur les méthodes employées par les officiers qui, le plus souvent, les points géodésiques déterminés, doivent dessiner à vue le terrain. Cette figuration à vue est très difficile et ne peut être effectuée que par des officiers exercés. Une carte au 50.000° s'exécute en Algérie ; on dresse également une carte au 100.000° qui comprendra la Tunisie.

Le défaut de concours financier de l'Algérie n'a pas permis de publier autre chose qu'une carte au 200.000°, pour laquelle les levés ont été faits au 100.000° ; il y a lieu à diverses opérations délicates pour les officiers et les dessinateurs chargés des travaux, notamment à la suppression des courbes de niveau, à raison d'une sur deux.

L'orateur donne ensuite des détails sur les diverses cartes actuellement en usage et sur les procédés qui ont été employés à leur confection, notamment à celle de la carte au 80.000e. Cette carte n'a aucune prétention à l'exactitude absolue qu'on lui attribue ; c'est simplement une carte d'ensemble qui, telle qu'elle a été conçue, a rendu et rend oujours de nombreux services, et dont la mise à jour représente un important travail.

On a demandé une carte à échelle plus grande ; le service géographique a alors fait des amplifications au 50.000e. Le résultat de ce travail a été livré au public, mais c'est un document de service et il ne saurait être considéré comme une œuvre définitive. L'administration centrale a reconnu la nécessité de la carte demandée ; elle a le projet d'en faire lever une nouvelle à une plus grande échelle, qui serait une carte d'ingénieur, mais, pour la réalisation de ce projet, il ne faudra pas moins de trente années de travail et des sommes considérables.

En attendant, il s'agit d'utiliser le mieux possible ce qu'on possède, et c'est dans ce but qu'il a été décidé d'exécuter une carte de France au 50.000e, à l'aide de la carte d'état-major, en refaisant les écritures, en rehaussant les ajouts par des teintes estompées. Ce travail est en cours d'exécution et le commandant Romieux en donne la primeur au Congrès, à qui il présente des feuilles modifiées dans le sens indiqué ; ces feuilles, non encore mises dans le commerce, ne le seront que lorsque le montant des souscriptions permettra la mise en circulation.

ITINÉRAIRES DE MOGADOR A MARRAKECH, 1890-1892

Par M. Hubert GIRAUD,
Sous-Directeur de la Société Générale de Transports Maritimes à vapeur.
Membre de la Société de Géographie de Marseille
et Secrétaire du Comité d'organisation du Congrès.

La contrée qui s'étend entre le port de Mogador et Marrakech n'est point de celles que l'on peut dire peu connues. En 1868, le *Bulletin* de la Société de Géographie de Paris publiait le récit du voyage de M. Beaumier, consul de France à Mogador, à la capitale méridionale de l'empire du Maroc (5e série, tome XVI, juillet-décembre, p. 321), et le faisait précéder d'une liste des quelques Européens qui avaient, avant lui, visité cette cité, et laissé des notes sur leur expédition. A cette époque, le nombre de ces hardis explorateurs n'était guère que d'une douzaine.

Depuis lors, les temps ont changé, la sécurité du pays a fait des progrès, et l'on ne compte plus les diplomates, les négociants et même les touristes que leurs affaires ou leur curiosité ont attirés jusqu'à Marrakech.

Malgré cette abondance relative de voyageurs ayant parcouru la la contrée qui nous intéresse, les documents pouvant servir à dresser une carte sont peu nombreux : ils ont été rarement contrôlés, et il suffit qu'une inexactitude se soit glissée dans un itinéraire pour qu'elle soit indéfiniment reproduite, sans qu'il soit possible aux auteurs de cartes de la rectifier. Les auteurs ont, d'autre part, beaucoup de peine, bien souvent, à concilier certains détails géographiques, qui diffèrent suivant les voyageurs chez lesquels ils sont puisés, et l'on doit, en somme, admirer les résultats obtenus par les cartographes avec des éléments aussi imparfaits, et ne pas s'étonner des erreurs que renferment les plus récents ouvrages sur le Maroc, tels que la carte du Dépôt de la Guerre de 1887 au 2.000.000^{me} (Régnault de Lannoy de Bissy), et la très belle carte du Maroc au 1.000.000^{me} tout dernièrement publiée par M. de Flotte de Roquevaire.

Pour le pays situé entre la côte et Marrakech, ces cartes sont basées sur divers itinéraires, et principalement sur celui de M. Beaumier, sur les travaux de MM. Hooker et Ball, du capitaine Crema, du capitaine Martin, et de M. Thomson.

En 1890, j'eus l'occasion de me rendre de Mogador à Marrakech, et j'établis au retour un tracé de mon itinéraire, en me servant des notes que j'avais pu recueillir en route. En comparant mon croquis à la carte du Dépôt de la Guerre de 1887, je remarquai des divergences importantes, principalement au point de vue de l'orographie. Je voulus éclaircir mes doutes, et, étant retourné à Marrakech l'année suivante, je m'attachai à vérifier certains détails et à m'assurer de l'exactitude de mes renseignements. C'est dans ces conditions que j'ai établi le croquis de mon itinéraire : les distances en sont calculées au pas du cheval, étalonné à raison de 6 kilomètres à l'heure, et à l'échelle du 600.000^{me}. Les directions ont été prises à la boussole.

J'ai particulièrement insisté, dans les pages qui vont suivre, sur la route ordinaire de Mogador à Marrakech que j'ai parcourue plusieurs fois. C'est celle qu'avait suivie M. Beaumier, et la plus fréquentée par les Européens. C'est le chemin le plus sûr, et on pourrait l'appeler la route impériale, si cette dénomination ne risquait pas d'éveiller l'idée d'une viabilité qui n'existe nullement.

Je me suis également rendu de Mogador à Chichaoua par la route du Sud, et de Marrakech à Chichaoua, par Frouga ; j'ai donc pu recueillir sur toute cette contrée une série de renseignements coordonnés, et il m'a paru utile de les exposer brièvement dans cette petite étude.

**

La ville actuelle de Mogador (El Souira) est relativement moderne, et je ne m'attarderai pas à en faire une description, me bornant à dire quelques mots de sa situation géographique. Construite en 1760 au N.-E. d'une baie, elle repose sur un massif de rochers de grès. Il me paraît hors de doute que ces rochers ont été jadis complètement isolés de la terre ferme, mais, par contre, reliés probablement aux îles entre lesquelles s'ouvre aujourd'hui la grande passe. En parcourant Mogador et en faisant quelques centaines de mètres au N.-O., en dehors des remparts, on peut facilement déterminer les contours anciens de cette île, aujourd'hui réunie au continent, et l'on comprend comment cette soudure s'est effectuée. La côte proprement dite, située à l'Est de la ville, s'élève brusquement à une hauteur de plus de 100 mètres. La falaise était autrefois à pic : successivement les érosions ont entraîné les terres qui sont venues combler le canal qui séparait les rochers du rivage. Puis les sables, produit de l'effritement des roches, sans cesse mis en mouvement par les marées, ont complété la soudure. Peu à peu, les dunes se sont formées sous l'action des vents alisés, ont recouvert le nouveau sol, et le pays a pris l'aspect qu'il présente aujourd'hui. La mer, toujours grosse sur cette côte, a ouvert la brèche qui constitue la grande passe et, s'engouffrant par ce chenal, développant en éventail ses puissantes ondulations, elle a empêché les terres d'envahir ce qui est actuellement la baie. Cependant la petite passe, située au Sud, s'ensable graduellement, et les alluvions de l'Oued el Kseb, qui se jette dans la mer en face de la pointe sud de la grande île, finiront par la fermer. Aux grandes marées de sizygie, Mogador redevient presque l'île d'autrefois, la mer vient lécher les remparts de Bab Sba, et la ville ne tient plus à la terre que par le Nord.

Au Nord et au Sud de Mogador, à la pointe de Sidi Mouley Bou-Zouktoun et au cap Sim, la côte est restée franche, et le pied des falaises baigne dans l'Océan.

En quittant Mogador pour se rendre à Marrakech, il faut traverser la dépression qui s'étend à l'Est de la ville, puis gravir péniblement les dunes de sable, en s'élevant peu à peu jusqu'au sommet de ce que j'appelle la vraie côte.

Cette ascension dure près d'une heure, et la crête atteinte, on jouit d'une vue fort étendue sur toute la côte de l'Océan ; de la pointe Hadid au cap Sim, c'est un entassement de dunes fauves sans la moindre trace de végétation.

Les cartes ne donnent point une idée de ce relief brusque de la falaise, dominant la plage, entre la pointe Hadid et l'Oued el Kseb ; le croquis de M. Beaumier ne le faisait pas ressortir.

Aussitôt la marche en avant reprise, l'aspect du pays change brusquement ; le plateau sur lequel on est parvenu se couvre de verdure. C'est d'abord, sur une certaine étendue, un fourré de *retams*, grands genêts blancs atteignant jusqu'à 2 m. 50 de hauteur et dont la fleur embaume ; puis une forêt composée de pins, de lentisques, de caroubiers, de thuyas, de chênes rabougris, tous arbres de peu d'envolée, et qui constituent, avec la broussaille, ce qu'on nomme *el ghaba*, le bois sauvage et touffu, où vivent en paix les chacals et les sangliers.

On a perdu la mer de vue ; la contrée cesse de subir l'influence des vents humides de N.-E., le climat lui-même n'est plus celui de Mogador, et la température s'élève immédiatement. Pendant plusieurs kilomètres la route serpente dans la forêt, très praticable, presque plate, jusqu'à un petit vallonnement au fond duquel se trouve une citerne, à quelques mètres sur la gauche. On la nomme *Metfia el Guedim* ou citerne de l'Alfa, et elle est généralement pourvue d'eau.

On rencontre ici la première *Nzala*. Une nzala (littéralement : endroit où l'on descend de cheval, où l'on met pied à terre) est une enceinte de 8 à 10 mètres de diamètre, formée par un enchevêtrement d'épines haut et épais de près de 2 mètres, très difficile à franchir, et au centre duquel les caravanes, bêtes et gens, peuvent coucher pêle-mêle sans crainte des voleurs, sous la sauvegarde du Sultan. C'est un refuge officiel, et tout délit commis dans la nzala pendant la nuit ou, pendant le jour, dans un périmètre environnant assez mal déterminé, tombe directement sous la responsabilité du caïd de la province, qui est tenu de le réparer. La nzala est gardée par un ou deux hommes qui, moyennant une redevance mensuelle payée au caïd, la gèrent et en touchent les revenus. Les taxes, fixées par le gouvernement, se divisent en droit de péage pour les passants, et droit de séjour pour les hôtes. Le tarif est établi comme il suit :

Un juif paie 2 onces (environ 0 fr. 08) ; un chameau chargé 2 onces ; les bœufs, ânes, mules, chevaux, 1 once par tête ; les chèvres, moutons, etc. 1/2 once. L'Arabe et les bêtes de somme non chargées ne paient rien. Pour séjourner, la taxe est doublée.

Il est inutile de dire que ce tarif officiel n'est pas religieusement observé et que les gardiens des nzala ne se font pas faute d'extorquer le plus possible aux voyageurs.

Cependant certaines nzala, mal achalandées en raison de leur situation peu favorable, ne trouvent pas d'adjudicataires, et les caïds doivent les faire desservir par des hommes de corvée ; quelques-unes restent même complètement abandonnées.

Les nzala, échelonnées irrégulièrement sur les grandes routes du Maroc, généralement aux points d'eau ou près des villages, forment donc une suite de postes et assurent une police très suffisante.

De la Metfia el Guedim à *el Hararta* le trajet est d'une heure : on s'élève sensiblement ; la forêt change d'aspect et se compose entièrement d'argans (Argania sideroxylon). El Hararta indique simplement un point cultivé, auprès duquel on remarque quelques paillottes et la coupole en forme d'œuf d'une pauvre mosquée de campagne, si tant est qu'on puisse donner ce nom à une construction qui n'est pas haute de 3 mètres. Cette cabane religieuse s'appelle *Jama ed Dalia*.

Un quart d'heure après, on aperçoit, à droite de la route, sur une éminence, une maison qui a appartenu à un européen (Dar Nuske) ; elle est également entourée de cultures. On redescend légèrement, puis la route redevient plate et sinueuse, entre de petites collines. Vers la droite se détache un chemin qui mène au Souk el Tleta par Imisgarn

La route prend ensuite une pente assez raide, et pénètre dans une forêt d'argans. Au bout d'une heure on atteint un point remarquable qui domine une belle plaine, et d'où, en se retournant, le voyageur aperçoit une dernière fois la mer. M. Beaumier décrit assez imparfaitement ces détails dans le croquis de son itinéraire : il place Imisgarn notablement trop au Nord.

La plaine où l'on arrive est cultivée, riante et parsemée d'arbres et de marabouts aux coupoles blanches, à droite celui de Sidi Yacoub, à gauche Sidi Abd er Rhaman, près d'un village ; au loin, vers le Nord-Est, celui de Sidi Ahmed el Amri, émergeant de la verdure. On trouve des puits sur plusieurs points, notamment à Sidi Ahmed, à quelque distance du chemin, au pied d'une colline. On met 50 minutes à traverser la plaine ; puis on pénètre dans une épaisse forêt d'argans, au milieu desquels s'ouvrent, par endroits, des clairières cultivées. Le chemin est excellent. On croise une piste conduisant, vers la gauche, au Souk el Had (Marché du Dimanche). Trois quarts d'heure après l'entrée en forêt, la route oblique vers la droite, laissant à gauche une bifurcation qui mène au Souk el Had. Vingt minutes après, la forêt s'éclaircit, puis fait place aux retams, et l'on aperçoit au loin, sur une éminence, la Koubba de Sidi Abd Allah ben Ouasmin, et le *Souk el Tleta el Hanchen*. A droite du chemin, des collines boisées, à gauche le terrain découvert et en légère pente vers le Nord. Sur la carte de M. de Flotte, le Souk el Tleta semble être situé au Sud d'une colline. Il n'en est pas ainsi, et, en arrivant au Souk, on a, au contraire, une belle vue au Nord vers le Jebel Hadid.

Le Souk el Tleta el Hanchen (marché du mardi des couleuvres), comme toutes les foires hebdomadaires du pays, comprend un village habité, et des cabanes qui ne se garnissent que le jour du marché. Au pied du petit escarpement sur lequel se dresse le marabout de Sidi Abd Allah ben Ouasmin, et à gauche du chemin, s'ouvre un puits entouré d'abreuvoirs.

L'itinéraire de M. Beaumier porte, à 3 kilomètres environ dans le Sud-Est du Souk, la kasba du caïd de Chiadma, indication qui paraît basée sur de simples renseignements. Thomson place cette kasba un peu plus à l'Ouest. S'il s'agit, comme il y a lieu de le croire, de la demeure actuelle du caïd de la province (et l'époque à laquelle Thomson a fait son voyage semble bien l'indiquer — 1888 —), cette position n'est pas exacte. La kasba du caïd est à 2 heures 1/2 environ dans l'Est du Souk; je l'ai vérifié moi-même, d'abord à l'un de mes retours de Marrakech, puis lors d'une excursion qui avait pour but une visite au caïd. La kasba et ses dépendances sont situées dans une plaine; d'ailleurs Thomson, en indiquant l'altitude de ce point, n'a pas figuré de hauteur.

En quittant le Souk el Tleta, la route s'engage bientôt entre des collines crayeuses et boisées d'argans; elle devient très accidentée, contrairement au figuré de la carte de M. de Flotte, sur laquelle elle traverse une plaine; l'itinéraire de M. Beaumier n'était pas exact, et figurait un défilé entre deux collines. Au bout d'une heure et demie, on sort de la forêt, et l'on aperçoit sur le flanc, à gauche du chemin, un douar nommé Dar el Mokaddem Mesaoud, fréquemment choisi comme gîte d'étape. Le douar comprend quelques cabanes de pierre et une petite mosquée; un puits fournit de l'eau. On a une belle vue au Sud, sur l'Atlas, dont on aperçoit les cimes couvertes de neige. Plus loin, se trouve une nzala, au milieu de champs cultivés.

La maison du Mokaddem dépassée, le terrain change d'aspect : les argans ont disparu et l'on n'en rencontre plus dans l'Est de cette région. La route, très bonne, passe entre des collines basses, tantôt au milieu des retams, tantôt parmi les palmiers nains; les arbres deviennent rares. A droite bifurque un chemin qui, s'élevant dans la colline, conduit à la kasba du caïd de Chiadma par le marabout de

Sidi Mbark. Tout ce massif de hauteurs, d'un faible relief, est assez riche en eau et la terre porte de belles récoltes partout où l'habitant se donne la peine de la cultiver.

Une heure après avoir quitté le douar de Mesaoud, on arrive au *Bir Dfoudi*; ce point serait plus exactement dénommé *Biar-Dfoudi*, car plusieurs puits s'ouvrent à droite, à fleur de terre. La carte de M. de Flotte porte *Tifoudy*, nom dépourvu de sens et qui a été mal inscrit sur l'itinéraire où il a été puisé. A droite, on aperçoit à une certaine distance, dans un pli de terrain, les magasins où le caïd loge les produits naturels provenant des dîmes frappées sur le pays. Une demi-heure après, on atteint le village de *Atafetecht*, et la route traverse un petit ruisseau qui court vers le Nord, dans une plaine cultivée, et non dans un ravin profond comme l'indique la carte de 1897. Un ancien cimetière borde la route. On commence ensuite à monter légèrement, la route est resserrée entre deux collines, et aboutit à une sorte de col d'où la vue s'étend sans obstacle sur une plaine immense. On embrasse, d'un coup d'œil, la portion la plus caractéristique de la région à traverser.

La plaine est nue, sans cultures, ni bouquets d'arbres, et en apparence absolument plate. A droite, la chaîne de l'Atlas, formant une muraille uniformément sombre à la base et couronnée de neiges ; à gauche, perdues dans l'éloignement, les collines bordant la rive droite de la Tensift. En avant, tout au fond du tableau, une série de collines aux silhouettes singulières se profilant sur le ciel. Ce sont d'abord trois cônes décapités, trois plateaux de même hauteur, celui du milieu un peu plus large que les deux autres, qui surgissent brusquement de la plaine, espacés à des intervalles réguliers. Puis, à droite, et en apparence sur le même plan, une grosse colline arrondie comme une bosse. Cette dernière colline se nomme *Ank el Jemel* (le cou du chameau), et les trois autres les *Rhyat* (les meules ou les molaires) et ces dénominations typiques en donnent une idée exacte.

On se dirige maintenant vers ces hauteurs lointaines ; le col franchi, on descend dans la plaine qui ne présente plus que des ondulations sans importance ; à droite et à gauche, les collines s'abaissent et se réduisent à de simples plis de terrain. La contrée devient d'une aridité absolue, et toute trace de cultures disparaît. On trouve cependant de l'eau à Tajerjam, et plus loin à *Ain Oumast*, deux heures après avoir quitté le col. Entre Ain Oumast et Sidi Moktar, la carte de M. de Flotte indique une assez haute montagne qu'il faudrait franchir ; on arriverait ainsi à Sidi Moktar en descendant une pente très roide. Le renseignement fourni à M. de Flotte est entièrement inexact, et cette montagne n'existe pas, non plus qu'aucun mouvement de terrain de quelque importance entre les deux points susdits. M. Beaumier, d'ailleurs, n'en faisait point mention sur son itinéraire ; il indique, mais à l'Ouest d'Ain Oumast, une chaîne de collines qui est évidemment celle du haut de laquelle on embrasse toute la plaine, et qui doit être reportée plus à l'Ouest encore.

Ain Oumast est un village de paillottes, situé près d'une source ; c'est la limite de la province de Chiadma, qui s'étend jusqu'à Mogador. On entre ensuite dans la province des Oulad bou Sba, territoire pauvre dont les habitants sont misérables et farouches ; ils vivent, on ne sait trop comment, du produit des troupeaux maigres qui paissent dans ces plaines couvertes de cailloux, où l'herbe trouve moyen de se frayer un chemin pendant la saison des pluies. Quand l'hiver a été humide, l'aridité du sol disparaît sous la verdure ; puis en été, tout se dessèche et l'aspect du pays redevient celui d'un désert. Quelques arbres rabougris, aux troncs tourmentés et nommés *cétras*, sont dispersés dans la plaine.

Quarante minutes après Ain Oumast, on rencontre un mince filet d'eau coulant vers le Nord au milieu des joncs. Près de ce ruisseau aboutit un sentier à peine frayé, par lequel on peut se rendre à la kasba du Caïd Chiadmi, en passant par une série de douars et à travers un pays boisé et fertile. On est frappé de trouver si près l'une de l'autre la stérilité complète et la végétation.

Un peu plus loin, la grande route traverse des ruines importantes, mais que les voyageurs ne remarquent généralement pas. Ce sont les vestiges d'une ville littéralement rasée, et dont, comme dit l'Écriture, il ne reste pas pierre sur pierre. Rien ne subsiste au dessus du sol, mais en observant le terrain, on distingue facilement les fondations des maisons disparues, les assises plus épaisses du rempart qui entourait la ville, tout le plan de la cité détruite dessiné à fleur de terre en larges raies blanches sur le sol grisâtre. Interrogés, les guides répondent que c'est une ville remontant à la dynastie des sultans Sahadia, et l'appellent Marrakech el Kdim (Maroc le Vieux). J'ai recherché quel pouvait être le véritable nom de cette ville, et des éléments que fournit la « Description Géographique de l'Empire du Maroc », de Renou (1846), il me paraît possible de conclure que c'est Tednest, ancienne capitale du Haha, citée par Marmol, et qui fut prise et saccagée par les Portugais en 1514. La distance indiquée par Marmol comme la séparant de Saffi (22 lieues), sa situation dans une plaine, auprès d'un ruisseau, l'importance de sa population (3.000 habitants) paraissent bien s'accorder avec ce qui reste aujourd'hui de cette place, jadis florissante. Renou, dont la carte est uniquement dressée d'après les renseignements puisés dans les auteurs, la porte légèrement plus au N. qu'elle n'est réellement.

De ces ruines, on aperçoit distinctement *Sidi Moktar*, que l'on atteint après une heure de route en plein désert. Parfois, on distingue au loin, volant lourdement, une grande outarde, qui fuit hors de toute portée, parfois aussi, paraît-il, quelques gazelles, non moins sauvages. Sidi Moktar est un village d'une certaine importance et un sanctuaire vénéré. Trois marabouts carrés, aux murailles crénelées, se dressent à 200 mètres environ à droite de la route : à gauche, à quelques mètres, un puits et un *cétra* : la nzala est près du village. La route s'allonge ensuite, toujours aussi peu accidentée, parmi les cailloux et les buissons, vers *Mrah el Ouasa* (le large enclos), douar entouré d'une muraille de pierres et de figuiers de Barbarie, avec une source et une nzala.

Après Mrah el Ouasa, le chemin fait un coude vers la droite, et se dirige vers le versant N. d'Ank el Jemel. On commence à monter, et c'est par une pente assez forte que l'on parvient sur *le cou du chameau*, à la base de la bosse qui s'élève à droite. Du sommet de cette bosse, où pousse un arbre rabougri, on embrasse une immense étendue. On relève Mrah au N.-O. et Sidi Moktar à l'O. 3° N.-O., l'échancrure de gauche des Rhyat dans l'E.-S.-E. Ank el Jemel n'est pas, comme l'indiquent les cartes, une hauteur isolée ; la pente va s'abaissant rapidement au N., mais, vers le S., la bosse se relie à une série de collines de moindre relief qui se prolongent jusqu'à l'Oued-Chichaoua. Sur le cou même du chameau, un pauvre village, une nzala et une citerne sans eau. A l'E., à flanc de coteau, le sentier qui mène à Sidi Bouzid et à la Zaouia de Chichaoua.

Il est indispensable de relever ici une erreur importante de l'itinéraire de M. Beaumier, erreur qui a été reproduite depuis sur toutes les cartes : il s'agit de la situation et de l'orientation des collines Rhyat. En quittant Ank el Jemel, la route se dirige en droite ligne sur le col qui sépare la grande colline du milieu de celle de gauche, puis, le col franchi, elle continue, sensiblement dans la même direction sur le mont Chichaoua. Il faut donc, évidemment, que les trois collines soient coupées au point indiqué par une ligne presque droite, joignant Ank el Jemel au Mont Chichoua, alors que les cartes les placent au Nord de cette ligne. Cette rectification est confirmée par le relèvement près du sommet d'Ank el Jemel, et indiqué plus haut. D'autre part, l'orientation de cette petite chaîne est sensiblement N. et S., obliquant légèrement vers le N.-E., et non pas N.-O. et S.-E.

Ces collines si caractéristiques, constituent des témoins d'une période géologique fort ancienne : les plateaux qui les couronnent sont formés de rochers à pic, semblables, de loin, à des murailles de forteresses, et qui ont résisté à l'action des eaux à l'époque où les glaciers de l'Atlas ont nivelé la région autour d'eux. Néanmoins, avec le temps, quelques blocs de ces rochers se sont déplacés, et ont roulé sur les flancs ; dans un avenir lointain, ils cesseront de protéger les collines contre les érosions, qui les feront disparaître.

Les Rhyat sortent brusquement de la plaine et se terminent au Nord en éperon ; au Sud elles se relient, comme Ank el Jemel, à un massif de hauteurs. Entre ces deux masses s'étend une plaine, en forme de cuvette, absolument dénudée, couverte de gros cailloux, de rognons de silex et de géodes. On met 1 h. 20 à franchir cette zone, la plus désolée certainement de toute la contrée entre Mogador et Marrakech.

Arrivé au col des Rhyat, on domine de très loin la vallée de l'Oued Chichoua, marquée seulement par des taches de verdure sombre qui paraissent presque à l'horizon, et sur laquelle on descend par une pente insensible, mais continue. A mesure qu'on s'en rapproche, le terrain devient moins aride ; des buissons, puis des champs recouvrent le sol : la vie renaît, le gibier commence à se montrer, et, au bout d'une heure et demie, on atteint les bords de l'Oued Chichaoua. Au Sud, à 600 mètres de la route environ, on a laissé une colline isolée, de la même nature et presque de la même forme que les Rhyat. Au Nord, au bord de la rivière s'en élève une autre, toute semblable, qui figure sur les cartes sous le nom de *Tilda* ou Mont de Chichaoua. Entre cette dernière colline, et la route, on remarque des ruines dans lesquelles vivent quelques habitants : c'est l'ancienne *Sour el Abid* (forteresse des esclaves), cité détruite comme Tednest.

Comme la plupart des rivières d'Afrique, l'Oued Chichaoua, en descendant de l'Atlas, a creusé profondément son lit dans le sol, et coule au fond d'un ravin aux parois abruptes. Il n'est jamais à sec : ses eaux, intelligemment canalisées, vont fertiliser sur la rive droite des jardins d'oliviers et d'orangers auprès desquels on passe. Après avoir traversé la rivière à gué, on suit son cours pendant 20 minutes, et l'on arrive près de nouvelles ruines, des pans de murailles en terre rouge, puis, tout auprès, à un village de huttes en terre, percées d'étroites ouvertures. Ce sont le village et le *Mellah* de Chichaoua, habités par une population d'Arabes et de juifs campagnards, qui semblent d'une seule et même race. Grands, basanés, les yeux farouches, la corne à poudre en sautoir et le fusil à la main, les juifs de

Chichaoua ne se distinguent des musulmans que par leur calotte noire et par les cadenettes bouclées qui pendent sur leurs tempes. Il n'est pas douteux que la promiscuité dans laquelle ils vivent avec les Berbères n'ait profondément modifié leur type et leurs instincts.

La nzala de Chichaoua est située dans le village et entourée de murs : elle est dotée du luxe d'un hangar ouvert. Le village est situé dans l'Est du Mont de Chichaoua, et la position de M. Beaumier est à rectifier légèrement.

En quittant le village on rencontre quelques douars de paillottes et d'épines, puis on se trouve dans une plaine où de légères ondulations marquent les derniers mouvements des contreforts de l'Atlas formant la vallée qu'on laisse derrière soi. Cette plaine est parsemée de petits arbres, trop rares aujourd'hui pour constituer le petit bois qui figure sur l'itinéraire de M. Beaumier. Cet itinéraire porte, au même point, les mots *chab el Ahmar*. Ces mots, reproduits sur la carte de M. de Flotte en gros caractères, semblent désigner la région qui s'étend entre l'Oued Chichaoua et Ain el Beida. Cette interprétation me paraît inexacte. *Chàba* signifie *ravin*, ou du moins est toujours pris dans ce sens au Maroc : ce mot s'appliquerait donc mal à la plaine, et devait, dans l'esprit de M. Beaumier, se rapporter à un lit de torrent qui coupe la route à moitié chemin entre Chichaoua et Ain el Beida.

Ain el Beida est située à deux heures de Chichaoua, dans la plaine qui verse légèrement au Nord. La "source blanche" coule vers la gauche. Un village de huttes à 100 mètres de la route, une nzala et des cultures sont la conséquence du voisinage de l'eau. La carte de M. de Flotte fait passer en ce point un Oued Ratmii, d'une importance presque égale à l'Oued Chichaoua, au fond d'une vallée resserrée. Cette indication paraît avoir été puisée sur la carte dressée par M. J. Thomson, et sur laquelle la route de Mogador à Marrakech, que l'auteur n'a pas parcourue, est tracée par renseignements. Il est certain que cette rivière est mal placée. Je puis affirmer que la source *el Beida* n'est qu'un petit filet d'eau qui n'a pu se créer un lit et encore moins une vallée.

L'Oued Ratmii (la carte de Thomson porte Katmii) ne me paraît pas non plus pouvoir être confondu avec l'Oued Bou el Gheras, que la route traverse à 50 minutes de là. Celui-ci est un ravin profond, à sec, envahi par les buissons et les sables, et qui figure bien sur l'itinéraire de M. Beaumier sous le nom et dans la position que je connais moi-même. Sur la rive gauche est une nzala isolée et sans clientèle.

La carte de M. de Lannoy de Bissy figure aussi un Oued Ratmia, mais à l'Est de la Mzoudia : cette position n'est pas non plus vraisemblable et l'Oued Ratmii doit, très probablement, ne faire qu'un avec un autre torrent situé entre l'Oued Bou el Gheras et la Mzoudia. Je reviendrai d'ailleurs sur ce point dans une autre partie de cette étude.

Bien avant d'atteindre l'Oued Bou el Gheras, on aperçoit au loin dans l'Est une colline en forme de bosse, puis on distingue une sorte de fortin, à droite de cette colline. Ce fortin, visible de près de 10 kilomètres, se nomme *El Mzoudia*; on y arrive 50 minutes après avoir traversé l'Oued Bou el Gheras, et l'autre ravin que j'estime être l'Oued Ratmii. La Mzoudia est une nzala, mais une nzala peu ordinaire : c'est une construction formée par quatre murailles très épaisses, ayant de 6 à 8 mètres de hauteur, et mesurant environ 15 mètres sur 12. Une large baie donne accès dans l'intérieur. Dans l'angle N.-E. s'élève une tour qui domine la plaine. A 200 mètres environ est une source.

La colline que l'on apercevait s'élève au nord de la Mzoudia, et termine brusquement une petite chaîne de hauteurs qui va s'abaissant vers l'Est sur une longueur de 4 kilomètres. Ce sont les collines Ardous, composées d'un quartz qu'on dit aurifère.

M. de Flotte a tracé deux routes partant d'Aïn el Beida : l'une qui se dirigerait au N.-E. pour passer par la Mzoudia, l'autre allant en ligne droite vers l'Est. Ces deux routes n'en font qu'une. Depuis l'Oued Bou el Gheras, on est dans une plaine immense, qui s'étend de tous côtés, sans autres obstacles à l'œil que les Ardous, l'Atlas et les collines de la rive droite de la Tensift : la plaine est tellement unie que de la Mzoudia on voit, par un temps clair, le sommet de la Koutoubia de Marrakech : la route traverse cette région de l'Ouest à l'Est sans déviations importantes.

Il y a lieu, également, de rectifier la façon dont sont représentées sur les cartes les collines Ardous. Lannoy de Bissy leur fait barrer obliquement tout le pays entre la grande route et la Tensift, et cette indication a été reproduite. En réalité, les Ardous se réduisent à une chaîne étroite, parallèle à la route, et laissant un large espace entre elles et la Tensift.

Lorsqu'on a dépassé la dernière éminence de cette chaîne, la plaine devient absolument plate ; le sol est une terre forte, d'une teinte rouge, à laquelle il ne manque qu'un labour pour produire. Quelques buissons, et, de loin en loin, un village. Bientôt l'eau apparaît : on traverse une région que le Sultan fait cultiver par des esclaves et qu'on nomme *Rechicha*. De larges canaux amènent du Sud les sources détournées pour fertiliser les champs impériaux. On traverse ainsi une série de ruisseaux artificiels, sur plusieurs kilomètres. Deux heures après avoir quitté la Mzoudia, on passe près d'un puits, qui s'ouvre sous un cétra : on commence à distinguer les *Guelliz*, collines situées aux portes de Marrakech.

Au bout d'une heure et demie, on atteint *Mehara ben Kara* (le gué) au bord d'un ruisseau, affluent de l'Oued Enfis. Il y a là un village assez gros, résidence d'un *caïd mia* (capitaine), une nzala à murailles de pisé. Un petit pont de bois franchit le ruisseau. Ces indices de civilisation marquent bien la banlieue d'une capitale, (*El Houz*). On voit distinctement la Rotoubia, et la plaine, de plus en plus arrosée, montre, par places, les masses sombres des bouquets d'oliviers. Mehra ben Kara, et le ruisseau qui y passe, ne sont pas indiqués sur la carte de M. de Flotte.

On rencontre, ensuite, sur la droite, plusieurs douars habités par des Oulad Sidi Cheik, formant ainsi, bien loin de leur pays d'origine, une colonie algérienne.

L'Oued Enfis coule à trente-cinq minutes dans l'Ouest de Mehra : c'est un des plus importants affluents de la Tensift, et son lit n'est jamais à sec : on le traverse à gué, mais, quand les pluies le grossissent, il peut arrêter les voyageurs pendant plusieurs jours.

On retrouve ensuite la plaine, plus unie que jamais : on distingue la forêt de palmiers qui entoure Marrakech. On passe à *Nzala el Youdi*. Les villages sont de plus en plus nombreux, et les cultures, champs de céréales, de fèves, etc., abondent. L'aspect de la région est riche et riant, bien que monotone.

Deux heures après, on passe au village de *N'lla* ; à gauche de la route, un tamaris et un puits. Le voyage est terminé. On traverse plusieurs petits ruisseaux, l'un d'eux sur un pont de pierre ; on laisse à gauche les hauteurs des Guelliz et quelques maisons de campagne, et l'on arrive, au milieu des pans de murailles de terre rouge, des jardins d'oliviers et de palmiers, et des lépreux qui mendient, aux remparts de Marrakech, dans lesquels s'ouvre, pour le voyageur qui a suivi la grande route, la porte de *Doukkala*, à l'angle N.-O. de la ville.

***

Les indigènes soucieux d'économiser les frais et les droits des Nzala prennent, la plupart du temps, des chemins dépourvus de ces élément de sécurité et de confort. J'ai suivi moi-même l'un des plus fréquentés de ces chemins entre Mogador et la Zaouia de Chichaoua. Il passe au Sud de la grande route, par l'Ademna, Imisgarn, Hamoud et Tilioua, traversant jusque là un pays assez riche et cultivé. Après avoir quitté Tilioua, on entre dans la grande plaine des Oulad bou Sba, et on ne rencontre plus un village : c'est le même désert qu'aux environs de Sidi-Moktar. Puis on arrive au massif de hauteurs qui se termine au Nord par Ank el Jemel et les Rhyat, et, après l'avoir franchi, on descend dans la vallée de l'Oued Chichaoua.

La Zaouia de Chichaoua est une agglomération intéressante : elle est groupée autour du tombeau de Sidi Ali ben Naçer, et ses habitants prétendent tous au titre de *chérif*. Vivant dans des maisons de maçonnerie, au milieu d'un site pittoresque, ils jouissent, dans l'oisiveté, des richesses naturelles que leur fournit la rivière en fertilisant la vallée. D'immenses jardins d'oliviers, d'orangers, de cédratiers, s'étendent jusque dans le lit de l'oued, très large en ce point. Ils n'ont qu'à récolter et à vendre : des esclaves gardent leurs troupeaux et labourent leurs champs. Enfin, et c'est là le plus précieux de leurs biens, les habitants de la Zaouia n'ont pas de caïd et ne paient pas d'impôts au Sultan. Personnages sacrés, ils forment ainsi une petite république, et mènent une vie insouciante. Le tir à la cible (Sidi Ali ben Naçer est le patron des tireurs), les bons repas et le jeu y tiennent une grande place.

Un chemin mène de la Zaouia à An kel Jemel, à travers les collines : il passe à Sidi Bouzid, marché distant de 20 minutes de la Zaouia. On met 2 heures 3/4 à atteindre la grande route, et on aboutit sur le flanc E. de la colline d'Ank el Jemel.

∴

En janvier 1890, j'ai suivi, pour revenir de Marrakech, une route constituant un détour assez intéressant. Sortant de la ville par le Sud (Bab Rob), on traverse la plaine arrosée qui s'étend à l'Ouest de la ville, et on se dirige au S.-O. Rien de bien saillant à noter : un pont, un vaste réservoir d'eau (sarij el begra) une maison de campagne du Sultan, quelques jardins et des bouquets d'arbres.

Bientôt, on quitte la plaine, et on rencontre les premières ondulations de l'Atlas. Au bout de 3 heures et demie, on arrive au bord de l'Oued Enfis, qu'on passe à gué. Une demi-heure après, on trouve un douar entouré de verdure, nommé *Dar Hadj Halil*. La carte de M. de Flotte porte *Adjefail*, ce qui paraît être le même nom dénaturé, mais le point qu'il désigne est un peu trop rapproché de l'Oued Enfis. Le pays devient très désert : on ne trouve plus d'eau jusqu'à la nzala des *Oulad Yala*, à 1 h. 1/2 de là. A 200 mètres de la nzala se trouve une citerne. La route est légèrement accidentée, le terrain nu et aride.

Une demi-heure après la nzala des Oulad Yala, on découvre, au fond d'un vallon, une oasis verdoyante, près d'un torrent à sec, et une citerne. Enfin, au bout d'une autre heure et demie, l'eau se montre à nouveau moins rare : on est sur le territoire de *Frouga*, et des touffes d'arbres s'élèvent de place en place. On arrive au village et à la nzala de Frouga 2 h. 1/2 après les Oulad Yala.

La carte de M. de Flotte indique, dans l'Est de Frouga, deux cours d'eau qui vont former plus loin l'Oued Ratmii. Il me paraît nécessaire d'entrer dans quelques détails sur les divers cours d'eau qui vont se jeter dans la Tensift entre Marrakech et l'Oued Chichaoua, et dans le tracé desquels, il semble régner une certaine confusion. Cette confusion est due à plusieurs causes. Beaucoup de ces rivières, généralement à sec, sont des ravins plus ou moins profonds qui n'ont pas été reconnus et suivis sur tout leur parcours. On a donc raccordé entre eux divers tronçons de ces ravins, sans que l'importance du volume d'eau pût servir d'indication. La question a été encore compliquée par la diversité des noms sous lesquels on les désigne dans les différentes portions de leur cours : parfois trois ou quatre noms, arabes ou berbères, s'appliquent au même torrent, et dans ces conditions il est bien difficile de tirer des renseignements, obtenus une indication géographique précise.

L'Oued Enfis, seul, étudié par le capitaine Crema, Hooker et Ball, Thomson, etc., a été assez sérieusement relevé. En déterminant la distance de Marrakech à laquelle il coupe les routes de Mogador et de Frouga, on voit qu'il coule entre ces deux routes, légèrement vers le Nord-Ouest. Mes données confirment sensiblement, sur ce point, le tracé de Thomson. La carte de M. de Flotte lui donne une direction inverse, vers le Nord-Est, qui paraît devoir être rectifiée. En allant vers l'Ouest, on trouve ensuite sur les cartes l'Oued Ratmii. J'ai fait remarquer plus haut que cette rivière ne coupait sûrement pas la grande route, comme l'indique la carte de M. de Flotte, à Ain el Beida, et qu'elle ne devait faire qu'un avec le torrent situé entre l'Oued Bou el Gheras et la Mzoudia. Sur la route de Frouga, je n'ai nulle part relevé de cours d'eau de ce nom : peut être doit on le confondre avec le ruisseau qui passe à Frouga même, assez important pour actionner un moulin, et dont l'eau est captée plus au Nord, pour arroser les terres de Rechicha : c'est une hypothèse vraisemblable.

Après l'Oued Ratmii, on rencontre l'Asif el Mal. Sur la foi de Thomson, je crois, M. de Flotte en fait dévier le cours vers l'Ouest, et l'envoie se jeter dans l'Oued Chichaoua, après avoir changé son nom en celui de Oued Tensout. La carte de Lannoy de Bissy faisait de l'Asif el Mal le cours supérieur de l'oued Bou el Gheras, et j'estime qu'elle était exacte à cet égard. En effet, même d'après Thomson, l'Asif el Mal est situé beaucoup plus à l'Est que ne l'indique M. de Flotte. D'après le capitaine Crema, il se trouve presqu'exactement dans le Sud de l'Oued Bou el Gharas : cette position concorde parfaitement avec celle que j'ai notée moi-même, et que j'ai assignée sur mon croquis à cette rivière au double nom.

De Frouga à l'Asif el Mal, on met deux heures, sans trouver d'eau. En obliquant ensuite vers la gauche, on arrive en 20 minutes à la kasba du caïd Atman, caïd du pays de Mejjat. Elle figure sur la carte de Thomson, presque au bord de l'Asif el Mal, mais l'ortographe anglaise a dénaturé le nom de Mejjat en *Miott*.

Plus au Sud se trouve le pays de Mzouda et la kasba du caïd. Sur la carte de M. de Flotte, la position de ces deux kasba est intervertie, et celle du Mzoudi est au Nord de celle du Mejjati ; tout le pays y est désigné sous le nom d'oued Mzoudi, le nom de Mejjat n'étant pas mentionné.

De la kasba du caïd Atman, on met une heure à gagner, à travers un pays sans intérêt, le puits des Aït bou Amram. Ensuite, au bout de trois heures de route, on arrive sur l'oued Chichaoua. Ici encore mon croquis est en concordance avec de Lannoy de Bissy, et je trouve que l'Oued Chichaoua coule à peu près du Sud au Nord, alors que, sur la carte de M. de Flotte, il est beaucoup trop dans l'Ouest et décrit une grande courbe vers l'Est.

En descendant le cours de l'Oued Chichaoua, on rencontre au bout de 40 minutes, sur la rive gauche, le village de Ras el Aïn, près d'une belle source, et une heure et demie après, on arrive à la Zaouïa.

.·.

En résumé, j'estime que, malgré la rapidité avec laquelle j'ai parcouru la route de Marrakech à Chichaoua, par Frouga, les données que j'ai recueillies permettent de rectifier des erreurs évidentes dans le tracé des cours d'eau. Sur la grande route de Mogador à Marrakech, mes notes plus nombreuses, m'ont permis d'établir l'itinéraire ci-joint, qui n'est certes pas un levé régulier et précis, mais qui se rapproche notablement plus de la vérité que les cartes actuelles.

Samedi 24 Septembre

(APRÈS-MIDI)

RÉUNION DU COMITÉ

Les délégués officiels des Sociétés, formant le Comité du Congrès, se sont réunis à 2 heures 1/2, dans la salle d'honneur de la Chambre de commerce où avait eu lieu le Congrès, pour tenir la séance consacrée à la révision des vœux et à la fixation des prochains Congrès.

En l'absence de M. le Prince d'Arenberg, la présidence est occupée par M. J. Charles-Roux, président de la Société de Géographie de Marseille. M. Jacques Léotard, secrétaire général, procède à l'appel des délégués.

Sur la proposition de M. Charles-Roux, l' « Union coloniale française » est admise au sein du Congrès comme Société assimilée, de même que le « Comité de Madagascar. »

M. le Secrétaire général donne lecture des quinze vœux ou résolutions adoptés dans les séances du Congrès. Après discussion, treize des vœux soumis à la révision sont définitivement adoptés sans changements par le Comité.

Les deux autres vœux, présentés par le Colonel Monteil et par M. D. Levat, sont votés ensuite après avoir été modifiés et résumés comme suit :

« Le Congrès, dans le but de favoriser le développement économique de notre domaine colonial : 1° se déclare favorable à l'idée de la constitution, à Paris, d'un Institut Colonial ; 2° invite les Bureaux des Sociétés de Géographie à soumettre cette idée à leurs Sociétés respectives. »

« Le Congrès émet le vœu : 1° Qu'il soit créé en Guyane Française un réseau de voies ferrées reliant Cayenne aux régions aurifères de l'intérieur ; 2° que la main-d'œuvre pénitentiaire soit affectée à la construction et à l'entretien du réseau. »

M. le Président déclare, au nom du Prince d'Arenberg et de la Société de Géographie de Marseille, que les démarches nécessaires seront faites auprès des pouvoirs compétents pour que les vœux émis soient pris en considération.

Le Comité donne mandat au Secrétaire général de rendre compte au prochain Congrès de la suite donnée aux vœux adoptés dans la session de Marseille (voir p. 529), conformément au règlement, qui n'a pas été appliqué sur ce point depuis plusieurs années.

M. E. Etienne, délégué de la Société de Géographie d'Oran, demande à prendre date pour que la session de 1902 du Congrès soit tenue dans cette ville. Acte est donné de cette proposition.

La réunion à Alger de la XXe session en 1899 (Pâques) est définitivement votée, sur la demande de M. de Varigny, président de la Société de Géographie d'Alger. La session de 1900 aura lieu à Paris.

SÉANCE DE CLOTURE

Présidence de M. LEVASSEUR, de l'Institut

A 4 heures, la réunion du Comité est transformée en séance générale de clôture de la XIXe session, par l'entrée des autres membres du Congrès dans la salle des délibérations.

Prennent place au bureau : M. E. Levasseur, délégué du Ministre de l'Instruction publique, président du Congrès ; Mgr Robert, évêque de Marseille ; MM. J. Charles-Roux, président de la Société de Géographie de Marseille ; N. Paquet, vice-président de la Chambre de commerce ; E. Etienne, président du groupe colonial de la Chambre des Députés ; le commissaire général Neveu, délégué du Ministre de la Marine ; le commandant Romieux, délégué du Ministre de la Guerre ; Jacques Léotard, secrétaire général.

En ouvrant cette séance solennelle, M. le Président Levasseur salue Mgr l'Evêque, qui a bien voulu honorer le Congrès de sa présence, et remercie aussi M. Paquet, représentant la Chambre de Commerce. Il donne ensuite la parole à M. le Secrétaire général pour la lecture des vœux du Congrès, dont voici la liste :

VŒUX VOTÉS PAR LE CONGRÈS
ET RETENUS PAR LE COMITÉ (¹)

I

Le Congrès émet le vœu : Qu'il soit procédé le plus promptement possible à la confection d'une carte lithologique et bathymétrique détaillée du littoral sous-marin français.

II

Le Congrès émet le vœu : 1º Que dans l'enseignement secondaire moderne le nombre d'heures accordé à la Géographie soit augmenté, de manière à donner plus d'importance à la Géographie Coloniale et à la Géographie de la France ;

2º Que l'enseignement de la Géographie ait la même place dans l'enseignement classique que dans l'enseignement moderne.

III

Le Congrès émet le vœu : 1º Dans l'intérêt de la mise en œuvre méthodique des richesses coloniales, que le Gouvernement, persévérant dans ses intentions, mette le plus promptement possible en exécution, avec le concours de l'initiative privée, des municipalités et des corps élus, son projet d'organisation de l'enseignement colonial dans un certain nombre d'Universités ;

2º Que la ville de Marseille, à raison de sa situation topographique, de son importance et des efforts qu'elle a déjà faits, en prévision de cette organisation, soit une des premières Universités dotées de cet enseignement et cela sur les plus larges bases ;

3º Que le Gouvernement mette en exécution un programme d'enseignement technique de l'Agriculture et du Commerce aux Colonies.

IV

Le Congrès, dans le but de favoriser le développement économique de notre domaine colonial : 1º se déclare favorable à l'idée de la constitution, à Paris, d'un Institut Colonial ;

(1) Voir p. 529 la suite donnée aux vœux du Congrès.

2º Invite les Bureaux des Sociétés de Géographie à soumettre cette idée à leurs Sociétés respectives.

V

Le Congrès émet le vœu : 1º Qu'il soit créé en Guyane Française un réseau de voies ferrées reliant Cayenne aux régions aurifères de l'intérieur ;

2º Que la main-d'œuvre pénitentiaire soit affectée à la construction et à l'entretien du réseau.

VI

Le Congrès émet le vœu : Que le Gouvernement décide la création d'un Port Franc à Marseille.

VII

Le Congrès émet le vœu : 1º Qu'il soit procédé le plus tôt possible à l'exécution du canal de jonction du Rhône à Marseille, conformément au projet de loi déposé par le Gouvernement et rapporté devant la Chambre des Députés ;

2º Qu'il soit pourvu à l'utilisation de l'Étang de Berre.

VIII

Le Congrès émet le vœu : Que le Gouvernement veuille bien entreprendre le plus promptement possible les travaux nécessaires au rétablissement de la navigabilité du lit de la Loire.

IX

Le Congrès émet le vœu : Que le Gouvernement mette à l'étude sans retard et coopère à l'exécution aussi prompte que possible du projet de canal reconnu depuis longtemps nécessaire entre la Loire et la Garonne, et qui doit emprunter les lits de la Vienne, du Clain, de la Charente et de la Dronne.

X

Le Congrès émet le vœu : Que le Gouvernement prenne des mesures efficaces et promptes en vue d'arrêter l'œuvre de désorganisation produite par les inondations.

Il exprime particulièrement le désir que les Sociétés de Géographie veuillent bien, dans la mesure de leur action, s'attacher à déterminer la création de Syndicats Départementaux dont la mission consistera :

1º A empêcher le déboisement ;

2° A rechercher toutes les surfaces qu'il y aurait intérêt à reboiser, et à faire tous leurs efforts pour qu'elles le soient ;

3° A faire les démarches nécessaires pour empêcher la destruction des réservoirs naturels des eaux pluviales, étangs, pièces d'eau, mares, etc., et s'opposer à l'envahissement des cours d'eau par des matériaux étrangers à leur lit.

XI

Le Congrès émet le vœu : 1° Que l'heure de l'Europe occidentale ou du premier fuseau horaire universel soit adoptée en France ;

2° Que les heures du jour soient comptées de 0 à 24, de minuit à minuit.

XII

Le Congrès émet le vœu : Qu'il soit donné à un poste de l'Extrême-Sud algérien le nom de Duveyrier.

XIII

Le Congrès émet le vœu : Que le Gouvernement poursuive avec rapidité la construction du chemin de fer d'Arzeu à Aïn-Sefra jusqu'à Igli.

XIV

Le Congrès émet le vœu : Que les Pouvoirs publics fassent étudier un tracé de chemin de fer des Nefzas et de la région de Thala à Bizerte.

XV

Le Congrès National de Géographie, réuni à Marseille, avant de se séparer, vote de chaleureuses félicitations au général Gallieni, pour son habile administration de Madagascar et son dévouement éclairé aux intérêts nationaux.

Reprenant la parole après cette lecture, M. le Président prononce un discours applaudi. Il constate que le Congrès de Marseille a émis 15 vœux, qui sont un des résultats pratiques de ses importants travaux. Le Bureau en poursuivra l'exécution : M. le Prince d'Arenberg et M. Levasseur s'emploieront auprès des pouvoirs publics à les faire aboutir, sans se décourager s'ils ne reçoivent pas immédiatement une réponse favorable.

Le Congrès national de Géographie, arrivé à sa XIX⁰ session, est devenu une tradition française. M. le Président déclare que le Congrès de Marseille a été très bien organisé ; la bonne préparation du programme a facilité son exécution. Aussi cette session de 1898 figurera-t-elle parmi les plus fructueuses. Il y a eu 50 communications présentées au Congrès oralement ou par écrit ; presque toutes ont fait l'objet du dépôt soit d'un mémoire, soit d'un résumé, et constituent d'utiles documents, où l'on peut rechercher la solution de bien des questions intéressantes.

Les conférences publiques ont été très brillantes. M. Levasseur félicite les conférenciers présents à cette séance, Mme Massieu, le colonel Monteil, M. Guénot et M. Marcel Dubois. Un auditoire nombreux et sympathique a été charmé par leurs remarquables leçons, aussi attrayantes que savantes.

Les promenades n'ont pas été moins bien préparées que les séances, ajoute le Président. L'excursion à la Ciotat, favorisé par un temps magnifique, a enthousiasmé tous les congressistes ; les visites au port et aux manufactures ont présenté un grand intérêt. Le succès de ces distractions a été la rançon du travail. D'ailleurs, cette coutume des excursions est loin d'être inutile et de prêter à la raillerie. Un avantage précieux des Congrès est précisément dans le contact familier d'hommes voués aux mêmes études, qui sont amenés ainsi à se connaître, à se comprendre, à s'estimer ; ils se pénètrent mieux par un rapprochement, une conversation de quelques heures que par une journée de lecture ; ils forment des relations qui les aident les uns les autres dans leurs travaux, et c'est surtout au cours des promenades que ce contact a lieu. Il ne faut donc pas dire de mal des excursions : n'en faisons pas trop, mais faisons-en assez.

L'ordre du jour des travaux du XIX⁰ Congrès national de géographie étant épuisé, M. le Président déclare que la session est close, mais que le banquet et la dernière excursion réuniront encore les congressistes.

Cette séance solennelle est ensuite levée, à 5 heures, au milieu des applaudissements.

SUITE DONNÉE AUX VŒUX DU CONGRÈS

I. — Le Ministre de la Marine a accordé à M. le professeur Thoulet le report sur pierre des cartes du Service hydrographique pour sa carte lithologique.

III. § 1. — Le Ministre de l'Instruction Publique tient prêt le projet d'organisation de l'enseignement colonial, mais le décret présidentiel ordonnant son application est subordonné au vote par le Parlement d'une proposition de loi qui lui est soumise, pour étendre au certificat d'études coloniales le privilège de la réduction à un an du service militaire.

VII. § 1. — Le Ministre des Travaux Publics a déposé à nouveau sur le Bureau de la Chambre le projet de canal de Marseille au Rhône, dont le Parlement avait été saisi pendant la précédente législature.

X. § 1. — Le Ministre de l'Agriculture a donné l'assurance que les travaux du Service des eaux et forêts seront poursuivis avec activité, dans la mesure des crédits budgétaires.

XII. — Le Gouverneur général de l'Algérie a donné le nom de Duveyrier à la station de Zoubia, sur l'Oued-Dermel, terminus du chemin de fer Sud-Oranais.

XIII. — Le Gouverneur général de l'Algérie a fait ressortir au Gouvernement les importants avantages du prolongement du chemin de fer d'Arzeu à Aïn-Sefra, qui va atteindre Djenien-Bou-Rezg.

XIV. — Le Ministre des Affaires Étrangères a fait savoir qu'une Compagnie française s'occupe d'un projet de chemin de fer des Nefzas à Bizerte.

XV. — Le général Gallieni, gouverneur général de Madagascar, a chaleureusement remercié le Congrès de son vote de félicitations et de son précieux appui.

— Pour les autres vœux, les Ministres compétents ont simplement accusé réception.

BANQUET

Un banquet de près de cent couverts, offert aux délégués des ministères et aux autorités locales, a réuni à 8 heures les Congressistes, et de nombreux membres de la Société de Géographie de Marseille, dans les salons Pain, rue de l'Arsenal.

Le dessin du menu, confié à un artiste de talent M. G. Martin, reproduisait la médaille de la Société de Géographie de Marseille, avec une banderolle portant les noms des villes des principales sociétés représentées. Quant au menu lui-même, il était signé par les vatels marseillais Pain et Isnard. La plus grande cordialité et une mutuelle sympathie régnaient parmi les convives.

M. E. Levasseur, de l'Institut, délégué du Ministre de l'Instruction Publique, présidait, ayant autour de lui, aux places d'honneur : Mme Massieu, la distinguée exploratrice et conférencière ; MM. J. Charles-Roux, président de la Société de Géographie de Mar-seille ; le commandant d'état-major Hollender, représentant M. le général en chef Metzinger ; Schrameck, secrétaire général de la Préfecture, représentant M. le préfet Floret ; Paquet, vice-président, représentant la Chambre de Commerce ; Etienne, député d'Oran ; Thierry, député de Marseille ; le commissaire général Neveu, délégué du Ministre de la Marine ; le commandant Romieux, délégué du Ministre de la Guerre ; Marcel Dubois, délégué du Ministre du Commerce ; Guy, délégué du Ministre des Colonies ; Versini, délégué du Gouvernement Tunisien ; de Claparède, délégué de la Société de Géographie de Genève ; Tattara, consul d'Italie, délégué de la Société de Géographie de Rome ; le colonel Monteil et Casimir Maistre, membres d'honneur de la Société de Marseille, etc... M. le Maire de Marseille, M. le Président du Conseil général des Bouches-du-Rhône et les autres autorités absentes s'étaient excusés de ne pouvoir se rendre à l'invitation qui leur avait été adressée.

Au champagne, le moment des toasts venu, de chaleureux discours ont été prononcés. M. Levasseur a pris le premier la parole et a constaté l'utilité des Congrès, qui permettent de mieux se connaître et s'apprécier. Il a vivement félicité M. Charles Roux et les organisateurs du Congrès de Marseille, MM. E. Delibes, président; Jacques Léotard, secrétaire général; H. Giraud, J. Fournier, secrétaires, et leurs collaborateurs de la Commission d'organisation, de la pleine et entière réussite de la session. M. Levasseur a levé son verre en l'honneur de Mme Massieu, des organisateurs du Congrès et de la ville de Marseille.

M. J. Charles-Roux a répondu que puisque les congressistes étaient satisfaits, ses dévoués collègues qui préparèrent le Congrès avaient obtenu la meilleure récompense qu'ils pouvaient désirer. Il a rendu hommage ensuite à l'éminent professeur Levasseur, prince de la science, qui a bien voulu remplacer le Prince d'Arenberg dans la présidence des dernières séances du Congrès. M. Charles Roux a remercié les délégués des Ministères et les a priés d'appuyer les justes revendications de Marseille intellectuelle, notamment au point de vue de l'Université réclamée. Il a formé le désir que, comme dans le Congrès, tous les Français oublient les questions politiques qui les divisent pour ne songer qu'à la grandeur de la patrie. En terminant M. Charles-Roux a porté un toast à la science, à M. Levasseur, aux délégués des Ministères et des Sociétés étrangères et françaises, à tous les Congressistes et à la Presse.

M. Thierry a félicité les membres du Congrès de leur œuvre utile et patriotique et les a remerciés de l'avoir accomplie dans la glorieuse cité marseillaise.

M. de Claparède a exprimé les remerciements des sociétés de Genève et de Rome, et a constaté l'éclat du Congrès de Marseille; il a dit sa gratitude de l'aimable accueil reçu, et a formulé les sympathies de la Suisse pour la France.

M. Etienne a salué en Monteil, Maistre, Alby et aussi Bretonnet — qui, partant le lendemain pour le Congo, devait assister au banquet, — les héroïques soldats et les vaillants explorateurs qui ont constitué et agrandissent encore le vaste domaine colonial de la France.

M. Merchier, de Lille, au nom des délégués des Sociétés françaises de Géographie, a présenté au Midi le salut du Nord.

Le colonel Monteil, rappelant les courageux efforts de ses camarades, a bu aux initiateurs de notre politique coloniale, particulièrement à M. Etienne, grâce à qui bien des explorateurs ont pu accomplir leurs difficiles missions.

M. Levasseur a clos la série des toasts, qui ont tous été couverts d'applaudissements, en conviant les congressistes à l'excursion finale du lendemain.

HUITIÈME JOURNÉE

Dimanche 25 Septembre

EXCURSION A MARTIGUES ET A ARLES

La session du Congrès a été terminée par une excursion aux Martigues et à Arles.

Un temps favorable a concouru à l'attrait de cette promenade, qui avait réuni 70 Congressistes, sous la présidence de M. Chambeyron, président de la Société de Géographie de Lyon, assisté de M. Jacques Léotard, MM. Levasseur et Charles-Roux n'ayant pu y prendre part.

Le départ a eu lieu à 7 heures 30 du matin, de la gare Saint-Charles. Au Pas-des-Lanciers, les congressistes ont été reçus par M. Gaillaud, conseiller d'arrondissement du canton des Martigues. De Pas-des-Lanciers, à 8 h. 10 un train spécial les conduisait, en vue du bel Etang de Berre, à la pittoresque ville des Martigues, la Venise provençale ; ils y ont été salués à la gare par M. Salard, adjoint au maire. Après une rapide visite des Martigues, à 9 h. 30 m., le *Salinier*, vapeur de la Compagnie Chambon, appareillait pour transporter les congressistes, par le canal de Caronte et le golfe de Fos, jusqu'à Saint-Louis-du-Rhône. Les excursionnistes ont beaucoup remarqué en route les bordigues, Port-de-Bouc et sa vieille tour, le canal et les quais de Saint-Louis. Un Soleil magnifique brillait, un air vif aiguisait l'appétit et l'on a fait honneur à la collation servie à bord.

Arrivés à 11 h., les congressistes partaient une demi-heure plus tard de Saint-Louis-du-Rhône, encore par train spécial, et à travers la plaine du Bas Rhône arrivaient à midi 35 à Arles, où M. J. Martin, maire de cette ville, avait eu la délicate attention de venir attendre les membres du Congrès à la gare. Les excursionnistes s'empressaient alors d'aller déjeuner à l'hôtel du Forum, où un copieux menu les attendait. M. Chambeyron présidait, ayant à sa droite M. le maire d'Arles et à sa gauche Mme Massieu. Des toasts ont été portés par le Président, qui a bu à la ville d'Arles et aux dames présentes, et par le Maire, qui a déclaré être heureux de faire les honneurs de la ville d'Arles aux congressistes.

En effet, dans l'après-midi, dirigés par M. Martin, guidés encore par M. le conservateur du Musée, M. Férigoule, et par M. Véran, architecte des bâtiments civils, ils ont parcouru successivement le curieux cloître roman de Saint-Trophime, le musée Arlaten, les Arènes, où avait lieu une course de taureaux provençale, les Alyscamps, le Musée, le Théâtre romain. Les membres du Congrès étaient enchantés de la visite de ces beaux monuments, qui rappellent la gloire passée d'Arles, sous la domination de Rome et au Moyen-Age, et ils ne pouvaient regretter que de n'avoir pas le loisir de s'arrêter plus longtemps devant ces magnifiques antiquités.

La plupart des congressistes ont pris le train de 4 h. 35 pour rentrer à 7 heures du soir à Marseille, enthousiasmés de cette agréable excursion, où avait régné la plus cordiale intimité. Ils se sont séparés en gardant un durable souvenir du Congrès et de la Provence.

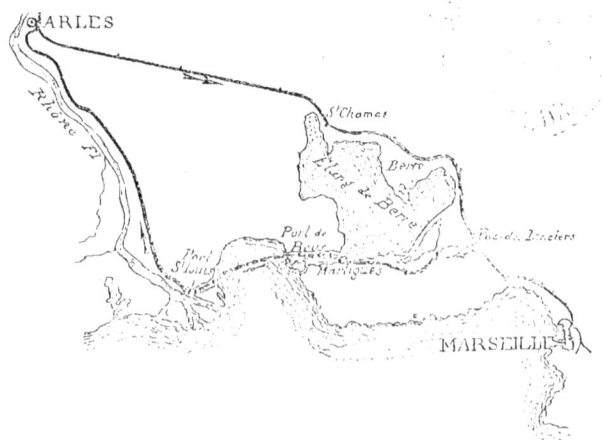

TABLE DES MATIÈRES

INTRODUCTION

	Pages
Organisation du Congrès	7
Règlement du Congrès	11
Lettre d'invitation adressée aux Sociétés	18
Questionnaire du Congrès	19
Programme du Congrès	27
Liste des Membres du Congrès	29

TRAVAUX DU CONGRÈS

Première journée, *Dimanche* 18 septembre 1898. — *Séance d'ouverture* :	41
Discours de M. J. CHARLES-ROUX	42
Discours de M. le Prince A. D'ARENBERG	53
Conférence de M. Gabriel BONVALOT	62
Réception au Cercle Artistique	65
Deuxième journée, *Lundi* 19 septembre (matin). — *Réunion du Comité*.	66
Séance Générale (Rapports) :	70
Société de Géographie d'Alger, M. C. DE VARIGNY	70
Société de Géographie de Lille, M. A. MERCHIER	73
Section de Roubaix de la Société de Géographie de Lille, M. A. CRAVERI	75
Société Languedocienne de Géographie de Montpellier, A. FAYE	79
Comité de Madagascar, M. J. CHARLES-ROUX	83
Union Coloniale Française, M. J. CHARLES-ROUX	88
Société de Géographie Commerciale du Havre, M. FAVIER	91
Société de Géographie de Toulouse, M. GUÉNOT	92
Union Géographique du Nord de la France, à Douai, M. G. TELLIER	93
Société de Géographie Commerciale de Saint-Nazaire, M. GALLET	93
Société de Géographie d'Oran, M. E. ÉTIENNE	95
Société de Géographie Commerciale de Bordeaux, M. J. MANÈS	97
Société Bourguignonne de Géographie et d'Histoire à Dijon, M. P. GAFFAREL	98
Société de Géographie de Lyon, M. CHAMBEYRON	99
Société de Géographie de Paris, M. le Prince A. D'ARENBERG	100
Alliance Française, M. L. H. ARNAVON	103
Société de Géographie de Marseille, M. Jacques LÉOTARD	107
Société de Géographie Commerciale de Paris, M. GAUTHIOT	108
Comité de l'Afrique française, M. le Prince A. D'ARENBERG	110

TABLE DES MATIÈRES

	Pages
Société de Géographie Commerciale de Nantes. M. Doby.	115
Société de Géographie de l'Est. M. J. Thoulet.	116
Institut de Carthage. M. A. Fabry.	118
Société d'Études Historiques et Géographiques de Bretagne, à Rennes. M. Rainaud.	119

Lundi, 19 Septembre (après-midi). — *Séance générale* (Communications) :

Les Pêcheries françaises à la Côte de Terre-Neuve, par M. Paul Delorme, d'Alger.	121
Du Territoire d'Alberta à l'État d'Iowa par le Far-West, par M. l'Abbé Émile Petitot, de Marseille.	135
Le capitaine Paulmier de Gonneville et le premier voyage des Français au Brésil. par M. Paul Gaffarel, de Dijon.	154
Les résultats géographiques de la Mission Lyonnaise d'exploration commerciale en Chine, par M. Henri Brenier, de Marseille.	173
La nouvelle carte d'état-major au 50/1000e, par M. Mecha, du Havre	176
Cartes lithologiques sous-marines, par M. J. Thoulet, de Nancy.	177
Projet de jonction géodésique de la France et de l'Italie par Cassini de Thury, par M. Ludovic Drapeyron, de Paris.	179

Lundi 19 septembre (soir). — *Conférence* de M. le colonel Monteil sur le Domaine colonial de la France. ... 181

Troisième journée, *Mardi* 20 septembre. — *Excursion* à La Ciotat ... 193

Quatrième journée, *Mercredi* 21 septembre (matin). — *Séance générale* :

L'enseignement de la Géographie dans les écoles commerciales, par M. E. Levasseur, de Paris.	194
Le rôle de l'enseignement géographique dans l'éducation nationale. par M. Jules Flory, de Marseille.	197
L'enseignement de la Géographie économique. par M. Marcel Dubois, de Paris.	202
Réforme de l'enseignement de la Géographie. par M. le Dr J. Vincent, de Marseille.	203
De la nécessité de la création à Paris d'un Institut colonial, par M. le colonel Monteil, de Paris.	214
Importance à donner à l'étude des langues vivantes au point de vue de l'expatriation des Français, par M. L. Marissiaux, de Douai.	216

Mercredi 21 septembre (après-midi). — *Séance générale* :

La Guyane française et le Territoire contesté. par M. E.-D. Levat, de Marseille.	220
La répartition de la population sur le sol de la Provence. par M. Henri Barré, de Marseille.	223
La Géographie du Mont-Ventoux, par M. E. Barrême, de Marseille.	239
La Côte des Maures au point de vue géographique et topographique. par M. Gustave Audrin, de Marseille.	244
De l'émigration des Provençaux et des Marseillais en France et à l'étranger, par M. V. Turquan, de Paris.	244

	Pages
Une Société de Géographie à Marseille en 1801, par M. Joseph Fournier, de Marseille	244
Sur l'organisation de l'enseignement colonial dans les Universités françaises, par M. le Dr E. Heckel, de Marseille	245
Mercredi 21 septembre (soir). — *Conférence* publique de Mme Isabelle Massieu, sur le Tonkin	254

Cinquième journée, *Jeudi 22 septembre*. — *Visite* des Ports et usines 255

Sixième journée, *Vendredi 23 septembre (matin)*. — *Séance générale* :

Le chemin de fer en Asie centrale : Jonction du Transcaspien avec le Transsibérien, par M. Paul Gourdet, Marseille	256
Les inondations de 1897 et les effets du déboisement des Pyrénées, par M. S. Guénot, de Toulouse	274
Régularisation des actions utiles ou nuisibles des eaux pluviales, par M. le colonel Blanchot, de Poitiers	291
La navigabilité de la Loire, état de la question, par M. V. Doby, de Nantes	291
Les vents dans les golfes du Lion et de Gascogne, par M. Hautreux, de Bordeaux	300
Un port franc à Marseille, les enseignements de l'Histoire et les desiderata actuels, par M. Lucien Estrine, de Marseille	309
Le canal de jonction du Rhône à Marseille, voies navigables et voies ferrées, par M. J. Charles-Roux, de Marseille	324

Vendredi 23 septembre (après-midi). — *Séance générale* :

Le canal des Deux-Mers à moyenne section, par M. le colonel Blanchot, de Poitiers	347
Opportunité de la construction du canal de la Gironde à la Loire, par M. Audouin, de Poitiers	348
La topographie ancienne de Marseille, par M. Lan, de Marseille	348
Marseille port colonial, par M. Paul Masson, de Marseille	349
L'évolution économique des Colonies australiennes, par M. Georges Bourge, de Marseille	374
Notes sur les Ports de l'Anatolie et du Caucase, par M. E. Scheult, de Marseille	394
Le développement économique de nos colonies de l'Afrique occidentale, par M. Frédéric Bohn, de Marseille	399
Le Dahomé, ressources économiques et avenir commercial, par M. Georges Borelli, de Marseille	412
Les forêts et les essences forestières exploitables à Madagascar, par M. Henri Jumelle, de Marseille	432
Le chemin de fer transsaharien par la province d'Oran, par M. Eugène Etienne, d'Oran	442

Vendredi 23 septembre (soir). — *Conférences* : M. S. Guénot, le déboisement des montagnes et les inondations, et M. Marcel Dubois, l'Esprit colonial français 445

TABLE DES MATIÈRES

Pages

Septième journée. *Samedi 24 Septembre (matin). — Séance générale :*
La Vallée de la Bresque (Var), par M. J. DELMAS, de Marseille 449
Des moyens de relever le commerce français en Orient, par M. G. AUDRIN, de Marseille. 450
Les divisions administratives de la France actuelle, par M. PAUL GAFFAREL, de Paris 455
Les transports à Madagascar, par M. J. CHARLES-ROUX, de Marseille. . 458
Décimalisation du jour et du cercle, par M. J. DE REY-PAILHADE, de Toulouse. 461
Maintien de l'heure nationale et adoption du cadran de 24 heures, par M. JACQUES LÉOTARD, de Marseille. 463
Les Sociétés de Géographie à l'Exposition Universelle de 1900, par M. le colonel BLANCHOT, de Poitiers 465
La situation économique de la Tunisie, par M. ERNEST FALLOT, de Tunis 465
La mer de Bou-Grara (Tunisie), par M. E. VASSEL, de Tunis. 485
Le chemin de fer de Bizerte au Kef et à Kalaa-Gerda, par M. E. VASSEL, de Tunis. 489
Duveyrier : Son dernier projet de voyage dans le Sahara, par M. le commandant HENRI WOLFF, de Marseille 490
Les archives de la Chambre de Commerce de Marseille et les rapports de la Tunisie avec la France avant la conquête française, par M. le vicomte BÉGOUEN, de Tunis. 505
Les travaux actuels du Service géographique de l'armée, par M. le commandant ROMIEUX, de Paris 506
Itinéraires de Mogador à Marrakech, par M. HUBERT GIRAUD, de Marseille 507

Samedi, 24 Septembre (après-midi). — Réunion du Comité 523
Séance de Clôture. 524
Vœux du Congrès 525
Suite donnée aux vœux du Congrès 529
Banquet 530

Huitième journée. *Dimanche, 25 Septembre. — Excursion aux Martigues et à Arles* 533

CARTES ET PLANCHES

A bord de l'" Océanien ". — Calanque de Port-Miou 192
Itinéraire de l'Excursion à La Ciotat 193
Direction dominante des vents (Méditerranée occidentale, Biarritz). . . . 367
Mouvement de la Navigation entre la France, Marseille, Bordeaux, Le Havre et les colonies françaises 349
Voies de communication entre Tamatave et Tananarive 459
Commerce de la Tunisie avec la France (1886-96) 476
La mer de Bou-Grara 487
Itinéraires de Mogador à Marrakech 521
Itinéraire de l'Excursion à Martigues et Arles 534

INDEX ALPHABÉTIQUE DES NOMS D'AUTEURS

Arenberg (prince d'), p. 53, 100, 110.
Arnavon, p. 103.
Audouin, p. 348.
Audrin G., p. 244, 450.
Barré Henri, p. 223.
Barrême E., p. 239.
Bégouen (vicomte), p. 505.
Blanchot (colonel), p. 291, 347, 465.
Bohn Fr., p. 399.
Bonvalot Gabriel, p. 62.
Borelli Georges, p. 412.
Bourge Georges, p. 374.
Brenier Henri, p. 173.
Chambeyron E., p. 99.
Craveri A., p. 75.
Delmas J., p. 449.
Delorme Paul, p. 121.
Doby V., p. 115, 291.
Drapeyron Ludovic, p. 179.
Dubois Marcel, p. 202, 445.
Estrine Lucien, p. 309.
Etienne E., p. 95, 412.
Fabry A., p. 118.
Fallot E., p. 465.
Favier, p. 91.
Faye A., p. 79.
Flory Jules, p. 197.
Fournier J., p. 244.
Gaffarel Paul, p. 98, 154, 455.
Gallet, p. 93.
Gauthiot Charles, p. 108.

Giraud Hubert, p. 507.
Gourdet Paul, p. 256.
Guénot S., p. 92, 274, 445.
Hautreux, p. 300.
Heckel E. (Dr), p. 245.
Jumelle Henri, p. 432.
Lan L., p. 348.
Léotard Jacques, p. 107, 463.
Levasseur E., p. 194, 525.
Levat E.-D. 220.
Manès J., p. 97.
Marissiaux L., p. 216.
Massieu I. (Mme), p. 254.
Masson Paul, p. 349.
Merchier A, p. 73.
Meura, p. 176.
Monteil (colonel), p. 181, 214.
Petitot E. p. 135.
Rainaud A., p. 119.
Rey-Pailhade (J. de), p. 461.
Romieux (commandant), p. 506.
Roux J.-Charles, 42, 83, 88, 324, 458.
Scheult E., p. 394.
Tellier G., p. 93.
Thoulet J., p. 116, 177.
Turquan V., p. 244.
Varigny (de) C., p. 70.
Vassel Eusèbe, p. 485, 489.
Vincent J., p. 203.
Wolff (commandant), p. 490.

Marseille. — Typ. et Lith. BARLATIER, rue Venture, 19.